Michael Schneider

# Kleine Geschichte der Gewerkschaften

Ihre Entwicklung in Deutschland
von den Anfängen bis heute

Verlag J.H.W. Dietz Nachf.

CIP-Titelaufnahme der Deutschen Bibliothek

**Schneider, Michael:**
Kleine Geschichte der Gewerkschaften: ihre Entwicklung in Deutschland von den Anfängen bis heute / Michael Schneider. — Bonn: Dietz, 1989

ISBN 3-8012-0143-0

ISBN 3-8012-0143-0

1. Auflage (1.—55. Tausend)

Copyright © 1989 by Verlag J.H.W. Dietz Nachf. GmbH
In der Raste 2, D-5300 Bonn 1
Umschlag: Karl Debus, unter Verwendung der aus Hobelspänen geflochtenen und bemalten Fahne der Zahlstelle Stuttgart des Holzarbeiterverbandes aus dem Jahre 1901 (Original im Württembergischen Landesmuseum, Stuttgart)
Alle Abbildungen stammen aus dem Archiv der sozialen Demokratie, Bonn-Bad Godesberg. Da es nicht in jedem Einzelfall möglich war, die Rechteinhaber und -nachfolger aufzufinden, bittet der Verlag, eventuelle Ansprüche bei ihm geltend zu machen.
Satz: Hüttemann GmbH, Burscheid-Dürscheid
Druck und Verarbeitung: Clausen & Bosse GmbH, Leck
Alle Rechte vorbehalten
Printed in Germany 1989

# Inhalt

# Anhang

## I. Dokumente

## II. *Tabellen*

# Einführung:
# Fragen an die Geschichte der Gewerkschaften

Kein Zweifel: Der Tanker-Konvoi der Gewerkschaften befindet sich seit einiger Zeit — so die „Gewerkschaftlichen Monatshefte" — in „schwerem Wetter". Wem fällt nicht sogleich die Einbuße an Glaubwürdigkeit ein, die der Skandal um die „Neue Heimat" hervorgerufen hat? Die Umstände, unter denen das „Flaggschiff" der gemeinwirtschaftlichen Unternehmen in den letzten Jahren geführt und dann verkauft wurde, mußten das Mißtrauen stärken, das bürokratisierten Großorganisationen heute allenthalben entgegenschlägt. Und auch die Forderungen nach Arbeitszeitverkürzung mit vollem Lohnausgleich sowie nach Sicherung der arbeitsrechtlichen Position der Arbeitnehmerschaft sind ins Zwielicht geraten, können sie doch in einer Zeit der Massenarbeitslosigkeit allzu leicht als Zeichen einer borniertten Statuspolitik zugunsten der (vermeintlichen) „Arbeitsplatz-Besitzer" denunziert werden.

Liegen die Ursachen für die Verluste an Glaubwürdigkeit vornehmlich bei den Gewerkschaften und ihrer Politik selbst, so zeigt sich zudem eine Reihe von Problemen, die — von außen kommend — den Eindruck verfestigen, die Gewerkschaften befänden sich in einer Krise: Da sind zunächst die wirtschaftlichen Probleme und die Massenarbeitslosigkeit, die gewerkschaftlichem Einfluß und Handlungsspielraum enge Grenzen setzen; da ist sodann die politische Defensive gegenüber den Verfechtern einer angebotsorientierten Wirtschaftspolitik; und da sind schließlich die Schwierigkeiten, einen gangbaren Weg von der überkommen industriewirtschaftlichen Wachstumsideologie hin zum Konzept einer umweltschonenden Produktions- und Dienstleistungsgesellschaft zu finden. Damit nicht genug, sehen manche zeitgenössischen Beobachter gar das „Ende der Arbeiterbewegung" heraufziehen, werde dieser (und damit den Gewerkschaften) doch mit der Auflösung der Industriearbeiterschaft im Gefolge des voranschreitenden technologischen und kulturellen Wandels die soziale Basis, der Kern ihrer Mitgliedschaft, entzogen.

Die Krisensymptome sind gewiß nicht zu übersehen: Aber berechtigen sie wirklich zu der Annahme, die oft und gerne als „Dinosaurier des Industriezeitalters" bezeichneten Gewerkschaften hätten sich überlebt, hätten — wie die Industriegesellschaft, der sie entstammen — keine Zukunft mehr? Derartige im medienwirksamen Brustton der Überzeugung vorgetragenen Zukunftsprognosen, bei denen — je nach politischem Standort — allzu häufig bittere Enttäuschung oder schadenfrohe Erwartung Pate stehen, sind wohl etwas vorschnell. Doch die damit aufgeworfene Frage nach der heutigen und auch zukünftigen Bedeutung der Gewerkschaften ist durchaus berechtigt: Was an den Gewerkschaften, was an der gewerkschaftlichen Politik ist überholt, was mag Bestand haben, und wo zeichnen sich mögliche Entwicklungsperspektiven ab? Eine Antwort darauf wird man kaum anders als durch einen Blick in die Geschichte geben können, in dessen Brennpunkt immer wieder drei Fragen rücken sollen:

— Welchen Beitrag haben die Gewerkschaften zur sozialen und wirtschaftlichen Entwicklung, vor allem zur Verbesserung der Lage der Arbeitnehmerschaft, zur Herausbildung des Sozialstaates sowie zu Aufbau, Verteidigung und Stabilisierung der Demokratie geleistet?

— Was waren (und sind) die Voraussetzungen gewerkschaftlicher Erfolge, was die Bedingungen gewerkschaftlicher Niederlagen?

— Wie haben sich Bedeutung und Rolle der Gewerkschaften im Laufe von fast 150 Jahren deutscher Sozialgeschichte verändert — oder: Sind die Gewerkschaften heute, wie man dies oftmals hören kann, wirklich „am Ende"?

Gefragt wird also durchgängig nach den Rahmenbedingungen, nach den selbstgesetzten Zielen und aufgewandten Mitteln sowie nach dem Ertrag der gewerkschaftlichen Politik, der in einer Art „Bilanz" am Ende des Ganges durch die Geschichte gewürdigt wird. Damit bietet der historische Rückblick zugleich die Möglichkeit, die jetzige Krise der Gewerkschaften vergleichend einzuordnen, um so das Neuartige der aktuellen Situation deutlich hervortreten zu lassen. Kann ein Blick in die Geschichte noch mehr leisten? Gewiß, die Geschichte bietet keine konkreten Handlungsanweisungen für aktuelle politische Entscheidungen. Sie lehrt aber, wie wichtig eine umfassende Analyse von eigenen und gegnerischen Interessen, Strategien und Machtmitteln ist; sie schärft den Blick für gleichbleibende Grundmuster von Argumentationen und Handlungen, und sie hilft so, die Komplexität neuer Problemstellungen auszuloten. Allen Skeptikern, die meinen, die einzige Lehre der Geschichte sei, daß man nichts aus ihr lernen könne, ist im übrigen die Gewerkschaftsgeschichte entgegenzuhalten: Denn die Herausbildung bzw. Entwicklung gemeinsamen Handelns der Arbeitnehmer in der und durch die Organisation war und ist ein andauernder Lernprozeß, war und ist Ausdruck der fortlaufenden Verarbeitung historischer Erfahrungen.

Auch wenn, wie sich bald zeigen wird, der Wandel sozusagen das einzig Stabile in der Geschichte der Gewerkschaften ist, so müssen wir uns doch vergewissern, was eigentlich Gewerkschaften sind. Als Gewerkschaften sollen gelten: auf dauerhaften Bestand angelegte, nach demokratischen Prinzipien aufgebaute Organisationen von freiwillig beigetretenen Arbeitnehmern, die damit selbständig, d. h. unabhängig von Arbeitgebern, Staat,

Kirche und politischen Parteien, ihre wirtschaftlichen, sozialen und politischen Interessen, u. a. mit dem Mittel des Streiks, vertreten. Auch wenn nicht alle Gewerkschaften die mit dieser abstrakten Beschreibung erhobenen „Anforderungen" zu jeder Zeit erfüllten, so ist diese „Definition" doch als Richtschnur für die historische Darstellung nötig; denn diese komplizierte Bestimmung gestattet es, Gewerkschaften von anderen Organisationen der Arbeitnehmer, also der Arbeiter und Arbeiterinnen sowie der Angestellten, abzugrenzen. So sind z. B. konfessionelle Arbeitervereine, selbst wenn sie die Interessen ihrer Mitglieder gegenüber Arbeitgebern vertreten, wegen ihrer Einbindung in die jeweilige Kirche keine Gewerkschaften; das gilt angesichts der Unterstützung durch Arbeitgeber und mit Blick auf den ausdrücklichen Streikverzicht auch für die „gelben" oder wirtschaftsfriedlichen Werkvereine. Daß indessen die Grenzen zwischen den unterschiedlichen Formen der Arbeiterorganisationen — etwa die zwischen politischer Partei und Gewerkschaft — und daß nicht einmal die Trennlinien zwischen Arbeitgeber- und Arbeitnehmerverband immer mit eindeutiger Schärfe gezogen werden können, das zeigt ein Blick auf die Frühzeit der Gewerkschaftsentwicklung.

\*

Doch zuvor ein Wort des Dankes:
Den Mitarbeitern und Mitarbeiterinnen von Bibliothek und Archiv der sozialen Demokratie sowie des Deutschen Gewerkschaftsbundes, die diese Arbeit durch ihre freundliche Hilfe unterstützt haben, sei an dieser Stelle herzlich gedankt. Nicht vergessen seien auch die anregenden Gespräche, für die ich mich bei meinen Kolleginnen und Kollegen der Abteilung Sozial- und Zeitgeschichte sowie des Instituts für Sozialgeschichte, insbesondere bei Beatrix W. Bouvier, Dieter Dowe und Kurt Klotzbach, bedanke. Daß Heike Spanier und Andrea Mesecke mein handschriftliches in ein lesbares Manuskript verwandelt haben, sei mit besonders herzlichem Dank erwähnt.

# I. Industrialisierung, Herausbildung der Arbeiterschaft und die Anfänge der Gewerkschaftsbewegung um die Mitte des 19. Jahrhunderts

Um verstehen zu können, worin das „Neue" der Arbeiter- und hier vor allem der Gewerkschaftsbewegung bestand, um auch die Leistung der Gewerkschaftsgründer würdigen zu können, müssen wir uns zunächst die wirtschaftliche, politische und soziale Situation in der ersten Hälfte des 19. Jahrhunderts vergegenwärtigen. Denn die Bildung von Gewerkschaften war eine Antwort von Teilen der Arbeiterschaft auf die Herausforderung der „industriellen Revolution" und auf die „soziale Frage", die den ersten tastenden Versuchen zur Gewerkschaftsgründung ihren Stempel aufdrückten.

## 1. Industrialisierung und Herausbildung der Arbeiterschaft: zur Entwicklung der „sozialen Frage"

Die Herausbildung der Arbeiterschaft und die Entwicklung der „sozialen Frage" sind direkte Folgen der Industrialisierung, die im 19. Jahrhundert das Gesicht der Erde und das Leben der Menschen zu verwandeln begann. Zwar gab es abhängige Arbeit, Armut und Not auch in der vorindustriellen Gesellschaft; doch wurden sie früher als „gottgegeben" hingenommen, so lösten Lohnarbeit und Massenelend im 19. Jahrhundert die Forderung nach (radikalen) sozialen Veränderungen aus. Im Gegensatz zu den Folgen sind jedoch die Ursachen der Industrialisierung keineswegs eindeutig geklärt; allenfalls kann man ein Geflecht ineinandergreifender Bedingungen angeben, die Ursache und Wirkung zugleich sind.[1]

Voraussetzung und Motor der Industrialisierung waren vor allem technische Neuerungen, die die Ausbeutung von Bodenschätzen und die Arbeitsprozesse im handwerklichen Bereich veränderten und die Arbeitsproduktivität vorantrieben. Neu war insbesondere der Einsatz von Maschi-

---

1 Zum Folgenden siehe insbes.: Friedrich-Wilhelm Henning, Die Industrialisierung in Deutschland 1800 bis 1914, 3. Aufl., Paderborn 1976; Gerd Hohorst, Jürgen Kocka, Gerhard A. Ritter, Sozialgeschichtliches Arbeitsbuch. Materialien zur Statistik des Kaiserreiches 1870—1914, München 1975; Jürgen Kocka, Lohnarbeit und Klassenbildung. Arbeiter und Arbeiterbewegung in Deutschland 1800—1875, Berlin u. Bonn 1983.

nen als Kraft- und als Werkzeugmaschinen. Wichtigste frühe Stationen der Mechanisierung, die von England ausging, waren Erfindung und Bau der Dampfmaschine (1765), der Spinnmaschine (1769), des mechanischen Webstuhls (1786) und der Lokomotive (1803/04 bzw. 1814), die sich in Deutschland aber nur allmählich und regional unterschiedlich durchsetzten. Hebt man ganz auf die Einführung neuer Technologien ab, so kann man für Deutschland die Jahrzehnte von 1830 bis 1850 als Vorbereitungszeit der Industrialisierung ansprechen, die sich dann ab Mitte des 19. Jahrhunderts — also um einiges später, dann aber rascher als in England — entfaltete.

Einige Hinweise müssen hier genügen: Während 1849 im Rheinland und in Westfalen erst 651 feststehende Dampfmaschinen mit einer Leistung von insgesamt 18.775 PS installiert waren, betrugen ihre Zahl und Stärke ein Vierteljahrhundert später bereits 11.706 und 379.091 PS. Folge und zugleich Antrieb des wirtschaftlichen Wachstums war der Eisenbahnbau, der nicht nur Arbeitsplätze in der eisen- und stahlerzeugenden Industrie, sondern auch ein ganz neues Verkehrssystem und damit für viele Gegenden erstmalig einen überregionalen Markt schuf: Während die Gesamtlänge der Schienen 1850 in Preußen 3.869 km betrug, waren es 1870 bereits 11.523 km; und die Zahl der Lokomotiven stieg im selben Zeitraum von 498 auf 3.485. Der Eisenbahnbau — nun bezogen auf das Deutsche Reich — veranschaulicht auch die Beschleunigung der Industrialisierung nach der Reichsgründung (1871): von 28.000 km im Jahre 1875 wuchs die Schienenlänge bis 1913 auf 65.000 km.

Die „Verspätung" gegenüber England einerseits, das Tempo der Industrialisierung nach der Reichsgründung andererseits werden schließlich deutlich, wenn man — zugleich als Beispiel für die Entwicklung der Schwerindustrie, des Leitsektors der Hochindustrialisierung in Deutschland — die deutsche Roheisenproduktion betrachtet: Sie stieg von 1850 bis 1871 von 0,2 auf 1,6 Millionen t, bis 1910 sogar auf etwa 14 Millionen t; nachdem sie in England 1871 6,7 Millionen t betragen hatte, wuchs sie bis 1910 „nur" auf gut 10 Millionen t. Der rasche Anstieg der Eisenproduktion, der durch den der Herstellung von Stahl noch übertroffen wurde, war auch technischen Neuerungen zu verdanken, die erst in der zweiten Hälfte des 19. Jahrhunderts die Arbeitswelt der Schwerindustrie veränderten. Etwa seit den 40er Jahren wurden Dampfmaschinen zum Abpumpen des Wassers und zum Transport von Menschen und Materialien in den Kohlengruben eingesetzt, was den Abbau von tiefergelegener Kohle und eine Steigerung der Kohleproduktion erlaubte. Die gestiegene Kohleproduktion war Vorbedingung für das Anwachsen der Eisen- und vor allem der Stahlerzeugung, die 1861 mit dem Bessemer-, 1878/79 dann mit dem Thomas-Verfahren in Schwung kamen.

An der Textilindustrie, die in Deutschland — anders als in England — nur in der Frühphase ein Leitsektor der Industrialisierung war, lassen sich die Auswirkungen der Mechanisierung in der ersten Hälfte des 19. Jahrhunderts am deutlichsten ablesen: Während um 1800 noch 77 Spinnereiarbeiter(innen) gebraucht wurden, um 1.000 Spindeln zu bedienen, waren es 1865/69 nur noch 14. Da Maschinenarbeit überdies als leichte Arbeit galt, wurden verstärkt Frauen und Kinder angeworben: Um 1830 stellten Kinder unter 14 Jahren fast ein Drittel der Belegschaft in den Baumwollspinnereien Sachsens; und über die Hälfte der Beschäftigten waren Frauen.

Herausgefordert und begünstigt wurde das industrielle Wachstum nicht zuletzt durch politische und rechtliche Rahmenbedingungen: Zu denken ist an die „Bauernbefreiung" in Preußen, die in den Jahrzehnten nach 1807 das Entstehen einer ländlichen Unterschicht aus ehemaligen Leibeigenen förderte, die nun als „freie" Arbeitskräfte zur Verfügung standen; von entscheidender Bedeutung war überdies die gesetzliche Verankerung der Arbeitsvertragsfreiheit z. B. mit § 134 der Preußischen Gewerbeordnung vom 17. Januar 1845: „Die Festsetzung der Verhältnisse zwischen den selbständig Gewerbetreibenden und ihren Gesellen, Gehilfen und Lehrlingen ist Gegenstand freier Übereinkunft."[2] — so hieß es hier, auf der Illusion basierend, Arbeitgeber und Arbeitnehmer seien wirtschaftlich gleich starke Verhandlungspartner. Zu erwähnen sind zudem die Auflösung der Handwerkszünfte und die schrittweise Einführung der Gewerbefreiheit in den Jahren von 1810/11 bis 1845, die eine Überbesetzung einzelner Handwerkszweige und damit eine Verschärfung der Konkurrenz zur Folge hatte. Nicht zu vergessen ist ferner die Gründung des Deutschen Zollvereins unter der Führung Preußens, in dem 1833/34 gut 23 Millionen Menschen zu einem einheitlichen Zoll- und Handelsgebiet zusammengeschlossen waren. Durch die Schaffung eines einheitlichen Wechsel- und Handelsrechts zu Beginn der 50er und 60er Jahre des 19. Jahrhunderts und mit der Vereinheitlichung des Geld- und Münzwesens sowie des Postverkehrs im Zuge der Reichsgründung 1871 wurden wirtschaftliche Aktivitäten nochmals nachhaltig erleichtert. Staatliche Reformen schufen also einerseits günstige rechtliche und politische Voraussetzungen für die wirtschaftliche Entwicklung; sie trugen andererseits direkt — durch „Bauernbefreiung" und Gewährung der Arbeitsvertragsfreiheit — zur Herausbildung der „modernen" Arbeiterschaft bei.

Von zentraler Bedeutung war schließlich, daß Kapital erforderlich war, um die Industrialisierung in Gang zu bringen und zu halten. Damit setzte

---

2 Preußische Gesetzessammlung 1845, S. 41 ff.

sich im 19. Jahrhundert die Wirtschaftsform des industriellen Kapitalismus durch, der durch privaten Besitz und private Verfügung über Kapital gekennzeichnet ist; dieses Kapital wird in Unternehmen, die zu Produktion und Verkauf von Waren dienen, investiert, um Profit zu machen. Die Gewinnorientierung der kapitalistischen Wirtschaftsordnung — ideologisch überhöht im Manchester-Liberalismus — setzte enorme Energien zur wirtschaftlichen Entwicklung frei, die einerseits den Aufstieg des Bürgertums zur wirtschaftlichen, bald auch gesellschaftlichen Führungsschicht mit sich brachte; sie schuf oder verschärfte jedoch andererseits soziale Mißstände in einem bisher nicht gekannten Ausmaß. Es entwickelte sich also der Interessengegensatz zwischen Kapital und Arbeit, zwischen Arbeitgeber als Besitzer der Produktionsmittel einerseits und Arbeitnehmer andererseits, dem weder die Maschinen und Werkzeuge noch die Rohmaterialien und erst recht nicht die fertigen Produkte gehörten, die er herstellte.

Zwar wuchs bald die Zahl derer, die sich ihrer wirtschaftlichen und sozialen Situation bitter bewußt wurden und vielfach „die" Arbeitgeber als ihre Interessengegner begriffen — doch der Gegensatz von Kapital und Arbeit schuf keineswegs eine einheitlich denkende und geschlossen handelnde „Arbeiterklasse". Die Arbeiterschaft war und blieb in sich gespalten und aufgeteilt — nach sozialer Herkunft, Geschlecht, Beruf, Branche, Einkommen, Religion, politischer Überzeugung, Alter, Familienstand, Wohnort usw. Aus all diesen Bedingungen formte und formt sich das individuelle politische Bewußtsein, das nicht nur von einem — gewiß wichtigen — Grundwiderspruch, sondern von vielen unterschiedlichen sozialen wie politischen Einflüssen und von persönlichen Erfahrungen usw. geprägt wird. So sollte „die" Arbeiterbewegung immer wieder die Spaltungen „der" Arbeiterschaft spiegeln; denn „das" Arbeiterbewußtsein war zu keiner Zeit — schon gar nicht in der Frühphase um die Mitte des 19. Jahrhunderts — so einheitlich, wie es manche Theoretiker und Politiker aufgrund der Stellung „der" Arbeiter gegenüber „dem" Arbeitgeber erwarteten.

Neben dem Siegeszug technischer Neuerungen, neben der Änderung rechtlich-politischer Rahmenbedingungen und neben dem Vordringen kapitalistischer Wirtschaftsformen muß als ein weiteres bedeutsames Merkmal des gesamtgesellschaftlichen Wandlungsprozesses des 19. Jahrhunderts das Bevölkerungswachstum erwähnt werden: Die Einwohnerzahl Deutschlands stieg von 24 Millionen im Jahre 1800 über 36 Millionen (1856) auf 56 Millionen im Jahre 1900. Grund dieses Anstiegs der Bevölkerungszahlen, durch den nicht nur Arbeitskräfte bereitgestellt, sondern auch — mangels Kaufkraft allerdings begrenzte — Absatzmöglichkeiten für Massenprodukte geschaffen wurden, war vor allem die sinkende Sterblichkeitsrate dank verbesserter Hygiene, ärztlicher Behandlung und auch Ernährung.

*

Was bedeutete die Industrialisierung für die betroffenen Menschen? Arbeitswelt, Umgebung und alle Lebensbereiche veränderten sich. Das Vordringen des industriellen Kapitalismus kann grob mit der Entwicklung der Beschäftigtenzahlen in den einzelnen Wirtschaftsbereichen verdeutlicht werden. Obgleich in absoluten Zahlen ständig steigend, verringerte sich der Anteil der in der Landwirtschaft Beschäftigten an der Gesamtzahl aller Erwerbstätigen von 59 im Jahre 1825 über 55 (1850) auf 38 % im Jahre 1914; demgegenüber stieg in diesem Zeitraum der Anteil der Gewerbe- und Industriebeschäftigten von 21 über 24 auf 37 %, der im Dienstleistungsbereich Arbeitenden von 17 über 21 auf 25 %.

Bereits ab der Mitte des 19. Jahrhunderts zeichneten sich die späteren Industrieschwerpunkte ab. Die Schwerindustrie — standortgebunden an Eisen- bzw. Kohlevorkommen — begann, ganzen Regionen das Gepräge zu geben: Oberschlesien, Ruhr- und Saargebiet wurden zu Industrielandschaften, in die eine Vielzahl von Menschen strömten. So wuchs die Einwohnerzahl des Ruhrgebiets von 360.000 im Jahre 1850 auf 3,5 Millionen im Jahre 1914. Und die Zahl der Großstädte nahm rasch zu: Gab es um 1800 in Deutschland nur zwei Städte mit mehr als 100.000 Einwohnern — nämlich Berlin (172.000) und Hamburg (130.000) —, so stieg deren Zahl über 3 (Berlin, Hamburg und München) im Jahre 1850 und 8 (1871) auf 48 im Jahre 1914.

So wie Industrialisierung und Verstädterung die Lebensumwelt veränderten, so verwandelte die industrielle Produktionsweise die Arbeitswelt: Die Arbeiter und Arbeiterinnen „bedienten" die Maschine, deren Arbeitstempo und „Fähigkeiten" Ablauf und Länge des Arbeitsprozesses bestimmten. Arbeitsteilung und Zerstückelung der Produktion bis zu schematischer Eintönigkeit; Dreck, Krach, Gestank und gesundheitliche Gefahr; Trennung von Arbeitsplatz und Wohnung; Unterwerfung unter das Zeit- und Arbeitsdiktat des „Fabrikherren" — diese Stichworte müssen genügen, um den Prozeß der „Entfremdung" zu beschreiben, den die industrielle Produktionsweise für mehr und mehr Arbeiter und Arbeiterinnen mit sich brachte.

Das Überangebot an Arbeitskräften — ehemaligen Bauern und Leibeigenen, Gesellen und auch Handwerkern aus niedergehenden Gewerben — machte sich auch auf dem Arbeitsmarkt bemerkbar. Durch die Konkurrenzsituation der Arbeiter und Arbeiterinnen untereinander ließen sich die Lasten des wirtschaftlichen Wettstreits in Form von verschärfter Ausbeutung auf die Arbeiterschaft abwälzen: Eine Arbeitszeit von mehr als 13 Stunden pro Tag war — bei allen beruflichen, betrieblichen und regionalen Unterschieden — bis zur Mitte des 19. Jahrhunderts die Regel; die Bruttoreallöhne wurden bis zu Beginn der 70er Jahre unter das Niveau der ersten Jahrzehnte des 19. Jahrhunderts gedrückt; die Lohnsituation wurde zudem vielfach durch das Trucksystem, d. h. durch die Entlohnung durch Waren, statt durch Geld, verschlechtert. Auch in den Wohnverhältnissen spiegelte sich die soziale Misere: Daß ganze Familien von sechs oder auch mehr Personen in einem oder zwei Zimmern wohnten, war keine Seltenheit.

*

Die Arbeiterschaft — also Arbeiter und Arbeiterinnen mit ihren Familien — sah sich den katastrophalen sozialen Begleiterscheinungen des industriellen Kapitalismus weitestgehend schutzlos ausgeliefert. Erste Ansätze zu staatlichen Eingriffen zeigten sich zunächst auf dem Gebiete des Kinder- und Jugendschutzes; so wurde 1839 in Preußen nicht zuletzt auf Drängen von Militärs, die eine Schädigung „ihres Rekrutenmaterials" befürchteten, erstmals die Kinderarbeit eingeschränkt: Kinder zwischen 9 und 16 Jahren durften nicht länger als 10 Stunden pro Tag in Fabriken und Bergwerken beschäftigt werden; überdies war Nacht-, Sonn- und Feiertagsarbeit verboten. Da diese Auflagen jedoch keineswegs überall erfüllt wurden, wurde mit der preußischen Gewerbeordnung vom 17. Januar 1845 der örtlichen Polizei die Weisung erteilt, darauf zu achten, daß bei der Beschäftigung von Handwerksgesellen und Lehrlingen Rücksicht auf die „Wahrung von Gesundheit und Sittlichkeit" genommen werde.

Den gegen die schlimmsten Auswüchse der Industrialisierung gerichteten Schutzbestimmungen zugunsten der Arbeiter und Arbeiterinnen, vor allem der Kinder und Jugendlichen, standen jedoch andererseits politisch-rechtliche Behinderungen gegenüber, die jegliche unabhängige organisierte Interessenvertretung der Arbeiterschaft vereiteln sollten. So waren nach der Preußischen Gewerbeordnung von 1845 (§ 182) Verabredungen von Gehilfen, Gesellen oder Fabrikarbeitern zum Streik mit Gefängnisstrafen bis zu einem Jahr bedroht; und die „Bildung von Verbindungen unter Fabrikarbeitern, Gesellen, Gehilfen oder Lehrlingen ohne polizeiliche Erlaubnis ist, sofern nach den Kriminalgesetzen keine härtere Strafe eintritt, an den Stiftern und Vorstehern mit Geldbuße bis zu 50 Talern oder Gefängnis bis zu vier Wochen, an den übrigen Teilnehmern mit Geldbußen bis zu 20 Talern oder Gefängnis bis zu 14 Tagen zu ahnden".[3] In dem Maße,

---

3 Preußische Gesetzessammlung 1845, S. 41 ff.

in dem sich wachsende Kreise der Arbeiterschaft der Gleichheit ihrer Lage als ökonomisch und politisch bedingtes und von daher veränderbares Massenschicksal bewußt wurden, wuchs die Bereitschaft zu organisatorischem Zusammenschluß — aber auch der Abwehrwillen seitens Unternehmerschaft und Staat.

## 2. Auf dem Weg zur Gründung der ersten Gewerkschaften

Der Weg zur Herausbildung der ersten Arbeiterorganisationen war lang; er spiegelte den schwierigen Lernprozeß, in dem sich schließlich — angeregt von früheren Erfahrungen und unterstützt von sozial engagierten Nicht-Arbeitern — bei Gesellen und Arbeitern das Bewußtsein entwickelte, daß die eigenen Interessen am besten durch eigene Organisationen zu vertreten seien.

In den ersten Jahrzehnten der Industrialisierung, also in den 1830er und 40er Jahren, zeigten sich nur selten Ansätze zu dauerhaftem Zusammenschluß in Vereinen. Frühe Formen der Organisation waren Unterstützungskassen zur Selbsthilfe bei Krankheits- und Sterbefällen sowie zur Wanderunterstützung. Hinzu kamen Bildungsvereine — z. B. in Berlin (1844), in Hamburg (1844/45) und in Hannover (1845) — und von Fall zu Fall gebildete Streikvereine. Gerade durch die Bildungsvereine, selbst wenn sich diese oftmals unter aktiver Mithilfe oder auch Führung von Vertretern des Bürgertums oder der Kirchen entwickelten, wurde die Idee der eigenverantwortlichen Organisation gestärkt. Und die Protestbewegungen des Vormärz, der Jahre vor der März-Revolution 1848 also, zeigten mit zahlreichen Bittschriften an Arbeitgeber und Behörden die wachsende Unzufriedenheit mit den sozialen und politischen Verhältnissen: Weniger in den Hunger-Unruhen sowie den vereinzelten Fällen von Maschinenstürmerei und in den Protesten von Handwerkern und Heimarbeitern gegen Verleger und Kaufleute wie im Weber-Aufstand 1844, eher hingegen in den Streiks und Boykotten von Handwerksgesellen, aber auch Eisenbahnbauarbeitern zeichneten sich „neue" — dann — traditionsbildende Kampfformen ab. Organisation und sozialer Protest — das waren die beiden Elemente der gesellschaftlichen Entwicklung um die Mitte des 19. Jahrhunderts, die die Arbeiterbewegung zusammenbinden sollte.

Doch nicht die Ärmsten der Armen wurden zu Vorkämpfern der Organisationsidee. Führend waren vielmehr die Handwerker-/Gesellen-Arbeiter; denn die Tagelöhner und Heimarbeiter hatten weder organisatorische Tradition und Erfahrung noch Selbstbewußtsein und auch keine finanziellen Möglichkeiten, das punktuelle und befristete Aufbegehren durch kostspielige Organisationen zu „verstetigen". Auch mit Blick auf die

um die Jahrhundertmitte noch geringe zahlenmäßige Stärke der Industriearbeiterschaft ist es nicht verwunderlich, daß vor allem die Handwerksgesellen zu Trägern des Organistionsgedankens wurden. Geprägt von
starkem beruflichen Selbstbewußtsein, das in vorindustriellem Hand-
werksstolz wurzelte, empfanden sie die kapitalistische Ausformung des
Arbeitsverhältnisses und den Wandel der Arbeitsbedingungen als Angriff
auf die eigenen Hoffnungen und Erwartungen. Konnten die Gesellen
früher die Angemessenheit des Lohns im Verhältnis zum Preis der Ware
einschätzen, war also die Forderung eines „gerechten Lohns", der eine
„angemessene" Lebensführung gestattete, durchaus realitätsnah, so war die
moderne industrielle Kalkulation undurchsichtig; außerdem wurde die
Arbeit durch den zunehmenden Einsatz von Maschinen zerstückelt und
damit die handwerkliche Qualifikation entwertet; und schließlich war der
früher sichere Aufstieg zum selbständigen Handwerksmeister für die
meisten Gesellen unerreichbar geworden. Nicht Arbeiter, sondern Gesellen
schufen also die ersten Verbände, die teils berufsständische, teils radikalde-
mokratische Ziele verfolgten.

*

Berufliches Traditionsbewußtsein in Verbindung mit sozialer und politischer Gegenwartserfahrung begünstigte also die Herausbildung der Arbeiterorganisationen. Das zeigen die Gesellenbünde, die einerseits an eine bis
ins Mittelalter zurückreichende Tradition des Zusammenschlusses und
auch des Arbeitskampfes anknüpfen konnten, die andererseits kaum ohne
die Furcht vor sozialem Abstieg und ohne die Berührung mit freiheitlich-
demokratischen Gedanken entstanden wären, die die wandernden Gesellen
vor allem in der Schweiz und in Frankreich kennengelernt hatten. Zu
erwähnen ist der 1834 in Paris von aus politischen Gründen ausgewanderten
Intellektuellen und Handwerksgesellen gegründete radikal-demokratische
geheime „Bund der Geächteten"; von diesem spaltete sich 1837 der „Bund
der Gerechten" ab, der zunächst von den sozialrevolutionären Ideen des
Magdeburger Schneidergesellen Wilhelm Weitling geprägt war und sich
dann unter dem Einfluß von Karl Marx und Friedrich Engels 1847 in „Bund
der Kommunisten" umbenannte.

Von kaum zu überschätzender Bedeutung für die spätere Entwicklung
(nicht nur) der Arbeiterbewegung waren die Grundprinzipien dieses
Bundes, war das „Kommunistische Manifest", das Marx und Engels im
Februar 1848 in London veröffentlichten.[4] Ausgehend von der materialisti-

---

4 Karl Marx/Friedrich Engels, Manifest der Kommunistischen Partei, 1848, in: Dieter
  Dowe u. Kurt Klotzbach (Hrsg.), Programmatische Dokumente der deutschen
  Sozialdemokratie, 2., überarb. u. aktualisierte Aufl., Berlin u. Bonn 1984, S. 60 ff.

schen Geschichtsauffassung, nach der die „Geschichte aller bisherigen Gesellschaft [. . .] die Geschichte von Klassenkämpfen" gewesen sei, entfalteten Marx und Engels hier — die englische Entwicklung vor Augen — das Bild des modernen Kapitalismus: Basis der Abhängigkeit des Menschen vom Menschen, Basis von Ausbeutung und Unterdrückung, Basis auch der politischen Herrschaft der Bourgeoisie sei das Privateigentum an Produktionsmitteln. Im Zuge der Entwicklung werde sich die Gesellschaft „mehr und mehr in zwei große feindliche Lager, in zwei große, einander direkt gegenüberstehende Klassen: Bourgeoisie und Proletariat" spalten. Aber: „Mit der Entwicklung der großen Industrie wird [. . .] unter den Füßen der Bourgeoisie die Grundlage selbst hinweggezogen, worauf sie produziert und die Produkte sich aneignet." Denn mit der voranschreitenden Durchsetzung des Kapitalismus werde die Arbeiterschaft immer stärker. So produziere die Bourgeoisie „vor allem ihre eigenen Totengräber. Ihr Untergang und der Sieg des Proletariats sind gleich unvermeidlich".

Ziel der Kommunisten sei es, diesen Sieg herbeizuführen, und zwar durch „Bildung des Proletariats zur Klasse, Sturz der Bourgeoisieherrschaft, Eroberung der politischen Macht durch das Proletariat". Nötig seien also die Abschaffung des Privateigentums an Produktionsmitteln und der „gewaltsame Umsturz aller bisherigen Gesellschaftsordnung". Wie ein Fanal wirkten die Schlußsätze: „Mögen die herrschenden Klassen vor einer kommunistischen Revolution zittern. Die Proletarier haben nichts in ihr zu verlieren als ihre Ketten. Sie haben eine Welt zu gewinnen. Proletarier aller Länder, vereinigt euch!"

Sollte das „Kommunistische Manifest" später auch eine große politische Bedeutung erlangen — Mitte des 19. Jahrhunderts ging es an der politischen und sozialen Situation in Deutschland vorbei: Noch war das Proletariat keine Masse, noch gab es keine proletarische Massenorganisation — und das Bewußtsein der eigenen gemeinsamen Interessen mußte sich in der erst entstehenden Arbeiterschaft noch entwickeln. Allerdings beschleunigte die Revolution 1848 mit der verstärkten Politisierung der Bevölkerung diesen Prozeß der Bewußtseinsbildung.

Die Revolution vom März 1848 war mit ihren zentralen Zielen — nationale Einheit, parlamentarische Demokratie auf verfassungsmäßiger Grundlage, gleiches Wahlrecht — eine im Kern bürgerliche Revolution. Schon der Regierungsantritt Friedrich Wilhelms IV. in Preußen im Jahre 1840 hatte gerade auch im liberal gesinnten Bürgertum Hoffnungen auf ein Ende der absolutistischen Herrschaft geweckt; so ließ dann — vor dem Hintergrund der Hungerkrisen der 40er Jahre — die Enttäuschung über die ausbleibenden Reformen die französische Februar-Revolution auch auf Deutschland übergreifen. Doch getragen wurde die Revolution vor allem von Handwerkern und Arbeitern, die auf den Barrikaden eben nicht nur für die Demokratie, sondern auch für ihre sozialen und wirtschaftlichen Ziele kämpften. Direkte Folge der Revolution war die Einberufung des Frankfurter Parlaments im Frühjahr 1848, das in der Paulskirche eine Verfassung ausarbeitete. Die wenigen Monate des Vormärz und der Revolution, in denen es so aussah, als könnten die monarchischen Staaten demokratisiert werden, genügten, um der Organisationsidee zum Durchbruch zu verhelfen.

*

So wurden 1847/48 — anknüpfend an frühe sozialkritische Überlegungen von christlichen Laien und Geistlichen und auch an die Tradition von Frömmigkeits- und Hilfsvereinen — die ersten katholischen und evangelischen Arbeitervereine gegründet. Sie standen unter geistlicher Leitung, waren also eingebunden in die kirchliche Hierarchie, und sollten der Festigung des Glaubens, der Bildung und Geselligkeit sowie der Hebung des Standesbewußtseins der Arbeiter dienen, um damit insgesamt einen Beitrag zur Lösung der „sozialen Frage" zu leisten.

Parallel zur Entwicklung der ersten Arbeitervereine breitete sich die von Adolph Kolping erstmals 1847 realisierte Idee der Katholischen Gesellenvereine aus, die unverheirateten Männern religiöse Belehrung, berufliche Weiterbildung und familiäre Geselligkeit bieten sollten; die Gesellenvereine zählten 1855 12.000, dann 1870/71 schon etwa 70.000 Mitglieder.

Derartige Bemühungen um die Einbindung speziell der Arbeiter fanden in der katholischen Kirche deutliche Unterstützung. Zu nennen ist vor allem Bischof Wilhelm Emanuel Freiherr von Ketteler, der sich seit seinen Adventspredigten 1848 immer wieder und mit zunehmender Schärfe für die Besserung der sozialen und politischen Lage der Arbeiterschaft einsetzte. Demgegenüber hielt sich die evangelische Kirche eher zurück; Johann Heinrich Wicherns Eintreten für die soziale Fürsorge im Rahmen seines Programms der „Inneren Mission" war also fast eine Ausnahme. Katholische und evangelische Sozialreformer stimmten jedoch um die Mitte des 19. Jahrhunderts darin überein, daß sie die „soziale Frage" vor allem als eine Frage der Moral, als kirchlichen Auftrag zur Gesinnungsreform betrachteten. Ihr Plan war die Gründung von Vereinen *für* die Arbeiter.

*

Doch gerade im Zuge der Revolution begann eine wachsende Zahl von Arbeitern, die Notwendigkeit der eigenen Organisation zu erkennen. Begünstigt wurde dieser Lernprozeß durch die Märzrevolution, die mit der

*Barrikadenkämpfe auf dem Berliner Alexanderplatz am 18. März 1848*

Presse-, Vereins- und Versammlungsfreiheit die rechtlichen Voraussetzungen für eine Ausbreitung der Arbeiter- und Gesellenorganisationen schuf. Außerdem wurde das Frankfurter Parlament als Adressat von Forderungen „entdeckt", um demokratische *und* soziale Reformziele in die Verfassungsberatungen einzubringen.

Zu erwähnen ist hier insbesondere die Initiative des Schriftsetzers Stephan Born, der mit dem Berliner „Zentralkomitee für Arbeiter" im April 1848 für Ende August/Anfang September 1848 einen Allgemeinen deutschen Arbeiterkongreß nach Berlin einberief, auf dem die „Arbeiterverbrüderung" gegründet wurde. Träger dieser ersten deutschen „Massenbewegung" der Arbeiterschaft waren Handwerksgesellen, qualifizierte Facharbeiter und auch Meister. Im sozialpolitischen Programm der Arbeiterverbrüderung vom September 1848 wurden nicht nur die traditionellen Wege der sozialen Selbsthilfe — Wanderunterstützungs-, Kranken- und Sterbekasse — empfohlen, sondern neben der Einrichtung eines Arbeitsnachweises standen die Ziele, Produktions- und Konsumgenossenschaften zu gründen und den 10-stündigen Arbeitstag gesetzlich zu verankern. Außerdem wurde eine eigene Zeitschrift — „Die Verbrüderung" — herausgegeben.

Schon im Juni 1848 hatte sich im übrigen das Berliner „Zentralkomitee für Arbeiter" mit wegweisenden Forderungen an die Frankfurter Nationalversammlung gewandt, zu denen z. B. zählten: Bestimmung des Minimums des Arbeitslohnes und der Arbeitszeit durch Kommissionen von Arbeitern und Meistern oder Arbeitgebern; Regelung der Zahl der Lehrlinge, welche ein Meister halten darf, durch Kommissionen von Meistern und Arbeitern; Verbindung der Arbeiter zur Aufrechterhaltung des festgesetzten Lohnes; Aufhebung der indirekten Steuern, Einführung progressiver Einkommensteuer mit Steuerfreiheit derjenigen, die nur das Nötigste zum Leben haben; Unentgeltlicher Unterricht und kostenlose Volksbibliotheken; Aufhebung aller für das Reisen der Arbeiter gegebenen Ausnahmegesetze, allgemeine Heimatberechtigung und Freizügigkeit sowie Schranken gegen Beamtenwillkür; Beschäftigung der Arbeitslosen in Staatsanstalten, Errichtung von Musterwerkstätten durch den Staat und staatliche Versorgung aller Hilflosen und also auch aller Invaliden der Arbeit; Herabsetzung der Wählbarkeit für die preußische Kammer auf das 24. Lebensjahr. Doch dieser Vorstoß scheiterte ebenso wie andere sozialreformerische Anträge an der liberal orientierten Mehrheit des Parlaments, die allein — und das soll nicht gering geschätzt werden — bürgerliche Freiheitsrechte und nationale Einheit schaffen wollte. Soziale Regelungen jedenfalls konnten sich in den Verfassungsberatungen nicht durchsetzen.

Die „Arbeiterverbrüderung" hingegen war wegweisend noch in einem anderen, viel umfassenderen Sinne: Unter der Parole „Einer für alle, Alle für einen" machte sie die Prinzipien von Selbsthilfe, Solidarität und sozialer Reform zu Eckpfeilern der Arbeiterbewegung. Selbsthilfe und Einigkeit — das waren die Schlüsselworte der frühen Arbeiterbewegung. Allenthalben — so auch im Aufruf des Zentralkomitees der „Arbeiterverbrüderung" an sämtliche Arbeiter und Arbeitervereine vom 18. September 1848[5] — hieß es: „Wir Arbeiter müssen uns selbst helfen." Und auch hier die Mahnung zur Geschlossenheit: „Seid einig, dann seid Ihr stark." Die Grenzen zwischen Verein, politischer Partei und Gewerkschaft waren um die Mitte des 19. Jahrhunderts sehr fließend. So gehörten zur „Arbeiterverbrüderung" zeitweise nicht nur einige örtliche Berufsverbände, z. B. der der Berliner Maschinenbauer; sondern assoziiert war 1850 auch der Zigarrenarbeiter-Verband, der mit dem Buchdrucker-Verein, der ebenfalls Kontakte zu Born unterhielt, zu den ersten deutschen Gewerkschaften zählte.

*

---

5 Zitiert nach: Horst Schlechte, Die Allgemeine Deutsche Arbeiterverbrüderung 1848—1850. Dokumente des Zentralkomitees für die deutschen Arbeiter in Leipzig, Weimar 1979, S. 338—340.

Die erste nationale Gewerkschaftsgründung ging auf die Initiative standes-bewußter Buchdruckergesellen und Prinzipale (Druckereibesitzer) zurück. Sie — bzw. die Delegierten von 12.000 Druckern und Setzern — gründeten auf dem Kongreß vom 11. bis 14. Juni 1848 in Mainz den Nationalen Buchdrucker-Verein, um sich — so in ihrer Petition an die Frankfurter Nationalversammlung[6] — gegen das „Herabdrücken zur Fabrikarbeit" zu verteidigen, das sie wegen der Einführung von Dampfmaschine und Schnellpresse in den Druckereien befürchteten. Schutz vor sozialem Abstieg und sozialen Risiken, insbesondere vor den Folgen saisonaler Arbeitslosigkeit und sinkender Löhne, waren die Hauptziele des Vereins, die in der Petition an die Nationalversammlung unterstrichen wurden; hier wurde u. a. die Gründung eines Arbeiterministeriums, die Abschaffung aller die Arbeiter diskriminierenden Gesetze, die Überwachung der Lehrlingsausbildung, die Regulierung des Maschinenwesens und die Schaffung eines umfassenden Versicherungswesens gefordert. Daß die Gesellen jedoch einen nationalen Setzer- und Druckertarif verlangten, traf auf den Widerstand der Prinzipale und führte zu mehreren Arbeitskämpfen. Daraufhin wurde auf einem 2. Kongreß — Ende August 1848 in Frankfurt/ M. — der Tarif-Beschluß geändert, was die Abwanderung von Gesellen aus dem „Allgemeinen Deutschen Buchdrucker-Verein" und Ende September/ Anfang Oktober 1849 in Berlin die Gründung des „Gutenberg-Bundes" bewirkte.

Der Gutenberg-Bund zielte — so das Statut vom Oktober 1849 (Dokument 1) — auf die „Begründung, Hebung und Sicherstellung des materiellen und geistigen Wohles der Buchdrucker und Schriftgießer, ebensowohl der Prinzipale wie der Gehülfen". Auch dieser Verband wurde also anfangs von standesbewußten Druckereiarbeitern und Prinzipalen getragen. Rund 3.000 Mitglieder, die in 148 Orten lebten, zählte der Gutenberg-Bund im Oktober 1849. Gelenkt von Karl Fröhlich, forderte er nicht nur eine Beschränkung der Lehrlingsausbildung, sondern auch die Festsetzung eines einheitlichen Lohn- und Arbeitszeittarifs, um den Konkurrenzdruck der Arbeiter untereinander zu mildern. Zumindest ansatzweise gelang es dem Verband zudem, ein Unterstützungswesen aufzubauen, das eine Wander-, Kranken- und Invaliden- sowie eine Lebensversicherung umfaßte. Eine Arbeitskampforganisation war der Verband nicht; vielmehr ging es ihm — ähnlich wie den Arbeitervereinen — darum, berufsständische Probleme durch Forderung und Verhandlung in Kontakt mit Arbeitgebern und Regierungsstellen zu lösen. Doch schon dies — zusammen mit dem Angebot von Fortbildungsmaßnahmen, mit

---

6 Abgedruckt in: Willi Krahl, Der Verband der deutschen Buchdrucker, Bd. 1, Berlin 1916, S. 219 f.

dem demokratischen Aufbau und mit der Einrichtung von Unterstützungskassen — wies den Weg zur gewerkschaftlichen Organisation.

*

Ebenfalls 1848 — auf dem Ersten Zigarrenarbeiter-Kongreß in Berlin vom 25. bis 29. September — wurde die „Assoziation der Zigarren-Arbeiter Deutschlands" gegründet. Anders als die standesbewußten Buchdrucker, die ihren Status verteidigen wollten, ging es den Zigarrenarbeitern vor allem um die Verbesserung ihrer Position und ihres Ansehens. Da ihre Arbeit zwar als ungesund, aber leicht galt, wurden billige Arbeitskräfte — Frauen und Kinder ebenso wie Zuchthausinsassen — angeworben bzw. verpflichtet, was den Ruf der Zigarrenarbeiter in einer ständisch geprägten Umwelt nicht gerade verbesserte. Günstig für die Durchsetzung der Organisationsidee war offenbar, daß die Zigarrenherstellung regional — in Westfalen, Sachsen und Baden — konzentriert war; die Stille des Arbeitsprozesses erwies sich außerdem als gesprächsfördernd; und die schlechte soziale Lage empfahl dringend Abhilfe.

Auch diese Verbands-Gründung zeigte eindrucksvoll die Bedeutung des Zunftvorbildes — selbst da, wo keine berufsständische Tradition vorhanden war, an die hätte angeknüpft werden können. So zählte einerseits zu den zentralen Zielen des Verbandes die Reglementierung des Arbeitsmarktes; d. h. Frauen-, Kinder- und Gefängnisarbeit sollten verboten werden. Und außerdem glaubten die Gründer, mit ihren Statuten vom 13. September 1849 (Dokument 2) alle Zigarrenarbeiter zur Mitgliedschaft in ihrer Assoziation verpflichten zu können.

Andererseits zeigten sich auch gewerkschaftliche Ansätze, schaut man auf den demokratischen Organisationsaufbau, auf die Selbstfinanzierung durch Beiträge und auf die Forderung nach Lohntarifen und Schiedsgerichten für Konfliktfälle mit den Arbeitgebern; zu den Mitteln der Interessenvertretung sollte zudem der Arbeitskampf gehören, wenngleich sich die gewerkschaftlichen Zusammenschlüsse der Revolutionszeit kaum als Arbeitskampforganisationen verstanden. Auch versuchte der Zigarrenarbeiter-Verband ein Unterstützungswesen, eine Witwen- und Waisenkasse, aufzubauen. Und schließlich zählte die berufliche Weiterbildung der Mitglieder zu den statutenmäßig festgelegten Zielen. Es spricht für die Stärke des Organisationsbedürfnisses bei den Zigarrenarbeitern, daß der Verband unter der Leitung von Wenzel Kohlweck rasch 1.000 Mitglieder gewann und im September 1849 sogar 12.800 Mitglieder in 77 Orten zählte.

## 3. Organisatorischer Rückschlag in der Reaktionszeit der 50er Jahre

Kaum daß sich die ersten Organisationen der Arbeiterschaft gebildet hatten, wurden sie im Zuge der Reaktionszeit verboten; Adel, Militär und ein anpassungswilliges Bürgertum verhinderten die Durchsetzung politischer Freiheitsrechte. Zwar garantierten einerseits das Preußische Vereinsgesetz vom 11. März 1850 und der Bundesbeschluß vom 13. Juli 1854 die Vereins- und Versammlungsfreiheit, doch andererseits wurde ein Generalverbot für alle Arbeitervereine ausgesprochen, die „politische, sozialistische oder kommunistische Zwecke verfolgen". Außerdem wurde allen als politisch eingestuften Vereinen die Aufnahme von Frauen, Schülern und Lehrlingen untersagt; und darüber hinaus war es ihnen verboten, miteinander in organisatorische Verbindung zu treten. Die „Arbeiterverbrüderung", die noch im Februar 1850 zumindest bei den Zigarrenarbeitern erfolgreich für die Zusammenarbeit von politischen und gewerkschaftlichen Organisationen geworben hatte, der Gutenbergbund und die Zigarrenarbeiter-Assoziation, sie alle wurden bereits 1850 in Preußen und bis 1854 in den übrigen Bundesländern Opfer politischer Verfolgung. Aber die Idee der Organisation lebte zunächst in den Kassen- und Unterstützungseinrichtungen fort, bis auch diese 1853/54 aufgelöst bzw. in behördlich kontrollierte Versicherungen umgewandelt wurden. Nur einzelne gewerkschaftliche Kassen blieben auf betrieblicher oder örtlicher Ebene erhalten; an diese konnte in den 60er Jahren dann angeknüpft werden.

Ganz wurde also die Kontinuität der gewerkschaftlichen Idee in den 50er Jahren nicht zerstört: Verdeckte Organisationen, die Erfahrungen von Gewerkschaftsgründern und -mitgliedern und vor allem das alltägliche Erlebnis des Interessenkonflikts mit den Arbeitgebern, das auch in den 50er Jahren, besonders 1855 und 1857, zu „Streikwellen" führte, ließen sich nicht einfach „verbieten". Doch während die selbständige Arbeiterbewegung zerschlagen wurde, entwickelten sich Organisationen, die sich entweder — wie die kirchlichen Vereine — ausdrücklich an Arbeiter und Gesellen wandten oder aber für schichten- und klassenübergreifende Verbände warben. Vor allem die Genossenschaftsidee, die ja auch in der „Arbeiterverbrüderung" eine Rolle spielte, ist hier zu nennen. Wie Friedrich Wilhelm Raiffeisen, Bürgermeister eines Dorfes im Westerwald, für den landwirtschaftlichen Bereich, so propagierte Hermann Schulze-Delitzsch seit den 50er Jahren den genossenschaftlichen Zusammenschluß von Händlern und Handwerkern; als überzeugter Liberaler hoffte er, damit den unteren Mittelstand gegen das Vordringen der (Groß-)Industrie schützen zu können. Zwar wandte sich Schultze-Delitzsch auch an Fabrikarbeiter — doch denen konnte die Gründung von Kreditgenossenschaften wenig helfen; denn ihnen fehlte nicht nur Geld, sondern Erfahrung und Ausbildung.

Schon die 50er Jahre zeigten das Doppelgesicht obrigkeitsstaatlichen Umgangs mit der Arbeiterschaft: Die selbständigen Organisationen der Arbeiterbewegung wurden zerschlagen — und zugleich wurden (sehr behutsame) Versuche gemacht, die schlimmsten Auswüchse der „sozialen Frage" zu mildern: Im Mai 1853 wurde in Preußen die staatliche Fabrikinspektion geschaffen, die vor allem den Jugendschutz überwachen sollte; überdies wurde das Mindestalter für die Zulassung zur Fabrikarbeit auf 12 Jahre heraufgesetzt; zwischen 12 und 14-jährige durften nicht länger als 7 Stunden pro Tag beschäftigt werden. Und 1854 wurden erste Weichen in Richtung auf eine Kranken- und Invalidenversicherung gestellt. Doch derartige sozialpolitische Initiativen richteten noch weniger aus als der sprichwörtliche Tropfen auf den heißen Stein; vorherrschend blieb die Neigung des Staates, die „soziale Frage" als Polizeiproblem zu sehen.

Nicht nur die gesellschaftliche Benachteiligung der Arbeiterschaft, sondern gerade die rechtlichen Behinderungen und erst recht das Verbot all ihrer organisatorischen Bemühungen erzwangen geradezu eine Politisierung der Arbeiterbewegung. Denn jede Forderung nach sozialen Verbesserungen setzte notwendigerweise politische Rechte voraus, die erst einmal erobert werden mußten. Jede Arbeiterorganisation mußte also — solange es keine Koalitionsfreiheit, keine gesicherte Versammlungs-, Vereins- und keine Pressefreiheit gab — politische Forderungen in den Mittelpunkt ihrer Programmatik stellen.

So trug die Reaktionszeit mit ihrem obrigkeitsstaatlichen Erbe dazu bei, daß sich die Arbeiterbewegung bald mit um so stärkerem, vor allem politisch motivierten Schwung entwickelte. Die Arbeiterbewegung mochte sich zwar bremsen lassen — nicht aber der wirtschaftliche und soziale Wandlungsprozeß, der sie erzeugte und auf den sie antwortete. Allein im Jahrzehnt von 1851 bis 1860 verdoppelte sich die Industrieproduktion, das Eisenbahnnetz wuchs von 5.870 auf 11.150 km und die Leistung der Dampfmaschinen stieg von 260.000 auf 850.000 PS. Die Industrialisierung schritt voran — und mit ihr die Herausbildung der Arbeiterschaft.

# II. Aufschwung der Arbeiterbewegung in den 60er und 70er Jahren des 19. Jahrhunderts

Der Prozeß der Industrialisierung, der in Deutschland erst mit den 1850er Jahren richtig in Schwung kam, setzte sich in den folgenden Jahrzehnten mit zunehmender Beschleunigung fort. Das trug entscheidend dazu bei, daß die „soziale Frage" — neben dem Problem der nationalen Einigung — in den 60er Jahren zum beherrschenden Thema der Auseinandersetzungen zwischen den großen weltanschaulichen Zeitströmungen — Christentum, Liberalismus und Sozialismus — wurde, die alle nachhaltigen Einfluß auf die Entwicklung der Gewerkschaftsbewegung in Deutschland ausüben sollten.

## 1. *Zur Herausbildung der Klassengesellschaft*

In den 50er und 60er Jahren wurde vollends klar, daß der Industrie die Zukunft gehörte. Auch 1870 waren noch mehr Menschen in Landwirtschaft und Handwerk als in der Industrie beschäftigt, doch ihr Anteil an der Arbeitnehmerschaft sank; und die Mechanisierung erfaßte immer stärker auch die Kleinbetriebe und die handwerkliche Produktion. Zwar war Deutschland 1870 noch ein Agrarstaat, doch die letzten Weichen zum Industriestaat wurden nun gestellt: Der deutsch-französische Krieg 1870/71 und die Reichsgründung 1871 unterstützten nicht nur ganz allgemein mit der dadurch ausgelösten „nationalen Hochstimmung" die wirtschaftliche Entwicklung; sondern vor allem die Übernahme der Gewerbefreiheit aus der Ordnung des Norddeutschen Bundes und die Vereinheitlichung von Geld-, Aktien- und Postwesen sowie die französischen Reparationszahlungen riefen einen „Gründungsboom" hervor, der indessen bald — 1873/74 — in einen langdauernden wirtschaftlichen Abschwung mündete.

Mit der Durchsetzung des industriellen Kapitalismus wurde das Bürgertum zur wirtschaftlich vorherrschenden Schicht. Zwar waren Bürokratie, Diplomatie und Militär vom preußischen Adel aus den Provinzen östlich der Elbe geprägt, doch die aufstrebende Industrie, die großen Handelsunternehmen und auch die Banken bildeten die Grundlage des wirtschaftlichen Einflusses des Großbürgertums. Aber wie schon in den 50er Jahren paßte sich das Bürgertum in seinen politischen Ordnungsvorstellungen weitgehend an den monarchischen Obrigkeitsstaat an; voller Bewunderung für die in Reichskanzler Otto von Bismarck verkörperte

Politik deutscher Stärke und befangen im Traum von Deutschlands Größe und Weltgeltung übernahmen weite Kreise des Bürgertums in den Jahrzehnten nach der Reichsgründung preußische Tugend- und Herrschaftsideen: Disziplin, Fleiß, Unterordnung — gelernt in Familie, Schule und Militär — wurden zum prägenden Wertekanon, der — überhöht im unternehmerischen „Herr-im-Hause"-Standpunkt — auch die Arbeitswelt prägen sollte.

In den 70er Jahren — wohl unter dem Eindruck der wirtschaftlichen Krise — begann sich die unternehmerische Macht immer stärker zu konzentrieren. Es bildeten sich die ersten Kartelle und Konzerne. Namen wie Alfred Krupp und Carl Ferdinand Feiherr von Stumm-Halberg wurden zum Symbol für überaus erfolgreiche unternehmerische Leistung wie für patriarchalisch-autoritären Umgang mit „ihren" Arbeitern. „Herr-im-Haus"-Anspruch und betriebliche Sozialpolitik bildeten sich in diesen Jahrzehnten heraus, um den Arbeitern einerseits jegliche wirtschaftliche Mitsprache zu verwehren, um sie andererseits gegen die Verlockungen radikaler politischer oder gewerkschaftlicher Organisationen zu immunisieren. Deutlicher als Krupp in einem „Wort an meine Angehörigen" vom Februar 1877 konnte man diesen Standpunkt kaum vertreten: Jeder — so führte er aus — müsse „seine Schuldigkeit tun in Friede und Eintracht und in Übereinstimmung mit unseren Vorschriften". Und, an „seine Arbeiter" gewandt, fuhr er mahnend fort: „Genießet, was Euch beschieden ist. Nach getaner Arbeit verbleibt im Kreise der Eurigen, bei den Eltern, bei der Frau und den Kindern und sinnt über Haushalt und Erziehung. Das sei Eure Politik, dabei werdet Ihr frohe Stunden erleben. Aber für die große Landespolitik erspart Euch die Aufregung. Höhere Politik treiben erfordert mehr freie Zeit und Einblick in die Verhältnisse, als dem Arbeiter verliehen ist. Ihr tut Eure Schuldigkeit, wenn Ihr durch Vertrauenspersonen empfohlene Leute erwählt. Ihr erreicht aber sicher nichts als Schaden, wenn Ihr eingreifen wollt in das Ruder der gesetzlichen Ordnung. Das Politisieren in der Kneipe ist nebenbei sehr teuer, dafür kann man im Hause Besseres haben."[1]

Noch in den 50er und 60er Jahren waren die Leiter großer Unternehmen zumeist auch deren Besitzer; Arbeitgeber- und Eigentümerfunktion waren also in einer Person zusammengefaßt. Seit den 70er Jahren, mit dem Vordringen des Aktienwesens, traten diese beiden „Rollen" erst allmählich, dann jedoch in zunehmendem Maße auseinander. Die Folgen waren die „Anonymisierung" des Kapitals und die Ausbreitung der Manager, d. h. der dem Eigentümer verantwortlichen Unternehmer. Außerdem entwickelte

---

1 Zitiert nach Wilhelm Berdrow (Hrsg.)), Alfred Krupps Briefe 1826—1887, Berlin 1928, S. 342 ff.

*Mit dem am 16. September 1861 eingeweihten Schmiedehammer „Fritz" trat die Kruppsche Gußstahlfabrik in die Reihe der größten Schmieden der Welt ein.*

*Im Bessemer-Stahlwerk von Krupp um 1900.*

sich in den 70er Jahren das unternehmerische Verbandswesen, mit dem die wirtschaftlichen, sozialen und politischen Interessen der Unternehmer vertreten werden sollten. Diese Jahre brachten einen ersten Schub der Organisierung der Konfliktparteien auf dem Arbeitsmarkt: Eine Vielzahl von Anti-Streikvereinen wurde gegründet; auch die ersten Fabrikantenvereine entstanden jetzt; und 1875 wurde der Centralverband Deutscher Industrieller gebildet, der von der Schwerindustrie geprägt war.

Parallel zum Vormarsch des industriellen Kapitalismus spitzten sich in den Jahrzehnten um die Reichsgründung die oben skizzierten Veränderungen von Berufswelt und Arbeitsplatz weiter zu; genannt seien zudem: die drückende Ausbeutung der Arbeiterschaft, die fortschreitende Verstädterung mit ihren Folgen von der Wohnungsnot bis hin zur sozialen Entwurzelung und die vielfach katastrophale Lebenssituation, belastet durch niedrige Löhne, schlechte Ernährung, Arbeitslosigkeit und Krankheit. Allerdings ist nicht zu übersehen, daß gerade die Lohnsituation je nach Branche, Beruf, Qualifikation, Alter, Geschlecht und auch nach Region sehr unterschiedlich war. So betrug 1863 der Wochenverdienst eines Arbeiters in der sächsischen Textilindustrie um Crimmitschau 1 bis 2,5 Taler, der eines Buchdruckers in Leipzig 6 bis 7 Taler und der eines Maschinenbauers in Berlin 12 bis 13 Taler. Diese enormen Lohnunterschiede erschwerten gewiß die Herausbildung eines einheitlichen Arbeiterbewußtseins, das jedoch von der (fast) allen Arbeitern und Arbeiterinnen gemeinsamen Erfahrung der Ausbeutung sowie der politisch-rechtlichen Ausgrenzung und Benachteiligung geradezu herausgefordert wurde. Die politische Bevormundung der Arbeiterschaft war wohl am deutlichsten greifbar im preußischen Dreiklassenwahlrecht, das ein nach Einkommen abgestuftes Gewicht der Wählerstimme vorsah: So hatte z. B. in Berlin ein Wähler der 1. Klasse so viele Stimmen wie 21 der 3. Klasse, in Wattenscheid gar so viele wie 1.100; und in Essen konnte A. Krupp mit seiner Stimme allein ein Drittel der Stadtverordneten bestimmen.

*

Doch bei aller Tendenz zur Klassengesellschaft, die sich in den 60er und vor allem in den 70er Jahren zeigte, sollten nicht die Zwischentöne, sollten nicht die fortschrittlich-demokratischen Elemente in Politik und Gesellschaft übersehen werden. Zu denken ist an die rechtlichen Liberalisierungen, die in den 60er Jahren — ausgehend von den süddeutschen Ländern — ein neues politisches Klima schufen. Mit dem Beginn der „Neuen Ära" wurden demokratische und soziale Reformgesetze erwartet, derentwegen — quasi im voraus — die alten Gesetze lockerer gehandhabt wurden. Für die Entwicklung von Gewerkschaften von entscheidender Bedeutung war die

Aufhebung der Koalitionsverbote, die — zunächst in Sachsen (1861) und Weimar (1863), dann schließlich für den Norddeutschen Bund (1869) — verfügt wurde. Doch von einer positiv gesicherten *Koalitionsfreiheit* war man noch weit entfernt, wie § 152 der Gewerbeordnung vom 21. Juni 1869[2] zeigte: „Alle Verbote und Strafbestimmungen gegen Gewerbetreibende, gewerbliche Gehilfen, Gesellen oder Fabrikarbeiter wegen Verabredungen und Vereinigungen zum Behufe der Erlangung günstiger Lohn- und Arbeitsbedingungen, insbesondere mittels Einstellung der Arbeit oder Entlassung der Arbeiter" wurden aufgehoben. Das klang nicht schlecht — hatte aber unübersehbare Fußangeln für die Arbeiterschaft: Denn erstens galt das „Koalitionsrecht" weder für Landarbeiter, Arbeiter der See- und Binnenschiffahrt noch für Eisenbahner und Beamte; zweitens war mit § 152 nicht nur der Streik sondern zugleich die Aussperrung, sogar mit den Arbeitsvertrag lösender Wirkung (Entlassung) anerkannt worden. Und drittens blieb nach wie vor die Möglichkeit, die Gewerkschaften zu politischen Vereinen zu erklären, wodurch die rechtlichen Begrenzungen des Vereinsrechts — bis hin zum Verbot — angewandt werden konnten. Schließlich wurden mit § 153 der Gewerbeordnung ausdrücklich die Betätigungsmöglichkeiten der Gewerkschaften eingeschränkt, konnten doch z. B. Mitgliederwerbung, Streikpostenstehen, ja schon der Zuruf „Streikbrecher" als strafbare Handlungen angesehen werden: „Wer andere durch Anwendung körperlichen Zwanges, durch Drohung, durch Ehrverletzung oder durch Verrufserklärungen bestimmt oder zu bestimmen versucht, an solchen Verabredungen (§ 152) teilzunehmen oder ihnen Folge zu leisten, oder andere durch gleiche Mittel hindert oder zu hindern versucht, von solchen Verabredungen zurückzutreten, wird mit Gefängnis bis zu drei Monaten bestraft, sofern nach dem allgemeinen Strafgesetz nicht eine härtere Strafe eintritt."

Doch, wie gesagt, sah sich die Arbeiterschaft keineswegs nur einer „Einheitsfront" von Ausbeutern und politischen Gegnern gegenüber. Immer mehr scharfsichtige Zeitgenossen wandten ihre Aufmerksamkeit eben nicht nur der nationalen, sondern in zunehmendem Maße auch der „sozialen Frage" zu und entwickelten unterschiedliche Lösungsvorschläge.

Zu denken ist zunächst an die Kirchen, vor allem an die katholische Kirche: Zwar blieben die Fürsprecher der Sozialreform vielfach überkommenen ständischen Ordnungsvorstellungen verhaftet, doch mit der Befürwortung und Gründung von Arbeitervereinen einerseits, mit der Mahnung zu Nächstenliebe und sozialer Mildtätigkeit andererseits warben sie für einen Ausgleich zwischen Arbeitgeber- und Arbeitnehmerschaft. Die

---

2 Bundesgesetzblatt des Norddeutschen Bundes Nr. 26, 1869, S. 281.

sozialpolitische Aufbruchstimmung erfaßte nicht nur einzelne Gemeinden, z. B. im Essener und Aachener Raum, sondern sie prägte in den 70er Jahren auch die Katholikentage. Bald sah sich das Zentrum, *die* Partei des politischen Katholizismus, veranlaßt, ein Sozialpolitisches Programm zu entwerfen und 1877 mit dem Dreher Gerhard Stötzel (Essen) erstmals einen Arbeiter in seine Reichstagsfraktion aufzunehmen.

Überragende Gestalt des sozialen Katholizismus war und blieb jedoch Bischof Ketteler, der für eine christlich geprägte Sozialreform, für eine verstärkte staatliche Sozialpolitik und für eine organisierte Selbsthilfe der Arbeiterschaft eintrat. Daß er sich an Ferdinand Lassalle, den Gründer des sozialdemokratischen Allgemeinen Deutschen Arbeitervereins (ADAV), mit der Bitte um Rat in einigen Fragen der Sozialreform wandte, zeigt, wie fließend die Grenzen zwischen den „Lagern" in den 60er Jahren noch waren, wenngleich an eine organisierte Form der Zusammenarbeit der Kirche mit Sozialdemokratie und Gewerkschaften nicht zu denken war. In seinem grundlegenden Werk „Die Arbeiterfrage und das Christentum" (1864) kam Ketteler mit der Beschreibung des sozialen Elends und der Ausbeutung sowie mit der Kritik am Warencharakter der Arbeit und am ungehemmten wirtschaftlichen Liberalismus den Ideen Lassalles durchaus nahe. Wie Lassalle empfahl er als einen Ausweg die Gründung von Produktivassoziationen, die indessen nicht — wie nach Lassalle — vom Staat, sondern aus Spenden finanziert werden sollten. In seinen Reden 1869 auf der Liebfrauenheide in Offenbach und auf der Fuldaer Bischofskonferenz trat Ketteler für Lohnerhöhungen, für Arbeitszeitverkürzung und für das Verbot der Kinderarbeit sowie der Fabrikarbeit von Müttern und jungen Mädchen ein. Er unterstützte nicht nur die katholischen Arbeitervereine, sondern auch die gemischt-konfessionellen christlich-sozialen Vereine, die sich 1870 in Elberfeld zu einem Bund zusammenschlossen und zu dieser Zeit etwa 200.000 Mitglieder zählten. Der Zulauf, den die katholischen Arbeiter- und Gesellenvereine und die christlich-sozialen Vereine erlebten, deutet auf das Fortwirken der Religiosität in weiten Kreisen der Arbeiterschaft hin. Die rasche Industrialisierung einerseits und der „Kulturkampf" Bismarcks gegen die katholische Kirche andererseits trugen dazu bei, daß religiöse und auch kirchliche Bindungen bei vielen, vor allem bei katholischen Arbeitern erhalten blieben.

Und auch im liberalen Bürgertum gab es Kreise, die den sozialen Gegenwartsproblemen aufgeschlossen gegenüberstanden — zumal sie vielfach deren wachsende Sprengkraft als Bedrohung der eigenen Position sahen. Das Eintreten für soziale Reformen, zum Beispiel im 1872 von Wissenschaftlern, Politikern, Arbeitgebern und Geistlichen gegründeten „Verein für Socialpolitik", einerseits, das Angebot von Bildungsvereinen und auch liberalen Gewerkschaften andererseits sollten die Zusammenballung von radikalen Protestbewegungen abfangen. Unter der Devise „Bildung und Sparen" sollten der Arbeiterschaft sozialer Aufstieg und Eingliederung in die bestehende Gesellschaft ermöglicht werden. Zugleich hoffte man wohl, die in liberal orientierten Vereinen organisierten Arbeiter würden das Bürgertum in der Auseinandersetzung mit Adel und absolutistischem Staat, speziell auch im Verfassungskonflikt mit Bismarck, unterstützen und für nationale Einigung und parlamentarische Ordnung eintreten. In der Tat blieb dieses Konzept nicht ohne Anklang bei Teilen der Arbeiterschaft, die in den Bildungsvereinen nicht nur fachliche Kenntnisse erwarben, sondern darüber hinaus die Grundsätze von organisierter Meinungs- und Willensbildung sowie Interessenvertretung einüben konnten.

Und schließlich begann sich in den 60er Jahren mit der Sozialdemokratie eine keineswegs einheitliche, aber vornehmlich auf die Arbeiterschaft selbst gestützte Bewegung zu regen. Gerade im Umkreis dieser Organisationen entwickelte sich, begünstigt von der Aufhebung der Koalitionsverbote und von der guten wirtschaftlichen Konjunktur, in den 60er Jahren und vor allem 1868/69 eine Reihe von Gewerkschaften.

## 2. Gründungs-Welle der Gewerkschaften

Auch in der Reaktionszeit der 50er Jahre war die Kontinuität der Arbeiterbewegung nicht völlig unterbrochen; das Erlebnis der politischen Unterdrückung und die sich verfestigenden Erfahrungen industriell-kapitalistischer Ausbeutung mögen dazu beigetragen haben, daß der Interessenkonflikt zwischen Arbeitgeber und Arbeitnehmer, der den ersten Gewerkschaftsgründern 1848/49 noch überbrückbar zu sein schien, zunehmend schärfer beleuchtet wurde. Gerade die Mängel der staatlichen Politik bestärkten überdies die Annahme, daß zur Abwehr des sozialen Elends vor allem die Selbsthilfe der Betroffenen nötig sei. Dieser Gedanke fand — unterstützt auch in Kreisen des liberalen Bürgertums und der katholischen Kirche — zunehmend Anhänger in der Arbeiterschaft, die sich in den 60er Jahren parteipolitisch und gewerkschaftlich zu organisieren begannen. Beide — Parteien und Gewerkschaften — entwickelten sich neben- und miteinander; und überdies waren die Grenzen zwischen liberal-fortschrittlichen und sozialdemokratischen Organisationen zunächst keineswegs scharf gezogen.

Daß die Kontinuität der Gewerkschaften auch durch die Verbote der 50er Jahre nicht vollkommen zerstört war, illustriert wohl am deutlichsten die Tatsache, daß es wiederum die Buchdrucker und die Zigarrenarbeiter waren, die zu den ersten Berufsgruppen gehörten, die in den 60er Jahren die

„neuen Freiheiten" nutzten und wieder Verbände gründeten. Ausgehend vom Leipziger Buchdruckergehilfenverein, der 1861/62 gebildet wurde, verbreitete sich die Gewerkschaftsidee rasch in zahlreichen Städten. Der Zusammenschluß der örtlichen Vereine wurde ohne Zweifel vor allem durch die Erfahrung des Konflikts mit den Arbeitgebern gefördert. Das zeigte der Leipziger „Dreigroschenstreik" vom Frühjahr 1865, in dem es um die Einführung eines verbesserten Akkordtarifs ging. Auch wenn der Streik — bei kleineren Lohnerhöhungen — insgesamt eine Niederlage für die Buchdrucker brachte, so bewirkte die weit über Leipzig hinausreichende Solidaritätsbewegung zugunsten der Streikenden einen Fortschritt in Richtung auf ein neues gemeinsames Arbeiterbewußtsein als Basis einer breiteren Organisation; nicht nur Buchdrucker, sondern auch Arbeiter anderer Berufszweige unterstützten im übrigen den Leipziger Streik mit Geldsammlungen.

Zwei direkte Folgen des „Dreigroschenstreiks" sind von besonderer Bedeutung: Der Buchdruckerverein trat aus dem liberal geprägten Vereinstag deutscher Arbeitervereine aus und dokumentierte damit den Willen zu politisch-weltanschaulicher Trennung von den Ideen des Bürgertums. Und zweitens luden die Leipziger Buchdrucker unter Hinweis auf die im Streik gemachten Erfahrungen im Herbst 1865 für Pfingsten 1866 zu einem Vereinstag der deutschen Buchdrucker nach Leipzig ein. Dort wurde im Mai 1866 der Deutsche Buchdruckerverband gegründet. Hauptziel des seit 1867 von Richard Härtel geführten Verbandes war es, einen einheitlichen Buchdruckertarif durchzusetzen. Vor allem die Erfahrung von Konflikt und Solidarität hatte also zur Klärung der Position geführt: Parteipolitische Unabhängigkeit und überregionaler Zusammenschluß — so lauteten die Lehren, die die Buchdrucker aus der Entwicklung Mitte der 60er Jahre zogen.

Was die Bedeutung der Erfahrung von Konflikt und Streik für die Herausbildung eines Zusammengehörigkeitsgefühls der Arbeiterschaft anlangt, war die Entwicklung des Buchdruckerverbandes durchaus typisch für die Frühphase der Gewerkschaftsgeschichte. Das unterstreicht auch das Beispiel der Bergarbeiter. Nachdem sich noch 1867 Tausende von Bergleuten in einer Petition an ihr zuständiges Ministerium gewandt hatten, um eine Verbesserung ihrer elenden Lage zu erbitten, kam es dann 1872 — bestärkt durch die Enttäuschung über den mangelnden Erfolg ihrer Bittschrift — zu einem ersten „Massenstreik". Auch dieser Streik endete mit einer Niederlage, aber das Streikkomitee wurde zur Keimzelle einer Bergarbeitergewerkschaft.

Bei nahezu allen Verbänden, die Ende der 60er/Anfang der 70er Jahre — begünstigt von der guten wirtschaftlichen Konjunktur — in rascher Folge gegründet wurden, spielte die Erfahrung des Arbeitskampfes eine große

Rolle. Man kann geradezu von einer Streikwelle 1865 bis 1873 (Tabelle 2a) sprechen, die insbesondere von Aktionen der Textil- und Bekleidungsarbeiter, der Metallarbeiter, auch der Buchdrucker und vor allem der Bergarbeiter getragen wurde. Hand in Hand mit dieser Streikwelle ging ein „Gründungsboom": Allein 1868/69 wurden die Berufsverbände der Schneider, der Bäcker, der Zimmerer, der Schuhmacher, der Bauarbeiter, der Holzarbeiter, der Metallarbeiter und der Textil- und Bekleidungsarbeiter ins Leben gerufen. Diese Verbände hatten, wie schon die Berufsbezeichnungen zeigen, ihren Schwerpunkt keineswegs im Bereich industrieller Lohnarbeit; zwar entwickelten sich auch dort mit den Verbänden der Bergarbeiter, Hüttenarbeiter, Metallarbeiter und Manufakturarbeiter Gewerkschaften, doch vorherrschend blieben zunächst die handwerklich geprägten Berufsverbände, etwa die der Buchdrucker, der Tischler und der Schuhmacher. Gemäß der Konzentration auf handwerkliche Berufe waren die Gewerkschaften zunächst in den sich herausbildenden Zentren der Schwerindustrie keineswegs stark vertreten; sie entstanden vielmehr in den Gewerberegionen Mitteldeutschlands und des Rhein-Ruhr-Reviers und vor allem in den aufstrebenden Großstädten wie Berlin, Hamburg, Hannover, Leipzig, München und Nürnberg.

Der Prozeß der Gewerkschaftsgründung verlief in den 60er Jahren sehr unterschiedlich — sowohl nach Berufen und Branchen als auch nach Regionen. Schon bald versuchten die Gewerkschaften zudem, neben an- und ungelernten Arbeitskräften auch Frauen zu organisieren; daß dies jedoch vielfach in eigenen Verbänden — z. B. den Verbänden der Manufaktur-, Fabrik- und Handarbeiter bzw. der Hand- und Fabrikarbeiter — geschah, zeigt geradezu die Schwierigkeiten, Handwerker und Facharbeiter mit nicht geringem Berufsstolz zusammen mit wenig qualifizierten Hilfskräften in *Berufsverbänden* zusammenzuschließen. Auch die Gründungsphase der 60er und 70er Jahre war also noch ein Zeitraum des Suchens, in dem örtliche und überregionale, nach Berufsbewußtsein und Geschlecht gesonderte und übergreifende, kurzlebige und auf Dauer angelegte Organisationen nebeneinander bestanden; mochte der vorherrschende Entwicklungsstrang schon in den 70er Jahren zum beruflichen Zentralverband tendieren, der allein beschrittene Weg der Organisation war das nicht.

Die ersten Jahre nach der Gründung einer Gewerkschaft waren naturgemäß von den Bemühungen geprägt, sowohl eine beständige Vorstandsarbeit und Verwaltung als auch Presse- und Werbearbeit zu sichern; außerdem trachteten alle Verbände danach, ein stabiles Unterstützungswesen — nicht zuletzt als bestes Werbeargument — aufzubauen. Und schließlich versuchten sie, mit dem Rückenwind der guten wirtschaftlichen Entwicklung ab Mitte der 60er Jahre ihre wirtschaftlichen und sozialen

Forderungen zu formulieren und in zahlreichen Arbeitskonflikten durchzusetzen. Gewiß waren Lohnerhöhungen und Arbeitszeitverkürzung (auf 10 Stunden pro Tag) die wichtigsten „materiellen" Ziele der gewerkschaftlich organisierten Arbeiter. Aber von gleicher Bedeutung waren wohl die Versuche, sich gegen die Entwürdigung und Entmündigung durch die „Fabrikherren" zu wehren: Gegen die als Knebelung empfundenen Fabrikordnungen, für menschenwürdige Behandlung durch die Vorgesetzten und für freie Gewerkschaftsarbeit — so lauteten immer wieder wichtige Streikziele.

In den 60er Jahren standen — sieht man von politischen Parteien ab — zwei Formen der Arbeiterbewegung nebeneinander: Einerseits zeitlich begrenzte Streik-Koalitionen, die eine Versammlungsbewegung für bestimmte Konfliktsituationen waren; andererseits örtlich begrenzte, aber auf Dauer angelegte gewerkschaftliche Berufsvereine, die auf dem Prinzip der repräsentativen Demokratie durch die Wahl von Delegierten basierten. Beide Formen der Arbeiterbewegung waren vielfach aus aktuellen Konflikten mit den Arbeitgebern entstanden; nur die Gewerkschaften boten allerdings die Chance, auch für die Zeit *nach* dem Arbeitskampf die Einhaltung der getroffenen Vereinbarung zu kontrollieren und gegebenenfalls ohne Zeitverzug etwaige erneut erforderliche Kampfmaßnahmen anzudrohen oder auch in die Wege zu leiten. Die Gewerkschaften hatten gegenüber den Streikkoalitionen den großen Vorteil, daß sie Rücklagen für Arbeitskämpfe bilden konnten, daß sie überhaupt durch die organisatorische Dauer „lernfähig" waren, also z. B. Erfahrungen in der Arbeitskampftaktik „speichern" konnten. Und überdies wurde rasch klar, daß Streiks kein Selbstzweck sein konnten; dazu waren die sozialen Kosten für die beteiligten Arbeiter und Arbeiterinnen zu hoch. Außerdem zeigte sich immer wieder, daß große Arbeitskämpfe, insbesondere Streikniederlagen, durchaus die eigene Organisation zerstören konnten. Genaue Überlegungen von Arbeitskampfziel und -weg entwickelten sich bald als Richtschnur der Gewerkschaftspolitik: Einen Streik, so hieß es in einer Resolution des sozialdemokratischen Arbeitervereins Leipzig vom Mai 1871, einen Streik sollte man nur dann beginnen, „wenn eine gebieterische Notwendigkeit vorliegt und man über die dazu erforderlichen Mittel verfügen kann". Und als „bester Weg, Geldmittel und Organisationen zu beschaffen", wurde „die Gründung und Pflege der Gewerksgenossenschaften empfohlen".[3] Die Gewerkschaften waren demnach eine Antwort auf bestimmte Arbeitsmarktkonflikte, denen sie zugleich die organisierte Form der Interessenauseinandersetzung verliehen. Mit der Streikwelle der Jahre 1865 bis 1873

---

3 Zitiert nach: Arno Klönne/Hartmut Reese, Die deutsche Gewerkschaftsbewegung. Von den Anfängen bis zur Gegenwart, Hamburg 1984, S. 40.

setzte sich der Arbeitskampf als Mittel der Interessenvertretung von Arbeitern gegenüber den traditionellen Formen wie Beschwerde und Petition durch.

Schaut man allein auf die Risiken der Streikbewegungen, so wird die Neigung der meisten Gewerkschafter verständlich, möglichst rasch überörtliche Organisationsformen anzustreben; das Bilden von Rücklagen, die laufende Finanzierung von Arbeitskämpfen und die Verhinderung von Streikbruch durch Zuzug aus anderen (nicht bestreikten) Gegenden konnten so am besten gewährleistet werden. Außerdem galt das Unterstützungswesen insgesamt als gewichtiges Argument für möglichst große Organisationen.

Waren dies zweifellos in ihrer Bedeutung kaum zu überschätzende vernünftige Gründe, so ist doch nicht zu übersehen, daß dadurch Formen unmittelbarer Interessenvertretung und spontanen Protests kanalisiert und schließlich verschüttet wurden. Gegen „Blau-machen", Bummeln und auch gegen „wilde" Streiks stand bald nicht nur der Disziplin-Anspruch des Arbeitgebers, sondern auch der der Gewerkschaften. Mit der Entscheidung zur Zentralisierung der Verbände wurde ein Weg beschritten, auf dem schließlich Verwaltung, Ordnung und Disziplin zum wesentlichen Kennzeichen des gewerkschaftlichen Alltags werden sollten.

Kann auch die Konflikterfahrung geradezu als wichtigste Voraussetzung für alle Gewerkschaftsgründungen gelten, so gab es große Unterschiede, was die parteipolitische Orientierung anlangt. Anders als der Buchdrucker-Verband stand der 1865 als erster Zentralverband gebildete Allgemeine deutsche Zigarrenarbeiter-Verein dem von Lassalle gegründeten ADAV nahe; Vorsitzender des Vereins, der im Herbst 1867 rund 6.500 und dann im Sommer 1869 etwa 10.000 Mitglieder zählte, war mit Friedrich Wilhelm Fritzsche ein profilierter Lassalleaner. Und auch die Ende der 60er/Anfang der 70er Jahre entstandenen Berufsverbände legten keineswegs alle so deutlich wie die Buchdrucker Wert auf die Betonung ihrer parteipolitischen Unabhängigkeit. Die junge Gewerkschaftsbewegung entsprang zwar vor allem dem Wunsch von Arbeitern, selbständig ihre sozialen und wirtschaftlichen Interessen gegenüber den Arbeitgebern zu vertreten; zugleich waren die Gewerkschaften eingebunden in die unterschiedlichen politischen Strömungen und Parteien, zu denen sie sich bekannten, die ihrerseits die Gewerkschaften aber auch für eigene Ziele nutzen wollten. Wie sah dieses parteipolitische Spektrum aus?

## 3. Gewerkschaften im Parteienstreit

Schauen wir zunächst auf die Sozialdemokratie. Bahnbrechend wirkte die Gründung des Allgemeinen Deutschen Arbeitervereins (ADAV) unter der Führung von Ferdinand Lassalle am 23. Mai 1863 in Leipzig. Die Programmschrift des ADAV, Lassalles „Offnes Antwortschreiben" an das Zentralkomitee zur Berufung eines allgemeinen deutschen Arbeiterkongresses zu Leipzig vom 1. März 1863 (Dokument 3), entwarf nicht nur ein scharfes Bild der elenden Gegenwartslage, sondern wies zugleich den Weg in eine bessere Zukunft. Gleiches Wahlrecht und Produktivassoziationen mit Staatshilfe waren die Schlüsselworte dieses Konzepts, in dem die Gewerkschaften keinen Platz hatten. Gewerkschaftliche Arbeit mußte überdies als sinnlos erscheinen, entwickelte Lassalle in seinem „Offnen Antwortschreiben" doch in Auseinandersetzung mit der Idee der Konsumvereine das „eherne Lohngesetz", nach dem der Arbeitslohn nicht dauerhaft über das Existenzminimum steigen könne, da sich bei gestiegenem Lohn die Arbeitsbevölkerung vermehre und dann das vergrößerte Arbeitskräfteangebot den Lohn wieder drücken werde. Zwar sah Lassalle in der Organisation der Arbeiterschaft die Voraussetzung zur Erlangung politischen Einflusses; gedacht aber war nur an die parteipolitische Organisation — im ADAV, dessen Mitgliederzahl nur langsam, auf 4.600 im Sommer 1864, wuchs. Erst unter dem Druck der Realität, das heißt angesichts des Zulaufs, den die Gewerkschaften fanden, rang sich der ADAV, nach Lassalles Tod (1864) von Johann Baptist von Schweitzer geführt, zur Anerkennung auch dieses Zweiges der Arbeiterbewegung durch. Wie gesagt, übernahm F. W. Fritzsche, ein ADAV-Funktionär, schließlich gar die Führung einer Gewerkschaft, die des Zigarrenarbeiter-Verbandes. Es ist freilich nicht auszuschließen, daß von Schweitzer, der seine Vorbehalte gegen Gewerkschaften nie verhohlen hatte, die Gründung von Gewerkschaften auch deswegen betrieb, weil zu erwarten war, daß die Anhänger der 1864 in London gebildeten Internationalen Arbeiterassoziation (IAA) bald eigene Verbände schaffen würden.

Wie dem auch sei: Auf der Generalversammlung des ADAV, die vom 22. bis 26. August 1868 in Hamburg tagte, beantragte Schweitzer die Einberufung eines Kongresses zur Gründung eines Dachverbandes der lassalleanisch orientierten Gewerkschaften. Zwar lehnte die Mehrheit der Generalversammlung, noch ganz auf den Spuren der anfänglichen Gewerkschaftsfeindlichkeit, diesen Vorschlag ab, doch Schweitzer und auch Fritzsche wurden ermächtigt, in ihrer Funktion als Reichstagsabgeordnete zu einem Kongreß nach Berlin einzuladen. Am 26. September wurde daraufhin — unter dem Vorsitz Schweitzers — in Berlin der Allgemeine Deutsche Arbeiterschaftsverband gegründet, der sich, getreu den zentrali-

stischen Prinzipien des ADAV, in berufliche Arbeiterschaften, z. B. für
Berg- und Hüttenarbeiter, Metallarbeiter, Färber, Schuhmacher usw.,
gliederte; neun der insgesamt 12 vorgesehenen Arbeiterschaften wurden
sofort gebildet.

In seiner Satzung bekannte sich der Allgemeine Deutsche Arbeiterschaftsverband[4] zum Ziel der „Wahrung und Förderung der Ehre und der
materiellen Interessen der Arbeiterklasse". In Übereinstimmung mit den
zentralistischen Vorstellungen des ADAV hatte nach § 2a jede Arbeiterschaft „ihrem Präsidenten oder einer sonstigen einzelnen Person unbedingte Vollmacht zu erteilen, im Namen der Arbeiterschaft bei den Verhandlungen und Beschlüssen des Zentralausschusses des deutschen Arbeiterschaftsverbandes mitzuwirken". Dieser Zentralausschuß, gebildet von den
Präsidenten der einzelnen Arbeiterschaften, war dann das Gremium, in
dem über die Unterstützung eines Streiks entschieden wurde (§ 8 f.). Schaut
man auf die zeitgenössischen Streikbewegungen, so bedeutete diese
Regelung, daß der Weg vom betrieblichen oder örtlichen Protest bis zur
Unterstützung durch den Zentralausschuß sehr weit geworden war. Gewiß
war das ein Beitrag zu geplantem und vernünftigem Gewerkschaftshandeln;
gewiß zeigte sich darin auch der Weg zur Organisierung des Arbeitsmarkt-
konflikts; doch für die betroffenen Arbeitnehmer war es wohl manchmal
schwer einsehbar, daß sie ihre Streikaktion aus „übergeordneten" Gesichtspunkten zurückstellen sollten.

*

Die zweite große Strömung innerhalb der Sozialdemokratie, die der von
August Bebel und Wilhelm Liebknecht geführten „Eisenacher", akzeptierte die Gewerkschaftsidee von Anfang an; sie folgten damit den von Karl
Marx beeinflußten Prinzipien der IAA: In Marx's „Inauguraladresse"
wurde ebenso wie auf dem Genfer Kongreß der IAA die Notwendigkeit der
„ökonomischen Emanzipation der Arbeiterklasse" anerkannt.[5] Demgemäß
bemühte sich Marx, die Gewerkschaften auf eine revolutionäre Politik zu
verpflichten. Nach seiner Ansicht, die er vor dem Generalrat der Internationale am 26. Juni 1865 darlegte, verfehlten die Gewerkschaften „ihren

---

4 Siehe Satzung für den (Schweitzerschen) Allgemeinen Deutschen Arbeiterschaftsverband, beschlossen vom ersten Deutschen Arbeiterkongreß 1868, abgedruckt in:
  Hermann Müller, Die Organisationen der Lithographen, Steindrucker und verwandten Berufe, Nachdruck der 1917 erschienenen 1. Aufl., Berlin u. Bonn 1978,
  S. 425—430.
5 Karl Marx, Inauguraladresse der Internationalen Arbeiterassoziation, gegründet am
  28. September 1864, in: Karl Marx/Friedrich Engels, Werke (MEW), Bd. 16, Berlin
  [DDR] 1962, S. 5 ff.

Zweck gänzlich, sobald sie sich darauf beschränken, einen Kleinkrieg gegen die Wirkungen des bestehenden Systems zu führen, statt gleichzeitig zu versuchen, es zu ändern, statt ihre organisierten Kräfte zu gebrauchen als einen Hebel zur schließlichen Befreiung der Arbeiterklasse, das heißt zur endgültigen Abschaffung des Lohnsystems".[6] In der von Karl Marx Ende August 1866 ausgearbeiteten Resolution des ersten Kongresses der Internationale (Dokument 4) wurden diese Prinzipien nochmals mit aller Deutlichkeit entwickelt.

Diese Ideen entfalteten ihre Wirkung eher indirekt, vor allem dadurch, daß sich der Verband deutscher Arbeitervereine auf seinem Nürnberger Vereinstag vom 7. bis 9. August 1868 von seinen Ziehvätern in der liberalen Bewegung lossagte. An diesem „Allgemeinen deutschen sozialdemokratischen Arbeiterkongreß" nahmen aus Opposition gegen Schweitzers autoritären Führungsstil und gegen das zentralistische Gewerkschaftskonzept des ADAV mehrere Gewerkschaftsführer teil — allen voran Fritzsche, der Führer des Zigarrenarbeiter-Verbandes und Vizepräsident des ADAV, sodann Heinrich Schob vom Schneider-Verband, Louis Schumann vom Schuhmacher-Verband und Theodor Yorck vom Tischler-Verband. Angeführt von August Bebel, dem Präsidenten des Verbandes deutscher Arbeitervereine, verabschiedete die Mehrheit der Delegierten eine Resolution, nach der die Emanzipation der arbeitenden Klassen durch diese selbst erkämpft werden müsse; außerdem wurde der Beitritt zu den Prinzipien der IAA beschlossen und die Gründung von „Gewerksgenossenschaften" empfohlen, für die Bebel am 28. November 1868 „Musterstatuten" vorlegte.[7]

Mit diesem Satzungs-Entwurf traten die „Eisenacher", wie sie ab 1869 nach dem Gründungsort der Sozialdemokratischen Arbeiterpartei (SDAP) genannt wurden, für demokratisch aufgebaute Berufsverbände ein; das Hauptgewicht der Entscheidungsgewalt — etwa über die Unterstützung von Arbeitskämpfen — sollte bei den jeweiligen Zentralverbandsvorständen (§ 38), nicht — wie bei den Lassalleanern unter der Führung Schweitzers — beim „Dachverband" liegen. Die Gewerksgenossenschaften hatten das Ziel, „die Würde und das materielle Interesse der Beteiligten zu wahren und zu fördern" (§ 1); darum sollten u. a. Streik- und Maßregelungsunterstützung sowie ein umfassendes soziales Unterstützungswesen eingerichtet, sodann statistische Erhebungen angestellt und eine eigene Zeitung gegründet werden (§ 2). Außerdem war die Mitgliedschaft von Frauen ausdrücklich vorgesehen (§ 3). In Ausführung der Empfehlung

---

6 Karl Marx, Lohn, Preis und Profit (1865), in: MEW Bd. 16, S. 152.
7 Siehe (Bebels) Musterstatuten für Deutsche Gewerksgenossenschaften, abgedruckt in: H. Müller, Die Organisationen, S. 441—450.

Bebels wurde Anfang 1869 eine Reihe von Verbänden gegründet, so der Internationale Buchbinderverein, die Gewerksgenossenschaft der Berg- und Hüttenarbeiter und die Internationale Manufaktur-, Fabrik- und Handarbeitergenossenschaft unter der Führung von Julius Motteler.

Standen also die „Eisenacher" den Gewerkschaften auch keineswegs so fremd gegenüber wie die Lassalleaner, so gilt für beide, daß sie den Gewerkschaften eine untergeordnete Rolle für die Befreiung der Arbeiterschaft beimaßen. Die Gewerkschaften sollten als Schule des Proletariats für den entscheidenden politischen Kampf dienen, den die Partei — im wahrsten Sinne des Wortes — zu führen habe. Beide Richtungen der Sozialdemokratie versuchten also, in den 60er Jahren Rückhalt in den Gewerkschaften zu finden; sie machten die Gewerkschaftsbewegung von Anfang an zum Kampffeld konkurrierender parteipolitischer Interessen, was gewiß eine Schwächung der Gewerkschaften mit sich brachte. Das gilt wohl am schärfsten für Schweitzer, sorgte er doch dafür, daß der Arbeiterschaftsverband seinen Mitgliedern die Zugehörigkeit zur „Eisenacher" SDAP verbot; damit wurde der Arbeiterschaftsverband offensichtlich zur ADAV-Richtungsgewerkschaft. Im Blick auf die weitere Entwicklung ist nicht zu übersehen, daß die deutliche Anbindung der Gewerkschaften an die sozialdemokratische Bewegung den hochwillkommenen Anlaß für die Gründung zunächst der liberal orientierten Hirsch-Dunckerschen Gewerkvereine, später dann auch der Christlichen Gewerkschaften bot.

*

Schon auf dem Berliner Gründungskongreß von Schweitzers Arbeiterschaftsverband kam es zum Bruch mit den liberalen Gewerkschaften, die durch eine von Max Hirsch geführte Delegation der Berliner Maschinenbauer vertreten waren. Hirsch hatte gerade England bereist und in seinen „Sozialen Briefen" in der von Franz Duncker, einem Abgeordneten der (liberalen) Deutschen Fortschrittspartei, herausgegebenen „Berliner Volkszeitung" für das Vorbild der englischen Gewerkschaften geworben. Außerdem hatte er sich gegen den Aufruf des Allgemeinen Arbeiterkongresses gewandt, weil darin von Streik die Rede war. Man geht wohl nicht fehl in der Annahme, daß ihn auch die Anbindung des geplanten Arbeiterschaftsverbandes an den ADAV störte. Hirschs Gewerkschaftsvorstellung war von der Idee schiedlich-friedlicher Konfliktregelung und von der Forderung parteipolitischer Unabhängigkeit geprägt, die in Wirklichkeit der eigenen Zugehörigkeit zur liberalen Fortschrittspartei gehorchte.

Als die Berliner Maschinenbauer, geführt, wie gesagt, von M. Hirsch, diese Ideen auf dem Allgemeinen Arbeiterkongreß vertraten, wurden sie des Saales verwiesen, da sie — so eine Resolution[8] — „im Interesse der Kapitalisten Unfrieden und Störung unter den Arbeitern" verursachen wollten. Daraufhin rief Hirsch zur Gründung von Gewerkvereinen „nach englischem Muster" auf. Im November 1868 wurde in Berlin der „Gewerkverein der Berliner Maschinenbauer" gegründet, aus dem im Dezember der „Gewerkverein der deutschen Maschinenbauer und Metallarbeiter (H.-D.)", die erste nationale liberale Gewerkschaftsorganisation hervorging. Bereits im Mai 1869 wurde als Dachorganisation von acht Gewerkvereinen der „Verband der Deutschen Gewerkvereine (H.-D.)" gebildet, dessen Mitgliederzahlen rasch anstiegen. Ende 1869 waren in 250 Ortsvereinen etwa 30.000 Mitglieder nach den Musterstatuten von Hirsch und Duncker[9] organisiert. Danach bezweckte ein Gewerkverein „den Schutz und die Förderung der Rechte und Interessen seiner Mitglieder auf gesetzlichem Wege", insbesondere durch die Errichtung eines umfassenden Unterstützungswesens (§ 2) und durch die Verbesserung der Arbeitsbedingungen (§ 3) — von der Lohnhöhe über die Arbeitszeit bis hin zur Einrichtung von Schiedsgerichten. Verwurzelt in liberalem Gedankengut, schätzten die H.-D. Gewerkvereine das Prinzip der Selbsthilfe deutlich höher als das der Staatshilfe ein; mit ihrer Organisation meinten sie, für die Arbeiter ein Verhandlungsgleichgewicht gegenüber den Arbeitgebern herstellen zu können, von denen sie sich nicht durch einen unüberbrückbaren Interessengegensatz getrennt sahen. Gleichberechtigung der Arbeiterschaft, schiedlich-friedlicher Interessenausgleich auf dem Verhandlungsweg, Sozialreform auf dem Boden der gegebenen Verhältnisse und eigenes Unterstützungswesen — das waren ihrer Ansicht nach die Mittel zur Lösung der „sozialen Frage", die mit durchaus gemäßigten Forderungen angegangen wurde.

So attraktiv das Konzept der Gewerkvereine auch zunächst war, so machte der Widerstand gegen die Gleichberechtigung der Arbeiterschaft und gegen eine durchgreifende Politik der Sozialreform, der sich in Regierung wie liberalem Bürgertum zeigte, ihre Hoffnungen auf einen friedlichen Interessenausgleich doch rasch zunichte. Dazu trugen wohl auch die Streikniederlagen bei, die die Gewerkvereine 1869/70 im Waldenburger Steinkohlenrevier (Niederschlesien) und in der Niederlausitzer Textilindustrie um Forst hinnehmen mußten; auch dies bestärkte die Erfahrung, daß angesichts der harten Haltung der Arbeitgeber eine versöhnliche Politik der Gewerkschaften völlig unangebracht sei. Die Mißerfolge der gewerkschaftlichen Politik trugen zusammen mit den

---

8 Zitiert nach H. Müller, Die Organisationen, S. 157.
9 Siehe Musterstatuten der Deutschen Gewerkvereine (Hirsch-Duncker), abgedruckt in: H. Müller, Die Organisationen, S. 431—441.

Folgen des deutsch-französischen Krieges 1870/71 dazu bei, daß die H.-D. Gewerkvereine drastische Mitgliederverluste — die Zahl ging auf unter 20.000 zurück — erlitten.

*

Wie sah die Situation am Ende der 60er Jahre aus? Da waren die dem ADAV Schweitzers nahestehenden Arbeiterschaften; dann gab es die Internationalen Gewerksgenossenschaften, die sich an der von August Bebel und Wilhelm Liebknecht geführten „Eisenacher" SDAP orientierten; und schließlich waren 1868 die liberalen Hirsch-Dunckerschen Gewerkvereine entstanden. In dieser richtungspolitischen Auffächerung spiegelten sich nicht nur politisch-programmatische, sondern auch soziale Unterschiede. Offenbar orientierten sich die status-höheren Arbeiterschichten, z. B. die Handschuhmacher, die Gold- und Silberarbeiter, auch die Maschinenbauer, zumindest in der Frühphase der Gewerkschaftsentwicklung der 60er und 70er Jahre eher an liberal-demokratischen oder sozial-liberalen Ordnungsvorstellungen. Die deklassierten Arbeitskräfte der ehemals zünftigen Klein- und Mittelgewerbe — wie Schuhmacher, Schneider, Weber, Spinner und Tischler — scheinen demgegenüber für sozialdemokratische Ideen stärker empfänglich gewesen zu sein.

Die etwa gleichgewichtige Attraktivität liberaler und sozialdemokratischer Ideen spiegelt sich in den Mitgliederzahlen: Als die Gründungsphase der Gewerkschaften 1870 vom deutsch-französischen Krieg unterbrochen wurde, zählten die Hirsch-Dunckerschen Gewerkvereine etwa 35.000, die Arbeiterschaften etwa 18.500 und die Internationalen Gewerksgenossenschaften etwa 18.000 Mitglieder; hinzu kamen etwa 6.600 Mitglieder des Buchdruckerverbandes, der sich richtungspolitisch nicht festlegte. Die Stärke der H.-D. Gewerkvereine und die Berufsorientierung der sozialdemokratischen Verbände unterstreichen den Eindruck, daß die Gewerkschaftsidee zunächst vor allem bei höher qualifizierten und/oder handwerklich geprägten Arbeitern Anklang fand.

## 4. *Krise der Gewerkschaften und Ansätze der Zentralisierung*

Der deutsch-französische Krieg bedeutete einen schweren Rückschlag für die junge Gewerkschaftsbewegung. Der Arbeiterschaftsverband verlor 1870/71 die Mehrzahl seiner Mitglieder, eine Entwicklung, die durch Schweitzers Plan, den Arbeiterschaftsverband in die berufsübergreifende Organisation des „Allgemeinen Deutschen Arbeiterunterstützungsverbandes" zu verwandeln, noch verstärkt wurde. Als Zweck des Verbandes wurde in § 2 des von der Generalversammlung am 12. bis 15. Juni 1870 verabschiedeten Statuts[10] festgeschrieben: „Durch festes Zusammenhalten, insbesondere, wenn nötig, durch organisierte Arbeitseinstellungen die Ehre und die materiellen Interessen der Beteiligten zu wahren und zu fördern." In diesem Zentralverband, der von einem dreiköpfigen Präsidium und einem zwölfköpfigen Zentralausschuß geführt werden sollte, waren Arbeiter und Arbeiterinnen, Kleinmeister und Kleinmeisterinnen gemeinsam organisiert, aufgeteilt nicht nach Berufen oder Branchen, sondern nach Bezirken. Der Beschluß traf auf Widerstand in der eigenen Organisation, so daß er 1871 gelockert wurde; dennoch traten mehrere Berufsverbände, u. a. die der Tischler und der Zimmerer, aus dem Verband aus, dessen Mitgliedszahl im Mai 1871 von über 18.000 in der Vorkriegszeit auf 4.200 geschrumpft war. Und auch die „Eisenacher" Internationalen Gewerksgenossenschaften hatten schwere Verluste zu verbuchen: Vier der zehn Berufsverbände gingen 1870 ein; und die verbliebenen Verbände waren organisatorisch derart geschwächt, daß sie keine Generalversammlungen einberufen konnten.

Eine gewisse Erholung brachte ohne Zweifel der wirtschaftliche Boom 1871 bis 1873. Die Gewerkschaftsorganisationen stabilisierten sich, und in der Streikwelle dieser Jahre gelang es ihnen, getragen von der guten wirtschaftlichen Entwicklung bis 1873, wenigstens ansatzweise, ihren Mitgliedern erstmals einen kleinen Anteil am Wirtschaftswachstum zu erkämpfen. Ein paar Beispiele müssen hier genügen: 1871 konnten die Berliner Maurer in mehreren Streiks den 10-Stunden-Tag erringen; zu erinnern ist auch an den Streik von 6.500 Metallarbeitern in Chemnitz vom Herbst 1871 und an den schon genannten Streik von 21.000 Bergarbeitern im Essener Revier vom Sommer 1872.

Doch die vom Krieg ausgelöste Krise der Gewerkschaftsbewegung wurde bald mit dem Beginn der wirtschaftlichen Depression 1873 verschärft, bedeutete doch die schlechte Wirtschaftslage eine Minderung der gewerkschaftlichen Durchschlagskraft und Erfolgsmöglichkeiten. Nahezu in allen Berufszweigen mußten die Arbeiter und Arbeiterinnen Lohneinbußen hinnehmen. Nicht nur in der Schwerindustrie zeigte sich die Krisenstrategie „der" Arbeitgeberschaft: Um die Kosten zu senken, wurden einerseits Arbeitszeitverlängerungen und Lohnkürzungen durchgesetzt; andererseits wurden die Kartellierung und der Zusammenschluß in Unternehmerverbänden vorangetrieben. Die Arbeitgeberposition, offenkundig geworden in zahlreichen Arbeitskämpfen, verhärtete sich zusehends. Die „Fabrikherren" entwickelten ihre Machtmittel, um auf die Streikwelle und

---

10 Satzung des Allgemeinen Deutschen Arbeiterunterstützungsverbandes, beschlossen von der Verbandsgeneralversammlung vom 12. bis 15. Juni 1870, abgedruckt in: H. Müller, Die Organisationen, S. 450—456.

auf die Ausbreitung der Gewerkschaftsbewegung insgesamt zu reagieren. Mit dem Ruf nach staatlicher Hilfe gegen die „Umsturzbewegung" und mit eigenen organisatorischen Anstrengungen versuchten sie, ihre Vormachtstellung zu behaupten.

Außerdem weigerten sich die meisten Arbeitgeber, mit gewerkschaftlichen Vertretern überhaupt zu verhandeln. Am individuellen Arbeitsvertrag wollten die Arbeitgeber — nach dem Motto „Teile und herrsche" — entschieden festhalten. Und dennoch: 1873 wurde als erster Tarifvertrag der Allgemeine Deutsche Buchdruckertarif erkämpft, der mit dreijähriger Laufzeit den 10-Stunden-Tag verbindlich machte, die zulässige Überarbeit regelte und die Einsetzung von Schiedsämtern vorsah. Doch bis die Idee der Tarifverträge innerhalb der ganzen Gewerkschaftsbewegung — ganz zu schweigen von den Unternehmern — anerkannt war, sollte noch einige Zeit vergehen.

*

In dieser Situation wuchs das Bestreben der Gewerkschafter, durch Geschlossenheit der Krise zu begegnen. Bereits 1870 hatte Theodor Yorck, der Vorsitzende des Holzarbeiterverbandes, den Plan entwickelt, die Gewerkschaften zusammenzuschließen. Auf dem Erfurter Gewerkschaftskongreß vom 15. bis 17. Juni 1872 wurde diese Idee einstimmig befürwortet: „In Erwägung, daß die Kapitalmacht alle Arbeiter, gleichviel, ob sie konservativ, fortschrittlich-liberal oder Sozialdemokrat sind, gleich sehr bedrückt und ausbeutet, erklärt der Kongreß es für die heiligste Pflicht der Arbeiter, allen Parteihader beiseite zu setzen und auf dem neutralen Boden einer einheitlichen Gewerkschaftsorganisation die Vorbedingung eines erfolgreichen kräftigen Widerstandes zu schaffen, die bedrohte Existenz sicherzustellen und eine Verbesserung ihrer Klassenlage zu erkämpfen."[11] Doch die für Pfingsten 1874 auf dem Gewerkschaftskongreß in Magdeburg ins Auge gefaßte Gründung einer „Gewerkschafts-Union" als Dachverband „der deutschen Gewerkschaftsgenossenschaften, Gewerk- und Fachvereine, welche die materielle Besserung und geistige Hebung der Arbeiterklasse zu erreichen bestrebt sind"[12], scheiterte letztlich an den Vorbehalten der Lokalorganisationen, die jede Zentralisierung der Entscheidungsstrukturen als undemokratische Entmachtung ihrer eigenen Position zurückwie

11 Zitiert nach H. Müller, Die Organisationen, S. 301.
12 Satzungen der „Gewerkschafts-Union", nach den Beschlüssen des Gewerkschafts-Kongresses vom 15. bis 17. Juni 1872 in Erfurt, in: H. Müller, Die Organisationen, S. 456—462; abgeänderte Fassung, nach den Beschlüssen des Kongresses zu Magdeburg vom 23. bis 25. Mai 1874, ebd., S. 463—465.

sen. Wie stark die Stellung dieser örtlichen Vereine war, zeigt die Zahl ihrer Mitglieder: Von den durch 50 Delegierte in Erfurt vertretenen etwa 11.300 Gewerkschaftern gehörten rund 6.100 gewerkschaftlichen Zentralverbänden, 3.700 lokalen Fachvereinen und 1.500 freien oder „gemischten" Gewerkschaften an.

Dennoch verlieh die Krise der jungen Gewerkschaftsbewegung derartigen Einigungsbestrebungen Nachdruck — wenngleich auch nur für den Bereich der sozialdemokratisch orientierten Verbände. Den Weg frei für einen Zusammenschluß der Gewerkschaften machte indessen erst die Vereinigung der politischen Parteien: Mit der Reichsgründung 1871 war einer der Streitpunkte zwischen Lassalleanern und Eisenachern fortgefallen; denn die Frage, ob die Reichseinigung unter preußischer Vorherrschaft, wie von den Lassalleanern befürwortet, oder eine großdeutsche Lösung unter Einschluß Österreichs anzustreben sei, war zugunsten der ersteren entschieden. In den Grundprinzipien — radikale Reform, nicht aber Revolution — waren sich beide Parteien, die bei den Reichstagswahlen am 10. Januar 1874 zusammen immerhin 6,8 % der Stimmen erhielten, ohnehin einig. Und, wie gesagt, auch mit Blick auf die Schwäche der Gewerkschaftsbewegung schien sich eine Einigung der Sozialdemokratie zu empfehlen, wie sie dann auf dem Gothaer Parteitag vom 22. bis 27. Mai 1875 mit der Bildung der Sozialistischen Arbeiterpartei Deutschlands beschlossen wurde. Als Erfolg des Parteienzusammenschlusses kann nicht nur der Stimmenzuwachs auf 9,1 % bei den Reichstagswahlen vom 10. Januar 1877 gelten; auch die Einigung der sozialdemokratisch orientierten Gewerkschaftsbewegung ist hier zu nennen, die am 28. und 29. Mai 1875, ebenfalls in Gotha, auf einer Gewerkschaftskonferenz direkt nach dem Parteitag, beschlossen wurde.

Der Zusammenschluß basierte auf einer von Friedrich Wilhelm Fritzsche eingebrachten Resolution, in der es den Gewerkschaftern zur Pflicht gemacht wurde, „aus den Gewerkschaftsorganisationen die Politik fernzuhalten". Gefordert wurde, daß sich die Gewerkschafter der neugeschaffenen Sozialistischen Arbeiterpartei anschließen sollten, „weil nur diese die politische und wirtschaftliche Stellung der Arbeiter in vollem Maße zu einer menschenwürdigen zu machen vermag". Mit dieser Formulierung sollten gewiß die Auflagen des Vereinsgesetzes hinsichtlich „politischer Vereine" unterlaufen werden; zugleich war dies jedoch Ausdruck der Idee einer Arbeitsteilung zwischen Gewerkschaft und Partei, wobei letzterer ohne Zweifel der Vorrang gebühren sollte, hieß es doch in der Resolution der Gewerkschaftskonferenz voller Bescheidenheit: „Obgleich die gewerkschaftlichen Organisationen der Arbeiter nicht vermögend sind, die Lage der Arbeiter durchgreifend und auf die Dauer zu verbessern, so sind sie doch immerhin geeignet, die materielle Lage derselben zeitweise zu heben, die Bildung zu fördern und sie zum Bewußtsein ihrer Klassenlage zu bringen." (Dokument 5)

Das geringe Selbstbewußtsein der Gewerkschafter war sicherlich eine Folge der unmittelbar zuvor erfahrenen Krise mit all ihren Rückschlägen für Organisation und Arbeitskampferfolg. Die bereitwillige Anerkennung der Führungsrolle der Partei war aber zugleich Ausdruck der politischen Situation, in der die rechtliche Sicherung der Gewerkschaften und die Gleichberechtigung der Arbeiterschaft insgesamt erst noch erobert werden mußten.

*

Die praktische Verwirklichung des Einigungsbeschlusses von Gotha verlief eher schleppend; denn die beruflichen Fachverbände vollzogen den Zusammenschluß vielfach sehr widerwillig. Und auch die Gesamtmitgliederzahl erholte sich nur langsam von den Rückschlägen der Kriegs- und Krisenzeit; die Gewerkschaftsbewegung wuchs zwar stetig, war aber noch keineswegs eine Massenbewegung: Ende 1877 zählten die sozialdemokratischen Gewerkschaften gut 50.000 Mitglieder. 13 Verbände hatten über 1.000 Mitglieder, das waren die Organisationen der Buchbinder, Buchdrucker, Fabrikarbeiter, Glacéhandschuhmacher, Tischler, Hutmacher, Maurer, Metallarbeiter, Schiffszimmerer, Schneider, Schuhmacher, Tabakarbeiter und Textilarbeiter. Die stärksten Verbände waren die der Tabakarbeiter mit 8.100, der Buchdrucker mit 5.500, der Tischler mit 5.100, der Metallarbeiter mit 4.000, der Schuhmacher mit 3.600 und der Zimmerer mit 3.300 Mitgliedern.[13] Diese Mitgliedszahlen zeigten, daß auch in der sozialdemokratischen Gewerkschaftsbewegung die handwerklichen Fachverbände das Bild prägten.

Langsam aber schritt der Zusammenschluß der Gewerkschaftsbewegung voran: Im Februar 1878 einigte sich die Gewerkschaftskonferenz in Gotha auf eine stärkere Konzentration und Zusammenarbeit der Gewerkschaftszeitungen; auch sollten die Mitgliedsbeiträge vereinheitlicht (und angehoben) werden. Und schließlich wurde besprochen, sich in Gewerkschaftsverwaltung und Agitation gegenseitig verstärkt zu unterstützen.[14] Ein zur endgültigen Beschlußfassung über diese Planungen für Pfingsten 1878 nach Magdeburg einberufener gemeinsamer Kongreß der Gewerk-

---

13 Zahlen nach Willy Albrecht, Fachverein — Berufsgewerkschaft — Zentralverband. Organisationsprobleme der deutschen Gewerkschaften 1870—1890, Bonn 1982, S. 534 f.

14 Beschlüsse der Gewerkschaftskonferenz zu Gotha vom 24. und 25. Februar 1878, in: H. Müller, Die Organisationen, S. 466—468.

schaften konnte jedoch — schon im Vorfeld der Verbotsmaßnahmen des Sozialistengesetzes — nicht mehr stattfinden. Die Ausbreitung von Gewerkschaftsbewegung und Sozialdemokratischer Partei, die Einigung von Lassalleanern und Eisenachern in Gotha, die Streik- und Wahlerfolge dieser Bewegung insgesamt stärkten den Zusammenhalt der Abwehrfront ihrer Gegner bei Arbeitgeberschaft und Staat. Unter dem wachsenden politischen Druck verhärtete sich auch die richtungspolitische Auffächerung der Gewerkschaftsbewegung in Sozialdemokraten und Liberale: 1876, auf ihrem Leipziger Verbandstag, beschlossen die Hirsch-Dunckerschen Gewerkvereine die Einführung einer Revers-Unterschrift, mit der sich jedes Mitglied als Gegner der Sozialdemokratie bekannte. Das war jedoch gewiß nicht nur eine Antwort auf Vordringen und Radikalität der Sozialdemokratie, sondern auch und vor allem der Versuch, den zunehmend verschärften rechtlichen Behinderungen der Arbeiterbewegung zu entgehen.

Erste Ansätze zur „Eindämmung der sozialdemokratischen Flut" zeigten sich bereits Anfang und Mitte der 70er Jahre, jedenfalls mit dem Beginn der wirtschaftlichen Krise: Die Ende 1873 von Bismarck eingereichte Kontraktbruchvorlage, die den Streik unter Strafe stellen sollte, scheiterte zwar 1874 am Widerstand auch der Nationalliberalen im Reichstag. Doch 1874 stellte ein Erlaß des preußischen Innenministers „verderbliche Hetzerei und Aufreizungen gegen die Arbeitgeber, gegen die besitzenden Klassen" in Presse oder öffentlicher Versammlung unter Strafe. Und ebenfalls 1874 begann die nach einem Berliner Staatsanwalt benannte „Ära Tessendorf", in der alle bestehenden rechtlichen Möglichkeiten zur Behinderung der Arbeiterbewegung ausgenutzt wurden. Am 19. Oktober 1878 wurde dann das „Gesetz gegen die gemeingefährlichen Bestrebungen der Sozialdemokratie" im Reichstag verabschiedet, das mit der Parteiarbeit auch die Gewerkschaften schwer traf. Das Bismarck-Reich trug nicht zuletzt mit diesem Schritt dazu bei, dem Bild des Klassenstaates, das die sozialdemokratische Arbeiterbewegung zeichnete, den handgreiflichen Nachweis der Richtigkeit zu liefern.

# III. Unter dem Sozialistengesetz: Gewerkschaften in der Illegalität 1878 bis 1890

Die Behinderungen der gewerkschaftlichen und politischen Arbeiterbewegung, die sich mit der wirtschaftlichen Depression seit 1873 zuspitzten, fanden ihren Höhepunkt mit der Verabschiedung des Sozialistengesetzes, das die Sozialdemokratie unter Ausnahmerecht stellte und in die Illegalität, in den Untergrund zwang. Wie sah die staatliche Politik aus?

## 1. Politische Entrechtung und Sozialpolitik: Bismarck-Staat und Arbeiterschaft

Daß die Regierungspolitik unter Reichskanzler Otto von Bismarck keineswegs zimperlich mit ihren als „Reichsfeinden" gebrandmarkten politischen Gegnern umzugehen pflegte, hatte sich schon Anfang der siebziger Jahre im „Kulturkampf" gegen die katholische Kirche und gegen den politischen Katholizismus, als Partei organisiert im Zentrum, gezeigt; auch die mannigfachen Einschränkungen, denen sozialdemokratische Aktivitäten, besonders deutlich in der „Ära Tessendorf", unterworfen wurden, belegten die Grundtendenz der Bismarck'schen Politik: innere Reichseinheit durch Ausgrenzung und Unterdrückung von Kritikern. Zwei Attentate auf Kaiser Wilhelm I., die Bismarck gegen besseres Wissen der Sozialdemokratie in die Schuhe schob, boten 1878 die Gelegenheit, zum vermeintlich endgültigen Schlag gegen die „sozialistische Umsturzbewegung" auszuholen. Mit den Stimmen der Konservativen Parteien und der Mehrheit der Nationalliberalen verabschiedete der Reichstag gegen den Widerstand von SPD, Zentrum und liberaler Fortschrittspartei am 19. Oktober 1878 mit 221 zu 149 Stimmen das Sozialistengesetz.

Dieses „Gesetz gegen die gemeingefährlichen Bestrebungen der Sozialdemokratie"[1], das am 21. Oktober in Kraft trat und insgesamt vier Mal in seiner Gültigkeit verlängert wurde, bevor es zum 1. Oktober 1890 auslief, sah eine Reihe von Maßnahmen vor, mit denen verhindert werden sollte, daß die sich gerade entwickelnde Sozialdemokratie zur Massenbewegung werden konnte. Grundsätzlich verboten wurden — lt. § 1 — „Vereine, welche durch sozialdemokratische, sozialistische oder kommunistische

---

1 Reichs-Gesetzblatt Nr. 34, 1878, S. 351—358.

Bestrebungen den Umsturz der bestehenden Staats- und Gesellschaftsordnung bezwecken". „Den Vereinen" — so hieß es, die Gewerkschaften einschließend, weiter — „stehen gleich Verbindungen jeder Art". Außerdem wurden Versammlungen und Druckschriften verboten, „in denen sozialdemokratische, sozialistische oder kommunistische auf den Umsturz der bestehenden Staats- oder Gesellschaftsordnung gerichtete Bestrebungen zutage treten". Die Mitgliedschaft in verbotenen Vereinen oder die Teilnahme an verbotenen Versammlungen wurden mit Geldstrafe bis zu fünfhundert Mark oder mit Gefängnis bis zu drei Monaten bestraft. Schärfere Strafen waren vorgesehen für die Organisatoren und Redner von verbotenen Versammlungen; für Agitatoren konnte neben einer Freiheitsstrafe zudem eine Einschränkung ihres Aufenthaltes verhängt werden, d. h. sie konnten ausgewiesen werden. Schließlich konnte grundsätzlich für Bezirke oder Ortschaften, die durch sozialistische „Bestrebungen mit Gefahr für die öffentliche Sicherheit bedroht sind", der kleine Belagerungszustand erklärt werden; dann durften Versammlungen nur mit polizeilicher Genehmigung stattfinden; die öffentliche Verbreitung von Druckschriften war untersagt, und „Personen, von denen eine Gefährdung der öffentlichen Sicherheit oder Ordnung zu besorgen ist", konnte der „Aufenthalt in den Bezirken oder Ortschaften versagt werden". Ausgenommen von dieser Auflage waren ausdrücklich „Versammlungen zum Zweck einer ausgeschriebenen Wahl zum Reichstag oder zur Landesvertretung"; d. h. die sozialdemokratische Parteiarbeit war verboten, nicht aber die Teilnahme an Wahlen und auch nicht die Aktivität der Reichstagsfraktion.

Damit hatte ein breiter Katalog von Maßnahmen Gesetzeskraft erlangt, der die Sozialdemokratische Partei und die ihr nahestehenden Gewerkschaften, nicht aber die liberalen Hirsch-Dunckerschen Gewerkvereine, schwer traf. Hintergrund dieses Ausnahmegesetzes war gewiß die weitverbreitete Sozialisten-Furcht, die in keinem Verhältnis zur realen Stärke der sozialdemokratischen Arbeiterbewegung stand; von aktueller Bedeutung war auch, daß der wirtschaftliche Abschwung den Verteilungsspielraum verkleinert hatte, so daß sich eine Knebelung der Arbeiterorganisationen als Mittel zur Vermeidung von Arbeitskämpfen empfahl; schließlich war der Interessenkompromiß zwischen Schwerindustrie und Großagrariern zu Lasten der exportorientierten Fertigwarenindustrie und vor allem der Arbeiterschaft in Sicht, der 1879 — nach Verabschiedung des Sozialistengesetzes — mit der Schutzzollpolitik zur Verteuerung der Getreideeinfuhren und damit zum Anstieg der Lebenshaltungskosten bzw. bis 1881/82 zum Sinken der Reallöhne führte.

*

56

Stützte also das Sozialistengesetz mit der Ausgrenzung der sozialdemokratischen Arbeiterschaft insgesamt die Ideologie der schichtenübergreifenden, harmonischen Zusammenarbeit aller „gutwillig-anständigen", d. h. „national gesinnten" Deutschen, so versuchte das Bismarck-Reich mit dem Ausbau der Sozialpolitik, der Sozialdemokratie den Wind aus den Segeln zu nehmen. Gewiß befürworteten zahlreiche bürgerliche Politiker aus durchaus ehrenwerten Motiven sozialreformerische Aktivitäten; politische Entrechtung und sozialpolitischer Aufschwung waren jedoch auch durch politisch-strategische Überlegungen verbunden, die Bismarck am 26. November 1884 im Reichstag offen ansprach: „Wenn es keine Sozialdemokratie gäbe und wenn nicht eine Menge Leute sich vor ihr fürchteten, würden die mäßigen Fortschritte, die wir überhaupt in der Sozialreform bisher gemacht haben, auch noch nicht existieren."[2]

Die politische Instrumentalisierung der Sozialversicherung, wollte man damit der Sozialdemokratie doch das Wasser abgraben, kann kaum deren Bedeutung für die materielle Verminderung der Lebensrisiken schmälern. Nachdem 1878 mit einer Novelle zur Gewerbeordnung die Arbeitsbefreiung für Mütter auf drei Wochen nach der Entbindung ausgedehnt, das Trucksystem, also die Entlohnung durch Waren, verboten und die Fabrikinspektion verpflichtend gemacht worden waren, kündigte Kaiser Wilhelm I. am 17. November 1881 einen Aufschwung der Sozialpolitik an: In der Tat, die Einführung von Krankenversicherung (1883), Unfallversicherung (1884) und Alters- und Invalidenversicherung (1889) kann, berücksichtigt man die Verhältnisse in vergleichbaren industriekapitalistischen Ländern, als überaus fortschrittlich und zukunftsweisend gelten. Waren auch die Versicherungsleistungen eng begrenzt, so zeigte das Bismarck-Reich damit doch eine Reformfähigkeit, die in krassem Gegensatz zum Festhalten an vorparlamentarischen politischen Entscheidungsstrukturen stand — die dadurch jedoch gerade gesichert wurden. Die Sozialversicherungsgesetze der 80er Jahre markieren mit ihrer systemstabilisierenden Grundlinie einen wichtigen Schritt auf dem Weg zum modernen Interventionsstaat, der die wirtschaftlichen und sozialen Verhältnisse — anders als im Bild des liberalen „Nachtwächterstaats" beschworen — aktiv mitgestalten will.

Gerade in der Zeit des Sozialistengesetzes zeigte der Bismarck-Staat sein Doppelgesicht besonders deutlich: Ausgrenzung, Unterdrückung und politische Entrechtung der sozialdemokratischen Arbeiterschaft einerseits,

---

2 Otto von Bismarck am 26. 11. 1884 im Reichstag, in: Stenographische Berichte über die Verhandlungen des Deutschen Reichstages, VI. Legislaturperiode, 1. Session, Bd. 1, S. 25.

Anfänge einer staatlichen Sozialpolitik andererseits. In den Augen einer wachsenden Zahl von Arbeitern und Arbeiterinnen überschattete jedoch die Vorenthaltung politischer und gewerkschaftlicher Rechte bei weitem die vorsichtigen Anzeichen der staatlichen Bereitschaft zur Sozialreform. Und dennoch war es gerade dieses Doppelgesicht, das die Entwicklung der Arbeiterbewegung nachhaltig prägte.

## 2. Gewerkschaften im Untergrund

Noch am 9. Oktober 1878, also 10 Tage vor der Verabschiedung des Sozialistengesetzes, hatte Bismarck im Reichstag versichert, er persönlich werde jede Bestrebung fördern, die „positiv auf die Verbesserung der Lage der Arbeiter gerichtet ist, also auch einen Verein, der sich den Zweck gesetzt hat, die Lage der Arbeiter zu bessern, den Arbeitern einen höheren Anteil der Erträgnisse der Industrie zu gewähren und die Arbeitszeit nach Möglichkeit zu verkürzen".[3] Gewerkschafter, die dies als Würdigung und Anerkennung ihrer Arbeit verstanden, mußten wenig später bitter enttäuscht erkennen, daß sie sich geirrt hatten. Ebenso wie die Sozialdemokratische Partei wurden auch die Gewerkschaften von einer Verbotswelle überrollt: Schon in den ersten Wochen der Gültigkeit des Sozialistengesetzes mußten 17 gewerkschaftliche Zentralverbände, 63 Lokalvereine und 16 Unterstützungsvereine ihre Arbeit einstellen; rund 55.000 Arbeiter hatten damit ihre Organisationen verloren. Nicht aufgelöst wurden — außer den Hirsch-Dunckerschen Gewerkvereinen — der Buchdruckerverband, der Senefelderbund der Lithographen und Steindrucker, der Schiffszimmerer-verband und der Verband der sächsischen Berg- und Hüttenarbeiter. Diese Verbände hatten sich schon zuvor zur parteipolitischen Neutralität und damit zur Distanz zur SPD bekannt — oder sie holten es jetzt rasch nach; außerdem verzichteten sie auf gewerkschaftliche Ziele und Aktionsformen, um ihr organisatorisches Überleben zu sichern.

*

In den beiden ersten Jahren nach der Verabschiedung des Sozialistengesetzes wurde die sozialdemokratische Gewerkschaftsbewegung nahezu zerschlagen. Wohl im Bewußtsein des raschen Sieges gönnten sich Verwaltung und Polizei in den folgenden Jahren seit 1881 eine „mildere Praxis" in der

---

3 Otto von Bismarck am 9. 10. 1878 im Reichstag, in: Stenographische Berichte über die Verhandlungen des Deutschen Reichstages, IV. Legislaturperiode, 1. Session, Bd. 1, S. 125.

Anwendung des Sozialistengesetzes. Schon Ende 1880 hatten sich jedoch erste Ansätze zum Wiederaufbau der Gewerkschaften gezeigt: Lokale Fachvereine, Kranken- und Sterbekassen, Wanderunterstützungen (zur Absicherung gegen die finanziellen Folgen von Streik und Arbeitslosigkeit) und Arbeitsnachweise wurden gegründet, die neben dem im Namen angesprochenen Organisationszweck vor allem das Ziel verfolgten, den politischen Zusammenhang der Sozialdemokraten über die Zeit des Ausnahmerechts zu retten. Die gemeinsame Erfahrung von Unterdrückung und Verfolgung ließ in dieser Zeit Gewerkschafter und Parteimitglieder — ohnehin waren viele Arbeiter beides zugleich — zusammenrücken. Zwar wurde die Gewerkschaftsbewegung in den ersten Jahren des Sozialistengesetzes auf den organisatorischen Stand der Frühzeit zurückgeworfen, doch schon bald wurde eine Reihe von Gewerkschaften neu- oder besser wiedergegründet. 1884 gab es bereits wieder 13 Zentralverbände, 1886 schon 35 und 1888 sogar 40 Zentralverbände; nur einige seien hier genannt, z. B. die Verbände der Buchdrucker, der Hutmacher, der Manufakturarbeiter, der Schneider, der Steinmetze und der Tischler; daß sich die Schuhmacher und die Tabakarbeiter in „Unterstützungsvereinen" trafen, gehorchte den Auflagen von Vereins- und Sozialistengesetz, die man so zu unterlaufen hoffte. Und außerdem gab es zahlreiche örtliche Unterstützungskassen, die die Idee der organisierten Selbsthilfe praktisch umsetzten und damit indirekt auch das Vordringen der Gewerkschaften erleichterten.

Vorherrschender Organisationstyp war wohl der berufsorientierte Fachverein auf örtlicher Ebene, der handwerklich ausgebildete Arbeiter, sogenannte „Gesellen-Arbeiter", organisierte. Diese lokalen Vereine, die damit durchaus einen Traditionszweig der deutschen Gewerkschaftsbewegung vertraten, beharrten entschieden auf ihrer Unabhängigkeit von zentralen Stellen. Dies entsprach keineswegs nur einer überholten Beschränkung auf den eigenen Ort. Vielmehr zog man mit diesem Organisationsmodell durchaus eine Lehre aus den polizeilichen Verfolgungen, ließen sich doch örtliche Organisationen viel besser gegen Verbotsmaßnahmen und — dank der persönlichen Kontakte — auch gegen Bespitzelung abschirmen als große Zentralverbände. Verfolgten letztere das Ziel, Streiks überregional abzustimmen, ihre Kassen durch die Verteilung des Risikos zu sichern und vor allem eine mobile Arbeiterschaft reichsweit zu erfassen, so lebte in den örtlichen Verbänden vielfach die Tradition der Versammlungsdemokratie fort: Auf einer Versammlung wurden die Forderungen aufgestellt und ein Streikkomitee gewählt, so daß ein „vorbeugendes" Eingreifen der Polizei erschwert wurde. Waren die Zentralverbände auf das Modell der repräsentativen Demokratie durch Delegation von Ebene zu Ebene angewiesen, so verwirklichten die Lokalvereine oftmals Prinzipien ebenso spontaner wie direkter basisdemokratischer Beteiligung aller Arbeiter — eine Idee, die immer wieder, insbesondere in den Rätevorstellungen der Revolutionszeit 1918/19, aktuell werden sollte.

Insgesamt lag das Schwergewicht der Gewerkschaftsbewegung — in den zentralen wie in den örtlichen Verbänden — nach wie vor bei den handwerklich ausgebildeten Arbeitern. Nur wenige Verbände — so die der Tabakarbeiter und die der Manufakturarbeiter — versuchten bereits in den 80er Jahren, gelernte und ungelernte Arbeiter, Männer und Frauen gemeinsam zu organisieren; ein entsprechender Vorstoß des Metallarbeiterverbandes wurde im Sommer 1885 durch einen Auflösungsbescheid unterbunden. Ebenso wichtig wie die Ansätze zur berufsübergreifenden Organisation, die bald — in den 90er Jahren — ausgebaut werden sollten, war der Generationswechsel, der in der Zeit des Sozialistengesetzes stattfand. An die Spitze der neuen Verbände traten — wenigstens einige seien genannt — mit Carl Legien und Theodor Leipart von den Holzarbeitern, Carl Kloß von den Tischlern, August Brey von den Fabrikarbeitern und Alexander Schlicke von den Metallarbeitern erstmals Männer, die „geborene" Arbeiter waren; außerdem hatte das Sozialistengesetz ihre politischen Ansichten, ihre Stellung zu Staat und Gesellschaft geprägt, was sich in den folgenden Jahrzehnten zeigen sollte. Galt der Staat zunächst eindeutig als Instrument der herrschenden Klassen zur Unterdrückung der Arbeiterschaft, so sahen die Gewerkschaften in der staatlichen Sozialpolitik, die in den 80er Jahren aus der Taufe gehoben worden war, schon bald ein Mittel zur Reform des kapitalistischen Systems und damit ein wichtiges Aufgabenfeld der Arbeiterbewegung; von der „Herrschaftsagentur der Bourgeoisie" wurde der Staat zum Mittel, mit dessen Hilfe die Arbeiterschaft ihre wirtschaftliche und soziale Befreiung zu erreichen hoffen konnte. Und eben durch die Versuche, Einfluß auf die Sozialpolitik zu nehmen, und erst recht auch durch die Zusammenarbeit mit Arbeitgebern in der Selbstverwaltung der Sozialversicherungsträger sollte sich die Einstellung der Gewerkschaften zu Staat und Arbeitgeberschaft nachhaltig ändern.

Offenbar wurden die staatlichen Stellen von der Organisations- und Aktionsbereitschaft der sozialdemokratischen Arbeiter überrascht. Sie mußten nicht nur zur Kenntnis nehmen, daß die Sozialdemokratische Partei keineswegs verschwand, sondern zu allem Überfluß trotz aller staatlichen Behinderungen ihrer Arbeit gedieh: Hatte sie bei der Reichstagswahl 1873 noch 7,5 % der Stimmen erhalten, so hielt sich ihr Stimmenanteil auch unter dem Sozialistengesetz mit 6,1 % (1881), 9,7 % (1884) und 7,1 % (1887) auf gutem Niveau, bevor er 1890 drastisch auf 19,7 % anstieg. Und auch die Gewerkschaftsbewegung entwickelte sich weiter. Das gilt keineswegs nur für die Hirsch-Dunckerschen Gewerkvereine, die in den 80er Jahren einen langsamen, aber stetigen Aufschwung nahmen: Die Zahl ihrer Mitglieder, organisiert oftmals in berufsübergreifenden Verbänden, stieg von gut 16.500 im Jahre 1878 über rund 52.000 (1886) auf ca. 63.000 im Jahr 1890 an. Und außerdem profitierte das Unterstützungswesen der Gewerkvereine von der Einführung der Versicherungspflicht im Jahre 1883, der man sich durch den Eintritt in eine private Kasse entziehen konnte. Eindrucksvoller als diese Entwicklung war jedoch, bedenkt man die Unterdrückungsmaßnahmen, der Aufschwung, den die sozialdemokratisch orientierten Gewerkschaften zu verzeichnen hatten: Die Mitgliedschaft der sozialdemokratischen Gewerkschaftszentralverbände stieg von etwa 53.000 am Jahresende 1877 bis Ende 1889 auf gut 230.000.[4]

Außerdem ist nicht zu vergessen, daß sich in der Zeit des Sozialistengesetzes im kirchlichen Bereich Organisationsbemühungen für die Arbeiterschaft verstärkten, aus denen später die Christlichen Gewerkschaften erwachsen sollten. Da ist zunächst der Verband „Arbeiterwohl" zu nennen, der 1880 vom Tuchfabrikanten Franz Brandts gegründet und ab 1881 von Franz Hitze als Generalsekretär geführt wurde; aus diesem Verband ging 1890 der Volksverein für das katholische Deutschland hervor, der sich entschieden für die Ausbreitung der katholischen Arbeitervereine und dann für die Gründung und Stärkung der Christlichen Gewerkschaften einsetzen sollte. Auch die Enzyklika „Humani generis" Papst Leos XIII. aus dem Jahre 1884 förderte die katholischen Arbeitervereine, durch die die Arbeiter einerseits in die Kirche eingebunden, andererseits gegen die Sozialdemokratie immunisiert werden sollten. Einer ähnlichen Zielsetzung gehorchte auch die Gründung der evangelischen Arbeitervereine seit 1882, die sich 1890 zu einem Gesamtverband mit etwa 40.000 Mitgliedern zusammenschlossen. Bei letzteren wurde die sozialpartnerschaftliche Idee eines harmonischen Interessenausgleichs zwischen Arbeitgeber und Arbeiter durch das Eintreten für Kaiser und Vaterland ergänzt.

*

Nicht einmal Arbeitskämpfe hatte man mit dem Sozialistengesetz vollkommen unterdrücken können, wie z. B. die Streikbewegung von 12.000 Berliner Maurern im Sommer 1885 zeigte. Ein schärferes Vorgehen, wie 1886 mit dem Streikerlaß des preußischen Innenministers Robert von Puttkamer signalisiert, schien wieder angesagt zu sein: Von 1886 bis 1888 wurden 15 gewerkschaftliche Organisationen und 6 Unterstützungskassen aufgelöst. Damit erhöhte sich die Zahl der seit 1878 verbotenen Gewerk-

---

4 Siehe W. Albrecht, Fachverein, S. 529 und 534 ff.

schaftsorganisationen auf 17 Zentralverbände, 78 örtliche Fachvereine, 23 Unterstützungskassen, 106 politische und 108 Vergnügungsvereine. Verboten wurden überdies fast alle gewerkschaftlichen Zeitungen und Zeitschriften, die als Informationsquelle angesichts der Übermacht der bürgerlichen Presse eine heute kaum noch nachvollziehbare Bedeutung hatten; insgesamt wurden 1.299 Druckschriften aufgrund des Sozialistengesetzes eingezogen. Zu den bittersten Folgen des Gesetzes gehörte die Verfolgung zahlreicher Organisatoren der Arbeiterbewegung: Etwa 1.500 Personen wurden zu Gefängnis- und Zuchthausstrafen verurteilt, rund 900 Personen wurden aus ihren Heimatorten ausgewiesen; viele mußten ins politische Exil gehen — und manche wanderten aus, für immer.[5]

Weder der Vormarsch von Sozialdemokratischer Partei und Gewerkschaften noch die Arbeitskämpfe ließen sich dadurch aufhalten. Vor dem Hintergrund einer leichten Konjunkturbelebung ab 1888 nahm die Streikaktivität deutlich zu (Tabelle 2a); auch im internationalen Vergleich sind die folgenden Jahre durch eine Streikwelle gekennzeichnet, deren Höhepunkt in Deutschland ohne Zweifel durch den Streik der Bergarbeiter vom Mai 1889 markiert wird. Entstanden war der Streik spontan, also ohne die Mitwirkung von Gewerkschaften. Die Bergarbeiter forderten eine Lohnerhöhung von 15 % und die Einführung der Achtstundenschicht (einschließlich Ein- und Ausfahrt); diese an mehreren Orten erhobenen Forderungen wurden den Grubenverwaltungen schriftlich übergeben — blieben aber ohne jede Antwort. Daraufhin begann am 1. Mai — zunächst in einzelnen Zechen — der Streik; er breitete sich rasch auf das ganze Ruhrgebiet aus, wo am 5. Mai auf Anforderung des westfälischen Oberpräsidenten Militär gegen die Streikenden eingesetzt wurde. Der Streik griff indessen auf das Saarrevier, nach Nieder- und Oberschlesien, nach Aachen und nach Lothringen und nach Sachsen (Zwickau, Lugau und Plauen) über. Schließlich waren 150.000 Arbeiter am Streik beteiligt, der mit einem Teilerfolg endete, nachdem Kaiser Wilhelm II. eine Delegation der Bergarbeiter empfangen hatte.

Eben weil der Streik sich spontan entwickelte, mangelte es an einer abgestimmten Planung der Arbeitskampfmaßnahmen. Dies, die Haltung der Grubenverwaltungen und vor allem der Einsatz staatlicher Machtmittel schienen nur eine Lehre aus dem Teilerfolg der Arbeiter zuzulassen: Im August 1889 wurde der sozialdemokratisch orientierte Bergarbeiterverband, der „Alte Verband" gegründet.

---

5 Ignaz Auer, Nach zehn Jahren. Material und Glossen zur Geschichte des Sozialistengesetzes, Nürnberg 1913, S. 354 ff.

*Im Bergarbeiterstreik 1889: Jugendliche greifen eine Militärpatrouille an.*

Spottbild auf die verfehlte Wirkung des Sozialistengesetzes

63

Auch dieser Arbeitskampf zeigte also den mobilisierenden Effekt eines Streiks. Und die Welle von 670 Streiks zwischen 1888 und 1890 trug das Ihrige dazu bei, daß Zahl und Mitgliedschaft der Gewerkschaften deutlich anstiegen: Anfang 1889 gab es 41 Verbände mit 174.000 Mitgliedern, Ende 1889 58 Verbände mit 230.000 Mitgliedern. Die Gewerkschaften waren schon unter dem Sozialistengesetz auf dem besten Wege zur Massenbewegung — eine Entwicklung, die dann in den folgenden Jahrzehnten bis zum Ersten Weltkrieg vollends zum Durchbruch kommen sollte.

\*

So gering der Einfluß des Sozialistengesetzes wohl letztlich auf die organisatorische Entwicklung von SPD und Gewerkschaften blieb, die Auswirkungen auf die programmatisch-politische Orientierung hätten kaum größer sein können. Das Doppelgesicht der Politik Bismarcks — Unterdrückung der Partei, aber Zulassung der Parlamentsarbeit; politische Entrechtung, aber sozialpolitische Unterstützung der Arbeiterschaft — prägte nachhaltig die Stellung der Sozialdemokratie zum Staat. Gerade das Ergebnis der politischen Verfolgung bereitete den Boden für die Aufnahme marxistischer Deutungsmuster der Realität: Die wirtschaftliche Depression galt als Beleg für die Richtigkeit der These von der Verelendung der Arbeiterschaft; die Unterdrückungsmaßnahmen bestätigten, daß der Staat ein Herrschaftsmittel der Besitzenden, ein Klassenstaat der Bourgeoisie, sei; und die Ghetto-Situation der Arbeiterschaft begünstigte die Ausbildung einer eigenen radikalen Mentalität, der die Agitation der SPD Inhalt und Richtung zu geben versuchte, um sie zum „Klassenbewußtsein" zu entwickeln. Eben die Ächtung, eben die Ausgrenzung aus der bürgerlichen Gesellschaft zwang die Sozialdemokratie — die Führer wie die Arbeiterschaft — in die politisch-programmatische Radikalität, die in der Anerkennung von marxistischer Gesellschaftsanalyse und Zukunftserwartung ihren Ausdruck fand, für die in der Partei insbesondere Karl Kautsky mit seiner theoretischen Zeitschrift „Die Neue Zeit" warb. Der Kampf gegen den kapitalistischen Klassenstaat der Gegenwart und die Vision der sozialistischen Zukunftsgesellschaft, die vor allem August Bebels Buch „Die Frau und der Sozialismus" (1879) populär machte, wurden begierig aufgenommen, doch die SPD blieb — eben wegen der Zulassung der Parlamentsarbeit — eine demokratische Reformpartei. Das Parlament war unter dem Sozialistengesetz das einzige legale Agitationsforum, die Reichstagsfraktion die eigentliche Parteiführung — und der Stimmzettel galt als einziges Mittel zur Eroberung der politischen Macht. Die politische Praxis der SPD blieb „gesetzlich", auch wenn auf dem Wydener Parteitag im Jahre 1880 dieser Begriff aus dem Gothaer Programm gestrichen worden war, gerade weil man sich in die Illegalität gedrängt sah. „Nicht durch Putsche und Attentate" glaubte Wilhelm Liebknecht auf dem Parteitag in St. Gallen 1887 den Sieg der SPD beschleunigen zu können, „sondern nur durch Mittel, die unsere Macht vermehren"; und das waren vor allem Mitglieder- und Wählerwerbung.[6]

Die Erfahrungen der Unterdrückung und vor allem der Erfolg bei den Reichstagswahlen 1890 bewirkten, daß die schon aus den 60er und 70er Jahren bekannte Annahme verfestigt wurde, der politische Kampf habe gegenüber dem gewerkschaftlichen den Vorrang. Außerdem stärkten jene Jahre die Idee des Internationalismus. Das Erlebnis des Exils und die Kontakte zu den Sozialisten anderer Länder einerseits, die Einsicht in die Notwendigkeit international abgestimmten Vorgehens z. B. bei Streikbewegungen andererseits, beides trug dazu bei, daß sich die deutsche Sozialdemokratie als Teil der internationalen Arbeiterbewegung verstand, die sich 1889 mit dem Internationalen Arbeiterkongreß in Paris vor allem um die Forderung nach Einführung des Achtstundentags scharte.[7] Daß für dieses konkrete Ziel am 1. Mai jeden Jahres demonstriert werden sollte, wurde für die deutsche Arbeiterbewegung ein Problem, an dem sich die Geister in Partei und Gewerkschaftsbewegung schieden.

Schon unter dem Sozialistengesetz hatten sich an die Thronbesteigung Wilhelms II. am 15. Juni 1888 Hoffnungen auf eine Zeit politischer und sozialer Reform geknüpft. Auch am Reichstag ging diese „neue" Stimmung nicht spurlos vorbei. Als die Regierung erneut die Verlängerung des Sozialistengesetzes beantragte, stimmte die Mehrheit am 25. Januar 1890 dagegen, so daß das Gesetz am 30. September 1890 auslief. Auch wegen des Scheiterns seiner Innenpolitik, die der Eindämmung der Sozialdemokratie gegolten hatte, trat Bismarck am 20. März 1890 vom Amt des Reichskanzlers zurück. Mit dem Ende der „Ära Bismarck" und dem Auslaufen des Sozialistengesetzes begann für die Gewerkschaften eine neue Zeit.

---

6 Wilhelm Liebknecht, in: Verhandlungen des Parteitages der deutschen Sozialdemokratie in St. Gallen, abgehalten vom 2. bis 6. Oktober 1887, Hottingen-Zürich 1888, S. 42.
7 Siehe Arbeiterschutz-Resolution, in: Protokoll des Internationalen Arbeiter-Congresses zu Paris, abgehalten vom 14. bis 20. Juli 1889. Deutsche Übersetzung, Nürnberg 1890, S. 121 f.

# IV. Im Wilhelminischen Kaiserreich: der Durchbruch zur Massenorganisation 1890 bis 1914

Das Sozialistengesetz erwies sich insgesamt — vom Standpunkt Bismarcks aus — als ein Schlag ins Wasser: Die Unterdrückungsmaßnahmen hatten die Entwicklung von SPD und Gewerkschaften bremsen, aber nicht aufhalten können; trotz — oder wegen der staatlichen Ausnahmegesetzgebung war die sozialdemokratische Arbeiterbewegung stärker und vor allem politisch radikaler geworden. Mit der in den 80er und 90er Jahren beschleunigten Entwicklung zum Industriestaat, die auch in der Zeit des wirtschaftlichen Abschwungs oder Stillstands voranschritt, wuchsen die sozialen und politischen Probleme — und zugleich Zahl und Bedeutung der Arbeiter und Arbeiterinnen, die die Trägerschaft des Durchbruchs der Gewerkschaften zur Massenbewegung bildeten.

## 1. Die Organisierung des industriellen Kapitalismus: zur wirtschaftlichen und gesellschaftlichen Entwicklung des Wilhelminischen Reichs

Die wirtschaftliche Depression, die 1873 eingesetzt hatte und nur von schwachen Auftriebsphasen unterbrochen worden war, dauerte bis in die Mitte der 90er Jahre an; erst ab 1895 zeichnete sich ein wirtschaftlicher Aufschwung ab, der — einmal abgesehen von den kurzfristigen Zwischenkrisen 1901/02 und 1907/08 — bis 1912/13 anhielt. Schon die Schutzzollpolitik hatte die Schwerindustrie massiv begünstigt, deren Bedeutung bald durch den Rüstungswettlauf, insbesondere durch die Flottenbauprogramme unter Alfred von Tirpitz ab 1898, weiter gestärkt wurde. Hatte im Jahre 1890 die Eisenproduktion Englands mit ca. 8 Millionen Tonnen die des Deutschen Reiches (4,1 Millionen Tonnen) um fast 100 Prozent überstiegen, so zog bis zum Jahre 1910 die deutsche Produktion mit etwa 14 Millionen Tonnen an der englischen (gut 10 Millionen Tonnen) vorbei. Noch dramatischer war der Anstieg der deutschen Stahlproduktion, die von 2,1 Millionen Tonnen im Jahre 1890 auf 13,1 Millionen Tonnen (1910) anwuchs, während die englische Stahlherstellung im selben Zeitraum nur von 3,6 auf 6,4 Millionen Tonnen gesteigert wurde. Signalisieren schon diese Angaben den Weg Deutschlands zum Industriestaat, so zeigten sich in den 90er Jahren bemerkenswerte Veränderungen des industriellen Bereichs: Durch Erfindungen und die Entwicklung bahnbrechender technischer Verfahren gewannen die elektrotechnische und die chemische Industrie neben dem Maschinenbau Weltgeltung.

Das Bild der hochindustrialisierten deutschen Gesellschaft bildete sich in diesen Jahren heraus. Zum einen schritt der Konzentrationsprozeß weiter voran: In Industrie und Handwerk sank der Beschäftigtenanteil der Betriebe mit weniger als 6 Mitarbeitern von 59,8 % im Jahre 1882 auf 31,3 % im Jahre 1907; im selben Zeitraum vergrößerte sich der Anteil der Betriebe mit über 1.000 Beschäftigten von 1,9 auf 4,9 %. Und zum anderen nahmen Zahl und Bedeutung der Kartelle deutlich zu. Waren die Kartelle der Depressionszeit, wie sich in den 80er Jahren zeigte, zum großen Teil wenig stabil, so begann nun die Zeit der „Durchkartellisierung": 1893 wurde das Rheinisch-Westfälische Steinkohlensyndikat gegründet; dieser gemeinschaftlichen Verkaufsorganisation gehörten um 1910 fast alle Zechen des Ruhrreviers an. Und 1897 schlossen sich die Hütten zum Rheinisch-Westfälischen Roheisen-Syndikat zusammen. Die Elektroindustrie wurde von den Branchen-Riesen AEG und Siemens und die chemische Industrie von vier bis fünf Großkonzernen beherrscht. Fünf Großbanken — darunter die Deutsche Bank und die Dresdner Bank — verfügten über fast 50 % der Bankeinlagen; nicht nur als Kreditgeber, sondern auch als Aktienbesitzer übten die Banken enormen Einfluß auf die wirtschaftliche Entwicklung aus. Industrie- und Bank-Kapital begannen zu verschmelzen — eines der Kennzeichen des Prozesses zur „Organisierung" der kapitalistischen Wirtschaft.

Außerdem entwickelte sich ein dichtes Netz von wirtschaftlichen Interessenverbänden. Neben den 1875 gegründeten Centralverband Deutscher Industrieller trat 1895 der Bund der Industriellen, der die Belange der verarbeitenden Industrie stärker in den Vordergrund stellte. Dabei ging es den Unternehmern auch und vor allem um die Interessenvertretung gegenüber den aufstrebenden Gewerkschaften, wie sich 1903/04 nach dem Arbeitskampf in der Textilindustrie von Crimmitschau zeigte: Unter dem Eindruck der hier erlebten überregionalen Solidarität der Arbeiterschaft gründeten die Arbeitgeber die von der Schwerindustrie geprägte Hauptstelle Deutscher Arbeitgeberverbände und den Verein Deutscher Arbeitgeberverbände, in dem die verarbeitende Industrie stärker vertreten war. 1913 schlossen sich beide Organisationen zur Vereinigung der Deutschen Arbeitgeberverbände zusammen; dies unterstrich den Trend zur Fach- und Region-übergreifende Organisation der Arbeitsmarktparteien, der sich auch in der Gewerkschaftsentwicklung spiegelt, die ihrerseits eine Folge der Veränderungen des Arbeitsmarkts war.

*

Parallel zum Prozeß der Hochindustrialisierung ging der Anteil der in der Landwirtschaft Beschäftigten zwischen 1882 und 1907 von 43,5 auf 35,2 % zurück, während der Anteil in der Industrie Beschäftigten von 33,7 auf40,1 % anstieg (Tabelle 6a). Im selben Zeitraum wuchs die Zahl der Industriearbeiter und -arbeiterinnen von rund 3 auf 5,8 Millionen. Und der Prozeß der Verstädterung schritt stürmisch voran: 1871 lebten 65 % der Bevölkerung in Dörfern und Kleinstädten, 1910 nur noch 40 %; und umgekehrt: der Anteil der Großstädter wuchs im selben Zeitraum von 4,8 % auf über 20 %. Außerdem hielt das Bevölkerungswachstum unvermindert an, so daß die Einwohnerzahl von 1871 bis 1914 um 60 % auf 68 Millionen hochschnellte.

Vor allem die Verstädterung brachte eine Reihe sozialer Probleme mit sich. Sie war zunächst einmal Ausdruck und Folge der starken Landflucht, insbesondere aus den armen Randgebieten des Deutschen Reiches, etwa aus den ländlichen Regionen Ostpreußens oder der Eifel. Viele der aus ihren traditionellen Bindungen gerissenen Menschen fanden sich in den Städten der Industriezentren schwer zurecht; andere behielten gerade wegen des plötzlichen Wandels ihres Umfeldes als einzigen Rückhalt ihre kirchliche Bindung, vor allem an den Katholizismus, bei. Neben den Unterschieden in Beruf und Einkommen waren es die regionale Herkunft, die landsmannschaftliche oder ethnische Zugehörigkeit und auch der religiöse Glaube, die die Herausbildung eines einheitlichen Klassenbewußtseins im Sinne eines übereinstimmenden politischen Willens be-, wenn nicht verhinderten. Gerade der Zustrom von Arbeitern aus dem Osten, aus Polen, hat Bruchlinien in der Arbeiterschaft verursacht bzw. vertieft, und zwar nicht nur in Form ethnisch-religiöser, sondern auch sozialer Unterschiede; denn solange der „Nachschub" ungelernter und wenig anspruchsvoller Arbeitskräfte anhielt, so lange boten sich für die besser ausgebildeten deutschen Arbeiter leichtere Aufstiegschancen — und auch die Möglichkeit, ein eigenes Statusbewußtsein zu kultivieren. Es ist gewiß nicht verwunderlich, daß diese sozialen und kulturellen Unterschiede innerhalb der Arbeiterschaft auch auf die politische und gewerkschaftliche Organisation durchschlugen; im übrigen trug die hohe Mobilität, die Wanderung von Ort zu Ort, dazu bei, daß die Anwerbung und vor allem die dauerhafte Bindung von Mitgliedern durchaus schwierig für die Gewerkschaften war.

Besondere Probleme für Agitation und Mitglieder-Werbung boten zudem der steigende Anteil von ungelernten Arbeitskräften, von Frauen und schließlich die Zunahme der Angestelltenschaft. Wegen der Verwurzelung der Gewerkschaften in der gut ausgebildeten und berufsbewußten männlichen Facharbeiterschaft war es für sie schwer, in die Kreise der ungelernten und der weiblichen Arbeiterschaft vorzudringen; und diese sahen sich vielfach von den Gewerkschaften nicht ausreichend vertreten, wobei bei den Frauen neben den vereinsrechtlichen Beschränkungen noch das traditionelle Rollenbild und die Mehrfachbelastung von Erwerbstätigkeit und Familienarbeit die gewerkschaftlichen Aktivitäten begrenzten. Und bei den Angestellten fiel ins Gewicht, daß sie eine Schicht von Lohnabhängigen bildeten, die aus ihrer Nähe zur Unternehmensführung und gerade aus der Abgrenzung von der Arbeiterschaft ein ganz eigenes Selbst- und Standesbewußtsein entwickelte, das sich eigene Organisationen mit stark nationaler und bürgerlicher Grundorientierung schuf.

Jenseits dieser Bruchlinien innerhalb der Arbeitnehmerschaft galt aber für nahezu alle Arbeiter, daß die Realität des alltäglichen Lebens karg war: Die Wohnungslage in den Städten war elend, Wohnraumknappheit und Mietwucher, Untervermietung an eine oder mehrere Personen waren alltäglich. Hohe Lebensmittelpreise bei abnehmender Möglichkeit, als „Freizeitbauer" im eigenen Garten zur Selbstversorgung der Familie beizutragen, drückten den Lebensstandard vor allem in den Städten. Die Lohnsituation war nach wie vor, auch wenn man die Unterschiede nach Branchen, Berufen, Qualifikation, Orten und Geschlecht nicht außer acht lassen kann, vielfach miserabel; bei Krankheit und Alter war die Verarmung unausweichlich. Die Mitarbeit von Frau und auch Kindern war oftmals eine Notwendigkeit, um den Lebensunterhalt der Familie zu sichern. Trotz der damit verbundenen Lasten galt gerade die Heimarbeit als Weg, Broterwerb und Familienarbeit miteinander zu vereinbaren.

Doch in den 90er Jahren zeigten sich auch Tendenzen zur Besserung der Lage: Von 1890 bis 1913 stieg der durchschnittliche Jahresverdienst von Arbeitnehmern in Industrie, Handel und Verkehr von nominal 650 auf 1.083 Mark. Berücksichtigt man den Anstieg der Lebenshaltungskosten im selben Zeitraum so wuchsen die realen durchschnittlichen Jahresverdienste (in Preisen von 1895) von 636 auf 834 Mark (Tabelle 3a). Hinter diesen Durchschnittszahlen verbergen sich jedoch sehr unterschiedliche Entwicklungslinien; so standen z. B. deutliche Einkommenszuwächse in der Druckindustrie weiterhin elenden Verhältnissen in der Textilindustrie gegenüber.

Im selben Zeitraum ging die Arbeitszeit in der Industrie weiter zurück; hatte sie 1890 noch durchschnittlich 11 Stunden pro Tag und 66 Stunden pro Woche betragen, wurde in den Jahrzehnten bis 1913 nach und nach eine Verkürzung auf 10 Stunden pro Tag und — durch die ersten Anfänge der Arbeitsruhe am Samstagnachmittag — auf 54 bis 60 Stunden pro Woche erstritten (Tabelle 4a). Einzelne Firmen, z. B. die Carl-Zeiß-Werke in Jena und die Jalousie-Fabrik Freese führten bereits 1889 bzw. 1892 freiwillig den Achtstundentag ein. Dies illustriert, daß der Prozeß der Arbeitszeitverkürzung von Branche zu Branche, von Betrieb zu Betrieb sehr unterschiedlich verlief; und wie bei den Löhnen wäre diese Entwicklung gewiß nicht eingetreten ohne die insgesamt gute wirtschaftliche Konjunktur, ohne die

*Arbeiter und Arbeiterinnen an Drehbänken bei Siemens um 1900.*

*Schürzenkonfektion in Heimarbeit um 1910.*

Steigerung der Produktivität und ohne die Kämpfe der Gewerkschaften. Allerdings ist nicht zu übersehen, daß diese Erfolge von einer fortschreitenden Intensivierung bzw. Verdichtung der Arbeit begleitet wurden. Zu nennen ist zum einen die Technisierung der Produktion, zum anderen die Rationalisierung des Arbeitsprozesses selbst; mit Arbeitsteilung und Zeitvorgaben, insgesamt also mit genauen Vorschriften über den Ablauf des Produktionsprozesses, rückte der Trend zur Rationalisierung in den Mittelpunkt der unternehmerischen Bemühungen, die Arbeitsleistung und damit die Produktion zu steigern.

*

Auch die Arbeiterschutzgesetzgebung ist hier zu nennen: Mit den Februarerlassen Kaiser Wilhelms II. wurde 1890 die Einrichtung von Arbeiterausschüssen und die Verabschiedung von Arbeiterschutzgesetzen angekündigt. Und in der Tat trat in den folgenden Jahren eine Reihe von Sozialgesetzen in Kraft: Da war zunächst am 1. Juni 1891 die Novelle zur Gewerbeordnung (Lex Berlepsch), die die Möglichkeit zur Bildung von Arbeiterausschüssen einräumte, die Sonntagsruhe vorschrieb, für Jugendliche und Frauen die Höchstarbeitszeit auf 10 bis 11 Stunden pro Tag begrenzte und Nachtarbeit verbot, Arbeit von Kindern unter 13 Jahren grundsätzlich untersagte und den Wöchnerinnenschutz verbesserte. Im selben Jahr wurde ein Gesetz über die Errichtung von Gewerbegerichten verabschiedet, das „Sondergerichte" schuf, die unter Beteiligung von Laienrichtern und Arbeitervertretern Streitfälle des Arbeitslebens verhandeln sollten; aus diesen Gewerbegerichten gingen 1926 die heutigen Arbeitsgerichte hervor. 1900 wurden die Arbeiterschutzbestimmungen der Gewerbeordnung neugefaßt und die Regelungen zum Schutz von Frauen und Kindern verbessert; in diesem Jahr wurden außerdem Ladenschlußzeiten und Mindestruhezeiten für Angestellte grundsätzlich geregelt; und mit der Novelle zum Bayerischen Berggesetz wurde in Zechen mit mehr als 20 Beschäftigten die Bildung von Arbeiterausschüssen vorgeschrieben, eine Regel, die 1905 — nach einem großen Arbeitskampf — von Preußen für Zechen mit mehr als 100 Beschäftigten übernommen wurde. Nach der Reform des Vereinsgesetzes im Jahre 1908 blieb die Teilnahme von Jugendlichen unter 18 Jahren an politischen Versammlungen und Vereinigungen weiterhin verboten, doch die Regelungen für Frauen wurden gelockert. Der Weg zum „Sozialinterventionismus" des Staates, der mit den Namen des preußischen Handelsministers Hans Hermann Freiherr von Berlepsch und des Staatssekretärs des Reichsamts des Innern Arthur Graf von Posadowsky-Wehner verbunden ist, offenbarte — bei gleichgebliebener Zielrichtung: Eindämmung des Zulaufs der Sozialdemokratie —

zwar die Bereitschaft zur vorsichtigen Sozialreform; doch vorherrschend blieb der Eindruck von Ausbeutung und Ausgrenzung der Arbeiterschaft.

Auch in der Wilhelminischen Ära zeigte die staatliche Politik das Doppelgesicht von sozialen Reformen und politischer Unterdrückung. Immer wieder warnte Wilhelm II., z. B. 1894 in einer Rede in Königsberg, vor den „Parteien des Umsturzes", gegen die er Religion, Sitte und Ordnung bewahrt und gestärkt wissen wollte. Anlaß zum politischen Eingreifen bot die Ermordung des Präsidenten der Französischen Republik durch einen italienischen Anarchisten: Ein daraufhin 1894 vorgelegter Gesetzentwurf, die „Umsturzvorlage", sah Verschärfungen des Straf- und Presserechts vor, wobei als Umsturzbestrebungen nicht (nur) Taten, sondern auch die Gesinnung gewertet werden sollten. Diese Vorlage fand im Reichstag nicht die erforderliche Mehrheit. Dieses Schicksal teilte sie mit der „Zuchthausvorlage", die Wilhelm II. 1898 in Bad Oeynhausen ankündigte: Wer Arbeitswillige während eines Streiks an der Arbeit hinderte, sollte mit Zuchthaus bestraft werden. Der im Juni 1899 dem Reichstag vorgelegte Gesetzentwurf löste einen Proteststurm aus und wurde im November 1899 abgelehnt.

Scheiterten auch die Versuche, gesetzliche Zwangsmaßnahmen gegen die Sozialdemokratische Partei und/oder gegen die Gewerkschaften durchzusetzen, so schufen die Reden Kaiser Wilhelms II. und die Gesetzesvorlagen doch ein Klima der Unsicherheit und der Bedrohung, das vielfach als politische Stütze der wirtschaftlichen Ausbeutung und der sozialen Randstellung der Arbeiterschaft empfunden wurde. Hinzu kamen die Maßnahmen zur Unterdrückung gewerkschaftlicher Aktivitäten, wie sie insbesondere die schwerindustriellen Arbeitgeber entwickelten — von „schwarzen" Listen über Aussperrungen bis hin zur Gründung von wirtschaftsfriedlichen Werkvereinen; sie lehnten es ab, die Gewerkschafter überhaupt anzuhören, geschweige denn, Verhandlungen mit ihnen zu führen; getreu dem „Herr-im-Haus"-Standpunkt galten den meisten Unternehmern gewerkschaftliche Mitspracheforderungen bis weit nach der Jahrhundertwende als unberechtigte Einmischung betriebsfremder Elemente in ihre privaten Angelegenheiten oder als Störenfriede des eigentlich doch harmonischen Verhältnisses zwischen Arbeitgeber und einzelnem Arbeitnehmer. Neben der Regierungspolitik und dem Vorgehen der Arbeitgeber gegen die sozialdemokratische Arbeiterbewegung konnten vor allem die Rolle von Bürokratie, Polizei und Justiz und auch der Militäreinsatz in Arbeitskämpfen von der Arbeiterschaft insgesamt kaum anders als Indizien für die Realität des Klassenstaats zum Schutze der Besitzenden gesehen werden.

Schließlich ist auch an das gesamtgesellschaftliche Klima zu denken, in dem die Idee der internationalen Solidarität als Verrat an Deutschlands

Großmacht-Sehnsüchten galt. Nicht nur die sozialdemokratische Arbeiterbewegung wurde zur Massenbewegung, sondern andere Organisationen hatten zumindest ebenso starken Zulauf zu verzeichnen: Im April 1891 wurde der Allgemeine Deutsche Verband gegründet, der sich 1894 in Alldeutscher Verband umbenannte; Pflege vaterländischen Bewußtseins, antisemitische Agitation und deutsch-nationale Interessenpolitik im In- und Ausland, vor allem zugunsten Deutscher im Ausland und deutscher Kolonien, waren Ziele des Verbandes, der — was die imperialistische Propaganda anlangt — ab April 1898 vom „Deutschen Flottenverein" unterstützt wurde, der 1913 schließlich 1,1 Millionen Mitglieder zählte.

Seit Mitte der 90er Jahre zeigten sich zudem Bemühungen, alle bürgerlich-konservativen Kräfte in einer „Sammlungspolitik" gegen die Sozialdemokratie zusammenzufassen, die 1904 mit der Gründung des „Reichsverbandes gegen die Sozialdemokratie" und dann — nach dem Wahlerfolg der SPD 1912 — mit der Bildung des „Kartells der schaffenden Stände" ihren augenfälligsten Ausdruck fand. Es war gewiß kein Zufall, daß ab 1904/05 ein Stillstand in der Sozialpolitik eintrat; bis zum Ende des Kaiserreichs blieben die als schlimmste Benachteiligungen der Arbeiterschaft empfundenen Regelungen — die Einschränkungen des Koalitionsrechts, das preußische Dreiklassenwahlrecht und die uneingeschränkte betriebliche Machtstellung des Unternehmers als „Herr-im-Haus" — erhalten. Die Ansätze der Sozialpolitik wurden vom Bild des Klassenstaats überdeckt, der mit Schutzzollsystem auf Kosten der Verbraucher, mit Kolonialpolitik und Wettrüsten sowie mit nationaler Überheblichkeit und aggressiver Ideologie den Traum von deutscher Weltgeltung verwirklichen wollte. Beides zusammen — die Ansätze zur Sozialreform *und* die Unterdrückungsmaßnahmen zur innenpolitischen Absicherung imperialistischer Ziele — prägten Programmatik, Selbstverständnis und Politik der Sozialdemokratie, als deren Teil sich die Masse der Gewerkschaftsbewegung verstand. Und beides zusammen, vor allem aber wohl die Erfahrung der Ausgrenzung aus der bürgerlichen Gesellschaft, trug dazu bei, daß weite Kreise der Arbeiterschaft eine Ghetto-Mentalität — das Gefühl von Ausgestoßensein und Zusammengehörigkeit — entwickelten, die sie die Sozialdemokratie als „Heimat" empfinden ließ, was zugleich die Ghetto-Position mit einer eigenen Ideologie auflud und damit verfestigte. Dieses Bewußtsein von Aus- und Abgrenzung kennzeichnet im übrigen nicht nur das sozialdemokratische, sondern auch das katholisch geprägte Arbeitermilieu, in denen die beiden größten Richtungsgewerkschaften verwurzelt waren.

## 2. Organisationsprobleme
## auf dem Weg zur Massengewerkschaft

### Die Freien Gewerkschaften

Die Gewerkschaftsbewegung hatte zwar die Unterdrückungsmaßnahmen der Zeit des Sozialistengesetzes überlebt, aber das hieß nicht, daß sie sich nun — ab 1890 — ungehindert hätte entfalten können: Schon das Gefühl ständiger Bedrohung durch das bestehende Vereinsgesetz und durch immer neue Gesetzesvorlagen, durch Polizei und Justiz und durch die Abwehrmaßnahmen der Arbeitgeber trug dazu bei, die gewerkschaftliche Politik zu verunsichern und zu behutsamem Taktieren zu drängen. Und vor allem auch die wegen der schlechten wirtschaftlichen Entwicklung bis 1894 erlittenen Niederlagen bewirkten, daß die Gewerkschafter keineswegs voller Selbstvertrauen in die Zukunft blickten: Zahlreiche verlorene Arbeitskämpfe waren dazu angetan, den Gewerkschaftern die Grenzen ihres Einflusses schmerzhaft vor Augen zu führen. Ob bei Streik und Aussperrung von 3.000 Hamburger Tabakarbeitern 1890, beim Streik von 20.000 Ruhrbergleuten 1891, beim Streik an der Saar 1891/92 und beim Streik der Buchdrucker 1891/92 — immer bestärkte die Niederlage die Zweifel an den Erfolgsaussichten gewerkschaftlicher Arbeit; und außerdem führten die Streikniederlagen vielfach unmittelbar zur Schwächung der Organisationen, verließen doch zahlreiche Arbeiter ihre ohnehin finanziell ausgebluteten Verbände. Die Zahl der Gewerkschaftsmitglieder sank von gut 290.000 im Jahre 1890 auf 215.000 im Jahre 1892.

Doch die Streikbewegungen 1889/90 boten zugleich den Anstoß zum Zusammenschluß der sozialdemokratischen Gewerkschaften und damit zur Ausbildung der modernen Gewerkschaftsbewegung. Gerade die großen und langen Arbeitskämpfe, in denen die Arbeitgeber z. B. 1890 in Hamburg zum Mittel der Strafaussperrung wegen der Feiern zum 1. Mai griffen, stärkten das Bewußtsein, daß die Arbeiter zu ihrer Verteidigung einer reichsweiten und berufsübergreifenden Solidarität bedurften. Eben diese immer wieder gemachte Erfahrung war die Basis für die Bildung eines gewerkschaftlichen Dachverbandes. Am 16./17. November 1890 beschloß die Vorständekonferenz der Gewerkschaften in Berlin die Gründung der Generalkommission der Gewerkschaften Deutschlands, deren Führung Carl Legien — bis zu seinem Tode im Jahre 1920 — übernahm.

Carl Legien, geboren 1861 in Marienburg, hatte einen raschen Aufstieg in der Gewerkschaftsbewegung hinter sich. Sein Lebensweg war typisch für die Gewerkschaftsführer seiner Generation. Nach dem Tod der Eltern war er in einem Waisenhaus aufgewachsen, hatte mit 14 Jahren eine Drechslerlehre begonnen, war dann als Geselle auf Wanderschaft gegangen, bevor er

1881 bis 1883 den Militärdienst absolvierte. Nach weiteren Wanderjahren ließ er sich 1886 in Hamburg nieder. Hier trat er im selben Jahr — also noch unter dem Sozialistengesetz — in den Fachverein der Drechsler ein; als Delegierter nahm Legien 1887 am Kongreß der Drechsler in Naumburg teil, wo er zum Vorsitzenden der neugegründeten Vereinigung der Drechsler Deutschlands gewählt wurde. Beim Berliner Treffen der Gewerkschaftsvertreter Mitte November 1890 wurde er zum Vorsitzenden der Generalkommission gewählt, deren Politik er zugleich als Redakteur des „Correspondenzblatts" mehr durch sein persönliches Geschick als durch satzungsmäßige Rechte maßgeblich bestimmen sollte.

Was waren die Aufgaben, die sich die Generalkommission stellte?[1] Zunächst einmal ging es — aus gegebenem Anlaß — um die Verteidigung des Koalititonsrechts. Die Generalkommission hatte sodann die Agitation in den Gebieten zu übernehmen, in denen es noch keine Gewerkschaften gab; außerdem sollte sie Abwehrstreiks finanziell unterstützen; auch mußte sie die Kongresse des gewerkschaftlichen Dachverbandes vorbereiten und einberufen; und schließlich war ihr aufgegeben, einen Organisationsplan der Gewerkschaften zu entwerfen. Schon diese Aufgabenbestimmung zeigte, daß die Generalkommission kein eigentliches Führungsinstrument der Freien Gewerkschaften war; ihr wurden die Aufgaben übertragen, die die einzelnen Berufsverbände nicht erfüllen konnten oder wollten — und schon darüber ließ sich trefflich streiten.

Das zeigte sich bereits auf dem ersten Kongreß der Gewerkschaften Deutschlands, der vom 14. bis 18. März 1892 in Halberstadt abgehalten wurde: Weil dies wahrscheinlich eine zu eindeutige Machtzusammenballung beim Dachverband bedeutet hätte, wurde der Plan, einen zentralen Fonds zur Unterstützung bei Abwehrstreiks zu bilden, wieder fallengelassen. Von entscheidender Bedeutung für die Zukunft der Gewerkschaftsbewegung war der nach überaus kontroverser Diskussion gefaßte Beschluß, die Bildung von Zentralverbänden anstreben zu wollen (Dokument 6). Damit sprachen sich die Delegierten mehrheitlich gegen die lokale Organisationsform und gegen das Vertrauensmännersystem aus, die sich beide gerade unter dem Sozialistengesetz bewährt hatten und überdies basisdemokratischen Idealen entsprachen. Zugunsten der Zentralverbände konnte man anführen: Größere Finanzkraft, leichtere Koordinierung von Verwaltung, Agitation und Presse, bessere Risiko-Verteilung in Arbeitskämpfen und stärkeres Unterstützungswesen. Doch die Anhänger der lokalen

---

1 Dazu: Paul Umbreit, 25 Jahre Deutscher Gewerkschaftsbewegung 1890—1915. Erinnerungsschrift zum fünfundzwanzigjährigen Jubiläum der Begründung der Generalkommission der Gewerkschaften Deutschlands, Berlin 1915, S. 155—162.

Organisationsprinzipien fanden dies nicht überzeugend — und verließen unter Protest den Kongreß.

Wegweisend war der Beschluß, im Prinzip für die Bildung von Industrieverbänden bei dafür geeigneten Berufsgruppen einzutreten; auch sollten sich die Verbände verwandter Berufe durch Kartellverträge einander annähern (Dokument 6). Aber eine eindeutige Entscheidung in der Frage Industrie- oder Berufsverband fiel in Halberstadt nicht. Das entsprach im Grunde der realen Situation, d. h. dem Nebeneinander von kleinen und großen Betrieben. Während die Berufsorientierung die vielfach handwerklich geprägte Arbeitssituation in kleinen und mittleren Betrieben spiegelte, unterstützte der Vormarsch des Großbetriebes, in dem die Angehörigen ganz unterschiedlicher Berufe und Arbeiter höchst unterschiedlicher Qualifikation zusammenarbeiteten, die Idee des Industrieverbandes. Doch zu Beginn der 90er Jahre war für dieses Problem — wegen der erst in Anfängen sichtbaren Vormachtstellung des Großbetriebes — keine verbindliche Lösung in Sicht. Es sollte Jahrzehnte dauern, bis die Gewerkschaftsbewegung insgesamt dem Vorbild der Metallarbeiter- und der Holzarbeiter-Organisationen folgte, die frühzeitig — 1891 bzw. 1893 — die Grenzen der Berufsorientierung überwanden; nicht zuletzt diesem Schritt verdankten es diese Verbände, daß sie in den folgenden Jahren rascher als die anderen wuchsen, zumal sie Niedergang und Verschwinden einzelner Berufe durch den Zulauf insbesondere von ungelernten Arbeitskräften auszugleichen in der Lage waren.

Aus der Perspektive der Generalkommission war Gewerkschaftspolitik zunächst einmal Organisationspolitik. Mitgliederwerbung und -betreuung war eines ihrer wichtigsten Arbeitsfelder: Ab 1. Januar 1891 wurde eine eigene Zeitung, das „Correspondenzblatt der Generalkommission", herausgegeben. Mit dem Ausbau des Unterstützungswesens antworteten die Gewerkschaften nicht nur auf aktuelle Nöte der Arbeiterschaft, sondern sie versuchten zugleich, durch die Staffelung von Leistungsansprüchen je nach Mitgliedsdauer und Beitragshöhe die Mitgliederfluktuation herabzusetzen; außerdem trat die Generalkommission immer wieder für eine Vereinheitlichung und Anhebung der Beiträge ein, um die Schlagkraft der Organisation zu sichern. Berücksichtigt man, daß 1895 der durchschnittliche Beitrag im Buchdruckerverband bei 53,75 Mark, im Flößer-Verband bei 1,44 Mark pro Jahr lag, wird man derartige Bestrebungen nicht von der Hand weisen können. Und schließlich entwickelte sich die Generalkommission zur Statistik-Zentrale der Gewerkschaften: Daten über Mitgliedschaft, Kassenhaltung und Streikaktivitäten, über die wirtschaftliche Entwicklung und auch über Lohnhöhe, Arbeitszeit und Preise wurden gesammelt und publiziert, um die Gewerkschaftsarbeit auf eine feste Basis stellen zu können.

In den 90er Jahren wurde das Unterstützungswesen der Gewerkschaften enorm ausgebaut: Nahezu alle Verbände richteten Streik-, Reise-, Kranken-, Gemaßregelten- und Sterbekassen ein. Der Aufbau einer gewerkschaftlichen Arbeitslosenunterstützung traf hingegen auf manche Vorbehalte, war doch das Risiko für beruflich organisierte und vielfach regional konzentrierte Gewerkschaftsverbände zu groß; auch befürchteten einzelne Verbände, die Gewerkschaften würden sich finanziell übernehmen, so daß für etwaige Arbeitskämpfe kein Geld mehr zur Verfügung stünde.

Zur gleichen Zeit begannen die Gewerkschaften, die Zahlstellen der Einzelverbände zu Ortskartellen zusammenzuschließen, um dadurch verstärkt Einfluß auf den örtlichen Arbeitsmarkt nehmen zu können. Außerdem wurden seit 1894 örtliche Arbeitersekretariate eingerichtet, die die Arbeitnehmer — nicht nur die Mitglieder — unentgeltlich in versicherungs- und arbeitsrechtlichen Fragen berieten und vertraten. Nach der Bildung von elf Bezirkssekretariaten an den Sitzen der Oberversicherungsämter der Reichsarbeiterversicherung wurde 1903 ein Zentralarbeitersekretariat bei der höchsten Spruchinstanz in Berlin geschaffen; 1914 gab es dann insgesamt 150 örtliche Arbeitersekretariate.

*

Nicht auszuschließen ist, daß mit der Betonung der örtlichen Ebene auch den nach wie vor aktiven „Lokalisten" der Wind aus den Segeln genommen werden sollte. Die Anhänger lokaler Organisationsformen, die 1892 in Halberstadt in der Minderheit geblieben waren, konnten sich zunächst der indirekten Unterstützung durch das Vereinsgesetz erfreuen; danach war es „politischen Vereinen" untersagt, überörtliche Verbindungen einzugehen — und als „politisch" wurde jede Stellungnahme zu staatlichem Handeln verstanden, also z. B. die Forderung nach gesetzlicher Arbeitszeitverkürzung, nach Verbesserung des Arbeitsschutzes usw. Die Gewerkschaften standen also vor der Wahl, ob sie politische Fragen ansprechen oder aber in überregionale Verbindung treten sollten. Daß der innergewerkschaftliche Konflikt auch nach der Änderung des Vereinsrechts weiterschwelte, deutet darauf hin, daß es auch und vor allem um Meinungsverschiedenheiten über die gewerkschaftliche Organisation und Taktik ging.

Die Lokalisten plädierten für eine radikale, revolutionäre Gewerkschaftspolitik; sie befürchteten, so „Der Bauhandwerker" 1893, ein Erfolg der gewerkschaftlichen Bewegung würde als Beweis dafür gewertet, „daß auf dem Boden der heutigen Ordnung der Arbeiter sich zu seiner Zufriedenheit damit einrichten könnte", womit „die Notwendigkeit der sozialen Revolution hintenangestellt" wäre. Die Gewerkschaftsbewegung wirke nur dann „revolutionär, indem sie Hoffnungen weckt, die sie nicht erfüllen kann".[2] Daher waren die Lokalisten Gegner der inzwischen eingeschliffenen Arbeits- und Aufgabenteilung zwischen Partei und Gewerkschaften; sie verwarfen das Modell der repräsentativen parlamentarischen Demokratie und bekannten sich — von der französischen Arbeiterbewegung beeinflußt — zur „direkten Aktion", zur syndikalistischen Idee der auf örtlicher Ebene herstellbaren Einheit von wirtschaftlichem und politischem Kampf.

Um 1900 erreichten die Lokalisten, die sich 1897 unter dem Namen „Freie Vereinigung deutscher Gewerkschaften" zusammenschlossen, mit etwa 20.000 Mitgliedern ihren Höchststand. Der Schwerpunkt der Bewegung war eindeutig in Berlin, und zwar insbesondere bei Maurern und Zimmerern sowie bei Metallarbeitern. Das lag, was das Baugewerbe anlangt, insbesondere an den günstigen Bedingungen für lokale Streikbewegungen in Berlin, zumal den vielfach unersetzbaren Handwerkern in der guten Baukonjunktur der Hauptstadt noch keine starken Arbeitgeberverbände gegenüberstanden. Nach der Jahrhundertwende verlor die Bewegung der Lokalisten rasch an Boden; nicht ohne Wirkung blieb dabei, daß der SPD-Parteitag 1908 beschloß, die Mitgliedschaft in der SPD sei nicht mit der in der Freien Vereinigung vereinbar.

*

Die Frage der gewerkschaftlichen Organisationsform wurde vor 1914 nicht gelöst; bis zu Beginn des Ersten Weltkrieges ging die Zahl der der Generalkommission angeschlossenen Gewerkschaften auf 46 zurück; darunter waren traditionelle Berufs-, Berufsgruppen- ebenso wie neue Industrieverbände. Nach wie vor behaupteten sich also handwerklich geprägte Organisationen, wie z. B. die der Buchbinder, Buchdrucker, Böttcher, Hutmacher und Kupferschmiede; doch die stärksten Verbände — das zeigt ein Blick auf die Mitgliederstatistik des Jahres 1914 — waren die berufsübergreifenden Organisationen der aufstrebenden Industrien, waren der Deutschen Metallarbeiterverband mit über 500.000 Mitgliedern, gefolgt von den Verbänden der Bauarbeiter, der Bergleute, der Holzarbeiter und der Textilarbeiter; zu den rasch wachsenden Organisationen zählte der Fabrikarbeiterverband, der an- und ungelernte Arbeiter und Arbeiterinnen

---

2 Der Bauhandwerker Nr. 37 vom 16. 9. 1893, zitiert nach Dirk H. Müller, Der Syndikalismus in der deutschen Gewerkschaftsbewegung vor 1914, in: Erich Matthias u. Klaus Schönhoven (Hrsg.), Solidarität und Menschenwürde. Etappen der deutschen Gewerkschaftsgeschichte von den Anfängen bis zur Gegenwart, Bonn 1984, S. 57—68, hier S. 61.

aus fast 100 unterschiedlichen Berufszweigen zusammenschloß. Auch die Verbände der Bauhilfsarbeiter und der Handels- und Transportarbeiter warben unter ungelernten Arbeitern und Arbeiterinnen um Mitglieder. Im übrigen waren auch bei den handwerklich geprägten Verbänden die Größenunterschiede enorm: So hatte der Verband der Notenstecher wenige 100, der der Buchdrucker über 50.000 Mitglieder. Doch die Bedeutung der reinen Facharbeitergewerkschaften schwand insgesamt wegen der engen Begrenzung des Organisationsgebietes, wegen der Zunahme des Anteils von ungelernten Arbeitskräften und wegen der sinkenden Bedeutung mancher Gewerbezweige, denkt man etwa an Glacéhandschuhmacher, an Hutmacher und auch an die Schiffszimmerer. Schaut man jedoch auf den Organisationsgrad, so lagen die „alten" Berufsverbände nicht schlecht: Während Buchdrucker, Kupferschmiede und Handschuhmacher — Arbeiter mit hoher beruflicher Qualifikation — zu etwa 30 % gewerkschaftlich organisiert waren, lag der Organisationsgrad z. B. der Maurer nur bei gut 7 %.

Waren auch vor dem Ersten Weltkrieg die männlichen Facharbeiter das Rückgrat der Gewerkschaften, so ging deren Bedeutung mit der Entwicklung zum Großbetrieb und mit der Entwertung der Facharbeit zugunsten von Hilfsfunktionen doch zurück. Nicht zuletzt deshalb erwies sich der berufsübergreifende Zentralverband, in dem ungelernte und gelernte Arbeitskräfte, Männer und Frauen zusammen organisiert waren, als die zukunftsträchtige Form der Gewerkschaftsorganisation.

Bereits vor dem Ersten Weltkrieg bildeten sich die Organisationsprinzipien und -strukturen heraus, die bis in die Gegenwart Bestand haben sollten: die persönliche Mitgliedschaft im Einzelverband, der seinerseits dem Dachverband angehört; Delegation von der örtlichen über die regionale zur zentralen Ebene durch demokratische Wahlen; Rechenschaftspflicht der gewählten Vorstandsmitglieder gegenüber den Kongressen auf allen Ebenen; Zahlstellen der Einzelverbände auf lokaler Ebene, die sich zu Ortskartellen (später abgelöst durch Ortsausschüsse des Dachverbandes) zusammenschlossen; Streikentscheidung auf zentraler Ebene; Aufbau eines zentralen Apparates hauptamtlicher Gewerkschaftsfunktionäre, die Verwaltung, Kassenwesen, Agitation und Pressearbeit usw. übernehmen. In den Jahren von 1900 bis 1914 verzehnfachte sich die Zahl der Angestellten bei den gewerkschaftlichen Zentralverbänden von 269 auf 2.867. Gerade im Lichte des Lokalismus-Streits sind jedoch die Schattenseiten dieser Entwicklung nicht zu übersehen: Durch die mehrstufige Delegation entfernte sich die Führungsspitze weit von den Betriebsbelegschaften; die Bürokratisierung von Entscheidungsvorgängen — etwa wenn es um die Unterstützung eines Streiks ging — förderte die Neigung zur (gewerkschafts-)politischen Apathie oder Passivität bei den Mitgliedern, oder sie trug dazu bei, daß sich spontane Streikaktionen an den Gewerkschaften vorbeientwickelten. All diese Probleme wurden bereits vor der Jahrhundertwende in der Gewerkschaftspresse diskutiert; sie führten jedoch — vor 1914 — nicht zu einer grundsätzlichen Vertrauenskrise zwischen Mitgliedschaft und Führung.

Daß weite Kreise der Arbeiterschaft mit den Gewerkschaften, so wie sie sich herausbildeten, durchaus einverstanden waren, illustriert am besten der Anstieg der Mitgliedszahlen, der die gute wirtschaftliche Entwicklung ab 1895 und die damit erreichbaren gewerkschaftlichen Erfolge spiegelt. Von etwa 215.000 im Jahre 1892 stieg die Mitgliedszahl der sozialdemokratisch orientierten Freien Gewerkschaften über 1,1 Millionen (1904) auf 2,5 Millionen im letzten Jahr vor dem Ersten Weltkrieg (Tabelle 1a). Damit ließen die Freien Gewerkschaften die Hirsch-Dunckerschen Gewerkvereine und auch die Christlichen Gewerkschaften weit hinter sich.


## Die Hirsch-Dunckerschen Gewerkvereine

Trotz der bevorzugten Stellung unter dem Sozialistengesetz verloren die liberalen Gewerkvereine immer mehr an Boden. Wie die Freien Gewerkschaften zeigten sie sich in ihrer Mitgliederentwicklung abhängig von Konjunkturverlauf und Streikerfolgen: Von gut 65.500 im Jahre 1891 sank die Mitgliederzahl im folgenden Jahr auf 45.000 ab und stieg dann langsam und mit leichten Schwankungen auf 106.600 im Jahre 1913 (Tabelle 1a). Vom Trend zur Massenbewegung konnten die Hirsch-Dunckerschen Gewerkvereine also nur in einem sehr begrenzten Ausmaß profitieren.

Das lag zum Teil an inneren Spannungen. Da ging es zunächst um die Vertretung der einzelnen Verbände innerhalb des Dachverbandes. Angesichts der höchst ungleichen Stärke der einzelnen Gewerkschaften, die im Zentralrat des Dachverbandes nicht angemessen berücksichtigt wurde, sahen sich die Verbände der Maschinenbauer und der Fabrikarbeiter immer wieder von den kleinen Organisationen überstimmt. Nach langer und heftiger Kontroverse wurde 1889 dann eine proportionale Vertretung im Zentralrat eingeführt, durch die das Gewicht der Verbände gemäß ihrer Größe zur Geltung gebracht wurde. Auch diese Verbands-Reform unterstützte die Bemühungen der kleineren Verbände, sich berufsübergreifend zusammenzuschließen, um damit an Stärke und Gewicht zu gewinnen. Doch da — getreu den Ideen des Gründungsvaters Max Hirsch — das Berufsprinzip hohe Geltung hatte, versandeten derartige Bestrebungen rasch, wenn sie nicht sogar abschreckend auf viele Gewerkvereinsmitglieder wirkten. Die Berufsidee blieb also nach wie vor bestimmend, was — zusammen mit der politischen Grundhaltung — dazu führte, daß die rasch wachsende Gruppe der un- und angelernten Arbeiter den Hirsch-Dunckerschen Gewerkvereinen fernblieb.

Umstritten war außerdem die Frage des Streiks — ein für Gewerkschaften in der Tat zentrales Problem. Zwar hatten sich die Gewerkvereine nicht nur theoretisch zum Streik als dem letzten Mittel der Interessenvertretung bekannt, sondern waren immer wieder — auch unter großen Opfern — in Arbeitskämpfe verwickelt; von einer offensiven Streikpolitik konnte jedoch nicht die Rede sein. Bereits 1891 trat deswegen der Verband der Porzellanarbeiter mit 4.000 Mitgliedern zu den Freien Gewerkschaften über. Vor allem in Düsseldorf regte sich Widerstand gegen die Streikzurückhaltung, für die Hirsch, bis zu seinem Tode (1905) an der Spitze der Gewerkvereine, entschieden eintrat; sein Gegner in dieser Grundsatzfrage der Gewerkschaftspolitik war Anton Erkelenz, der später in die Gewerkvereins-Führung aufrücken sollte. Im Gegensatz zu Hirsch kam Erkelenz — typisch für die Hirsch-Dunckerschen Gewerkvereine — aus der Schicht der Handwerker. 1878 wurde er in Neuss als Sohn eines selbständigen Schlossermeisters geboren. Er erlernte das Handwerk des Vaters und schloß sich mit 18 Jahren dem Gewerkverein der Metallarbeiter an. Mit 24 Jahren wurde er zum Arbeitersekretär der Hirsch-Dunckerschen Gewerkvereine für Rheinland und Westfalen gewählt. Hier verstärkte er die „Düsseldorfer Richtung", deren sozialliberale Orientierung er mit deutlichen nationalen Akzenten versah.

Derartige interne Auseinandersetzungen um die Organisationsstruktur und vor allem um die Streikpolitik, beeinträchtigten gewiß das Erscheinungsbild der Gewerkvereine; von entscheidender Bedeutung aber war wohl die Unklarheit der politisch-programmatischen Linie. Die Gewerkvereine bekannten sich in ihren 1907 verabschiedeten „Prinzipiellen Leitsätzen" (Dokument 9) zur parteipolitischen und religiösen Neutralität, sie konnten aber ihre Nähe zum Linksliberalismus nicht verleugnen. Und sie forderten eine entschiedene Politik sozialer Reformen, was sie zum einen nicht von den Freien Gewerkschaften abhob, was aber zum anderen — angesichts der Loyalität zum Liberalismus — nicht eben ihre Glaubwürdigkeit stärkte. Dieser merkwürdigen Zwischenstellung versuchten die Gewerkvereine — 1901 wurde die Unvereinbarkeit mit der SPD-Mitgliedschaft bekräftigt — durch verschärfte Abgrenzung von der Sozialdemokratie und zugleich durch die Betonung nationaler Ideale Rechnung zu tragen. Die Selbstkennzeichnung lautete ab 1907/08 — so Karl Goldschmidt, von 1907 bis 1916 der Verbandsvorsitzende — „volkstümlich-freiheitlich"[3] und dann ab 1910 mit einer griffigen Formel von Erkelenz: „Freiheitlich-

---

3 Karl Goldschmidt, Das Programm des Verbandes der Deutschen Gewerkvereine und die Forderungen der einzelnen Gewerkvereine, Berlin 1910.

national"[4]. Vollends schwierig war die Lage für die Gewerkvereine zudem durch das Auftauchen einer dritten Gewerkschaftsrichtung geworden, die bald das Etikett „national" — in der Verbindung „christlich-national" — besetzte. Die Gewerkvereine gerieten dadurch innerhalb der Gewerkschaftsbewegung in eine ungünstige Mittelposition, in der wichtige Teile der eigenen Programmatik durch die Konkurrenzorganisationen entschiedener und glaubwürdiger vertreten wurden.

## Die Christlichen Gewerkschaften

Begünstigt von der guten Konjunktur ab Mitte der 90er Jahre entwickelte sich rasch eine dritte Gewerkschaftsrichtung, die bald zum zweitstärksten Zweig — an den Hirsch-Dunckerschen Gewerkvereinen vorbei — aufrücken sollte. Die ersten Christlichen Gewerkschaften entstanden in den Gegenden Deutschlands, in denen es bereits ein weitgehend ausgebildetes katholisches Arbeitervereinswesen gab. Dies gilt insbesondere für den Aachener Raum, das niederrheinische Industriegebiet (M.-Gladbach, Krefeld), das Ruhrrevier und die süddeutschen Gebiete um München und Stuttgart. Oftmals waren die Einladungen zu Gründungsversammlungen Christlicher Gewerkschaften von Geistlichen ausgesprochen worden; zumindest aber bildeten diese die Hauptredner, allen voran die Mitarbeiter des „Volksvereins für das katholische Deutschland". Auch waren Geistliche zunächst durch das Institut des Ehrenrates vielfach als Schieds- oder Kontrollinstanz an der Führung der Gewerkschaften beteiligt, die jedoch — anders als die konfessionellen Arbeitervereine und auch die beruflichen Fachabteilungen, die als wirtschaftsfriedlicher Gewerkschaftsersatz dienen sollten — nicht unter kirchlicher Leitung standen. Den Weg zum Engagement der katholischen Kirche in dieser Frage hatte insbesondere die Enzyklika „Rerum novarum" geebnet, mit der sich Papst Leo XIII. 1891 entschieden für eine aus christlicher Nächstenliebe geborene Sozialreform und auch für die Gründung christlicher Arbeitervereine ausgesprochen hatte.

    Das Modell für die meisten weiteren Gründungen von Christlichen Gewerkschaften bildete der zunächst für den Oberbergamtsbezirk Dortmund zuständige „Gewerkverein christlicher Bergarbeiter", der im Oktober 1894 unter führender Beteiligung des Bergmannes August Brust geschaffen worden war. Dieser Modellcharakter galt vor allem für die in § 2 des Statuts[5] angesprochene Zielsetzung: „Zweck des Gewerkvereins ist die

---

4 Anton Erkelenz, Freiheitlich-nationale Arbeiterbewegung, München 1910.
5 Zitiert nach Heinrich Imbusch, Die Saarbergarbeiterbewegung 1912/13, Köln 1913, S. 2 f.

Hebung der moralischen und sozialen Lage der Bergarbeiter auf christlicher und gesetzlicher Grundlage und Anbahnung und Erhaltung einer friedlichen Übereinkunft zwischen Arbeitgebern und Arbeitnehmern." Überdies wurde betont: „Der Verein steht treu zu Kaiser und Reich und schließt die Erörterung konfessioneller und politischer Parteiangelegenheiten aus." Nach § 8 bekannte sich durch „den Eintritt in den Gewerkverein [...] jeder als Gegner der sozialdemokratischen Grundsätze und Bestrebungen".

In der Folgezeit wurde eine Reihe von Christlichen Gewerkschaften auf lokaler, allenfalls regionaler Ebene gegründet. Sehr rasch schritt man zum richtungspolitischen Zusammenschluß. Auf dem ersten Kongreß der Christlichen Gewerkschaften, der Pfingsten (21./22. Mai) 1899 in Mainz zusammentrat, wurden die „Mainzer Leitsätze" als Grundsatzprogramm verabschiedet (Dokument 7). Von zentraler Bedeutung waren die hier verankerten Prinzipien der Interkonfessionalität und der parteipolitischen Neutralität. Darum sollten bei der Wahl von Delegierten und der Zentralleitungen beide Konfessionen angemessen berücksichtigt werden. Und wichtig waren die Ausführungen zum Verhältnis der Christlichen Gewerkschaften zum Streik: Es sei „nicht zu vergessen, daß Arbeiter und Unternehmer gemeinsame Interessen haben" — nämlich als Erzeuger von Gütern gegenüber den Verbrauchern. Darum solle „die gesamte Wirksamkeit der Gewerkschaften von versöhnlichem Geiste durchweht und getragen sein. Die Forderungen müssen maßvoll sein, aber fest und entschieden vertreten werden. Der Ausstand darf nur als letztes Mittel und wenn Erfolg verheißend angewandt werden".

Anders als die Freien verfügten die Christlichen Gewerkschaften damit über ein ausgesprochenes Grundsatzprogramm. Dies war freilich erforderlich, weil die christliche Richtungsgewerkschaft doch ausdrücklich in Gegnerschaft zur Sozialdemokratie gegründet worden war, deren „Klassenkampfdenken", „Materialismus" und „Gottlosigkeit" abgelehnt wurden. Im Programm der Christlichen Gewerkschaften erschien die soziale Frage primär als eine der Moral, die also mit gutem Willen vor allem der Arbeitgeber zu lösen sei.

*

Auffallend ist, daß die Christlichen Gewerkschaften den Weg zum Gesamtverband beschritten haben — noch bevor ein ausgebautes System von Einzelverbänden bestand. So waren die Kongresse in Mainz (1899) und Frankfurt (1900) keineswegs Endpunkte der Gründungsgeschichte der Christlichen Gewerkschaften, sondern sie wirkten vielmehr als Motor für lokale und regionale Neugründungen und schließlich für die Bildung von Zentralverbänden. Daß die Schaffung des Gesamtverbandes mit der

Gründung zahlreicher Zentralverbände parallel lief, illustrieren am besten die folgenden Daten: 1899 bildeten sich der Christlich-soziale Metallarbeiterverband, der Zentralverband christlicher Holzarbeiter, der Verband christlicher Tabak- und Zigarrenarbeiter Deutschlands und der Zentralverband christlicher Bauarbeiter; erst im Jahre nach dem Mainzer Kongreß — also 1900 — wurden der Verband christlicher Schuh- und Lederarbeiter Deutschlands, der Verband christlicher Schneider und Schneiderinnen und verwandter Berufe und der Christlich-soziale Verband der nicht-gewerblichen Arbeiter und verschiedener Berufe Deutschlands gegründet. Die Hauptstützen des Gesamtverbandes in der Zeit vor dem Ersten Weltkrieg waren jedoch eindeutig die Verbände der Berg- und der Textilarbeiter, die 1905 alleine 50 %, 1910 noch immer 42 % aller Mitglieder des Gesamtverbandes zählten; im Textilarbeiterverband waren 1905 60 %, 1910 46 % aller christlichen Gewerkschafterinnen organisiert.

Obgleich also die Bildung von Zentralverbänden noch keineswegs abgeschlossen war, wurde bereits 1899 in Mainz ein Zentralausschuß der gesamten Christlichen Gewerkschaftsbewegung gebildet, der indessen wegen Geldmangel nicht arbeitsfähig war. Doch wenig später wurde auf dem Krefelder Kongreß 1901 das Statut des Gesamtverbandes verabschiedet, dem bei der Gründung 23 Organisationen mit etwa 84.000 Mitgliedern angehörten. Mit der Bildung des Gesamtverbandes war die Diskussion um die Organisationsgrundsätze der Christlichen Gewerkschaften im Prinzip entschieden. Ihr Aufbau gliederte sich wie folgt: Die Einzelgewerkschaften verfügten bald alle über zentrale Generalversammlungen, die den Vorstand wählten; die nächsten Ebenen bildeten Bezirks- oder Gauverbände und schließlich die örtlichen Zahlstellen, die — besonders in größeren Städten — zu Ortskartellen zusammengeschlossen waren; diese Ortskartelle verstanden sich als lokale Vertretung des Gesamtverbandes und sorgten für einheitliches Vorgehen der Einzelverbände in Fragen der Agitation, aber auch bei Wahlen zu den Vertretungsgremien von Krankenkassen und Gewerbegerichten.

Ebenso rasch wie den meisten Zentralverbänden gelang es auch dem Gesamtverband, eine Reihe von Pressepublikationen herauszugeben. So wurden seit dem 15. April 1901 die „Mitteilungen des Gesamtverbandes der christlichen Gewerkschaften Deutschlands" publiziert, die ab 1905 den Namen „Zentralblatt der christlichen Gewerkschaften Deutschlands" trugen; für die Einzelverbände, die kein eigenes Organ unterhalten konnten, redigierte der Vorsitzende des Verbandes christlicher Holzarbeiter und spätere Generalsekretär des Gesamtverbandes Adam Stegerwald ab 1. Oktober 1901 das „Christliche Gewerkschaftsblatt".

Ähnlich wie Legien war auch Adam Stegerwald eine überaus starke, vielleicht sogar noch kantigere Persönlichkeit. Er wurde am 14. Dezember

1874 in Greußenheim bei Würzburg geboren; seine Familie lebte in ärmlichen Kleinbauernverhältnissen, denen Stegerwald durch eine Schreinerlehre zu entkommen suchte. Vor allem während seiner Wanderjahre fand er Kontakt zur katholischen Gesellenbewegung; er gehörte dann 1899 zu den Gründern des Zentralverbandes christlicher Holzarbeiter und unterstützte energisch den Zusammenschluß der Christlichen Gewerkschaften zu einem Gesamtverband, dessen Generalsekretariat er am 1. Januar 1903 übernahm.

Der Ausbau dieser Institution schritt rasch voran, so daß man insgesamt sagen kann, daß die Christlichen Gewerkschaften — lokal, regional und zentral — um 1906 konsolidiert waren. Sie verfügten über ein reichhaltiges Pressewesen, über Gewerkschaftsbeamte und über ein ausgebautes Unterstützungswesen. Dementsprechend waren auch die Beitragssätze von Jahr zu Jahr drastisch erhöht worden. Der trotz einiger Rückschläge — aufgrund innerorganisatorischer Querelen (1902) und konjunktureller Einbrüche (1907—09 und 1913) — insgesamt stetige Mitgliederanstieg (Tabelle 1a) ist ein sicheres Zeichen für diesen Prozeß der Stabilisierung, der sicherlich durch die insgesamt günstige konjunkturelle Entwicklung seit 1894 unterstützt worden ist. Hervorgehoben sei, daß die Christlichen Gewerkschaften — entgegen ihrer eigenen berufsständischen Orientierung — die Entwicklung von Berufsgruppen- bzw. Industrieverbänden rasch vorantrieben; allerdings blieb auch hier die Berufsgewerkschaft die vorherrschende Organisationsform der Vorkriegszeit.

## Strukturelle Organisationshemmnisse

Der Durchbruch zur Massenbewegung bedeutete jedoch keineswegs, daß sich die Gewerkschaften nun sozusagen flächendeckend ausbreiteten: Angesichts der Koalitionsbeschränkungen für Landarbeiter, Dienstboten, staatliche Eisenbahnarbeiter usw. blieben diese Zweige ohnehin ausgespart. Auch die Heimarbeiter und -arbeiterinnen waren schwer zu organisieren, hielt sich bei ihnen doch vielfach die Illusion der Selbständigkeit.

Auch die Betriebsgröße hatte direkten Einfluß auf die Organisationschancen: Während in kleinen Handwerksbetrieben die soziale Kontrolle der Meister über die Gesellen oftmals lückenlos funktionierte, waren es in Großbetrieben vielfach wirksame Arbeitgebermaßnahmen, die den Gewerkschaftseintritt behinderten; „schwarze" Listen einerseits, soziale Wohltaten durch Werkswohnungen, werkseigene Läden, Krankenbetreuung usw. andererseits und auch die Unterstützung wirtschaftsfriedlicher Werkvereine, die als Streikbrecher fungierten und damit die Konfliktfähigkeit der Gewerkschaften beschränkten, bremsten nachhaltig die Ausbreitung der Gewerkschaften in den Großbetrieben; von den 70.000 Arbeitern bei Krupp in Essen waren 1910 nur 3.000 (d. h. 4,3 %) gewerkschaftlich organisiert. Und andererseits waren bei der Ludwigshafener BASF drei Viertel der Gesamtbelegschaft Mitglied eines „gelben" Verbandes. Im Jahre 1910 schlossen sich die „Gelben" zu einem Bund zusammen, aus dem 1913 der „Hauptausschuß nationaler Arbeiter- und Berufsverbände" hervorging, dem 1913 insgesamt 173.000 Mitglieder angehörten. Daß Stärke und Politik der Arbeitgeber eine entscheidende Rolle für die Ausbreitung der Gewerkschaften spielten, zeigen insbesondere die von der Schwerindustrie geprägten Regionen an Rhein und Ruhr, in Oberschlesien sowie an der Saar. Autoritär-patriarchalische Unternehmerpersönlichkeiten konnten hier — im Bündnis mit regionaler Verwaltung und Kirche — das Vordringen der Gewerkschaften deutlich verlangsamen. Und das gilt keineswegs nur für die als revolutionär verschrienen Freien Gewerkschaften, sondern auch für die liberalen und erst recht für die christlichen Konkurrenzorganisationen.

Schließlich ist auch an den regional sehr unterschiedlichen Grad der Industrialisierung zu denken. Überproportional stark waren die Gewerkschaften in Städten mit aufstrebenden Industriebezirken vertreten, so z. B. in Augsburg, Berlin, Bremen, Hamburg, Hannover und Nürnberg sowie in den Städten Mitteldeutschlands; auffallend schwach war ihre Position in vorwiegend landwirtschaftlich genutzten Gebieten wie Ost- und Westpreußen usw., was nicht nur auf die Beschränkungen des Koalitionsrechts, sondern auch auf die von den Großagrariern ausgeübte soziale Kontrolle verweist, die dem vor allem von schwerindustriellen Unternehmern vertretenen „Herr-im-Haus"-Standpunkt vergleichbar war.

Ein weiteres Hemmnis für die gleichmäßige Ausbreitung der Gewerkschaften bildete das Vordringen der Frauenarbeit. Bei der Berufszählung im Jahre 1907 zeigte sich, daß der Frauenanteil an den Erwerbstätigen inzwischen auf 35,8 % angestiegen war. Doch die Erfolge der gewerkschaftlichen Frauenwerbung blieben sehr eng begrenzt. Auf dem ersten Kongreß der Freien Gewerkschaften, 1892 in Halberstadt, wurde eine Verstärkung der Frauenagitation als „Gebot der Selbsterhaltung" eingestuft; es sollten keine gesonderten Frauenorganisationen gebildet werden, vielmehr seien, wo nötig, die Statuten der bestehenden Gewerkschaften zu ändern, um die Aufnahme von Frauen zu ermöglichen.[6] Dieser Beschluß fiel jedoch nur da auf fruchtbaren Boden, wo Frauen und Männer in etwa die gleiche Qualifikation hatten, z. B. bei den Verbänden der Buchbinder, der Buch-

---

6 Protokoll der Verhandlungen des 1. Kongresses der Gewerkschaften Deutschlands, abgehalten zu Halberstadt vom 14. bis 18. März 1892, Hamburg 1892, S. 73.

druckereihilfsarbeiter, der Gold- und Silberarbeiter und der Tabakarbeiter. Weniger erfolgreich bei der Mitgliederwerbung unter Frauen waren die Gewerkschaften der Berufszweige bzw. Branchen, in denen die Männer vielfach über eine bessere Ausbildung als die Frauen verfügten, etwa in der Textil- und der Bekleidungsindustrie.

Neben den vereinsrechtlichen Bestimmungen, die 1908 wegfielen, beruhten die Organisationsvorbehalte von Frauen auf einem Bündel von Gründen: Zunächst einmal war die Zeit der Erwerbstätigkeit für viele Frauen nur eine vorübergehende Phase ihres Lebens, dessen Hauptaufgabe in der Erfüllung der Familienpflichten erblickt wurde; und erwerbstätige Mütter litten unter der Mehrfachbelastung von Erwerbsarbeit und Familienarbeit, zumal ihnen letztere auch von überzeugten Sozialdemokraten — getreu dem überkommenen Rollenbild — gerne allein überlassen wurde. Außerdem waren die Löhne der vielfach ungelernten Arbeiterinnen so niedrig und als Zusatzeinkommen der Familie überdies notwendig und verplant, daß davon nicht noch die relativ hohen Gewerkschaftsbeiträge zu zahlen waren. Und schließlich galt für eine Reihe von Frauen, daß sie stärker als Männer ihren ländlichen und damit oftmals zugleich religiös-kirchlich geprägten Bindungen verhaftet blieben, die sie davon abhielten, eine „aggressive" Interessenpolitik zu befürworten, wie sie die — von Männern dominierten — Gewerkschaften verkörperten.

So war und blieb die Vertretung von Frauen an der Gewerkschaftsspitze eine Seltenheit. Auf dem Halberstadter Kongreß wurde als einzige Frau Wilhelmine Kähler vom Verband der Fabrik- und Handarbeiterinnen in die Generalkommission gewählt; Emma Ihrer, die 1885 in Berlin den „Verein zur Wahrung der Interessen der Arbeiterinnen" gegründet hatte, fiel durch. Und W. Kähler wurde nur 1896 wiedergewählt. Von 1899 bis 1905 gab es keine Frau in der Generalkommission. Der 5. Gewerkschaftskongreß (1905) beschloß zwar, die Frauenwerbung zu verstärken und ein System von weiblichen Vertrauenspersonen für diese Arbeit aufzubauen; im selben Jahr wurde zudem ein Arbeiterinnensekretariat geschaffen, doch der Eindruck männlicher Vorherrschaft auf Gewerkschaftskongressen und in den Vorstandsetagen blieb ungebrochen. All diese Gründe trugen dazu bei, daß der Frauenanteil in den Freien Gewerkschaften nur sehr langsam stieg — von rund 2 % im Jahre 1892 über 3,3 % (1900) auf 8,8 % im Jahre 1913.

Auch bei den Christlichen Gewerkschaften sah das Bild nicht grundsätzlich anders aus. Auch hier blieb der Anteil der Frauen an der Mitgliedschaft deutlich hinter dem Grad der Erwerbstätigkeit zurück: Von 5,8 % im Jahre 1903 stieg er bis 1913 langsam und mit einigen Schwankungen auf 8,1 %. Vielleicht wird man jedoch die Höhe des Frauenanteils insofern verwunderlich finden, als die Christlichen Gewerkschaften kaum eine Gelegenheit ausließen, auf die „wahre" Rolle der Frau als Mutter und auf ihre aus christlich-katholischen Ordnungsvorstellungen gespeisten Vorbehalte gegen eine außerhäusliche Berufstätigkeit von Frauen hinzuweisen. Daß der Frauenanteil in Freien und Christlichen Gewerkschaften nahezu gleich hoch war, ist noch erstaunlicher, wenn man berücksichtigt, daß die ganz überragende Stellung des Bergarbeiterverbandes innerhalb der christlichen Gewerkschaftsbewegung den hohen Frauenanteil des Textilarbeiterverbandes für das Gesamtbild herunterdrückte.

Nur schwer Fuß faßten die Gewerkschaften in der Schicht der Angestellten, die rasch anwuchs. Obgleich in Funktion und Einkommen stark differenziert, bildeten die Angestellten ein eigenständiges Bewußtsein heraus, das ganz maßgeblich von der Abgrenzung zur (Hand-)Arbeiterschaft geprägt war. Ob Büroangestellter oder Ladendiener, ob Techniker oder Kaufmann — sie alle bezogen ihr Selbstbewußtsein aus der Position als „Nicht-Arbeiter". Durch die staatliche Einrichtung einer gesonderten Versicherung für Angestellte im Jahre 1911 wurde dieses Statusbewußtsein noch unterstützt, das einer Mitgliedschaft in proletarischen Massenorganisationen entgegenstand. Zwar gründeten die Freien Gewerkschaften 1897 einen Handlungsgehilfenverband, doch Organisationserfolge hatte er nicht zu verzeichnen. Angestellte zogen vielfach die nationalen Verbände vor, wie sie — da sie sich nicht wie die Arbeiterschaft aus der Wilhelminischen Gesellschaft ausgegrenzt sahen — ohnehin weniger die Notwendigkeit „eigener" Organisation empfanden. Die „bürgerlichen" Angestelltenverbände waren jedenfalls in der Mitgliederwerbung erfolgreicher als die gewerkschaftlich orientierten.

Das zeigt ein Blick auf die Mitgliederzahlen: Als 1897 der Zentralverband der Angestellten mit rund 522 Mitgliedern gegründet wurde, verzeichneten der Verein für Handlungs-Commis von 1858 (Sitz Hamburg) bereits 54.000, der Verband Deutscher Handlungsgehilfen zu Leipzig 47.000 und der 1894 gegründete Deutschnationale Handlungsgehilfen-Verband (DHV) 7.700 Mitglieder. Bis zum Jahre 1913 veränderte sich das Zahlenverhältnis deutlich zugunsten des DHV, der nun 148.000 Mitglieder zählte, während der 58er Verein 127.000, der Leipziger Verband 102.000 und der Zentralverband nur 24.800 Mitglieder hatte. Diese Zahlen illustrieren die Folgen des ausgeprägten Statusbewußtseins „der" Angestellten für die Entscheidung, einer Standesorganisation oder einer Gewerkschaft beizutreten. Gerade die führende Position des DHV, der mit seiner nationalistischen und antisemitischen Propaganda Mitglieder warb, zeigte überdies, in welcher Richtung sich große Teile der Angestelltenschaft politisch orientierten — ein Problem, das in der Weimarer Republik besondere Brisanz erhalten sollte.

Und ein weiteres Problem sei noch angesprochen: Der Anstieg der Mitgliedszahlen wäre gewiß noch eindrucksvoller ausgefallen, wenn die

Fluktuation der Mitglieder nicht so hoch gewesen wäre. So sind z. B. in den Deutschen Metallarbeiterverband zwischen 1892 und 1913 2,1 Millionen Arbeiter und Arbeiterinnen ein-, aber immerhin 1,6 Millionen wieder ausgetreten. Allein die Bewältigung der ständig wachsenden Mitgliederkartei machte im übrigen den Aufbau eines Apparates festbesoldeter Funktionäre nötig. Und die Fluktuation zwang noch zu immer neuen Überlegungen, wie man sie eindämmen könnte; Unterstützungswesen und straffe Mitgliederbetreuung, d. h. regelmäßige Beitragskassierung, galten als beste Mittel. Doch wirklich erfolgreich waren diese Maßnahmen nicht.

Der Verwaltungsbedarf einer Massenorganisation, die wachsende Zahl der Gewerkschaftsaufgaben und der Trend zur Zentralisierung der Entscheidungsbefugnisse — alles zusammen veränderte das Gesicht der Gewerkschaften, das in zunehmendem Maße vom „Gewerkschaftsapparat", von der „Gewerkschaftsbürokratie" geprägt wurde. Es konnte nicht ohne Auswirkungen auf das Verhältnis zwischen Mitgliedern und besoldeter Gewerkschaftsführung bleiben, daß sich im Laufe der Zeit der Beruf des Gewerkschaftsfunktionärs herausbildete, der — naturgemäß — eigene „Standesinteressen" entwickelte; auch dies trug dazu bei, daß die Gewerkschaftsangestellten, die durch mannigfache Aufgaben — z. B. als Vertreter und Beisitzer in Schieds- und Selbstverwaltungsgremien — in die Gesellschaft des Kaiserreichs hineinwuchsen, jede Gefährdung der gewerkschaftlichen Organisationen, die doch ihr Lebenswerk und ihre Lebensgrundlage zugleich waren, überaus mißtrauisch betrachteten. Gewiß führte diese Entwicklung noch nicht zu einer tiefen Vertrauenslücke zwischen Mitgliedschaft und Führung; doch hier entstand ein Problem, das spätestens im Ersten Weltkrieg und erst recht in der Revolution 1918/19 aufbrechen sollte.

## Weltanschaulich-politische Bruchlinien in der Arbeiterschaft und die Spaltung der Gewerkschaftsbewegung

Der „Durchbruch zur Massenbewegung" bietet ein uneinheitliches Bild: Die Zahl der Gewerkschaftsmitglieder stieg in den 25 Jahren zwischen dem Ende des Sozialistengesetzes und dem Beginn des Ersten Weltkrieges drastisch an; durch Zentralisierung der Einzelverbände und Bildung von Dachverbänden gewannen die Gewerkschaften zudem an Stärke. Doch es zeichnete sich zugleich die Gefahr ab, daß Mitgliedschaft und Führung auseinanderdriften könnten. Außerdem gab es große Bereiche, die den Gewerkschaften aller Richtungen verschlossen blieben. Und auch die Zersplitterung der Gewerkschaftsbewegung band durch die damit verbundene Konkurrenz Energien, die anderweitig besser hätten genutzt werden können. Allerdings war die Bildung von Richtungsgewerkschaften nicht nur nachteilig. Gerade die unterschiedliche weltanschaulich-parteipolitische Bindung der Gewerkschaften gewann der Gewerkschaftsidee in Kreisen der Arbeiterschaft Freunde, die ihr — so sie im sozialdemokratischen Gewand kam — überaus ablehnend gegenüberstanden.

Festzuhalten ist jedoch, daß die Spaltung der Gewerkschaftsbewegung nicht „gemacht" war; sie entsprach vielmehr den Bruchlinien in der Arbeiterschaft selbst, die durch unterschiedliche Organisationen allerdings zunächst vertieft und verfestigt wurden. Die konkurrierenden Gewerkschaften waren also sowohl Ausdruck als auch Verfestiger der vorgängigen Spaltung der Arbeiterschaft in unterschiedliche soziokulturelle Milieus, die Leben und Bewußtsein der jeweils angehörigen Arbeiterkreise prägten. So waren die Freien Gewerkschaften Teil des „sozialdemokratischen Milieus", das außerdem durch die SPD, durch Unterstützungskassen und Genossenschaften, durch die entsprechende Presse, durch Bibliotheken, durch kulturelle Verbände und durch gemeinsame Feiern zusammengehalten wurde; und die Christlichen Gewerkschaften hatten ihren sichersten Rückhalt in der katholischen Arbeiterschaft, die politisch mehrheitlich der Zentrums-Partei zuneigte und in der „eigenen" Versicherung und den „eigenen" Genossenschaften, in der katholischen Presse, in den kulturellen Angeboten von Arbeiterverein und/oder Kirche ihre weltanschaulich-politische Heimat fanden.

Die unterschiedlichen Milieus der Arbeiterschaft lassen sich nicht nur an den konkurrierenden Organisationen ablesen, sondern sie prägten das alltägliche Leben; sie bestimmten nicht nur die politischen Wahlentscheidungen, sondern sie waren ausschlaggebend für Wohnen und Einkaufen, für die Wahl der Versicherung gegen Lebensrisiken ebenso wie für die Lese- und Festkultur, für die Teilnahme an der Feier des 1. Mai oder an der Fronleichnams-Prozession. Diese Milieus waren einerseits eine Folge der Ausgrenzung der Arbeiterschaft aus der Gesellschaft des Kaiserreichs, sie bewirkten aber zugleich eine willentliche Abgrenzung und damit Vereinheitlichung innerhalb der Milieus gegen Einflüsse von außen.

Die weltanschaulich-politische Spaltung der Arbeiterschaft, die unterschiedlichen Gewerkschaften die Massenbasis bot, setzte sich also auch auf anderen Ebenen fort. Das gilt z. B. für die Zusammenarbeit von Gewerkschafts- und Genossenschaftsbewegung. Seit den 90er Jahren erkannten die Gewerkschaften in der von den Ideen Schulze-Delitzschs geprägten Genossenschaftsbewegung einen möglichen Partner auf dem Weg zu einer besseren Lebenshaltung der Arbeiterschaft. Die gewerkschaftlich orientierten Mitglieder des „Allgemeinen Genossenschaftsverbandes" spalteten sich 1903 ab und gründeten den „Zentralverband deutscher Konsumvereine". Auf dem Kölner Gewerkschaftskongreß 1905 warb Adolf von Elm, der

1893 in Hamburg die Großeinkaufsgesellschaft deutscher Konsumvereine gegründet hatte, mit seinem Referat über „Gewerkschaften und Genossenschaften" für die Zusammenarbeit beider Bewegungen, seien doch die Genossenschaften eine „Waffe im Kampf der Arbeit gegen das Kapital"; die Gewerkschafter, so beschloß der Kongreß, sollten den Genossenschaften beitreten.[7]

Trotz aller internen Konflikte — z. B. zwischen vorbildlichen, aber kostentreibenden Arbeitsbedingungen einerseits und Dividenden-Erwartungen andererseits — gediehen die Konsumgenossenschaften (auch dank der gewerkschaftlichen Unterstützung) und gründeten bzw. übernahmen eine Reihe von Eigenbetrieben, z. B. zur Herstellung von Reinigungs- und Lebensmitteln. 1911 gab es 1.142 lokale Genossenschaften mit 1,3 Millionen Mitgliedern und einem Umsatz von 335 Millionen Mark. Zum 1. Juli 1913 gründeten Konsumgenossenschaften und Freie Gewerkschaften zusammen die „Volksfürsorge"-Versicherung die ihre Blüte in der Weimarer Zeit erleben sollte. Und auch die Hirsch-Dunckerschen Gewerkvereine und die Christlichen Gewerkschaften arbeiteten mit „eigenen" Konsumgenossenschaftsbewegungen zusammen, die ebenfalls florierten. Ein Beispiel: 1913 gründeten die Christlichen Gewerkschaften die Deutsche Volksversicherungs AG.

Auch auf der internationalen Ebene verfestigte sich die Spaltung der Gewerkschaftsbewegung. Seit den 90er Jahren entwickelte sich — zunächst auf berufsverbandlicher Ebene — ein Netz von Kontakten: Delegierte besuchten die Kongresse von ausländischen Partner-Organisationen, internationale Berufs- oder Gewerbekonferenzen wurden veranstaltet und schließlich wurden erste internationale Berufsvereinigungen — nach sozialdemokratischen und christlichen Organisationen getrennt — gebildet. Seit der Jahrhundertwende liefen auch die Vorbereitungen zur Gründung internationaler Zusammenschlüsse der sozialistischen wie der christlichen Gewerkschaftsdachverbände. Angesichts der organisatorischen Stärke der Gewerkschaften in Deutschland fiel diesen eine Führungsrolle bei den internationalen Einigungs-Bestrebungen zu, die mit der Vergabe von Vorstands-Positionen honoriert wurde: Carl Legien, der ehrenamtlich Sekretär des 1902 eingerichteten Internationalen Büros der Sozialistischen Gewerkschaften war, wurde Präsident des 1913 in Zürich gebildeten Internationalen Gewerkschaftsbundes; Adam Stegerwald wurde Führer der „Internationalen Gewerkschaftskommission", aus der der Internationale Bund der Christlichen Gewerkschaften hervorging.

---

7 Protokoll der Verhandlungen des Fünften Kongresses der Gewerkschaften Deutschlands, abgehalten in Köln a. R. vom 22. bis 27. Mai 1905, Berlin o. J.; A. von Elm, Gewerkschaften und Genossenschaften, S. 158—170, hier S. 170; Resolution S. 35 f.

## 3. Konflikte um die Unabhängigkeit der Gewerkschaften: zur Klärung des gewerkschaftlichen Selbstverständnisses

In der Zeit zwischen Sozialistengesetz und Erstem Weltkrieg bildeten sich nicht nur die Grundstrukturen der modernen gewerkschaftlichen Massenorganisation heraus; vielmehr ging es in diesen Jahrzehnten auch um die Klärung des Charakters der Gewerkschaften, um die Behauptung der Eigenständigkeit gegenüber ihren jeweiligen weltanschaulich-politischen „Ziehvätern". Waren die unterschiedlichen Gewerkschaften auch nicht von Parteien bzw. katholischer Kirche gegründet worden, so versuchten diese doch immer wieder maßgeblichen Einfluß auf die Gewerkschaften zu nehmen oder sie zu ihren Gunsten zu gebrauchen. In dem Maße, in dem die Gewerkschaften an organisatorischer Stärke gewannen und überdies Erfolge im alltäglichen Kampf um die Verbesserung der Lage der Arbeiterschaft aufzuweisen hatten, in dem Maße entwickelten sie jedoch ein eigenes Selbstbewußtsein, das sich kaum mit den Führungs-Ansprüchen der jeweiligen „Verbündeten" vertrug. So kam es bei den Freien Gewerkschaften zum heftigen Konflikt mit der SPD, bei den Christlichen Gewerkschaften mit Teilen der katholischen Kirche.

## Freie Gewerkschaften und SPD: von der Unterordnung zur Gleichberechtigung

Die geradezu selbstverständliche Einheit von Freier Gewerkschaftsbewegung und Sozialdemokratischer Partei, die sich unter dem Druck des Sozialistengesetzes entwickelt hatte, hielt zwar auch weiterhin an, sie wurde jedoch belastet, wenn nicht überlagert von einer Reihe von Konflikten. Da war zunächst der uneingeschränkte Führungsanspruch der SPD, der 1891 im Erfurter Parteiprogramm[8] auf die eingängige Formel gebracht wurde, der Kampf der Arbeiterklasse gegen die kapitalistische Ausbeutung ist „notwendigerweise ein politischer Kampf"; und: „Diesen Kampf der Arbeiterklasse zu einem bewußten und einheitlichen zu gestalten und ihm sein naturnotwendiges Ziel zu weisen — das ist die Aufgabe der Sozialdemokratischen Partei." In diesem Programm zeigte sich die SPD, die gerade gestärkt die Zeit des Ausnahmegesetzes überstanden hatte, überaus selbstgewiß: Im Theoretischen Teil wurde die Notwendigkeit der vollständigen gesellschaftlichen Umwälzung, fußend auf der Vergesellschaftung der

---

8 Abgedruckt in D. Dowe u. K. Klotzbach (Hrsg.), Programmatische Dokumente, S. 187 ff., hier S. 189 und S. 191 f.

Produktionsmittel, erklärt; gerade die Erfahrung des lang andauernden wirtschaftlichen Niedergangs schien die Erwartung zu stützen, der Kapitalismus werde ebenso rasch wie naturnotwendig untergehen. Die im zweiten Teil des Programms erhobenen praktischen Gegenwartsforderungen von der Einführung des allgemeinen, gleichen, direkten und geheimen Wahl- und Stimmrechts über die Abschaffung aller Gesetze, welche die Meinungs-, Versammlungs- und Vereinigungsfreiheit sowie die Gleichberechtigung von Frau und Mann einschränken, bis hin zur Erklärung der „Religion zur Privatsache" und zur Forderung nach „Weltlichkeit der Schule" bewegte sich die SPD hingegen auf dem Boden der gegebenen Verhältnisse; und das gilt noch deutlicher für die „zum Schutze der Arbeiterklasse" aufgelisteten Forderungen, zu denen die Festsetzung des Achtstundentags, das „Verbot der Erwerbsarbeit für Kinder unter vierzehn Jahren", das „Verbot des Trucksystems", die Stärkung der Gewerbeaufsicht, die „rechtliche Gleichstellung der landwirtschaftlichen Arbeiter und der Dienstboten mit den gewerblichen Arbeitern", die „Sicherstellung des Koalitionsrechts" und die „Übernahme der gesamten Arbeiterversicherung durch das Reich mit maßgebender Mitwirkung der Arbeiter an der Verwaltung" gehörten.

Diesen Forderungskatalog konnten ohne Zweifel auch die Gewerkschaften unterschreiben. Angesichts der Krise, in der sie — wie gezeigt — Anfang der 90er Jahre steckten, sahen sie wohl kaum eine andere Möglichkeit, als die ihnen zugewiesene Rolle einer „Rekrutenschule" für die politische Arbeiterbewegung hinzunehmen. Geradezu bescheiden traten die Gewerkschaften hinter der politischen Partei zurück, die „eine Umgestaltung der gegenwärtigen Gesellschaftsorganisation anstrebt", während die Gewerkschaftsbewegung „in ihren Bestrebungen, weil die Gesetze [ihr] hierin Grenzen ziehen, auf dem Boden der heutigen bürgerlichen Gesellschaft steht".[9] Und wenig später gestand Carl Legien ein: „Wir wissen ganz genau, daß eine endgültige Besserung in der Lage der Arbeiterklasse, daß die Beseitigung der Lohnarbeit, die Erringung des vollen Ertrages der Arbeit nur auf politischem Wege erzielt werden können. Andererseits aber" — so rechtfertigte er die Gewerkschaftsarbeit — „muß die Masse der Arbeiter für diese Idee gewonnen werden, gewonnen werden durch den wirtschaftlichen Kampf in der heutigen bürgerlichen Gesellschaft."[10] Gewerkschaftsarbeit war also „Mittel zum Zweck"; sie sollte die Voraussetzungen dafür schaffen, daß die „Massen der Arbeiter

---

9 Carl Legien, An die Mitglieder der Gewerkschaften, in: Correspondenzblatt der Generalkommission der Gewerkschaften Deutschlands (= Correspondenzblatt) Nr. 3 vom 7. 2. 1891, S. 9.
10 Zur Organisationsfrage, in: Correspondenzblatt Nr. 13 vom 23. 5. 1891, S. 51—53, hier S. 52.

[. . .] die geschichtliche Aufgabe, welche dem Arbeiterstand zufällt, lösen" können.[11] Die Gewerkschaften seien also — so Carl Legien auf dem Kölner Parteitag 1893 — die „Vorschule für die politische Bewegung", seien die „beste Erziehungsanstalt für die Genossen".[12]

Die Anfang der 90er Jahre von Streikniederlagen und Mitgliederverlusten geschwächten Gewerkschaften standen einer überaus selbstbewußten SPD-Führung gegenüber, die sich über die Erfolge bei den Reichstagswahlen 1890 und 1893 freuen konnte. Mit 1,4 bzw. 1,7 Millionen Wählerstimmen im Rücken meinten die SPD-Führer offenbar, die Probleme der Gewerkschaften gelassen hinnehmen zu können. Jedenfalls versagten sie den Gewerkschaften die in dieser Lage dringend erbetene Hilfe. In einer Pressefehde 1892/93 und vor allem auf dem Kölner Parteitag 1893 wurden die unterschiedlichen Positionen von SPD- und Gewerkschaftsführern deutlich: August Bebel, der Vorsitzende der SPD, warnte nicht nur immer wieder vor einer Überschätzung der Erfolgsaussichten der gewerkschaftlichen Arbeit, sondern er befürchtete zudem deren schädlichen Einfluß auf die revolutionäre Ausrichtung der SPD-Politik; angesichts des als notwendig erwarteten Zusammenbruchs des Kapitalismus konnte gewerkschaftliche Reformgenügsamkeit nur als Illusionismus, als Traumtänzerei erscheinen. Die Gewerkschaftsführer waren auf der anderen Seite durchaus bereit, die untergeordnete Bedeutung ihrer Arbeit für die endgültige Befreiung der Arbeiterklasse zuzugestehen, baten aber in der akuten Krise um die Unterstützung der Partei. Als Legien in dieser Situation die SPD-Mitglieder per Parteitagsbeschluß dazu verpflichten wollte, den Gewerkschaften beizutreten, wurde er, nach einer Niederlage auf dem Berliner Parteitag 1892, dann 1893 auf dem Kölner Parteitag mit einer unverbindlichen Erklärung abgespeist, in der der Parteitag „den Ausdruck der Sympathie mit der Gewerkschaftsbewegung" erklärte und im übrigen „den Parteigenossen von Neuem die Pflicht [auferlegte], unermüdlich für die Erkenntnis der Bedeutung der gewerkschaftlichen Organisationen zu wirken und mit aller Kraft für deren Stärkung einzutreten".[13]

Mit dem organisatorischen Aufschwung der Gewerkschaften und vor allem mit ihren sozialen Erfolgen, die sie in der zweiten Hälfte der 90er Jahre erkämpften, wurde das zunächst so harmonische Unterordnungsver-

---

11 Zitiert nach Helga Grebing, Geschichte der deutschen Arbeiterbewegung. Ein Überblick, München 1970, S. 101.
12 Carl Legien, Die Gewerkschaftsbewegung und ihre Unterstützung durch die Parteigenossen, in: Protokoll über die Verhandlungen des Parteitages der Sozialdemokratischen Partei Deutschlands, abgehalten zu Köln a. Rh. vom 22. bis 28. Oktober 1893, Berlin 1893, S. 181—188, hier S. 183 f.
13 Ebd., S. 180 f.

hältnis von Partei und Gewerkschaften zum Problem. Ein neues Selbstbewußtsein setzte sich in den Gewerkschaften durch, das die wichtigste sozialdemokratische Zukunftserwartung — die Notwendigkeit des Zusammenbruchs des Kapitalismus — in Frage stellte: „Gerade wir, die gewerkschaftlich organisierten Arbeiter, wünschen nicht, daß es zum sogenannten Kladderadatsch kommt und daß wir genötigt sind, auf den Trümmern der Gesellschaft Einrichtungen zu schaffen, gleichviel ob sie besser oder schlechter sind, wie die jetzigen. Wir" — so erklärte Carl Legien 1889 auf dem Frankfurter Gewerkschaftskongreß — „wünschen den Zustand der ruhigen Entwicklung."[14]

Die SPD-Führung trug diesem neuen Bewußtsein, das im übrigen auch in der Partei auf dem Vormarsch war und zur Revisionismusdebatte führte, behutsam Rechnung. In einer 1900 veröffentlichten programmatischen Schrift über „Gewerkschaftsbewegung und politische Parteien" distanzierte sich Bebel von seiner früheren Ansicht, Gewerkschaften seien die „Rekrutenschule" der Partei.[15] Geklärt werden mußte der Stellenwert der reformerischen Arbeit, wenn — oder da der „Kladderadatsch" des Kapitalismus auf sich warten ließ. Mit der Stärkung der Gewerkschaften nahm überdies das Interesse der SPD daran zu, sich der dieser Bewegung angehörenden Massen als Wählerreservoir zu versichern. Und umgekehrt brauchten die Gewerkschaften die SPD zur parlamentarischen Vertretung ihrer sozialpolitischen Forderungen.

Das Bewußtsein, daß SPD und Gewerkschaften aufeinander angewiesen seien, setzte sich kurz nach der Jahrhundertwende auch in der SPD durch. Gerade mit Blick auf den Erfolg der Gewerkschaften hieß es nun in einer Analyse Karl Kautskys, des maßgeblichen Parteitheoretikers vor dem Ersten Weltkrieg: „Die politischen Organisationen des Proletariats werden stets nur eine kleine Elite umfassen; Massenorganisationen können nur die Gewerkschaften bilden. Eine sozialdemokratische Partei, deren Kerntruppen nicht die Gewerkschaften bilden, hat daher auf Sand gebaut." Anerkannt wurde auch die Sonderrolle der Gewerkschaften: „Die Gewerkschaften müssen außerhalb der Partei bleiben; das gebietet nicht bloß die Rücksicht auf unsere Vereinsgesetze, sondern auch die Rücksicht auf die besonderen Aufgaben dieser Organisationen." Da mag Kautsky nicht nur an den wirtschaftlichen Kampf, sondern auch an die Konkurrenzprobleme mit den Christlichen Gewerkschaften gedacht haben, die gerade aus der engen Anbindung der Freien Gewerkschaften an die SPD ihre Daseinsbe-

---

14 Protokoll der Verhandlungen des 3. Kongresses der Gewerkschaften Deutschlands, abgehalten zu Frankfurt a. M.-Bockenheim vom 8. bis 13. Mai 1899, Hamburg o. J., S. 103.
15 August Bebel, Gewerkschaftsbewegung und politische Parteien, Stuttgart 1900.

rechtigung, wenn nicht sogar ihre Notwendigkeit herleiteten. „Aber" — so fuhr Kautsky fort — „die Sozialdemokratie hat stets dahin zu trachten, daß die Mitglieder der gewerkschaftlichen Organisation von sozialistischem Geiste erfüllt sind. Die sozialistische Propaganda unter den Gewerkschaften hat Hand in Hand zu gehen mit der Propaganda für die Gewerkschaften in der Parteiagitation."[16] Daß die sozialistische Ausrichtung der Gewerkschaften der Partei zur Aufgabe gemacht wurde, deutet jedoch darauf hin, daß diese nach wie vor als Speerspitze der Arbeiterbewegung galt — und daß man sich in der Parteiführung eben dieser sozialistischen Ausrichtung nicht so ganz sicher war. Kein Wunder; denn in den Auseinandersetzungen um Selbstverständnis und Ziel der Sozialdemokratie, in den Kämpfen zwischen den von Georg von Vollmar geführten Reformisten und den von Eduard Bernstein wortreich vertretenen Revisionisten einerseits, dem um August Bebel gruppierten Parteizentrum und dem von Rosa Luxemburg theoretisch ausgerüsteten linken Flügel stand die Masse der Gewerkschafter der auf Reformkurs eingeschworenen Parteiminderheit nahe.

Zur (vorläufigen) Klärung des Verhältnisses von SPD und Freien Gewerkschaften kam es in der Massenstreikdebatte. Vor allem die Erkämpfung des allgemeinen Wahlrechts in Belgien und Schweden durch das Mittel des Massenstreiks verlieh der Konzeption einer aktiven Politik zur Durchsetzung der sozialistischen Forderungen Plausibilität. Die Gewerkschaften jedoch, die — nicht ohne Berechtigung — glaubten, ein Massenstreik müsse von ihnen organisiert werden, sahen ihre Position dadurch grundsätzlich gefährdet: „Ungeheure Opfer" — so rief Theodor Bömelburg, der Vorsitzende des Maurer-Verbandes, den auf dem Kölner Gewerkschaftskongreß vom 22. bis 27. Mai 1905 versammelten Delegierten ins Gedächtnis — „hat es gekostet, um den augenblicklichen Stand der Organisation zu erreichen"; und „um aber unsere Organisation auszubauen", so fuhr er fort, brauchen „wir in der Arbeiterbewegung Ruhe".[17] Es entsprach dieser Grundhaltung, daß der Kölner Kongreß — gegen 7 Stimmen — „alle Versuche, durch die Propagierung des politischen Massenstreiks eine bestimmte Taktik festlegen zu wollen, für verwerflich" erklärte. Er empfahl vielmehr „der organisierten Arbeiterschaft, solchen Versuchen energisch entgegenzutreten" — und für die Stärkung der Organisation zu sorgen (Dokument 8a).

---

16 Karl Kautsky, Zum Parteitag, in: Die Neue Zeit 1902/03, Bd. 2, S. 729—739, hier S. 738.
17 Theodor Bömelburg, Die Stellung der Gewerkschaften zum Generalstreik, in: Protokoll der Verhandlungen des Fünften Kongresses der Gewerkschaften Deutschlands, abgehalten in Köln a. Rh. vom 22. bis 27. Mai 1905, Berlin o. J., S. 215—222, hier S. 221.

Die unterschiedlichen Meinungen von SPD und Gewerkschaften in dieser Frage, die Theodor Bömelburg auf dem Kölner Kongreß mit der Formel „Gewerkschaften und Partei sind eins" zu beschönigen versuchte[18], wurden vollends sichtbar, als der SPD-Parteitag, der wenige Monate später — vom 17. bis 23. September 1905 — in Jena tagte, eine von Bebel eingereichte Resolution mit 287 gegen 14 Stimmen annahm: Hier wurde der politische Massenstreik zwar nicht als offensives Kampfmittel, wohl aber zur Abwehr gegen etwaige Anschläge auf das Wahl- und Koalitionsrecht gewürdigt (Dokument 8b). Die Gewerkschaftsführer lehnten auch die Formulierung des Jenaer Parteitags-Beschlusses entschieden ab, den man im Grunde als Kompromiß zwischen den Anhängern eines offensiven und den Gegnern jeglichen Massenstreikeinsatzes verstehen konnte. Es spricht für das in den letzten Jahren gestiegene Selbstbewußtsein mancher Gewerkschaftsführer, daß sie — so Adolf von Elm auf der Vorständekonferenz im Februar 1906 — meinten sicher sein zu dürfen, die Anhänger des Massenstreiks könnten „auf einem einzigen Parteitag einfach hinweggefegt werden" — „wenn die Gewerkschaftsmitglieder sich mehr um die Partei kümmern würden".[19]

Im Februar 1906 nahmen Gewerkschafts- und Parteiführung geheime Verhandlungen auf, um den Konflikt in der Massenstreikfrage beizulegen. Ergebnis dieser Beratungen war das vom nächsten Parteitag, der vom 23. bis 29. September 1906 in Mannheim zusammentrat, verabschiedete „Mannheimer Abkommen" (Dokument 8c). Nachdem Bebel zum Rückzug geblasen hatte, sei es doch „undenkbar, einen Massenstreik durchzuführen, ohne daß in den breitesten Massen die Gesamtstimmung dafür vorhanden ist", und nachdem Legien es als Unsinn erklärt hatte, sich auf die Ablehnung des Massenstreiks festzulegen, schien es — so Legien — nur noch darauf anzukommen, „nach außen hin [. . .] Einheitlichkeit zu dokumentieren".[20] Die Vorstände von Gewerkschaftsbewegung und SPD haben, so wurde in diesem Abkommen festgelegt, „bei Aktionen, die die Interessen der Gewerkschaften und der Partei gleichmäßig berühren, ein einheitliches Vorgehen herbeizuführen". Dieses Dokument der Gleichbe-

18 So die Schlußworte Theodor Bömelburgs, in: Protokoll der Verhandlungen des 4. Kongresses der Gewerkschaften Deutschlands, abgehalten zu Stuttgart 1902, Berlin o. J., S. 274; ders., in: Protokoll der Verhandlungen des Fünften Kongresses der Gewerkschaften Deutschlands (1905), S. 266.
19 Zitiert nach Eduard David, Die Bedeutung von Mannheim, in: Sozialistische Monatshefte 1906, Bd. 2, S. 907—914, hier S. 908 f.
20 Protokoll über die Verhandlungen des Parteitages der Sozialdemokratischen Partei Deutschlands, abgehalten zu Mannheim vom 23. bis 29. September 1906, Berlin 1906, S. 231 ff. und 245 ff.

rechtigung von Partei- und Gewerkschaftsführung innerhalb der sozialdemokratischen Arbeiterbewegung spiegelte nicht nur die reale Situation, war
doch der Massenstreik in der Tat weder defensiv noch offensiv ohne die
Gewerkschaften durchzuführen; es zeigte zugleich die Anerkennung der
realen Machtposition der Gewerkschaften, die einen ihrer Stärke entsprechenden — 1906 standen 384.000 Sozialdemokraten etwa 1,7 Millionen
Gewerkschaftsmitglieder gegenüber — politischen Einfluß auszuüben
beabsichtigten. Waren die Gewerkschaften zu Beginn der 90er Jahre bereit
gewesen, die ihnen von der Partei zugewiesene Rolle anzunehmen, so
glaubte nun die SPD befürchten zu müssen, die Gewerkschaften strebten
nach der Vorherrschaft; zwar komme in den Gewerkschaften — so schien es
manchem Sozialdemokraten — die „Erkenntnis der [. . .] Notwendigkeit
des Zusammenwirkens der Gewerkschaften und der Sozialdemokratie [. . .]
scharf genug zum Ausdruck. Daneben aber zeigten sich auch Stimmungen
und Regungen, die wir am liebsten für sich als gewerkschaftliche Illusionen
behandeln wollen, die durchaus zurückgewiesen werden müssen".[21]

In den Jahren nach dem „Mannheimer Abkommen" versuchten SPD-
Theoretiker immer wieder, den Stellenwert gewerkschaftlicher Arbeit zu
bestimmen, nicht zuletzt, um sich dem Einfluß der Gewerkschaften
entgegenzustemmen, den allein die ständig wachsende Zahl von „Gewerkschaftsbeamten" unter den Parteitagsdelegierten auszuüben vermochte; es
spricht für sich selbst, daß der Anteil der Gewerkschaftsfunktionäre an der
SPD-Reichstagsfraktion von 11,6 % im Jahre 1893 auf 32,7 % im Jahre 1912
anstieg. Am härtesten fiel die Kritik Rosa Luxemburgs aus; nachdem sie die
Gewerkschaftspolitik schon früher als zwar unentbehrliche, aber auf Dauer
erfolglose „Sisyphusarbeit" abgewertet hatte[22], spießte sie durchaus scharf-
sichtig, wenngleich in allein negativer Zuspitzung ein Grundproblem des
gewerkschaftlichen Zentralisierungsprozesses auf: Durch die „geschäftsmä-
ßige bürokratisch geregelte Leitung des Gewerkschaftsbeamten" werde die
Arbeiterschaft „zur urteilsunfähigen Masse degradiert, der hauptsächlich
die Tugend der ‚Disziplin‘, das heißt des passiven Gehorsams, zur Pflicht
gemacht wird".[23] Und auch Karl Kautsky sah sich genötigt, auf die Grenzen
der gewerkschaftlichen Politik hinzuweisen; 1909 glaubte er, angesichts
nicht mehr weiter steigender Reallöhne, den mit reformistischen Mitteln
der Gewerkschaften erreichbaren sozialen Aufstieg des Proletariats als
beendet ansehen zu müssen.[24] Die Gewerkschaften verstanden dies nicht

21 Parvus, Die Bedeutung der Gewerkschaften und der Hamburger Kongreß, in: Die
   Neue Zeit 1907/08, Bd. 2, S. 509–514, hier S. 514.
22 Rosa Luxemburg, Sozialreform oder Revolution, Leipzig 1899, S. 36.
23 Rosa Luxemburg, Massenstreik, Partei und Gewerkschaften, Hamburg 1906.
24 Karl Kautsky, Der Weg zur Macht. Politische Betrachtungen über das Hineinwachsen in der Revolution, Berlin 1909.

(nur) als Kritik an der Entwicklung des Kapitalismus, sondern zugleich als Vorwurf an ihre Adresse; die Generalkommission antwortete, unter dem bezeichnenden Titel „Sisyphusarbeit oder positive Erfolge?", mit „Beiträgen zur Wertschätzung der Tätigkeit der deutschen Gewerkschaften".[25]

Als, ausgelöst durch die Forderungen Rosa Luxemburgs, der SPD-Parteitag in Jena 1913 nochmals die Massenstreikfrage debattierte, verlief die Frontlinie nicht mehr zwischen Gewerkschaften und SPD, sondern quer durch die SPD, zwischen Parteivorstand und linkem Flügel. Nachdem sich Philipp Scheidemann als Referent der Parteiführung gegen die Ansicht gewandt hatte, „man könne den Massenstreik vorbereiten durch die Lockerung der gewerkschaftlichen Disziplin, durch das Ausspielen der Massen gegen die Führer, durch die Verherrlichung der unorganisierten Masse", konnte sich Gustav Bauer, der stellvertretende Vorsitzende der Generalkommission, auf den Standpunkt stellen, die Gewerkschaften hätten „keine Veranlassung, sich mit dieser Diskussion zu befassen".[26] Da war es kein Wunder, daß die von Rosa Luxemburg eingebrachte Resolution, nach der der Massenstreik „nicht auf Kommando von Partei- und Gewerkschaftsinstanzen künstlich herbeigeführt werden", sondern „sich nur als Steigerung einer bereits im Fluß befindlichen Massenaktion aus der Verschärfung der wirtschaftlichen und politischen Situation ergeben" könne, mit 333 gegen 142 Stimmen abgelehnt wurde (Dokument 8d). Angenommen wurde stattdessen — gegen zwei Stimmen — eine Resolution, in der der politische Massenstreik vom Ausbau der politischen und gewerkschaftlichen Organisationen abhängig gemacht wurde (Dokument 8e). Deutlicher konnten die Veränderungen im Verhältnis von SPD und Gewerkschaften und in der sozialdemokratischen Politik kaum ausgedrückt werden.

---

25 Sisyphusarbeit oder positive Erfolge? Beiträge zur Wertschätzung der Tätigkeit der deutschen Gewerkschaften, hrsg. von der Generalkommission der Gewerkschaften Deutschlands, Berlin 1910.
26 Protokoll über die Verhandlungen des Parteitages der Sozialdemokratischen Partei Deutschlands, abgehalten in Jena vom 14. bis 20. September 1913, Berlin 1913, S. 231 ff. und S. 294 ff.

## Christliche Gewerkschaften, katholische Kirche und Zentrums-Partei: Interkonfessionalität und parteipolitische Neutralität auf dem Prüfstand

Auch bei den Christlichen Gewerkschaften zeichnete sich mit der organisatorischen Konsolidierung und dem daraus abgeleiteten Selbstbewußtsein der Gewerkschaftsführung um Adam Stegerwald ein tiefgreifender Konflikt mit den Verbündeten in katholischer Kirche und politischer Partei, im Zentrum, ab. Waren die Christlichen Gewerkschaften auch aus dem Streit um „paritätische" Gewerkschaften, d. h. um die Möglichkeit eines (zukünftigen) Zusammengehens mit „wirklich neutralen" Freien Gewerkschaften, ebenso gestärkt hervorgegangen wie aus dem Zollstreit, in dessen Verlauf es den Einzelgewerkschaften freigestellt wurde, sich mit den Aspekten der Zollfrage zu befassen, die sie direkt „beruflich" betrafen, so bedeutete der „Gewerkschaftsstreit" eine existenzgefährdende Bedrohung. Zwar hatte auch der Zollstreit 1902 zum vorübergehenden Ausschluß Franz Wiebers und des Christlich-sozialen Metallarbeiterverbandes geführt und damit — bis zur Einigung 1903 — eine Schwächung der Organisation heraufbeschworen; doch konnte demgegenüber der Streit um die Frage der Interkonfessionalität und um das Einspruchsrecht der katholischen Geistlichkeit zentrifugale konfessionelle Kräfte innerhalb der Gewerkschaftsbewegung stärken, die ein Auseinanderbrechen der gesamten Organisation zu bewirken drohten.

Ausgangspunkt des Gewerkschaftsstreits war die Frage, ob die Christlichen Gewerkschaften durch ihre Interkonfessionalität die Glaubenstreue ihrer katholischen Mitglieder gefährden, sie zu „religiösem Schlendrian" oder gar zur Sozialdemokratie führen würden. Diese Befürchtungen wurden für integralistisch orientierte Katholiken dadurch noch bestärkt, daß die Christlichen Gewerkschaften es ablehnten, sich geistlicher Leitung oder Mitsprache zu unterstellen, und zudem eingestanden, die Bezeichnung „christlich" bedeute für sie eigentlich nur: nichtsozialdemokratisch; demgemäß stellten sie sich nicht „positiv" auf den Boden eines konfessionell bestimmten Christentums, sondern versprachen nur, sie würden (im Gegensatz zu den Freien Gewerkschaften) bei der Vertretung der „rein wirtschaftlichen" Interessen der Arbeiter alles unterlassen, was der religiösen Überzeugung ihrer katholischen und evangelischen Mitglieder widersprechen könnte; für die religiöse und sittliche Bildung seien indessen die konfessionellen Arbeitervereine zuständig. Vor allem die Ankündigung, gegebenenfalls in absehbarer Zeit auch mit den Freien Gewerkschaften — so sich diese parteipolitisch und weltanschaulich neutral verhielten — zusammengehen zu wollen, forderte den Widerstand der Integralisten heraus, der sich mit der Veröffentlichung einer Broschüre Franz von

Savignys über „Arbeitervereine und Gewerkschaftsorganisationen im Lichte der Enzyklika ‚Rerum novarum' " in den Katholischen Arbeitervereinen (Sitz Berlin) formierte.[27] Unterstützung fanden diese Arbeitervereine, die mit ihren unter geistlicher Leitung stehenden Fachabteilungen einen wirtschaftsfriedlichen Gewerkschaftsersatz zu bieten meinten, bei Georg Kardinal Kopp, dem Fürstbischof von Breslau, und bei Michael Felix Korum, dem Bischof von Trier; diese beharrten auf dem geistlichen Führungsanspruch gegenüber der katholischen Arbeiterbewegung, ließen sich doch ihrer Meinung nach wirtschaftliche keinesfalls von religiösen Fragen trennen; daß sie diesen Standpunkt z. B. gegenüber den Organisationen von Landwirten und Unternehmern nicht vertraten, wurde paternalistisch — wenn überhaupt — damit begründet, die Arbeiter bedürften besonderer Schulung und Hilfe.

Vor allem auf Kopps Wirken war es zurückzuführen, daß der deutsche Episkopat die erste Chance, den sich gerade abzeichnenden Konflikt einzudämmen, mit dem Fuldaer Pastorale von 1900 vertat, wurden hier doch die „Katholischen Arbeitervereine, Sitz Berlin" belobigt, die Christlichen Gewerkschaften indessen gar nicht erwähnt. Damit waren die verschiedenartigsten Interpretationen des Willens der Bischofskonferenz möglich; und auch die folgenden Äußerungen des deutschen Episkopats sowie die von Papst Pius X., der bald in die Auseinandersetzungen mit hineingezogen wurde, waren durch das kaum verschleierte Bemühen gekennzeichnet, sich nicht eindeutig festzulegen. Dies ist um so verwunderlicher, als die Mehrheit des deutschen Episkopats den Christlichen Gewerkschaften durchaus wohlwollend gegenüberstand, sich jedoch im Willen zu geschlossenem Auftreten von Kopp und Korum immer wieder unter Druck setzen ließ. Auch als Pius X. 1912 schließlich mit der Enzyklika „Singulari quadam" — auch auf Bitten von Zentrumspolitikern und preußischen Regierungsvertretern — offiziell in den Gewerkschaftsstreit eingriff, blieben seine Äußerungen über „sogenannte christliche Gewerkschaften", die „geduldet werden könnten"[28], durchaus mehrdeutig. Nicht zuletzt darauf, aber auch auf die deutliche Resolution des außerordentlichen Gewerkschafts-Kongresses 1912 (Dokument 10) und auf die unversöhnliche Gegnerschaft Kopps war es zurückzuführen, daß der Streit auch nach Veröffentlichung der Enzyklika weiterging; erst Kopps Tod am 4. März 1914 und vor allem der Beginn des Ersten Weltkrieges ließen diese

---

27 Franz von Savigny, Arbeitervereine und Gewerkschaftsorganisationen im Lichte der Enzyklika ‚Rerum novarum', Berlin 1900.

28 Nach: Texte zur katholischen Soziallehre. Die sozialen Rundschreiben der Päpste und andere kirchliche Dokumente, hrsg. vom Bundesverband der Katholischen Arbeitnehmer-Bewegung (KAB) Deutschlands, o. O., 1975, S. 84.

Frage an Bedeutung verlieren. Zu einer (oberflächlichen) Einigung kam es jedoch erst 1919; offizielle Billigung fanden die Christlichen Gewerkschaften schließlich durch Pius XI. mit der Enzyklika „Quadragesimo anno" (1931).

Daß sich die Christlichen Gewerkschaften erfolgreich gegen die Führungsansprüche von Teilen der katholischen Kirche behaupteten, war unter mehrfachem Gesichtspunkt von Bedeutung: Die Interkonfessionalität und deren Anerkennung durch die katholische Kirche war zunächst einmal die Voraussetzung dafür, den sozialdemokratischen Vorwurf, die Christlichen Gewerkschaften seien „Kirchenknechte", zu entkräften, und damit den Nachweis zu erbringen, daß es sich bei den Christlichen Gewerkschaften um eine echte, d. h. unabhängige Gewerkschaftsbewegung handelte. Dabei bedingten die Grundsätze der Interkonfessionalität und parteipolitische Unabhängigkeit einander, auch wenn sie beide nur in sehr begrenztem Ausmaß von der Realität eingelöst wurden. Denn einerseits waren nur 10 bis 20 % der Mitglieder evangelisch, andererseits war die Zentrumspartei offensichtlich der wichtigste parteipolitische Ansprechpartner.

Während sich die Freien Gewerkschaften ganz eindeutig — und in der Vorkriegszeit noch relativ problemlos — der SPD anschlossen, war dies für die Christlichen Gewerkschaften bzw. deren Mitglieder kaum so klar. Einig war man sich vor allem in der Ablehnung der Sozialdemokratie, so daß von daher der Anspruch ‚parteipolitischer Neutralität' ohnehin auf einem eingeengten Spektrum basierte. Das Schwergewicht des parteipolitischen Engagements Christlicher Gewerkschafter lag ohne Zweifel im Zentrum, dem auch Johannes Giesberts angehörte, der als erster Christlicher Gewerkschafter 1905 in den Reichstag einzog. 1907 erhöhte sich die Zahl der Reichstagsmitglieder aus den Reihen der Christlichen Gewerkschaften auf 6, davon 5 beim Zentrum und einer in der Wirtschaftlichen Vereinigung; 1912 schließlich gehörten von den 7 Christlichen Gewerkschaftern im Reichstag 5 dem Zentrum, einer der Christlich-sozialen Partei (die aus der Wirtschaftlichen Vereinigung entstanden war) und einer der Nationalliberalen Partei an. Die sich aus der unterschiedlichen parteipolitischen Orientierung der Führer und Mitglieder der Christlichen Gewerkschaften ergebenden Konflikte wurden erst in der Weimarer Zeit vollends deutlich; doch schon jetzt zeichnete sich das Problem ab, daß die Christlichen Gewerkschaften immer wieder erfahren mußten, daß die von ihnen vertretenen Interessen in den ihnen nahestehenden Parteien nur neben bzw. unter denen anderer Gruppen — z. B. Industrie und Landwirtschaft — rangierten.

Die Christlichen Gewerkschaften wurden mit ihren politischen Verbindungen zu den bürgerlichen Parteien zum Mittelpunkt einer christlich-nationalen Sammlungsbewegung, deren augenfälligster Ausdruck die Deutschen Arbeiterkongresse waren. Einigendes Band dieser Kongresse — erstmals abgehalten 1903 — war die bewußt anti-sozialdemokratische Programmatik, der auf der anderen Seite ein manifester Nationalismus entsprach, der zumindest gleichberechtigt neben die sozialen und religiösen Momente der Programmatik aufrückte. Die Bedeutung dieser Sammlung der nicht-sozialdemokratischen Arbeiterorganisationen wird schon durch die Mitgliedszahl der durch ihre Delegierten auf den Kongressen vertretenen Verbände illustriert, die — nach eigenen Angaben — 1903 620.000, 1907 1.000.000, 1913 1.400.000 und 1917 1.500.000 betrug. Die „Deutschen Arbeiterkongresse" vollzogen die parteipolitische Offenheit der Christlichen Gewerkschaften für alle nicht-sozialdemokratischen Parteien auf breiter gewerkschaftlicher Ebene nach und wurden auch unter diesem Aspekt zum Vorläufer des 1919 gegründeten Deutsch(-demokratisch)en Gewerkschaftsbundes.

## 4. Arbeitskampf, Tarifvertrag und Sozialreform: Gewerkschaftsarbeit im Kaiserreich

Ein Blick nur auf die Kongreß- und Pressefehden, nur auf den Selbstbehauptungswillen der jeweiligen Richtungsgewerkschaften gegenüber politischen Parteien und katholischer Kirche ließe ein falsches Bild entstehen; denn dies war gewiß nicht das Hauptbetätigungsfeld der Gewerkschaften, die diese Kontroversen vielfach als lästige Ablenkung von ihren „eigentlichen" Aufgaben betrachteten. Gewerkschaftsarbeit im Kaiserreich, das war der alltägliche Kampf gegen soziale und wirtschaftliche Mißstände, gegen rechtliche Benachteiligungen der Arbeiterschaft und ihrer Organisationen und gegen ihre gesellschaftliche Ausgrenzung.

*

Schon bei der Betrachtung der Gründungsphase der Gewerkschaften hatte sich die große Bedeutung gezeigt, die dem Arbeitskampf als Motor der Organisation beizumessen ist. Das hat sich auch in der späteren Entwicklung nicht grundsätzlich geändert, stiegen doch die Mitgliedszahlen kurz vor erwarteten Arbeitskämpfen oftmals dramatisch an; und auch wenn ein Teil der neugewonnenen Mitglieder bald nach dem Ende des Konflikts der Gewerkschaft wieder den Rücken kehrte, so blieb doch zumeist eine Steigerung der Mitgliederzahl zu verzeichnen. Den Gewerkschaften war klar, daß der Streikerfolg nicht nur von der wirtschaftlichen Lage in dem betroffenen Gewerbezweig, sondern ganz maßgeblich von der Stärke der

Arbeitsmarktparteien und damit von Organisationsgrad und finanzieller Kraft der Gewerkschaften abhängig war. Dies wird durch die Zahlen deutlich belegt: In den Jahren wirtschaftlicher Krise und schwacher Gewerkschaftsorganisation von 1890 bis 1894 waren von 544 Streiks nur 32,9 % erfolgreich, eine Angabe der Gewerkschaften, die unter Umständen noch geschönt ist; von den in einer Phase wirtschaftlicher Entwicklung und steigender gewerkschaftlicher Organisationsstärke von 1895 bis 1899 geführten 3.226 Streiks waren hingegen 57,8 % erfolgreich für die Arbeitnehmerschaft.[29] Deshalb wurde in der Gewerkschaftspresse dafür plädiert, zunächst einmal die Organisation zu stärken — und überdies mehr Vernunft in der „Taktik bei Lohnbewegungen" walten zu lassen. Nach der „Sturm- und Drangperiode" von spontanen Proteststreiks sollten die Gewerkschaften nun — so hieß es 1897 — „System in ihre Kriegsführung [. . .] bringen".[30] Die Streikreglements, die den Arbeitskampfbeschluß möglichst überörtlichen Gremien übertrugen, befolgten und verstärkten diese Entwicklung, die einerseits die Schlagkraft der Organisation durch rationalen Einsatz der Mittel erhöhte, die aber andererseits vielfach den Eindruck der Basis-Ferne der Gewerkschaftsvorstände verfestigte.

Ohne Zweifel nahmen Zahl und Bedeutung örtlicher Spontan-Streiks ab; es gab sie zwar noch — und immer wieder: Zu denken ist an den 1896 von der Berliner Konfektionsindustrie ausgehenden Streik, an den Ausstand der Hamburger Hafenarbeiter 1896/97 und an den Streik der Ruhrbergarbeiter 1905. Diese Streiks wurden entweder gegen oder ohne gewerkschaftliche Willensäußerung begonnen, von den Gewerkschaften aber zum Teil nachträglich übernommen. Der Trend ging jedoch eindeutig zu den gut organisierten Arbeitskämpfen, in denen sich bald Gewerkschaften und Arbeitgeberverbände gegenüberstanden.

Streiks, zumal wenn sie mit großen Aussperrungen beantwortet wurden, blieben jedoch eine zweischneidige Waffe. Gewiß, einerseits stärkten sie vielfach Klassenbewußtsein und Solidarität auf seiten der Arbeitnehmerschaft; andererseits aber gefährdeten sie nicht selten den Bestand der gewerkschaftlichen Organisationen, wenn diese auf hartnäckigen Widerstand der Arbeitgeberschaft trafen; und außerdem bildeten Streiks den Anlaß für die Arbeitgeberschaft, auch ihrerseits organisierte Formen gemeinsamer Abwehr zu entwickeln. Einige Beispiele für diese Doppelfunktion der Arbeitskämpfe müssen hier genügen: Der Buch-

29 Dazu: Die Streiks im Jahre 1894, in: Correspondenzblatt Nr. 36 vom 23. 9. 1895, S. 161—164; Die Streiks im Jahre 1900, in: Correspondenzblatt Nr. 29 vom 22. 7. 1901, S. 449—461.
30 Zur Taktik bei Lohnbewegungen, in: Correspondenzblatt Nr. 9 vom 1. 3. 1897, S. 45—47, hier S. 45.

drucker-Streik vom Oktober 1891 bis zum Januar 1892 für die Durchsetzung des 9-Stundentags mobilisierte 10.000 Gewerkschaftsmitglieder und verschlang die — damals enorm hohe — Summe von 1.250.000 Millionen Mark. Allein diese finanzielle Belastung reichte aus, die Gewerkschaftsarbeit des Buchdruckerverbandes für die nächsten Jahre zu lähmen — wozu die Streikniederlage nicht unerheblich beitrug, die im übrigen das zu Beginn der 90er Jahre in den Gewerkschaften um sich greifende Krisenbewußtsein vertiefte.

Und zudem gaben schon die bereits erwähnte Streikwelle 1889/90 und dann die Arbeitskämpfe um die Jahrhundertwende den Organisationsbestrebungen der Arbeitgeber deutliche Schubkraft. Gerade die (relativ) schlechte Wirtschaftslage in den Jahren 1901 bis 1903 führte zu einer Verhärtung der Arbeitgeberposition, die sich z. B. 1901 in der monatelangen Aussperrung von 6.000 Hamburger Werftarbeitern und dann 1903 im Arbeitskampf in der Textilindustrie von Crimmitschau zeigte. Der Streik in Crimmitschau, an dem sich zum erstenmal in großem Umfang auch Frauen beteiligten, war von den Gewerkschaften zwar sorgfältig vorbereitet, dann aber konjunkturell ungünstig, d. h. in einer Absatzflaute, durchgeführt worden. Hauptziel des Arbeitskampfes war die Verkürzung der Arbeitszeit auf 10 Stunden pro Tag. Fanden die streikenden Arbeiter und Arbeiterinnen auch die finanzielle Hilfe von Gewerkschaften und Arbeitnehmern aus allen Teilen Deutschlands, so hatten sie der von den Arbeitgebern verhängten Aussperrung doch nichts entgegenzusetzen. Die sächsischen Textilindustriellen wurden überdies vom Centralverband Deutscher Industrieller unterstützt, so daß der Arbeitskampf mit einer schweren Niederlage der Streikenden bzw. Ausgesperrten endete. Das Erlebnis von Crimmitschau beschleunigte außerdem, wie oben gesagt, den Prozeß zur Organisierung auf seiten der Arbeitgeber: Schwarze Listen, auf denen „unliebsame Elemente" verzeichnet waren, die Gründung von „gelben" Werkvereinen und vor allem der offensive Einsatz großer Aussperrungen gehörten von nun an zum häufig benutzten Waffenarsenal der Arbeitgeber, die damit die Gewerkschaften, wenn sie sie schon nicht zerstören konnten, doch wenigstens zu behindern und zu lähmen suchten. Daß nicht nur die organisierten Arbeitnehmer ausgesperrt wurden, hatte wohl das Ziel, die Betriebe dauerhaft „gewerkschaftsfrei" zu halten.

Ausmaß oder Größe der Arbeitskämpfe nahmen mit dem Grad der „Durchorganisierung" der Arbeitsmarktparteien zu. Das gilt für die Streiks, denkt man etwa an den Ausstand der Bergarbeiter an der Ruhr, an dem 1905 etwa 220.000 der 280.000 Bergarbeiter teilnahmen, die nach vier Wochen einen Teilerfolg, die Einrichtung von Arbeiterausschüssen mit der Berggesetznovelle vom 14. Juni 1905, erreichten. Aber es gilt auch für die Aussperrung, die nach den Strafaussperrungen wegen Feiern des 1. Mai

*Frauen im Arbeitskampf der Textilindustrie von Crimmitschau 1903/1904.*

*Einzug des Militärs beim Bergarbeiterstreik an der Ruhr 1905.*

106

1890 und 1891 und nach Höhepunkten 1903 und 1905/06 schließlich — wie die Aussperrung von 190.000 Arbeitnehmern im Baugewerbe 1910 zeigt — eine stetig wachsende Zahl von Arbeitnehmern betraf.

Das war jedoch nicht der letzte große Arbeitskampf vor dem Ersten Weltkrieg. Zu erinnern ist vielmehr an den Streik von etwa 190.000 Bergarbeitern an der Ruhr im Jahre 1912, in dem sich geradezu beispielhaft das Zusammenwirken von Staatsverwaltung, Militär, Justiz und Unternehmerschaft zeigte; und außerdem illustriert dieser Streik die Spaltung der Gewerkschaftsbewegung, war doch der Gewerkverein christlicher Bergarbeiter, der 1905 mitgestreikt hatte, 1912 nicht zur Zusammenarbeit mit den Freien Gewerkschaften bereit; dies lag wohl an der Furcht vor der drohenden päpstlichen Ablehnung der Christlichen Gewerkschaften, der man offenbar keinen Vorwand bieten mochte. Man wird kaum leugnen können, daß die Spaltung der Gewerkschaftsbewegung die Position der Streikenden geschwächt hat, die dann auch eine schwere Niederlage hinnehmen mußten.

Hatte der Arbeitskampf im „Weltbild" der Freien Gewerkschafter ohnehin seinen festen Platz, so bedeutete es für die Christlichen Gewerkschafter eine bittere Erfahrung, daß die Arbeitgeber keineswegs bereit waren, ihren arbeitsgemeinschaftlichen Vorstellungen entgegenzukommen. Petitionen wurden nicht beantwortet, Verhandlungsangebote zurückgewiesen, die Christliche Gewerkschaftsbewegung also keineswegs positiv von der Freien abgehoben — eher im Gegenteil, wurde sie doch als eine besonders raffinierte Variante der Arbeiterbewegung eingestuft, die ohnehin die Arbeiter der Sozialdemokratie in die Arme führen werde. So sahen sich die Christlichen Gewerkschaften schon in der Gründungsphase in zahlreiche Arbeitskämpfe verwickelt, wobei es die Arbeitgeber mit ihren Aussperrungen bewußt darauf anlegten, die jungen Organisationen zum Zusammenbruch zu bringen. Die Christlichen Verbände beteiligten sich jedoch oftmals an den Streiks, um dem Ruf entgegenzuwirken, wirtschaftsfriedliche „Unternehmerknechte" — bzw. „Kirchenknechte" zu sein. Bezogen auf die (geringen) Unterstützungsaufgaben — die Beiträge waren aus Werbegründen zunächst sehr niedrig — überstieg der Anteil der Ausgaben für Arbeitskämpfe den der Freien Gewerkschaften. Erst nach 1905/06 — in der Konsolidierungsphase — pendelten sich Beiträge und Ausgaben für Unterstützungswesen und Arbeitskämpfe in etwa auf dem Niveau der Freien Gewerkschaften ein, wenngleich der Anteil der Christlichen Gewerkschaftsmitglieder, die an Arbeitskämpfen beteiligt waren, zunehmend deutlich hinter dem der Freien Gewerkschaften zurückblieb. Insgesamt läßt sich sagen, daß in der Zeit von 1903 bis 1913 der Anteil der Streik- und Gemaßregeltenunterstützung an den Gesamtunterstützungsausgaben der Christlichen Gewerkschaften mit durchschnittlich 51,5 % den der Freien Gewerkschaften von 47,2 % überstieg, jedoch der Anteil der an Arbeitskämpfen beteiligten Personen bezogen auf die Mitgliederzahl mit durchschnittlich 9,2 % hinter dem entsprechenden Wert der Freien Gewerkschaften von 12,9 % zurückblieb.

Nur am Rande sei noch ein Mittel des Arbeitskampfes erwähnt, das indessen rasch an Bedeutung verlor: der Boykott. Vor allem in den 1890er Jahren wurden mehrfach Kaufboykotte zur Unterstützung etwa eines Streiks der Bäcker- oder der Metzger-Gesellen und zur Abwehr von Einschränkungen des Koalitionsrechts in Brauereien ausgerufen. Derartige Maßnahmen waren jedoch erstens schwer zu organisieren, verlangten sie doch einen enormen Aufwand an Öffentlichkeitsarbeit; und zweitens konnte man nur Hersteller oder Vertreiber von Verbrauchsgütern treffen, wobei der Kauf z. B. bestimmter Lebensmittel vielfach nicht längere Zeit aufgeschoben werden konnte. Wie bei den Streiks drängte die Gewerkschaftsführung im übrigen auf eine zentrale Abstimmung etwaiger örtlicher Boykott-Maßnahmen. Den entscheidenden Schritt dazu tat 1908 der Hamburger Gewerkschaftskongreß, der festlegte, daß ein Boykott „nur auf Antrag der Zentralleitung der im Lohnkampfe stehenden Gewerkschaft, von der Vertretung der organisierten Arbeiterschaft am Ort, dem Gewerkschaftskartell und den Verbänden der örtlichen Gewerkschaften beschlossen werden" durfte.[31] Zu diesem Zeitpunkt war der Höhepunkt der Boykott-Politik allerdings schon überschritten. Die Tarifverhandlung — mit und vor allem ohne Arbeitskampf — war auf dem Vormarsch.

*

Die zunehmende Größe der Arbeitskämpfe war sowohl Ausdruck als auch Antrieb des Trends zur Organisierung der Konfliktparteien; das gilt im übrigen erst recht für das Institut des Tarifvertrages. Organisationsmacht wurde in dem Maße als Drohmittel bedeutend, in dem sich die friedliche Tarifverhandlung als der Normalfall durchsetzte. Doch dahin war es ein weiter Weg. Zunächst galt der Tarifvertrag nicht einmal allen Gewerkschaften als vernünftiges Instrument zur Regelung des Arbeitsverhältnisses, weil er den Kampfeswillen der Arbeiterschaft schädige. Angesichts der Hochschätzung des Streiks, der „sicher am geeignetsten" sei, „die Arbeiter zum Klassenbewußtsein zu bringen"[32], kann es kaum verwundern, daß Tarife manchem als „Verrat am Klassenkampf" und als Ausdruck unentschuld-

---

31 Protokoll der Verhandlungen des sechsten Kongresses der Gewerkschaften Deutschlands, abgehalten zu Hamburg vom 22. bis 27. Juni 1908, Berlin o. J., S. 43 ff.
32 Zur Lage, in: Correspondenzblatt Nr. 11 vom 29. 5. 1893, S. 41 f., hier S. 41.

barer „Harmonieduselei" galten. Erst der 3. Kongreß der Freien Gewerk-schaften, der 1899 in Frankfurt/Main zusammentrat, sprach sich eindeutig für den Tarifvertrag „als Beweis der Anerkennung der Gleichberechtigung der Arbeiter seitens der Unternehmer bei der Festsetzung der Arbeitsbe-dingungen" aus.[33]

In den folgenden Jahren warben die Gewerkschaftsführer für den Abschluß von Tarifverträgen, die eine „Anerkennung des Mitbestim-mungsrechts der Arbeiter"[34], die also keine „Freundschaftsbündnisse mit dem Unternehmertum, sondern nur Waffenstillstandsverträge" seien.[35] Gerade diese Artikel und Reden weisen auf fortdauernde Vorbehalte gegen den Tarifvertrag hin, die es offensichtlich zu zerstreuen galt. Daß der Gutenberg-Bund und dazu die Hirsch-Dunckerschen Gewerkvereine sowie die Christlichen Gewerkschaften zeit ihres Bestehens für den Abschluß von Tarifverträgen eingetreten waren, machte die Sache nicht leichter, zumal für eine Politik friedlicher Verhandlung wenig Partner auf Arbeitgeberseite in Sicht waren. So betrachtete der Centralverband Deutscher Industrieller noch 1905 Tarifverträge „als der deutschen Industrie und ihrer gedeihlichen Fortentwicklung überaus gefährlich"; denn sie nähmen nicht nur dem Unternehmer die „notwendige Freiheit der Entschließung über die Ver-wendung seiner Arbeit und die Lohnfestsetzung", sondern sie brächten den Arbeiter „unvermeidbar unter die Herrschaft der Arbeiterorganisatio-nen".[36] Allerdings mochte gerade der Widerstand der Arbeitgeber diejeni-gen mit der Idee des Tarifvertrages versöhnen, die ihn als zu wenig klassenkämpferisch einstuften, bedurfte es doch zur Durchsetzung des Tarifvertragsgedankens vielfach des Arbeitskampfes.

Erst 1899 schlossen die Bauarbeiter, erst 1906 die Metallarbeiter ihre ersten Tarifverträge ab; dann aber stieg die Zahl der Tarifverträge rasch an — von 3.000 im Jahre 1906 auf etwa 13.500 für 218.000 Betriebe mit etwa 2 Millionen Arbeitnehmern im Jahre 1913. Damit arbeiteten 1913 16,5 % aller in der Industrie Beschäftigten und 36,4 % der Mitglieder der Freien Gewerkschaften zu tarifvertraglich festgelegten Bedingungen; und 79,5 % dieser Tarifverträge waren ohne Streik zustande gekommen.

---

33 Protokoll der Verhandlungen des dritten Kongresses der Gewerkschaften Deutsch-lands, abgehalten zu Frankfurt a. M. — Bockenheim vom 8. bis 13. Mai 1899, Hamburg o. J., S. 150.

34 Carl Legien, Tarifgemeinschaften und gemeinsame Verbände von Arbeitern und Unternehmern, in: Sozialistische Monatshefte 1902, Bd. 1, S. 27—35, hier S. 29.

35 Theodor Leipart, Die gewerkschaftliche Praxis und der Klassenkampfgedanke, in: Sozialistische Monatshefte 1906, Bd. 2, S. 642—648, hier S. 647.

36 Zitiert nach: Werktage werden besser. Der Kampf um den Lohnrahmentarifvertrag II in Nordwürttemberg/Nordbaden, Köln u. Frankfurt/M. 1977, S. 10.

Das Bild der tarifpolitischen Landschaft war buntscheckig; betriebliche Tarifverträge standen neben reichsweit gültigen, für kleine Berufsgruppen abgeschlossenen neben denen für eine Riesenzahl ungelernter Arbeiter. Als Grundtrends der Entwicklung können festgehalten werden: Die Tarifverträge hatten normalerweise eine Laufzeit von ein bis drei Jahren bei einer Kündigungsfrist von ein bis drei Monaten; die größte Zahl der Verträge galt nur für kleinere Gruppen von Betrieben und Arbeitnehmern; Tarifverträge ließen sich insbesondere in den Branchen bzw. Berufsgruppen durchsetzen, in denen relativ schwache, vereinzelte Unternehmer gutorganisierten Arbeitnehmern gegenüberstanden. Bei starken und straff organisierten Arbeitgebern, z. B. in der Schwerindustrie, gelang es den Gewerkschaften vor 1914 nicht, organisatorisch und tarifpolitisch Fuß zu fassen, zumal gerade in diesen Bereichen Aussperrungen zur Schwächung der Gewerkschaften an der Tagesordnung waren. Insgesamt haben die Tarifverträge die soziale Besserstellung der Arbeiterschaft vorangetrieben und gesichert, zugleich aber spiegeln sie die Facharbeiter-Vorherrschaft in den Gewerkschaften, die sie noch verfestigt haben.

*

Den Gewerkschaften aller Richtungen war klar, daß sie angesichts der rechtlich-politischen Benachteiligungen der Arbeitnehmerschaft weder mit Arbeitskampf noch Tarifvertrag eine dauerhafte Verbesserung der Lage würden erreichen können. Eben wegen der Einschränkungen des Koalitionsrechts, wegen der Ungerechtigkeiten des Wahlrechts und wegen der drängenden sozialpolitischen Fragen wurden die Gewerkschaften geradezu gezwungen, sich mit Problemen der Politik zu befassen. Das wurde der Generalkommission nicht zuletzt dadurch erleichtert, daß 1899 das Verbindungsverbot für politische Vereinigungen fortfiel; so war die Tagesordnung des Frankfurter Gewerkschaftskongresses 1899 von sozialpolitischen Themen geprägt, deren Katalog in den folgenden Jahren ausgeweitet wurde. Da ging es zunächst einmal um Ausbau und Sicherung der gewerkschaftlichen Arbeitsmöglichkeiten, d. h. um die Garantie der Koalitionsfreiheit und um die Reform des Vereins- und Versammlungsrechts. Sodann war es eine unbestrittene Aufgabe der Gewerkschaften, Vorstellungen zur Verbesserung des Arbeiterschutzes zu entwickeln: Unfallschutz, Berufskrankheiten, besondere Schutzbestimmungen für Frauen, Jugendliche und Heimarbeiter(innen), Verbot der Kinderarbeit, Arbeitszeitregelung, Verbot unnötiger Nacht- und Feiertagsarbeit sowie die Verbesserung der Gewerbeinspektion — zu all diesen Problemen wurden Beschlüsse und Gesetzesinitiativen vorgelegt. Außerdem ging es um die Verbesserung der bestehenden Reichsversicherungsgesetze sowie um die Übernahme von Arbeitslosenversicherung und Arbeitsvermittlung durch das Reich. Schließlich wurden Ausbau bzw. Bildung von Mitsprachemöglichkeiten für die Arbeitnehmer bzw. die Gewerkschaften gefordert; dabei war an betriebliche Arbeiterausschüsse ebenso gedacht wie an die Gründung von Arbeiterkammern, die den Industrie- und Handelskammern bzw. den Handwerkskammern entsprechen sollten. Immer wieder nahmen die Gewerkschaften auch zu Fragen der Zoll- und Steuerpolitik Stellung; dabei standen zum einen die Belange eines bestimmten Gewerbezweiges im Mittelpunkt, etwa wenn besondere Belastungen einzelner Produkte — z. B. Zigarren, Branntwein — zu Verteuerung, Absatzeinbußen und damit Arbeitsplatzverlust zu führen drohten; oder aber es ging allgemein um die Verhinderung von Abgabenerhöhungen, die zu einer Belastung der Arbeitnehmer als Verbraucher führen müßten. Ziel all dieser Initiativen, die ab 1910 von der Sozialpolitischen Abteilung bei der Generalkommission abgestimmt und geplant wurden, war es, der Arbeitnehmerschaft ein menschenwürdiges Dasein zu ermöglichen.

Waren auch die gelegentlich handgreiflichen Konflikte zwischen den Richtungsgewerkschaften kaum zu übersehen, so zeichneten sich — trotz aller weltanschaulichen und parteipolitischen Unterschiede — inhaltliche Annäherungen ab: Alle Gewerkschaften konzentrierten sich auf gesetzliche Verbesserungen, die auf dem Boden der bestehenden Verhältnisse realisierbar waren. Mitspracheregelungen für die Organisationen der Arbeitnehmer, ob in von den Freien Gewerkschaften geforderten „reinen" Arbeiterkammern oder in gleichgewichtig von Arbeitgeber- und Arbeitnehmervertretern besetzten Arbeitskammern nach den Vorstellungen der Christlichen Gewerkschaften realisiert, verrieten zwar graduelle, aber keine grundsätzlichen Unterschiede. Auch hatte es für die gewerkschaftliche Alltagsarbeit wenig Bedeutung, ob man sich programmatisch für den 10- oder den 8-Stundentag einsetzte, wenn man sich über die Notwendigkeit der Arbeitszeitverkürzung einig war — und solange der Kampf ohnehin vor 1914 um die Einführung des 10-Stundentags ging. Die Liste der Themenbereiche, in denen die Richtungsgewerkschaften — jede für sich — im Prinzip ähnliche Forderungen erhoben, reichte von A wie Arbeitszeitverkürzung bis zu Z wie Zollpolitik. Außerdem kam es schon vor dem Ersten Weltkrieg zu ersten Anzeichen eines gemeinsamen Auftretens, kam es zur Zusammenarbeit zwischen den Richtungsgewerkschaften, etwa beim Deutschen Heimarbeitertag im Januar 1911.

## 5. Gewerkschaftliche Reformpolitik im Obrigkeitsstaat: eine Bilanz

Fassen wir zusammen: Nach dem Ende des Sozialistengesetzes begann eine Zeit der Konsolidierung der Gewerkschaften im Rahmen des gegebenen und als Arbeitsbasis weitgehend akzeptierten wirtschaftlichen und politischen Systems. In diesen Jahren bildeten sich im Grunde die Gewerkschaften in der heute bekannten Form heraus; allerdings waren es überwiegend Berufsorganisationen, die sich in der Generalkommission der Gewerkschaften Deutschlands zusammenschlossen und deren Struktur noch in der Weimarer Zeit — entgegen Bestrebungen zur Bildung von Industrieverbänden — vorherrschend blieb. Erst gegen Ende des 19. Jahrhunderts konnte die gewerkschaftliche Organisationsform, was die Zentralisierung der Willensbildungs- und Entscheidungsprozesse anlangt, tendenziell dem Stand der industriellen und politischen Entwicklung angepaßt werden. So wie die lokalen Selbsthilfeorganisationen von gelernten Arbeitern des gleichen Berufs der Situation etwa um die Jahrhundertmitte entsprachen — war doch die Betriebsleitung die geeignete Adresse für die Forderungen in bezug auf die Regelungen der Arbeitsbedingungen —, so folgte die gewerkschaftliche Tendenz zur organisatorischen Zusammenfassung auch der Gelernten und Ungelernten in Zentralverbänden der zunehmenden Konzentration des Produktionsprozesses.

Leichter als die eigentlich schon der Situation um die Jahrhundertwende angemessene Einführung des Industrieverbandsprinzips fiel offenbar die Zusammenfassung der Einzelgewerkschaften in weltanschaulich geschiedenen Dachverbänden. Als Neugründungen traten die ersten Christlichen Gewerkschaften relativ spät auf, berücksichtigt man, daß für die wichtigsten Berufsgruppen zu diesem Zeitpunkt bereits (sozialdemokratisch und liberal orientierte) Verbände bestanden. Lassen sich organisatorische Entwicklung der Gewerkschaften und Wirtschaftsprozeß im 19. Jahrhundert weitgehend — d. h. unter Zeitverzug seitens der Gewerkschaften — parallelisieren, so stellt die Gründung der Christlichen Gewerkschaften einen „Ausnahmefall" dar, der sich indessen durch die ungewöhnlich rasche Bildung eines Dachverbandes (1899/1903) bald in den allgemeinen Entwicklungstrend eingliederte.

Die Gründung gewerkschaftlicher Dachverbände folgte der Herausbildung zentralisierter politischer Entscheidungsstrukturen. Damit verstärkte sich jedoch der Trend zur Basis-Ferne der Gewerkschaftsführungen, was gerade in besonderen Krisensituationen zum Problem werden sollte. Die Orientierung der Gewerkschaften am Zentralismus des politischen Systems wird vielleicht am augenfälligsten durch die Umzüge der Generalkommission bzw. des Gesamtverbandes der christlichen Gewerkschaften von Hamburg bzw. Köln nach Berlin.

Auch wenn der Zeitabschnitt von 1890 bis 1914 — schaut man auf die Gesamtentwicklung — ziemlich kurz ist, sei doch versucht, eine Art „Zwischenbilanz" der gewerkschaftlichen Politik zu ziehen. Am auffallendsten sind die Erfolge im „ureigensten" Tätigkeitsfeld der Gewerkschaften, in Arbeitskampf und Tarifvertrag um Arbeitszeit und Lohnhöhe.

Die Erhöhung der Löhne und die Verkürzung der Arbeitszeit seit den 1890er Jahren hätten ohne die Gewerkschaften kaum in dieser Form erreicht werden können. Daß sich die Wirtschaft in der Zeit ab Mitte der 1890er Jahre bis 1912 insgesamt gut entwickelte, begünstigte nicht nur die Organisationsbemühungen der Gewerkschaften, sondern auch — vor allem in den Jahren stärkeren Aufschwungs 1902 bis 1906 und 1910 bis 1912 — die Erfolgsaussichten der Arbeitskämpfe. Die Lohn- und Arbeitszeitentwicklung (Tabellen 3a und 4a) war damit eingebunden in eine Bewegung zur Verbesserung der Lage der Arbeiterschaft, die in Zeiten guter wirtschaftlicher Konjunktur gleichermaßen Verteilungsspielräume wie Arbeitskampfmöglichkeiten eröffnete.

Nahm die staatliche Politik ohnehin nicht direkt auf die Lohnbildung Einfluß, so enthielt sie sich, wie oben gezeigt, auch — trotz ständiger Appelle der Gewerkschaften — weitergehender Aktivitäten in der Arbeitszeitfrage. Die behutsamen gesetzlichen Eingriffe insbesondere zugunsten von Kindern, Jugendlichen und Frauen folgten dem zunehmenden Druck der Arbeiterbewegung, der sich auch indirekt auswirkte. Die Befürchtungen, SPD und Gewerkschaften könnten weiter anwachsen, eroberten der Idee der Sozialreform auch außerhalb der Arbeiterschaft Anhänger, die sich vom Nachweis der Reformbereitschaft und -fähigkeit des Kaiserreichs eine Eindämmung der „roten Gefahr" versprachen.

So bescheiden die Erfolge der Gewerkschaften in der Frage einer gesetzlichen Arbeitszeitregelung waren, sie wurden noch unterboten in den anderen zentralen Bereichen der Sozialreform: Weder die Ausdehnung des Koalitionsrechts noch die Abschaffung des preußischen Dreiklassenwahlrechts konnten erreicht werden; die Parlamentarisierung der Reichspolitik lag in weiter Ferne; auch öffentliche Arbeitslosenversicherung und Arbeitsvermittlung blieben ungelöste Probleme. Und auf die Wirtschafts-, Finanz- und Handelspolitik hatten die Gewerkschaften ohnehin keinen Einfluß. Politische Reformen im Sinne einer Demokratisierung des Kaiserreichs waren nicht in Sicht.

Dennoch: Massenzulauf und reale Erfolge vor allem in Arbeitskampf- und Tarifpolitik trugen dazu bei, daß die Gewerkschaften aller Richtungen ein Bewußtsein der eigenen Kraft und Unabhängigkeit entwickelten, das ihr Gewicht, wie Massenstreikdebatte und Gewerkschaftsstreit zeigten, in ihrem jeweiligen politischen Lager erhöhte. Schon vor dem Ersten Weltkrieg wurde klar, daß die Gewerkschaften zu einem wichtigen Faktor der Wirtschafts-, Sozial- und auch Innenpolitik geworden waren, gegen den schwer Politik zu machen sein würde. Angesichts dieser Tatsache konnte es für Staat und Arbeitgeber bald nur noch darum gehen, den gewerkschaftlichen Pragmatismus durch Zugeständnisse und durch gesellschaftliche Einbindung zu stärken. Und in der Tat: Die auf den sozialen Bereich begrenzte Reformbereitschaft des Kaiserreichs bestätigte die allen Richtungsgewerkschaften eigene Politik einer schrittweisen Sozialreform auf dem Boden der gegebenen Verhältnisse und entzog damit radikalen Strömungen nach und nach den Boden. Der Erste Weltkrieg wurde zum Prüfstein für diese Politik.

*Mobilmachung 1914: auf dem Weg zur Front.*

## V. Im Umbruch:
## die Gewerkschaften im Ersten Weltkieg 1914 bis 1918

Der Beginn des Ersten Weltkrieges traf die sozialdemokratische Arbeiterbewegung gewiß nicht wie ein Blitz aus heiterem Himmel — aber dennoch unvorbereitet. Schon seit Jahren hatte sie immer wieder vor der im Zuge des Imperialismus wachsenden Kriegsgefahr gewarnt. Waren auch Notwendigkeit und Berechtigung der Landesverteidigung unbestritten, so nährten doch die Resolutionen der Kongresse der 2. Internationale in Stuttgart (1907), Kopenhagen (1910) und Basel (1912) die Erwartung, die Sozialdemokratie werde alles tun, um einen Krieg zu verhindern oder wenigstens rasch zu beenden. Auf dem Kongreß in Stuttgart war Bebels Resolutionsentwurf angenommen worden, nach dem bei drohender Kriegsgefahr „die arbeitenden Klassen und deren parlamentarische Vertretungen in den beteiligten Ländern verpflichtet [seien], [. . .] alles aufzubieten, um durch die Anwendung der ihnen am wirksamsten scheinenden Mittel den Ausbruch des Kriegs zu verhindern". Und weiter hieß es hier: „Falls der Krieg dennoch ausbrechen sollte, ist es die Pflicht, für dessen rasche Beendigung einzutreten und mit allen Kräften dahin zu streben, die durch den Krieg herbeigeführte wirtschaftliche und politische Krise zur Aufrüttelung des Volkes auszunutzen und dadurch die Beseitigung der kapitalistischen Klassenherrschaft zu beschleunigen."[1] Gewiß: Es gab keine entsprechenden Beschlüsse des Internationalen Gewerkschaftsbundes, und die Freien Gewerkschaften waren nicht als glühende Verfechter des politischen Massenstreiks hervorgetreten. Aber mußte nicht dennoch erwartet werden, daß die sozialdemokratische Arbeiterbewegung — d. h. Partei *und* Gewerkschaften — versuchen würden, jeden Krieg zu verhindern?

### 1. *Anfänge des Burgfriedens:*
### *für Landesverteidigung, Siegfrieden und Sozialreform*

Der Mord am Thronfolger der österreichisch-ungarischen Doppelmonarchie am 28. Juni 1914 in Sarajewo bot nur den Anlaß für die von den imperialistischen Mächten Europas seit langem einkalkulierte kriegerische „Lösung" ihrer wirtschaftlichen und politischen Interessenkonflikte. Bin-

---

1 Kongreß-Protokolle der Zweiten Internationale, Bd. 2: Stuttgart 1907—Basel 1912; Nachdrucke, Glashütten im Taunus 1976, S. 66.

nen weniger Wochen steuerten das Deutsche Reich und Österreich-Ungarn einerseits, das zaristische Rußland, Frankreich und Großbritannien andererseits in den Krieg, der durch den Kriegseintritt der USA im April 1917 zum Weltkrieg wurde.

Sehr rasch zeigte sich, daß die Planungen der deutschen Militärführung nicht aufgingen. Um der bedrohlichen Situation eines Zweifrontenkrieges zu entgehen, sollte — dem Schlieffen-Plan gemäß — ein schneller Sieg über Frankreich die Voraussetzung dafür bieten, die gesamte deutsche Streitmacht gegen das zaristische Rußland wenden zu können, dessen Armee in der Schlacht bei Tannenberg Ende August 1914 eine schwere Niederlage hinnehmen mußte. Im Westen aber erstarrte der geplante Bewegungskrieg bereits mit der Marne-Schlacht Anfang September 1914 zum Stellungskrieg, der in den „Materialschlachten" um Verdun und an der Somme im Jahre 1916 ungeheure Opfer forderte.

*

Eingebunden in die große nationale Volksgemeinschaft, die Kaiser Wilhelm II. am 1. August mit den Worten, er kenne „keine Parteien mehr" beschwor[2], vergaßen viele Sozialdemokraten die Beschlüsse der 2. Internationale, manche tauchten ein in Kriegsbegeisterung und Siegesgewißheit und andere resignierten. Zwar veröffentlichte die Generalkommission am 1. August 1914[3], am Tag der deutschen Mobilmachung, noch einen Friedensappell, doch in der Vorständekonferenz vom folgenden Tag wurde resigniert festgestellt: „Alle Bemühungen der organisierten Arbeiterschaft, den Frieden aufrechtzuerhalten, den mörderischen Krieg zu bannen, sind vergeblich gewesen."[4] Und wie sah es bei der SPD aus? Noch am 25. Juli 1914 hatte der „Vorwärts" einen Aufruf des Parteivorstandes veröffentlicht, der in der Forderung gipfelte: „Nieder mit dem Kriege! Hoch die internationale Völkerverbrüderung!" Am 31. Juli aber hieß es dann, den Stimmungsumschwung anzeigend, im selben Blatt: „Waren unsere ernsten Proteste, unsere immer wiederholten Bemühungen erfolglos, sind die Verhältnisse, unter denen wir leben, noch einmal stärker gewesen als unser

---

2 Zitiert nach Schulthess' Europäischer Geschichtskalender, Neue Folge, 30. Jg., 1914, Bd. 1, München 1917, S. 371.
3 Die Kriegsgefahr, in: Correspondenzblatt Nr. 3 vom 1. 8. 1914, S. 469 f.
4 Protokoll der Konferenz der Verbandsvorstände vom 2. 8. 1914, in: Quellen zur Geschichte der deutschen Gewerkschaftsbewegung im 20. Jahrhundert, Bd. 1: Die Gewerkschaften in Weltkrieg und Revolution 1914—1919, bearbeitet von Klaus Schönhoven, Köln 1985 (= Quellen, Bd. 1), S. 74—85, hier S. 83.

und unserer Arbeitsbrüder Wille, so müssen wir jetzt dem, was kommen mag, mit Festigkeit ins Auge sehen."[5]

Spätestens im August 1914 zeigte sich, daß beide — Freie Gewerkschaften und SPD — gleichermaßen Bestandteile des Wilhelminischen Kaiserreichs geworden waren. Beide blickten voll Stolz auf die organisatorischen und politischen Erfolge, die sie auf dem Boden des gegebenen Systems errungen hatten; beide identifizierten sich mit dem Deutschen Reich, mit der aufstrebenden Wirtschaft und der zum Teil wegweisenden Sozialpolitik; und beide verstanden ihre Bereitschaft zur Mitwirkung bei den deutschen Kriegsanstrengungen nicht nur als Beweis der eigenen patriotischen Rechtschaffenheit, sondern auch als Vorleistung für die überfällige weitere soziale und demokratische Ausgestaltung des Reiches. Für die Gewerkschaften mag überdies eine Rolle gespielt haben, daß sie meinten, mit ihrem indirekten Burgfriedens-Beschluß vom 2. August, der am 17. August 1914 durch den „offiziellen" Verzicht auf jegliche Lohnkämpfe bestärkt wurde, ihre Organisation über die Kriegszeit retten zu können.

Die am 2. August indirekt von den Gewerkschaften erklärte Bereitschaft zur „Gefolgschaftstreue" während des Krieges hatte gewiß auch Auswirkungen für die politischen Beratungen der SPD-Fraktion am 3. August; daß deren Entscheidung, die Kriegskredite zu bewilligen, ohne den vorgängigen Streikverzicht der Gewerkschaften anders ausgefallen wäre, ist jedoch wenig wahrscheinlich. Die Politik der Gewerkschaften dürfte allenfalls die Mehrheit der SPD-Fraktion in der von ihr ohnehin eingenommenen Position bestärkt haben.

Mit ihrer Entscheidung für die Politik des Burgfriedens gaben die Freien Gewerkschaften den Kurs der Richtungsgewerkschaften insgesamt vor. Allerdings bedeutete die Eingliederung in die „nationale Einheitsfront" für die christlich-nationalen Gewerkschaften keine Probleme. Ihnen galt der Krieg als „Bewährungsprobe", erzwinge er doch eine „sittliche Volkserneuerung", sei er doch „der Feuerofen, der die Menschheit von Schlacken und Fehlern reinigt".[6] Zwar habe „der Krieg die äußere Kultur und das äußere Glück des Menschen bedroht; den inneren Menschen aber hat er veredelt und emporgehoben".[7] So kam es nicht von ungefähr, daß Theodor Brauer, der führende Theoretiker der Christlichen Gewerkschaften, 1915

---

5 Aufruf des Parteivorstandes vom 25. 7. 1914, in: Vorwärts Nr. 200 a (Extra-Ausgabe) vom 25. 7. 1914; Parteigenossen! Aufruf des Parteivorstandes vom 31. 7. 1914, in: Vorwärts Nr. 207 vom 1. 8. 1914.
6 Ursachen und Zusammenhänge des Weltkrieges, in: Jahrbuch der christlichen Gewerkschaften für 1915, hrsg. durch das Generalsekretariat des Gesamtverbandes der christlichen Gewerkschaften Deutschlands, Köln o. J., S. 24—35, hier S. 24.
7 Weltkrieg und sittliche Volkserneuerung, ebd., S. 36—45, hier S. 36.

den Krieg „mit seinen Begleiterscheinungen" als „eine grandiose, in ihrer Art überwältigende Bestätigung der Grundsätze" dieses Teils der Arbeiterbewegung pries.[8]

Und auch die freiheitlich-nationalen Gewerkvereine reihten sich Anfang August 1914 bereitwillig in die „nationale Einheitsfront" ein.[9] In der Burgfriedenspolitik der Freien Gewerkschaften sahen sie eine „glatte Anerkennung unserer Grundsätze". Auch sie erwarteten, die aus dem Kriegserlebnis geborene „Volksgemeinschaft" werde zu einer dauerhaften sozialen Verständigung, zu einer Politik der sozialen Reformen führen.[10]

Das Bekenntnis zur patriotischen Pflichterfüllung, das im August 1914 auch die Gewerkschaften ablegten, war Teil der nationalistischen Welle, die die deutsche Publizistik in der ersten Kriegszeit überschwemmte. Viele — und das gilt auch für alle Richtungsgewerkschaften — glaubten, das Deutsche Reich stehe in einem ihm aufgezwungenen Verteidigungskrieg. Der „Gegen-Angriff" unter Bruch der belgischen Neutralität schien deswegen gerechtfertigt. Sie meinten sich — bei allem Bedauern — „der Erkenntnis nicht entziehen [zu können], daß die deutsche Heeresleitung in einer Zwangslage war, daß sie mit ihrem Vorgehen nur einem bereits vorbereiteten Neutralitätsbruch von gegnerischer Seite zuvorgekommen ist."[11] Außerdem bekannten sich auch die Freien Gewerkschaften in den folgenden Monaten zu — verglichen mit den industriellen Vorstellungen jedoch bescheiden anmutenden — Kriegszielen. Da ging es einerseits um wirtschaftliche Vorteile für das Deutsche Reich, an denen auch die Arbeiterschaft teilhaben werde; und andererseits wurde eine „Belohnung" für die von der Arbeiterschaft gebrachten Opfer erwartet: Nach dem „Siegfrieden" müßten das preußische Dreiklassenwahlrecht fallen und das Koalitionsrecht für alle Arbeitnehmer ausgebaut werden.[12] Aber es gab auch weniger verhüllte militär-politische Zielsetzungen: Noch zu Jahresbeginn 1916 bezeichnete das „Correspondenzblatt" die „Zumutung", die

---

8 Theodor Brauer, Der Krieg und die christlichen Gewerkschaften, M.-Gladbach (1915), S. 5.

9 Siehe Erklärung von Zentralrat und Geschäftsführendem Ausschuß des Verbandes Deutscher Gewerkvereine zum Kriegsausbruch, in: Gewerkschaft Nr. 62 vom 5. 8. 1914, S. 237.

10 Zitiert nach Hans-Georg Fleck, Soziale Gerechtigkeit durch Organisationsmacht und Interessenausgleich. Ausgewählte Aspekte zur Geschichte der sozialliberalen Gewerkschaftsbewegung in Deutschland (1868 bis 1933), in: E. Matthias u. K. Schönhoven (Hrsg.), Solidarität und Menschenwürde, S. 83—106, hier S. 104 f.

11 Die italienischen Gewerkschaften und wir, in: Correspondenzblatt Nr. 47 vom 21. 11. 1914, S. 617 f., hier S. 618.

12 Wilhelm Jansson (Hrsg.), Arbeiterinteressen und Kriegsergebnis. Ein gewerkschaftliches Kriegsbuch, Berlin 1915; ebenso: Die deutsche Arbeiterklasse und der Weltmarkt, in: Metallarbeiter-Zeitung Nr. 22 vom 27. 5. 1916.

besetzten „Gebiete ohne irgendwelche Entschädigung für die seither aufgewandten Kriegsopfer zu räumen, [als] so absurd, daß kein Deutscher sich darüber in Erörterungen einlassen wird".[13] Und noch im Mai 1917 — also nach dem Kriegseintritt der USA — verstieg sich Adam Stegerwald von den Christlichen Gewerkschaften zu der Devise: „Wenn ein Machtfrieden erreichbar ist, dann unter allen Umständen einen Machtfrieden."[14] Die inhaltlichen Unterschiede gerade in dieser Frage waren zwischen den Richtungsgewerkschaften nicht allzu groß. Allenfalls mag der Tonfall der Christlichen Gewerkschaften manchmal etwas rüder gewesen sein, wenn z. B. Stegerwald im Oktober 1917 für die „rücksichtslose Fortsetzung des Krieges" plädierte[15], auf dessen siegreiches Ende zu hoffen, zu diesem Zeitpunkt nur noch den Charakter hohler Durchhalteparolen haben konnte.

\*

All diese Kundgebungen reformerischer Zuversicht und kriegerischen Selbstvertrauens können jedoch nicht darüber hinwegtäuschen, daß die Gewerkschaften in Organisation und Politik vom Krieg schwer getroffen wurden. Bereits 1913 hatte sich die abflauende konjunkturelle Entwicklung nachteilig auf die Mitgliederzahlen der Gewerkschaften ausgewirkt; zwar schienen sich im Frühjahr 1914 erste Ansätze einer Besserung der wirtschaftlichen Lage abzuzeichnen, doch der Beginn des Ersten Weltkrieges brachte eine dramatische Beeinträchtigung des Wirtschaftslebens. Die Umstellung der Friedens- auf die Kriegsproduktion verlief keineswegs reibungslos; der Prozentsatz der arbeitslosen Gewerkschaftsmitglieder schnellte von 2,9 im Jahre 1913 auf 7,2 % (1914) hoch, bevor er langsam über 3,2 (1915) und 2,2 (1916) auf 1,0 (1917) und 0,8 % (Januar bis Oktober 1918) zurückging.

Die Einberufungen und der Ausbau der Rüstungsproduktion bewirkten einen erheblichen Wandel in der Zusammensetzung der Arbeiterschaft. Während die Zahl der erwachsenen Männer — in Industrieunternehmen mit über 10 Beschäftigten — im Verlaufe des Krieges um ein Viertel abnahm, stieg die Zahl der Frauen um etwa 50 %; das Zahlenverhältnis

13 Rückblick auf das Jahr 1915, in: Correspondenzblatt Nr. 1 vom 1. 1. 1916, S. 1—4, hier S. 1.
14 Arbeiter-Interesse und Friedensziele. Vortrag, gehalten von Generalsekretär Adam Stegerwald auf der Konferenz der Vertrauensleute der christlich-nationalen Arbeiterbewegung am 6. Mai in Essen, Köln 1917, S. 9.
15 Adam Stegerwald, Arbeiterschaft und Kriegsentscheidung. Vortrag, gehalten auf dem 4. Deutschen Arbeiterkongreß, 28.—30. Oktober 1917 in Berlin, Köln 1917, S. 17.

zwischen männlichen und weiblichen Krankenkassenmitgliedern betrug 1914 etwa 2:1, 1917 jedoch 1:1. Überdies verjüngte sich die Arbeiterschaft durch die Zunahme der Arbeitenden unter 16 Jahren deutlich. Die Folgen dieses Wandels der Arbeiterschaft für die gewerkschaftlichen Organisationen wurden noch durch die enorme Fluktuation der Arbeitskräfte verschärft; so hatte zum Beispiel Siemens-Schuckert seine Belegschaft von Kriegsbeginn bis Mitte 1917 achtmal erneuert. In diesen Umschichtungsprozessen setzten sich im Grunde — nun beschleunigte — Vorkriegsentwicklungen fort, nämlich die Zunahme der Frauenarbeit, das Vordringen un- oder angelernter Arbeitskräfte und der Anstieg der Beschäftigtenzahlen in der chemischen und der elektrotechnischen Industrie, im Maschinenbau und auch in der Metallverarbeitung.

Alle Richtungsgewerkschaften hatten unter den Einberufungen, der Arbeitslosigkeit und den Umschichtungen innerhalb der Arbeiterschaft zu leiden. Auch die selbstgewählte Beschneidung der eigenen Handlungsmöglichkeiten im Zuge der Burgfriedens-Politik mag dazu beigetragen haben, daß zahlreiche Arbeiter und Arbeiterinnen die Notwendigkeit der Gewerkschaftsmitgliedschaft gering schätzten: Von 1913 bis 1916 ging die Zahl der Gewerkschaftsmitglieder insgesamt von fast 3 Millionen auf knapp 1,2 Millionen zurück; allein die Freien Gewerkschaften verloren mehr als 1,5 Millionen Mitglieder.

Dieser Mitgliederrückgang wurde von einem Zusammenbruch des innergewerkschaftlichen Lebens begleitet. Die Einberufungen von Funktionären und Vertrauensleuten ließen die Gewerkschaftsaktivitäten in vielen kleineren Bezirken und Zahlstellen zum Erliegen kommen; die Gewerkschaftspresse wurde zensiert; sinkende Einnahmen und steigende Unterstützungsausgaben leerten die Gewerkschaftskassen; aus diesen wie aus politischen Gründen fielen für die Kriegsdauer die Gewerkschaftskongresse aus; auch Gewerkschaftstage der Einzelgewerkschaften wurden zur Seltenheit; und in lokalen Gewerkschaftsversammlungen durfte nicht über die Kriegspolitik gesprochen werden.

Bereits am 2. August 1914 hatte Carl Legien in der Vorständekonferenz angekündigt: „Wie die Dinge heute liegen, hört die Demokratie in den Gewerkschaften auf; jetzt haben die Vorstände auf eigene Verantwortung zu entscheiden, und zwar so, wie sie es vor ihrem Gewissen verantworten können."[16] Es ist zu fragen, ob sich Legien — und mit ihm die anderen Gewerkschaftsvorstände — nicht allzu bereitwillig den „Sachzwängen" unterwarf, ob nicht die kriegsbedingten Einschränkungen der innergewerk-

---

16 Konferenz der Verbandsvorstände am 2. 8. 1914, in: Quellen, Bd. 1, S. 74—85, hier S. 84.

schaftlichen Demokratie zur unangefochtenen Durchsetzung der Vorstandslinie benutzt wurden. Sowohl der Inhalt der Politik als auch die Abkoppelung der Entscheidungswege von der sich in Arbeiterschaft und Gewerkschaftsmitgliedschaft entwickelnden Unzufriedenheit trugen zu einer wachsenden Entfremdung zwischen Führung und Basis bei.

## 2. Auf dem Weg zur staatspolitischen Mitverantwortung

Alle Richtungsgewerkschaften sahen den Ersten Weltkrieg als Verteidigungskrieg, der dem Deutschen Reich aufgezwungen worden sei; sie unterstützten von Anfang an die Kriegsanstrengungen, z. B. durch Aufrufe zum Ernteeinsatz, zu dem zunächst arbeitslose Industriearbeiter für bereits eingezogene Landarbeiter verpflichtet wurden; sie alle schichteten ihre Ausgaben von den Arbeitskampf- zu den Unterstützungsleistungen insbesondere für Arbeitslose und für Kriegerfamilien um, wodurch im übrigen die öffentlichen Kassen entlastet wurden. Alle Richtungsgewerkschaften hofften auf einen „Siegfrieden", um — mehr oder weniger deutlich — wirtschaftliche und soziale Kriegsziele zu erreichen. Das Burgfriedensgelöbnis, mit dem sie sich selbst von einer kämpferischen Interessenpolitik verabschiedeten, galt ihnen als freiwillig geleisteter Nachweis ihres nationalen Verantwortungsbewußtseins, für den sie die Erfüllung langgehegter Forderungen meinten einklagen zu können.

Das Reich — so betonte das „Correspondenzblatt" 1915 — könne nicht „mit einer Handvoll Kapitalisten gegen eine Welt von Feinden" verteidigt werden; eben weil die Arbeiterschaft ihre Pflicht erfüllt habe, weil sie gebraucht werde, weil sie die Hauptlast des Krieges trage, eben darum müßten die „Zeiten des Fabrikfeudalismus [. . .] endgültig vorbei" sein.[17] Und die „Metallarbeiter-Zeitung" glaubte im Überschwang der ersten Kriegsmonate nicht nur das „solidarische Zusammenarbeiten" aller Volksschichten, sondern gar „Sozialismus, wohin wir blicken", erkennen zu können.[18]

Damit schätzten die Gewerkschaften die Entwicklung jedoch allzu optimistisch ein. Der oft beschworene „Geist des Schützengrabens" erwies sich rasch als Illusion. Kriegsgewinne und Kriegsziele, Lebensmittel-Wucher und Schwarzer Markt ließen bald ein ganz anderes Bild der deutschen „Volksgemeinschaft" entstehen. Und das von den Gewerkschaf-

---

17 Nichts gelernt und nichts vergessen, in: Correspondenzblatt Nr. 17 vom 24. 4. 1915, S. 189—191, hier S. 191.
18 Der Krieg und die sozialen Aufgaben, in: Metallarbeiter-Zeitung Nr. 45 vom 7. 11. 1914.

ten ersehnte Entgegenkommen der Arbeitgeber, speziell der Groß- und Rüstungsindustrie, ließ auf sich warten. In den Branchen mit vorherrschender klein- und mittelbetrieblicher Struktur, die schon in der Vorkriegszeit zum Abschluß von Tarifverträgen bereit waren und die nun im Schatten der Rüstungskonjunktur blieben, konnten die Gewerkschaften ihre Anerkennung stärken, zumal die Unternehmer hofften, die Gewerkschafter auf diese Weise als Fürsprecher branchenspezifischer Interessen gegenüber staatlicher Verwaltung und militärischen Befehlshabern zu gewinnen. Bis weit in den Krieg hinein herrschte zumindest in Schwerindustrie und Bergbau der „Herr-im-Hause"-Standpunkt: „Ebensowenig wie der Oberst sich im Schützengraben auf Verhandlungen mit seinen Soldaten einlassen kann, ebensowenig dürfen die Arbeiter eine Entscheidung über die grundlegenden Betriebsfragen erhalten." — mit diesem immer wieder verwandten Vergleich von militärischem und industriellem Gehorsam, von Schützengraben oder Kaserne und Betrieb bekräftigte Jakob Wilhelm Reichert, der Hauptgeschäftsführer des Vereins deutscher Eisen- und Stahlindustrieller, in der Vorstandssitzung seines Verbandes am 16. November 1916 den unternehmerischen Führungs- und Herrschaftsanspruch.[19]

Eine derart barsche Ablehnung gewerkschaftlicher Anerkennungs- und Mitspracheforderungen ließ sich jedoch in der Praxis kaum durchhalten. Schon seit Herbst 1914 herrschte in einzelnen Zweigen der Rüstungsindustrie Facharbeitermangel; das Werben um Arbeitskräfte verstärkte noch die ohnehin hohe Fluktuationsrate. In dieser Situation riefen die Arbeitgeber nach staatlicher Hilfe: Ernst von Borsig, der Vorsitzende des Vereins der Berliner Metallindustriellen, forderte die Einführung von Zwangsarbeit. Das Kriegsministerium lehnte dieses Ansinnen ab, weil ein Arbeitszwang „auf die Hilfsbereitschaft der Gewerkschaften lähmend und zerstörend wirken" werde.[20] Als die Berliner Feldzeugmeisterei im Januar 1915 jeglichen Arbeitsplatzwechsel zur Erlangung besserer Löhne verbot, protestierten die Gewerkschaften — allen voran Adolf Cohen, der Vorsitzende der Berliner Metallarbeiter — mit dem Hinweis, dann sei die Einhaltung des Burgfriedens nicht mehr zu garantieren. Daraufhin übernahm die Feldzeugmeisterei Borsigs Idee, den Stellenwechsel von der Ausstellung eines Abkehrscheins abhängig zu machen. Angesichts der in dieser Auseinandersetzung deutlich gewordenen Notwendigkeit, zu Absprachen mit den Gewerkschaften zu kommen, wenn man die Rüstungs-

---

19 Zitiert nach Gerald D. Feldman, Armee, Industrie und Arbeiterschaft in Deutschland 1914 bis 1918, Berlin u. Bonn 1985, S. 77.
20 Zitiert nach ebd. S. 77.

produktion nicht gefährden wollte, bildeten Metallindustrielle und Metall-gewerkschaften den „Kriegsausschuß für die Metallbetriebe Groß-Berlins"; dieses paritätisch von Arbeitgeber- und Arbeitervertretern zusammenge-setzte Gremium sollte die Streitfälle entscheiden, die auf Betriebsebene nicht hatten geregelt werden können.

Die Bildung derartiger Ausschüsse fand keineswegs die Zustimmung der industriellen Spitzenverbände, die wohl eine schleichende Aushöhlung des unternehmerischen „Alleinvertretungsanspruchs" befürchteten. Daß dennoch mehrere solcher Kriegsausschüsse — z. B. in der Metallindustrie Hannovers und Frankfurts — auf Betreiben militärischer Stellen eingerich-tet wurden, zeigt das Interesse der Heeresführung an einem möglichst reibungslosen Funktionieren der Rüstungsproduktion, das man eben auch durch die Einbindung der Gewerkschaften meinte sichern zu können. Und die Gewerkschaften sahen ihrerseits in jeder institutionellen Form der Zusammenarbeit mit den Arbeitgebern, in jeder Unterstützung ihrer Position durch die „mit herzerfrischender Deutlichkeit abgefaßten Erlasse der Militärbehörden"[21] Anzeichen für die Erfolge ihres Burgfriedens-Kurses. Damit versuchte man sich und die Arbeitnehmerschaft über die Enttäuschung hinwegzutrösten, daß bis zum Herbst 1916 keine durchgrei-fende Sozialreform in Sicht war. Die Zugeständnisse von Arbeitgeber-schaft, Militär und Regierung gingen jedoch nicht weiter, als es nötig war, die Gewerkschaften auf dem die Arbeiterschaft disziplinierenden Burgfrie-dens-Kurs festzuhalten, ohne jedoch die im Gegenzug geforderten sozialen Reformen durchzuführen.

Als die Einlösung der gewerkschaftlichen Hoffnungen ebenso wie das mit Sicherheit erwartete rasche siegreiche Kriegsende auf sich warten ließen, wurde der Ton der Gewerkschaften eindringlicher und beschwören-der. Nicht mehr nur um positive Ziele der Sozialreform schien es zu gehen, sondern nun verbot sich ein Abgehen von der Burgfriedenspolitik wegen der befürchteten Folgen: Die Unterstützung der deutschen Kriegsanstren-gungen entspreche, so hieß es Anfang 1916, „den vitalsten Gewerkschafts-interessen, sie sichert die Fernhaltung jeder feindlicher Invasion, sie schützt uns vor der Zerstückelung deutschen Gebietes und vor der Vernichtung blühender deutscher Wirtschaftszweige, sie schützt uns vor dem Schicksal eines unglücklichen Kriegsschlusses, der uns auf Jahrzehnte hinaus mit Kriegsentschädigungen belasten würde."[22]

*

21 Der Krieg und die sozialen Aufgaben, in: Metallarbeiter-Zeitung Nr. 45 vom 7. 11. 1914.
22 Zitiert nach H. Grebing, Geschichte, S. 144.

Derartig beschwörender Appelle bedurfte es mit zunehmender Dauer des Krieges, um der Arbeiterschaft gegenüber die Burgfriedenspolitik zu rechtfertigen, deren sozialreformerische Gegenleistungen ausblieben oder zumindest sehr zweischneidig waren. Das gilt auch für das von den Gewerkschaften als größten Erfolg ihrer Politik gefeierte Hilfsdienstgesetz. Im Sommer 1916 legte die 3. Oberste Heeresleitung unter Paul von Hindenburg und Erich Ludendorff in Absprache mit Vertretern der Schwerindustrie ein Programm zur Ankurbelung der Rüstungsproduktion vor, das auf die Mobilisierung aller Arbeitskräfte zielte. Da man zudem die Signalwirkung des Willens zum „vaterländischen Hilfsdienst" als Instrument der Kriegsführung nutzen wollte, mußte es von einer möglichst breiten Zustimmung der Bevölkerung, dokumentiert durch eine parlamentarische Entscheidung, getragen werden. Nicht zuletzt deswegen setzte sich schon in den Regierungsberatungen und in der Abstimmung mit den Parteien die Ansicht Wilhelm Groeners nach und nach durch, der Krieg sei nicht „gegen die Arbeiter zu gewinnen"; ihm, als Leiter des Preußischen Kriegsamtes, war klar: „Ohne die Gewerkschaften können wir die Sache" — gemeint war das Hilfsdienstgesetz — „nicht machen".[23]

Die Richtungsgewerkschaften bemühten sich gemeinsam, unter Ausnutzung ihrer Unentbehrlichkeit für das Gelingen des Hilfsdienstes Verbesserungen des Gesetzesentwurfs durchzudrücken, für die sie sich der Unterstützung der Parteien links von den Konservativen vergewisserten. Wegen der Zusammenarbeit aller Richtungsgewerkschaften gelang es, im Reichstag eine von der SPD bis zum linken Flügel der Nationalliberalen reichende Mehrheit zusammenzubringen, die eine Reihe von Veränderungen zugunsten der Gewerkschaften in den Gesetzesentwurf hineinschrieb — ohne jedoch das Grundanliegen des Gesetzes zu verändern. Nicht zuletzt am Doppelcharakter des Gesetzes schieden sich in der SPD-Reichstagsfraktion die Geister: Bei der internen Abstimmung lehnten 21 von 49 Fraktionsmitgliedern den Gesetzentwurf ab; und bei der Abstimmung im Reichstag entzog sich ein Drittel der SPD-Abgeordneten der Fraktionsdisziplin. Auch die Freien Gewerkschaften standen dem Hilfsdienstgesetz im übrigen nicht so einmütig wohlwollend gegenüber wie dies ein Blick auf die Publikationen der Generalkommission glauben machen könnte; massive Proteste regten sich insbesondere auf einer Vertrauensmänner-Versammlung der Metallarbeiter Groß-Berlins und auch auf Generalversammlungen des Schuhmacher- und des Holzarbeiterverbandes.

Vielleicht wären die Proteste noch deutlicher ausgefallen, wenn es mehr Möglichkeiten gegeben hätte, sie vorzutragen. Denn in der Tat, bot das

---

23 Zitiert nach Vaterländischer Hilfsdienst, in: Zentralblatt der christlichen Gewerkschaften Deutschlands (= Zentralblatt) Nr. 25 vom 4. 12. 1916, S. 202.

Hilfsdienstgesetz in der am 2. Dezember 1916 verabschiedeten Fassung kein überwältigend positives Bild: Es brachte zunächst einmal die Arbeitspflicht für jeden männlichen Deutschen vom 17. bis zum 60. Lebensjahr, soweit er nicht eingezogen war. Damit verbunden war eine weitgehende Aufhebung der Freiheit des Arbeitsvertrages und der Freizügigkeit; ein Wechsel des Arbeitsplatzes war nur mit Genehmigung eines paritätisch besetzten Schlichtungsausschusses möglich. Diesen Eingriffen in die Grundrechte der Arbeitnehmer standen auf der anderen Seite gegenüber: die obligatorische Einrichtung von Arbeiterausschüssen in kriegswichtigen Betrieben mit mehr als 50 Arbeitern; bei über 50 Angestellten sollte auch ein Angestelltenausschuß gebildet werden. Außerdem wurden die bereits erwähnten Schlichtungsausschüsse eingerichtet. Die von den Gewerkschaften lang ersehnte Anerkennung als rechtmäßige Vertretung der Arbeitnehmerschaft fand darin Ausdruck, daß in alle Schieds- und Einigungsämter bis hinauf zum Kriegsamt Vertreter der Gewerkschaften einrückten.

Auch wenn die Gewerkschaften in den folgenden Monaten um die Ausführungsbestimmungen und die Auslegung einzelner Passagen — besondere Schwierigkeiten machte die Gründung der Arbeiter- und Angestelltenausschüsse — zu ringen hatten, so blieb doch die Zustimmung zum Hilfsdienstgesetz insgesamt erhalten; sie alle werteten es als Erfolg ihrer Politik, manch Freie Gewerkschaft sah darin gar ein „Stück Staatssozialismus".[24] Die vehemente Ablehnung, auf die das Gesetz in weiten Teilen der Arbeitgeberschaft stieß, mochte die Gewerkschafter zusätzlich in ihrer positiven Einschätzung bestärken; schwerindustrielle Arbeitgeber bezeichneten es vorzugsweise als „Gewerkschafts-Hilfsgesetz";[25] und in einer Denkschrift der Vereinigung der Deutschen Arbeitgeberverbände vom März 1918 galt das Hilfsdienstgesetz als „ein unter dem Kriegszwange geschaffenes Ausnahmegesetz [. . .], für dessen Fortbestehen mit Friedensschluß selbstverständlich kein Anlaß mehr vorliegt". Deshalb sei es müßig, die Frage zu erörtern, ob das Gesetz „den Zweck, den man mit ihm erreichen wollte, nämlich den einer Vermehrung der Rüstungsproduktion durch vermehrte Zuführung von Arbeitskräften und Verminderung des Arbeiterwechsels, wirklich erreicht hat."[26] In der Tat war der kriegswirtschaftliche Erfolg des Gesetzes eher bescheiden: Angesichts geringer Reserven blieb der Facharbeitermangel ein Dauerproblem; und die Fluktuation wurde nur für einen begrenzten Zeitraum eingedämmt.

24 Der militärische Zukunftsstaat, in: Metallarbeiter-Zeitung Nr. 48 vom 25. 11. 1916.
25 Zitiert nach Hans-Joachim Bieber, Gewerkschaften in Krieg und Revolution. Arbeiterbewegung, Industrie, Staat und Militär in Deutschland 1914—1920, Hamburg 1981, Bd. 1, S. 301.
26 Zitiert nach Roswitha Leckebusch, Entstehung und Wandlungen der Zielsetzungen, der Struktur und der Wirkungen von Arbeitgeberverbänden, Berlin 1966, S. 216.

Wie aber sah die Bilanz aus der Sicht der Gewerkschaften aus? Die Anerkennung durch den Staat und die Bildung von Arbeiter- und Schlichtungsausschüssen wurden als eindeutige Erfolge verbucht, schienen dies doch die Voraussetzungen des sich rasch beschleunigenden Anstiegs der Mitgliederzahlen und vor allem des Vordringens der Gewerkschaften in die ihnen bisher weitgehend verschlossenen Großbetriebe zu sein. Nach dem Tief von 1,18 Millionen im Jahre 1916 kletterten die Mitgliedszahlen aller Gewerkschaften zusammen im folgenden Jahr auf 1,65 Millionen und überschritten dann 1918 mit 3,51 Millionen um über eine halbe Million den Vorkriegsstand (Tabelle 1a).

Doch das Hilfsdienstgesetz hatte auch seine Schattenseiten für die Gewerkschaften: Die neugebildeten Arbeiterausschüsse entwickelten oftmals betriebsegoistische Zielsetzungen, und manche Unternehmer zogen die Arbeiterausschüsse den Gewerkschaften als Verhandlungspartner vor, gaben wohl auch bewußt den Arbeiterausschüssen im Ringen um Lohnerhöhungen eher nach, um damit insgesamt die Gewerkschaften als „überflüssig" erscheinen zu lassen. Schließlich wurden die Arbeiterausschüsse vielfach in einem den Gewerkschaftsvorständen kaum angenehmen Sinne politisiert, waren sie doch den von Arbeitshetze, Arbeitszeitverlängerung und katastrophaler Versorgungslage betroffenen Arbeitnehmern sehr viel näher als die Gewerkschaftsführungen, die sich — auch dies ein Grund für die Herausbildung einer breiten Protestbewegung — im Rahmen des Hilfsdienstes in eine enge Zusammenarbeit mit staatlichen und militärischen Verwaltungsstellen sowie Arbeitgebern einordneten.

*

Das Hilfsdienstgesetz macht gerade mit seinem Doppelcharakter das Grundproblem der gewerkschaftlichen Politik im Ersten Weltkrieg deutlich: Die vielfach als Erfolg gewertete Anerkennung der Gewerkschaften war nur um den Preis ihrer fortschreitenden Einbindung in das Herrschaftssystem des Wilhelminischen Kaiserreichs zu erreichen, für dessen Politik sie Mitverantwortung und — in den Augen einer wachsenden Zahl von Arbeitern und Arbeiterinnen — auch Mithaftung übernahmen. Die Gewerkschaften aller Richtungen ließen sich staatspolitische Mitverantwortung übertragen, ohne daß sie jedoch die Richtlinien der Politik mitbestimmen konnten, deren schlimmste soziale Auswirkungen sie allerdings abzumildern bemüht waren. Eben wegen des nur sehr begrenzten Erfolges dieser Politik wurde die Kluft zwischen Gewerkschaftsführung und Teilen der Arbeiterschaft immer größer.

Das wird nirgends deutlicher als bei der Frage der Lebensmittelversorgung. Je länger der Krieg dauerte, desto katastrophaler wurde die

Ernährungssituation. Das Fehlen von Arbeitskräften und Düngemitteln (Salpeter wurde für die Rüstung gebraucht) ließ die landwirtschaftliche Produktion schrumpfen; und durch die Einkreisung Deutschlands kamen keine Lebensmittelimporte ins Land. Lebensmittelknappheit und -teuerung waren die Folge. Schon im Januar 1915 wurden Brotkarten eingeführt, bald folgte die Rationierung von Fett, Fleisch und Milch. Der Schwarze Markt begann zu blühen. Gerade „die ungleiche Verteilung der knappen Güter" wirke — so hieß es in einem Polizeibericht — „auffallender und aufreizender in der Bevölkerung als die Knappheit der Güter selbst".[27]

Um die Maßnahmen der Lebensmittelbewirtschaftung zu koordinieren (und um die Handlungsbereitschaft der Regierung zu demonstrieren), wurde im Mai 1916 das Kriegsernährungsamt eingerichtet, in dessen Vorstand mit August Müller ein Sozialdemokrat und mit Adam Stegerwald ein Christlicher Gewerkschafter einrückten, denen dadurch die Mitverantwortung für die unzureichende Ernährungslage aufgebürdet wurde. Die in der zweiten Kriegshälfte aufkeimenden Hungerunruhen und die 1916/17 anwachsende Protestbewegung richteten sich von daher auch gegen die Gewerkschaften, die im Ersten Weltkrieg eben nicht nur als sozialpolitische Interessenvertreter der Arbeiterschaft auftraten, sondern zugleich Unruhe und Proteste der Arbeiterschaft zu kanalisieren bemüht waren.

Von allen Richtungsgewerkschaften kann man wohl sagen, daß sie sich mit der Übernahme staatspolitischer Mitverantwortung in militär- und versorgungswirtschaftlichen Ausschüssen und Ämtern in die Kriegspolitik einbinden ließen. Stegerwald zog übrigens zudem als erster Arbeiterabgeordneter in das Preußische Herrenhaus ein; Johannes Giesberts wurde als fachmännischer Berater des Staatssekretärs ins Reichswirtschaftsamt für die Abteilung Sozialpolitik berufen. Und Stegerwald sowie Max Schippel erhielten einen Platz im 24köpfigen Finanzbeirat zur Prüfung künftiger Steuervorlagen auf ihre wirtschaftlichen Auswirkungen beim Reichsschatzamt. Jede ihnen zur Mitentscheidung übertragene Aufgabe sahen die Gewerkschaften als Erfolg ihrer Burgfriedenspolitik und zugleich als Anzeichen für das Umdenken bei den führenden Vertretern von Staat, Militär und Arbeitgeberschaft. Überhaupt galten den Gewerkschaften die zunehmenden staatlichen Eingriffe in die Wirtschaft — von der Rohstoffbewirtschaftung über die Arbeitsmarktregulierung bis zur Versorgungspolitik — als Ausdruck des „Staats-" oder „Kriegs-Sozialismus".[28] Aus heutiger Sicht war dies eine eklatante Fehleinschätzung, ging es doch vor

---

27 Zitiert nach Jürgen Kocka, Klassengesellschaft im Krieg. Deutsche Sozialgeschichte 1914—1918, Göttingen 1973, S. 34.
28 Der militärische Zukunftsstaat, in: Metallarbeiter-Zeitung Nr. 48 vom 25. 11. 1916.

allem um die Sicherung des reibungslosen Funktionierens der Rüstungswirtschaft; dazu waren begrenzte und überdies zweischneidige Zugeständnisse erforderlich, die den Gewerkschaften die Massenloyalität für ihre
Burgfriedenspolitik sichern sollten.

*

Angesichts der Beschränkungen auf dem Gebiet der Lohnpolitik, die die
Gewerkschaften im Rahmen des Burgfriedens auf sich nahmen, kann es
nicht verwundern, daß die Frage der Sozialreform, je länger der Krieg
dauerte, zunehmend an Gewicht gewann. Christlich-nationale und Freie
Gewerkschaften legten ihre Forderungen 1916 bzw. 1917/18 in programmatischer Form vor, um damit nicht nur ihre Erwartungen an die staatliche
Politik, sondern zugleich ihre Unterschiede zu dokumentieren.

Bereits im September 1916 veröffentlichte der Ausschuß des Deutschen
Arbeiterkongresses ein Grundsatzprogramm, über das allerdings erst nach
dem Kriege abschließend abgestimmt werden sollte, um den eingezogenen
Mitgliedern der christlich-nationalen Arbeiterorganisation die Gelegenheit
zur Mitwirkung zu geben. Hier bekannten sich die angeschlossenen
Verbände „rückhaltlos zur Kultur- und Schicksalsgemeinschaft des deutschen Volkes", zur „Erhaltung einer starken Wehrkraft" und zur „nationalen Notwendigkeit" einer Weltwirtschafts- und Kolonialpolitik ebenso wie
zum Privateigentum und zur Monarchie. Im einzelnen wurden dann
Maßnahmen zur Herstellung der Gleichberechtigung der Arbeiter, zum
Arbeiterschutz, zur Versicherung, zur Lebensmittelversorgung, zur Woh-
nungsreform und zur Steuerpolitik vorgetragen.[29]

Dieses Programm diente — das machte Franz Behrens in seiner
Programm-Erläuterung klar — zur Selbstvergewisserung und damit zugleich zur Abgrenzung von der Sozialdemokratie. Denn als deren Anhänger 1914 „gleich den übrigen in den Kampf zogen und ihren Mann so gut
gestanden haben wie die anderen", da sei die Frage nach der Daseinsberech-
tigung der christlich-nationalen Arbeiterbewegung aufgetaucht. Sicherlich
könnten christlich-nationale und sozialdemokratische Arbeiterbewegung
von Fall zu Fall zusammenarbeiten, doch darüber dürften die grundsätzlichen Unterschiede — die Stellung zu Christentum, „Volksgesamtheit" und
Privateigentum — nicht vergessen werden.[30]

---

29 Die christlich-nationale Arbeiterbewegung im neuen Deutschland, hrsg. vom
   Ausschuß der christlich-nationalen Arbeiterbewegung, Köln 1917, S. 14 ff.
30 Franz Behrens, Das neue Programm der christlich-nationalen Arbeiterbewegung,
   Leipzig 1918, S. 18 f. und 21 f.

Wenig später, im November 1917 bzw. Januar 1918, zogen die Freien Gewerkschaften nach. Auch sie legten ein sozialpolitisches Programm vor, dessen 18 Punkte einen umfassenden Forderungskatalog nicht nur zum Bereich der Sozialpolitik im engeren Sinne, sondern zu allen Fragen der Sozialreform präsentierten. Hier wurden die Vorstellungen der Freien Gewerkschaften zu Arbeitsvermittlung, Tarifvertragsrecht und Versicherungswesen ebenso entwickelt wie die zu Arbeiterschutz, Volkserziehung und Wohnungswesen.[31] So weitgespannt der Bogen dieser Reform-Planungen auch war, so eindeutig bewegten sie sich alle auf dem Boden der gegebenen Verhältnisse; dieses Programm war jedenfalls gewiß keine Belastung für die „Gemeinschaftsarbeit" der Richtungsgewerkschaften, die sich in der Kriegszeit entwickelte.

*

In einer Reihe von politischen Einzelfragen — vom Arbeitsnachweis und Heimarbeiterschutz über das Hilfsdienstgesetz bis zur Streichung des § 153 der Gewerbeordnung — ergaben sich immer wieder Möglichkeiten der Zusammenarbeit über die Grenzen der Richtungsgewerkschaften hinweg. Auch die Angestelltenorganisationen versuchten unter dem Druck des Krieges, ihre Organisationsmacht zu bündeln. Nachdem 1915 die Arbeitsgemeinschaft technischer Verbände und die Arbeitsgemeinschaft für einheitliches Angestelltenrecht, aus der der Allgemeine freie Angestelltenbund (AfA-Bund) hervorging, gegründet worden waren, schlossen sich im Oktober 1916 die bürgerlich-nationalen Organisationen zur Arbeitsgemeinschaft kaufmännischer Verbände zusammen. Angesichts der schlechten Arbeitsmarktlage, der Gehaltseinbußen und der Lebensmittelnot begannen auch die drei Arbeitsgemeinschaften der Angestelltenorganisation ab Mitte 1917 enger zusammenzuarbeiten. Ihren deutlichsten Ausdruck fand die Bereitschaft der Richtungsgewerkschaften zur politischen Zusammenarbeit im übrigen in der gemeinsamen Gründung des „Volksbundes für Freiheit und Vaterland". Außerdem wurde die bei den Hilfsdienst-Beratungen erprobte breite gewerkschaftlich-parteipolitische Zusammenarbeit zum Ansatz der interfraktionellen Kooperation von Mehrheitssozialdemokratie, Zentrum und Fortschrittspartei, die gemeinsam die Friedensresolution des Reichstages vom 19. Juli 1917 trugen, in der ein Frieden ohne jegliche Gebiets- oder Reparationsansprüche gefordert wurde.

---

31 Abgedruckt bei Paul Umbreit, Sozialpolitische Arbeiterforderungen der deutschen Gewerkschaften. Ein sozialpolitisches Arbeiterprogramm der Gewerkschaften Deutschlands, Berlin 1918, S. 102—112.

## 3. Gewerkschaftliche Massenbewegung und außergewerkschaftlicher Massenprotest

Für die Hirsch-Dunckerschen Gewerkvereine und vor allem für die Christlichen Gewerkschaften, die sich beide schon etwa seit der Jahrhundertwende ausdrücklich als nationale Bewegungen verstanden, bot die Kriegszeit keine programmatisch-politische Belastungsprobe; anders für die Sozialdemokratie. Seit Beginn des Krieges, d. h. seit der Debatte um die Bewilligung der Kriegskredite und um die Politik des Burgfriedens, gab es in der SPD eine stetig wachsende innerparteiliche Opposition. Dazu gehörte nicht nur die radikale Linke, deren Wortführer Karl Liebknecht und Rosa Luxemburg waren, sondern bald eine größere Anzahl von Reichstagsabgeordneten, unter ihnen Karl Kautsky, Eduard Bernstein und Hugo Haase. Die Führung der Freien Gewerkschaften, selbst eingeschworen auf die Burgfriedenspolitik, unterstützte entschieden den Kurs der Fraktionsmehrheit; nicht zuletzt wohl, um ein Übergreifen der Flügelbildung in der SPD auf die Freien Gewerkschaften zu vermeiden, trat sie für eine konsequente Ausgrenzung der Gegner der Burgfriedenspolitik ein, die sie durch die innerparteiliche Opposition gefährdet glaubte. Schon im Februar 1915 forderte Legien in der SPD-Reichstagsfraktion den Ausschluß Liebknechts wegen Bruchs der Fraktions-Disziplin, hatte Liebknecht doch im Dezember 1914 offen gegen weitere Kriegskredite gestimmt. Als im Juni 1915 in der Leipziger „Volksstimme" ein Aufruf veröffentlicht wurde, in dem — unterzeichnet auch von 150 Gewerkschaftsfunktionären — die SPD-Führung aufgefordert wurde, mit der „Politik des 4. August" zu brechen, antwortete die Generalkommission mit einer überaus scharfen Verurteilung jeder „Sonderbündelei" in der SPD. Die Verbandsvorstände stellten sich hinter diese Stellungnahme und bekräftigten nochmals ihre Unterstützung für die „von der übergroßen Mehrheit der sozialdemokratischen Fraktion und des Parteiausschusses sowie von dem Parteivorstand" geführte Politik; und weiter hieß es: „Die von den Sonderbündlern in der Partei vertretenen Ansichten widersprechen dem Wesen und Wirken der Gewerkschaften, ihre Durchsetzung wäre die Preisgabe alles dessen, was die Gewerkschaften geschaffen haben und erstreben."[32] Außerdem drohte die Generalkommission damit, falls die bisherige politische Linie nicht konsequent weiter verfolgt werde, eine eigene, eine Gewerkschaftspartei zu gründen. Die Politik der Generalkommission engte also den Spielraum für Kompromisse der Parteiführung mit der innerparteilichen Opposition

---

32 Protokoll der Konferenz der Verbandsvorstände vom 5.—7. 7. 1915, in: Quellen, Bd. 1, S. 181—219, hier S. 216.

zusätzlich ein und unterstützte somit die Politik der Abgrenzung. Im Frühjahr 1916 wurden die oppositionellen Abgeordneten aus der Fraktion ausgeschlossen, die daraufhin die „Sozialdemokratische Arbeitsgemeinschaft" bildeten; und nachdem sich die Opposition im Januar 1917 zu einer Sonderkonferenz getroffen hatte, worauf sie auch aus der Partei ausgeschlossen wurde, gründete sie Ostern 1917 die Unabhängige Sozialdemokratische Partei Deutschlands (USPD).

Die Generalkommission begrüßte im März 1916 ausdrücklich die Spaltung der SPD-Fraktion, bedeute dies doch eine Klärung der Situation. Und in der Konferenz der Verbandsvorstände am 20./22. November 1916 bekannte sich die Mehrheit — gegen drei Stimmen — zur Mehrheits-Sozialdemokratie (MSPD) und damit eindeutig gegen eine Neutralität der Gewerkschaften in der laufenden parteipolitischen Auseinandersetzung.[33] Wenn jedoch die Gewerkschaftsvorstände, vor allem die Generalkommission, geglaubt haben sollten, damit sei das Problem erledigt, so hatten sie sich getäuscht. Auch in den Gewerkschaften regte sich die Opposition. Regionale Zentren waren Berlin sowie das mitteldeutsche und das rheinisch-westfälische Industriegebiet. Besonders stark war die Opposition dort, wo sich gewerkschaftliche und parteipolitische Gruppierungen gegenseitig unterstützten, insbesondere in Berlin, Braunschweig, Bremen, Hamburg und auch in Leipzig. Außerdem entwickelten sich in einzelnen Gewerkschaften Oppositionsgruppen von beachtlicher Stärke. Auf dem Kölner Verbandstag des Deutschen Metallarbeiterverbandes im Juni 1917 wurde die Vorstandslinie nur mit 64 zu 53 Stimmen gebilligt; und 1919 übernahm die Opposition sogar die Verbandsspitze. Schon in der Kriegszeit bekannten sich überdies die Verbände der Schuhmacher und der Textilarbeiter zur Linie der USPD. Und starke oppositionelle Flügel gab es in den Verbänden der Bäcker, der Glasverarbeiter, der Handlungsgehilfen und der Kürschner.

\*

Hatten es die Freien Gewerkschaften mit ihrem Abgrenzungskurs auch nicht geschafft, ein Übergreifen der inner-sozialdemokratischen Fügelkämpfe auf ihre eigenen Organisationen zu verhindern, so kam es doch nicht zu einer Spaltung der Freien Gewerkschaftsbewegung. Die innerorganisatorische Opposition ließ sich — anders als in der SPD — trotz aller Kritik an der Burgfriedenspolitik auch weiterhin einbinden. Das trug mit dazu bei, daß sich in der zweiten Kriegshälfte Protestbewegungen ohne

---

33 Protokoll der Konferenz der Verbandsvorstände vom 20.—22. 11. 1916, in: Quellen, Bd. 1, S. 252—258, hier S. 255.

Beteiligung der Gewerkschaften entwickelten; letztere sahen in einem Einschwenken auf die Linie der Opposition eine Gefährdung der dem Burgfrieden gutgeschriebenen oder der noch erwarteten Errungenschaften. Und gerade das, was den Gewerkschaftsführungen als Erfolg galt, trug dazu bei, daß sich weite Kreise der Arbeiterschaft zu einer Protestbewegung ohne oder zum Teil auch gegen die Gewerkschaften formierten.

Schon bei der im April 1915 angekündigten Kürzung der Brot-Rationen war es zu Proteststreiks gekommen, die zu einer Rücknahme dieser Entscheidung führten. Je länger der Krieg dauerte, desto mehr wuchsen Unzufriedenheit und Protestbereitschaft an, die sich vor allem an der unzureichenden und ungerechten Lebensmittelversorgung entzündeten und — wie der Streik von über 50.000 Berliner Metallarbeitern am 28. Juni 1916 — gegen den Krieg richteten. Seit 1915/16 kam es immer wieder zu Hungerunruhen, die vor allem von Frauen und Jugendlichen getragen wurden, die einerseits unter der katastrophalen Lage besonders zu leiden hatten und andererseits nicht von Einberufungen bedroht waren. Vor allem der „Steckrübenwinter" 1916/17 führte zu einer Ausweitung der Protestbewegung, die sich zudem in zahlreichen spontanen Streiks niederschlug. Kriegsmüdigkeit und Friedenssehnsucht, Einkommensverschlechterungen und katastrophale Versorgungslage bewirkten ab Januar 1917 mehrere Streikbewegungen, die sich vielfach ohne die Gewerkschaften entwickelten. Auch die unvollständigen Angaben des Kaiserlichen Statistischen Reichsamtes spiegeln die Zunahme der Streiks: Wurden 1915 141 Streiks mit 15.238 Streikenden gezählt, so 1916 bereits 240 mit 128.881 Streikenden; 1917 schnellte die Zahl der Streiks auf 562, die der Streikenden auf 668.032 hoch (Tabelle 2c). Einen ersten Höhepunkt erreichten die Streikbewegungen — wohl auch unter dem Eindruck der russischen Februar-Revolution — im April 1917, als etwa 300.000 Rüstungsarbeiter in Berlin, Braunschweig und Leipzig aus Protest gegen Lebensmittelnot und für politische Ziele auf die Straße gingen. Nach weiteren Streiks im Sommer 1917 legten dann im Januar 1918 etwa eine Million Arbeiter und Arbeiterinnen der Rüstungsindustrie die Arbeit nieder. Unter der Parole „Frieden, Freiheit und Brot!" demonstrierten sie für einen sofortigen Friedensschluß ohne Gebietsansprüche, für eine durchgreifende Demokratisierung der Gesellschaft und für eine bessere Lebensmittelversorgung. Allein in Berlin streikten 400.000 Arbeiter und Arbeiterinnen. Die Streikenden wählten 414 Betriebsvertrauensleute, die den Groß-Berliner Arbeiterrat bildeten, an dessen Spitze ein Aktionsausschuß von 11 Mitgliedern trat, von denen je drei der MSPD und der USPD, aber keiner den Gewerkschaftsführungen angehörten.

Bei diesen Streikaktionen, erstmals beim April-Streik 1917, entwickelte sich auf der Betriebsebene eine neue Organisationsform der Arbeiterschaft. Unter dem Druck radikalisierter Betriebsbelegschaften entstand aus dem

Kreis der gewerkschaftlichen Vertrauensleute die Gruppe der „revolutionären Obleute", die politisch der USPD nahestand. Unter der Führung von Emil Barth und Richard Müller vertraten sie ein neues Konzept der organisierten Willensbildung, die Idee der Räte. Waren die Teilnehmer der Massenaktionen 1917/18 vor allem Frauen, Jugendliche und ungelernte Arbeiter, die den Gewerkschaften fernstanden, so wurden diese Streiks vielfach von gewerkschaftlich geschulten Facharbeitern organisiert, die sich — abgestoßen von der Burgfriedenspolitik — den revolutionären Obleuten angeschlossen hatten. Auch traten in einzelnen Fällen die nach dem Hilfsdienstgesetz gebildeten Arbeiterausschüsse an die Spitze von Streikbewegungen.

Der direkte praktische Erfolg der Streiks war nicht allzu groß; auch zeichnete sich kein Einfluß auf die Grundlinie der gewerkschaftlichen Politik ab. Allenfalls indirekt wirkte sich der Massenprotest aus, unterstrich er doch in den Augen von staatlicher und militärischer Führung die Notwendigkeit, wenigstens den maßvollen gewerkschaftlichen Forderungen entgegenzukommen, um deren Position zu stärken; genau mit diesem Argument nutzten auch die Gewerkschaften selbst die ansonsten ablehnend beurteilten Massenbewegungen.

Konnten die Freien Gewerkschaften auch eine Spaltung ihrer Organisation verhindern, so mußten sie doch sehr aufmerksam die radikale Protestbewegung der Arbeiterschaft beobachten, war diese doch eindeutig aus ihrer eigenen Gefolgschaft oder zumindest aus den für sie am ehesten mobilisierbaren Teilen der Arbeiterschaft herausgewachsen. Allerdings dürfen die Protest- und Streikbewegungen 1917/18, die schließlich in die Revolution einmündeten, nicht den Blick auf jenen Teil der Arbeiterschaft verstellen, der sich sehr wohl von der gewerkschaftlichen Politik vertreten sah. Gingen auch die Antikriegs-Streiks an den Gewerkschaften vorbei, so fanden offenbar die Durchhalteappelle, die alle Richtungsgewerkschaften 1917/18 an die Arbeiterschaft richteten, durchaus Widerhall. Beide, die außergewerkschaftliche Massenmobilisierung wie die gewerkschaftliche Mitgliederwerbung, hatten im übrigen ihre größten Erfolge in den Großstädten und Großbetrieben, so daß man nicht ohne weiteres von einer Vertrauenskrise „der" Gewerkschaften sprechen kann. Die hochgradige politische Mobilisierung, die auch weite Kreise der bisher nicht politisierten Arbeiterschaft erreichte, wirkte sich also inner- und außerhalb der Gewerkschaftsbewegung aus. Die Gewerkschaften aber, die sich weiterhin an den Burgfrieden gebunden fühlten, verloren damit die Führung der rasch um sich greifenden Protestbewegung, in deren Augen sie eine Hauptstütze der Durchhaltepolitik waren.

*

Trotz der Burgfriedenspolitik und trotz der „Gemeinschaftsarbeit" von Fall zu Fall blieb die Erfolgsbilanz der gewerkschaftlichen Politik auch in der zweiten Kriegshälfte im Grunde dürftig: Am 5. Juni 1916 wurde gegen die Stimmen der Konservativen und der Sozialdemokratischen Arbeitsgemeinschaft, die sich von der SPD-Fraktion abgespalten hatte, eine Novelle des Reichsvereinsgesetzes verabschiedet, in der endlich die Möglichkeit eingeschränkt wurde, die Gewerkschaften zu „politischen Vereinen" zu erklären und demgemäß unter Sonderrecht zu stellen. Mit dem Hilfsdienstgesetz wurden die Gewerkschaften als Vertretung der Arbeiterschaft anerkannt. Und im Mai 1918 wurde schließlich § 153 der Gewerbeordnung ersatzlos gestrichen, der den Koalitionszwang unter besondere Strafe stellte, ohne indessen gegen Behinderungen der Koalitionsfreiheit seitens der Arbeitgeber Anwendung zu finden. Die Abschaffung des preußischen Dreiklassenwahlrechts aber wurde mit der Osterbotschaft Kaiser Wilhelms II. vom 7. April 1917 auf die Zeit nach dem Kriege verschoben.

Waren die Anerkennung der Gewerkschaften, die Einrichtung von Arbeiterausschüssen und die Streichung des § 153 der Gewerbeordnung wirklich Erfolge der gewerkschaftlichen Burgfriedenspolitik? Oder wirkte sich hier nicht der indirekte Einfluß des Massenprotests aus, gegen den der „Damm" der Gewerkschaften gestärkt werden sollte? Schaut man auf den Zeitpunkt, zu dem die von den Gewerkschaften an ihre Fahnen gehefteten Erfolge errungen wurden, so wird man wohl der Streik- und Protestbewegung einen großen Anteil daran zusprechen müssen.

Nachdem mit dem Diktat-Frieden von Brest-Litowsk im März 1918, zu dessen Abschluß sich die russische Führung zur Sicherung der Revolution genötigt sah, die Kämpfe im Osten beendet waren, versuchte die Oberste Heeresleitung im Frühjahr 1918 durch eine „Großoffensive" im Westen eine Entscheidung zu erzwingen. Dieser Versuch scheiterte, doch die Oberste Heeresleitung gestand erst am 29. September 1918 die Niederlage ein und forderte die Regierung zur sofortigen Aufnahme von Waffenstillstandsverhandlungen auf. Anfang Oktober übernahm Prinz Max von Baden die Regierung, der erstmals Vertreter der Mehrheitsparteien des Reichstages angehörten. Und wieder waren auch die Gewerkschaften bereit, in der Konsequenz der Politik des August 1914 die Mitverantwortung zu übernehmen: So traten Gustav Bauer von der Generalkommission und Johannes Giesberts von den Christlichen Gewerkschaften in die Regierung ein, die vor der schweren Aufgabe stand, die Kriegsniederlage zu besiegeln.

Die „von oben" gewährten Reformen bis hin zur Parlamentarisierung des Reiches hatten im Grunde zwei Ziele: Zum einen sollten die Vertreter eines demokratischen und sozialen Reformkurses — von den Gewerkschaften bis zu den mit ihnen verbundenen Parteien — in die Haftung für die

Kriegspolitik eingebunden werden, um somit von der Verantwortung der Obersten Heeresleitung und der Reichsführung abzulenken; und zum anderen sollte der radikalisierten Massenstimmung der Wind aus den Segeln genommen werden, um den befürchteten Umsturz, um die Revolution zu verhindern.

*Die Realität des Krieges.*

# VI. Kampf um die politische und soziale Neuordnung: die Gewerkschaften am Anfang der Weimarer Republik 1918 bis 1923

Mit dem Waffenstillstand, geschlossen in Compiègne am 11. November 1918, wurde der Erste Weltkrieg beendet; am 28. Juni 1919 folgte dann der Friedensvertrag von Versailles. Sowohl die Gebietsabtretungen einschließlich des Verlusts der Kolonien als auch die Reparationsverpflichtungen, vor allem aber die Anerkennung der alleinigen Kriegsschuld des Deutschen Reiches boten bürgerlich-nationalistischen Kreisen Anlaß, nicht nur das „Schanddiktat" zu verurteilen, sondern auch die Unterzeichner dieses „Schmachfriedens" als „Erfüllungspolitiker" zu verunglimpfen. Tod, Leid und Elend — insgesamt 7,5 Millionen Kriegstote und etwa 20 Millionen Verwundete waren zu beklagen — führten nicht zu einer allgemeinen Ächtung des Krieges; vielmehr glaubten weite Kreise der deutschen Bevölkerung, die für sie überraschende Kriegsniederlage sei durch den „Dolchstoß" der „wankenden Heimat" in den Rücken des „unbesiegten Frontheeres", sei durch die „Novemberverbrecher" verschuldet worden. Revolution und Revolutionsregierung, an deren Spitze Sozialdemokraten standen, wurde in zweifacher Verkennung der Tatsachen die Verantwortung für Kriegsausgang und -folgen zugeschoben: Weder war die Revolution die Ursache für den Ausgang des Krieges — noch hatten Sozialdemokratie und (Freie) Gewerkschaften die Revolution „gemacht".

## 1. Gewerkschaften in der Revolution 1918/19

Die Gewerkschaften aller Richtungen waren — je länger der Krieg dauerte, desto entschiedener — für soziale und politische Reformen eingetreten, die sozusagen als Belohnung für die gewerkschaftliche Burgfriedenspolitik eingeklagt wurden. Doch die begrenzten Erfolge dieser Politik brachten in der zweiten Kriegshälfte zwar eine Steigerung der Mitgliedszahlen, sie verhinderten indessen nicht, daß sich neben den Gewerkschaften ein rapide wachsender Massenprotest formierte. Die Erfahrung jahrelanger Unterdrückung und Drangsalierung bewirkte zusammen mit Not, Elend und Ungerechtigkeit der Kriegszeit und auch mit der Furcht vor den Folgen einer drohenden Niederlage eine spürbare politische Radikalisierung in weiten Kreisen der Arbeiterschaft, die nicht nur in die Spaltung der Sozialdemokratie, sondern auch in die Ausbreitung „neuer" Basisbewegun-

9. November 1918 in Berlin: Übergabe der Garde-Ulanen-Kaserne an die Mitglieder des Arbeiter- und Soldatenrates.

Auto des Arbeiter- und Soldatenrates am Brandenburger Tor.

gen, übrigens bis tief in die Armee hinein, mündete. Schon das Ausmaß der Protestbewegung zeigte, daß die gewerkschaftliche Politik nicht den politischen Bedürfnissen weiter Kreise der Arbeiterschaft entsprach.

Die Spannung entlud sich im Aufstand der Kieler Matrosen: Nachdem sich die Mannschaften der deutschen Hochseeflotte am 29./30. Oktober 1918 geweigert hatten, in den sicheren Tod zu fahren, wurden mehrere hundert Matrosen wegen Meuterei verhaftet. Aus dem Protest gegen diese Maßnahme entwickelte sich die Revolution, die binnen weniger Tage nahezu alle Großstädte erreichte und die Monarchie zum Einsturz brachte.

Zwar hatten Mehrheitssozialdemokratie und Freie Gewerkschaften — von den anderen Gewerkschaftsorganisationen ganz zu schweigen — die Revolution weder geplant noch betrieben, doch mit der Abdankung der Monarchie fiel der Sozialdemokratie am 10. November 1918 die Macht in den Schoß: MSPD und USPD bildeten mit jeweils drei Vertretern (Friedrich Ebert, Philipp Scheidemann, Otto Landsberg; Hugo Haase, Wilhelm Dittmann, Emil Barth) die Revolutionsregierung, den Rat der Volksbeauftragten.

Die Regierung sah sich schier unüberwindlichen Schwierigkeiten gegenüber: Waffenstillstand und Demobilmachung, Umstellung und Ankurbelung der industriellen und landwirtschaftlichen Produktion, Versorgung der Massen mit Arbeit, Lebensmitteln und Brennstoff — das waren die akuten Probleme, deren Lösung weite Kreise der Bevölkerung erwarteten. Die Hoffnungen gerade der die Revolution tragenden Massen waren noch höher gespannt: Die Gründung der Republik sollte nicht nur zu einer deutlichen Besserung eben der Lage der Arbeiterschaft, sondern überdies zu einer grundsätzlichen Neuordnung der Gesellschaft führen.

Zwar bekannte sich der Rat der Volksbeauftragten in seinem Aufruf vom 12. November 1918[1] zu einem „sozialistischen" Regierungsprogramm, doch angekündigt wurde nur eine Reihe von Einzelmaßnahmen, wie die Aufhebung rechtlicher Einengungen der Arbeiterorganisationen, die Reform des Wahlrechts und sozialpolitische Verbesserungen — speziell die Einführung des Achtstundentages. Zudem verpflichtete sich die Regierung, „die geregelte Produktion" aufrechtzuerhalten und „das Eigentum gegen Eingriffe Privater sowie die Freiheit und Sicherheit der Person [zu] schützen". Damit war ein Kompromiß zwischen überkommenen Mächten und Strukturen einerseits, Neuordnungsvorstellungen andererseits formuliert worden, wie er die Politik der Mehrheitssozialdemokratie und der Freien Gewerkschaften Ende 1918 kennzeichnete. Dies gilt zum einen für das Verhältnis von Revolutionsregierung und Militär: Hatte doch

---

1 Siehe Reichs-Gesetzblatt, Jg. 1918, S. 153.

Friedrich Ebert, nachdem ihm Wilhelm Groener am 10. November 1918 telefonisch die Bereitschaft der Obersten Heeresleitung zur Anerkennung der neuen Regierung signalisiert hatte, seinerseits versichert, die Regierung werde die Oberste Heeresleitung bei der Aufrechterhaltung der Ordnung im Heer unterstützen. Und dies gilt auch für das Verhältnis von Revolutionsregierung und Unternehmerschaft, das allerdings durch die bei Verkündung des „Regierungsprogramms" vom 12. November 1918 fast abgeschlossenen Verhandlungen zwischen Gewerkschaften und Arbeitgebervertretern vorgeprägt wurde.

*

Erst die Einsicht, der Krieg sei nicht mehr zu gewinnen, und die sich daraus ergebenden (durch die Unruhen überdies bestärkten) Befürchtungen, es könne zu einem gesellschaftlichen Umsturz kommen, ließen die Arbeitgeber nun ihre Bereitschaft bekunden, dauerhaft mit den Gewerkschaften zusammenzuarbeiten. Maßgeblich für diese Entscheidung war — so Jakob Wilhelm Reichert, der Geschäftsführer des Vereins Deutscher Eisen- und Stahlindustrieller — das Bemühen, „das Unternehmertum vor der drohenden, über alle Wirtschaftszweige hinwegfegenden Sozialisierung, der Verstaatlichung und der nahenden Revolution [zu] bewahren".[2]

Aber auch die Gewerkschaften sahen ihre Politik und wohl auch ihre Existenz von der Radikalisierung weiter Teile der Arbeiterschaft bedroht. Überdies waren manche Gewerkschafter — so Adolf Cohen vom Deutschen Metallarbeiterverband (DMV) auf dem Gewerkschaftskongreß im Juni 1920 — durchaus der Meinung, die Gewerkschaften könnten „nicht allein ohne die Unternehmer die Wirtschaftsprobleme lösen".[3]

Vor dem Hintergrund dieser Interessenpositionen ist die Bereitschaft zur Zusammenarbeit zu erklären, die mit der Übereinkunft vom 15. November 1918 (Dokument 11) besiegelt wurde. § 1 dieses Abkommens bestimmte, daß „die Gewerkschaften als berufene Vertreter der Arbeiterschaft anerkannt" werden; mit § 2 wurde — im Vorgriff auf die Verfassung — Arbeitern und Arbeiterinnen die Koalitionsfreiheit zugesichert. Auch die Anerkennung der Tarifverträge (§ 6), die Gründung von paritätisch besetzten Arbeitsnachweisen (§ 5) und von Arbeiterausschüssen in Betrieben mit mehr als 50 Beschäftigten (§ 7) begünstigten die Annahme der Gewerkschaften, mit dem Novemberabkommen der Demokratisierung der Wirtschaft einen großen Schritt näher gekommen zu sein. Zudem ver-

---

2 Jakob Wilhelm Reichert, Entstehung, Bedeutung und Ziel der „Arbeitsgemeinschaft", Berlin 1919, S. 6.
3 Zitiert nach Helga Grebing, Geschichte, S. 177.

pflichteten sich die Arbeitgeber in § 3, die sogenannten „gelben Gewerkschaften", d. h. die wirtschaftsfriedlichen Werkvereine, weder mittel- noch unmittelbar zu unterstützen. Über diesen Punkt wie über die mit § 9 auf 8 Stunden herabgesetzte tägliche Arbeitszeit mit garantiertem Lohnausgleich sollten sich jedoch schon in naher Zukunft die ersten Konflikte ergeben. Das mag zu einem guten Teil darin begründet sein, daß den ausdrücklichen Zugeständnissen der Arbeitgeberschaft der — unter Berücksichtigung der damaligen politischen Möglichkeiten — weiterreichende, allerdings unausgesprochene Verzicht der Gewerkschaften auf eine Neuordnung der Eigentums- und damit wirtschaftlichen Machtverhältnisse gegenüberstand.

Entsprechend der auf Machtteilhabe, nicht aber Machtübernahme gerichteten gewerkschaftlichen Politik einigte man sich mit § 10 des Novemberabkommens auf die Einrichtung eines paritätisch besetzten Zentralausschusses mit beruflich gegliedertem Unterbau, der — wie es hieß — die Durchführung der Vereinbarungen des Novemberabkommens, die Demobilisierung, die Aufrechterhaltung des Wirtschaftslebens und die Sicherung der Existenzmöglichkeit der Arbeitnehmerschaft, insbesondere der Schwerkriegsbeschädigten, regeln sollte. In Ausführung dieses Paragraphen wurde dann am 4. Dezember 1918 die „Zentralarbeitsgemeinschaft der industriellen und gewerblichen Arbeitgeber und Arbeitnehmer Deutschlands" (ZAG) gegründet, deren Arbeit von vornherein mit der Ungleichgewichtigkeit der realen Machtpositionen der beteiligten Interessengruppen belastet war.

Dennoch meinten die Freien Gewerkschaften, die Gründung der ZAG als einen „gewerkschaftlichen Sieg von seltener Größe" einstufen zu können.[4] Und auch die Hirsch-Dunckerschen Gewerkvereine und die Christlichen Gewerkschaften bejubelten Novemberabkommen und ZAG als Bestätigung ihrer altbewährten Prinzipien und demgemäß als Schritt in die richtige Richtung — hin zur vertrauensvollen und partnerschaftlichen Zusammenarbeit der beiden an der Produktion beteiligten Faktoren Kapital und Arbeit. „Die Demokratie zog in den deutschen Großbetrieb ein" — so lautete das überschwengliche Urteil der Christlichen Gewerkschaften.[5]

Allerdings teilten nicht alle Gewerkschafter diesen Optimismus. Nennenswerter Widerspruch gegen die Arbeitsgemeinschaftspolitik zeigte sich insbesondere im Deutschen Metallarbeiterverband, der Ende Oktober

---

4 Die Vereinbarung mit den Unternehmerverbänden, in: Correspondenzblatt Nr. 47 vom 23. 11. 1918, S. 425.
5 Vereinbarung zwischen Arbeitgeber- und Arbeitnehmerverbänden, in: Zentralblatt Nr. 25 vom 2. 12. 1918, S. 202 f., hier S. 202.

1919 aus der ZAG austrat. Und auch die anderen Freien Gewerkschaftsverbände mußten bald erkennen, daß die ersehnte Kooperation mit den Arbeitgebern in der ZAG an der Ungleichheit der realen Machtpositionen scheiterte, daß die ZAG aber auch durch die wirtschaftspolitischen Gestaltungsbefugnisse anderer Gremien — von den Parlamenten bis zum (Vorläufigen) Reichswirtschaftsrat — ihrer Funktion beraubt wurde.

*

Während sich die unternehmerische Position rasch — bereits am 12. April 1919 wurde der Reichsverband der Deutschen Industrie (RDI) gegründet, dessen Mitgliedsvereinen bald 70—80 % aller deutschen Unternehmen angehörten — wieder festigte, zeigten sich auf seiten der Arbeiterschaft auch während der Revolutionsmonate kaum überbrückbare Unterschiede in den politischen Positionen. Nicht nur die Dreispaltung der Gewerkschaftsbewegung, sondern mehr noch die Konflikte innerhalb der sozialistischen Arbeiterschaft — die Spaltung in MSPD, USPD und seit dem 1. Januar 1919 auch KPD — verhinderten ein geschlossenes Handeln.

Da war zunächst die Auseinandersetzung um die Rolle der Räte, die als neue Form der Arbeiterorganisation spontan in Heer und Fabrik entstanden waren. Oftmals lag bei diesen Arbeiter- und Soldatenräten zunächst auch die Ausübung staatlicher Macht; die Räte sorgten für Ordnung und Versorgung, waren ein Bindeglied zwischen Verwaltung und Bevölkerung und verstanden sich insgesamt eher als Kontrollorgan denn als Ersatz der „alten" Machthaber.

Auch lokale und regionale Führer der Freien Gewerkschaften übernahmen in vielen Orten leitende Positionen in den Arbeiter- und Soldatenräten; so waren auf dem Berliner Rätekongreß Mitte Dezember 1918 von den 289 Delegierten der MSPD 87, d. h. 30 %, hauptamtliche Gewerkschaftsfunktionäre. Doch die überwiegende Zahl der Räte wurde ohne Gewerkschaftsvertreter gebildet. Sowohl die Christlichen Gewerkschaften, die die Räte zu Bürgerausschüssen umzufunktionieren versuchten, als auch die Freien Gewerkschaften machten keinen Hehl aus ihrer Ablehnung der Räteidee. Die Räte galten als Konkurrenz der Arbeiterausschüsse, die auf der Basis des Hilfsdienstgesetzes bzw. der Verordnung vom 23. Dezember 1918 gebildet worden waren. An den in der Revolution entstandenen Räten mißfiel auch den Freien Gewerkschaften überdies, daß sie sich nicht mit einer Mitbestimmung in betrieblichen und sozialpolitischen Fragen bescheiden mochten, sondern auch politische Mitspracherechte forderten; gemäß ihrer Grundsatzentscheidung zugunsten einer parlamentarischen Republik verwarfen sie also jeden politischen Absolutheitsanspruch der Räte.

Auch in den Räten selbst hatte diese Konzeption eine breite Mehrheit, befürworteten doch die Delegierten des Kongresses der Arbeiter- und Soldatenräte, der vom 16. bis 19. Dezember 1918 in Berlin stattfand, mit etwa 400 gegen 50 Stimmen die Wahl zur Nationalversammlung. Damit traten sie gewissermaßen das ihnen durch die Revolution zugefallene politische Mandat ab. Allerdings erwarteten wohl die Delegierten des Rätekongresses wie insgesamt die Anhänger von MSPD und USPD, die Wahlen würden eine eindeutige sozialistische Mehrheit ergeben. Um so größer war der Schock, als am 19. Januar 1919 das Stimmenergebnis vorlag: MSPD und USPD hatten — selbst zusammengenommen — nicht die absolute Mehrheit erreicht. Doch an eine Zusammenarbeit von MSPD und USPD war ohnehin kaum zu denken, waren doch die Vertreter der USPD bereits im Dezember 1918 aus dem Rat der Volksbeauftragten ausgetreten, nachdem Ebert bei der Meuterei der Volksmarinedivision in Berlin am 24. Dezember 1918 die alte Armee zu Hilfe gerufen hatte. Gustav Noske und Rudolf Wissell — beide MSPD — rückten in die Positionen der USPD ein. Noske war es dann, der den Januaraufstand am 10./11. Januar 1919 unter Einsatz von Freikorps niederschlagen ließ. Und auch die Unruhen der radikalen Räteanhänger vom Jahresbeginn und Frühjahr 1919 wurden, z. B. im Ruhrgebiet, in Bremen, in Mitteldeutschland und in München, mit militärischer Gewalt unterdrückt.

Den radikalen Rätekonzepten setzten die Freien Gewerkschaften auf ihrer Vorständekonferenz vom 25. April 1919 — nach langer Debatte — einen eigenen Plan für die Arbeiterräte entgegen, der wohl auch als Kompromißangebot gedacht war (Dokument 12). In § 9 der „Richtlinien für die künftige Wirksamkeit der Gewerkschaften" hieß es dazu: Durch Urwahlen sollten in den Gemeinden nach Berufen gegliederte Arbeiterräte gebildet werden, denen sowohl sozial- und wirtschaftpolitische als auch kommunalpolitische Aufgaben der Gewerkschaftskartelle zu übertragen seien. Nach § 10 sollten die Arbeiterräte auf Bezirks- und dann Reichsebene zusammen mit Vertretungen der Arbeitgeber Wirtschaftskammern bilden, die Gesetzesvorhaben anzuregen und zu begutachten und außerdem bei der Sozialisierung mitzuwirken hätten. Wo der Schwerpunkt der gewerkschaftlichen Vorstellungen lag, zeigt die Tatsache, daß diese „Richtlinien" von sehr ausführlichen „Bestimmungen über die Aufgaben der Betriebsräte" ergänzt wurden.

Beide Programmerklärungen lagen dem ersten Kongreß der Freien Gewerkschaften nach dem Krieg vor, der vom 30. Juni bis 5. Juli 1919 in Nürnberg abgehalten wurde; hier brachte die innergewerkschaftliche Opposition einen eigenen Räteentwurf ein, der von Richard Müller erläutert wurde: Ohne Gewerkschaften auch nur zu erwähnen, wurde das Modell einer regional und fachlich durchgegliederten Räteorganisation entwickelt, an deren Spitze Zentralrat und Reichswirtschaftsrat stehen sollten. Aber die von Theodor Leipart und Adolf Cohen gemäß den Beschlüssen der Vorständekonferenz vom 25. April vertretene Linie setzte sich mit 407 gegen 192 Stimmen durch.[6] Damit war der Weg zum Betriebsrätegesetz vorgezeichnet; schon dessen Planung basierte im Grunde auf der Voraussetzung, daß die wirtschaftlichen Machtverhältnisse jedenfalls nicht durch einen Umsturz der Eigentumsordnung verändert würden. Dies entsprach durchaus der gewerkschaftlichen Politik in der Sozialisierungsfrage.

Am 12. November 1918 hatte der Rat der Volksbeauftragten zwar angekündigt, „das sozialistische Programm" verwirklichen zu wollen; und am 18. November 1918 beschloß er, „daß diejenigen Industriezweige, die nach ihrer Entwicklung zur Sozialisierung reif sind, sofort sozialisiert werden sollen". Ob diese Ankündigung allerdings wirklich in die Tat umgesetzt werden würde, konnte bezweifelt werden, zumal nicht einmal die Freien Gewerkschaften — die Hirsch-Dunckerschen Gewerkvereine und die Christlichen Gewerkschaften ohnehin nicht — von der Richtigkeit oder gar Vorrangigkeit der Sozialisierung überzeugt waren; hatte doch Carl Legien, der Vorsitzende der Generalkommission, am 10. Dezember 1918 betont: „Die Sozialisierung einer durch die Kriegswirtschaft erschütterten und desorganisierten Volkswirtschaft ist nicht möglich."[7]

Bereits 1918 nahm die erste Sozialisierungs-Kommission ihre Arbeit auf. Nicht nur die Delegierten des Rätekongresses in Berlin, sondern zahlreiche Streiks — gerade im Ruhrgebiet — verliehen der Sozialisierungsforderung Nachdruck. Die Regierung versuchte den Druck in dieser Frage durch verbale Zugeständnisse zu verringern: Am 1. März 1919 wurde plakatiert: „Die Sozialisierung marschiert." Das am 23. März 1919 verabschiedete Kohlenwirtschaftsgesetz blieb jedoch hinter den Erwartungen der Sozialisierungsanhänger wie den Befürchtungen ihrer Gegner weit zurück, zumal die Eigentumsverhältnisse unverändert blieben.

Nicht das Ziel einer Sozialisierung im Sinne von Vergesellschaftung, sondern der Aufbau einer wirtschaftlichen Selbstverwaltung, einer Planwirtschaft prägte die Neuordnungsvorstellungen der meisten Mehrheitssozialdemokraten — auch wenn nach wie vor von „Sozialisierung" die Rede war. Am deutlichsten wird dies im Konzept der „Gemeinwirtschaft", für das vor allem Rudolf Wissell — früher 2. Vorsitzender der Generalkommission, nun Reichswirtschaftsminister — warb. Nach der im Mai 1919 vorgelegten Denkschrift des Reichswirtschaftsministeriums sollte die

---

6 Siehe Protokoll der Verhandlungen des 10. Kongresses der Gewerkschaften Deutschlands, abgehalten zu Nürnberg vom 30. Juni bis 5. Juli 1919, Berlin o. J., S. 426 ff.
7 Zitiert nach H.-J. Bieber, Gewerkschaften, Bd. 2, S. 629 f.

Gemeinwirtschaft nichts anderes sein als „die zugunsten der Volksgemeinschaft planmäßig betriebene und gesellschaftlich kontrollierte Volkswirtschaft". Nicht zuletzt die Erwartung, eine gesamtwohlorientierte Wirtschaftsordnung unter Beibehaltung des Privateigentums an Produktionsmitteln schaffen zu können, stieß innerhalb der MSPD (und erst recht bei
USPD und KPD) auf starke Skepsis, kam allerdings den Vorstellungen der
Freien und insbesondere der Christlichen Gewerkschaften entgegen und
prägte schließlich auch die Räteartikel (besonders den Artikel 165,3) der
Weimarer Reichsverfassung. Wissells Politik scheiterte in der konkreten
Situation des Frühjahrs 1919 am Widerstand der Sozialisierungsbefürwor-
ter, die sich jedoch — untereinander zerstritten und wenig zielklar — nicht
gegen den hinhaltenden Widerstand in der MSPD und in den bürgerlichen
Parteien durchzusetzen vermochten.

So blockierten sich im Grunde Sozialisierungs- und Gemeinwirtschafts-
planungen gegenseitig — mit dem Erfolg, daß beide nicht in die Realität
umgesetzt wurden. Überdies: Nicht zuletzt unter dem Eindruck der
Revolution in Rußland verkannten Mehrheitssozialdemokratie und Gewerkschaften die Funktion der Räte und begaben sich durch den Kampf
gegen diese Organisationen eines Teils der eigenen Machtbasis. Die
Befürchtungen, bei der Realisierung von Sozialisierungs- und Räteaufbau-
konzepten würden wirtschaftliches Chaos, Diktatur einer Minderheit oder
der Bürgerkrieg als unausweichliche Folge drohen, gingen — wie heute
gesagt werden kann — zumindest teilweise an der Realität vorbei und
waren eine der Ursachen dafür, daß durchaus vorhandene Handlungsspiel-
räume nicht voll genutzt wurden. So behielten die un-, wenn nicht
antidemokratisch eingestellten Führungsschichten des Kaiserreichs in
Verwaltung, Lehre und Justiz, in Militär und auch in Großindustrie und
Großlandwirtschaft ihre Führungspositionen, die sie bald zur Aushöhlung
der jungen Republik nutzten.

*

Darüber seien jedoch nicht die Erfolge von Revolution und Republik
vergessen. Auf der Basis des „Regierungsprogramms" des Rats der
Volksbeauftragten vom 12. November 1918 wurden zentrale Forderungen
der Gewerkschaften erfüllt: So wurden z. B. mit der Verordnung der
Volksbeauftragten vom 23. Dezember 1918 Tarifverträge als rechts- und
allgemeinverbindlich erklärt; von 1919 bis 1922 hat sich dann die Zahl der in
den Geltungsbereich eines Tarifvertrages eingeschlossenen Arbeitnehmer
mehr als verdoppelt. Außerdem wurde eine Reihe von Verordnungen
erlassen, mit denen — zusammengefaßt schließlich am 12. Februar 1920 —
Einstellung und Entlassung von Arbeitnehmern geregelt wurden; damit

wurden den Arbeitgebern Entlassungen erschwert und vor allem die Einstellung der aus dem Krieg heimkehrenden Soldaten in ihren alten Betrieben vorgeschrieben. Dies wurde dadurch erleichtert, daß die während des Krieges erwerbstätig gewordenen Frauen in Familie und Haushalt zurückkehrten oder, nicht zuletzt gewerkschaftlichen Vorstellungen entsprechend, dorthin zurückgedrängt wurden. Diese Maßnahmen trugen — zusammen mit der Verkürzung der Arbeitszeit und der Inflations-Konjunktur — wesentlich dazu bei, die Arbeitslosigkeit einzugrenzen, die von 5,1 % (der Gewerkschaftsmitglieder) im Dezember 1918 in den folgenden Jahren stetig über 3,7 % (1919) und 3,8 % (1920) auf 2,8 % (1921) und schließlich 0,8 % (März—Oktober 1922) sank.[8]

Mit befristeten Demobilmachungsverordnungen vom 23. November 1918 und vom 18. März 1919 wurde für Arbeiter und Arbeiterinnen bzw. Angestellte der Achtstundentag eingeführt. Auch daß die Gewerkschaften in einer Zusatzvereinbarung zum Novemberabkommen zugestanden hatten, eine Verkürzung der Arbeitszeit könne „nur dann dauernd durchgeführt werden [. . .], wenn der Achtstundentag für alle Kulturländer durch internationale Vereinbarung festgelegt ist", bedeutete nur eine Vertagung, aber nicht endgültige Lösung der Arbeitszeitfrage. Zwar wurde auf der ersten Internationalen Arbeitskonferenz, die vom 29. Oktober bis 29. November 1919 in Washington (ohne Teilnehmer aus Deutschland und Österreich) tagte, die Einführung von Achtstundentag und 48-Stundenwoche vereinbart. Doch die Industriestaaten ließen einander bei der Ratifizierung des „Washingtoner Abkommens" nur allzu bereitwillig den Vortritt, so daß die Gewerkschaften in der Arbeitszeitfrage bald wieder in die Defensive gerieten, dies um so mehr als sich die Richtungsgewerkschaften in dieser Frage keineswegs einig waren.

Die Grundlagen des Novemberabkommens fanden schließlich Eingang in die Weimarer Reichsverfassung vom 11. August 1919. Das gilt zunächst einmal für die rechtliche Voraussetzung der Gewerkschaftsarbeit; in Artikel 159 hieß es: „Die Vereinigungsfreiheit zur Wahrung und Förderung der Arbeits- und Wirtschaftsbedingungen ist für jedermann und alle Berufe gewährleistet. Alle Abreden und Maßnahmen, welche diese Freiheit einschränken oder zu behindern suchen, sind rechtswidrig." Das Streikrecht war indessen bewußt nicht in die Verfassung aufgenommen worden, weil die Verfassungsgeber befürchteten, sie könnten es dann nicht durch Gesetz für bestimmte Berufsgruppen — Landarbeiter, Eisenbahner usw. — einschränken. Artikel 165 erklärte die Tarifverträge als rechtsverbindlich;

---

8 Zahlen nach Dietmar Petzina, Werner Abelshauser u. Anselm Faust, Sozialgeschichtliches Arbeitsbuch III. Materialien zur Statistik des Deutschen Reiches 1914—1945, München 1978, S. 119.

überdies wurde Arbeitern und Angestellten bescheinigt, sie seien zur „Regelung der Lohn- und Arbeitsbedingungen und zur gleichberechtigten Mitwirkung bei der gesamten wirtschaftlichen Entwicklung der Produktivkräfte" berufen. Dieser Artikel versprach zudem, daß „gesetzliche Vertretungen in Betriebsräten, Bezirksarbeiterräten und einem Reichsarbeiterrat" geschaffen würden, die an der nach Artikel 156 anzustrebenden gemeinwirtschaftlichen Ordnung und Sozialisierung mitwirken sollten. Den Gewerkschaften war damit durch die Verfassung das Recht auf Mitbestimmung und Einflußnahme nicht nur im sozialpolitischen Bereich, sondern auch bei der Gestaltung des gesamten Wirtschaftslebens zugesprochen worden, dessen Ordnung — lt. Artikel 152 — den Grundsätzen der Gerechtigkeit mit dem Ziele der Gewährleistung eines menschenwürdigen Daseins entsprechen sollte. Darum waren auch die Möglichkeit von Enteignungen sowie die Sozialpflichtigkeit des Eigentums ausdrücklich verankert (Art. 153). Nicht unerwähnt bleiben dürfen noch Artikel 157 und 163, die die „Arbeitskraft" unter den „besonderen Schutz des Reiches" stellten und das Recht auf Arbeit oder — wenn dies nicht realisierbar sei — das Recht auf Unterhalt verbürgten.

Doch schon bald zeigten sich die Schwierigkeiten, die Errungenschaften der Revolutionszeit und die Garantien der Verfassung zu halten bzw. einzulösen. So blieb z. B. die Ausgestaltung der wirtschaftlichen Mitbestimmungsrechte der Arbeitnehmerschaft weit hinter den Erwartungen der Revolutionszeit zurück: Der in Ausführung von Artikel 165 geschaffene Reichswirtschaftsrat kam — mangels organisatorischen Unterbaus — nicht über das Stadium der Vorläufigkeit hinaus; auch vermochte er zu keiner Zeit der Weimarer Republik, ausschlaggebende Kompetenzen zu erlangen, die geeignet gewesen wären, Wirtschaftspolitik und Wirtschaftsordnung zu beeinflussen.

Allein auf der betrieblichen Ebene gelang es den Gewerkschaften weitgehend, ihre auf dem Nürnberger Gewerkschaftskongreß 1919 verabschiedeten „Bestimmungen über die Aufgaben der Betriebsräte" in gesetzliche Form zu bringen. Das nach schweren Unruhen gegen die Stimmen der USPD und der rechts-bürgerlichen Abgeordneten angenommene Betriebsrätegesetz vom 4. Februar 1920[9] sah — in Fortschreibung der Arbeiterausschuß-Bestimmungen der Kaiserzeit — vor, in Betrieben ab 5 Beschäftigten eine Vertrauensperson und ab 20 Beschäftigten einen aus mehreren Personen bestehenden Betriebsrat zu wählen. § 1 bürdete diesem Betriebsrat jedoch eine Doppelaufgabe auf: Einerseits sollte er die „Wahrnehmung der gemeinsamen wirtschaftlichen Interessen der Arbeitnehmer (Arbeiter

---

9 Siehe Reichs-Gesetzblatt Nr. 26, Jg. 1920, Bd. 1, S. 147—174.

und Angestellten) dem Arbeitgeber gegenüber" leisten, andererseits der „Unterstützung des Arbeitgebers in der Erfüllung der Betriebszwecke" dienen. Zwar war dem Betriebsrat das Recht auf die Einsicht in die Rechnungsbücher zugestanden worden, doch die in § 1 geforderte doppelte Loyalität hinderte den Betriebsrat daran, sich zu einer eindeutigen Interessenvertretung der Arbeitnehmerseite zu entwickeln. Gegenüber den früheren Regelungen aber wurden vor allem die Mitspracherechte auf sozialem Gebiet und bei Entlassungen deutlich ausgebaut. Während Christliche Gewerkschaften und Hirsch-Dunckersche Gewerkvereine das Gesetz begrüßten, erhoben sich in den Freien Gewerkschaften, vor allem im DMV, kritische Stimmen gegen das Betriebsrätegesetz.

Die sozialreformerischen Regelungen in Verfassung und Gesetzgebung hatten indessen wenig Zeit, sich in der Praxis zu bewähren; außerdem schlug ihnen schon bald die entschiedene Ablehnung der Arbeitgeber entgegen.

## 2. Die programmatische Neuorientierung und organisatorische Neuformierung der Gewerkschaften 1919/20

Kriegsende, Revolution und Gründung der Weimarer Republik hatten die Gewerkschaften vor Aufgaben gestellt, auf deren Lösung sie kaum oder nur unzureichend vorbereitet waren. Erst als wichtige Grundentscheidungen für den Aufbau der Staats- und Gesellschaftsordnung gefallen waren, unternahmen die Gewerkschaften — nach wie vor nach Richtungen getrennt — den Versuch, sich programmatisch und organisatorisch auf die neue Situation, auf die Arbeit in einer parlamentarischen Republik, einzustellen.

### Die Freien Gewerkschaften

Zentrale Bedeutung für die Neuorientierung des weitaus größten Zweiges der Gewerkschaftsbewegung hatte der 10. Kongreß der Freien Gewerkschaften, der vom 30. Juni bis 5. Juli 1919 in Nürnberg stattfand. Neben den akuten sozialen Nöten waren es vor allem die Themenkomplexe Burgfrieden, Arbeitsgemeinschaft, Räte, Sozialisierung und parteipolitische Orientierung, die eine Klärung verlangten. Außerdem wurde mit den bereits genannten „Richtlinien" der Versuch unternommen, so etwas wie ein Gewerkschaftsprogramm zu verabschieden.

Als der Kongreß — nach überaus kontroverser Debatte — mit 445 gegen 179 Stimmen der Generalkommission das Vertrauen ausgesprochen und damit die Kriegs- und Nachkriegspolitik im Grundsatz gebilligt hatte, konnte es kaum noch überraschen, daß auch die Bildung der Zentralarbeitsgemeinschaft (mit 420 gegen 181 Stimmen) akzeptiert wurde. Mit großer Mehrheit wurde das „Mannheimer Abkommen" zwischen SPD und Freien Gewerkschaften aus dem Jahre 1906 aufgehoben; die Freien Gewerkschaften proklamierten ihre Neutralität gegenüber den politischen Parteien, zumal angesichts der Spaltung der sozialistischen Arbeiterbewegung keine einheitliche parteipolitische Vertretung der Arbeiterinteressen mehr gegeben sei. Ausdruck eines eben auch politischen Selbstbewußtseins war es, daß die Freien Gewerkschaften sich „nicht auf die enge berufliche Interessenvertretung ihrer Mitglieder" glaubten beschränken zu dürfen; sie müßten vielmehr — so hieß es in der Resolution zum Verhältnis von Gewerkschaften und Parteien (Dokument 13) — „zum Brennpunkt der Klassenbestrebungen des Proletariats werden, um den Kampf für den Sozialismus zum Siege führen zu helfen."

Durchgängig zeichnete sich in den Abstimmungen des Kongresses eine starke Opposition gegen die Vorstandslinie ab. Etwa 420 bis 440 Delegierte stimmten der Vorstandspolitik zu, etwa 180 waren in den entscheidenden Fragen anderer Meinung. Die innergewerkschaftliche Opposition hatte ihren stärksten Rückhalt in den Verbänden der Metallarbeiter, der Schuhmacher und der Textilarbeiter. In den Organisationen der Eisenbahner und der Bekleidungsarbeiter gab es eine kräftige oppositionelle Minderheit. Im Bergarbeiterverband zählte wohl etwa ein Drittel der Delegierten zur Opposition; deren Anteil wäre wohl ohne die Austrittsbewegung im 2. Quartal 1919 und ohne die Gründung der Allgemeinen Bergarbeiter-Union, aus der dann die Allgemeine Arbeiterunion hervorging, höher gewesen. Ausgesprochen schwach vertreten war die Opposition demgegenüber in den Verbänden der Holzarbeiter, der Bauarbeiter, der Fabrikarbeiter und der Buchdrucker. Regionale Schwerpunkte der Opposition waren Berlin, Sachsen und Thüringen, Hamburg und Bremen, generell eher städtische als ländliche Industriebezirke. Doch weitere sozio- oder organisationsstrukturelle Gemeinsamkeiten wird man kaum nennen können: Zur Opposition zählten weiblich wie männlich dominierte Verbände, Gewerkschaften mit überwiegend gelernten wie ungelernten Arbeitern und schließlich sowohl große als auch kleine Organisationen.

Nicht zu überschätzen ist dabei die Bedeutung der parteipolitischen Orientierung; denn die Flügelbildung in den Gewerkschaften folgte der Spaltung der Sozialdemokratie, dann aber auch der Spaltung der USPD. War auch die vorherrschende parteipolitische Bindung der Freien Gewerkschaften mit der Vereinigung von MSPD und Rest-USPD im Jahre 1922 wieder eindeutig geklärt, so wurde der Konflikt mit der KPD und mit kommunistischen Gewerkschaftern, denen die Bildung von Zellen in den

Gewerkschaften vorgeworfen wurde, zum Dauerproblem, das sich in Gewerkschaftsausschlüssen einerseits, in eigenen Organisationsversuchen der kommunistischen Gewerkschafter andererseits spiegelte. Die kommunistische Gewerkschaftspolitik der 20er Jahre entsprach weitgehend den auf dem II. Weltkongreß der Kommunistischen Internationale im Juli/ August 1920 in Moskau beschlossenen „Leitsätzen" für die Gewerkschaftsarbeit: Den Kommunisten aller Länder wurde die Aufgabe gestellt, die politische Hegemonie in den Gewerkschaften zu erringen, die Gewerkschaften der Parteiführung zu unterstellen und schließlich — falls eine sozialrevolutionäre Orientierung der Gewerkschaften nicht erreichbar sei — eigene Verbände zu schaffen.[10] Zu erinnern ist noch daran, daß sich die Gewerkschaftskritik sozialistischer Arbeiter und Arbeiterinnen auch in einigen syndikalistischen Verbänden artikulierte, die jedoch nach dem Versanden der Revolution nur ein Schattendasein fristeten, bevor ihre Mitglieder den Weg zurück in die Freien Gewerkschaften oder — ab 1929/ 30 — in die Revolutionäre Gewerkschaftsopposition bzw. -organisation (RGO) fanden.

*

Erzeugte die programmatisch-politische Flügelbildung in den Freien Gewerkschaften gewiß Reibungsverluste, die zur Schwächung der gewerkschaftlichen Durchsetzungskraft beitrugen, so sollte letztere durch die organisatorische Neuformierung der Freien Gewerkschaften gestärkt werden. Auf dem 10. Kongreß der Freien Gewerkschaften in Nürnberg 1919, dem 1. Nachkriegskongreß also, wurde als Dachverband der Allgemeine Deutsche Gewerkschaftsbund (ADGB) gegründet; an die Stelle der seit 1890 existierenden Generalkommission trat nun ein 15-köpfiger Bundesvorstand, der aus einem Vorsitzenden, zwei stellvertretenden Vorsitzenden, einem Kassierer, einem Redakteur, zwei Sekretären und acht unbesoldeten Beisitzern bestand. Höchstes Gremium der Gewerkschaften blieb der Bundeskongreß, der — alle drei Jahre — auch die Zusammensetzung des Vorstandes bestimmte; laufend überwacht wurde die Vorstandsarbeit vom Bundesausschuß, in dem jeder Verbandsvorstand durch eine Stimme, bei Verbänden von über 500.000 Mitgliedern mit zwei Stimmen vertreten war. Während somit im Bundesausschuß die Gleichberechtigung der Verbände betont wurde, entsprach auf dem Gewerkschaftskongreß die Delegiertenzahl in etwa der Mitgliederstärke. Regional gliederte sich der

---

10 Nach Werner Müller, Lohnkampf, Massenstreik, Sowjetmacht. Ziele und Grenzen der „Revolutionären Gewerkschafts-Opposition" (RGO) in Deutschland 1928 bis 1933, Köln 1988, S. 26 ff.

ADGB in Ortsausschüsse (früher Ortskartelle), in denen die örtlichen Zahlstellen der ADGB-Gewerkschaften unter einem selbstgewählten Vorstand zusammengeschlossen waren, und — seit 1922 — in Bezirksausschüsse, deren Sekretäre vom Bundesvorstand benannt wurden. Den Lokalorganisationen des ADGB war es im übrigen ausdrücklich verboten, in die Befugnisse der Einzelgewerkschaften — bei denen nach wie vor die Entscheidung über die Arbeitskampfpolitik lag — einzugreifen.

Ebenfalls auf die Straffung der gewerkschaftlichen Organisation zielten die Überlegungen zur Struktur der Einzelverbände, deren Aufbau dem des ADGB entsprach. Auf dem Leipziger Kongreß des ADGB im Juni 1922 wurde dann nach kontroverser Diskussion die Verwirklichung des Industrieverbandsprinzips — ein Betrieb, eine Gewerkschaft — empfohlen;[11] vor allem der DMV hatte sich für Industrieorganisationen stark gemacht, um den geschlossen auftretenden Unternehmergruppen besser entgegentreten zu können. Ihm widersprach z. B. Fritz Tarnow, der Vorsitzende des Holzarbeiterverbandes, der in der von ihm vorgelegten Entschließung am Prinzip der Berufssolidarität als „wertvolles Mittel der gewerkschaftlichen Organisierung, Schulung und Disziplinierung" festhielt. So blieb es bei einer Empfehlung, die zudem nur zögernd realisiert wurde; aber der Trend lief dennoch (langsam) in diese Richtung: Die Zahl der Einzelverbände fiel von 52 in den Jahren 1919/20 auf 44 im Jahre 1923.

Allerdings wich sowohl die Entwicklung der Angestellten- als auch die der Beamtenverbände von diesem Prinzip ab. Aus der „Arbeitsgemeinschaft freier Angestelltenverbände" ging im November 1920 der „Allgemeine freie Angestelltenbund" (AfA-Bund) hervor, der im April 1921 einen Kooperationsvertrag mit dem ADGB abschloß und sich unter Siegfried Aufhäuser sozialreformerisch profilierte. Als Ende 1918 der Deutsche Beamtenbund (DBB) als Spitzenverband aller Beamtenverbände gegründet wurde, verzichteten die Freien Gewerkschaften zunächst auf eine „eigene" Beamtengewerkschaft. 1920 trat dann der Bund der höheren Beamten aus dem DBB aus und bildete den Kern des „Reichsbundes der höheren Beamten", der etwa 60.00 Mitglieder zählte. Und 1922 verließen die gewerkschaftlich orientierten Beamten den DBB, weil dieser sich gegen den ersten deutschen Beamtenstreik (den der Eisenbahner 1922) gestellt hatte; sie gründeten den Allgemeinen Deutschen Beamtenbund (ADB), der im März 1923 einen Kooperationsvertrag mit dem ADGB abschloß.

1922/23 war die Fusionsbewegung weitgehend zum Ende gekommen. Die gewerkschaftlichen Organisationen — auch die kleineren — hatten sich

---

11 Siehe Protokoll der Verhandlungen des 11. Kongresses der Gewerkschaften Deutschlands (1. Bundestag des Allgemeinen Deutschen Gewerkschaftsbundes), abgehalten zu Leipzig vom 19. bis 24. Juni 1922, Berlin 1922, S. 35 f.

offenbar stabilisiert; zu beachten ist jedoch, daß 1922 die 5 größten Verbände (Metall-, Fabrik-, Textil-, Transport- und Landarbeiter) allein 50 % aller Freien Gewerkschafter in ihren Organisationen hatten.

*

Mit dem Anwachsen der Mitgliederzahl einerseits, mit der Ausdehnung der Mitgestaltungsmöglichkeiten der Gewerkschaften in Wirtschaft und Staat andererseits stellte sich eine Fülle von neuen Aufgaben: Dabei ist zunächst die Organisationsgruppenarbeit zu nennen. Mit der Aufhebung der Beschränkungen des Vereinsgesetzes erhöhte sich der Anteil der Jugendlichen, d. h. der 14- bis 18jährigen, und der Frauen in den Gewerkschaften. Unter der Führung eines (in der Regel 18- bis 25jährigen) Jugendleiters oder Jugendobmannes wurden die Jugendlichen in lokalen „Jugendabteilungen" zusammengefaßt, für die seit 1926 das Jugendsekretariat des ADGB als monatliches Organ den „Jugend-Führer" herausgab. Auch die gewerkschaftliche Frauenarbeit wurde verstärkt. Bereits 1916 hatten die Freien Gewerkschaften eine — von Gertrud Hanna redigierte — „Gewerkschaftliche Frauenzeitung" gegründet, die dem Oppositionskurs der „Gleichheit" entgegenwirken sollte. Gertrud Hanna war es auch, die auf dem Nürnberger Kongreß 1919 über die „Organisation der Arbeiterinnen" referierte und besondere Anstrengungen in der Frauenagitation verlangte. Die vom Kongreß angenommenen Resolutionen folgten ihren Ausführungen: Es sollten die Aufklärungsarbeit unter den Arbeiterinnen verstärkt, die organisierten Frauen aktiviert und die Verwirklichung der Forderung „Gleicher Lohn für gleiche Leistung" angestrebt werden. Außerdem bekannte sich der Kongreß zum Recht der Frauen auf „Arbeitsplätze, die ihrer Eigenart, ihren Kräften und Fähigkeiten entsprechen. Er macht den Gewerkschaften zur Pflicht, darauf zu achten, daß bei Einstellungen und Entlassungen von Arbeitskräften frauenfeindliche Bestrebungen nicht zur Geltung kommen."[12]

Doch die Realität sah vielfach anders aus: Zwar waren die Demobilmachungsverordnungen „geschlechts-neutral" formuliert, doch die Kritierien, nach denen Entlassungen gestattet waren, trafen überwiegend auf Frauen zu: Entlassen werden konnte, wer nicht auf Erwerb angewiesen und bei Kriegsausbruch nicht erwerbstätig war. Und auch im Betriebsrätegesetz war die Beteiligung von Frauen (§ 22) verankert worden, doch 1919 ff. waren es vor allem Frauen, die — wie Gertrud Hanna angekündigt hatte — Verständnis für die „Notwendigkeiten der Zeit" aufbrachten und ihre

---

12 Protokoll der Verhandlungen des 10. Kongresses der Gewerkschaften Deutschlands, S. 412 f.

*Carl Legien im Jahr 1908, bis 1920 Vorsitzender der General-kommission der Gewerkschaften Deutschlands bzw. des Allgemei-nen Deutschen Gewerkschafts-bundes.*

*Theodor Leipart, von 1920 bis 1933 Vorsitzender des Allgemei-nen Deutschen Gewerkschafts-bundes.*

*Siegfried Aufhäuser, bis 1933 Vorsitzender des Allgemeinen freien Angestelltenbundes.*

*Anton Erkelenz, einer der profi-liertesten Gewerkschafter aus der Führung des Verbandes der Deut-schen Gewerkvereine (H.-D.).*

*Adam Stegerwald, bis 1929 Vor-*
*sitzender des Gesamtverbandes*
*der christlichen Gewerkschaften*
*Deutschlands und des (christlich-*
*nationalen) Deutschen Gewerk-*
*schaftsbundes.*

*Bernhard Otte, von 1929 bis 1933*
*Vorsitzender des Gesamtverban-*
*des der christlichen Gewerkschaf-*
*ten Deutschlands.*

*Heinrich Imbusch, von 1929 bis*
*1933 Vorsitzender des (christlich-*
*nationalen) Deutschen Gewerk-*
*schaftsbundes.*

Arbeitsplätze räumten. Überdies blieben die Frauenlöhne auch in den zwanziger Jahren hinter denen der Männer zurück (Tabelle 3e). Als auf dem 11. Gewerkschaftskongreß 1922 vier der sieben weiblichen Delegierten (von insgesamt 690) nochmals einen Versuch unternahmen, ihren Forderungen Nachdruck zu verleihen, scheiterten sie am Desinteresse der Männer. Das Problem „Frau und Gewerkschaft" war fürs erste kein Thema mehr.

Der Gewerkschaftskongreß 1919 hatte als „wichtigste Aufgabe" zur Vorbereitung des Sozialismus die „Sozialisierung der Bildung" herausgestellt. Und in der Tat bedurften die Gewerkschafter zur Wahrnehmung ihrer Mitsprachemöglichkeiten erweiterter Kenntnisse. Schon 1919 gründeten die Freien Gewerkschaften die Heimvolkshochschule Tinz (bei Gera). 1930 kam die erste eigene Bundesschule des ADGB in Bernau dazu. In Zusammenarbeit mit den Universitäten wurden in Köln das „Freigewerkschaftliche Seminar" und in Frankfurt/M. — zusammen auch mit den Christlichen Gewerkschaften — die Akademie der Arbeit gegründet. Und 1922 nahmen die Fachschulen für Wirtschaft und Verwaltung in Berlin und Düsseldorf ihren Schulbetrieb auf, an dem die Gewerkschaften beteiligt waren.

*

Überblickt man die Neuorientierung und Neuformierung der Freien Gewerkschaften, so entsteht ein zwiespältiger Eindruck: Den Erfolgen bei der Zentralisierung und beim Ausbau der Organisationen stand die programmatisch-politische Zerstrittenheit gegenüber. Trotz der kräftigen innergewerkschaftlichen Opposition gelang es der Mehrheit jedoch — von der Burgfriedenspolitik bis hin zum Betriebsrätegesetz — nahezu unangefochten, ihre politischen Vorstellungen zum „Programm" zu erheben. Dazu trug gewiß auch die herausragende Position Carl Legiens bei, zu dem die Opposition weder eine personelle Alternative noch auch nur einen adäquaten Herausforderer anbieten konnte.

Als Legien am 26. Dezember 1920 starb, konnten die Freien Gewerkschaften rasch einen Nachfolger bestellen, der sich schon seit der Jahrhundertwende, dann in der Kriegszeit und auch durch sein Hauptreferat auf dem Nürnberger Kongreß als Vertreter der „alten" Vorstandslinie profiliert hatte: Am 19. Januar 1921 wurde Theodor Leipart Vorsitzender des ADGB. Ein Generationswechsel war das nicht, denn Leipart — am 17. Mai 1867 in Neubrandenburg als Sohn eines Schneiders geboren — war nur sechs Jahre jünger als Legien. Er arbeitete von 1881 bis 1890 als Drechsler. 1886 war er in den Vorstand des Deutschen Drechslerverbandes gewählt worden; und 1890 hatte er die Schriftleitung der „Fachzeitung für Drechsler" übernommen. 1901 wurde Leipart dann Vorsitzender des

Drechslerverbandes und, als sich der Drechslerverband dem Deutschen Holzarbeiterverband anschloß, zweiter Vorsitzender dieser Zentralgewerkschaft. Als Mitglied der MSPD war Leipart 1919/20 Württembergischer Arbeitsminister — bis er dann an die Spitze des ADGB rückte. Die Kontinuität der Vorstandspolitik war damit gewährleistet, doch ob Leipart das Format Legiens erreichen würde, sollte sich erst in den Auseinandersetzungen der kommenden Monate und Jahre zeigen.

## Die christlich-nationalen Gewerkschaften

Hatten auch die Freien Gewerkschaften kaum aktiv die Revolution gefördert, so verstanden sich die Christlichen Gewerkschaften als Verhinderer einer gesellschaftlichen Umgestaltung. Noch in seiner Herbstausschußsitzung am 29./30. Oktober 1918 hatte der Gesamtverband der christlichen Gewerkschaften seine Treue zur Monarchie proklamiert.[13] Doch wenige Tage später — nach der Abdankung des Kaisers — drängten die Christlichen Gewerkschaften dann auf die Einberufung einer „konstituierenden Deutschen Nationalversammlung". Die Bereitschaft der Christlichen Gewerkschaften zur Mitarbeit beim Aufbau des neuen Staates war freilich primär von dem Willen geprägt, „Schlimmeres" — eine sozialistische Republik — zu verhindern.

Die Abwehrhaltung gegen die Revolution begünstigte die Bemühungen, eine Einheitsfront der nicht-sozialistischen Gewerkschaften zusammenzuschweißen. Bereits am 20. November 1918 gründeten die dem Deutschen Arbeiterkongreß und die dem — von den Hirsch-Dunckerschen Gewerkvereinen geführten — Kongreß freiheitlich-nationaler Arbeiter- und Angestelltenverbände angeschlossenen Organisationen den Deutsch-Demokratischen Gewerkschaftsbund (DDGB).

Die Klärung der Mehrheits- und Kräfteverhältnisse innerhalb von Arbeiterschaft und Arbeiterbewegung und das Versanden der Revolution Anfang 1919 ließen die Differenzen zwischen den liberalen und den christlich-nationlen Organisationen wieder deutlicher hervortreten. Nachdem schon am 19. März 1919 der Name des Verbandes in „Deutscher Gewerkschaftsbund" (DGB) umgeändert worden war, um eine allzu enge Identifizierung mit der Deutschen Demokratischen Partei (DDP) zu vermeiden, trat dann am 14. November 1919 der Verband der Deutschen Gewerkvereine (Hirsch-Duncker) aus dem DGB aus. Bereits am

---

13 Siehe Sitzung des Ausschusses des Gesamtverbandes, in: Zentralblatt Nr. 23 vom 4. 11. 1918, S. 190—192, hier S. 191.

22. November 1919 wurde in Berlin der Deutsche Gewerkschaftsbund als Zusammenfassung der christlich-nationalen Verbände gegründet, der aus drei „Säulen" bestand: Aus dem Gesamtverband der christlichen Gewerkschaften als „Arbeitersäule"; aus dem Gesamtverband deutscher Angestelltenverbände (Gedag), zu dem auch der Deutschnationale Handlungsgehilfenverband (DHV) gehörte; und aus dem Gesamtverband deutscher Beamtengewerkschaften, der sich jedoch 1926 auflöste.

*

Die christlich-nationalen Gewerkschaften des DGB verstanden sich als Standesorganisationen, wobei „Stand" nicht nur ein funktionales, sondern vor allem ein wertbeladenes Kriterium der Standortbestimmung in der „Volksgemeinschaft" bildete, die eben auf der „Solidarität der Stände" basierte. Die Volksgemeinschaft galt ihnen als geschichtliche Schicksals- und Kulturgemeinschaft, war also klassenübergreifend und national geprägt. Damit setzten sich die christlich-nationalen Gewerkschaften ausdrücklich ab von Klassenkampfdenken und Internationalismus der Freien Gewerkschaften, denen vorgeworfen wurde, sie segelten mit diesen Programmbindungen im Fahrwasser der Sozialdemokratie.

Die christlich-nationalen Gewerkschafter verteilten sich demgegenüber auf das ganze Spektrum der bürgerlichen Parteien: Während die überwiegend katholisch geprägten Christlichen Gewerkschaften nach wie vor in der Zentrums-Partei ihren wichtigsten politischen Partner und nur einzelne Vertreter in der Deutschen Volkspartei (DVP) und in der Deutschnationalen Volkspartei (DNVP) hatten, waren die protestantisch dominierten Verbände mit den bürgerlich-nationalen Parteien verbunden; durch die nationalistische Radikalisierung in weiten Kreisen der Angestelltenschaft, die vor allem dem Deutschnationalen Handlungsgehilfenverband (DHV) zugute kam, sollte schließlich etwa ab 1930 auch die Nationalsozialistische Deutsche Arbeiterpartei (NSDAP) zum Kreis der politischen Ansprechpartner von DGB-Verbänden zählen. In all diesen Parteien waren die christlich-nationalen Gewerkschafter jedoch Interessenvertreter neben, wenn nicht unter anderen. Das Zentrum umschloß — neben dem Arbeiterflügel — starke agrarische und industrielle Gruppen, und in DVP und DNVP befanden sich die Gewerkschaftsvertreter nicht nur in der Gesellschaft von Agrariern und Industriellen, sondern zudem von „gelben Gewerkschaften", d. h. von Vertretern der wirtschaftsfriedlichen Werkvereine, die sich im Oktober 1919 im „Nationalverband Deutscher Gewerkschaften" zusammengeschlossen hatten, dessen Name dann 1921 in „Nationalverband Deutscher Berufsvereine" umgeändert wurde.

Vor diesem Hintergrund ist die programmatische Rede Stegerwalds auf dem Essener Kongreß der Christlichen Gewerkschaften zu sehen, mit der er im November 1920 — wohl auch nicht ohne eigenen politischen Ehrgeiz — die Idee entwickelte, eine gewerkschaftlich geprägte Mittelpartei zu gründen; deren Grundprinzipien sollten lauten: „deutsch, christlich, demokratisch und sozial".[14] Trotz der Zustimmung, die diese Idee zunächst fand, scheiterte dieser Plan an den Vorbehalten gegen die Person Stegerwalds, der immer beides — Politiker *und* Gewerkschafter — sein wollte, und an der traditionellen Bindung der katholisch orientierten Arbeitnehmerschaft an das Zentrum; die Zeit für die Gründung einer betont christlichen, aber nicht konfessionell festgelegten Partei war noch nicht reif.

Entschieden konkreter als die Schritte zur Gründung einer „Volkspartei" fielen die Beratungen des Essener Kongresses zur Frage der Organisationsstruktur aus, die im Grunde der des ADGB entsprach; deutliche Übereinstimmungen zeigten sich auch in der Ausweitung der Jugend- und Frauenarbeit und im Aufbau eines breiten gewerkschaftlichen Bildungswesens. Daß der DGB im April 1921 eine eigene Tageszeitung — „Der Deutsche" — startete, folgte den weitgesteckten politischen Plänen zur Bildung einer christlich-nationalen Sammlungsbewegung.

## Die Hirsch-Dunckerschen Gewerkvereine

Nachdem die Hirsch-Dunckerschen Gewerkvereine im November 1919 den DGB verlassen hatten, konstituierten sie ein Jahr später einen eigenen Dachverband, den „Gewerkschaftsring deutscher Arbeiter-, Angestellten- und Beamtenverbände". Hatten die Gewerkvereine auch größte Vorbehalte gegen die Revolution, so begrüßten sie doch entschieden Novemberabkommen und ZAG und unterstützten die Wahl zur Nationalversammlung sowie den „Aufbau der republikanischen Staatsform", die sie schließlich gegen den Kapp-Putsch mitverteidigten. Die „Lehre vom Klassenkampf" wurde ausdrücklich abgelehnt, „weil sie ungewerkschaftlich ist und auch undemokratisch" — so Gustav Schneider vom Gewerkschaftsbund der Angestellten auf dem 4. Kongreß des Gewerkschaftsringes im November 1930.[15] Nach wie vor bekannten sie sich zu parteipolitischer Unabhängig-

---

14 Siehe Adam Stegerwald, Die christlich-nationale Arbeiterschaft und die Lebensfragen des deutschen Volkes, in: Niederschrift der Verhandlungen des 10. Kongresses der christlichen Gewerkschaften Deutschlands, abgehalten vom 20. bis 23. November 1920 in Essen, Köln 1920, S. 183 ff.

15 4. Freiheitlich-nationaler Kongreß des Gewerkschaftsrings deutscher Arbeiter-, Angestellten- und Beamtenverbände am 15. bis 17. November 1930 in Berlin, Berlin o. J., S. 67.

keit und religiöser Neutralität und wollten nicht mehr (und nicht weniger) bieten als eine rein wirtschaftlich-soziale Reform- und Interessenbewegung. Der Streik wurde zwar als letztes Mittel der Interessendurchsetzung durchaus befürwortet, doch in der gewerkschaftlichen Praxis wurde eindeutiger als bei den Freien Gewerkschaften der Verhandlungslösung der Vorzug gegeben. Weltanschaulich waren die Gewerkvereine (H. D.) und der Gewerkschaftsbund der Angestellten (GdA) mit ihren angeschlossenen Verbänden im sozialorientierten Liberalismus verwurzelt, so daß sie in der DDP als „der" linksliberalen Partei der Weimarer Zeit „ihren" parteipolitischen Partner hatten. Damit war zugleich eine entschiedene Bejahung der Weimarer Republik verbunden, die von Gustav Hartmann und besonders von Anton Erkelenz in der Führung des Gewerkschaftsrings glaubwürdig vertreten wurde. Als die DDP am Ende der Weimarer Republik fast ganz aufgerieben wurde, kam es zur Annäherung der Hirsch-Dunckerschen Gewerkvereine an SPD und ADGB.

## Internationale Gewerkschaftsbünde

Fast ebenso rasch, wie bei Kriegsbeginn die internationalen Organisationen der Arbeiterbewegung auseinanderbrachen, wurden sie nach Ende des Krieges wieder gegründet. Bereits vom 28. Juli bis 2. August 1919 trafen sich in Amsterdam 90 Delegierte aus 14 Staaten als Vertreter von fast 18 Millionen Gewerkschaftern zur Neugründung des Internationalen Gewerkschaftsbundes (IGB), dem auch der ADGB angehörte. Allerdings mußten es die deutschen Gewerkschafter hinnehmen, daß sie — wegen ihrer Kriegspolitik — ihre führende Stellung im IGB einbüßten. Daß Spaltung und Konflikt in der deutschen Gewerkschaftsbewegung weitverbreitete Spannungen spiegelten, zeigte sich in der Gründung weiterer Internationaler Gewerkschaftsbünde: Die kommunistischen und syndikalistischen Verbände, aber auch Oppositionsgruppen in als reformistisch geltenden Gewerkschaften schlossen sich zur Roten Gewerkschaftsinternationale (RGI) zusammen. Am Moskauer Gründungskongreß im Juli 1921 nahmen 380 Delegierte aus 42 Ländern teil, die insgesamt etwa 17 Millionen Mitglieder vertraten. Und auch die Christlichen Gewerkschaften bildeten — nach Auseinandersetzungen über die Rolle der deutschen Christlichen Gewerkschaften im Ersten Weltkrieg — wieder einen Internationalen Bund der Christlichen Gewerkschaften (IBCG), der seinen Sitz in Utrecht hatte. Ebenfalls in Utrecht saß die Zentrale des Internationalen Bundes neutraler Gewerkschaften, der 1928 von den liberalen Verbänden gegründet worden war.

158

## Zur Mitgliederentwicklung

Schaut man allein auf den Anstieg der Mitgliedszahlen der Gewerkschaften aller Richtungen, so wird man nicht sagen können, die Gewerkschaften hätten keinen Rückhalt für ihre Politik gefunden: Die Mitgliederzahlen der Freien Gewerkschaften stiegen 1920 auf über 8, die der Christlichen auf über 1,1 Millionen, und die Hirsch-Dunckerschen Gewerkvereine verzeichneten immerhin 225.000 Mitglieder. Hinzu kamen die Freien und die christlich-nationalen Angestelltenverbände mit 690.000 bzw. 463.000 Mitgliedern. Das bedeutete gegenüber dem Vorkriegsstand (1913) insgesamt mehr als eine Verdreifachung der Mitgliedszahlen. 1920 gehörten insgesamt 12,5 Millionen Arbeiter und Arbeiterinnen, Angestellte und Beamte gewerkschaftlichen oder gewerkschaftsähnlichen Organisationen an. Verglichen mit den Ergebnissen der Berufszählung 1925 ergibt sich wohl ein Organisationsgrad von fast 40 %, bei den Arbeitergewerkschaften allein sogar von gut 68 %.[16] Die Politisierung der Arbeitnehmerschaft ging also keineswegs an den Gewerkschaften vorbei, führte jedoch mit der bald einsetzenden Enttäuschung über Verlauf und Ergebnis der Revolution und erst recht angesichts der sozialen und wirtschaftlichen Krise der Inflationsjahre nicht zu einer stabilen Mitgliedschaft.

Für die Zunahme der Gewerkschaftsmitglieder 1919/20 waren wohl vor allem rechtlich-politische Faktoren entscheidend: die Anerkennung der Gewerkschaften durch Arbeitgeber und Verfassung und die Ausdehnung der Vereinigungsfreiheit auf alle Berufsgruppen einerseits, die grundsätzliche Politisierung breiter Bevölkerungskreise, vor allem der Arbeiter, in der Kriegs- und Nachkriegszeit andererseits, erleichterten den Gewerkschaften aller Richtungen, in Berufsgruppen, Betriebe und Regionen weiter vorzudringen, die ihnen zuvor verschlossen waren.

Am Mitgliederzuwachs waren zunächst die bis dahin nicht (oder kaum) organisierten Berufsgruppen beteiligt: Staatsarbeiter, Eisenbahner und Landarbeiter und auch die Angestellten sind zu nennen — wenngleich die Erfolge bei der Organisierung von Land- und Heimarbeitern und auch bei den Angestellten nicht überschätzt werden dürfen. „Neue" Regionen wurden erobert: Freie und Christliche Gewerkschaften drangen in Gebiete vor, in denen sie vorher aufgrund der politischen bzw. konfessionellen Situation nur schwer hatten Fuß fassen können: Die Freien Gewerkschaften griffen nach Ostdeutschland und in das Saarrevier aus, die Christlichen nach Mittel- und Ostdeutschland und ebenfalls an die Saar — zumal das Ende des „Gewerkschaftsstreits" nun auch hier bischöfliche Duldung,

---

16 Heinrich Potthoff, Freie Gewerkschaften 1918—1933. Der Allgemeine Deutsche Gewerkschaftsbund in der Weimarer Republik, Düsseldorf 1987, S. 43.

wenn nicht Unterstützung versprach. Blieb auch die Gesamtmitgliederzahl der Christlichen Gewerkschaften immer deutlich hinter der der Freien zurück, so muß doch beachtet werden, daß die regionale Massierung — noch 1929 waren 50 % der Mitglieder im Rheinland und in Westfalen beheimatet — dazu führte, daß die Christlichen Gewerkschaften in den Klein- und Mittelstädten dieser Region stärker waren als die Freien. Erst jetzt drangen die Gewerkschaften in die Großbetriebe ein, was schon durch die Bestimmungen des Hilfsdienstgesetzes und von 1920 an auch durch die des Betriebsrätegesetzes gefördert wurde. Vor allem der Anteil der Frauen, der Jugendlichen und der ungelernten Arbeiter wurde größer. Insgesamt blieb jedoch der Organisationsanteil der Frauen aus den weiter oben beschriebenen Gründen nach wie vor deutlich hinter ihrem Anteil an den Beschäftigten in allen Branchen bzw. Berufsgruppen zurück.

Auch wird man als Strukturmerkmal der Gewerkschaftsentwicklung 1918/19 festhalten können, daß die Distanz zwischen Mitgliedschaft und Funktionären größer wurde. Zwar waren zahlreiche Posten in den Führungen der Gewerkschaften neu zu besetzen, weil die Vorstandsmitglieder zum Teil in Politik oder Verwaltung übergewechselt waren; doch ein Generationenwechsel vollzog sich nicht; vielmehr rückten die Funktionäre aus dem „zweiten Glied" nach vorne. So blieb die alte Funktionärsgarde an der Spitze, deren Mitglieder zumeist langgediente Gewerkschafter waren: handwerklich ausgebildet, an Disziplin gewöhnt und den langsamen Weg der Reform schätzend. Demgegenüber waren die neuen Mitglieder vielfach rasch in die Betriebe gezogen worden, hatten keine Lehre hinter sich und erfuhren ihre ersten politischen Prägungen in der Kriegs- und Nachkriegszeit. Diese Unterschiede des Generationserlebnisses, des Erfahrungshintergrundes trugen nicht unerheblich zu den Spannungen zwischen Führung und Mitgliedschaft bei, die die Opposition vor allem in den Freien Gewerkschaften anwachsen ließ.

Ausmaß und Geschwindigkeit der Mitgliederzunahme stellten die Apparate aller Richtungsgewerkschaften vor eine Vielzahl von Problemen. Allein die Ausfertigung von hunderttausenden von Mitgliedsbüchern und erst recht der Aufbau neuer Zahlstellen belasteten die bisherigen Funktionäre aufs stärkste und erhöhten den Bedarf an haupt- und nebenamtlichen Mitarbeitern. Dabei waren die Arbeitsbedingungen wenig attraktiv: Vom Achtstundentag konnte nicht die Rede sein, und die Gehälter waren niedrig; die Anforderungen waren mit der Organisations- und Funktionserweiterung der Gewerkschaften jedoch gewachsen. Es entstand das Bild des „Gewerkschaftsbeamten", den die Kritiker von „rechts" wie „links" als Bonzen und Bürokraten zu beschimpfen pflegten, um ihm viele, wenn nicht alle Probleme der Weimarer Republik anzulasten.

## 3. *Wieder in der Defensive: vom Kapp-Putsch zur Inflation*

Mit dem Novemberabkommen und der Weimarer Verfassung hatte sich die Basis für die gewerkschaftliche Arbeit grundsätzlich geändert. Die Gewerkschaften setzten alle Hoffnungen auf einen weiteren sozialreformerischen Ausbau der Weimarer Republik, mit deren parlamentarischer Ordnung sich die Freien und die Hirsch-Dunckerschen Gewerkschaften uneingeschränkt identifizierten. Sie waren es auch, die — wie gezeigt — in den ersten Jahren maßgeblich Einfluß auf die Sozialordnung nahmen und damit, gemessen an ihren eigenen Zielen, manchen Erfolg verbuchen konnten. Gerade dies stachelte jedoch die Kritik an der jungen Republik an.

*

Enttäuschung und Verbitterung weiter Kreise der politischen Linken über den begrenzten Erfolg der Revolution wurden wohl noch übertroffen von Verachtung und Haß der „nationalen Rechten", die sich gegen die „Novemberverbrecher" und „Erfüllungspolitiker", gegen das „Versailler Diktat" und gegen das ganze „Weimarer System" richteten. Erster unübersehbarer Ausdruck dieses Kampfes gegen die Republik war der Kapp-Putsch. Als die „Brigade Ehrhardt" am 13. März 1920 in Berlin einmarschierte und sich der ehemalige ostpreußische Generallandschaftsdirektor Wolfgang Kapp zum Reichskanzler ausrufen ließ, als die rechtmäßig gewählte Regierung — von der Reichswehr im Stich gelassen — aus Berlin floh, da bewiesen große Teile der Arbeiter- und auch der Beamtenschaft ihre Loyalität zur gefährdeten Regierung: Noch am 13. März 1920 riefen ADGB und AfA-Bund zum Generalstreik auf; am 14. März wurde der Aufruf von der Kommunistischen Partei Deutschlands (KPD), am 15. März von den Christlichen Gewerkschaften und am 16. März auch vom Deutschen Beamtenbund unterstützt. Nach fünf Tagen Generalstreik gaben die Putschisten — am 17. März 1920 — auf.

Die Freien Gewerkschaften glaubten sich daraufhin berechtigt, nun von der dank ihres Einsatzes weiterhin amtierenden Regierung die Erfüllung einer Reihe von Forderungen verlangen zu können. In ihrer Erklärung vom 18. März postulierten sie nicht nur die „gründliche Reinigung der gesamten öffentlichen Verwaltungen und Betriebsverwaltungen von allen reaktionären Persönlichkeiten", sondern auch einen „entscheidenden Einfluß [. . .] auf die Umgestaltung der Regierungen im Reich und in den Ländern" sowie auf die „Neuregelung der wirtschafts- und sozialpolitischen Gesetzgebung".[17]

---

17 Der Generalstreik gegen den Monarchistenputsch, in: Korrespondenzblatt Nr. 12/13 vom 27. 3. 1920, S. 152 f.

*Kapp-Putsch am 13. März 1920: Sammelplatz der Putschisten am Brandenburger tor.*

Hatten die Gewerkschaften aller Richtungen im Generalstreik noch zusammengehalten, nun zerbrach die Einigkeit rasch wieder. Die Christlichen Gewerkschaften sahen in den Forderungen der Freien den Versuch einer politischen Erpressung, an dem sie sich nicht beteiligen wollten; argwöhnisch beobachteten sie die Verhandlungen zur Bildung einer reinen „Arbeiterregierung", deren Spitze der ADGB-Vorsitzende Carl Legien übernehmen sollte. Doch derartige Pläne scheiterten ohnehin an der Kluft zwischen USPD und MSPD — und an der Weigerung Legiens, das Reichskanzleramt zu übernehmen. Gebildet wurde stattdessen eine Koalitionsregierung von SPD, Zentrum und DDP. Und die den Freien Gewerkschaften beim Abbruch des Generalstreiks gegebenen Zusagen wurden in wesentlichen Teilen — was zum Beispiel den gewerkschaftlichen Einfluß auf die Regierungsbildung und die Sozialisierungspolitik anlangte — nicht eingehalten; manch Gewerkschafter empfand wohl zudem Verbitterung, als die (von den Gewerkschaften nicht unterstützten) bewaffneten

Unruhen an der Ruhr, mit denen gewissermaßen die Erfüllung der revolutionären Forderungen eingeklagt wurde, blutig niedergeschlagen wurden. Die Situation veränderte sich vollends zuungunsten der (Freien) Gewerkschaften, als nach den Wahlen vom 6. Juni 1920, bei denen die Stimmenzahl der MSPD fast halbiert wurde, eine bürgerliche Koalitionsregierung (Zentrum, DDP und DVP) gebildet wurde.

Die Gewerkschaften hatten sich zwar als stark genug erwiesen, dem Kapp-Putsch zu begegnen, sie waren jedoch zu schwach, ihren nicht geschlossen vertretenen Machtanspruch in Politik umzusetzen. Das diskreditierte sie auf der Linken; aber auf der politischen Rechten reichte allein der gewerkschaftliche Anspruch auf maßgebliche politische Einflußnahme aus, die Gewerkschaften mit dem Odium zu belasten, sie strebten einen „Gewerkschaftsstaat" an. Wie weit die Realität gerade davon entfernt war, wurde mit diesem Schlagwort überdeckt. Denn wie sah die Wirklichkeit aus? Die Sozialpolitik stagnierte unter dem Druck der Geldentwertung; eine durchgreifende Demokratisierung von Verwaltung und Justiz blieb aus; und die wirtschaftliche Machtfrage — konkret das Problem der Sozialisierung — wurde nicht noch einmal aufgerollt.

Wenig später wurden die Gewerkschaften in Ruhrkampf und Hochinflation hineingerissen, die das Jahr 1923 — zusammen mit dem Hitler-Putsch — zum Krisenjahr der 20er Jahre stempelten. Die Gewerkschaften aller Richtungen ließen sich — mehr oder minder bereitwillig — in die Regierungspolitik des „passiven Widerstandes" gegen die Ruhrbesetzung einbinden, deren Finanzierung die Reichsfinanzen ruinierte und die Inflation anheizte. Zum Teil wider besseres Wissen ließen sich auch die Freien Gewerkschaften von den nationalistischen Parolen dieses „spontanen Abwehrkampfes" anstecken — vielleicht in der Hoffnung, für ihre damit einmal mehr bewiesene Bereitschaft zur „nationalen Pflichterfüllung" sozialpolitisches Entgegenkommen zu ernten. Doch diese Rechnung ging nicht auf. Vielmehr sahen sich die Gewerkschaften im Zuge der Inflation auch auf ihrem ureigensten Aufgabenfeld, der Tarifpolitik, in die Defensive gedrängt.

*

War es 1918/19 den Gewerkschaften darauf angekommen, die Kaufkraftverluste der Kriegszeit auszugleichen, so begann schon 1920 der Wettlauf mit der Geldentwertung. Dabei konnten die Löhne den explodierenden Lebenshaltungskosten nicht folgen. War die Reallohnsituation auch je nach Branche, Beruf und Qualifikation sowie von Ort zu Ort überaus unterschiedlich, so kann kein Zweifel über die allgemeine Senkung des Lebensstandards bestehen. Die Inflation traf die Gewerkschaften in ihrer

Existenz. Sie verloren massenhaft Mitglieder. Die Kassenlage verschlechterte sich rapide — durch die verminderten Beitragseinnahmen und durch die Entwertung des Gewerkschaftsvermögens. Funktionäre mußten entlassen, Zeitschriften eingestellt, Unterstützungsleistungen gesenkt oder ganz gestrichen werden. Und die noch verbliebenen hauptamtlichen Gewerkschaftsmitarbeiter sahen sich vor die Notwendigkeit ständig neuer Tarifverhandlungen gestellt, die die Apparate bis an die Grenze der Leistungsfähigkeit belasteten.

Noch Anfang 1920 hatten die Freien Gewerkschaften gleitende Lohnskalen abgelehnt; ab Ende 1922 fanden die Tarifverhandlungen dann wöchentlich statt; und am 4. Juli 1923 empfahl der Bundesausschuß des ADGB den Einzelgewerkschaften, in die Tarifverträge Lohngleitklauseln aufzunehmen; der Lohn sei am Zahltag auf der Basis einer amtlichen Meßziffer zu berechnen, die der wöchentlichen Steigerung der Lebenshaltungskosten entsprechen sollte. Ab Sommer 1923 wurde in der Tat dieser Lebenshaltungskostenindex eingeführt.

Und auch auf dem Gebiet der Arbeitszeit waren die Gewerkschaften in der Defensive: Da ist nicht nur an die Arbeitskämpfe — z. B. in der süddeutschen Metallindustrie — zu denken, sondern vor allem an die gesetzliche Regelung. Nach langen Auseinandersetzungen, in deren Verlauf die SPD aus der Regierungskoalition ausschied, wurde am 21. Dezember 1923 eine neue Arbeitszeitverordnung erlassen, die im Prinzip am Achtstundentag festhielt, jedoch zahlreiche Ausnahmeregelungen zuließ. Die Folgen zeigten sich rasch: Während die Gewerkschaften bis 1923 alle Angriffe auf Achtstundentag und 48-Stunden-Woche erfolgreich abwehren konnten, stieg die Arbeitszeit nach der Aushöhlung der Achtstundentagsregelung im Jahre 1924 auf 50,4 Stunden pro Woche an, um dann langsam wieder abzusinken (Tabelle 4b).

Auch und gerade das gewerkschaftliche Engagement in der Lohn- und Arbeitszeitfrage schlug sich von 1920 bis 1922 — trotz geschwächter Kampfkraft — in zahlreichen Arbeitskämpfen nieder (Tabelle 2c). Gewiß unterliegt die Streikbereitschaft deutlich konjunkturell bzw. wirtschaftlich bedingten Schwankungen. Doch der sprunghafte Anstieg und das hohe Niveau der Streikaktivität 1919 bis 1922 zeigten vor allem den Erwartungshorizont der Arbeiterschaft, die eine Verbesserung ihrer sozialen und wirtschaftlichen Lage durchzusetzen bemüht war. Schon 1923 — in der Hochinflation — wichen diese Hoffnungen Verbitterung und wohl auch Resignation. Daß die Streikaktivität 1924 nicht auf die „alte" Höhe anstieg, dürfte auch auf die Schwäche der Gewerkschaften, primär aber auf das Schlichtungswesen zurückzuführen sein.

*

Angesichts der starken Streikaktivität hatten Arbeitgeber und Staat ein Interesse an der Durchsetzung schiedlich friedlicher Regelungsformen, denen die geschwächten Gewerkschaften anfangs zuzustimmen bereit waren, weil sie sich kaum alleine glaubten behaupten zu können. Nach mehreren Schlichtungsverordnungen fand das Schlichtungswesen mit der Verordnung vom 30. Oktober 1923 seine endgültige Form. Wenn sich die Parteien nicht einigen konnten, sollten behördliche Instanzen — paritätisch besetzte Schlichtungsausschüsse, Schlichter und das Reichsarbeitsministerium — eine Regelung herbeiführen. „Gelang dies nicht, so hatte der Vorsitzende des Schlichtungsausschusses beziehungsweise der Schlichter eine Schlichtungskammer zu bilden und dazu Beisitzer der Arbeitgeber und Arbeitnehmer in gleicher Zahl zu berufen. Kam es auch dort zu keiner Einigung, so sollte die Kammer einen Vorschlag zum Abschluß einer Gesamtvereinbarung machen (Schiedsspruch). Nahmen beide Parteien den Schiedsspruch an, so hatte er die Wirkung einer Gesamtvereinbarung."[18] Konnte man sich nicht auf einen Schiedsspruch einigen, so entschied die Stimme des Vorsitzenden. Nach erneuter Verhandlung konnte der Schiedsspruch durch den (für einen Bezirk zuständigen) Schlichter oder den Reichsarbeitsminister für verbindlich erklärt werden. Damit war dann der Schiedsspruch — auch gegen den Willen einer Partei — Tarifvertrag.

Diese Konstruktion des Schlichtungsverfahrens, besonders das Instrument der Zwangsschlichtung, bezog den Staat in die Gestaltung der Arbeitsbeziehungen mit ein. Dies hatte zur Folge, daß Gewerkschaften und Arbeitgeber nicht mehr einem unbedingten Einigungszwang unterstanden, sondern in der Lage waren, die Verantwortung, etwa für die Löhne, an den Staat weiterzuschieben. Die anhaltend hohe Zahl von Schlichtungsverfahren und vor allem der hohe Anteil von Einmannschiedssprüchen und Verbindlichkeitserklärungen deuten auf die Neigung beider Seiten, der Gewerkschaften und der Arbeitgeber hin, die „Flucht aus der Verantwortung" anzutreten und dem Staat den „Schwarzen Peter" zuzuschieben.

\*

Überschaut man rückblickend die Politik der Gewerkschaften in den Anfangsjahren der Weimarer Republik so ergibt sich kein einheitliches Bild: Zu den gewerkschaftlichen Erfolgen ist gewiß die Ausdehnung der Organisation zu zählen, die zugleich eine Folge der von den Gewerkschaften — mit dem Rückenwind der Revolution — erstrittenen Verbesserun-

---

18 Hans-Hermann Hartwich, Arbeitsmarkt, Verbände und Staat 1918—1933. Die öffentliche Bindung unternehmerischer Funktionen in der Weimarer Republik, Berlin 1967, S. 29.

gen der rechtlich-politischen Bedingungen ihrer Existenz war. Doch gerade den Beitrag der Revolution meinten die Gewerkschaften gering schätzen zu können; ihre Politik war getragen von der Illusion, mit den Errungenschaften des November 1918 zugleich die parlamentarische Demokratie gesichert zu haben. Aber mit der Kanalisierung der Räte- und mit dem Versanden der Sozialisierungs-Bewegung stabilisierten sich die überkommenen Machtverhältnisse, deren Nutznießer in ihren Positionen verblieben. Eben dies war auch eine Folge der gewerkschaftlichen Politik. Die Politik der Arbeitsgemeinschaft brachte den Gewerkschaften und Arbeitnehmern zweifellos deutliche soziale und politische Verbesserungen, aber sie diente zugleich der Arbeitgeberschaft als eine der Ausgangsbasen für ihren erneuten Aufstieg zur politischen Macht, der sich bereits zu Beginn der zwanziger Jahre abzeichnete. Die mit hohen Erwartungen begonnene „Ära der Arbeitsgemeinschaft" endete — gerade mit Blick auf die rücksichtslose Interessenpolitik der Schwerindustrie — mit einer tiefen Enttäuschung: Die Freien Gewerkschaften traten im Januar 1924 aus der ZAG aus; die Christlichen Gewerkschaften hielten am Konzept der Arbeitsgemeinschaft fest — auch wenn bei den Arbeitgebern kaum Partner für diese Politik in Sicht waren.

# VII. Gewerkschaften beim Aufbau des Sozialstaats 1924 bis 1930

Seit 1924 zeigte sich eine deutliche Besserung der wirtschaftlichen Lage, die von einer Stabilisierung auch der politischen Entwicklung begleitet war; die Reihe der bürgerlichen Kabinettsbildungen — oftmals unter Führung des Zentrums — und vor allem die Politik Gustav Stresemanns (DVP) boten der Republik eine Phase der Ruhe, deren konservative Prägung die Wahl Paul von Hindenburgs zum Reichspräsidenten im Jahre 1925 symbolisierte. Insgesamt schien sich Mitte der zwanziger Jahre so etwas wie die „Normalität" der Weimarer Republik herauszubilden, d. h. ein nicht gefestigtes, aber entwicklungsfähiges System sozialstaatlicher und privatkapitalistischer Elemente; dabei muß der Begriff des Sozialstaats eben wegen der darin eingeschlossenen demokratischen Maßnahmen deutlich vom Konzept des Wohlfahrtsstaates unterschieden werden.

## 1. *Auf dem Weg zum Sozialstaat?*
*Die Mitteljahre der Weimarer Republik*

Die Beendigung der Inflation, die Regelung der Reparationsfrage mit dem Dawes-Plan und das Hereinströmen ausländischer Kredite ermöglichten ab 1924 einen Wirtschaftsaufschwung, dessen deutlichstes Zeichen die Verdoppelung der Industrieproduktion von 1923 bis 1928/29 war; erreichte sie damit auch nicht den Vorkriegsstand, so konnten doch die chemische, die elektrotechnische und die optische Industrie, zum Teil auch die Textilindustrie und der Maschinenbau ihre Weltgeltung zurückgewinnen, was sich in der deutschen Exportentwicklung und Außenhandelsbilanz niederschlug.

Zum Wirtschaftsaufschwung trugen gewiß nicht unbeträchtlich die Produktivitätsfortschritte infolge der beschleunigten Rationalisierung bei. Die Arbeitsproduktivität stieg z. B. in der deutschen Maschinenindustrie zwischen 1924 und 1927 um 45 %, in der Eisenindustrie zwischen 1925 und 1927 um 41 %. Mit Konzentration und Kartellierung einerseits, mit Steigerung der Produktivität durch wissenschaftliche Bestimmung der Arbeitsvorgänge und durch neue technische Vorrichtungen andererseits versuchte die deutsche Wirtschaft, gegenüber der internationalen Konkurrenz bestehen zu können.

Die Kehrseite der Rationalisierungsbestrebungen und -erfolge war eine Intensivierung der Arbeit und eine auch in Zeiten verhältnismäßig guter

Konjunktur hohe Arbeitslosenquote. Von über 10 % (1924) ging sie zwar zunächst auf 7 bis 8 % (1925) zurück, schnellte im konjunkturellen Zwischentief 1926 auf über 15 % hoch und betrug 1927 und 1928 dann 8 bis 9 %; bereits 1929 stieg sie — ein Zeichen der beginnenden Weltwirtschaftskrise — auf 13/14 % an (Tabelle 5a).

*

Es war der gewerkschaftlichen Politik zu verdanken, daß der wirtschaftliche Aufschwung zumindest teilweise auch den Arbeitnehmern zugutekam. Waren auch die Gewerkschaften aus der Inflationskrise geschwächt hervorgegangen, so zeigte ihr Arbeitskampfverhalten 1924 doch eine auffällige Militanz. Die Neuordnung der Währung und die Arbeitszeitverordnung vom Dezember 1923 machten neue Tarifabschlüsse erforderlich; 1924 wurde, das zeigt ein Blick auf die Arbeitskampfstatistik, zum „Kampfjahr". Indessen zeigt das Zahlenverhältnis von Abwehr- und Angriffsbewegungen, daß die Gewerkschaften in einer Verteidigungsposition waren, an der sie erst 1925 mit beginnender Stärkung der Organisationen herausgekommen sind. Nicht zu übersehen ist jedoch, daß die Arbeitskampfaktivität nach der Inflation — wegen der Schwäche der Gewerkschaften und wegen der staatlichen Schlichtung — unter dem Niveau der Nachkriegsjahre lag (Tabelle 2c).

*

Im Mittelpunkt der gewerkschaftlichen Politik standen Lohnprobleme: Von 1924 bis 1929 stiegen die Löhne rascher als die Lebenshaltungskosten, so daß die Reallöhne pro Woche 1928 bis 1929 das Niveau der Vorkriegszeit (1913/14) erreichten oder überstiegen (Tabelle 3b). Auch in den zwanziger Jahren war die Lohnentwicklung je nach Beruf und Industriezweig sehr unterschiedlich. Es wirft ein bezeichnendes Bild auf die gewerkschaftliche Politik, daß die Frauenlöhne ihre nach dem Kriege erreichte Höhe jedoch nicht zu halten vermochten; der Abstand zu den Männerlöhnen wurde wieder größer (Tabelle 3e).

Zwar stieg die Lohnquote, also der Anteil von Lohn und Gehalt sowie Arbeitgeberbeiträgen zur Sozialversicherung am Volkseinkommen, gegenüber 46,4 % im Jahre 1913 enorm an auf 57,6 % 1927 bzw. 59,8 % 1929; doch zu berücksichtigen sind nicht nur die Bevölkerungsentwicklung, sondern auch die Verarmung des Mittelstands im Gefolge der Inflation: Die Quote des „Renteneinkommens" wurde gedrückt, und die Zahl der lohnabhängigen Arbeitnehmer stieg an.

Schon in den damaligen Debatten war die Lohnhöhe überaus umstritten. Während die Gewerkschaften mit der Verbesserung der Einkommenssituation der Arbeitnehmer zugleich die Kaufkraft insgesamt und damit die Wirtschaftstätigkeit zu stärken meinten[1], beharrten die Arbeitgeber auf der Ansicht, die Löhne hätten eine Höhe erreicht, die sich als schwere Belastung der Investitionsentscheidungen auswirke; das führe zur Lähmung der Wirtschaft und damit zur Verstärkung der Arbeitslosigkeit. Schuld an der Lohnhöhe seien die Gewerkschaften, aber auch die staatliche Schlichtungspraxis, auf deren Hilfe die Gewerkschaften bei aller Kritik an der Eingrenzung des Streikrechts — nach eigenem Eingeständnis — kaum meinten verzichten zu können.

Die Kontroverse um Lohn und Schlichtung ist jüngst wieder aufgeflackert, gilt doch auch manch historischem Betrachter die Lohnhöhe als eine der Ursachen für die „Krankheit" der deutschen Wirtschaft in den 20er Jahren, die sich im langfristigen Vergleich in relativ geringem Wirtschaftswachstum, relativ niedriger Investitionsrate und relativ hoher Arbeitslosigkeit zeige. Der inneren Logik dieser Argumentation entsprechend, gelten gewerkschaftliche Politik und staatliche Zwangsschlichtung als zentrale Ursachen für die wirtschaftliche Misere schon der 20er Jahre.[2] Ohne auf die Debatte zu dieser Frage eingehen zu wollen, sei daran erinnert, daß die Löhne keineswegs den durch die Produktivitätsentwicklung gezogenen Rahmen gesprengt haben; auch waren die Löhne — man denke nur an das Zinsniveau — keineswegs der einzige Kostenfaktor; und schließlich wird man einwenden können, daß angesichts des weltweiten Trends zur Schutzzollpolitik von der Exportwirtschaft keine ausreichenden Nachfrageimpulse gegeben werden konnten, so daß Wirtschaftsbelebung und Verminderung der Arbeitslosigkeit der Stärkung der Massenkaufkraft bedurften. Ohne die Lohnerhöhungen der 20er Jahre hätte die wirtschaftliche Situation gewiß noch düsterer ausgesehen.

*

1 Vor allem: Fritz Tarnow, Warum arm sein?, Berlin 1928.
2 Siehe z. B. Knut Borchardt, Wirtschaftliche Ursachen des Scheiterns der Weimarer Republik, in: Hagen Schulze (Hrsg.), Weimar. Selbstpreisgabe einer Demokratie. Eine Bilanz heute, Düsseldorf 1980, S. 211—249, hier bes. S. 217 ff. Vgl. dazu die Kontroversen mit Claus-Dieter Krohn (Geschichte und Gesellschaft 1982, S. 415—426 und 1983, S. 124—137) und Carl Ludwig Holtfrerich (Historische Zeitschrift 1982, S. 605—631 und 1983, S. 67—83 sowie Geschichte und Gesellschaft 1984, S. 122—141).

Zu den zentralen Konfliktthemen zwischen Gewerkschaften und Arbeitgebern gehörte — natürlich — auch die Arbeitszeit. Die Arbeitgeber legten im Sommer 1924 eine Denkschrift über die Arbeitszeitfrage vor, in der es hieß: „Die deutsche Wirtschaft ist unter der Einwirkung des Versailler Diktats, der Inflation und der produktionsfeindlichen Sozialpolitik der Nachkriegszeit" — insbesondere des „schematischen Achtstundentages" — „zum Zusammenbruch gekommen".[3] Auf der Basis dieser Position und mit der Arbeitszeitverordnung vom Dezember 1923 im Rücken, nutzten die Arbeitgeber nahezu aller Branchen die Gunst der Stunde und setzten Verlängerungen der Arbeitszeit durch. Trotz einer — im Hinblick auf die Schwäche der Gewerkschaften — bemerkenswerten Arbeitskampfaktivität im Jahre 1924 ging die 48-Stunden-Woche für mehr als die Hälfte der Vollarbeitskräfte 1924 verloren. Die Gewerkschaften widerstanden nur zum Teil dem Druck in Richtung auf eine Verlängerung der Arbeitszeit: Die am 1. Januar 1925 gültigen Tarifverträge gestatteten für 10,9 Prozent der Arbeitnehmer eine Arbeitszeit von mehr als 48 Stunden pro Woche; dieser Anteil stieg sogar bis zum 1. Januar 1927 auf 13,4 Prozent.

Positiv sieht die Bilanz der Tarifpolitik indessen in der Frage der Urlaubsregelung aus: 65,7 Prozent der 1920 und dann 86,6 Prozent der am 1. Januar 1925 geltenden Tarifverträge enthielten Vereinbarungen über die Urlaubsdauer. Nach einjähriger Beschäftigung bestand meist ein tarifvertraglicher Anspruch auf drei bis vier Tage bezahlten Urlaubs pro Jahr; parallel zur Länge der „Dienstzeit" wuchs auch die Urlaubsdauer auf maximal 12 bis 14 Tage. Für Angestellte, die schon in der Vorkriegszeit vielfach in den Genuß von Urlaub gekommen waren, wurde in der Weimarer Zeit eine Urlaubszeit von zwei bis drei Wochen allgemein üblich.

Angesichts der Rationalisierungsfortschritte und der hohen Arbeitslosigkeit traten die Freien Gewerkschaften jedoch immer wieder für die Rückkehr zum Achtstundentag und bald für eine darüber hinausgehende Arbeitszeitverkürzung ein. In einer öffentlichen Kundgebung zur Unterstützung dieser Forderung wurde am 28. Oktober 1926 der Zusammenhang zwischen Arbeitslosigkeit und Rationalisierung betont: „Die herrschende Arbeitslosigkeit ist nicht zuletzt in der modernen wirtschaftlichen Entwicklung begründet. Es bedarf daher positiver Maßnahmen, um einen wesentlichen Rückgang der Arbeitslosigkeit, die zwangsläufig durch die fortschreitende technische und betriebsorganisatorische Vervollkommnung verursacht wird, herbeizuführen."[4] Die daraus abgeleitete Forderung

---

3 Die Arbeitszeitfrage in Deutschland. Eine Denkschrift, verfaßt von der VDA, Berlin 1924, S. 5.
4 Ein Notgesetz über den Achtstundentag, in: Gewerkschafts-Zeitung Nr. 45 vom 6. 11. 1926, S. 625.

nach sofortiger Verabschiedung eines „Arbeitszeitnotgesetzes" zur Wiederherstellung des Achtstundentags stieß — wie zu erwarten war — auf heftige Ablehnung der Unternehmerschaft.

Durch einen Gesetzentwurf der SPD in Zugzwang gebracht und unter dem Druck der Christlichen Gewerkschaften auf die Zentrums-Fraktion, legte die Regierung im März 1927 einen Gesetzentwurf vor, der am 8. April 1927 vom Reichstag verabschiedet wurde. Dieses „Arbeitszeitnotgesetz" sah die Abschaffung der Straflosigkeit für die Annahme freiwilliger Mehrarbeit vor; ein Überschreiten der Arbeitszeit von zehn Stunden wurde von der Erteilung einer behördlichen Genehmigung abhängig gemacht. Überstunden, gemessen an der Grundlage des Achtstundentages, sollten mit einem Lohnzuschlag von 25 Prozent vergütet werden.[5]

Obwohl Vertreter der Arbeitgeberorganisationen an der Formulierung des Gesetzes mitgewirkt hatten, wurde Kritik daran laut, daß der Achtstundentag grundsätzlich gültig blieb; daß auf dieser Basis auch noch Überstundenzuschläge verordnet wurden, war den Arbeitgebern ein besonderer Dorn im Auge. Die Freien Gewerkschaften verwarfen das Gesetz hingegen als „Hohn auf den Achtstundentag"[6] und setzten bald — angesichts von Rationalisierung, Arbeitslosigkeit und dann Weltwirtschaftskrise — zum Kampf um die 40-Stunden-Woche an.

*

Bei allen kurzfristigen Veränderungen der wirtschaftlichen, sozialen und politischen Entwicklung der Weimarer Republik ist doch nicht zu übersehen, daß die zwanziger Jahre eingebunden waren in einen im Wilhelminischen Deutschland begonnenen und im Ersten Weltkrieg beschleunigten gesellschaftlichen Wandlungsprozeß, der die Bedingungen gewerkschaftlichen Handelns veränderte.[7] Ein Indiz dieses Wandlungsprozesses ist die Veränderung der Wirtschaftsstruktur. Schaut man auf den Anteil, den die einzelnen Wirtschaftsbereiche an der Gesamtzahl der Erwerbspersonen in den Jahren 1907, 1925 und 1933 hatten, so zeigt sich deutlich der Rückgang der Land- und Forstwirtschaft (von 35,2 auf 28,9 %) und der Anstieg des Tertiären Sektors (von 24,7 auf 30,7 %), vor allem im Bereich von Handel und Verkehr (Tabelle 6a). Verbergen sich hinter diesen

5 Gesetz zur Abänderung der Arbeitszeitverordnung vom 14. 4. 1927, in: Reichsgesetzblatt, Teil I, Nr. 18 vom 16. 4. 1927, S. 109 f.
6 Kritik am Arbeitsschutzgesetz-Entwurf, in: Gewerkschafts-Zeitung Nr. 9 vom 26. 2. 1927, S. 117—119, hier S. 118.
7 Die folgenden Zahlen nach Walther G. Hoffmann, Das Wachstum der deutschen Wirtschaft seit der Mitte des 19. Jahrhunderts, Berlin, Heidelberg, New York 1965, S. 194 ff.

Zahlen in den einzelnen Wirtschaftsbereichen auch gegenläufige Entwicklungen, so mögen diese Angaben doch ausreichen, um den vorherrschenden Trend zu illustrieren: In den 20er Jahren begann der Übergang der Industriegesellschaft zur Dienstleistungsgesellschaft.

Parallel zum Wachstum des Tertiären Sektors und zur zunehmenden Bedeutung von Forschungs- und Verteilungsbereich in der Industrie nahm die Angestelltenschaft zu; auch die Ausdehnung des öffentlichen Sektors schlägt hier zu Buche. So wuchs die Zahl der Arbeiter zwar absolut, relativ zur Gesamtzahl der Erwerbstätigen ging ihr Anteil jedoch von 55 % (1907) auf 50 % (1925) zurück; demgegenüber stieg der Anteil der Angestellten und Beamten im gleichen Zeitraum von 10,3 auf 17,4 %, d. h. um 70 % (Tabelle 6b). Diese Steigerung betraf auch Industrie und Handwerk, wo der Angestelltenanteil von 5,73 % im Jahre 1907 über 9,22 (1925) auf 9,43 % im Jahr 1933 anwuchs. Aus dem Problem der Besonderheit des Bewußtseins kleinerer und mittlerer Angestellter erwuchsen den Gewerkschaften schwierige Organisationsaufgaben; darin steckte eine Brisanz, die von der (sozialdemokratischen) Arbeiterbewegung generell unterschätzt wurde. Das sollte sich spätestens in der Weltwirtschaftskrise zeigen.

Das gilt auch für die Entwicklung der Frauenarbeit. Der Frauenanteil an den Erwerbstätigen veränderte sich — einmal abgesehen von dem hier nicht dokumentierten Anstieg im Ersten Weltkrieg — nur minimal: Er betrug 1907 33,8 %, 1925 und 1933 den 35,8 bzw. 35,5 %. Bezogen auf alle Frauen stieg der Anteil der erwerbstätigen Frauen im selben Zeitraum von 30,4 % auf 35,6 bzw. 34,2 %.

Zu erwähnen ist schließlich das weitere Vordringen des Großbetriebes. Ging in Industrie und Handwerk von 1907 bis 1925 der Beschäftigtenanteil der kleinen Betriebe mit einem bis fünf Arbeitnehmern von 31,2 auf 25,4 deutlich zurück, so nahm der der größeren insgesamt zu, am beachtlichsten der der Großbetriebe mit über 1.000 Beschäftigten: von 4,9 auf 6,8 %. Diese Entwicklung war für die Gewerkschaften unter zweifachem Aspekt von Bedeutung: Zum einen veränderten sich Erfahrungswelt und berufliche Struktur der Arbeiterschaft, was Probleme für die Mitgliederwerbung mit sich brachte; zum anderen spiegelt sich im Vordringen des Großbetriebes der wirtschaftliche Konzentrationsprozeß, der — zusammen mit der Kartellierung — zur Vermachtung ganzer Branchen führte. So waren 1926 98 % des Kalibergbaus, 97 % des Bergbaus, 96 % der Farbenindustrie, 86 % der elektrotechnischen Industrie, 80 % der Schiffahrt und 73 % der Banken in Konzernen und Kartellen zusammengeschlossen.[8] Großkonzerne wie IG-Farben und die Vereinigten Stahlwerke entstanden in diesen Jahren.

---

8 Zahlen nach Manfred Clemenz, Gesellschaftliche Ursprünge des Faschismus, Frankfurt/M. 1972, S. 197.

Mit Gesetzentwürfen zur Kartell- und Monopolkontrolle und zur Aufhebung der Preisbindung meinten die Gewerkschaften aller Richtungen, der negativen Folgen dieses Konzentrationsprozesses Herr werden zu können.

*

Zentrales politisches Betätigungsfeld der Gewerkschaften blieb auch in der Weimarer Zeit die Sozialpolitik; und es war ein kaum zu überschätzender Vorteil für die Gewerkschafter aller Richtungen, daß in den Jahren bürgerlicher Regierungsmehrheit mit Heinrich Brauns (Zentrum) ein engagierter Sozialpolitiker Reichsarbeitsminister war. Seine Leistung war es, die am Ende der Inflation nahezu bankrotte Sozialversicherung wieder aufzubauen und sogar auszuweiten. Daß auch für Brauns die Sozialpolitik immer der Wirtschaftspolitik nachgeordnet war, fiel nicht auf, weil der relative wirtschaftliche Aufschwung Mitte der 20er Jahre den Verteilungsspielraum vergrößerte.

Den Höhepunkt der Weimarer Sozialgesetzgebung bildet ohne Zweifel das Gesetz für Arbeitsvermittlung und Arbeitslosenversicherung (AVAVG), das am 1. Oktober 1927 in Kraft trat. Das AVAVG war vom ADGB in Zusammenarbeit mit den Christlichen Gewerkschaften entworfen, im Reichsarbeitsministerium unter Brauns überarbeitet und schließlich vom Zentrum im Reichstag eingebracht worden. Es überantwortete die Wahrnehmung der beiden im Gesetzesnamen genannten Aufgabenbereiche erstmals einer zentralen Institution — der Reichsanstalt für Arbeitsvermittlung und Arbeitslosenversicherung. Mit der Lösung der Frage der Trägerschaft (zu gleichen Teilen Arbeitnehmer, Arbeitgeber und öffentliche Hand), mit der Aufteilung der Beitragszahlung (je 50 % vom Arbeitnehmer und -geber), mit der Aufgliederung der Versicherungsleistung in Hauptunterstützung und Familienzuschläge und schließlich auch mit der zeitlichen Leistungsbeschränkung war die Konzeption der Reichsanstalt wegweisend für die Zukunft. Doch die damalige Konstruktion barg auch Probleme, vor allem was die Deckung der Ausgaben bei einer über 500.000 hinausgehenden Zahl von Arbeitslosen anlangte — das sollte sich schon bald erweisen.

Insgesamt zeigte sich gegenüber dem Kaiserreich eine deutliche Erhöhung der öffentlichen Ausgaben. Diese stiegen im Durchschnitt der Jahre 1919/1929 (in Preisen von 1913) auf 13,7 Mrd. Mark gegenüber 6,8 Mrd. Mark 1909/13. Bei insgesamt geringerer wirtschaftlicher Gesamtleistung verdoppelte sich der Anteil der Staatsausgaben — unter Einschluß der Sozialversicherung — am Bruttosozialprodukt von 17,7 % im Jahre 1913 über 25,0 % (1925) und 30,6 % (1929) auf 36,6 % im Jahre 1932.[9] Diese

---

9 Zahlen nach D. Petzina u. a., Sozialgeschichtliches Arbeitsbuch III, S. 139 f. und 150.

Expansion war vor allem eine Folge des Weimarer „Sozialinterventionismus", der sich außer im Wohnungsbau und in Arbeitsbeschaffungsmaßnahmen in der Krise 1925/26 vor allem im Ausbau der Sozialversicherung niederschlug. Dokumentiert wird die Bereitschaft zu sozial- und wirtschaftspolitischer Intervention im Betriebsrätegesetz, in den Arbeitszeitbestimmungen und schließlich in den Schlichtungsordnungen. Gerade diese Ausdehnung des staatlichen Engagements im sozial- und wirtschaftspolitischen Bereich, speziell der Ausbau der öffentlichen Unternehmen, gehörte zu den umstrittensten innenpolitischen Fragen der zwanziger Jahre; vor allem die organisierte Unternehmerschaft meinte darin eine „kalte Sozialisierung" erkennen zu können.

Versuchten die Gewerkschaften indessen den engeren Raum der Sozialpolitik zu verlassen, so blieben die Erfolge sehr gering. Das zeigte sich zum Beispiel in der Steuerpolitik; die Gewerkschaften plädierten immer wieder für eine Erhöhung der Besitzsteuern und damit für eine Entlastung der Arbeitnehmer: ohne Erfolg. Und auch in der Frage der Schutzzölle konnten sich die Freien Gewerkschaften nicht durchsetzen; außerdem waren sich die Richtungsgewerkschaften in derartigen Fragen selten einig.

*

Lag auch — wie etwa die Zusammenarbeit beim AVAVG gezeigt hatte — in der breiten parteipolitischen Orientierung der Gewerkschaften eine Chance, so zeichneten sich Ende der 20er Jahre deutlich die Grenzen des Einflusses innerhalb der Parteien ab. So zogen sich die Freien Gewerkschaften bereits 1925 auf ihr ureigenstes Feld zurück: Zu Beginn der Republik seien die Gewerkschaften — so führte Leipart auf dem Breslauer Kongreß aus — „in Aufgaben hineingedrängt" worden, die ihnen „eigentlich fernliegen"; Vorhaben der Zukunft sei es, sich den „eigentlich gewerkschaftlichen Aufgaben" verstärkt zuzuwenden.[10] Und gegenüber der 1928 unter sozialdemokratischer Führung gebildeten Regierung der Großen Koalition beharrte er auf der Unabhängigkeit der Gewerkschaften; auf dem Kongreß in Hamburg gab er der Hoffnung Ausdruck, die Regierung werde eine „sozialistische Politik" treiben, kündigte jedoch an, die Gewerkschaften würden die Regierung „ohne jede Rücksicht" kritisieren, wo sie es „im Interesse der Arbeiter für notwendig hielten."[11] Mit derartigen Stellung-

---

10 Protokoll der Verhandlungen des 12. Kongresses der Gewerkschaften Deutschlands (= 2. Bundestag des Allgemeinen Deutschen Gewerkschaftsbundes), abgehalten in Breslau vom 31. August bis 4. September 1925, Berlin 1925, S. 112.
11 Leipart, in: Protokoll der Verhandlungen des 13. Kongresses der Gewerkschaften Deutschlands (3. Bundestag des ADGB), abgehalten in Hamburg vom 3. bis 7. September 1928, Berlin 1928, S. 80.

nahmen zogen die Freien Gewerkschaften die Konsequenzen aus den Erfahrungen seit dem Kapp-Putsch, die sie gelehrt hatten, daß gewerkschaftliche Positionen oft genug koalitionspolitischen Rücksichten geopfert worden waren.

Und auch die Erwartungen der Christlichen Gewerkschaften an ihre parteipolitischen Bündnispartner wurden, was führende politische Repräsentanz anlangt, nicht erfüllt. Nachdem Stegerwald 1920 in den Parteivorstand des Zentrums gewählt worden war, gelang es weder ihm noch Joseph Joos, dem Chefredakteur des Organs der Westdeutschen katholischen Arbeitervereine, der „Westdeutschen Arbeiterzeitung", auf dem Parteitag 1928 den Vorsitz zu erlangen; gewählt wurde Prälat Ludwig Kaas, ein Trierer Professor für Kirchenrecht. Auch in der DNVP setzte sich mit Alfred Hugenbergs Wahl zum Parteivorsitzenden ein Mann durch, dem nun wirklich keine engen Verbindungen zu den Gewerkschaften nachgesagt werden konnten. Zahlreiche evangelische Arbeiter zogen daraufhin 1929 von der DNVP zum Christlich-sozialen Volksdienst; diesen Schritt hatte Walther Lambach, der Geschäftsführer des DHV, bereits 1928 getan; doch die Mehrheit der DHV-Mitglieder wanderte zur NSDAP. Von den 1930 in den Reichstag gewählten 107 nationalsozialistischen Abgeordneten gehörten 16 zum DHV — oder anders ausgedrückt: fast ein Drittel der 47 christlich-nationalen Gewerkschafter im Reichstag waren NSDAP-Mitglieder. Gerade die Angestellten reagierten mit nationalistisch-konservativer Radikalisierung auf die Gefahren sozialen Abstiegs und Statusverlusts.

Als Stegerwald 1929 Fraktionsführer des Zentrums im Reichstag und Reichsverkehrsminister wurde, legte er seine Gewerkschaftsämter nieder. Daß 1929 Bernhard Otte zum Vorsitzenden des Gesamtverbandes der christlichen Gewerkschaften gewählt wurde und Heinrich Imbusch an die Spitze des DGB trat, waren Indizien für die „Selbstbesinnung" der christlich-nationalen Verbände auf ihre Gewerkschaftsaufgaben und für den Rückzug aus der Politik — jedenfalls versuchsweise.

Auch die Hirsch-Dunckerschen Gewerkvereine standen Ende der 20er Jahre vor gescheiterten politischen Plänen. Ihre parteipolitische Ansprechpartnerin, die DDP, hatte 1919 immerhin 18,5 % der Stimmen erhalten, schrumpfte aber bald zur Splitterpartei; im September 1930 konnte sie nur noch 3,7 % der Stimmen auf sich vereinigen. Nachdem sich die DDP 1930 in Verbindung mit dem Jungdeutschen Orden zur Deutschen Staatspartei umgeformt hatte, wechselten viele der linksliberalen Mitglieder — so auch Anton Erkelenz aus der Führung des Gewerkschaftsrings — zur SPD über.

*

In der Tat, so kann man zusammenfassen, bildete sich in den 20er Jahren ein labiles Zusammenspiel von Maßnahmen des Sozialprotektionismus und der Stabilisierung der entwickelten privatkapitalistischen Ordnung heraus; die Staatsinterventionen nahmen dabei, sowohl was das Ausmaß als auch was die Form des Engagements anbetrifft, eine neue Qualität an: Der Interventionismus war eben nicht nur bezogen auf den Bereich der Sozialpolitik im engeren Sinne, sondern erstreckte sich auf die Bereiche der öffentlichen Auftragsvergabe (Arbeitsbeschaffung) und auf die Gestaltung der Arbeitsbeziehungen (Arbeitszeit, Schlichtung), sodann aber auch auf Zoll- und Steuerpolitik. Die Regierung griff jedoch vielfach nur indirekt in die Sozial- und Wirtschaftsordnung ein und überließ es zunächst den Arbeitsmarktparteien, einen Konsens zu finden; erst wenn diese zum Kompromiß nicht in der Lage waren, folgte der Schlichtungsmechanismus. Standen sowohl am Anfang als auch am Ende der 20er Jahre schwere Belastungen der gewerkschaftlichen Arbeit, so hatten sich doch für wenige Jahre Formen einer freilich stets gefährdeten Kooperation von Gewerkschaften, Arbeitgebern und Staat abgezeichnet; diesem „Weimarer Pluralismus", den man allerdings angesichts der Vorherrschaft der unternehmerischen Position kaum als Gleichgewicht der Kräfte beschreiben kann, war jedoch keine Zeit gegeben, solide Traditionen und belastbare Strukturen auszubilden.

## 2. Organisatorische Festigung der Gewerkschaften

Wirkten die eben beschriebenen langfristigen Entwicklungstrends — denkt man etwa an die Probleme der Mitgliederwerbung bei Arbeiterinnen und in der Angestelltenschaft — nur sehr vermittelt auf die Organisation der Gewerkschaften ein, so schlugen sich wirtschaftliche Besserung und Erfolge der Gewerkschaftspolitik wohl direkter in der Entwicklung der generellen Mitgliederzahlen nieder. Insgesamt nahmen die Mitgliederzahlen der Richtungsgewerkschaften seit 1924/25 wieder zu, erreichten aber bis 1929 — bis zum Beginn der Weltwirtschaftskrise — nicht ihre Höchstwerte der Nachkriegszeit. Die Freien Gewerkschaften behaupteten mit einem Anstieg der Mitgliedszahlen von gut vier Millionen im Jahre 1924 auf fast fünf Millionen 1929 unangefochten ihre Führungsposition; die Christlichen Gewerkschaften folgten mit fast 613.000 (1924) bzw. 673.000 (1929) Mitgliedern — weit vor den Hirsch-Dunckerschen Gewerkvereinen, die 1924 147.000, 1929 dann 168.000 Mitglieder zählten (Tabelle 1a).

Blieben also die Freien Gewerkschaften bei den Arbeiterverbänden die bei weitem stärksten Organisationen, so wurde der AfA-Bund im Zuge der national-konservativen Politisierung und Radikalisierung der Mittelschichten von den christlich-nationalen Angestellten-Verbänden überholt: Während die Mitgliedszahl des AfA-Bundes von 447.000 (1924) zunächst auf unter 400.000 (1927) absank und 1929 wieder 450.000 betrug, stiegen die Mitgliedszahlen des christlich-nationalen Gedag stetig von 393.000 (1924) auf 557.000 (1929) an; auch der liberale GdA konnte immerhin eine Zunahme von 260.000 auf 320.000 Mitglieder verzeichnen (Tabelle 1b).

*

Parallel zum Mitgliederzustrom konnten die Gewerkschaften auch ihre inneren Organisationsstrukturen, die in der Inflation schwer angeschlagen worden waren, wieder stärken. Von den 1923 aufgelösten 13 Bezirkssekretariaten der Freien Gewerkschaften wurden noch 1924 acht, 1925 dann weitere drei wieder besetzt; auch die Reihen der Gewerkschaftsangestellten wurden wieder aufgefüllt; dabei pendelte sich im Laufe der 20er Jahre folgendes Zahlenverhältnis ein: Auf einen hauptamtlichen Gewerkschaftsfunktionär kamen etwa 700 bis 800 Mitglieder; so gab es Anfang der 30er Jahre etwa bei den Freien Gewerkschaften 6.000 Funktionäre, von denen etwa 4.000 in Ortsverwaltungen, gut 1.100 auf Zentralverbandsebene und lediglich 43 beim ADGB-Vorstand angestellt waren. Auch daran ist abzulesen, wie relativ schwach der ADGB als Dachverband ausgebildet war, und dies galt erst recht für die regionale Ebene.

Auf den Kongressen 1925 in Breslau und 1928 in Hamburg wurde erneut die Freiwilligkeit des 1922 gefaßten Beschlusses betont, das Industrieverbandsprinzip durchsetzen zu wollen; zwar ging die Zahl der dem ADGB angeschlossenen Verbände von 1924 bis 1929 von 40 auf 33 zurück, doch vom Industrieverbandsprinzip war man weit entfernt. Die Widerstände gegen ein durchgreifendes Industrieverbandssystem führten dazu, daß Mitte der 20er Jahre auch in den Freien Gewerkschaften der Berufsgedanke erneut stärker betont wurde.

Die Interessendifferenzen zwischen kleinen und großen Verbänden, zwischen Einzelgewerkschaft und ADGB-Vorstand blieben indessen erhalten. Auf dem Hamburger Kongreß (1928) wurde der Schlüssel geändert, nach dem der Bundesausschuß zusammengesetzt war: Die Verbände sollten nicht mehr einen Vertreter und — bei über 500.000 Mitgliedern — einen weiteren Vertreter in den Bundesausschuß entsenden, sondern die Staffelung sollte differenzierter werden: Für 300.000, 600.000 und 900.000 Mitglieder sollte jeweils ein weiteres Bundesausschußmitglied benannt werden. Der DMV, der als einziger zuvor zwei Vertreter im Bundesausschuß hatte, erhielt nun vier Sitze, weitere fünf Verbände je zwei Sitze.

Insgesamt drängten die kleinen Verbände auf einen Ausbau der Bundeseinrichtungen, um somit der eigenen Organisation Kosten zu ersparen, während sich die großen Verbände regelmäßig gegen eine Aufgaben- und damit Kompetenzerweiterung der ADGB-Zentrale wandten. Dies prägte zum Beispiel die Bildungsarbeit, zu deren Koordinierung der ADGB 1927 einen Bildungssekretär einstellte, und auch die Pressepolitik. Die „Gewerkschafts-Zeitung" wurde ausgebaut, die theoretische Monatsschrift „Die Arbeit" gegründet, und die Arbeitsrechtsbeilage der „Gewerkschafts-Zeitung" wurde 1928 als „Arbeitsvermittlung und Arbeitslosenversicherung" unter der Redaktion von Clemens Nörpel zu einer selbständigen Publikation. Außerdem gründeten die Freien Gewerkschaften zusammen mit der SPD und den Konsumgenossenschaften 1925 die „Forschungsstelle für Wirtschaftspolitik", die unter der Leitung von Fritz Naphtali die Gewerkschaften mit wirtschafts- und sozialpolitischem Sachverstand unterstützen sollte.

*

Die Phase der relativen wirtschaftlichen und politischen Stabilisierung war zugleich die „Blütezeit" der gemeinwirtschaftlichen Unternehmen. Gerade das Engagement auf diesem Gebiet veränderte das Gesicht der Gewerkschaften in den 20er Jahren stark. Fiel auch die Gründung von Konsumgenossenschaften und auch Versicherungsunternehmen noch in die Vorkriegszeit, so erlebten diese und die zahlreichen neugegründeten Unternehmen doch in der Weimarer Zeit einen enormen Aufstieg: Gewerkschafter und Gewerkschaften aller Richtungen wurden „Unternehmer". Die eigene wirtschaftliche Betätigung im Gesamtrahmen kapitalistischer Ökonomie mußte das Selbstverständnis der Freien Gewerkschaften verändern, war ihnen doch klar, daß sie — so Bernhard Meyer von der Arbeiterbank — „in ihrer Geschäftsführung nicht gegen die Gesetze und Methoden des Kapitalismus, solange dieser die beherrschende Stellung einnimmt, verstoßen" könnten.[12]

Zunächst zu den Freien Gewerkschaften: 1923/24 wurde die „Bank der Arbeiter, Angestellten und Beamten AG" gegründet, die bis 1929/30 einen rasanten Aufschwung verzeichnete. Die im Verband sozialer Baubetriebe zusammengeschlossenen Unternehmen prosperierten ebenso wie die Deutsche Wohnungsfürsorge AG, die Volksfürsorge Versicherungen, die Konsumgenossenschaften und die Verlagsgesellschaft des ADGB. Das gilt auch für die von den Christlichen Gewerkschaften betriebenen Unternehmen: Der „Christliche Gewerkschaftsverlag" und die Verlagsgesellschaft „Der Deutsche" konnten sich konsolidieren; auch die „Deutsche Volksbank

---

12 Zitiert nach Otto de la Chevallerie, Die Gewerkschaften als Unternehmer, Berlin-Zehlendorf 1930, S. 35.

AG" (Sitz Essen), die „Deutsche Lebensversicherungs-AG" und die „Deutsche Heimbau Gemeinnützige AG" blühten auf; beteiligt waren die Christlichen Gewerkschaften zudem an der „Großeinkaufs- und Produktions-AG" (Gepag) und an der „Bausparkasse der Gemeinschaft der Freunde Wüstenrot GmbH". Außerdem unterstützten die Christlichen Gewerkschaften durch eigene Lokalorganisationen die Aktivitäten des Reichsverbandes der Konsumvereine e.V. und des Reichsverbandes der Bauproduktivgenossenschaften e.V.

Gerade auf dem Gebiet des Genossenschaftswesens kam es immer wieder zur Zusammenarbeit zwischen den Richtungsgewerkschaften. Überdies hatte die Gemeinwirtschaft in den Programmen einen hohen Stellenwert, so daß auch die Idee der genossenschaftlichen Selbsthilfe zum Ansatzpunkt einer programmatischen Annäherung werden konnte.

## 3. Ansätze und Grenzen einer übergreifenden Programmatik der Richtungsgewerkschaften

Verglichen mit den scharfen Kontroversen der Vorkriegszeit, kam es in den 20er Jahren zu einer deutlichen Annäherung der Gewerkschaftsrichtungen. Das Zusammenwirken im System der Kriegsökonomie und in der ZAG, das gemeinsame Gefühl der Bedrohung durch die revolutionären Bewegungen der Jahre 1918 und 1919, die Mechanik und Dynamik des Tarif- und Schlichtungssystems, die Kraft der Fakten, die sich aus der Betriebsrätearbeit ergaben, und nicht zuletzt auch der erneute Druck der wieder erstarkten Arbeitgeberschaft trugen zu dieser Annäherung in der Tagesarbeit bei, erzwangen sie wohl geradezu: Tarifverhandlungen und Arbeitskämpfe wurden überwiegend gemeinsam geführt, und die sozialpolitischen Forderungen nach der Erhöhung einzelner Sozialleistungen, nach Einrichtung der Arbeitslosenversicherung und neuem einheitlichen Arbeitsrecht glichen einander bis zur Identität. Schließlich spielte auch die nationale Komponente eine Rolle, was an der bereitwilligen Einbindung aller Gewerkschaften in die Politik gegen die Ruhrbesetzung gezeigt wurde.

*

Zeichnete sich in gemeinsamen Kundgebungen und Stellungnahmen sowie in der Tarifpolitik auch die Bereitschaft zu gegenseitiger Anerkennung ab, so beharrten die Christlichen Gewerkschaften doch unvermindert stark auf ihrer weltanschaulichen Eigenständigkeit. Christliche Gemeinschaftsidee gegen mechanistisch-klassenkämpferischen Sozialismus und materialistischen Mammonismus — das war die Devise der Christlichen Gewerkschaften, mit der nicht zuletzt die Existenz der eigenen Verbände legitimiert werden sollte. Außerdem ging es darum, die Geschlossenheit der Christlichen Gewerkschaftsbewegung zu bewahren, aus deren heterogener konfessioneller und parteipolitischer Zusammensetzung zentrifugale Kräfte erwuchsen, die mit dem Feindbild des „Sozialismus" und der identitätsstiftenden Kraft der Berufung auf das Christentum gebunden werden sollten. Sinnfälligen praktischen Ausdruck fand dies im Programm von 1923, in dem „Die geistigen Grundlagen der christlich-nationalen Arbeiterbewegung" entwickelt wurden. Geradezu beschwörend wurde formuliert: „Wir müssen in uns fühlen, daß wir andere Menschen sind. Wir denken anders, empfinden anders." Darum könne es — so hieß es im Jahrbuch 1923 — mit einer „andersgesinnten Bewegung" wohl Arbeitsgemeinschaften von Fall zu Fall geben, „aber nimmer eine Seelengemeinschaft, nimmer die Gemeinschaft einer Lebens- und Weltanschauung."[13]

Dieser Hinweise bedurfte es offenbar, um den bewußt christlichen Arbeitern auch weiterhin die Notwendigkeit eigener Gewerkschaften vor Augen zu führen, zumal sich die Sozialdemokratie in Weltkrieg und Republik kaum als die konsequente Verfechterin sozialistischer Ideen gezeigt hatte, als die sie die Christlichen Gewerkschaften immer wieder angeprangert hatten. Zwar galten die Beteuerungen parteipolitischer Neutralität — als Folge der SPD-Spaltung vom Nürnberger Kongreß 1919 verabschiedet — nur als taktischer Trick der Freien Gewerkschaften; auch der Rückgang anti-kirchlicher Stellungnahmen in der sozialdemokratischen Partei- und Gewerkschaftspresse wurde als Verschleierungsmanöver gebrandmarkt. Doch insgesamt wurde eingestanden, daß Staatsbejahung, Wirtschaftsdemokratieprogramm und das Werben um katholische Arbeiter seitens der Sozialdemokratie die Agitation der Christlichen Gewerkschaften erschwerten und darum eine Verstärkung der weltanschaulichen Auseinandersetzung erforderten.

Vollends schwierig wurde die Situation für die Hirsch-Dunckerschen Gewerkvereine, die nicht auf eine dem Christentum vergleichbare „Identität" zurückgreifen konnten und mit Stagnation und politischer Heimatlosigkeit den Niedergang der liberalen Parteien spiegelten.

*

---

13 Gewerkschaften und Arbeitervereine, in: Jahrbuch der christlichen Gewerkschaften für 1923, hrsg. vom Gesamtverband der christlichen Gewerkschaften Deutschlands, Berlin o. J., S. 44—49, hier S. 45 ff.

Die Ansätze zur Gemeinsamkeit in den Wirtschaftsordnungsdebatten der Revolutionszeit und auch in der Diskussion um die Wirtschaftsdemokratie waren unübersehbar: Christliche, Hirsch-Dunckersche wie Freie Gewerkschaften glaubten sich mit der Gründung der ZAG, mit der Verankerung von Vereinigungsfreiheit und weitgehenden wirtschaftlichen Mitbestimmungsrechten in der Verfassung im Grunde am Ziel ihrer Wünsche nach einer gleichberechtigten Mitwirkung der Arbeiterschaft an der Gestaltung von Wirtschaft und Staat. Alle drei mußten jedoch bald einsehen, daß den 1918/19 kodifizierten Rechten keine Neuverteilung der realen Machtpositionen entsprach. Diese Erfahrung bildete den Ausgangspunkt der unterschiedlichen Wirtschaftsdemokratie-Programme, die Mitte der zwanziger Jahre von den Richtungsgewerkschaften diskutiert wurden.

Wirtschaftsdemokratische Ideen, konkret: die Forderung nach Mitbeteiligung und Mitbestimmung, fanden auch bei den Hirsch-Dunckerschen Gewerkvereinen entschiedene Befürwortung, erfüllten derartige Pläne doch den Anspruch, durch die Schaffung von Kooperationsinstanzen die Gleichberechtigung der Arbeitnehmer in Wirtschaft und Staat herzustellen. „Die Gewerkschaftsbewegung ist von jeher" — so betonte Anton Erkelenz auf dem 3. Kongreß des Gewerkschaftsringes 1926 — „eine Kraft der Demokratie gewesen und wird es bleiben". Die Bejahung der politischen und der wirtschaftlichen Demokratie, letztere insbesondere auszubauen durch die Betriebsräte, bildete einen zentralen Punkt der Gewerkvereins-Programmatik (Dokument 14).

Und auch die Christlichen Gewerkschaften traten — so ihr wirtschaftspolitischer Sprecher Friedrich Baltrusch — für Mitbesitz und Mitbestimmung als Voraussetzungen einer Demokratisierung der Wirtschaft ein.[14] Konkrete Gestalt gewann diese Forderung mit dem Grundsatzreferat des Textilarbeiterführers Heinrich Fahrenbrach auf dem Dortmunder Kongreß der Christlichen Gewerkschaften im April 1926;[15] seine Ideen prägten die hier verabschiedete programmatische Resolution (Dokument 15).

Gerade in derartigen Programmvorstellungen zeigten sich Gemeinsamkeiten mit der Wirtschaftsdemokratie-Forderung der Freien Gewerkschaften, wobei sich Christliche und Hirsch-Dunckersche Gewerkschaften freilich vom Ziel des Sozialismus absetzten, zu dem sich die Freien Gewerkschaften auf dem Hamburger Kongreß 1928 ausdrücklich bekannten. Mit diesem Kongreß setzten die Freien Gewerkschaften, ganz unter

---

14 Friedrich Baltrusch, Konsumgenossenschaften und Arbeitnehmerbewegung, Köln 1929, S. 10.
15 Heinrich Fahrenbrach, Mitbestimmungsrecht und Mitbesitz der Arbeitnehmer in der Wirtschaft. Vortrag, gehalten auf dem 11. Kongreß der christlichen Gewerkschaften in Dortmund, Berlin 1926.

dem Eindruck der relativen wirtschaftlichen Konsolidierung und des Wahlerfolgs der SPD im Mai 1928, noch einmal an, ihre Vorstellungen zur Demokratisierung der Wirtschaft zu präzisieren.

Schon auf dem Breslauer Kongreß 1925 war diese Frage angesprochen worden; hier hatte sich Hermann Jäckel, der Vorsitzende des Deutschen Textilarbeiterverbandes, gegen die Illusion eines harmonischen Zusammenwirkens von Unternehmern und Arbeitern gewandt und betont, die Demokratisierung der Wirtschaft sei „eine Phase der kapitalistischen Wirtschaft selbst", kennzeichne jedoch eine „Periode des Übergangs zu höheren Formen der Wirtschaftsordnung". Brechung des Bildungsprivilegs der Besitzenden, Stärkung des Einflusses der Gewerkschaften in Politik und öffentlichen Unternehmen sowie Ausbau der Gewerkschaftsbeteiligung in den Gremien der wirtschaftlichen Selbstverwaltung — das waren die Kernforderungen Jäckels, durch deren Verwirklichung die „gewerkschaftlich organisierte Arbeiterschaft zum gleichberechtigten Faktor innerhalb der Wirtschaft" werden sollte.[16]

Zu einem Programm gediehen diese Ideen erst durch die Arbeit einer vom Bundesvorstand des ADGB berufenen Kommission, deren wohl prominenteste Mitglieder Fritz Baade, Rudolf Hilferding, Erik Nölting und Hugo Sinzheimer waren. Das Ergebnis der Kommissionsberatungen legte Fritz Naphtali, der Leiter der Forschungsstelle für Wirtschaftspolitik, dem Hamburger ADGB-Kongreß 1928 in Buchform vor.[17] Naphtali ging in dem Referat über „Die Verwirklichung der Wirtschaftsdemokratie", das er in Hamburg hielt[18], von dem Grundsatz aus, daß die 1918 errungene politische Demokratie der Ergänzung und Absicherung durch die Demokratisierung der Wirtschaft bedürfe; demokratische Wirtschaft und Sozialismus als Endziel seien untrennbar miteinander verbunden. Man könne und müsse jetzt schon mit einer schrittweisen Demokratisierung der Wirtschaft beginnen; dies gelte um so mehr, als der Kapitalismus „bevor er gebrochen wird, auch gebogen werden" könne.

Mit der in Hamburg verabschiedeten Resolution (Dokument 16) war ein Bündel von Maßnahmen vorgesehen, denen das Ziel gemeinsam war, in

---

16 Herbert Jäckel, Die Wirtschaftsdemokratie, in: Protokoll der Verhandlungen des 12. Kongresses der Gewerkschaften Deutschlands (2. Bundestag des Allgemeinen Deutschen Gewerkschaftsbundes), abgehalten in Breslau vom 31. August bis 4. September 1925, Berlin 1925, S. 202—216.

17 Fritz Naphtali, Wirtschaftsdemokratie. Ihr Wesen, Weg und Ziel, Berlin 1928 (Neuausgabe: Frankfurt/M. 1966).

18 Fritz Naphtali, Die Verwirklichung der Wirtschaftsdemokratie, in: Protokoll der Verhandlungen des 13. Kongresses der Gewerkschaften Deutschlands (3. Bundestag des Allgemeinen Deutschen Gewerkschaftsbundes), abgehalten in Hamburg vom 3. bis 7. September 1928, Berlin 1928, S. 170—190.

die zentralen wirtschaftlichen Entscheidungen einzugreifen; die betriebliche Ebene blieb demgegenüber deutlich unterbelichtet. Auch sollten sich bald die Folgen eines Verzichts auf die Diskussion von Maßnahmen zur Durchsetzung der Wirtschaftsdemokratie gegen den zu erwartenden Widerstand der Arbeitgeber zeigen.

Zwar bemängelten einige Delegierte des Hamburger Kongresses, die Aussagen Naphtalis enthielten eine, vom Wahlsieg der SPD wohl noch begünstigte überaus optimistische Einschätzung der Rolle des Staates bei der Realisierung der gewerkschaftlichen Demokratisierungsvorstellungen. Doch die überwältigende Mehrheit des Kongresses bekannte sich zum „Hamburger Modell" der Wirtschaftsdemokratie. Die Antwort ließ nicht lange auf sich warten: Das Konzept der Wirtschaftsdemokratie wurde von den Arbeitgebern zum Anlaß einer großangelegten publizistischen Auseinandersetzung mit den Gewerkschaften gemacht. So wurden die Reden und Stellungnahmen der 9. Mitgliederversammlung des RDI, die vom 20. bis 21. September 1929 in Düsseldorf stattfand, in einem Sammelband mit dem Titel: „Das Problem der Wirtschaftsdemokratie" publiziert. Die Wirtschaftsdemokratie-Forderung wurde als Ausdruck gewerkschaftlicher Allmachtbestrebungen angeprangert. Kollektivismus und Sozialismus und nun auch Wirtschaftsdemokratie vollendeten — so am knappsten Emil Kirdorf — den „Untergang des Deutschtums".[19]

Die Schärfe der unternehmerischen Reaktion auf die Forderungen der Freien Gewerkschaften, deren Sozialismus-Rhetorik ohne Rücksicht auf die reformerische Praxis beim Wort genommen wurde, konnte den Gewerkschaftern das Gefühl geben, sie seien mit ihrer Politik bereits an die Grenzen des Machbaren vorgedrungen. So bescheinigten sich die Freien Gewerkschaften unter Hinweis auf die unternehmerischen Stellungnahmen die eigene politische Radikalität und integrierten damit einen Teil der innerorganisatorischen Oppositionsgruppen.[20] Die Kritik der KPD, die vor „wirtschaftsdemokratischen Illusionen" warnte[21], konnte damit nicht eingedämmt werden; und auch die organisatorische Verselbständigung kommunistischer Gewerkschafter in der Revolutionären Gewerkschaftsopposition bzw. -organisation (RGO) ließ sich damit nicht verhindern.

Betrachteten die Freien Gewerkschaften die Demokratisierung der Wirtschaft als Schritt auf dem Weg zum Sozialismus, so sahen die Christlichen Verbände in ihrem Konzept einen Beitrag zur „Standwerdung

---

19 Das Problem der Wirtschaftsdemokratie. Zur Düsseldorfer Tagung des RDI, hrsg. von der Deutschen Bergwerks-Zeitung, Düsseldorf 1929, S. 73.
20 Siehe Fritz Naphtali, Debatten zur Wirtschaftsdemokratie, in: Die Gesellschaft I, 1929, S. 210—219, hier S. 210.
21 Siehe Walter Ulbricht, Wirtschaftsdemokratie oder Wohin steuert der ADGB, Berlin 1928.

der Arbeiterschaft" als Voraussetzung der Bildung einer „organischen Volksgemeinschaft". Die unterschiedlichen Zielvorstellungen beider Wirtschaftsdemokratie-Konzepte wurden von den Beteiligten der zeitgenössischen Diskussion indessen kaum betont. Zu Konsequenzen dieser Annäherung im Sinne eines gemeinsamen Gewerkschaftsprogramms ist es freilich nicht gekommen. Vielmehr trat nach einer Tendenz zur Beruhigung in den zwischengewerkschaftlichen Kontroversen Mitte der 20er Jahre parallel zur Angleichung der Positionen eine erneute Verschärfung der gegenseitigen Polemik ein. So wie die Christlichen Gewerkschaften zum Hamburger Kongreß 1928, so stellten die Freien 1929 in ihrer Stellungnahme zum Frankfurter Kongreß fest, daß ihre Forderungen praktisch miteinander übereinstimmten. Auch dies galt jedoch den Christlichen Gewerkschaften nur als Anlaß, auf der Notwendigkeit der weiteren geistigen Auseinandersetzung zu beharren. Nicht von ungefähr mag es gekommen sein, daß die 1923 erstmals erschienene Broschüre Elfriede Nebgens über die „Geistigen Grundlagen der christlich-nationalen Arbeiterbewegung" 1928 in einer Neubearbeitung erschien. Auch Theodor Brauers Arbeit „Der moderne deutsche Sozialismus", die 1929 auszugsweise das „Zentralblatt" abdruckte, diente der Verdeutlichung fortbestehender weltanschaulicher Differenzen und sollte den in den Christlichen Gewerkschaften offenbar vorhandenen „Einheitsbestrebungen" entgegenwirken.

*

Die in der gewerkschaftlichen Tagesarbeit zutagetretenden Tendenzen zur Annäherung der großen Richtungsgewerkschaften hatten jedoch nicht nur weltanschauliche Grenzen zu überwinden; grundlegende Unterschiede zwischen Freien und Hirsch-Dunckerschen Organisationen einerseits und Christlichen Gewerkschaften andererseits zeichneten sich auch im Verhältnis zur parlamentarischen Republik Weimarer Prägung ab. Gewiß hatten die Freien Gewerkschaften kein ungebrochenes Verhältnis zur Weimarer Republik; vielmehr bejahten sie die parlamentarische Demokratie vielfach „nur" als Boden der eigenen Interessenvertretung, der die besten Bedingungen zum Aufbau einer sozialen Demokratie bzw. des Sozialismus zu bieten schien. Als Unterschied zu den Christlichen Gewerkschaften ist jedoch festzuhalten, daß sich letztere keineswegs darin einig waren, daß die Republik die Staatsform sei, in der am ehesten der von ihnen geforderte „soziale Volksstaat" zu verwirklichen sei.

Klärung in dieser Frage sollten Referat und Resolution Adam Stegerwalds, des Vorsitzenden von Gesamtverband und DGB, auf dem Dortmunder Kongreß der Christlichen Gewerkschaften 1926 bringen. Den anzustrebenden Volksstaat könne es — so Stegerwald[22] — in der Form der Monarchie oder auch der Republik geben: Höher als die Staatsform stehe für die Christlichen Gewerkschaften der Staat selbst. Mit dieser Abstraktion von der konkreten Gegenwartskontroverse wurde behauptet, man könne „grundsätzlich Monarchist und trotzdem ein guter Diener der Republik" sein; Hindenburg galt als Beispiel. Auch und gerade insofern, als Stegerwald betonte, die Christlichen Gewerkschaften seien sich darüber im klaren, „daß eine Änderung der Staatsform auf gewaltsamem Wege [. . .] nicht in Frage kommt", unterstrich er die Abneigung gegen die bestehende Republik.

Die Vorbehalte gegen die Republik wurden auch in der Resolution deutlich, die zu ändern sich die Republikaner um Karl Arnold vergeblich bemühten. So bekannten sich die Christlichen Gewerkschaften 1926 zum „Staat und zu seinen christlich-nationalen Grundlagen" und lehnten „alle Bestrebungen ab, die auf illegalem Wege eine Änderung der Staatsform herbeiführen wollen". Die Weigerung, einleitend ein grundsätzliches Bekenntnis zur Weimarer Demokratie auszusprechen, und das Verwerfen nur des „illegalen" Weges einer Änderung der Staatsform verlieh der Kritik am „gegenwärtigen deutschen parlamentarischen Regierungssystem", das „als vollkommen nicht angesehen werden" könne, in der Kongreß-Resolution einen starken Akzent.[23] Damit war die Kontroverse um die Stellung zur Republik keineswegs entschieden; schon wenige Jahre später — in der Weltwirtschaftskrise — lebte sie wieder auf.

## 4. *Auf dem Weg in die Krise: der Ruhreisenstreit 1928*

Schon bevor sich deutliche Anzeichen der Weltwirtschaftskrise auch in Deutschland bemerkbar machten, zeigten sich in der Eskalation der Arbeitskämpfe im Laufe des Jahres 1928 Tendenzen zur Verschärfung der Verteilungskonflikte. Den Höhepunkt dieser Entwicklung bildete der Ruhreisenstreit; er wurde ausgelöst durch die fristgemäße Kündigung des Tarifvertrages in der rheinisch-westfälischen Eisenindustrie seitens der Metallarbeitergewerkschaften zum 31. Oktober 1928. Damit verbunden war die Forderung nach einer Lohnerhöhung um 15 Pfennig pro Stunde für

---

22 Adam Stegerwald, Die christlichen Gewerkschaften und die Gestaltung des deutschen Volkslebens, in: Niederschrift der Verhandlungen des 11. Kongresses der christlichen Gewerkschaften Deutschlands, abgehalten vom 17. bis 20. April 1926 in Dortmund, Berlin 1926, S. 218—250, hier S. 243 ff.

23 Die christlichen Gewerkschaften und die Gestaltung des deutschen Volkslebens, ebenda, S. 515 ff.

*Auch die Schiffahrt muß ruhen*
Stillgelegte Schlepper im Duisburger Hafen

»Den Abkehrschein bitte« . . .
Diese Maßnahme mußte getroffen werden, um aus den Versammlungen
berufsfremde Agitatoren fernzuhalten

Die Lohnbureaus sind geschlossen
er zahlen sonst die Hamborner Thyssenwerke aus

Hütten- und Metallarbeiter!
Ein Aufruf der Gewerkschaft

Hier darf
nicht gearbeitet werden
Ein verschlossenes Tor in den Essener
Kruppwerken

Links :
Ausgesperrte Arbeiter
vor dem Volkshause

Rechts :
Die tägliche Kontrolle
Jedes Verbandsmitglied muß den
Unterstützungsausweis im Kontroll-
lokal abstempeln lassen

Rechts :
Das Essener Gewerk-
schaftshaus

Links :
Was wird werden?
Diskutierende Ausgesperrte
vor einem Versammlungslokal

# Der Gewaltstreich der Ruhrmagnaten

*Bilder zum Ruhreisenstreit 1928 aus „Volk und Zeit".*

186

alle Arbeitergruppen über 21 Jahre. Den Arbeitgebern schien das Lohnniveau — ein Facharbeiter verdiente etwa 80, ein Hilfsarbeiter etwa 60 Pfennig pro Stunde — jedoch bereits eine Höhe erreicht zu haben, die, wie sie meinten, jede weitere Anhebung verbiete. Der Arbeitgeberverband der Nordwestlichen Gruppe des Vereins Deutscher Eisen- und Stahlindustrieller (Arbeit-Nordwest) lehnte jede Lohnerhöhung ab und kündigte am 13. Oktober 1928 die Aussperrung aller Arbeitnehmer zum 1. November an.

Das daraufhin von den Gewerkschaften beantragte Schlichtungsverfahren wurde, da die Düsseldorfer Schlichterkammer keine Einigung erzielen konnte, am 27. Oktober von Sonderschlichter Wilhelm Joetten entschieden, dessen Spruch von Arbeitsminister Wissell als verbindlich erklärt wurde. Dieser setzte als Kompromiß — die Gewerkschaften hatten ihre Forderungen inzwischen auf 12 Pfennig pro Stunde reduziert — eine Erhöhung der Löhne um 6 Pfennig fest. Die Gewerkschaften beugten sich diesem Schlichterspruch; Arbeit-Nordwest wies ihn indessen zurück. Die Aussperrung von über 220.000 Arbeitnehmern trat in Kraft. Erst am 30. November wurde in getrennten Besprechungen von Vertretern der Gewerkschaften und Arbeitgeberverbände mit Beauftragten der Reichsregierung die Durchführung eines neuen Schlichtungsverfahrens vereinbart, das von dem sozialdemokratischen Reichsinnenminister Carl Severing geleitet werden sollte. Arbeitgeber und Gewerkschaften erkannten im voraus den Schlichterspruch als Tarifvertrag an; die Arbeitgeber hoben daraufhin die Aussperrung am 3. Dezember 1928 auf.

Severing befand sich in einer schwierigen Situation: Er mußte einen Mittelweg zwischen der Desavouierung seines Parteigenossen und Ministerkollegen Wissell und den offenbar erforderlichen Zugeständnissen an die unternehmerische Interessenlage suchen; und die Lösung sollte zudem für die betroffenen Arbeitnehmer inhaltlich akzeptabel sein. Nach eingehender Information über die wirtschaftliche und soziale Lage an der Ruhr verkündete Severing am 21. Dezember seinen Schiedsspruch. Wie kaum anders zu erwarten war, blieb er hinter dem Stichentscheid Joettens zurück, ließ diesen allerdings bis 31. Dezember 1928 gelten; ab 1. Januar 1929 waren dann Lohnerhöhungen zwischen 1 und 6 Pfennigen pro Stunde vorgesehen.

Während sich die Freien Gewerkschaften — wohl mit Rücksicht auf die Partei- und Regierungszugehörigkeit Severings — eher zurückhaltend bis positiv äußerten, rief der Schiedsspruch auf seiten der Arbeitgeber schärfste Kritik hervor. Gerade in dieser dem Inhalt des Schiedsspruchs wohl kaum angemessenen Kritik zeichneten sich Tendenzen einer Verabsolutierung des unternehmerischen Interessenstandpunktes ab, die zum Merkmal der Endphase der Weimarer Republik werden sollte. Auch zeigte sich an der Tatsache, daß über die Auslegung einzelner Bestimmungen des neuen Tarifvertrages bis Oktober 1929 verhandelt wurde, wie auch an der seit 1929 deutlich anwachsenden Zahl von Einmannschiedssprüchen die geringe Bereitschaft und Fähigkeit der Tarifparteien, angesichts einer abflauenden Konjunktur in autonomen Verhandlungen zu tragbaren Kompromissen zu gelangen.

Daß die Arbeitgeber, die doch die Verbindlichkeitserklärung bereits seit der Einführung im Jahre 1923 kritisiert hatten, nun im Oktober 1928 offensiv wurden, dürfte zwar auch konjunkturell bedingt, vor allem aber wohl — auch entgegen dem eigenen Bekunden — aktuell politisch motiviert gewesen sein: Der nach den Wahlen vom Mai 1928 an der Reichsregierung beteiligten SPD und auch den Gewerkschaften konnten in diesem Konflikt eindringlich die Grenzen politischer Einflußnahmen auf die Privatwirtschaft vor Augen geführt werden. Daran mochten die Arbeitgeber um so mehr interessiert sein, als sie glaubten befürchten zu müssen, eine SPD-geführte Regierung werde den gewerkschaftlichen Wirtschaftsdemokratieforderungen günstige Realisierungschancen bieten. Die Politik der Unternehmer im Ruhreisenstreit ist sicherlich als Ausdruck der Distanzierung von der Weimarer Demokratie zu bewerten, die — mit der polemischen Alternative von „Aufstieg oder Niedergang"[24] — schließlich in die Ablehnung des ganzen „Systems" mündete.

---

24 Siehe Aufstieg oder Niedergang. Denkschrift des RDI, Berlin 1929.

# VIII. Im Schatten der Weltwirtschaftskrise: die Auflösung der Gewerkschaften 1930 bis 1933

Schon nach wenigen Jahren relativer politischer und wirtschaftlicher Stabilität erlebten die Gewerkschaften eine neue schwere Krise, die ihnen schließlich die Existenzgrundlage entziehen sollte. Die Gewerkschaften gerieten zusehends zwischen die Fronten der politischen Radikalisierung, was ihre Integrationskraft und ihre Aktionsmöglichkeiten zusätzlich beschnitt. Außerdem wurden sie mit der Konzentration der tarif- und wirtschaftspolitischen Entscheidungsvorgänge auf die politische Exekutive im Zuge der Notverordnungspolitik einmal mehr genötigt, den Schwerpunkt ihrer Arbeit auf die Politik zu verlagern, ohne daß diese Strategie jedoch von Erfolg gekrönt gewesen wäre: Die Gewerkschaften konnten weder die Krise mit ihren katastrophalen sozialen Folgen für die Arbeitnehmerschaft noch die Machtübernahme der Nationalsozialisten und schließlich noch nicht einmal ihre eigene Auflösung verhindern. Auch wenn die Weimarer Demokratie nicht an ihren objektiven wirtschaftlichen Schwierigkeiten gescheitert ist, sondern willentlich zerstört wurde, so bildet doch die Weltwirtschaftskrise den Hintergrund, vor dem die Handlungsschwächen der Arbeiterbewegung und der Erfolg ihrer Gegner gesehen werden müssen.

## 1. Die Weltwirtschaftskrise und die Schwächung der gewerkschaftlichen Organisationen

Schon seit 1928 zeigten sich in Deutschland Anzeichen für einen Konjunkturrückgang, die sich sowohl im Sinken der von der deutschen Industrie erzielten Gewinne als auch im entsprechenden Nachlassen der Investitionstätigkeit andeuteten. Die entscheidende konjunkturelle Wende brachte — nachdem 1929 die Abschwächungstendenzen noch deutlicher geworden waren — das Jahr 1930, in dem Produktion und Beschäftigung spürbar zurückgingen.[1] Der wirtschaftliche Schrumpfungsprozeß zeigte sich im beschleunigten Sinken des Volkseinkommens pro Kopf der Bevölkerung; war dieses zunächst noch von 1413 (1927) auf 1453 RM (1928) gestiegen, so

---

[1] Die folgenden Zahlen nach Karlheinz Dederke, Reich und Republik. Deutschland 1917—1933, Stuttgart 1969, S. 278 u. 193.

*Massenarbeitslosigkeit 1931: Bewerberinnen um eine Stelle als Stenotypistin.*

*Auszahlung der Unterstützung für arbeitslose Metaller 1932/33 in Leipzig.*

fiel es dann stetig über 1436 (1929), 1372 (1930) und 1201 (1931) auf 1094 RM (1932).

Unter sozialem und auch unter politischem Aspekt ist die Entwicklung der Arbeitslosigkeit einer der wichtigsten Indikatoren für die wirtschaftliche Krise: Nachdem die Zahl der Arbeitslosen im „Blütejahr" 1927 ihren niedrigsten Stand in der Weimarer Republik erreicht hatte, betrug sie im Jahresdurchschnitt 1929 schon wieder 1,892 Millionen und belief sich 1930 auf 3,076 Millionen, erhöhte sich 1931 auf 4,520 Millionen und stieg weiter auf durchschnittlich 5,575 Millionen im Jahr 1932; im Februar 1932 erreichte sie mit 6,128 Millionen registrierten Arbeitslosen ihren höchsten Stand (Tabelle 5a). Diese Massenarbeitslosigkeit bedeutete, daß schon 1931 — die Zahl der Kurzarbeiter nicht berücksichtigt — ein Zehntel der Bevölkerung unmittelbar von der Arbeitslosigkeit betroffen war; dieser Anteil erhöhte sich jedoch in hochindustrialisierten Gebieten auf über ein Viertel, zum Beispiel in den Ruhrgebietsstädten, die besonders schwer von der Krise betroffen wurden.

Diese ‚trockenen' Angaben zur wirtschaftlichen Entwicklung zu Beginn der dreißiger Jahre vermögen nicht zu veranschaulichen, wieviel Elend und Verzweiflung, welches Maß an Resignation einerseits, an Radikalisierung andererseits die Krise hervorrief. Im Jahrbuch des Metallarbeiter-Verbandes von 1931/32 hieß es: „Die Leiden der Arbeitslosen sind unermeßlich. Der Verlust an äußerem Lebensglück, der Kampf mit der wirtschaftlichen Not ist vielleicht nicht einmal das Schlimmste. Die Zerstörung körperlicher, geistiger und sittlicher Arbeitskraft und damit des inneren Lebensglückes der Arbeitslosen und deren Angehörigen ist entsetzlich. Je länger die Arbeitslosigkeit dauert, desto mehr steigert sich die Depression und Passivität, die Kriminalität wächst in bedrohlichem Maße."[2] Und Käthe Kollwitz gab diesem „Lebensgefühl" Ostern 1932 in ihrem Tagebuch Ausdruck: „Dann die unsagbare schwere allgemeine Lage. Die Not. Das Heruntersinken der Menschen in dunkle Not. Die politische widerwärtige Verhetzung."[3]

\*

---

2 Der Deutsche Metallarbeiter-Verband im Jahre 1931. Jahr- und Handbuch für Verbandsmitglieder, hrsg. vom Vorstand des Deutschen Metallarbeiter-Verbandes, Berlin 1932, S. 56.
3 Käthe Kollwitz, Aus meinem Leben, hrsg. von H. Kollwitz, München 1957, S. 126.

Die mit der Krise verbundene Verschlechterung der gewerkschaftlichen Handlungsbedingungen schlug sich auch und gerade in der Entwicklung der Organisationen nieder.[4] Im Jahre 1929 verzeichneten die Gewerkschaften noch einmal insgesamt ein Mitgliederplus. Doch 1930 und 1931 ging die Gewerkschaftsmitgliedschaft zurück: Gegenüber dem Jahresende 1929 verloren die Freien Gewerkschaften 16,5 % ihrer Mitglieder, die Christlichen 14,2 % und die Hirsch-Dunckerschen Gewerkvereine 11,2 %. Der Mitgliederschwund hielt auch 1932 an; allein die ADGB-Verbände — nur für sie liegen Zahlen vor — büßten in diesem Jahr gut 600.000 Mitglieder ein, d. h. über 14 % (Tabelle 1a).

Ein anderes Bild zeigt die Entwicklung der Angestelltenverbände: Die drei großen Richtungszusammenschlüsse konnten auch 1930 noch eine Mitgliederzunahme verbuchen — der christlich-nationale Gedag sogar noch 1931, als AfA-Bund und liberaler GdA bereits Einbußen zu verzeichnen hatten. In der Weltwirtschaftskrise setzte sich der Trend zur Stärkung der nationalistisch orientierten Angestelltenbewegung fort, während die christlich-nationalen Arbeitergewerkschaften nahezu gleich stark wie die Freien Verbände vom Mitgliederrückgang betroffen wurden (Tabelle 1b).

Hinter diesen Globalzahlen verbergen sich — schaut man nur auf das Beispiel der Freien Gewerkschaften — recht unterschiedliche Prozesse, denen jedoch in den meisten Fällen die Abhängigkeit von der Entwicklung der Arbeitslosigkeit unter den jeweiligen Verbandsangehörigen gemeinsam ist. Bereits 1929 zeigten sich Mitgliederverluste bei Hutarbeitern, Schuhmachern, Tabakarbeitern, Lederarbeitern und Textilarbeitern, bei denen die Arbeitslosigkeit schon im Jahresdurchschnitt 1929 zwischen 29,3 % und 10,3 % lag. Bei anderen Verbänden (etwa dem Baugewerksbund) zeichnete sich der Krisenbeginn in einer Verringerung der Zuwachsrate gegenüber dem Vorjahr ab. Im Jahre 1930 hatte die Wirtschaftskrise dann nahezu alle Branchen und Berufsgruppen erreicht; 23 % der Freien Gewerkschafter waren von Arbeitslosigkeit und 13,4 % von Kurzarbeit betroffen. Besonders hohe Verluste in der Mitgliederbilanz — um die 10 % und mehr — waren wiederum die Folge deutlich überdurchschnittlicher Arbeitslosigkeit; das illustriert das Beispiel der Verbände der Steinarbeiter, der Dachdecker und der Sattler, bei denen die Arbeitslosenquote 47,7, 48,3 bzw. 35,9 % betrug.

Berücksichtigt man das Fluktuationsvolumen, d. h. die Summe der Mitgliederzugänge und -abgänge pro Jahr, so zeigt sich, daß die Mitglieder-

---

4 Zum Folgenden Klaus Schönhoven, Innerorganisatorische Probleme der Gewerkschaften in der Endphase der Weimarer Republik, in: Gewerkschaften in der Krise. Anhang zum Reprint: Gewerkschafts-Zeitung, 1933, Berlin u. Bonn 1983, S. [73]—[104].

verluste im Jahre 1930 (noch) nicht primär durch Gewerkschaftsaustritte, sondern durch den Rückgang der Neueintritte verursacht wurden, der offensichtlich die schwindende Attraktivität der Gewerkschaften widerspiegelt. Erst 1931 stiegen dann die Verlustquoten an, wobei es für die Gewerkschaften von zentraler Bedeutung war, daß sie nicht nur überproportional viele an- und ungelernte Arbeiter verloren, sondern daß nun auch die „Stammitgliedschaft" in der gelernten Facharbeiterschaft abnahm.

Schwerwiegend für die Gewerkschaften — am Beispiel des Metallarbeiterverbandes läßt sich dies nachvollziehen — war zudem die Veränderung des Altersaufbaus der Mitgliedschaft. Von 1919 bis 1931 ging der Anteil der bis Zwanzigjährigen an der Gesamtmitgliedschaft von 22,7 auf 12,0 % zurück; den Rückhalt des DMV bildete mit 54 % (1919) und 56,6 % (1931) indessen nach wie vor die Altersgruppe der Zwanzig- bis Vierzigjährigen. Diese Entwicklung spiegelt zum einen den Mitgliederzustrom in der revolutionären Nachkriegsphase, zum anderen aber auch den im Ersten Weltkrieg beschleunigten Geburtenrückgang, der das Reservoir für den gewerkschaftlichen Nachwuchs schrumpfen ließ. Und schließlich waren Jugendliche von der Massenarbeitslosigkeit zu Beginn der 30er Jahre überproportional betroffen, so daß sie kaum den Weg zur Gewerkschaft fanden. So sehr dies von den Gewerkschaften beklagt und die Agitation verstärkt wurde: Gegen die entsolidarisierende Wirkung der Krise kamen die Gewerkschaften nicht an.

Auch der Frauenanteil sank in den Jahren der Krise deutlich ab. Betrug er im ADGB 1919 21,8 %, so 1931 nur noch 14 %. Immerhin war auch 1931 die Zahl der organisierten Frauen mit 617.968 fast dreimal so groß wie 1913 (230.347). Daß Frauen in den Gewerkschaften nur schwer „heimisch" wurden, dürfte außer auf sozialisations-, rollen- und arbeitsplatzbedingte Faktoren auch auf die geringe Repräsentanz in den gewerkschaftlichen Gremien zurückzuführen sein. Auf Gewerkschaftskongressen waren kaum weibliche Delegierte und im Bundesvorstand war überhaupt kein weibliches Mitglied zu finden. Fernhalten und Fernbleiben der Frauen von verantwortlichen Positionen in den Gewerkschaften haben gewiß die „Entfremdung" zwischen Arbeitnehmerinnen und Verbänden gefördert, die zum kontinuierlichen Rückgang des Frauenanteils von 1919 bis 1931 beitrug.

Gerade die Leistungsfähigkeit der Verbände wurde ab 1930 geschwächt. Mitgliederverlust einerseits, Arbeitslosigkeit, Kurzarbeit sowie Lohneinbußen der noch verbliebenen Mitglieder andererseits drückten nicht nur die Zahl der Mitgliedsbeiträge, sondern auch die Höhe der Zahlungen: 1930 hatte über die Hälfte der ADGB-Mitglieder mehr als 52 Mark Jahresbeitrag geleistet, 1931 gehörte nur noch ein gutes Drittel der Mitglieder in diese Beitragsklasse. Die Einnahmen der Freien Gewerkschaften gingen im Jahre 1931 gegenüber dem Vorjahr um mehr als ein Fünftel zurück, doch die

Ausgaben konnten nur um 10 % gesenkt werden. Die Zahl der Unterstützungsbedürftigen nahm zu, so daß die Gewerkschaften Dauer und Höhe ihrer Leistungen reduzierten, um mit dem Geld auszukommen. Die Ausgaben für Unterstützungszahlungen sanken 1931 gegenüber dem Vorjahr um 11 %; auch die Verwaltungs- und Personalkosten wurden verringert — um 12,2 %. Ein Teil der finanziellen Krisenlasten konnte überdies dadurch abgefangen werden, daß die Ausgaben für Arbeitskämpfe drastisch zurückgingen. Trotz der Massenarbeitslosigkeit wurden zwar noch Streiks zur Abwehr von Lohnkürzungen usw. geführt, doch die Zahl der Aktionen verminderte sich von 1929 bis 1931 um ein Drittel, und die Zahl der Streikbeteiligten sank 1931 auf etwas mehr als ein Viertel des Standes im Jahre 1929 (Tabelle 2c).

Daß die Krise auch an den gewerkschaftlichen Unternehmen nicht spurlos vorbeiging, liegt auf der Hand. Sowohl die Banken und Versicherungen als auch die Bau- und Konsumgenossenschaften mußten ab 1931 Umsatz- und Gewinneinbußen hinnehmen, was nicht nur den finanziellen Spielraum gewerkschaftlicher Aktionen einengte, sondern auch Krisenbewußtsein und Resignation verstärkte.

## 2. Ohnmacht in der Krise

Die Gewerkschaften schätzten die wirtschaftliche Entwicklung 1929/30 keineswegs als Beginn einer Krise bisher unbekannten Ausmaßes ein; die Weimarer Zeit war insgesamt zu stark von Krisen überschattet, als daß z. B. ein erneutes Ansteigen der Arbeitslosigkeit als „außergewöhnlich" hätte gelten können. Zwar war nicht zu übersehen, daß sich mit den ersten Anzeichen der wirtschaftlichen Stagnation die Interessenauseinandersetzungen mit den Arbeitgebern — besonders der Schwerindustrie — zuspitzten. Doch das Wechselverhältnis von wirtschaftlicher Entwicklung einerseits und wirtschaftlichen und politischen Krisenstrategien der Arbeitgeberschaft andererseits, die mit zunehmender Verschärfung der Wirtschaftskrise immer deutlicher auf einen Abbau der sozialstaatlichen und schließlich auch demokratischen Grundlagen der Weimarer Republik drängten, wurde von den Gewerkschaften unterschätzt.

Mit der Verschlechterung der wirtschaftlichen Gesamtlage stellte sich den Gewerkschaften erneut eine Fülle von Aufgaben: Versuche zur Stabilisierung der Lohnhöhe, zur Sicherung der Versicherungsleistungen und zur Senkung des Preisniveaus gingen Hand in Hand mit den Forderungen zur „gerechten" Verteilung der Krisenlasten; Bemühungen um die Verkürzung der Arbeitszeit und um Arbeitsbeschaffung standen neben dem Postulat des Reparationsabbaus. Die Gewerkschaftsarbeit „vor

Ort" wurde überdies vielfach durch lokale Beschäftigungs- und Kulturprogramme ergänzt, durch die die Organisation stabilisiert werden sollte. Fülle und Breite der Aktivitäten können jedoch nicht darüber hinwegtäuschen, daß sich mit der Zuspitzung der Krise, mit der Notverordnungspolitik und den zunehmenden staatlichen Eingriffen in die Wirtschaft der Schwerpunkt des Konfliktfeldes von den Auseinandersetzungen zwischen Einzelgewerkschaften und Arbeitgeberverbänden hin zur Konfrontation (oder Kooperation) der organisatorischen Gewerkschaftsspitze mit zentralen Regierungsstellen verlagerte.

## Der Bruch der Großen Koalition im März 1930

Die Grenzen des gewerkschaftlichen Einflusses auf die Politik hatten sich schon zu Zeiten der Großen Koalition unter Reichskanzler Hermann Müller (SPD) gezeigt. Die Reihe der Konflikte, in denen die Freien Gewerkschaften ihre Positionen zugunsten des Erhalts der Koalitionsregierung vernachlässigt sahen, erlebte ihre letzte Zuspitzung mit dem Streit um die Finanzierung der Arbeitslosenversicherung; diese hatte — darin dem Achtstundentag vergleichbar — einen hohen Symbolwert für die Arbeiterbewegung, zumal sie in die Gesetze der kapitalistischen Wirtschaft eingriff und nicht nur die sozialen Folgen der Arbeitslosigkeit, sondern auch den Lohndruck der Arbeitslosen verminderte. Als die Frage des Defizitausgleichs der Arbeitslosenversicherung im März 1930 wiederum akut wurde, traten die Freien Gewerkschaften für eine Erhöhung der Beitragssätze von 3,5 auf 4 % ein, um auf diesem Wege eine Herabsetzung der Versicherungsleistungen zu verhindern. Zu einer solchen Beitragserhöhung fand sich die DVP indessen nicht bereit, handele es sich doch um preistreibende Mehrkosten für die ohnehin überlastete deutsche Wirtschaft, deren Exportfähigkeit dadurch zerstört werde. Mit Rücksicht auf die Erhaltung der Regierungskoalition akzeptierte die Mehrheit der SPD-Minister einen von Heinrich Brüning (Zentrum) vorgelegten Kompromißvorschlag, der jedoch nur eine befristete Deckung des Defizits der Arbeitslosenversicherung versprach, so daß schon in absehbarer Zeit Leistungskürzungen erforderlich wären. In der SPD-Reichstagsfraktion setzten sich hingegen die Gewerkschafter durch: Die SPD lehnte den Kompromißvorschlag Brünings ab. Das Kabinett Müller, die letzte parlamentarische Regierung der Weimarer Republik, trat am 27. März 1930 zurück.

In diesem Konflikt ging es um weit mehr als um die Sicherung der Arbeitslosenversicherung. Die Frage lautete im Grunde, wem die Hauptlast der Krise aufgebürdet werden sollte. Sozialdemokratie und Freie Gewerkschaften standen gerade angesichts der vorangegangenen sozialpolitischen Rückschläge und der KPD-Konkurrenz mit dem Rücken an der Wand. Diese Situation wurde von der DVP nicht nur nicht honoriert — sondern dazu benutzt, die SPD durch eigene Unnachgiebigkeit aus der Koalition zu drängen. Schon beim Ende der Regierung Müller hatte sich gezeigt, daß die (Freien) Gewerkschaften zwar stark genug waren, die SPD auf ihren Kurs zu bringen; doch sie konnten die Politik nicht inhaltlich in ihrem Sinne beeinflussen. Zudem hatte sich hier erstmals mit aller Deutlichkeit der Konflikt zwischen „der" SPD als einer koalitionsbereiten Volkspartei und „den" Gewerkschaften als der traditionellen Arbeitnehmerinteressenvertretung abgezeichnet.

## In der „Ära Brüning": erfolglose Tolerierung und Loyalität

Die Erwartungen an die Regierung Heinrich Brünings, die erste der „Präsidialkabinette", waren je nach Richtungsgewerkschaft sehr unterschiedlich. Brüning war Anfang der 20er Jahre Geschäftsführer des christlich-nationalen DGB gewesen, und mit Stegerwald wurde der profilierteste christliche Gewerkschafter Reichsarbeitsminister. Die Christlichen Gewerkschaften begrüßten denn auch Brünings Kabinettsbildung als „Wende in der deutschen Politik".[5] Der ADGB hatte hingegen kaum positive Erwartungen: Die neue Regierung nenne sich „bürgerliche Einheitsfront", sei aber allenfalls eine „geschäftstüchtige Handelsgesellschaft mit beschränkter Haftung", die sich nicht auf eine parlamentarische Mehrheit stütze, „die einen einheitlichen, auf die Dauer wirksamen politischen Willen aufzubringen vermag".[6]

*

Die Regierung Brüning drängte, wie vor ihr das Kabinett Müller, auf den Ausgleich des Reichsetats: Angesichts ständig sinkender Einnahmen der öffentlichen Hand von 20,1 (1929/30) auf 13,8 Mrd. RM (1932/33)[7] setzte Brüning einen rigorosen Sparkurs durch, der durch den Wegfall staatlicher Investitionen und durch die Senkung von Sozialausgaben und Löhnen zur Verschärfung der Krise beitrug.

---

5 Siehe Wende in der deutschen Politik! Rettung der staatlichen Grundlagen gesunden sozialen Lebens, in: Zentralblatt Nr. 8 vom 15. 4. 1930, S. 113 f.
6 Die neuen Steuern und der neue Kurs, in: Gewerkschafts-Zeitung Nr. 17 vom 26. 4. 1930, S. 261 f.
7 Horst Sanmann, Daten und Alternativen der deutschen Wirtschafts- und Finanzpolitik in der Ära Brüning, in: Hamburger Jahrbuch für Wirtschafts- und Gesellschaftspolitik 10, 1965, S. 109—140, hier S. 113.

Dies führte die Christlichen Gewerkschaften bald in die schwierige Situation, politische Loyalität zur Regierung und Vertretung der Interessen ihrer Mitglieder miteinander zu verbinden. Trotz aller Proteste sahen sie sich letztlich zum Stillhalten gegenüber der deutlich unsozialen Notverordnungspolitik genötigt, zunächst nicht so sehr, weil man das „kleinere Übel" meinte in Kauf nehmen zu müssen, sondern weil man der „eigenen" Regierung nicht noch mehr Schwierigkeiten bereiten wollte, als sie ohnehin schon hatte. Auch trug gerade die grundsätzliche Nähe zur Regierung Brüning, deren Einschätzung der Reparationsfrage als Zentralproblem der deutschen Innen- und Außenpolitik sie überdies teilten, dazu bei, daß die Christlichen Gewerkschaften keine eigenen Alternativen zur Deflationspolitik entwickelten. Es blieb bei Stellungnahmen gegen Lohn- und Preisabbau, für ein Notopfer der Fest- und Gutbesoldeten zur Stabilisierung der Reichsanstalt und für Arbeitsbeschaffungsmaßnahmen, die von Arbeitgebern und Gewerkschaften gemeinsam getragen werden sollten.

War auch der Ton der Freien Gewerkschaften gewiß aggressiver, inhaltlich waren zunächst keine großen Unterschiede zu den Forderungen der Christlichen Gewerkschaften zu erkennen. Während die Regierung mit ihrer Politik der insbesondere von Industrieverbänden vertretenen Forderung nach Senkung der Gestehungskosten (Steuern, Löhne, Sozialabgaben) als Voraussetzung für Preissenkungen folgte, um auf diesem Wege, wie es hieß, die Wettbewerbsfähigkeit der exportabhängigen deutschen Wirtschaft auf dem Weltmarkt zu sichern bzw. wiederherzustellen, wiesen die Freien Gewerkschaften — wie schon Ende der zwanziger Jahre — darauf hin, daß nicht in einer Steigerung des Exports, sondern in Anreizen für die Binnennachfrage der Ausweg aus der Krise zu suchen sei.

Angesichts der Übereinstimmung in der Frage des Preisabbaus schienen sich jedoch Möglichkeiten für eine abgestimmte Krisenpolitik anzudeuten: Im Mai/Juni 1930 trafen sich Arbeitgeber und Gewerkschafter, um eine gemeinsame Erklärung zur Wirtschaftspolitik auszuarbeiten, womit zugleich parlamentarische Koalitionsmöglichkeiten ausgelotet wurden. Zunächst schien sich zumindest in der Frage von Lohnsenkung und Preisabbau ein Kompromiß abzuzeichnen; dennoch scheiterten die Besprechungen, zumal die (Freien) Gewerkschaften ihre Position als Tarifpartei grundsätzlich infrage gestellt glaubten, versuchten doch die Arbeitgeber mit Lohnsenkungen, Lockerung der Tarifverträge und Sozialabbau die Lasten der Krise auf die Arbeitnehmerschaft abzuwälzen. Erstes deutliches Signal war der am 10. Juni 1930 für verbindlich erklärte Schiedsspruch von Bad Oeynhausen vom Mai 1930, durch den die übertariflichen Löhne und Gehälter in der nordwestdeutschen Eisenindustrie um 7,5 % gesenkt wurden. Auch der Lohnkampf im Mansfelder Kupferbergbau vom August

1930 endete zwar nicht mit der von den Arbeitgebern geforderten Lohnsenkung um 15 %, aber immerhin um 9,5 %.

*

Trotz der unübersehbaren sozialen Folgen der Regierungs- und Arbeitgeberpolitik glaubten sich die Freien Gewerkschaften zur Zurückhaltung genötigt; sie wollten nicht die Tolerierung der Regierung Brüning gefährden, zu der sie sich nach den Septemberwahlen 1930 entschieden hatten. Der Schock dieser Wahlen — die NSDAP hatte einen Zuwachs von 12 auf 107 Mandate zu verzeichnen — prägte die Haltung des ADGB zur Regierung Brüning, deren Programm, was die Maßnahmen zur Krisenbehebung anlangte, als ebenso unzureichend wie ungerecht eingestuft wurde. Im Anschluß an die Politik der sozialdemokratischen Reichstagsfraktion sah sich auch der ADGB genötigt, die „stille Diktatur Brünings" zu tolerieren, um das „Umschlagen in die offene Diktatur" zu verhindern.[8] Denn ein Ende der Tolerierung werde — so hieß es — eine Regierung Hitler-Hugenberg, d. h. eine Koalition NSDAP/DNVP, bringen, die nicht nur zur außenpolitischen Isolierung Deutschlands, sondern zu schweren sozialen Auseinandersetzungen führen müsse. Die Drohung des Nationalsozialismus lasse demgemäß die Konflikte um die Sozial- und Wirtschaftspolitik gegenüber dem Kampf um die Erhaltung der parlamentarischen Staatsform und der Grundrechte zurücktreten, die zu retten die Gewerkschaften aufgerufen seien — auch wenn dies Opfer verlange.[9]

Gerade auch die Hirsch-Dunckerschen Gewerkvereine, geführt von Anton Erkelenz, traten immer wieder für „Treue der Arbeitnehmerschaft zum neuen Staat, zur Republik und zur Demokratie" ein. Doch mit der Gründung der Deutschen Staatspartei als Nachfolger der DDP im Juli 1930, die zum Übertritt von Erkelenz zur SPD führte, ging die politische Bedeutung der Hirsch-Dunckerschen Gewerkvereine immer weiter zurück. Sie verstanden sich jedoch nach wie vor als Vertreter einer „vernünftigen" Mittelposition, die sie gegen kommunistische Klassenkampf- wie nationalsozialistische Rassentheorien Stellung nehmen ließ.

Die Gewerkschaften aller Richtungen waren sich im übrigen in der Ablehnung des Nationalsozialismus einig, wenn sich auch Unterschiede in der öffentlichen Auseinandersetzung zeigten. Während sich die Christlichen Gewerkschaften — unter dem Dach des DGB mit dem DHV

---

8  Siehe Das Jahr 1930, in: Gewerkschafts-Zeitung Nr. 1 vom 3. 1. 1931, S. 1—4, hier S. 3.
9  Siehe Jahrbuch 1930 des Allgemeinen Deutschen Gewerkschaftsbundes, S. 47 f. u. 91 f.

verbunden — schwer taten, eine überzeugende Abwehrfront zu formulieren, waren die Positionen von Hirsch-Dunckerschen Gewerkvereinen und Freien Gewerkschaften einheitlich. Klar war man sich bei allen Gewerkschaften darüber, daß die Dynamik des Nationalsozialismus nicht dadurch gebremst werden könne, daß „einer die Unvernünftigkeit oder die Irrealität irgendeiner der nationalsozialistischen Theorien beweist".[10] Nicht zuletzt aus dieser Erkenntnis folgte die Orientierung der gewerkschaftlichen Politik vor allem am Ziel eines baldigen Wirtschaftsaufstiegs, in dessen Verlauf sich die „sozialen Spannungen" gleichsam von selbst vermindern würden.

*

Ein Schwerpunkt der gewerkschaftlichen Politik lag auf Forderungen zur Sicherung und zugleich „gerechten" Verteilung der (noch) vorhandenen Arbeitsplätze. Deshalb forderte der ADGB vorrangig zum Abbau der Arbeitslosigkeit mit der Entschließung des Bundesausschusses vom 12./13. Oktober 1930 die Verwirklichung der 40-Stunden-Woche. Die Christlichen Gewerkschaften sahen sich durch diese Stellungnahme des ADGB in Zugzwang gebracht — bevor ihre eigenen Beratungen abgeschlossen waren. Die eigene Haltung sei, so erläuterte es Bernhard Otte, „abwartend, aber nicht ablehnend".[11]

Im Herbst 1930 war die Einführung der 40-Stunden-Woche noch als bloß vorübergehende Maßnahme gedacht. Mit dieser Einschränkung trug man wohl auch den Bedenken in den eigenen Reihen Rechnung. Schon bei den Befürwortern dieser Forderung waren die Erwartungen über die Auswirkungen der Arbeitszeitverkürzung auf den Arbeitsmarkt nicht allzu groß: Höchstens eine halbe Million Arbeitslose könne durch die Einführung der 40-Stunden-Woche wieder Arbeit finden.[12] Und auch dieser Erfolg wurde in Zweifel gezogen. Wegen der geringen Chancen, einen Lohnausgleich durchzusetzen, wurde die Verkürzung der Arbeitszeit auch innerhalb der Gewerkschaftsbewegung vielfach als „Verteilung der Not" abgelehnt.

Angesichts des krisenbedingten Sinkens der durchschnittlichen Arbeitszeit in der Industrie von 49,9 Stunden (1927) auf 41,5 Stunden (1932)

---

10 Walter Dirks, Katholizismus und Nationalsozialismus, in: Die Arbeit Nr. 3, März 1931, S. 201—209, hier S. 205 f.
11 Siehe Rundschreiben des Gesamtverbandes der christlichen Gewerkschaften an die angeschlossenen Verbände vom 16. 10. 1930 (Bundesarchiv Koblenz, Kleine Erwerbungen 461—2, Nr. 126 f.).
12 Siehe Theodor Leipart, Gewerkschaften und Wirtschaftskrise, in: Gewerkschafts-Zeitung Nr. 48 vom 29. 11. 1930, S. 756—759, hier S. 756.

hätte eine gesetzliche Arbeitszeitverkürzung wohl nur im Jahre 1930 einen deutlichen Einfluß auf den Arbeitsmarkt haben können (Tabelle 4b). Dennoch hielten die Freien Gewerkschaften an der Forderung nach Einführung der 40-Stunden-Woche fest, und zwar ab Frühjahr 1931 als Dauermaßnahme. Im August 1931 legten sie zur Abstützung ihrer Arbeitszeitkampagne eine materialreiche Untersuchung über „Arbeitsmarkt, Arbeitsertrag und Arbeitszeit"[13] vor. Betont wurde: „Mit dem Aufstellen der Forderung allein ist es aber nicht getan. Der Forderung folgt der Kampf. Der Kampf wird schwer sein." Angesichts der Massenarbeitslosigkeit, der seit 1930/31 sinkenden Mitgliedszahlen, der immer knapper werdenden Streikgelder und vor allem der Uneinigkeit der Richtungsgewerkschaften wirkte die betonte Kampfbereitschaft der Freien Gewerkschaften indessen aufgesetzt. Die Forderung nach der 40-Stunden-Woche verstand sich denn auch eher als „ein Appell an die beschäftigten Arbeiter zur Solidarität mit den Arbeitslosen und zugleich [als] eine Forderung an die Unternehmer und die Gesetzgebung, an die in Politik und Wirtschaft herrschenden Mächte".

In den Kontakten mit den Arbeitgebern bildete die Arbeitszeitfrage hingegen den wichtigsten Stolperstein. Kaum daß die Spitzengespräche zwischen Gewerkschaften und Arbeitgebern im Sommer 1930 gescheitert waren, kam es bereits einige Monate später zu einem erneuten Versuch, eine Verständigung in den drängenden wirtschafts- und sozialpolitischen Fragen zu erzielen. Waren die Tarifparteien im Juni unter sich geblieben, so trafen sie sich im November 1930 auf Einladung von Reichsarbeitsminister Adam Stegerwald. In der Befürwortung der Preissenkungsaktionen war man sich sehr nahe, doch es blieb der Dissens über deren Ausmaß und vor allem über den Stellenwert, den Lohnsenkungen für die Preisherabsetzung haben könnten. Keinerlei Annäherung war in der Frage der Arbeitszeitverkürzung abzusehen, in der im übrigen auch zwischen den Gewerkschaften keine Einigkeit bestand. Während jedoch die Vorstände von DGB und Hirsch-Dunckerschen Gewerkvereinen die Zustimmung ihrer Verhandlungskommissionen zu einem Vereinbarungsentwurf vom 9. Dezember absegneten, schob der Bundesausschuß des ADGB die Entscheidung den Verbandsvorständen zu, die erwartungsgemäß nahezu übereinstimmend für eine Ablehnung votierten. Ende Januar 1931 erklärten die Freien Gewerkschaften, sie könnten die im Dezember ausgearbeitete Erklärung nicht annehmen.

---

13 Siehe Die 40-Stunden-Woche. Untersuchungen über Arbeitsmarkt, Arbeitsertrag und Arbeitszeit, hrsg. im Auftrage des ADGB von Theodor Leipart, Berlin 1931, Zitate S. 5 und 203.

Die Christlichen Gewerkschaften bedauerten die Entscheidung der ADGB-Gewerkschaften und verfolgten auch nach dem Ausscheiden des ADGB aus den Besprechungen weiterhin eine Politik institutionalisierter Kontakte zur Arbeitgeberschaft. Doch die Versuche insbesondere der Christlichen Gewerkschaften, der Regierung Brüning durch einen Kompromiß der Tarifparteien auf wirtschafts- und sozialpolitischem Gebiet den Rücken frei zu halten, waren gescheitert. Vielmehr dauerte die Auseinandersetzung zwischen Arbeitgeberverbänden und Gewerkschaften um das Problem kollektiver Abmachungen, um die Frage des staatlichen Eingreifens in die Wirtschaft und schließlich um Lohn- und Sozialpolitik unvermindert an, ja sie verschärfte sich zusehends. Bald ging es nicht mehr so sehr um die Frage der Lohnsenkung, sondern um den Bestand des Tarifvertragssystems. Eine manifeste Bedrohung des Tarifvertrages waren die Bemühungen der Arbeitgeberschaft, unter der Parole „Lockerung des Tarifvertragssystems" sowohl eine Anpassung der Löhne an die Bedürfnisse der einzelnen Betriebe und damit eine Lohnsenkung auf breiter Front als auch eine Änderung der gesetzlichen Bestimmungen durchzusetzen.

Die Position der Arbeitgeber fand ihren Niederschlag auch in der Schlichterpraxis, z. B. in der Berliner Metallindustrie. Im Oktober 1930 lehnten 85 % der gewerkschaftlich organisierten Metallarbeiter Berlins in einer Urabstimmung einen Schiedsspruch ab, der eine Lohnsenkung von 8 % bzw. 6 % verordnete. Ab 15. Oktober legten rund 130.000 Arbeitnehmer die Arbeit nieder. Die Gewerkschaften brachen diesen Streik indessen gegen den erklärten Willen der betroffenen Arbeitnehmer ab und ließen sich auf ein erneutes Schlichtungsverfahren ein, dessen Ausgang abzusehen war: Der „neue" Schiedsspruch brachte nur eine geringfügige Abmilderung der Verschlechterungen.

Die Regierung Brüning tat wenig, den Gewerkschaften durch Entgegenkommen eine Festigung ihrer Position zu erleichtern. Im Gegenteil: Die Notverordnungen des Jahres 1931 brachen mit immer neuen Lohnsenkungen schließlich in laufende Tarifverträge ein. Für 1931 verzeichnete die Gewerkschaftsstatistik für 7,3 Millionen Beschäftigte Lohnkürzungen; Anfang 1932 lagen die tariflichen Stundenlöhne 17 % unter dem Niveau des Jahres 1930; und die realen Wochenlöhne waren um 15 bis 20 % niedriger als 1929 (Tabelle 3b), zumal die Preissenkungen mit den Lohnherabsetzungen nicht Schritt hielten.[14] Die Gewerkschaften protestierten, verharrten aber in ihrer hilf- und ausweglosen Politik des Stillhaltens, deren Hauptziel es war, den Nationalsozialismus von der Macht fernzuhalten.

---

14 Siehe K. Schönhoven, Innerorganisatorische Probleme, S. [81].

Die Kommunisten nahmen diese als „opportunistisch" und „sozialfaschistisch" beschimpfte Politik zum Anlaß für einen verschärften Kampf gegen die Führung der Freien Gewerkschaften. Etwa seit 1925/26 hatte die KPD versucht, oppositionelle Gewerkschafter organisatorisch zusammenzufassen, und zwar — wie auf dem 1. Reichskongreß der RGO vom 30. November bis 1. Dezember 1929 beschlossen — nicht in eigenen Gewerkschaften, sondern innerhalb der Freien Gewerkschaften. Besonders umstritten war die Zellenbildung in den Freien Gewerkschaften, die dazu dienen sollte, selbständig Arbeitskämpfe vorzubereiten und durchzuführen. Auf dem V. Kongreß der RGI im August 1930 setzte sich jedoch — getreu der Sozialfaschismus-These — die Ansicht durch, selbständige „revolutionäre Kampfgewerkschaften" zu gründen. Die KPD unterstützte in der Folgezeit nach wie vor oppositionelle Gruppen in den Freien Gewerkschaften, sie realisierte aber zudem den RGI-Beschluß: Noch im Herbst 1930 wurden der „Einheitsverband der Metallarbeiter Berlins" und der „Einheitsverband der Bergarbeiter Deutschlands" geschaffen; und auf dem 2. Reichskongreß am 15./16. November 1930 konstituierte sich die RGO als eigene Gewerkschaftsorganisation. Doch massenhaften Zulauf hatten die Verbände nicht; im Frühjahr 1932 zählte die RGO insgesamt „nur" etwa 260.000 bis 300.000 Mitglieder, von denen 75 % parteilos waren.[15]

Mit zunehmender Bitterkeit sahen sich die Freien Gewerkschaften „zwischen den Fronten". Immer wieder finden sich in den Jahresberichten der Gewerkschaftsfunktionäre Klagen über die systematische „Wühlarbeit der Nazis und Kozis", womit sowohl die Nationalsozialistische Betriebszellenorganisation (NSBO) als auch die RGO angesprochen waren. Diesen wurden vielfach die Schwierigkeiten der eigenen Organisationsarbeit angelastet: Gemeinsam mit den Nazis — so wurde der KPD vorgeworfen — führe sie den „Kampf gegen unsere Bewegung".[16]

Rückhalt gewannen NSBO und RGO insbesondere bei Ungelernten und Arbeitslosen, speziell bei Jugendlichen. Die Betriebsrätewahlen 1931 erlauben eine ungefähre Einschätzung der Kräfteverhältnisse: Die Hirsch-Dunckerschen Gewerkvereine errangen 1.560, die RGO 4.664, die Christlichen Gewerkschaften 10.956 und die Freien Gewerkschaften 115.671 Mandate.[17] In einzelnen Branchen war der Anteil der „oppositionellen"

15  Siehe Frank Deppe u. Witich Roßmann, Kommunistische Gewerkschaftspolitik in der Weimarer Republik, in: E. Matthias u. K. Schönhoven (Hrsg.), Solidarität und Menschenwürde, S. 209—231, hier S. 226.
16  Siehe Jahrbuch 1930, hrsg. vom Vorstand des Verbandes der Bergbauindustriearbeiter Deutschlands, Bochum 1931, S. 246; zitiert nach K. Schönhoven, Innerorganisatorische Probleme, S. [92 f.].
17  Siehe F. Deppe u. W. Roßmann, Kommunistische Gewerkschaftspolitik, S. 226.

Verbände indessen sehr stark. So sank 1931 der Stimmenanteil des Freien Bergarbeiterverbandes im Vergleich zu 1930 von 52,5 auf 45,1 %, während sich der der RGO von 19,4 auf 24,7 % und der der wirtschaftsfriedlichen Gruppen von 3,2 auf 5,7 % verbesserte; die NSBO-Listen erreichten 2,4 %. Im Ruhrgebiet erhielten die Freien Gewerkschaften 36,4 %, die RGO 29,0 % und die Nationalsozialisten 4,1 % der Stimmen.[18]

*

Auf der anderen Seite ließ die wirtschaftliche und politische Lage die „etablierten" Gewerkschaften näher zusammenrücken. Nach mehreren internen Vorstößen kam es schließlich unter dem wachsenden Druck der Krise zu einem publizistischen Meinungsaustausch über die Frage einer gewerkschaftlichen Vereinigung.[19] Der DMV hatte im Herbst 1931 in der „Metallarbeiterzeitung" eine „Verstärkung durch Vereinigung" angeregt, sei doch unter dem Druck der politischen und wirtschaftlichen Krise ein Zusammenschluß der gewerkschaftlichen Kampffront die einzige Möglichkeit, mehr Einfluß zu gewinnen. Die Hirsch-Dunckerschen Metaller antworteten darauf in ihrer Zeitschrift „Regulator" mit „Drei Fragen": So wünschenswert eine Aufhebung der Gewerkschaftsspaltung auch sei, so müsse doch geklärt werden, ob die parteipolitische Neutralität, die religiöse Meinungsfreiheit und der Kampf gegen die „kommunistisch-bolschewisti- sche Revolutionstreiberei", gegen ein klassenkämpferisches, reaktionäres Unternehmertum und für eine Steigerung der Lebenshaltung der Arbeiter als gemeinsame Grundprinzipien Anerkennung finden könnten. Auf diese Fragen antwortete die „Metallarbeiterzeitung" positiv. Den hohen Stellen- wert, den der ADGB der Diskussion beimaß, unterstreicht wohl am deutlichsten die Tatsache, daß Leipart selbst in der „Gewerkschafts- Zeitung" das Wort ergriff: Leipart bekannte sich für den ADGB zu den Forderungen parteipolitischer und religiöser Neutralität; er stellte die Gegenfrage, ob nicht Politik und Religion als gewerkschaftliches Problem vollends bedeutungslos würden, wenn sie bei der Agitation ausgeschaltet blieben. Und auch zur letzten Frage des „Regulator" nahm Leipart positiv Stellung, so daß nach „seinem Urteil das Gemeinsame weitaus das Trennende" überwog. Zumindest zwischen ADGB und Gewerkvereinen bestünden „keine Gegensätze [. . .], die eine Aufrechterhaltung der Trennung rechtfertigen könnten". Überdies erwartete Leipart, „daß eine

---

18 Siehe K. Schönhoven, Innerorganisatorische Probleme, S. [95].
19 Siehe die Dokumente 42a—e, in: Ulrich Borsdorf, Hans O. Hemmer u. Martin Martiny (Hrsg.), Grundlagen der Einheitsgewerkschaft. Historische Dokumente und Materialien, Köln u. Frankfurt/M. 1977, S. 196 ff.

Vereinigung der Gewerkschaften völlig neue Perspektiven für die Befestigung des republikanischen Staatswesens durch die Bildung eines umfassenden gesellschaftlichen und politischen Machtblocks böte".

Noch vor dem Erscheinen von Leiparts Aufsatz hatte sich auch der Christliche Metallarbeiterverband in die Diskussion eingeschaltet. Für ihn war die Stellungnahme des „Regulator" ein Beweis für die kritische Lage der an sich verdienstvollen Gewerkvereine, die durch das „Absterben der liberalen Idee" und die Finanzkrise der Unterstützungskassen der Gewerkvereine hervorgerufen sei. Und auch der Aufruf des DMV galt als Zeichen der Schwäche der Freien Gewerkschaften, die den Verlust der Zugkraft marxistischer Ideen spürten. Eine Vereinigung mit den Freien Gewerkschaften sei unmöglich, denn taktische Gemeinsamkeiten könnten nicht weltanschauliche Gegensätze überbrücken.

*

Stimmten auch alle Gewerkschaften in die Forderung nach Arbeitsbeschaffung ein, so war es doch der ADGB, der ein konkretes Programm vorlegte, das auf der Idee einer antizyklischen Konjunkturpolitik basierte. Im Sommer 1931 veröffentlichte Wladimir Woytinsky, der Leiter des statistischen Büros der ADGB, ein Aktionsprogramm zur Belebung der Wirtschaft.[20] Das führte zu einer heftigen Debatte innerhalb der sozialdemokratischen Arbeiterbewegung. Wortführer der Kritik war Fritz Naphtali, der gegen die Vorschläge Woytinskys einwandte, sie müßten unweigerlich inflationistisch wirken und bedeuteten somit „eine Fehlleitung von Energien" der Sozialdemokratie.[21] Angesichts der Erfahrungen der Hochinflation mögen diese Befürchtungen zwar verständlich erscheinen; sie beruhten jedoch, wie in Anbetracht der herrschenden Deflations-Politik festzustellen ist, die zu einem ständig fortschreitenden Schrumpfungsprozeß der Wirtschaft beitrug, auf einer Fehleinschätzung der wirtschaftlichen Realität. Für die Haltung der sozialdemokratischen Reichstagsfraktion, die sich den von Naphtali vorgetragenen Vorbehalten weitestgehend anschloß, dürfte vor allem der Entschluß zur Tolerierung der Regierung Brüning maßgebend gewesen sein, dem ein Einschwenken auf die Idee einer aktiven Konjunkturpolitik durch Kreditausweitung zuwidergelaufen wäre. Auch ein grundsätzlicher Vorbehalt gegen die seit der Jahrhundertwende deutlich zunehmende Selbständigkeit der Freien Gewerkschaften sowie

---

20  Wladimir Woytinsky, Aktive Weltwirtschaftspolitik, in: Die Arbeit Nr. 6, Juni 1931, S. 413—440, Zitat S. 439.
21  Fritz Naphtali, Neuer Angelpunkt der Konjunkturpolitik oder Fehlleitung von Energien?, in: Die Arbeit Nr. 7, Juli 1931, S. 485—497.

gegen den Gebrauch, den diese davon machten, mag für das hinhaltende Taktieren der SPD-Führung eine Rolle gespielt haben; denn in der Tat konnte der Plan Woytinskys als sozialpolitisch motivierte Überlebenshilfe für die privatkapitalistische Ordnung, die sich doch in einer „End-Krise" zu befinden schien, gedeutet werden und damit das Programm einer Überwindung des Kapitalismus unglaubwürdig machen. Gerade dieses Problem sprach Fritz Tarnow an, wenn er in seinem auf dem Leipziger SPD-Parteitag (31. Mai bis 5. Juni 1931) gehaltenen Referat über „Kapitalistische Wirtschaftsanarchie und Arbeiterklasse" mit der umstrittenen Formel operierte, die wirtschaftliche Krisensituation sei geeignet, SPD und Freie Gewerkschaften, ob sie wollten oder nicht, zum Arzt und Erben am Krankenbett des Kapitalismus zu machen.[22] Die Delegierten stimmten der dem Referat entsprechenden Resolution zu, doch eine Konkretisierung dieser Gedanken blieb innerhalb der SPD-Programmdiskussion aus.

Demgegenüber wurden die Arbeitsbeschaffungs-Vorstellungen von Wladimir Woytinsky, Fritz Tarnow und Fritz Baade, dem Leiter der Reichsforschungsstelle für landwirtschaftliches Marktwesen und Mitglied der SPD-Reichstagsfraktion, weiterentwickelt; um die Jahreswende 1931/ 32 legten sie den nach den Autoren benannten WTB-Plan vor: Vorgesehen waren öffentliche Arbeiten mit einem Finanzvolumen von 2 Milliarden Reichsmark, durch die — gewissermaßen als Initialzündung — 1 Million Arbeitslose für ein Jahr wieder in den Produktionsprozeß eingegliedert werden sollten.

Der Krisenkongreß vom 13. April 1932 bildete den Schlußpunkt der innergewerkschaftlichen Diskussion und sollte — so Theodor Leipart — wie ein „Fanal" wirken, um das sich alle scharen müßten, die für eine sofortige Krisenbeendigung einträten. Die vom Kongreß verabschiedete Resolution (Dokument 17) faßte die Forderungen des ADGB zusammen und versuchte sie zudem mit dem Programm zum „Umbau der Wirtschaft" zu verknüpfen.

Der ADGB war nicht die einzige gewerkschaftliche Organisation, die ein Konzept zur aktiven Bekämpfung der Wirtschaftskrise diskutierte. Auch die Christlichen Gewerkschaften erhoben immer wieder die Forderung nach Arbeitsbeschaffung; doch wurden weder konkrete Aufgabenbestimmungen noch Finanzierungsmodelle entwickelt, so daß das Arbeitsbeschaffungspostulat eher deklamatorischen Charakter hatte. Vor allem zu erinnern ist auch an das Wirtschaftsprogramm des AfA-Bundes;[23] in diesem

---

22 Siehe Sozialdemokratischer Parteitag in Leipzig 1931 vom 31. Mai bis 5. Juni im Volkshaus, Protokoll, Leipzig 1931, S. 32—52, hier S. 45.
23 Siehe Fritz Croner, Kurs auf Sozialismus!, in: Marxistische Tribüne für Politik und Wirtschaft Nr. 7 vom 1. 4. 1932, S. 201—204; Otto Suhr, Mobilisierung der Wirtschaft, in: Marxistische Tribüne Nr. 8 vom 15. 4. 1932, S. 250—252.

Konzept traten ohne Zweifel die traditionell sozialdemokratischen Planwirtschaftsvorstellungen stärker hervor als im WTB-Plan. Gerade damit entsprach das Programm des AfA-Bundes offenbar weitgehend den Intentionen der sozialdemokratischen Reichstagsfraktion; vor allem die Artikel zum Thema Arbeitsbeschaffung im „Vorwärts" ab Januar/Februar 1932 und dann auch die Gesetzesanträge der SPD vom Spätsommer 1932 folgten planwirtschaftlichen Modellen, zu denen sich der ADGB im Rahmen seines Arbeitsbeschaffungsprogramms mit dem angehängten Absatz zum „Umbau der Wirtschaft" allenfalls sehr vorsichtig bekannte.

Im Juni 1932 veröffentlichte der ADGB dann ausführliche „Richtlinien zum Umbau der Wirtschaft" (Dokument 18). Hier wurde — anknüpfend an Überlegungen des AfA-Bundes — ein ganzer Katalog von Forderungen zusammengestellt, die insgesamt die Verstaatlichungs- und Planwirtschaftsziele der Freien Gewerkschaften bündelten und mit Forderungen zur Wirtschafts-, Sozial- und Finanzpolitik verbanden. Gewiß boten diese Richtlinien zumeist nicht grundsätzlich neue Forderungen; aber in der Zusammenfassung gewannen sie doch eine programmatische Qualität, die vor allem auf der „Linken" politische Anziehungskraft versprach — wenn auch nicht zu einer Massenmobilisierung führte.

So ging das Programm zum „Umbau der Wirtschaft" an den Machtverhältnissen im Sommer und Herbst 1932 ebenso vorbei wie der Arbeitsbeschaffungsplan. Auch wenn man die Realisierungsmöglichkeiten des Arbeitsbeschaffungsprogramms und erst recht die Auswirkungen auf den Arbeitsmarkt nicht sehr optimistisch einschätzen darf, so ist doch gewiß zu fragen, ob nicht eine derartige Politik, wäre sie im Frühjahr 1932 eingeleitet worden, das Vertrauen in Handlungsbereitschaft und -fähigkeit der Regierung, vielleicht auch der Weimarer Demokratie insgesamt, hätte stärken oder zumindest den Vertrauensschwund hätte eindämmen können.

*

Wehrten sich die Gewerkschaften ab Herbst 1931 auch mit zunehmender Schärfe gegen die Politik Brünings, so gerieten sie doch immer tiefer in die Defensive. An diesem Eindruck ändert es auch wenig, wenn man berücksichtigt, daß die Freien Gewerkschaften die Betriebsmitgliedschaften in „Hammerschaften" organisierten und zusammen mit der SPD im Dezember 1931 die „Eiserne Front" gründeten, daß auch die Christlichen Gewerkschaften im März 1932 mit der „Volksfront" einen Kampfverband bildeten, um die Übergriffe der Nationalsozialisten abzuwehren. Auf parlamentarisch-rechtmäßigem Weg die Nationalsozialisten an der Machtübernahme zu hindern — das war in Wirklichkeit ein Dilemma. Auf dieses Ziel war auch die Unterstützung der Wiederwahl Hindenburgs zum Reichspräsidenten konzentriert, die von den Freien Gewerkschaften als „notwendiges Übel" in Kauf genommen, von den Christlichen Gewerkschaften indessen uneingeschränkt propagiert wurde. Es war dann Hindenburg, der Brüning das Vertrauen entzog und mit der Berufung Franz von Papens zum Reichskanzler die Zerstörung der Weimarer Republik vorantrieb.

## Gegen das Kabinett Papen: ohnmächtige Opposition

Das Kabinett Papen traf von vornherein bei allen Gewerkschaften auf scharfe Kritik. Als eine Bestätigung ihrer Befürchtungen faßten die Gewerkschaften die Notverordnung vom 14. Juni 1932 auf, die den fortschreitenden sozialen Abbau mit einem Arbeitsbeschaffungsprogramm in Höhe von 135 Millionen Reichsmark nur notdürftig verbrämte. Zwar nahm der ADGB gemeinsam mit den anderen Richtungsgewerkschaften gegen die Notverordnung Stellung, eine Einheitsfront mit der KPD wurde jedoch abgelehnt.[24] Ziel und Weg der neuen Regierung schienen angesichts der neuen Belastungen der Arbeitnehmerschaft durch Notverordnungen, der Reichstagsauflösung und der Aufhebung des SA- und Uniformverbots klar zu sein. Auffallend ist jedoch, daß nur zwei „Säulen" des DGB, nämlich die Christlichen Gewerkschaften und der Gesamtverband deutscher Verkehrs- und Staatsbediensteter, die gemeinsame Protesterklärung der Richtungsgewerkschaften unterzeichneten; wohl am Widerstand des DHV dürfte ein geschlossenes Auftreten des DGB gegen Papen gescheitert sein.
Die Tage der Republik waren gezählt. Ein weiterer Schritt zur Zerstörung der Weimarer Demokratie war der „Preußenschlag", mit dem die sozialdemokratisch geführte preußische Regierung am 20. Juli 1932 abgesetzt wurde. Die Gewerkschaften aller Richtungen antworteten mit einer Protesterklärung, die in den Aufruf mündete, Disziplin zu bewahren.[25]
Angesichts der tiefen Gräben zwischen Sozialdemokraten und Freien Gewerkschaften einerseits und Kommunisten andererseits, angesichts der kommunistischen „Sozialfaschismus"-Theorie, der die Sozialdemokraten

---

24 Erklärung der Gewerkschaften zur Notverordnung, in: Gewerkschafts-Zeitung Nr. 26 vom 25. 6. 1932, S. 401.
25 Gewerkschafts-Zeitung Nr. 30 vom 23. 7. 1932, S. 465.

den Vorwurf, die KPD sei eine Befehlsempfängerin Moskaus, entgegensetzten, angesichts der Gegensätze in der Einschätzung der Weimarer Republik und schließlich auch mit Blick auf die radikal unterschiedliche Politik von ADGB und RGO waren die Hoffnungen auf die Bildung einer „Einheitsfront" zur Verteidigung der Republik gewiß illusionär.[26] Es mag an der Basis, in den Betrieben und im politischen Alltag vor Ort, zumal wenn es gegen prügelnde Nazi-Horden ging, Beispiele selbstverständlicher Gemeinsamkeiten gegeben haben, auf höherer Ebene aber hatten die Feindseligkeiten ein Ausmaß erreicht, das über das Jahr 1933 hinaus die Vorstellungen von Einheit belastete. Gerade die Reaktion der Gewerkschaften auf Papens „Preußenschlag" zeigt, daß die Richtungsgewerkschaften einander näherstanden als Freie Gewerkschaften und Sozialdemokratie der RGO oder der KPD. Die angemessene Quittung für seine Politik sollte Papen — so meinten die Gewerkschaften — nicht mit der Waffe des Streiks, sondern mit dem Stimmzettel erhalten.

Hervorstechendes Ergebnis der Wahlen vom 31. Juli 1932 war der weitere Anstieg der Stimmen für die NSDAP, der jedoch nicht zu einer Art Tolerierung der Regierung Papen durch die Gewerkschaften führte, mit der die Gewerkschaften doch in der zentralen Frage der Arbeitsbeschaffung tendenziell übereinstimmten und deren Inititative zur Förderung des Freiwilligen Arbeitsdienstes sie — wenn auch mit Vorbehalten — unterstützten. Vielmehr wurde der am 28. August 1932 erstmals öffentlich vorgetragene Wirtschaftsplan der Regierung Papen als „unfaßbare Ungeheuerlichkeit" apostrophiert und nach seiner Konkretisierung mit der Notverordnung zur Belebung der Wirtschaft vom 4. September 1932 wegen der sozialreaktionären Grundtendenz, die jeden Erfolg ausschließe, aufs schärfste abgelehnt.[27] Allerdings erkannten einzelne (gerade auch Christliche) Gewerkschafter durchaus an, daß das Papen-Programm die Wende zu einer „aktiven Wirtschaftspolitik" bedeute; sie hielten aber daran fest, daß es sich hier um eine Politik zu Lasten der Arbeiter handle, von der denn auch keine durchgreifende Wirtschaftsbelebung zu erwarten sei.[28] Auf besonders scharfe Kritik stieß neben der Einführung von Mehrbeschäftigungsprämien für die Arbeitgeber die Möglichkeit der

---

26 Siehe Zur Frage der Einheitsfront, in: Gewerkschafts-Zeitung Nr. 26 vom 25. 6. 1932, S. 412 f.; Nach der Reichsexekution gegen Preußen, ebd., Nr. 31 vom 30. 7. 1932, S. 484 f.
27 Siehe Fritz Tarnow, Ankurbelung der Wirtschaft, in: Gewerkschafts-Zeitung Nr. 36 vom 3. 9. 1932, S. 561 ff.; Belebung der Wirtschaft durch Papen, ebd., Nr. 38 vom 17. 9. 1932, S. 593 f.
28 Siehe Wladimir Woytinsky, Das Wirtschaftsprogramm der Reichsregierung, in: Die Arbeit Nr. 10, Oktober 1932, S. 585—597.

Tariflohnunterschreitung, die — so Leipart in der ADGB-Bundesausschußsitzung vom 9. September 1932 — Tarifverträge wertlos mache. Deshalb wurde von vornherein die Aufhebung der Notverordnung verlangt.[29] Es blieb die Grundlinie der gewerkschaftlichen Politik: Protest und scharfe Opposition gegen Papens Regierung.

*

Das zeigte sich auch auf dem Kongreß der Christlichen Gewerkschaften vom September 1932, der sich so deutlich wie nie zuvor zur Weimarer Republik bekannte. Inhaltlich festgelegt auf diese Position wurden die Christlichen Gewerkschaften mit dem Referat ihres Vorstandsmitglieds Jakob Kaiser über den „volkspolitischen und nationalen Willen der christlichen Gewerkschaften".[30] In den Wörtern und Begriffen wie „Volkstum", „volklich", „national" bis hin zu „Blut und Eisen", die Kaiser verwendete, fand sich viel Zeitkolorit, das heute befremdet. Außerdem lehnte Kaiser die „mechanische westlerische Demokratie" ab und wandte sich gegen die „Formaldemokratie"; eine Weiterarbeit an der Verfassung mochte er jedoch nur akzeptieren, wenn die Grundlage für einen „sozialen Volksstaat erhalten bleibt". Diese Grundlage beruhte für ihn „auf der politischen und sozialen Gleichberechtigung und Gleichwertung aller Deutschen, aller Schichten und Stände".

Zugleich aber zeigte sich eine Rückkehr zu berufsständischen Ideen, für die Theodor Brauer, der bekannteste Theoretiker der Christlichen Gewerkschaften, mit dem Rückenwind der Enzyklika Papst Pius XI. „Quadragesimo anno" vom Mai 1931 warb. Brauer entwickelte auf dem Düsseldorfer Kongreß sein Konzept zur berufsständischen Gesellschaftsreform.[31] Deutlich wie kaum zuvor distanzierte er sich dabei von ständischen Programmen, „hinter denen [. . .] ausgesprochene Gegnerschaft gegen die Demokratie lauert". Auch sah er sich zu einer zeitgemäßen Interpretation des „veralteten Begriffs des Berufsstandes" genötigt; Berufsstand „im heutigen Sinne" könne nur sein: „Die Gesamtheit aller derjenigen, die in einem Produktionszweig zusammenarbeiten und durch diese Zusammenarbeit eine Gesamtleistung hervorbringen."

---

29 Siehe Die Gewerkschaften und die Notverordnung, in: Gewerkschafts-Zeitung Nr. 38 vom 17. 9. 1932, S. 595.
30 Jakob Kaiser, Der volkspolitische und nationale Wille der christlichen Gewerkschaften. Vortrag, gehalten auf dem 13. Kongreß der christlichen Gewerkschaften Deutschlands in Düsseldorf am 19. September 1932, Berlin 1932.
31 Theodor Brauer, Der Kampf um die Sozialpolitik als gesellschaftliche Kraft, in: Niederschrift der Verhandlungen des 13. Kongresses der christlichen Gewerkschaften Deutschlands, Düsseldorf, 18.—20. September 1932, Berlin o. J., S. 368—393.

Damit war — genau besehen — die traditionelle Berufsidee, die ebenso handwerklich geprägt wie wertbeladen war, aufgegeben worden zugunsten der Akzeptierung des Gewerbezweiges als Strukturelement der Wirtschaft. Nur die Begriffs-Hülse blieb erhalten; an sie klammerten sich die Christlichen Gewerkschaften — auch auf die Gefahr hin, in eine sozialreaktionäre und antidemokratische Nachbarschaft zu rücken, waren doch die Grenzen zwischen ständestaatlichen und berufsständischen Ordnungsvorstellungen fließend. Für die Christlichen Gewerkschaften aber zählte wohl vor allem, daß von den „ehrwürdigen" Begriffen eine Faszination ausging, die über die Mängel konkreter inhaltlicher Füllung hinwegtäuschen konnte und wohl auch sollte. Die Idee des berufsständischen Aufbaus wurde zum Allheilmittel in der Krise der 30er Jahre stilisiert, was das Fehlen ausgereifter Reformkonzepte nur mühsam verdeckte.

Sowohl angesichts der unklaren Stellungnahme zur parlamentarischen Republik als auch bei der Propagierung berufsständischer Ideen muß überlegt werden, ob nicht derartige Aussagen indirekt zu einer Schwächung der Weimarer Demokratie beigetragen haben. In der Politik der Christlichen Gewerkschaften lag gewiß eine Unterschätzung des Machtwillens und -anspruchs der Nationalsozialisten, mit der sie sich indessen nicht grundsätzlich von den Freien Gewerkschaften unterschieden. Wohl aber hat das Bemühen der Christlichen Gewerkschaften, durch eigenes nationales Pathos dem Nationalsozialismus das Wasser abzugraben oder ihn durch Beteiligung an der Regierung zu „zähmen", unter Umständen dazu beigetragen, der NSDAP die Aura einer gewissen „Hoffähigkeit" zu verleihen.

\*

Nach der Notverordnung vom September 1932 kam es zu einer Welle von Streiks, durch die vielfach erfolgreich Lohnsenkungen abgewehrt oder zumindest abgemildert wurden. Obwohl diese Aktionen zu einer Stärkung der Organisationen beitrugen, blieben die Gewerkschaften durchaus zurückhaltend. Dies gilt auch für den Streik der Berliner Verkehrsarbeiter, den BVG-Streik.[32] Der Gesamtverband der Arbeitnehmer der öffentlichen Betriebe und des Personen- und Warenverkehrs hatte auf dem Verhandlungswege erreicht, daß die Löhne nicht — wie von der Betriebsleitung gefordert — um 10 bis 17 Pfennige pro Stunde, sondern „nur" um 2 Pfennige ab 1. November gesenkt würden. In der Urabstimmung sprachen

---

32 Siehe die Dokumente in: Frank Deppe u. Witich Roßmann, Wirtschaftskrise, Faschismus, Gewerkschaften. Dokumente zur Gewerkschaftspolitik 1929—1933, Köln 1981, S. 212 ff.

sich zwar 66 %, aber nicht die erforderliche Dreiviertel-Mehrheit der Beschäftigten für einen Streik aus. Da aber, bezogen auf die insgesamt Stimmberechtigten, das Abstimmungsergebnis ausreichte, riefen NSBO und RGO zum Streik auf. Er endete am 8. November, nach 5 Tagen, mit einer Niederlage. Auch hier zeigte sich — wie beim 20. Juli 1932 — das Grundmuster gewerkschaftlicher Politik: Zur Erfahrung und Mentalität der „alten" sozialdemokratischen Gewerkschafter gehörte auch die grundsätzliche Skepsis gegenüber Arbeitskämpfen, die sich zu Mißtrauen steigern konnte, wenn befürchtet werden mußte, der Streik könne ihnen politisch entgleiten. Diese Handlungslähmung stellte sich insbesondere dann ein, wenn starke radikale Gruppierungen es darauf anlegten, sich um der Verbreiterung ihrer Massenbasis willen am Streik zu beteiligen — und im BVG-Streik war dies von beiden Seiten gleichzeitig geschehen.

Der Wahlkampf für den 6. November 1932 stand im Zeichen der Abwehr der NSDAP und der als unsozial und undemokratisch bezeichneten Regierung Papen. Dieses Verdikt bezog sich auf die Regierungspläne zur Verfassungsreform, die nicht nur auf eine Stärkung der Zentralgewalt gegenüber den Ländern, sondern vor allem auf eine der Exekutive zu Lasten des Parlaments zielten. Das Wahlergebnis, vor allem die Stimmenverluste der NSDAP, wurde vom ADGB optimistisch beurteilt: die NSDAP sei in Auflösung begriffen, die SPD jedoch stehe fest — obwohl sie 700.000 Stimmen verlor.[33] Daß die Gewerkschaften die Größe der nationalsozialistischen Bedrohung vor allem mit der Elle der Wahlergebnisse maßen, spiegelt deutlich das Vertrauen der sozialdemokratischen Arbeiterbewegung in die Funktionstüchtigkeit des Parlamentarismus auch in Krisenzeiten, wohingegen der politische Gegner — die NSDAP — längst die Bedeutung der Massenmobilisierung erkannt und genutzt hatte. Und außerdem verschoben sich die Machtverhältnisse „hinter den Kulissen" zugunsten der Nationalsozialisten, so daß die Regierung Schleicher nur ein Zwischenspiel wurde.

## Das Kabinett Schleicher:
## Versuch einer Stabilisierung in letzter Minute

Der am 2. Dezember 1932 gebildeten Regierung Kurt von Schleicher brachten die Gewerkschaften optimistische Erwartungen entgegen. Diese Hoffnungen schienen durchaus berechtigt zu sein: Schleicher hatte schon bei der Kabinettsbildung Kontakt zu den Gewerkschaften aufgenommen, sprach dann der Arbeitsbeschaffung höchste Priorität zu und hob schließ-

---

33 Das Wahlergebnis, in: Gewerkschafts-Zeitung Nr. 46 vom 12. 11. 1932, S. 721—723.

lich am 14. Dezember die besonders beanstandeten Teile der September-Notverordnung Papens auf. Hinter dieser Politik stand wohl vor allem das Bemühen Schleichers, seiner Regierung durch die Bildung einer ‚Gewerkschaftsachse‘, durch die Zusammenfassung der gewerkschaftlich orientierten Reichstagsmitglieder unabhängig von deren parteipolitischer Bindung, eine parlamentarische Basis zu verschaffen. Dieser Versuch mißlang: Statt, wie wohl beabsichtigt, ca. 60 Abgeordnete unter der Führung Gregor Strassers aus der Fraktion der NSDAP herauszubrechen, wurde Strasser selbst entmachtet; und auch die Christlichen Gewerkschaften zeigten keine Neigung, ihre Zusammenarbeit mit dem Zentrum aufzukündigen. Der ADGB reagierte auf den Plan Schleichers — wohl unter dem Druck der SPD-Führung — eher hinhaltend. Der Aufruf Leiparts zum Jahreswechsel aber dokumentierte trotz aller Vorbehalte die Bereitschaft zur Zusammenarbeit mit der Regierung, für deren ‚Vorbereitung‘ man jedoch Zeit zu benötigen glaubte, um die Bedenken bei SPD und Gewerkschaftsmitgliedern abzubauen.[34]

Doch die Frist für derartige Vorbereitungen war bereits wenige Tage später abgelaufen: Die Regierung Schleicher trat am 28. Januar 1933 zurück. Wieder einmal versuchten die Gewerkschaften, die Regierungsbildung in ihrem Sinne zu beeinflussen; noch am 28. Januar appellierten die gewerkschaftlichen Spitzenverbände an Reichspräsident Hindenburg, keine sozialreaktionäre Kabinettsbildung zuzulassen. Doch die Weichen für die Reichskanzlerschaft Adolf Hitlers waren bereits am 4. Januar 1933 durch eine Absprache von Papen und Hitler anläßlich eines Treffens im Hause des Kölner Bankiers Kurt von Schröder gestellt worden. Am 30. Januar 1933 wurde Hitler zum Reichskanzler ernannt.

## 3. Gewerkschaften in der Weimarer Republik: eine Bilanz

Die Bilanz der gewerkschaftlichen Politik in der Weimarer Republik ist unübersichtlich. Gewiß springen zunächst — verglichen mit der Situation im Kaiserreich (und erst recht mit der in der nationalsozialistischen Diktatur) — die Errungenschaften der Arbeitnehmerschaft in der Weimarer Republik ins Auge: Gleiches Wahlrecht und parlamentarische Demokratie, Anerkennung von Vereinigungsfreiheit und sozial- und wirtschaftspolitischen Mitspracherechten, Achtstundentag und Betriebsrätegesetz, Ausbau der Sozialpolitik bis hin zur Schaffung der Arbeitslosenversicherung — die Liste der Verbesserungen in den Zeiten von Revolution und

---

34 Theodor Leipart, An die deutsche Arbeiterschaft, in: Gewerkschafts-Zeitung Nr. 53 vom 31. 12. 1932, S. 833.

Republik ließe sich noch verlängern. Nicht zu übersehen ist auch, daß Gewerkschafter verstärkt in die Parlamente aller Ebenen und auch in leitende Verwaltungs- und Regierungsstellen einrückten, in denen sie als „politische Reserve-Elite" eine wesentliche Stütze der Demokratisierungsbemühungen bildeten.

Allerdings hatten die Errungenschaften, die die Gewerkschaften aller Richtungen — wenn auch mit jeweils abgestufter Berechtigung — für sich verbuchen konnten, einige Schwachstellen: Der Achtstundentag konnte nicht gehalten werden; die Mitspracherechte auf betrieblicher Ebene und in den Gremien der Sozial- und Wirtschaftspolitik waren eng begrenzt oder standen — zu denken ist an den Reichswirtschaftsrat — nur auf dem Papier; die Sozialpolitik löste sich nicht aus der Abhängigkeit von der Wirtschaftslage, auf deren Entwicklung die Gewerkschaften ohnehin keinen Einfluß hatten. Sozialpolitik und Lohnhöhe bildeten darüber hinaus Ansatzpunkte für die Kampagnen der Arbeitgeber, die den Gewerkschaften nicht nur die Schuld an der krisenhaften Wirtschaftsentwicklung anlasteten, sondern den Gewerkschaften bald die Existenzberechtigung absprachen und schließlich in eine grundsätzliche Ablehnung der parlamentarischen Demokratie einmündeten.

Rechtfertigen aber die Erfolge der gewerkschaftlichen Politik das Urteil, die Weimarer Republik sei ein „Gewerkschaftsstaat" gewesen? Ohne Zweifel hat sich die Stellung der Gewerkschaften in Staat und Gesellschaft mit der Gründung einer parlamentarischen Demokratie grundsätzlich gewandelt: Ihnen wurden damit ganz neue Möglichkeiten zugestanden, ihren auf Mitgliederzustimmung und damit auf Öffentlichkeit basierenden Einfluß politisch geltend zu machen. Und umgekehrt wurden die Gewerkschaften von einigen Parteien als Instrumente der Wählerbeeinflussung und -mobilisierung ernstgenommen. Doch aus der Integration der Gewerkschaften in das politische System kann man nicht schließen, sie hätten einen bestimmenden Einfluß ausgeübt. Zu oft wurden ihnen die Grenzen ihrer Macht vor Augen geführt: Die Reihe der Niederlagen reicht von den Kapp-Putsch-Folgen über die gesetzliche Arbeitszeitregelung und die Steuer- und Wirtschaftspolitik bis hin zur Arbeitsbeschaffungsfrage und dann zur Entparlamentarisierung und schließlich zur Auflösung der Gewerkschaften.

Die Grenzen der gewerkschaftlichen Interessendurchsetzung einerseits, die Indienstnahme der Gewerkschaften durch den Staat — etwa im Ruhrkampf — andererseits, lassen die Weimarer Republik gewiß nicht als „Gewerkschaftsstaat" erscheinen. Nicht einmal von einer Tendenz zur Verabsolutierung des gewerkschaftlichen Machtanspruchs wird man sprechen können; Machtteilhabe im Konzept einer pluralistischen Gesellschaftsordnung — so lautete die Devise der Gewerkschaften. Vermutlich war es ihnen nicht einmal bewußt, daß sie in den 20er Jahren entscheidend dazu beigetragen haben, unter extrem schwierigen wirtschaftlichen und politischen Bedingungen einen ersten Versuch zur Realisierung einer sozialen und demokratischen Gesellschaftsordnung, zum Aufbau des modernen Sozialstaates zu machen. Und: Mögen die Gewerkschaften sich auch als zu schwach erwiesen haben, die Weimarer Republik zu „retten", deren sinkende Attraktivität die Zahl ihrer Gegner ständig anwachsen ließ; aber die Gewerkschaften haben keineswegs zu denen gehört, die die krisenhafte Situation zur willentlichen Zerstörung der Republik ausgenutzt haben.

# IX. Unter nationalsozialistischer Diktatur: Verfolgung, Widerstand und Exil 1933 bis 1945

Mit der „Machtübertragung" an Hitler und die NSDAP begann ein neues Kapitel der Gewerkschaftsgeschichte: Nach wenigen Monaten, in denen die Gewerkschaften mit einer Politik zwischen Protest und Anpassung das Überleben ihrer Organisation zu sichern hofften, wurden sie zerschlagen. Auflösung der Gewerkschaften und Aufbau einer volksgemeinschaftlich-autoritären Sozialordnung lagen in der Konsequenz der nationalsozialistischen Ideologie, gegen die Gewerkschafter aller Richtungen im In- und Ausland Widerstand leisteten.

## 1. Zwischen Protest und Anpassung: das Ende der Gewerkschaften unter nationalsozialistischer Herrschaft

„Organisation — nicht Demonstration: das ist die Parole der Stunde" — so formulierte Theodor Leipart am 31. Januar 1933 im Bundesausschuß des ADGB die Leitlinie der gewerkschaftlichen Politik für die kommenden Wochen und Monate.[1] Wie die ADGB-Führung bedauerte auch der Vorstand der Christlichen Gewerkschaften die „folgenschwere Entscheidung" Hindenburgs, das „Kabinett der Harzburger Front" unter der Führung Hitlers zu bestätigen.[2] Und in einer Erklärung äußerten die Gewerkschaften gemeinsam die Befürchtung, die „Parteien und Gruppen, die bisher offen für die soziale Entrechtung der Arbeiter und Angestellten, für die Zerschlagung der Demokratie und für die Ausschaltung des Parlaments eingetreten sind", könnten jetzt — an der Regierung — „ihre Pläne zu verwirklichen trachten". Damit stünden die „Lebensinteressen der gesamten Arbeitnehmerschaft auf dem Spiel. Um Angriffe gegen Verfassung und Volksrechte im Ernstfall wirksam abzuwehren, ist kühles Blut und Besonnenheit erstes Gebot. Laßt euch nicht zu voreiligen und darum schädlichen Einzelaktionen verleiten."[3]

---

1 Siehe Die Gewerkschaften und der Regierungswechsel. 13. Bundesausschußsitzung des ADGB am 31. 1. 1933, in: Gewerkschafts-Zeitung Nr. 5 vom 4. 2. 1933, S. 67 f., hier S. 67.
2 Siehe An die christliche Arbeiterschaft, in: Zentralblatt Nr. 4 vom 15. 2. 1933, S. 37.
3 An die Mitglieder der Gewerkschaften, in: Gewerkschafts-Zeitung Nr. 5 vom 4. 2. 1933, S. 65.

Wer jedoch auf den Aufruf zu einer organisierten Massenaktion wartete, sah sich enttäuscht. Mit den Mahnungen zur Disziplin wurden die Generalstreik-Aufrufe der KPD abgeblockt, die indessen wohl auch ohne die gewerkschaftliche Zurückhaltung nur vereinzelt befolgt worden wären. Die Gewerkschaften jedenfalls setzten sich von den „unentwegten Generalstreiktheoretikern" ab; das unterstrich Peter Grassmann, der stellvertretende ADGB-Vorsitzende, beim Führerappell der Eisernen Front am 13. Februar 1933: „Der Generalstreik ist eine furchtbare Waffe nicht nur für den Gegner; ihn veranlassen und verantworten kann man nur, wenn es gar nicht mehr anders geht, wenn es sich um Leben und Sterben der Arbeiterklasse handelt."[4]

Wer könnte — rückschauend — leugnen, daß eben die hier befürchtete Situation eingetreten war? Doch die schleichende Aushöhlung der sozialen und politischen Errungenschaften von Revolution und Republik, die Schwächung der Gewerkschaften in den Jahren der politischen und wirtschaftlichen Krise und wohl auch die Resignation angesichts eines als übermächtig erscheinenden Gegners, dem die Massen zuströmten, trugen dazu bei, daß die Gewerkschaften kampflos kapitulierten. Außerdem war die Arbeiterbewegung keineswegs zu geschlossenem Handeln fähig; nicht nur an die Spaltung in Kommunisten und Sozialdemokraten, sondern auch an Polarisierungstendenzen in der Gewerkschaftsbewegung ist zu denken: Die gemeinsame Stellungnahme der Richtungsgewerkschaften zu Hitlers Regierungsantritt war von ADGB und AfA-Bund, vom Gewerkschaftsring deutscher Arbeiter-, Angestellten- und Beamtenverbände und vom Gesamtverband der christlichen Gewerkschaften, nicht aber vom DGB unterzeichnet worden. In seinem Glückwunschtelegramm an Hitler vom 1. Februar 1933 wies der DHV darauf hin, er habe sich — und daran war die DGB-Unterschrift gescheitert — nicht bereitfinden können, eine Gewerkschaftserklärung zu unterzeichnen, in der das neue Kabinett als Regierung der „sozialen Reaktion" abgelehnt werde.[5] Wenige Wochen später schaltete sich der DHV freiwillig gleich; bereits im April 1933 war der DGB damit organisatorisch zerbrochen.

Offenbar wurde auch bei den Freien Gewerkschaften, trotz der immer wiederkehrenden Beschwörung der Folgen einer nationalsozialistischen Regierung für die Arbeitnehmerschaft, nicht wirklich mit der Zerschlagung der Gewerkschaften gerechnet. Vielmehr erhoffte man sich wohl vom publizistischen Nachweis der Bedeutung der Gewerkschaften als „Schule der Verantwortung" für ein Volk, das sich seines „Rechts auf nationale

---

4 Peter Grassmann, Kampf dem Marxismus!? Rede anläßlich des Führerappells der Eisernen Front am 13. 2. 1933, Berlin 1933, S. 21.
5 Siehe DHV an Hitler vom 1. 2. 1933 (Bundesarchiv Koblenz, R 43 II, 531, Nr. 2).

Selbstbestimmung" bewußt wird, eine Honorierung in Form einer Verschonung der Organisation; mit diesem Ziel rief Theodor Leipart die „Leistungen der Gewerkschaften für Volk und Staat" in Erinnerung.[6] Und Lothar Erdmann, Chefredakteur der „Arbeit" und Vertrauter Leiparts, bemühte sich, durch die Ablehnung internationalistischer Tendenzen zur ideologischen Versöhnung von „Nation, Gewerkschaften und Sozialismus" beizutragen.[7]

Von ihrer Politik des — wie es hieß — „kühlen Bluts" ließen sich die Gewerkschaften auch nicht durch den Reichstagsbrand am 27. Februar 1933 abbringen, der den Freien Gewerkschaften als „Angriff gegen den Parlamentarismus überhaupt" galt.[8] Zwar war in den gewerkschaftlichen Kundgebungen dieser Wochen viel von „Kampf" und „Kampfbereitschaft" die Rede — doch gedacht war vor allem an „Wahlkampf"; einmal mehr setzten die Gewerkschaften — auch die Christlichen — alle Hoffnungen auf das Votum der Wähler.

Nach den Wahlen vom 5. März 1933, in denen die NSDAP die absolute Mehrheit verfehlte, begannen sich die Gewerkschaften darauf einzustellen, daß Hitlers Regierung nicht nur ein kurzes Zwischenspiel sein würde. Dennoch überwog offenbar auch bei den Freien Gewerkschaften noch immer die Hoffnung, es werde schon nicht so „schlimm" kommen — jedenfalls nicht schlimmer als unter dem Sozialistengesetz.

Im März 1933 erreichte der blutige Terror gegen die Gewerkschaften einen ersten Höhepunkt. Allein am 13. März gingen beim ADGB-Vorstand Schreckensmeldungen aus über 20 Orten ein.[9] Doch die Überfälle und Gewalttaten vermochten keine grundsätzliche Änderung der gewerkschaftlichen Politik herbeizuführen. So wird man die Proteste gegen die gewaltsamen Übergriffe vor allem der SA nicht als Widerstands-Aktionen bewerten können; die Beschwerden zum Beispiel bei Hindenburg waren eher von vorwurfsvollen Unschuldsbeteuerungen geprägt, die durch die Bekundungen der Bereitschaft zur Zusammenarbeit mit der Regierung, wenn diese nur das „Fußvolk" ihrer Bewegung im Zaum halten würde, begleitet wurden.

---

6 Theodor Leipart, Leistungen der Gewerkschaften für Volk und Staat, in: Soziale Praxis Nr. 8 vom 23. 2. 1933, Sp. 225—231.
7 Lothar Erdmann, Nation, Gewerkschaften und Sozialismus, in: Die Arbeit Nr. 3, März 1933, S. 129—161.
8 Siehe Brand im Reichstag. Bundesausschußsitzung des Allgemeinen Deutschen Gewerkschaftsbundes, in: Gewerkschafts-Zeitung Nr. 9 vom 4. 3. 1933, S. 129.
9 Henryk Skrzypczak, Die Ausschaltung der Freien Gewerkschaften im Jahre 1933, in: E. Matthias u. K. Schönhoven (Hrsg.), Solidarität und Menschenwürde, S. 255—270, hier S. 261.

Die Anpassungsbereitschaft der Gewerkschaften ging bis an den Rand der Selbstaufgabe: In der Erklärung des ADGB-Vorstandes vom 21. März 1933 wurde schließlich das „Recht des Staates" anerkannt, „in die Auseinandersetzungen zwischen organisierter Arbeiterschaft und Unternehmertum einzugreifen, wenn das Allgemeininteresse es erforderlich macht". Eine „staatliche Aufsicht" über die „Gemeinschaftsarbeit der freien Organisation der Wirtschaft könnte unter Umständen durchaus förderlich sein, ihren Wert erhöhen und ihre Durchführung erleichtern". Sogar die „Form der Organisation" wurde hier zur Disposition gestellt; denn „über der Form der Organisation steht die Wahrung der Arbeiterinteressen".[10]

Waren die Anpassungsbemühungen der Freien Gewerkschaften schon nicht zu übersehen, so scheint es, als seien die christlich-nationalen Gewerkschaften dem Pathos der „Revolution" erlegen: „Was morsch war, ist gefallen. Und eine Welle junger Kraft hat Deutschland überspült." — so wurde diese „Revolution" begrüßt. Auf der Vorstands- und Ausschußsitzung vom 16. und 17. März 1933 bekundeten die Christlichen Gewerkschaften ihre Bereitschaft zur Mitarbeit im „neuen Staat"; und mit dem „Essener Programm" (Dokument 19) zum Aufbau einer berufsständischen Ordnung stellten sie sich — so Otte — „bewußt in den Dienst der großen Sache".[11]

Die Rettung der eigenen Organisation war oberste Maxime des Handelns. So setzten sich die Christlichen Gewerkschaften von den Freien und beide Gewerkschaften gleichermaßen von ihren jeweiligen parteipolitischen Bündnispartnern ab, um nicht mit den dem Regime erkennbar mißliebigen Parteien unterzugehen. Und so vollzog der ADGB-Bundesvorstand bald den von den Christlichen Gewerkschaften mit der Essener Tagung getanen Schritt zur programmatischen Einordnung nach: Am 9. April erklärte er sich bereit, „die von den Gewerkschaften in jahrzehntelanger Wirksamkeit geschaffene Selbstverwaltungsorganisation der Arbeiterschaft in den Dienst des neuen Staates zu stellen". Der ADGB empfahl, die Gewerkschaftsbewegung einem Reichskommissar zu unterstellen. Und am 13. April diskutierten Leipart, Grassmann und Wilhelm Leuschner mit Vertretern der NSBO die zukünftige Organisationsform der Gewerkschaftsbewegung; erst mit dem ultimativen Ansinnen der NSBO-Vertreter, Leipart solle seinen Posten an einen Nationalsozialisten übergeben, war die Grenze der gewerkschaftlichen Anpassungsbereitschaft erreicht: Leipart

---

10 Erklärung des Allgemeinen Deutschen Gewerkschaftsbundes, in: Gewerkschafts-Zeitung Nr. 12 vom 25. 3. 1933, S. 177.
11 Zitiert nach: Tagungen der Christlichen Gewerkschaften, in: Gewerkschafts-Zeitung Nr. 12 vom 25. 3. 1933, S. 178.

beharrte darauf, die Führung der Gewerkschaften werde durch die Delegierten bestimmt.[12]

Das Ergebnis der Reichstagswahlen, der Terror des März 1933 und die Abstimmung über das „Ermächtigungsgesetz", mit der das Parlament — gegen die Stimmen der SPD — abdankte, hatten gewiß zermürbend auf die Gewerkschafter gewirkt; nur die Betriebsrätewahlen des Frühjahrs bedeuteten vielleicht einen schwachen Hoffnungsschimmer, sah sich das nationalsozialistische Regime doch genötigt, die Wahlen abzubrechen, weil sie nicht das gewünschte Ergebnis brachten. Nach der Wahl von gut 9.000 Betriebsräten zeigte sich, daß die Treue zu den schwer angeschlagenen Gewerkschaften noch Ende April anhielt: Die Freien Gewerkschaften erhielten 73,4, die Christlichen Gewerkschaften 7,6, die Hirsch-Dunckerschen Gewerkvereine 0,6 und die RGO 4,9 % der Mandate; die NSBO erreichte „nur" einen Anteil von 11,7 %.[13] Auf der anderen Seite mag die nationalsozialistische Führung aus diesem Ergebnis den Schluß gezogen haben, um ihr Konzept einer gesellschaftlichen Neuordnung zu realisieren, müßten die Gewerkschaften endgültig zerschlagen werden.

Parallel zu den Anpassungsbekundungen der Gewerkschaften und zu den Verhandlungen über die „Gleichschaltung" mit der NSBO liefen — in letzter Minute — die Bemühungen, eine einheitliche Gewerkschaftsbewegung zu schaffen. Daß die Gespräche zwischen den Vertretern der Richtungsgewerkschaften einer „Gleichschaltung von unten" dienen sollten, um damit eine Umbildung zur staatlichen Zwangsgewerkschaft zu verhindern[14], zeigt den geringen Handlungsspielraum, den die Gewerkschaftsführer sahen. Der Ende April 1933 gebildete „Führerkreis der vereinigten Gewerkschaften" war also gewiß kein „Aktionsbündnis"; vielmehr waren die Verhandlungen Ausdruck der Bemühungen, den gewerkschaftlichen Organisationen — in neuer, entpolitisierter Form — wenigstens das Überleben zu sichern. Auch das Programm dieses Ende April ausgehandelten Zusammenschlusses der Freien, Christlichen und Hirsch-Dunckerschen Gewerkschaften war geprägt von der Bereitschaft, aktiv an der Neuordnung des wirtschaftlichen und sozialen Lebens mitzuwirken (Dokument 20). Im übrigen war dieser Programm-Entwurf gewiß eher ein notdürftig zusammengefügtes Dach als ein tragfähiges Fundament für eine Einheitsgewerkschaft. Um diese zu schaffen, bedurfte

---

12 Siehe Manfred Scharrer, Anpassung bis zum bitteren Ende. Die freien Gewerkschaften 1933, in: ders. (Hrsg.), Kampflose Kapitulation. Arbeiterbewegung 1933, Reinbek bei Hamburg 1984, S. 73—120, hier S. 107 f.
13 Zahlen nach: Neuwahl der Betriebsräte 1933, in: Gewerkschafts-Zeitung Nr. 17 vom 29. 4. 1933, S. 270.
14 Siehe Erkelenz an Stegerwald vom 1. 4. 1933 (Stegerwald-Archiv, Nachtragsband, Nr. 19).

*1. Mai 1933: Feier zum „Tag der nationalen Arbeit" in Berlin.*

es erst der gemeinsamen Erfahrungen von Auflösung und Zerschlagung, von Verfolgung und Widerstand.

Höhe- und zugleich Schlußpunkte der gewerkschaftlichen Anpassungspolitik waren die Aufrufe zum 1. Mai 1933, den die Regierung — in Verfälschung der Tradition der internationalen Arbeiterbewegung — zum „Tag der nationalen Arbeit" erklärt hatte. Der Bundesvorstand des ADGB begrüßte am 15. April die Feiertagsregelung und unterstützte im Grunde die volksgemeinschaftliche Umdeutung der 1. Mai-Feier, erinnerte er doch daran, daß am Tage des 1. Mai „stets erneut das Bekenntnis der von leidenschaftlichem Kulturwillen beseelten deutschen Arbeiter [erglühte], den werktätigen Menschen einem dumpfen Arbeitsdasein zu entreißen und ihn als freie, selbstbewußte Persönlichkeit in die Gemeinschaft des Volkes einzuordnen" (Dokument 21a). Während der Bundesvorstand die Teilnahme an den staatlich verordneten Maifeiern freigestellt hatte, rief der Bundesausschuß des ADGB am 19. April schließlich zur Beteiligung auf (Dokument 21b). Auch der Vorstand der Christlichen Gewerkschaften, der den Maifeiertag zuvor nicht gerade geschätzt hatte, begrüßte ihn nun — nationalistisch gewendet — als Zeichen dafür, „daß sich die Regierung Hitler zum sozialen deutschen Volkstum bekennt".[15]

---

15 An die christliche Arbeiterschaft, in: Zentralblatt Nr. 9 vom 1. 5. 1933, S. 105.

*2. Mai 1933: SA besetzt das Berliner Gewerkschaftshaus am Engelufer.*

Einen Tag nachdem sich wohl mancher Gewerkschafter der Illusion eines zwar neubestimmten, jedoch festen Platzes seiner Organisation in der „nationalen Volksgemeinschaft" hingegeben hatte, holte die Wirklichkeit die Gewerkschaften ein: Am Vormittag des 2. Mai wurden mit einem Schlag alle wichtigen Gebäude des ADGB und der Einzelgewerkschaften von SA- und SS-Trupps besetzt; in Verhaftung, Folter und Mord tobte sich der Haß der Nazis gegen die Freien Gewerkschaften aus. Am 3. Mai unterstellten sich dann die anderen Richtungsgewerkschaften dem „Aktionskomitee zum Schutze der deutschen Arbeit". Das war das Ende der Gewerkschaftsbewegung. Die Politik der die Grenze der Selbstachtung streifenden Anbiederung an die neuen Machthaber, der politische Selbstmord der Gewerkschaften hatte die Auflösung nicht zu verhindern vermocht — vielleicht aber erleichtert.

## 2. Zur Sozialordnung des „Führerstaats"

Wer geglaubt hatte, angesichts der gewerkschaftsfeindlichen Propaganda der Nationalsozialisten müsse zwar mit Behinderungen, jedoch nicht mit einer Zerschlagung der Gewerkschaften gerechnet werden, sah sich getäuscht. Die Annahme, ein Industriestaat könne keinesfalls auf Gewerk-

221

schaften als Vertretungs- und Integrationsorganisation der Arbeitnehmer-schaft verzichten, erwies sich als Illusion. Binnen kürzester Zeit versuchten die nationalsozialistischen Machthaber eine ihrer Ideologie gehorchende Sozialordnung aufzubauen, in der eine unabhängige und selbstbestimmte Interessenvertretung der Arbeitnehmer keinen Platz hatte. Muß da noch betont werden, daß die NSDAP alles andere als eine sozialistische Partei war?

*

Bereits im April 1933 wurden mit dem Gesetz über Betriebsvertretungen die Rechte der Betriebsräte beschnitten. Nach der Auflösung bzw. „Gleichschaltung" der Gewerkschaften wurde mit dem Gesetz über die Treuhänder der Arbeit noch im Mai 1933 die Tarifautonomie beseitigt. Im selben Jahr wurde ein allgemeiner Lohnstopp verordnet, der die Gewinnsi-tuation der Unternehmen im zunächst zögernden, dann im Zuge der Aufrüstung beschleunigten Wirtschaftsaufschwung positiv beeinflußte. Im Mai 1934 wurde angeordnet, daß Landarbeiter nicht ohne behördliche Genehmigung den Arbeitsplatz wechseln durften. Und im Februar 1935 wurde dann das Arbeitsbuch für Arbeiter und Angestellte eingeführt, das zur Reglementierung des Arbeitsmarktes und vor allem zur Kontrolle des Arbeitsplatzwechsels diente.

Kernstücke der nationalsozialistischen Arbeitsmarktgestaltung bilde-ten das am 20. Januar 1934 verabschiedete „Gesetz zur Ordnung der nationalen Arbeit" und das „Gesetz zur Vorbereitung des organischen Aufbaus der deutschen Wirtschaft" vom 27. Februar 1934. Diese Gesetze basierten auf dem Grundgedanken einer Interessenharmonie zwischen Arbeitgebern und Arbeitnehmern, der in der Idee der Volks- und Betriebsgemeinschaft als einer Leistungsgemeinschaft seinen Ausdruck fand. In § 1 des „Gesetzes zur Ordnung der nationalen Arbeit" hieß es denn auch: „Im Betriebe arbeiten der Unternehmer als Führer des Betriebes, die Angestellten und Arbeiter als Gefolgschaft gemeinsam zur Förderung der Betriebszwecke und zum gemeinen Nutzen von Volk und Staat." Der „Führer des Betriebes" habe — so § 2 — „für das Wohl der Gefolgschaft zu sorgen. Diese hat ihm die in der Betriebsgemeinschaft begründete Treue zu halten." Die Einhaltung des Arbeitsfriedens wurde zur selbstverständli-chen „Treuepflicht" der „Gefolgschaft" stilisiert. Arbeitgeber und Arbeit-nehmer hatten sich gemeinsam den Zielen des nationalsozialistischen Staates unterzuordnen, der indessen — was die Zerschlagung der Arbeiter-bewegung anbetraf — deutlich den Vorstellungen mancher Arbeitgeber entsprach. Das mag diese vielleicht über den Verlust der eigenen Verbände hinweggetröstet haben, die dem „ständischen Aufbau" der deutschen

Wirtschaft zum Opfer fielen. Das heißt, Wirtschaft und Arbeitsmarkt insgesamt wurden staatlicher Reglementierung unterworfen, aber die Privateigentumsordnung und die Gewinnmöglichkeiten blieben erhalten. Die ideologisch aufgeladene Begrifflichkeit verdeckte mit der Betonung des Gemeinschafts-Prinzips von der Werks- bis zur Volksgemeinschaft nur sehr vordergründig die tatsächliche Festigung der privatkapitalistischen Machtstrukturen, die mit der gesetzlichen Verankerung des Führerprinzips in der Wirtschaft und mit der Zerschlagung der Arbeiterbewegung gestärkt wurden. Die Tarifauseinandersetzungen wurden ersetzt durch staatliche Verordnungen der Treuhänder der Arbeit; an die Stelle der Betriebsräte traten die Vertrauensräte, die nach einer Unternehmervorschlagsliste von der Belegschaft „gewählt" wurden — und deren Vorsitzender der „Betriebsführer" war. Wohl nicht zuletzt wegen dieser merkwürdigen Bestimmungen fiel die Beteiligung der Arbeitnehmerschaft an den 1. Vertrauensrätewahlen im März 1934 nicht wie vom Regime erhofft aus, so daß keine umfassenden Ergebnisse veröffentlicht wurden; nur für den Bergbau liegen halbwegs verläßliche Zahlen vor, nach denen auf den Zechen etwa zwei Drittel bis drei Viertel der gültigen Stimmen auf die Vorschlagslisten entfallen waren.

Den Platz der Gewerkschaften sollte die Deutsche Arbeitsfront (DAF) einnehmen, die indessen ihre Position zunächst einmal von der Nationalsozialistischen Betriebszellenorganisation (NSBO) bedroht sah. Die nach dem Vorbild der kommunistischen RGO gebildete NSBO hatte sich — von Berlin ausgehend — seit 1928 in den großen Industriegebieten Deutschlands ausgebreitet; im Dezember 1932 zählten die Nationalsozialistischen Betriebszellen rund 170.000 Mitglieder. Die Angehörigen der NSBO blieben oftmals zugleich in den Gewerkschaften, um für den Streikfall finanziell abgesichert zu sein. Nach der nationalsozialistischen Machtübernahme stieg die Zahl der NSBO-Mitglieder bis Mai 1933 sprunghaft auf etwa 700.000 an. Nicht zuletzt dieser Massenzulauf bestärkte die NSBO-Führung in der Erwartung, sie werde das Erbe der Gewerkschaften antreten; von daher war die NSBO als populistische Basisbewegung, die durchaus Massenrückhalt hatte, zunächst ein ernstzunehmender Rivale der DAF. Doch bald übernahm die DAF die wichtigsten Aufgaben der NSBO. Da sich nicht alle NSBO-Funktionäre damit zufrieden geben mochten, nur noch als Mitgliederwerber für die DAF aufzutreten, sondern immer wieder versuchten, eine eigenständige Arbeitnehmerpolitik zu formulieren, wurde die NSBO nach einer ersten „Generalsäuberung" im Herbst 1933 wenig später — im Sommer 1934 — politisch ausgeschaltet.

Die DAF sollte nach den Bekundungen vom Mai 1933 zwar als Gewerkschaftsersatz dienen, doch da sie in der im November 1933 realisierten Form alle Berufstätigen ohne Unterschied ihrer wirtschaftlichen und sozialen Stellung, also Arbeitnehmer und Arbeitgeber organisierte, trug sie den Stempel der Volksgemeinschafts-Ideologie. Überdies war die DAF eine Institution der NSDAP, das heißt, sie war — nach den Worten Robert Leys, des Vorsitzenden der DAF — „allein abhängig von dem Willen und der Führung der NSDAP".[16] Die DAF war eine finanzstarke Organisation: Sie übernahm nicht nur das Vermögen der Gewerkschaften, sondern die zur Mitgliedschaft genötigten Arbeitnehmer mußten 1,5 % des Lohnes bzw. Gehaltes als Beitrag zahlen; bei etwa 30 Millionen Mitgliedern im Jahre 1939 — etwa 10 % der Beschäftigten konnten sich der DAF entziehen — kam eine große Summe zusammen, die, da die DAF keine Funktion als Tarifkontrahent hatte, vor allem zur Unterstützung der betrieblichen Sozialpolitik und für die Freizeit-Organisation „Kraft durch Freude" ausgegeben wurde. Zwar versuchte Robert Ley immer wieder, das Einflußfeld der DAF z. B. durch Vorschläge zur Neuordnung der Sozialversicherung und auch durch Eingriffe in innerbetriebliche Konflikte auszuweiten, doch die DAF blieb vor allem ein Werbemittel des nationalsozialistischen Staates, der damit seine Wertschätzung für die „Arbeiter der Stirn und Faust" propagierte.

Wohl selten hat ein Regime einen stärkeren Kult der Arbeit und des arbeitenden Menschen betrieben — und zugleich die Arbeiterschaft dermaßen politisch entmachtet. Der nationalsozialistische Staat schüchterte die Arbeiterschaft ein, beraubte sie ihrer politischen und gewerkschaftlichen Vertretung — aber er umwarb sie mit einer geradezu mythischen Überhöhung des Arbeiterbildes in Kunst und politischer Propaganda. Dabei konnte es keinen Zweifel an der Zielrichtung geben: Unter dem programmatischen Titel „Wir alle helfen dem Führer" stellte Robert Ley 1937 klar: „Was Deutschland nützt, das ist recht, was Deutschland schadet, das ist unrecht." Und ein Jahr später wurden die Arbeitnehmer auf ihre Rolle als „Soldaten der Arbeit" eingeschworen: „Wenn du schläfst, ist es deine Privatsache, sobald du aber wach bist und mit einem anderen Menschen in Berührung kommst, mußt du eingedenk sein, daß du ein Soldat Adolf Hitlers bist und nach einem Reglement zu leben hast und zu exerzieren."[17]

Die Militarisierung der Arbeit, die Einordnung des „Arbeitseinsatzes" des „Soldaten der Arbeit" in die „Arbeitsschlacht" war nicht nur eine rhetorische Phrase; mit der fortschreitenden „Bändigung der Arbeiterklas-

16 Nach Hans-Gerd Schumann, Nationalsozialismus und Gewerkschaftsbewegung. Die Vernichtung der deutschen Gewerkschaften und der Aufbau der „Deutschen Arbeitsfront", Frankfurt/M. 1958, S. 101.
17 Nach H. Grebing, Geschichte, S. 212.

se"[18] von der politischen Entrechtung bis hin zur Einführung der Arbeitsverpflichtung (1938) diente die Propaganda zugleich der Vorbereitung auf den Krieg, der von Anfang an das zentrale Ziel Hitlers war.

*

Mögen weite Kreise der Arbeitnehmerschaft auch dem Wortgeklingel der Propaganda skeptisch gegenübergestanden haben, die im Zuge des wirtschaftlichen Aufschwungs verbesserte Lebenssituation mag sie über die politische und gewerkschaftliche Entrechtung hinweggetröstet haben. War es nicht, so werden sich viele gefragt haben, ein Verdienst der nationalsozialistischen Politik, daß die Zahl der Arbeitslosen von 5,6 Millionen im Jahre 1932 auf 4,8 Millionen im Jahre 1933 zurückging? Wer konnte schon die propagandistische Schönung der Arbeitslosenstatistik durchschauen? Die Ausdehnung des Freiwilligen Arbeitsdienstes, der bald zum Pflichtarbeitsdienst ausgebaut wurde, und die Aufstockung der Notstandsarbeiten ließen 1933/34 die Arbeitslosenzahlen sinken, obgleich die Zahl der abhängig Beschäftigten nicht anstieg, sondern von 18,7 (1932) auf 18,5 Millionen (1933) zurückging. Die Lage entspannte sich, weil die geburtenschwachen Kriegsjahrgänge auf den Arbeitsmarkt kamen. Demgegenüber war der Erfolg der Arbeitsbeschaffungsprogramme, die mit großem Propaganda-Aufwand verkündet wurden, relativ gering. Überdies muß beachtet werden, daß schon die Arbeitsbeschaffung, die nicht nur bei manch zeitgenössischem Beobachter geradezu Bewunderung erweckte, nach Hitlers Worten im Februar 1933 eindeutig dem Ziel der „Wiederwehrhaftmachung des deutschen Volkes" dienen sollte.[19] Und zu denken sollte geben, daß erst mit den Rüstungsprogrammen ab 1934/35 die Arbeitslosigkeit überwunden wurde. Im Jahre 1936 waren die Rüstungsausgaben doppelt so hoch wie die zivilen Investitionen; davon profitierten nicht nur Großkonzerne wie die Hermann-Göring-Werke, sondern auch eine Vielzahl kleiner Zulieferbetriebe. Und auch die Konsumgüterindustrie verzeichnete wegen der höheren Kaufkraft eine stärkere Nachfrage.

Seit 1937 herrschte in zentralen Bereichen der Rüstungsindustrie, insbesondere in der Metallverarbeitung, Facharbeitermangel; etwa zu diesem Zeitpunkt kann man wohl generell von Vollbeschäftigung sprechen. Dies führte dazu, daß die Erwerbsarbeit von Frauen, die in der nationalsozialistischen Propaganda verpönt wurde, deutlich anstieg. „Moralischer"

---

18 So Tim Mason, Die Bändigung der Arbeiterklasse im nationalsozialistischen Deutschland, in: Carola Sachse u. a., Angst, Belohnung, Zucht und Ordnung. Herrschaftsmechanismen im Nationalsozialismus, Opladen 1982, S. 11—53.
19 Dietmar Petzina, Hauptprobleme der deutschen Wirtschaftspolitik 1932/33, in: Vierteljahrshefte für Zeitgeschichte 15, 1967, S. 18—55, hier S. 43.

Druck, aber auch sozial- und wirtschaftspolitische Maßnahmen hatten 1933/34 zunächst den Frauenanteil an der Erwerbsbevölkerung sinken lassen, doch mit der aufgeheizten Rüstungskonjunktur und der entsprechenden Verknappung von Arbeitskräften griffen Staat und Industrie — wie immer wieder in der Sozialgeschichte — auf die Frauen als „Reservearmee" zurück.

Für große Teile der Arbeitnehmerschaft brachten die späten dreißiger Jahre eine Verbesserung ihrer materiellen Lebenssituation. Vor allem die Vollbeschäftigung bot den Arbeitnehmern, trotz des 1933 verordneten Lohnstopps, die Chance, mit einer „Lohnpolitik auf eigene Faust"[20] individuell Lohnerhöhungen zu erreichen. Im Jahre 1937 erreichten die Reallöhne das Vorkriegsniveau (Tabelle 3b).

Die Kehrseite der forcierten Kriegsvorbereitung war eine Verlängerung der Arbeitszeit: War sie krisenbedingt 1932 nahezu auf durchschnittlich 40 Stunden pro Woche abgesunken, so stieg sie schon in der Vorkriegszeit auf 48 Stunden (1939) an, um dann im Krieg mit bis zu 60 Stunden pro Woche (Tabelle 4b) den 1938 mit der Arbeitszeitordnung gezogenen Rahmen voll auszuschöpfen; nach dieser bis heute gültigen Arbeitszeitordnung darf die regelmäßige Arbeitszeit nicht acht Stunden pro Tag bzw. 48 Stunden pro Woche überschreiten. Allerdings kann die Arbeitszeit durch Tarifordnung (heute: Tarifvertrag) auf bis zu zehn Stunden täglich verlängert werden, wobei für Überstunden ein Zuschlag von 25 Prozent zum normalen Lohn festgesetzt wurde.

Wenige Monate später — am 1. September 1939 — wurden die gesetzlichen Schutzbestimmungen und Arbeitszeitbegrenzungen durch die „Verordnung zur Abänderung und Ergänzung der Vorschriften auf dem Gebiet des Arbeitsrechts" für die Zeit des Kriegs vorläufig aufgehoben; dann aber, direkt vor dem Angriff auf Frankreich, wurden sie — bis auf die Lohnzuschläge für die 9. und 10. Arbeitsstunde — wieder in Kraft gesetzt, sollten doch etwaige Protesthaltungen, die die Rüstungsproduktion hätten gefährden können, abgefangen werden.

*

Mit dem Beginn des Krieges veränderten sich die Lebensbedingungen — abgesehen von den Einberufungen und der bald steigenden Zahl von Kriegstoten — zunächst erstaunlich wenig: Gerade aufgrund der Erfahrungen des Ersten Weltkrieges schien eine erfolgreiche Kriegsführung auch

---

20 So Detlev J. K. Peukert, Die Lage der Arbeiter und der gewerkschaftliche Widerstand im Dritten Reich, in: Ulrich Borsdorf unter Mitarbeit von Gabriele Weiden (Hrsg.), Geschichte der deutschen Gewerkschaften von den Anfängen bis 1945, S. 447—498, hier S. 470

und vor allem von der sozialen Ruhe an der „Heimatfront" abzuhängen. Eines der Ziele der Kriegspolitik war es daher, den hohen Lebensstandard der deutschen Bevölkerung zu sichern; die Versorgung der Familien der Frontsoldaten einerseits, die Schaffung von Leistungsanreizen durch Lohnzulagen und Freizeitvergnügungen andererseits sollten die reibungslose Kriegsproduktion garantieren. Dieses Kalkül basierte auf der Erwartung, die „Blitzkrieg"-Strategie werde eine alsbaldige Ausplünderung der unterworfenen Staaten gestatten.

Zunächst schien diese Rechnung aufzugehen: Nach den Siegen 1940/41 wurden aus den besetzten Ländern nicht nur Rohstoffe für die deutsche Rüstung, sondern zudem Versorgungsgüter für die Bevölkerung abtransportiert; und um die deutsche Produktion zu sichern, ohne den Frauenanteil an den Beschäftigten drastisch ansteigen zu lassen, wurden Zivilisten nach Deutschland zum Arbeitseinsatz verschleppt, arbeiteten die Insassen von Kriegsgefangenen- und auch Konzentrationslagern für deutsche Großkonzerne. Für die deutschen Arbeiter bedeutete der hohe Ausländeranteil in der Produktion, daß sie die „Dreckarbeit" vielfach den Fremdarbeitern überlassen und sich selbst als Angehörige des „Herrenvolkes" in einer Führungsrolle sehen konnten.

Erst mit dem Rückzug der deutschen Truppen, der nach der Schlacht bei Stalingrad im Januar 1943 an allen Fronten einsetzte, begann der Krieg immer drastischer seine Auswirkungen in Deutschland zu zeigen: Zwar stiegen die Nominallöhne noch an, aber die Versorgung wurde knapp, die Rationierung von Lebensmitteln, Brennstoff usw. gehörte ebenso zum Alltag wie der wachsende Zeitaufwand für das „Besorgen" knapper Güter. Dennoch kam nicht die explosive Stimmung auf, die gerade die Ernährungslage im Ersten Weltkrieg verursacht hatte. Die allgegenwärtige Bespitzelung einerseits, das Gefühl der Hilflosigkeit gegen die sich in Bombennächten ankündigende Katastrophe andererseits trugen wohl zu einem Klima der Passivität bei, das von Hoffnung und Angst, von mürrischer Kritik und Unterordnung gekennzeichnet war. Daraus stachen allenfalls die Aktionen von Jugendlichen hervor, ohne daß das betont unangepaßte Verhalten z. B. der Edelweißpiraten eindeutig als politischer Widerstand gelten kann. Und auch die im Laufe des Krieges trotz der damit verbundenen Risiken zunehmende Bummelei, das Krankfeiern und die Aufsässigkeit mancher Arbeiter wird man kaum ohne weiteres als Opposition oder gar als Widerstand ansprechen können. Allerdings muß man wohl berücksichtigen, daß das die einzigen Möglichkeiten waren, eine oppositionelle politische Haltung in die Tat umzusetzen. Und mit hohem persönlichen Risiko behaftet waren auch diese Formen des individuellen Protests — vom Erzählen politischer Witze über das „Meckern" eben bis hin zu den als Sabotage gewerteten Arbeitsverfehlungen.

## 3. Gewerkschafter in Widerstand und Exil

Mit der Zerschlagung der Arbeiterbewegung raubte das Regime der Arbeitnehmerschaft die einzige Möglichkeit der organisierten Gegenwehr. Und mit dem alle Bereiche durchdringenden Polizei- und Verfolgungsapparat wurde jede Keimzelle kollektiven Widerstands zerstört. Wenn überhaupt, so gab es nur die Möglichkeit, in strenger Geheimhaltung, in der Illegalität also, Oppositionelle zu sammeln. Für die auf Massenanhang und zwangsläufig auf Öffentlichkeit angewiesenen Gewerkschaften stellten sich damit Probleme, auf die sie von ihrer Struktur her nicht vorbereitet waren; und die Gewerkschaftsführer selbst konnten sich in ihrer Mehrheit kaum mit konspirativen Kampfpraktiken anfreunden, zumal sie selbst, wenn sie nicht verhaftet waren, unter besonderer polizeilicher Kontrolle standen. Unter den Bedingungen von Terror und Verfolgung, von Überwachung und Bespitzelung war an den Aufbau einer gewerkschaftlichen Massenorganisation im Untergrund nicht zu denken.

*

Wie sah gewerkschaftlicher Widerstand konkret aus? Trotz des totalen Unterordnungs- und Strafanspruchs des nationalsozialistischen Staates wird man nicht jede Form unangepaßten Verhaltens als „Widerstand" bezeichnen wollen; Widerstand, das ist praktisches Handeln zur Behinderung oder Zerstörung des Kernbereichs der nationalsozialistischen Diktatur; daher sind andere Formen der Verweigerung von Anpassungs- und Gefolgschaftsleistung und von kritischer Äußerung über Einzelmaßnahmen des Regimes — so mutig und opferreich sie auch waren — nicht als Widerstand zu bezeichnen. Der Begriff des gewerkschaftlichen Widerstandes kann sich im Hinblick auf die Zerschlagung der Organisationen und auf den damit verbundenen politischen Anspruch nicht auf die Fortführung der überkommenen Gewerkschaftsarbeit beziehen; gewiß verdienen die Versuche Respekt, unter den geschilderten Bedingungen dennoch in einzelnen Bereichen gewerkschaftliche Aktivitäten bis hin zu Streikaktionen zu entfalten. Gewerkschaftlicher Widerstand indessen ist der Versuch einzelner Gewerkschafter, eine politische Arbeit mit der Stoßrichtung gegen das nationalsozialistische Regime als solches zu leisten.

Gewerkschaftlicher Widerstand war zunächst einmal der Versuch, den persönlichen Zusammenhalt oppositioneller Gewerkschafter aufrechtzuerhalten; es war der Versuch, auf illegalem Wege Informationen über die Situation in den Betrieben zu sammeln und zu verbreiten; es war der Versuch, den Propaganda-Tiraden politische Aufklärung entgegenzuhalten; es war der Versuch, den Kontakt zwischen Widerstandsgruppen im

Reich und im Exil, auch zwischen deutschen und ausländischen Gewerkschaftern zu halten; und es war der Versuch, Vorbereitungen für die „Zeit danach" zu treffen.

Mit dieser vielleicht bescheiden anmutenden Aufgaben- und Zielbestimmung reagierten die gewerkschaftlichen Widerstandsgruppen auf die gegebene Situation: Angesichts der sofort einsetzenden Terrormaßnahmen einerseits, der sich ausbreitenden abwartend-wohlwollenden Stellung weiter Kreise der Bevölkerung zum Regime andererseits war an eine großangelegte Widerstandsaktion ohnehin nicht zu denken; auch der Versuch, eine breite illegale Organisation aufzubauen, war zum Scheitern verurteilt. Das zeigten die Versuche der KPD, zunächst am Konzept der RGO-Zellenbildung festzuhalten, die 1933/34 zu Massenverhaftungen führten. Und auch die Ansätze einer verdeckten Gewerkschaftsarbeit, die mit der Taktik des „Trojanischen Pferdes" innerhalb der DAF unternommen wurden, mußten weitgehend erfolglos bleiben; sie trugen überdies durch die — vorgebliche — Mitarbeit von Kommunisten in der DAF zur Verunsicherung der Arbeiterschaft bei.

Erste Voraussetzung für die Formierung eines gewerkschaftlichen Widerstandes war es, den Kontakt zu halten, um damit die eigene politische Überzeugung gegen den wachsenden Druck der nationalsozialistischen Propaganda zu stärken und Informationen auszutauschen. Dank geschickter Tarnung gelang es sogar bekannten Gewerkschaftsführern, diese Aufgabe zu erfüllen; das gilt z. B. für Alwin Brandes von den Metallarbeitern, für Fritz Husemann von den Bergarbeitern, und das gilt für Jakob Kaiser von den Christlichen Gewerkschaften; Kaiser hatte die Aufgabe übernommen, die Renten- und Versorgungsansprüche der 1933 entlassenen christlich-nationalen Gewerkschafter zu vertreten, was ihm vielfältige „legale" Besuche bei ehemaligen Funktionären erlaubte. Auch der Beruf des Vertreters schien im übrigen — Bernhard Göring reiste als Zigarrenhändler, Hans Gottfurcht als Versicherungsagent durch Deutschland — gute Möglichkeiten zu verdeckten Kontakten zu bieten. Relativ günstige Bedingungen fanden sich zudem in allen Berufen des Transportwesens; so ist es nicht verwunderlich, daß der Anteil z. B. der Eisenbahner unter Hans Jahn und der Transportarbeiter unter Adolph Kummernuss an der Widerstandsarbeit der dreißiger Jahre hoch ist, zumal diese die Unterstützung der Internationalen Transportarbeiter-Föderation unter Edo Fimmen fand. Nach Jahns Angaben besaß seine Organisation im März 1936 137 Stützpunkte mit 284 Stützpunktführern und 1.320 Funktionären. Auch die Metallarbeiter hatten wohl ein gut ausgebautes Netz von Kontakten, zu dessen Organisatoren Alwin Brandes, Heinrich Schliestedt, Max Urich, Richard Teichgräber, Hans Böckler und Walter Freitag gehörten.

Derartige Kontakte und Gruppenbildungen wird man dem Widerstand zuordnen können, wenn sie zu gegen das Regime gerichteten Aktionen führten; zu denken ist etwa an den Transport und Austausch von Tarnschriften und Informationsblättern und — natürlich — an die Anfertigung und Verteilung von Flugblättern. Weder die unter dem Deckmantel von Vertreterbesuchen verborgenen Treffen mit allein mündlicher Kommunikation noch die Zirkel, die darüber hinaus wirksam wurden, waren indessen vor dem Zugriff der Gestapo sicher: Heinrich Schliestedt und Hans Gottfurcht mußten ins Ausland fliehen, Hermann Schlimme wurde 1937 verhaftet; auch das von Hans Jahn aufgebaute Netz von Stützpunkten der Eisenbahner wurde 1937 durch Massenverhaftungen fast völlig zerschlagen; ebenso erging es dem illegalen Kreis um Alfred Fitz vom Verband der Nahrungsmittel- und Getränkearbeiter.

Nicht unerwähnt darf bleiben, daß es vereinzelt auch zu gemeinsamen Aktionen von sozialdemokratischen und kommunistischen Gewerkschaftern kam. Am bekanntesten wurden die auf betrieblicher Ebene gebildeten Gruppen von Textil- und Metallarbeitern im Wuppertaler Raum, die im Herbst 1934 mehrere 100 Mitglieder zählten. Sie druckten und verteilten Flugblätter, hatten auch eigene Zeitungen. Im Januar 1935 wurden die Gruppen mit Massenverhaftungen zerschlagen; die von den mit großem Propagandaaufwand geführten „Wuppertal-Prozessen" Betroffenen fanden im übrigen ausländische Unterstützung, insbesondere durch das holländische „Wuppertal Komitee".

Etwa zur gleichen Zeit wurden auch die Widerstandsgruppen der SPD und der KPD zerschlagen, so daß es seit 1936/37 kaum mehr einen organisierten Widerstand „der" Arbeiterbewegung gab. Nur die auf die Illegalität vorbereiteten linken Splittergruppen konnten teilweise im Untergrund überleben und ihre Arbeit fortsetzen. Und der gewerkschaftliche Widerstand beschränkte sich in der Folgezeit im Grunde darauf, in der „Illegalen Reichsleitung der deutschen Gewerkschaften", d. h. in Kontakt-Zirkeln ehemaliger Spitzenfunktionäre, Planungen für die „Zeit danach" zu diskutieren.[21] Einen Massenkontakt hatten die Gewerkschaftsführer sicherlich nicht, wohl aber ein verdecktes Informationsnetz, das sie zu wichtigen Ansprechpartnern gerade auch für die ins Ausland geflohenen Kollegen und Kolleginnen machte.

*

---

21 Gerhard Beier, Die illegale Reichsleitung der Gewerkschaften 1933—1945, Köln 1981.

Angesichts von Verfolgung und Bedrohung der Gewerkschafter wurden frühzeitig Versuche unternommen, Anlaufstellen im benachbarten Ausland zu schaffen. Bis zum Anschluß an das Deutsche Reich (1935) bot zunächst das Saargebiet einen Fluchtpunkt für exilierte Gewerkschafter; dann übernahmen die Tschechoslowakei (bis 1938) sowie die Grenzregionen der Niederlande, Belgiens, Frankreichs und Dänemarks diese Funktion, bis auch diese vom Krieg überzogen wurden. Aber es ging nicht nur darum, erste Auffangpositionen für aus Deutschland vertriebene Gewerkschafter zu schaffen, sondern eine zentrale Aufgabe war es, von diesen Stützpunkten aus die Arbeit zu koordinieren.

So wurde im Herbst 1934 in der Tschechoslowakei, auf der Konferenz in Reichenberg, die Auslandsvertretung der deutschen Gewerkschaften gegründet. Nach Schliestedts Tod (1938) verlagerte sie ihren Sitz zu Fritz Tarnow nach Kopenhagen, der indessen nicht von allen Auslandsvertretern als Leiter anerkannt wurde. Die Auslandsvertretung wurde vom Internationalen Gewerkschaftsbund finanziell unterstützt — was angesichts der Verstimmung, die der Anpassungskurs des ADGB im Frühjahr 1933 und speziell der Austritt aus dem IGB am 22. April 1933 ausgelöst hatten, keineswegs selbstverständlich war.

Auch im Ausland zeigten sich vereinzelt Ansätze zur Zusammenarbeit sozialdemokratischer und kommunistischer Gewerkschafter. Doch letztlich fanden die von der Kommunistischen Internationale 1935 ausgegebenen Einheitsfrontparolen keinen großen Niederschlag. Zwar wurde in Frankreich parallel zu Heinrich Manns Volksfront-Initiative der „Koordinationsausschuß deutscher Gewerkschafter" gebildet, doch mit dem Scheitern des Volksfront-Versuchs und vor allem mit den „Moskauer Säuberungen" war 1937/38 auch das Ende des Koordinationsausschusses besiegelt. Zu nennen ist auch der Arbeitsausschuß freigewerkschaftlicher Bergarbeiter, der auf einer Tagung des Exekutivkomitees der Bergarbeiterinternationale in Paris gegründet wurde. Hier arbeiteten u. a. Franz Vogt, Richard Kirn und Hans Mugrauer vom (sozialdemokratischen) Alten Verband zusammen mit dem Kommunisten Wilhelm Knöchel. Nach dem deutschen Einmarsch in die Niederlande nahm sich Vogt das Leben; Knöchel, der in den folgenden Jahren eine zentrale Funktion in der Reorganisation des kommunistischen Widerstandes in Deutschland übernahm, wurde 1943 verhaftet.

\*

Mit dem Beginn des Zweiten Weltkrieges mußten die aus Deutschland geflohenen Gewerkschafter vielfach eine neue Heimat suchen: Schweden, England und die Schweiz wurden im Krieg zu den wichtigsten Aufnahmeländern.

In Schweden und in England wurden Landesgruppen deutscher Gewerkschafter gebildet, die den Flüchtlingen zunächst einmal Hilfestellung bei der Sicherung des nötigsten Lebensbedarfs leisteten; sie unterstützten den Widerstand in Deutschland, sammelten und verbreiteten Informationen; und sie versuchten die Deutschland-Politik der Alliierten zu beeinflussen, insbesondere durch die Zusammenarbeit mit den Gewerkschaften des jeweiligen Gastlandes, durch eigene Öffentlichkeitsarbeit und durch die Mitarbeit in den Informationsdiensten der Alliierten. Gerade letztere folgte vielfach der Einsicht, daß die nationalsozialistische Diktatur nur von außen zerschlagen werden könne. Und schließlich arbeiteten die Landesvertretungen Pläne und Programme für den Neuaufbau der Gewerkschaften, aber auch für die Gestaltung des Arbeitsmarktes und der politischen Ordnung der „Nach-Hitler-Zeit" insgesamt aus.[22]

Da ist z. B. an das von Fritz Tarnow im Dezember 1941 dem „Stockholmer Arbeitskreis deutscher Sozialdemokraten" vorgelegte Programm zu denken, das für die Wiedergründung von Gewerkschaften nach dem Kriege davon ausging, man könne doch Organisationsstruktur und -prinzipien der DAF übernehmen. Dieses Konzept fand weder in Stockholm noch in London nachhaltige Zustimmung: 1944/45 legte darum die Landesgruppe der deutschen Gewerkschaften in Schweden „Vorschläge zu Problemen des Wiederaufbaus in Deutschland" vor, die von der Auflösung der DAF und vom Aufbau einer demokratischen und unabhängigen Gewerkschaftsorganisation ausgingen. Und auch die Landesgruppe deutscher Gewerkschafter in England, die eng mit dem Exilvorstand der SPD in London zusammenarbeitete, entwickelte 1945 — Mitautoren waren u. a. Walter Auerbach, Willi Eichler, Hans Gottfurcht, Wilhelm Heidorn (= Werner Hansen), Hans Jahn, Ludwig Rosenberg und Erwin Schöttle — einen Plan für „Die neue deutsche Gewerkschaftsbewegung" (Dokument 22). Hier war die Bildung von Industriegewerkschaften vorgesehen, die auf den Prinzipien freiwilliger Mitgliedschaft und politischer Unabhängigkeit basieren sollten. Auch in der Schweiz und in Frankreich diskutierten Emigranten Konzepte für den Wiederaufbau der Gewerkschaften, doch übten in der Folgezeit ohne Zweifel die im Londoner Exil entworfenen Pläne den stärksten Einfluß aus.

\*

---

22 Abgedruckt in: Ulrich Borsdorf, Hans O. Hemmer u. Martin Martiny (Hrsg.), Grundlagen der Einheitsgewerkschaft. Historische Dokumente und Materialien, Köln u. Frankfurt/M. 1977, S. 248 ff.

Die von der Landesgruppe deutscher Gewerkschafter in England entfaltete programmatische Tätigkeit leistete eine überaus wichtige Vorarbeit für die Wiedergründung der Gewerkschaften in Deutschland nach dem Kriege; zu dessen Beendigung oder zum Sturz der Diktatur von außen konnte sie indessen nicht direkt beitragen. Eben dies aber war das Ziel einzelner Gewerkschafter, die in Deutschland selbst Kontakt zu den Widerstandsgruppen des 20. Juli 1944 hatten. Zu nennen sind vor allem Wilhelm Leuschner von den Freien und Jakob Kaiser von den Christlichen Gewerkschaften. Die Beteiligung der Gewerkschafter folgte zum einen dem Interesse der konservativen Widerstandsgruppen daran, die (ehemals) organisierte Arbeitnehmerschaft in den geplanten Aufstands-Versuch einzubinden, sie mit dem neuen Staatsaufbau von vornherein zu verknüpfen und ein Aufkommen revolutionärer oder auch kommunistischer Bewegungen zu verhindern. Andererseits war den Gewerkschaftern klar, daß sie ohne und erst recht gegen das Militär kaum wirksam ein Ende des nationalsozialistischen Regimes würden herbeiführen können. Trotz der Vorbehalte und des immer wieder aufflackernden Mißtrauens gegen eine politische Zusammenarbeit von Vertretern so unterschiedlicher Gruppen wie Adel, Arbeiterbewegung, Industrie, Kirche und Militär bildeten die Verwurzelung in christlichen Moralvorstellungen sowie die Prinzipien von Rechtsstaatlichkeit und sozialer Reform eine starke Klammer. Sie reichte aus, ein Regierungsbündnis für die Zeit nach dem Umsturz zu vereinbaren: Neben Ludwig Beck und Carl Friedrich Goerdeler waren Wilhelm Leuschner und Julius Leber (SPD) als Kanzler bzw. Vizekanzler oder Innenminister im Gespräch; die christliche Arbeiterbewegung sollte — so der letzte Entwurf einer Ministerliste vom Juli 1944 — durch Bernhard Letterhaus im Kabinett vertreten sein.

Auch wenn Vertreter der früheren Richtungsgewerkschaften — Leuschner von den Freien Gewerkschaften, Kaiser von den Christlichen Gewerkschaften und Max Habermann vom Deutschnationalen Handlungsgehilfenverband — an den Beratungen der Widerstandskreise beteiligt waren, so bedeutete dies doch nicht, daß sie sich mit ihrem im Frühjahr 1933 vereinbarten Konzept der Einheitsgewerkschaft durchgesetzt hätten: Das Programm Goerdelers zum Aufbau einer „Deutschen Gewerkschaft" war allzu nahe an der Realität der DAF orientiert, und die Pläne des Kreisauer Kreises folgten werksgemeinschaftlichen Harmonie-Vorstellungen.

Die Gruppen, die das Hitler-Attentat vom 20. Juli 1944 vorbereiteten, waren gewiß nicht durch ein geschlossenes Programm geeint, wohl aber durch den Willen, der Gewaltherrschaft der Nationalsozialisten ein Ende zu bereiten. Das Attentat scheiterte, und diejenigen, die es vorbereitet hatten, mußten mit schärfster Verfolgung rechnen: Jakob Kaiser gelang es,

*Wilhelm Leuschner vor dem „Volksgerichtshof".*

rechtzeitig unterzutauchen und sich bis zum Kriegsende zu verstecken. Wilhelm Leuschner aber wurde verhaftet und zum Tode verurteilt. Sein viel zitiertes Vermächtnis lautete: „Schafft die Einheit!"[23]

\*

Gewiß: Es ist festzuhalten, daß die nationalsozialistische Diktatur nicht durch die Aktionen des Widerstandes, welcher Gruppe auch immer, gestürzt wurde; das „Dritte Reich" versank mit der Kriegsniederlage und der Besetzung Deutschlands durch die alliierten Truppen. Doch für den Neuanfang war es von unschätzbarer Bedeutung, daß es Widerstand gegeben hatte. Und dieser Widerstand hatte einen hohen Preis gefordert: Tausende von Frauen und Männern wurden mit Gefängnis und Zuchthaus bestraft, wurden in die Konzentrationslager verschleppt, wurden Opfer von Folter, Mord und Hinrichtung. Allein 1936 wurden im Reich 11.687 Personen wegen illegaler sozialistischer Tätigkeit festgenommen; bei Kriegsbeginn betrug die Zahl der aus politischen Gründen verfolgten Häftlinge in Konzentrationslagern rund 25.000; sie stieg bis März 1942 auf knapp 100.000. Mindestens 25.000 Menschen wurden nach amtlicher Statistik als politische Oppositionelle zum Tode verurteilt.[24] Dazu zählten viele Gewerkschafter aller Richtungen. Es waren diese Opfer, die dem politischen Neubeginn 1945 Glaubwürdigkeit verliehen; und es war der Widerstand der Arbeiterbewegung und der Gewerkschafter, der — nach der hilflosen Politik zwischen Protest und Anpassung im Jahre 1933 — ihrem Anspruch auf politische Mitwirkung im Deutschland der Nachkriegszeit Berechtigung und Nachdruck gab.

---

23 Nach G. Beier, Die illegale Reichsleitung, S. 83.
24 Zahlen nach Manfred Funke, Gewerkschaften und Widerstand. Zwischen Ausharren und Orientierung auf die Zukunft, in: Widerstand und Exil 1933—1945, Bonn 1985, S. 60—75, hier S. 66.

# X. Zwischen Neubau-Hoffnung und Restauration: die Wiedergründung der Gewerkschaften 1945 bis 1949

Am Ende des Zweiten Weltkrieges, das mit der Kapitulation am 8. Mai 1945 besiegelt wurde, waren Deutschland und Europa im brutalsten Sinne des Wortes ein „Trümmerfeld": Millionen von Toten und Verletzten waren zu beklagen. Millionen von Fremdarbeitern, Kriegsgefangenen und die Überlebenden der Konzentrationslager irrten durch Europa; Millionen von entlassenen Soldaten, Flüchtlingen und Heimatvertriebenen suchten eine neue Heimat. Die Versorgung der Menschen mit Lebensmitteln und Brennstoff, mit Kleidung und Wohnraum sowie mit Arbeit — das waren vordringliche Aufgaben der Nachkriegszeit.

Aber war das Ende des Krieges wirklich eine „Stunde Null" der deutschen Geschichte? Deutschland war zwar unübersehbar ein Trümmerfeld, doch der politische und wirtschaftliche Wiederaufbau knüpfte an Traditionen an, die fortdauerten: Eigentumsordnung, Wirtschaftsstruktur und politische Grundvorstellungen waren gewiß durch den Untergang des Nationalsozialismus und durch das Kriegsende erschüttert, indessen nicht zerstört worden. Und außerdem sahen sich die Befürworter einer grundsätzlichen Neuordnung von Wirtschaft und Gesellschaft den Besatzungsmächten gegenüber. Anders als nach dem Ersten Weltkrieg war das Deutsche Reich von den Truppen der Sieger besetzt; es war in Besatzungszonen aufgeteilt, deren Militärgouverneure zunächst die Regierungsgewalt übernahmen. Das Besatzungsrecht regelte denn auch die Wiedergründung und vor allem Form und Tempo des Wiederaufbaus der Gewerkschaften.

## 1. Von lokalen Anfängen zu zentralen Organisationen

Die Vorstellungen der Besatzungsmächte vom wirtschaftlichen und gesellschaftlichen Aufbau Deutschlands und damit auch vom Stellenwert der Gewerkschaften prägten nachhaltig die Rahmenbedingungen der Gewerkschaftspolitik in der Nachkriegszeit. Einblick in die Zielvorstellungen der Amerikaner bietet eine Bekanntmachung General Dwight D. Eisenhowers vom 22. Dezember 1944, in der die Auflösung der DAF und — „sobald die Umstände es gestatten" — die Gründung demokratischer Gewerkschaften angekündigt wurden. „Alle Formen freier wirtschaftlicher Vereinigungen und Zusammenschlüsse der Arbeiter" sollten zugelassen werden, „wenn sie nicht politische oder militärische Tendenzen haben oder annehmen." Damit sollte also die von den Nationalsozialisten beseitigte Vereinigungs- und Tarifvertragsfreiheit wieder hergestellt werden. Streiks und Aussper- rungen, „die mittelbar oder unmittelbar die militärische Sicherheit gefähr- den", seien zu verbieten. Und die „bisher geltenden deutschen Lohnfestset- zungen" sollten in Kraft bleiben.[1]

In der Tat orientierte sich der Wiederaufbau der Gewerkschaften in den westlichen Besatzungszonen an den von Eisenhower als einem Vertreter der dort vorherrschenden Besatzungsmacht vorgegebenen Rahmenbedingun- gen. Sie wurden jedoch durch eine Reihe von Einzelregelungen konkreti- siert, die die organisatorische Entwicklung der Gewerkschaften nicht gerade leicht machten. Die spontane Wiedergründung der Gewerkschaften hatte im Westen Deutschlands vielfach sofort nach dem Einmarsch alliierter Truppen — also zum Teil noch vor der Kapitulation am 8. Mai 1945 — begonnen; so entstanden in Aachen und Köln bereits im März 1945 wieder Gewerkschaften; Stuttgart, Hamburg und Hannover folgten im April/Mai 1945. Doch erst nach der Potsdamer Konferenz im Juli/August 1945 gestatteten die alliierten Besatzungsmächte offiziell die Gründung von Gewerkschaften, die jedoch bestimmte Auflagen zu erfüllen hatten.

Bei allen Unterschieden in der jeweiligen konkreten Besatzungspolitik bestand bei den westlichen Alliierten doch Einigkeit darüber, nur lokale Organisationen zuzulassen; diese Einschränkung folgte wohl weniger der Befürchtung, die neugegründeten Gewerkschaften könnten von Kommu- nisten unterwandert werden, die dann ein zentralgelenktes Machtinstru- ment in Händen hielten; maßgeblich für die Bevorzugung eines behutsa- men Gewerkschaftsaufbaus war eher das Mißtrauen gegenüber verdeckt fortlebenden nationalsozialistischen Ideen, von denen man nach den Erfahrungen der letzten Jahre auch die arbeitende Bevölkerung Deutsch- lands nicht frei glaubte. Von Bedeutung für die in die Zukunft vorgreifen- den Organisationsvorstellungen der westlichen Alliierten war sicherlich das Vorbild der eigenen, der englischen und amerikanischen, Gewerkschaften, die überdies selbst durch mannigfache Kontakte zu deutschen Gewerk- schaftern für ihre Organisationsmodelle warben.

Der Widerhall auf die alliierte Genehmigung, Gewerkschaften zu gründen, war eindrucksvoll: Allein in der britischen Zone wurden zwischen Oktober 1945 und März 1946 rund 400 Anträge auf die Zulassung von Gewerkschaften gestellt. Dabei waren die Organisationsprinzipien, denen die neuen Gewerkschaften folgten, ebenso unterschiedlich wie umstritten; es bestand nicht nur Uneinigkeit über die Gliederung in Berufsverbände

---

1 Nach U. Borsdorf u. a., Grundlagen der Einheitsgewerkschaft, S. 269.

oder Industriegewerkschaften, sondern zudem über die Schaffung einer einheitlichen Zentral- bzw. Allgemeinen Gewerkschaft oder eines föderalen Gewerkschaftsbundes. Über eines waren sich die Gewerkschaftsgründer indessen einig: Die weltanschaulich und parteipolitisch getrennten Richtungsgewerkschaften galten als überwunden. Gemeinsames Scheitern 1932/33, gemeinsam erlittene Verfolgung und auch der gemeinsame Widerstand ehemaliger Richtungsgewerkschafter ließen nach 1945 kaum eine Alternative zum Konzept der Einheitsgewerkschaft zu; dessen Durchsetzung mag im übrigen wohl auch durch die Erfahrung der DAF-Durchorganisierung erleichtert worden sein. In der Entscheidung für die Einheitsgewerkschaft als Lehre aus der deutschen Gewerkschaftsgeschichte stimmten die Organisatoren der Wiedergründung — von Hans Böckler im Rheinland und in Westfalen über Willi Richter in Hessen bis zu Erhard Kupfer und Lorenz Hagen in Bayern — überein.

Besonders hervorgehoben sei Hans Böckler, der — wenn auch nur für wenige Jahre — zur überragenden Figur der deutschen Gewerkschaften werden sollte. In Böcklers Lebensweg war dieser Aufstieg, der ihn schließlich 1949 an die Spitze des DGB führte, kaum vorgezeichnet. 1875 in Trautskirchen als Sohn eines Fuhrmannes geboren, hatte er das Handwerk des Gold- und Silberschlägers gelernt und war 1894 in den DMV (und in die SPD) eingetreten. 1903 wurde er Sekretär des DMV im Saargebiet, dann in Frankfurt/M. und 1910 Bezirksleiter in Schlesien. Als Verwundeter 1916 aus dem Kriegsdienst entlassen, kehrte er zum DMV zurück und wurde 1918 Sekretär der ZAG in Berlin. Als der DMV die Mitgliedschaft in der ZAG aufkündigte, ging Böckler als Bevollmächtigter des DMV nach Köln und wurde 1927 Bezirksvorsitzender des ADGB in Düsseldorf. Im Mai 1928 rückte er in den Reichstag ein. 1933 wurde er mehrfach in „Schutzhaft" genommen, blieb aber bis zum Kriegsende, obgleich er Kontakte zu Widerstandsgruppen unterhielt, relativ unbehelligt. Seine große Stunde kam erst in der Nachkriegszeit — als es um die Neugründung der Gewerkschaften ging.

*

Waren sich die westlichen Alliierten auch in den Grundzügen ihrer Gewerkschaftspolitik einig, so ergaben sich doch von Zone zu Zone — wegen der jeweils unterschiedlichen Besatzungspolitik — auffallende Abweichungen in der Entwicklung der Gewerkschaftsorganisation.

Bereits am 6. August 1945 wurde die Gründung von Gewerkschaften in der britischen Zone gestattet. Die weitere Entwicklung der Gewerkschaften wurde jedoch — endgültig mit der Industrial Relations Directive Nr. 10 vom 12. April 1946 — einem Dreiphasenplan unterworfen, nach dem die

*Hans Böckler, der Vorsitzende des Deutschen Gewerkschaftsbundes, am 11. März 1950 bei einer Rede vor 4.000 Arbeitnehmern gegen die Demontagen.*

Gewerkschaften zunächst nur auf lokaler Ebene Programme und Satzungen entwerfen und erste Versammlungen abhalten durften; in der zweiten Phase, der der „vorläufigen Entwicklung", sollten dann Räume angemietet und Mitglieder geworben werden können; die Phase des Wachstums sollte schließlich durch die Wahl von Funktionären und durch die Aufnahme der Gewerkschaftsarbeit gekennzeichnet sein. Der Übergang von einer Phase zur nächsten sollte jeweils durch die Militärregierung festgestellt und genehmigt werden. Damit sicherte sich die britische Besatzungsmacht sehr deutlich Kontroll- und Einspruchsmöglichkeiten.

An diesen Einwirkungen scheiterten die gewerkschaftlichen Bemühungen, möglichst rasch eine Zentralisierung ihrer Organisationen zu erreichen; und völlig blockiert wurden die vor allem in Niedersachsen entstandenen und auch von Hans Böckler bevorzugten Zentralen bzw. Allgemeinen Gewerkschaften. Besatzungsmacht und englische Gewerkschafter machten den Gewerkschaftsführern der britischen Zone klar, daß sie sich nicht mit dem Plan einer zentralen Einheitsgewerkschaft, sondern allein mit dem Prinzip eines Bundes von Industrieverbänden befreunden könnten. Daß diese Idee zudem in der Tradition der deutschen Gewerkschaftsentwicklung angelegt war, erleichterte gewiß ihre Durchsetzung. So waren es dann bislang selbständige Einzelgewerkschaften, die schließlich am 22./25. April 1947 in Bielefeld den Deutschen Gewerkschaftsbund für die britische Zone gründeten; an dessen Spitze wurde Hans Böckler gewählt.

Stand also in der britischen Zone am Ende der Zentralisierung der Gewerkschaften ein zonenweiter Zusammenschluß, so sah die Entwicklung in der amerikanischen Besatzungszone etwas anders aus. Auch hier ging die Entwicklung stufenweise voran, führte aber Ende August 1946 und Ende März 1947 zur Gründung von Landesverbänden: der Freie Gewerkschaftsbund Hessen (24./25. 8. 1946), der Gewerkschaftsbund Baden-Württembergs (30. 8./1. 9. 1946) und der Bayerische Gewerkschaftsbund (27./29. 3. 1947) wurden gebildet; hier traten die Gewerkschaften nicht für einen zonalen Zusammenschluß ein, um die Zonengrenzen nicht festzuschreiben. Ähnlich sah es in der französischen Zone aus, in der für Südwürttemberg und Hohenzollern (15./16. 2. 1947), für Baden (1./2. 3. 1947) und für Rheinland-Pfalz (2./3. 5. 1947) Landesverbände der Gewerkschaften gegründet wurden.

In der sowjetisch besetzten Zone ging der Gewerkschaftsaufbau demgegenüber relativ rasch voran: Mit Befehl Nr. 2 der Sowjetischen Militäradministration für Deutschland wurde bereits am 10. Juni 1945 das Recht zur Vereinigung in Gewerkschaften (und zur Bildung politischer Parteien) gewährt. Schon im Februar 1946 folgte dann die Gründung des Freien Deutschen Gewerkschaftsbundes (FDGB). Die Geschichte dieser zentralen Gewerkschaftsorganisation kann indessen wegen der von der westdeutschen Entwicklung deutlich abweichenden Gewerkschaftskonzeption und Rahmenbedingungen der gewerkschaftlichen Politik in der Sowjetischen Besatzungszone und späteren Deutschen Demokratischen Republik (DDR) hier nicht weiter verfolgt werden.

*

Schauen wir nur auf die westlichen Besatzungszonen; hier erlebten die Gewerkschaften einen von Zone zu Zone sehr unterschiedlichen Mitgliederzulauf: Der stärkste Gewerkschaftsbund war der der britischen Besatzungszone, in dem 1948 fast 2,8 Millionen Mitglieder, d. h. gut 42 % aller Beschäftigten, organisiert waren. In der amerikanischen Zone zählten die Gewerkschaften im selben Jahr 1,6 Millionen und in der französischen Zone nur 385.000 Mitglieder, was einen Organisationsgrad von etwa 38 bzw. 30 % bedeutet.

Bemerkenswert frühzeitig, also lange vor der Gründung eines die Westzonen umgreifenden Gewerkschaftsbundes, entfalteten die Gewerkschaften eine Vielfalt von organisationspolitischen Aktivitäten: Schon 1946 wurde auf Anregung Hans Böcklers das Wirtschaftswissenschaftliche Institut gegründet, das die Gewerkschaften fachlich beraten, ihre Argumente wissenschaftlich untermauern sollte. Bereits 1947 nahmen die Büchergilde Gutenberg und auch der gewerkschaftliche Bund-Verlag die Arbeit auf; im selben Jahr wurde in Dortmund die vom Land Nordrhein-Westfalen, von der Stadt Dortmund und von den Gewerkschaften getragene Sozialakademie gegründet; außerdem fanden zum erstenmal die Ruhrfestspiele in Recklinghausen statt. 1948 wurde von der Stadt Hamburg, den Genossenschaften und vom DGB die Hamburger Akademie für Gemeinwirtschaft, aus der die Hochschule für Wirtschaft und Politik hervorging, ins Leben gerufen. Im folgenden Jahr beschlossen — zunächst in Niedersachsen — Gewerkschaften und Volkshochschulen, mit „Arbeit und Leben" ein gemeinsames Bildungswerk zu schaffen. Und 1949/50 gründeten die Gewerkschaften zusammen mit der Genossenschaftsbewegung auf Länderebene die Gemeinwirtschaftsbanken, die sich später zur Bank für Gemeinwirtschaft (BfG) zusammenschlossen.

*

Trotz der von den Besatzungsmächten verordneten Beschränkungen versuchten die Gewerkschafter beharrlich, eine Zusammenarbeit über die Zonengrenzen hinweg zu organisieren: Am 6. November 1947 wurde der Gewerkschaftsrat für die amerikanische und britische Zone gebildet, dem sich am 20. Dezember 1948 der Gewerkschaftsrat der französischen Zone anschloß.

Die Bemühungen um einen gewerkschaftlichen Zusammenschluß fanden ihren deutlichsten Ausdruck in den Interzonenkonferenzen der Gewerkschaften aller vier Besatzungszonen. Von Mitte 1946 bis Mitte 1948 trafen sich die Gewerkschafter in neun — das erste Interzonentreffen am 13./14. Juli 1946 in Frankfurt M. wird nicht mitgezählt — Konferenzen, um den Zusammenhalt der Organisation zu sichern, um programmatisch-politische Grundsatzfragen zu klären und um die Teilung Deutschlands zu verhindern. Diese Interzonenkonferenzen waren vom Weltgewerkschaftsbund (WGB) angeregt worden, der als Vorbedingung für die Aufnahme die Bildung einer gesamtdeutschen Gewerkschaftsorganisation verlangt hatte. In zentralen Fragen der Nachkriegspolitik konnten die Gewerkschaften aller Zonen weitgehende Übereinstimmung erzielen.[2]

So finden sich in den Resolutionen Willensbekundungen zur Betriebsratsarbeit (Dokument 23a), zur konsequenten Entnazifizierung, zur Vereinheitlichung der Sozialversicherung, zur Lohnfrage und zum bald erwarteten Friedensvertrag. Auch über die Grundsätze zum „Aufbau der deutschen Gewerkschaften", der dem Industrieverbandsprinzip und den Gesetzen parteipolitischer Neutralität und religiöser Toleranz gehorchen sollte, konnte man sich im Februar 1947 einigen (Dokument 23b). Diese Resolution wurde im übrigen durch detaillierte Überlegungen zu den Problemen der Organisation von Angestellten und von Frauen ergänzt.

Der Schwerpunkt der Beratungen lag jedoch bei den Fragen einer „Neugestaltung der Wirtschaft". Im Mai 1947 waren sich die Gewerkschafter über folgende Forderungen einig: Wiederherstellung der wirtschaftlichen und politischen Einheit Deutschlands; Vergesellschaftung der Schlüsselindustrien, Banken und Versicherungen; Aufbau einer geplanten und gelenkten Wirtschaft mit einem zentralen Planungsamt und Organen der Selbstverwaltung unter Beteiligung der Gewerkschaften; Erhöhung der Produktion und Einstellung der Demontagen; Aufstellung eines Import- und Exportplans; Bodenreform und Vorlage eines Landwirtschaftsplans; einheitliche Währungs- und Finanzreform für ganz Deutschland (Dokument 23c).

Diese Neuordnungspläne boten also die Grundzüge für ein gesamtdeutsches Gewerkschaftsprogramm; wie die Begründung für die gewerkschaftliche Mitbestimmungsforderung (Dokument 23a) hoben auch die Wirtschaftsneuordnungspläne vor allem auf die aktuelle Notsituation und auf die Erfahrungen der jüngsten deutschen Vergangenheit ab; gerade die

---

2 Die Texte der Resolutionen sind abgedruckt in: Versprochen — Gebrochen. Die Interzonenkonferenzen der deutschen Gewerkschaften von 1946—1948, hrsg. vom Bundesvorstand des DGB, Düsseldorf o. J., S. 163 ff.

Besorgnis der Gewerkschaften darüber, „daß die am Hitlerregime und dem Kriege hauptverantwortlichen reaktionären und militärischen Kräfte, die im Monopolkapitalismus und der Verwaltung verankert waren, ihre Positionen zum Teil halten bzw. versuchen, sie zurückzugewinnen", schien ihren Forderungen Nachdruck verleihen zu können.

Die Grundsätze zur „Neugestaltung der Wirtschaft" verrieten ebenso wie die „Entschließung über die politische Stellung der Gewerkschaften und ihr Verhältnis zu den politischen Parteien" (Dokument 23d) das Selbstverständnis der Gewerkschaften, die sich als antifaschistisch und antimilitaristisch begriffen. „Es ist Aufgabe der neuen deutschen Gewerkschaften, an der Herstellung eines geeinten Deutschlands durch den Wiederaufbau der Wirtschaft, der sozialen Gesetzgebung und eines neuen kulturellen Lebens wirtschaftlich und politisch maßgebend mitzuwirken." — so hieß es in der letzten einvernehmlich verabschiedeten Resolution der Interzonenkonferenz im Februar 1948.

Mit der Auseinandersetzung über die Marshallplan-Hilfe und mit dem Auseinanderdriften der Blöcke, deren Grenze mitten durch Deutschland verlief, griff der beginnende Ost-West-Konflikt auch auf die Gewerkschaftsbewegung über: Auf der 8. Interzonenkonferenz im Mai 1948 lehnten die Vertreter des FDGB den Marshallplan ab, die der westdeutschen Gewerkschaftsbünde befürworteten ihn. Zwar fand noch im August 1948 — nach der Währungsreform in den Westzonen vom Juni 1948 und nach dem Beginn der Blockade Berlins — eine letzte Interzonenkonferenz statt, doch die Gewerkschaften konnten und wollten sich nicht dem Druck ihrer jeweiligen Blockeinbindung entziehen. Die 9. Interzonenkonferenz am 17./18. August 1948 scheiterte — äußerlich — an der Frage der Beteiligung der im Juni 1948 vom FDGB abgespaltenen Berliner Opposition, die sich am 14. August 1948 als Unabhängige Gewerkschaftsorganisation (UGO) organisiert hatte. Dies war indessen nur der Anlaß des Bruchs, der sich in langwierigen Debatten über gewerkschaftspolitische Grundsatzentscheidungen im Schatten des Kalten Krieges bereits abgezeichnet hatte. Der Grund aber waren letztlich die unterschiedlichen Gesellschaftsordnungsvorstellungen in Ost und West, deren Unvereinbarkeit vor allem die (West-)Berliner Gewerkschaften erfuhren, die sich eindeutig für das Modell der westlich-parlamentarischen Demokratie entschieden.

Und die Entwicklung des „Kalten Krieges" prägte auch die Bemühungen um einen Wiederaufbau der internationalen Gewerkschaftsbewegung. Dem Anfang Oktober 1945 in Paris gegründeten Weltgewerkschaftsbund trat — im Hinblick auf die Vorherrschaft der Kommunisten — 1949 der Internationale Bund Freier Gewerkschaften (IBFG) an die Seite, zu dem sich die Gewerkschaften von 52 Ländern — auch die der Bundesrepublik Deutschland — zusammenfanden.

## 2. Gewerkschaftsarbeit unter Besatzungsrecht

Wer geglaubt hatte, die Gewerkschaften würden binnen kürzester Zeit als demokratische Massenorganisationen wiedererstehen, sah sich getäuscht. Wieder einmal — wie schon im Kaiserreich — wurden die Gewerkschaften zur Begrenzung ihrer Entfaltungsmöglichkeiten auf die lokale und regionale Organisationsebene zurückgeworfen. Dies war zusammen mit den Reisebeschränkungen, den schlechten Post-, Telefon- und Verkehrsverbindungen sowie dem Mangel an Zeitungen eine schwere Behinderung der gewerkschaftlichen Arbeit, die Maßnahmen zur Linderung der akuten Not mit weitgesteckten Neuordnungszielen verband.

Die Schwerpunkte der gewerkschaftlichen Arbeit in der direkten Nachkriegszeit waren durch die Situation vorgegeben: Arbeitslosigkeit, Wohnungsnot und Hunger — das waren die Kennzeichen des Elends; Verhinderung der Demontagen und wirtschaftlicher Wiederaufbau sowie die Versorgung der Bevölkerung mit Lebensmitteln, Kleidung, Heizmaterial und Wohnraum — dazu wollten die Gewerkschaften beitragen. Mancher Unternehmer, belastet durch seine Tätigkeit als „Wirtschaftsführer" im nationalsozialistischen Staat, war untergetaucht oder interniert, so daß Gewerkschaften und Betriebsräte in einzelnen Betrieben die Ingangsetzung der Produktion in eigener Regie übernahmen; sie leiteten die Aufräumungsarbeiten, organisierten die Instandsetzung und sorgten für Rohstoffe und Aufträge.

Die westdeutsche Wirtschaft war durch den Krieg, durch rücksichtslose Kriegsproduktion und Bombardierung stark geschädigt, in ihrer Substanz aber nicht zerstört worden. Doch angesichts der besonderen Bedingungen und Schwierigkeiten der Nachkriegszeit lief die Produktion vielfach nur schleppend an: Produktionsanlagen waren zerstört oder verschlissen, Rohstoffe fehlten, die Leistungskraft der Arbeiterschaft war von Krieg und Kriegsproduktion erschöpft. Und hinzu kam, daß die Umstellung von der Kriegs- auf die Friedensproduktion nicht ohne Schwierigkeiten verlief, zumal die Friedensproduktion keine kaufkräftige Nachfrage vorfand.

Außerdem waren die alliierten Zielvorstellungen zu berücksichtigen, an deren oberster Stelle — bei allen Abstufungen — das Bemühen stand, die deutsche Wirtschaft zumindest so weit zu bändigen, daß sie weder als Konkurrenz auf dem Weltmarkt noch gar als militärisch bedrohlicher Faktor wiedererstehen könnte.

Mit dem Potsdamer Abkommen vom August 1945 hatten sich die Alliierten auf die „Vernichtung der bestehenden übermäßigen Konzentration der Wirtschaftskraft" Deutschlands geeinigt;[3] das hatte die Beschlag-

---

3 Amtsblatt des Kontrollrats in Deutschland, hrsg. vom Alliierten Sekretariat, o. J., Ergänzungsblatt Nr. 1, deutschsprachiger Teil, S. 13 ff.

*„Trümmerfrauen" wurden zum Symbol des Wiederaufbauwillens in der Nachkriegszeit.*

nahme der großen Wirtschaftsunternehmen zur Folge, die entflochten und zu kleineren wirtschaftlichen Einheiten umgeformt werden sollten; außerdem wurden bestimmte Wirtschaftsbereiche, z. B. die Eisen- und Stahlindustrie, unter alliierte Kontrolle gestellt. Und schließlich konnten sich die Besatzungsmächte für die ihnen im Krieg entstandenen Schäden durch die Demontage deutscher Industrieanlagen, aber auch durch Waren aus der laufenden Produktion entschädigen.

Mit dem ersten Industrieplan des Alliierten Kontrollrats vom März 1946 wurde die deutsche Industrieproduktion auf 55 % des Standes von 1938 begrenzt; 1.800 Betriebe sollten demontiert werden. Nach zähen Verhandlungen, in denen sich die Gewerkschaften — zusammen mit den Eigentümern — gegen die Demontagepolitik aussprachen, da sie Arbeits- und Produktionsmöglichkeiten vernichtete, wurde 1947 die Zahl der zur Demontage vorgesehenen Betriebe auf 682 gesenkt. Auch in der Zukunft traten die Gewerkschaften dafür ein, daß die Demontagen beendet und daß mit der Entflechtung der Großkonzerne — z. B. der IG Farben — lebensfähige Unternehmen gebildet werden sollten.

Die Alliierten setzten jedoch nicht nur ihre wirtschaftsbezogenen Zielvorstellungen in die Praxis um; in den Jahren 1945 und 1946 wurde eine Reihe von Direktiven herausgegeben, die die Arbeitsmarktbeziehungen und damit den engeren Bereich der gewerkschaftlichen Politik maßgeblich prägten: Wiederhergestellt wurden die Koalitionsfreiheit, die Arbeitsgerichtsbarkeit, das Schlichtungswesen, das Betriebsrätegesetz und der Achtstundentag als Regelarbeitszeit. Die Löhne wurden jedoch auf dem Niveau vom 8. Mai 1945 eingefroren; damit wurde den Gewerkschaften eines ihrer wichtigsten Arbeitsfelder genommen.

Nicht zuletzt die Politik des „Stopplohnes" trug mit dazu bei, daß die Reallöhne angesichts der fortschreitenden Geldentwertung sanken. Und auf dem „Schwarzen Markt" sowie bei Tausch- bzw. Kompensationsgeschäften hatten Lohnempfänger nichts zu bieten. Sie waren angewiesen auf die Lebensmittelrationen, die vielfach unter dem Existenzminimum lagen: Ende 1945 erreichte die offizielle Zuteilung von Nahrungsmitteln eine Versorgung mit etwa 1.200 bis 1.500 Kalorien pro Tag; die Experten der Vereinten Nationen gingen demgegenüber von einem Mindestbedarf von 2.650 Kalorien aus. Alliierte Beschränkungen gewerkschaftlicher Arbeit und das Elend trugen dazu bei, daß viele Menschen einen individuellen Ausweg aus der Not suchten: Hamsterfahrten, Gemüseanbau und Suche von Arbeitsplätzen mit besserer Entlohnung (zum Teil in Naturalien) waren Möglichkeiten, die eigene Situation zu verbessern. Die Konkurrenz der Arbeitnehmer und Arbeitsuchenden untereinander war für die Entwicklung der Gewerkschaften gewiß nicht förderlich. So spielten Gewerkschaften im Bewußtsein breiter Kreise der Bevölkerung eine untergeordnete Rolle, zumal auch der traditionelle Konflikt zwischen Kapital und Arbeit durch den Interessenstreit mit der Besatzungsmacht übertüncht wurde. Lohnstopp, Ernährungsprobleme und auch die bis 1949/50 andauernde Massenarbeitslosigkeit waren Fragen, in denen nicht die Unternehmer, sondern die Besatzungsmacht und bald wieder deutsche Regierungsstellen als Ansprechpartner galten.

*

Die Gewerkschaften der Nachkriegszeit erstickten jedoch nicht im gewerkschaftlichen Alltag, der mit dem Aufbau der Organisationen einerseits und der Linderung der akuten sozialen Nöte andererseits eine enorme Belastung brachte. Vielmehr zielten die gewerkschaftlichen Forderungen auf eine grundsätzliche Neuordnung: Entnazifizierung von Staat und Wirtschaft, Überführung der Schlüsselindustrien in Gemeineigentum, Mitbestimmung und Wirtschaftsplanung — mit diesen Zielen traten die Gewerkschaften 1945 für eine gesellschaftliche Neugestaltung ein. Daß dieser Forderungskatalog keinen Sprengstoff für die sich gerade bildenden Einheitsgewerkschaften barg, lag auch daran, daß derartige Ziele von den meisten großen politischen Gruppierungen — von SPD und KPD, aber auch von Teilen der CDU — vertreten wurden; zumindest die CDU der britischen Besatzungszone sah in ihrem Ahlener Programm vom Februar 1947 die „Zeit der unumschränkten Herrschaft des Kapitalismus" als beendet an und ging von der Notwendigkeit der „Vergesellschaftung der Grundstoffindustrien, Eisen und Kohle" aus.[4]

Die Lehre der Vergangenheit schien klar zu sein: Auf der 1. Gewerkschaftskonferenz der britischen Zone im März 1946 erklärte Hans Böckler: „Ein zweites Mal soll den deutschen Arbeitern nicht passieren, was in den Jahren 1920/21 passiert ist, daß sie trotz ihres ehrlichen Strebens letzten Endes doch wieder die Betrogenen sind." Und er zog den Schluß: „Wir müssen in der Wirtschaft selber als völlig gleichberechtigt vertreten sein, nicht nur in einzelnen Organen der Wirtschaft, nicht in den Kammern der Wirtschaft allein, sondern in der gesamten Wirtschaft. Also der Gedanke ist der: Vertretung in den Vorständen und Aufsichtsräten der Gesellschaften."[5] Dementsprechend wurden die Einführung einer überbetrieblichen Mitbestimmung und eine Verbesserung des alten Betriebsrätegesetzes aus dem Jahre 1920 gefordert.

---

4 Abgedruckt in: Dokumente zur parteipolitischen Entwicklung in Deutschland seit 1945, Bd. 2, Teil 1, Berlin 1963, S. 53 f.
5 Die Gewerkschaftsbewegung in der britischen Besatzungszone, Geschäftsbericht des Deutschen Gewerkschaftsbundes (britische Besatzungszone), 1947—1949, Köln 1949, S. 79.

Erich Potthoff, von 1946 bis 1949 und von 1952 bis 1956 Leiter des Wirtschaftswissenschaftlichen Instituts des DGB sprach gewiß für viele seiner Zeitgenossen, wenn er auf der Gewerkschaftskonferenz der britischen Zone im August 1946 in Bielefeld meinte feststellen zu können: „Mit dem Zusammenbruch des nationalsozialistischen Regimes ist die kapitalistische Wirtschaft in ihrer Gesamtheit zusammengebrochen."[6] Man glaubte 1945/46 im Grunde, für die weitgesteckten Ziele der Gewerkschaften brauche man nicht mehr zu kämpfen — man brauche sie nur noch in gesetzliche Form zu bringen, um sie dann von den Parlamenten verabschieden zu lassen.

Mitbestimmung und Sozialisierung — das waren die zentralen Begriffe, um die sich die Gewerkschaftsforderungen zur „Neugestaltung der Wirtschaft" drehten; und bei der Frage der Mitbestimmung ging es um die betriebliche wie um die überbetriebliche Ebene.

In den Mitbestimmungsvorstellungen der Nachkriegszeit zeigte sich — verglichen mit den zwanziger Jahren — eine stärkere Berücksichtigung der Betriebsebene; damit wurde zumindest teilweise die Konsequenz aus der Erfahrung der Weimarer Zeit gezogen, in der die Gewerkschaften trotz aller gegenteiligen Programmaussagen selten zu einer betrieblichen Abstützung ihrer Politik gegriffen haben. Doch in der Praxis sah es auch in den Jahren ab 1945 etwas anders aus: Zwar hatten sich die Betriebsräte bei Wiederaufbau, Ingangsetzung der Produktion und Versorgungsfragen vielfach bewährt, doch nicht zuletzt wegen der starken Vertretung von Kommunisten vertieften sich die strukturell angelegten Spannungen zwischen einzelbetrieblicher Interessenvertretung und gewerkschaftlicher Politik für breite Arbeitnehmerschichten. Außerdem standen die westlichen Besatzungsmächte, die mit dem vom Alliierten Kontrollrat im April 1946 erlassenen Betriebsrätegesetz die Arbeit der direkt nach dem Kriege gebildeten Betriebsräte gesetzlich abgesichert hatten, einer aktiven Betriebsratspolitik eben wegen des befürchteten Einflußzuwachses für Kommunisten sehr mißtrauisch gegenüber.

Sicherlich knüpfte die gewerkschaftliche Forderung nach Demokratisierung der Wirtschaft an die Vorstellungen aus der Weimarer Zeit an, doch neben dem Ziel einer überbetrieblichen gesamtwirtschaftlichen Mitbestimmungsregelung trat nun verstärkt — etwa ab 1947/48 — die Idee der Mitbestimmung auf Unternehmensebene in den Vordergrund. Die gesetzliche Einführung der Mitbestimmung galt als Sofortmaßnahme, da man davon ausging, die eigentlich angestrebte Sozialisierung direkt nach dem

---

6 Erich Potthoff, in: Protokoll der Gewerkschaftskonferenz der britischen Zone vom 21. bis 23. 8. 1946 in Bielefeld, Bielefeld o. J., S. 10.

Kriege nicht durchsetzen zu können. Die Chance zur Verankerung von Mitbestimmungsrechten kam mit den ersten konkreten Entflechtungsmaßnahmen der britischen Militärregierung. Die Gewerkschaften glaubten mit der Einführung der paritätischen Mitbestimmung in der Eisen- und Stahlindustrie zum 1. März 1947, einen ersten Schritt zur Demokratisierung der Wirtschaft erreicht zu haben. Sie übersahen allerdings, daß die Angebote zur paritätischen Mitbestimmung, die die Arbeitgeber Anfang 1947 unterbreiteten, auch und vor allem dazu dienten, die Gewerkschaften als Verbündete gegen die alliierten Demontage- und Entflechtungspläne zu gewinnen; außerdem sollten die Zugeständnisse in der Mitbestimmungsfrage die Unruhe in der Arbeiterschaft abfangen und damit zugleich die Sozialisierungsforderung versanden lassen.

Eine Zeitlang sah es in der Tat so aus, als könnten zum Beispiel die Sozialisierungsforderungen realisiert werden. In mehreren Länderverfassungen wurde 1946/47 die Möglichkeit von Enteignungen zugunsten der Allgemeinheit verankert. Doch sehr rasch zeigte sich, daß die Gewerkschaften nicht den erwarteten Rückhalt bei politischen Parteien und vor allem nicht bei den Besatzungsmächten hatten: Mit der Truman-Doktrin vom März 1947 und dann mit dem Scheitern der Londoner Außenministerkonferenz im Dezember 1947 wurde deutlich, daß mitten durch Deutschland die Grenze zwischen zwei unterschiedlichen, sich feindlich gegenüberstehenden Gesellschaftsordnungen verlief; sie wies den westlichen Besatzungszonen einerseits und der sowjetischen Besatzungszone andererseits ihren Platz in den jeweiligen militärisch-politischen Blöcken zu.

Es lag in der Konsequenz der vor allem von den Amerikanern vertretenen Wirtschaftsordnungsvorstellungen, daß die Sozialisierungspläne und -gesetze zum Scheitern verurteilt waren. So wurde z. B. das vom nordrhein-westfälischen Landtag in Ausführung des Sozialisierungsartikels der Landesverfassung verabschiedete Gesetz zur Überführung des Bergbaus in Gemeineigentum von den Militärgouverneuren der Bizone im September 1948 suspendiert; die Sozialisierung sei, so meinten die Besatzungsmächte (und auch ein großer Teil der deutschen Politiker), eine Frage des Bundesrechts, die erst nach Gründung eines westdeutschen Staates geregelt werden dürfe.

*

Schon im Herbst 1946 hatten sich Bergarbeiter geweigert, Sonderschichten zu fahren. Die in Kreisen der Arbeiterschaft verbreitete Unzufriedenheit mit der Ernährungslage, aber auch mit der schleppenden Verwirklichung zentraler Forderungen nach Neuordnung der Wirtschaft brach im April/ Mai 1947 in Demonstrationen und Streikaktionen im Ruhrgebiet auf.

Zehntausende verliehen ihrer Forderung nach besserer Versorgung und nach alsbaldiger Sozialisierung Nachdruck; auch mit ihrem 24-stündigen Streik traten die Bergarbeiter am 3. April 1947 für eine von den Gewerkschaften kontrollierte „gerechte Erfassung und Verteilung der vorhandenen Lebensmittel", für „Hofkontrollen", für schärfste Bestrafung von Schwarzhändlern und Schiebern und für die Sozialisierung speziell des Bergbaus ein.[7]

Nicht nur die Militärverwaltung, sondern auch die Gewerkschaften wandten sich gegen derartige Protestaktionen. So verabschiedete die Konferenz der Gewerkschaften der amerikanischen Zone am 10. April 1947 einstimmig eine Erklärung, in der sie einerseits gegen weitere Kürzungen der Lebensmittelrationen protestierte und andererseits die Befürchtung aussprach, „daß im Falle weiterer Kürzungen die bisherige Ruhe und Disziplin in der Arbeitnehmerschaft nicht mehr gewährleistet" sei; „in der Durchführung von Streiks" sah sie allerdings „kein geeignetes Mittel zur Verbesserung der derzeitigen Ernährungslage".[8] Getreu dieser Position versagten die Gewerkschaften auch der Streikwelle im Winter und Frühjahr 1948 ihre Unterstützung, der im April 1948 eine einmalige Lohnerhöhung um 15 %, zugestanden vom Alliierten Kontrollrat, den Wind aus den Segeln nehmen sollte.

Die Gewerkschaften konnten und wollten sich dem Sog der Stabilisierung der wirtschaftlichen Verhältnisse nicht entziehen. Obwohl ihnen klar sein mußte, daß die Marshallplan-Hilfe auf die Stärkung der privatkapitalistischen Ordnung zielte und die wirtschaftliche sowie politische Spaltung Deutschlands vertiefen würde, stimmten die deutschen Vertreter auf der internationalen Gewerkschaftskonferenz im März 1948 dem European Recovery Program bzw. dem Marshallplan zu; die gleiche Stellungnahme gab — nach heftigen Diskussionen — der außerordentliche Kongreß des Gewerkschaftsbundes der britischen Zone ab, der am 16. bis 18. Juni 1948 in Recklinghausen tagte. Daß zwischen der amerikanischen Wirtschaftshilfe und der Stabilisierung der privatkapitalistischen Ordnung ein enger Zusammenhang bestand, wurde von den Gewerkschaften offenbar unterschätzt — oder hingenommen.

Vor allem die Erfahrung mit dem Scheitern der Sozialisierungspläne und die Enttäuschung über die Folgen der Währungsreform ließen die Gewerkschaften für einige Zeit einen neuen Kurs steuern. Mit der Währungsreform am 20. Juni 1948 waren das Barvermögen und die

---

7 Zitert nach: Anne Weiß-Hartmann u. Wolfgang Hecker, Die Entwicklung der Gewerkschaftsbewegung 1945—1949, in: Frank Deppe, Georg Fülberth u. Jürgen Harrer (Hrsg.), Geschichte der deutschen Gewerkschaftsbewegung, Köln 1977, S. 272—319, hier S. 295 f.
8 Zitert nach ebd., S. 297.

Schulden im Verhältnis von 100 zu 6,5 bzw. 10 zu 1 abgewertet worden; jede Person erhielt bar DM 40,- und später noch einmal DM 20,- ausgezahlt; Firmen bekamen als Geschäftsbetrag DM 60,- pro Beschäftigten. Schon dieses Verfahren bot eine eindeutige Bevorzugung der Besitzer von Sachwerten. Hinzu kam, daß am 25. Juni 1948 die Preise für die meisten Waren freigegeben wurden, der Lohnstopp in der Bizone jedoch bis zum 3. November 1948 in Kraft blieb; eine weitere Umverteilung zu Lasten der lohnabhängigen Arbeitnehmer war die Folge. Die Lebenshaltungskosten stiegen im zweiten Halbjahr 1948 um 17 %; die Arbeitslosenzahl verdoppelte sich auf eine Million. Die gefüllten Läden nach der Währungsreform machten im übrigen deutlich, daß die bis dahin katastrophale Versorgungslage nicht überall auf einem echten Mangel an Gütern, sondern vielfach auf Hortung und Produktionszurückhaltung mit Blick auf die erwartete Währungsreform zurückzuführen war.

Die Forderungen von Gewerkschaften und SPD nach einem Lastenausgleich zugunsten der Arbeitnehmer verhallten wirkungslos. Vor allem aus Verbitterung über diese Situation beschloß der Gewerkschaftsrat der Bizone im Oktober 1948, einen Generalstreik vorzubereiten. Ziele des Streiks waren eine Rücknahme der als ungerecht empfundenen Begünstigung der Sachwertbesitzer durch die Währungsreform und die Einrichtung eines entsprechenden Lastenausgleichs zugunsten der Lohnempfänger einerseits, die Durchsetzung der Wirtschaftsdemokratie andererseits. Innergewerkschaftliche Uneinigkeit, aber auch der Einspruch der Militärgouverneure ließen am 12. November 1948 nur einen 24-stündigen Demonstrationsstreik in der amerikanischen und britischen Zone zu; von etwa 11,7 Millionen Arbeitnehmern beteiligten sich 9,25 Millionen am Streik. In der französischen Zone herrschte Streikverbot.

*

Politische Differenzen in den Führungsgremien der Gewerkschaften und alliierte Beschränkungen verhinderten, daß die Gewerkschaften 1947/48 ihre organisatorische Stärke politisch geltend machen konnten. Sowohl die Herausbildung einer westzonalen Wirtschaftseinheit als auch speziell Währungsreform und Marshallplan wurden ohne gewerkschaftliche Beteiligung geregelt. Daß die Demontagen schließlich 1950 eingestellt wurden, ist im übrigen weniger dem gewerkschaftlichen Drängen als den Bemühungen um die Westintegration der Bundesrepublik vor dem Hintergrund des „Kalten Krieges" zuzuschreiben. Und auch die Forderungen nach Neuordnung blieben — bis auf entsprechende Formulierungen in einigen Länderverfassungen der Jahre 1946/47 — auf der Strecke, nachdem sich die amerikanische Regierung für den Standpunkt stark gemacht hatte, einschneidende gesellschaftspolitische Veränderungen dürften erst nach Bildung einer deutschen Zentral-Regierung in Angriff genommen werden.

Gewiß gab es 1946/47 so etwas wie eine sozialistische Grundstimmung. Auch die CDU-Programmatik jener Jahre war stark sozial gefärbt, denkt man etwa an die Forderung nach einem „wahren christlichen Sozialismus" in den Kölner Leitsätzen vom Juni 1945, an die Forderung nach Überführung von Großindustrie und Großbanken in Gemeineigentum in den Frankfurter Leitsätzen vom September 1945 und schließlich an das bereits erwähnte Ahlener Programm der nordrhein-westfälischen CDU vom Februar 1947. Bald schon — spätestens mit dem Einsetzen der Marshallplan-Hilfe — war diese Phase starken sozialen Reformdrucks allerdings beendet. Die Vorbehalte gegen kommunistische Experimente und gegen jede Form von zwangswirtschaftlichem Dirigismus wurden vom Bild der wirtschaftlichen und gesellschaftlichen Neuordnungsmaßnahmen in der sowjetischen Besatzungszone verstärkt; außerdem erfuhren sie mit dem Aufschwung nach der Währungsreform, der als Erfolg der marktwirtschaftlichen Ordnung galt, eine nachhaltige Bestätigung. Das von Ludwig Erhard (CDU) vertretene Konzept der „sozialen Marktwirtschaft" basierte auf folgenden neo-liberalen Grundsätzen: privater Besitz an Produktionsmitteln und unternehmerische Initiative sollten beibehalten bzw. gefördert werden; die soziale Komponente sollte zum einen durch das Marktgesetz (Angebot und Nachfrage regeln den Preis) und zum anderen durch „marktkonforme" staatliche Lenkungsmaßnahmen von der Betriebsverfassung über die Monopolkontrolle bis zur Sozialpolitik gesichert werden.

*

Auch die Beratungen über das Grundgesetz waren von dem politischen „Zeitgeist" Ende der 40er Jahre geprägt. Auf der Basis der „Londoner Empfehlungen" vom Dezember 1947 bildeten die westdeutschen Länderparlamente einen Parlamentarischen Rat, der die Verfassung ausarbeiten sollte. Wesentliche Grundsatzentscheidungen traf indessen bereits der im Juni 1947 eingerichtete Frankfurter Wirtschaftsrat der Bizone, der mit der CDU-Mehrheit das von Ludwig Erhard propagierte Konzept der „sozialen Marktwirtschaft" mit wirtschafts- und finanzpolitischen Maßnahmen zementierte; Gewerkschafter waren hier nicht vertreten; und die SPD, der es nicht gelungen war, ihren Kandidaten für einen Direktorenposten durchzusetzen, zog sich in die Oppositionsrolle zurück. Sozialdemokratische Partei und Gewerkschaften unterschätzten nicht nur den Einfluß des Wirtschaftsrates als „Quasi-Parlament", sondern auch die Bedeutung der Verfassungsberatungen; mehrfach stellten sie ihre Forderungen im Sozialbereich und ihre Neuordnungsvorstellungen zurück, weil sie meinten, das Grundgesetz habe nur einen provisorischen Charakter.

Von daher blieb den ohnehin begrenzten gewerkschaftlichen Verfassungsvorstellungen eine nachdrückliche Vertretung versagt. Vor allem Böckler an der Spitze des Gewerkschaftsbundes der britischen Zone war es, der für eine Verankerung des Koalitionsrechts und des Sozialstaatsprinzips im Sinne eines Grundrechts eintrat. Die 38-Punkte-Erklärung „Zur Verfassungsfrage", die zunächst die Forderungen des DGB der britischen Zone für die nordrhein-westfälische Landesverfassung bündelte, war zugleich die Grundlage für die Stellungnahme zu den Grundgesetz-Beratungen. Zu diesem Forderungskatalog zählten u. a. die Verankerung des Rechts auf Arbeit, des Koalitions- und Streikrechts, der Überführung der Grundstoffindustrien in Gemeineigentum sowie der Garantie eines Mindestlohnes.[9] Zwar wiederholte Böckler diese Verfassungsforderungen in einem Schreiben an Konrad Adenauer, den Präsidenten des Parlamentarischen Rates in Bonn; doch eine Mobilisierung der Arbeitnehmerschaft, um diesen Zielen Nachdruck zu verleihen, schien schon deswegen nicht nötig zu sein, weil Gewerkschaften und SPD glaubten davon ausgehen zu können, bei den bevorstehenden Bundestagswahlen werde die SPD eine Mehrheit erlangen, die es ihr gestatten müsse, beider Vorstellungen auf gesetzlichem Wege in die Tat umzusetzen.

Wieder einmal erwiesen sich die Erwartungen der Gewerkschaften — sogar in zweifacher Hinsicht — als Illusion: Das Grundgesetz, das am 8. Mai 1949 vom Parlamentarischen Rat verabschiedet wurde, sollte sich keineswegs als die Verfassung eines kurzlebigen Provisoriums erweisen; es traf vielmehr grundsätzliche Regelungen, die den Rahmen der Gewerkschaftsarbeit auf Dauer absteckten. So heißt es in Artikel 9,3: „Das Recht, zur Wahrung und Förderung der Arbeits- und Wirtschaftsbedingungen Vereinigungen zu bilden, ist für jedermann und für alle Berufe gewährleistet." Für die gewerkschaftliche Arbeit von besonderer Bedeutung sind — einmal abgesehen von dem Grundrechtsbestand insgesamt — darüber hinaus die Sozialpflichtigkeit des Eigentums (Art. 14,2), die Zulässigkeit der Enteignung zum Wohle der Allgemeinheit (Art. 14,3 und 15) und die Bestimmung der Bundesrepublik im Sinne eines demokratischen und sozialen Rechts- bzw. Bundesstaates (Art. 20,1 und 28,1). Auf die Folgen der Notstandsverfassung und der Rechtsprechung speziell des Bundesarbeitsgerichts für das Arbeitskampfrecht ist weiter unten einzugehen.

Und auch die Hoffnung auf einen Sieg der SPD in den Bundestagswahlen vom 14. August 1949 zerschlug sich: Die SPD konnte mit 29,2 % der Stimmen noch nicht mal ein Drittel der Wähler für sich gewinnen. Gebildet

---

9 Die Gewerkschaftsbewegung in der britischen Besatzungszone, S. 343 ff.

wurde eine gewiß nicht im Ruf übertriebener Gewerkschaftsfreundlichkeit stehende Koalitionsregierung aus CDU/CSU, Freier Demokratischer Partei (FDP) und Deutscher Partei (DP); Bundeskanzler wurde Konrad Adenauer, Wirtschaftsminister Ludwig Erhard.

## 3. Die Gründung des Deutschen Gewerkschaftsbundes

Mit der Bildung des Gewerkschaftsbundes der britischen Zone und der Landesverbände innerhalb der amerikanischen und der französischen Zone sowie mit der Schaffung des Gewerkschaftsrats für diese drei Zonen kam der Wiederaufbau der Gewerkschaften für die Jahre des Besatzungsrechts zum Abschluß. Durchgesetzt hatte sich das Prinzip der Einheitsgewerkschaft — allerdings nur in dem Sinne, daß die Spaltung in Richtungsgewerkschaften überwunden wurde. Durchgesetzt hatte sich zudem das in der deutschen Tradition angelegte und von den Alliierten geförderte Prinzip des föderalen Zusammenschlusses von selbständigen Industrie- bzw. Berufsverbänden, in denen — bis auf Ausnahmen — Arbeiter, Angestellte und Beamte gemeinsam organisiert sind. Dies war, sieht man die Zentralisierung und Organisation als Beitrag zur Stärkung der gewerkschaftlichen Machtmöglichkeiten, durchaus ein Fortschritt gegenüber der richtungspolitischen Spaltung und beruflichen und ständischen Aufgliederung der Gewerkschaftsbewegung in der Weimarer Zeit.

Bereits 1946/47 zeigten sich aber Brüche in der Realisierung derartiger einheitsgewerkschaftlicher Konzepte; schon zu diesem Zeitpunkt zeichneten sich Bemühungen ab, für Angestellte und Beamte gesonderte Verbände zu schaffen, diese also nicht gemeinsam mit Arbeitern zu organisieren. Dabei hat es gewiß eine Rolle gespielt, daß in der Deutschen Angestelltengewerkschaft (DAG) in den ersten Nachkriegsjahren der Einfluß der ehemals nicht-sozialdemokratisch organisierten Angestellten zunahm; waren diese Gruppen auch nicht vorherrschend, so artikulierten sie doch deutlich das Sonderbewußtsein vieler Angestellter. Bereits im April 1946 beantwortete die „DAG-Post" die Frage nach den Gründen für eine gesonderte Angestelltengewerkschaft mit dem Hinweis auf den Willen der Angestellten selbst, auf das besondere Angestelltenrecht und auf die Sonderinteressen der Angestellten, die eigene Organisationen verlangten.[10]

Daß sich die Deutsche Angestelltengewerkschaft aus dem Prozeß zur Bildung eines einheitlichen bundesweiten Dachverbandes auskuppelte, hatte also keine parteipolitischen oder weltanschaulichen Gründe. Viel-

---

10 Warum Angestelltengewerkschaften, in: DAG-Post Nr. 12 vom 29. 4. 1946, S. 3.

mehr kam es in den Jahren ab 1946 mehrfach zu gemeinsamen Stellungnahmen und Aktionen aller Gewerkschaften unter Einschluß der DAG. Bei den Verhandlungen über die Vereinheitlichung der Gewerkschaftsbewegung in den Westzonen boten die Einheitsgewerkschaften der DAG an, die Angestellten von Handel, Banken, Versicherungen, Verlagen usw. in einem eigenen Industrieverband zu organisieren; ansonsten aber sollte am Industrieverbandsprinzip festgehalten werden. Als dies von der DAG mit Blick auf die Angestellten in den anderen Wirtschaftsbereichen abgelehnt wurde, war der Bruch vollzogen. Da auch Teile der Beamtenschaft auf einer gesonderten Organisation beharrten, vereinigte die Gründung des Deutschen Gewerkschaftsbundes (DGB) im Oktober 1949 also nicht alle nach dem Kriege gebildeten Gewerkschaften; sie hob zwar den Streit der Richtungsgewerkschaften auf, überwand aber nicht völlig die berufsständischen Unterschiede.

*

Vom 12. bis 14. Oktober 1949 tagte in München der Gründungskongreß des DGB. 16 Industriegewerkschaften schlossen sich zu einem Dachverband zusammen; es waren im einzelnen: IG Bau, Steine, Erden; IG Bergbau und Energie; IG Chemie, Papier, Keramik; IG Druck und Papier; Gewerkschaft der Eisenbahner Deutschlands; Gewerkschaft Erziehung und Wissenschaft; Gewerkschaft Gartenbau, Land- und Forstwirtschaft; Gewerkschaft Handel, Banken und Versicherungen; Gewerkschaft Holz und Kunststoff; Gewerkschaft Kunst; Gewerkschaft Leder; IG Metall; Gewerkschaft Nahrung, Genuß und Gaststätten; Gewerkschaft Öffentliche Dienste, Transport und Verkehr; Deutsche Postgewerkschaft; Gewerkschaft Textil, Bekleidung.

Wie sah (und sieht) die Organisationsstruktur des DGB aus, die in ihren Grundzügen in der 1949 verabschiedeten Form Bestand haben sollte?

Der DGB erstreckt sich seit 1949/50 — wie die Einzelgewerkschaften — auf das Gebiet der Bundesrepublik Deutschland und auf West-Berlin; er gliedert sich in drei Ebenen, und zwar in Bund, Landesbezirke und Kreise.

Das höchste Organ des Bundes ist der Bundeskongreß, zu dem sich alle drei Jahre die Delegierten der Mitgliedsverbände treffen; die Zahl der Delegierten hängt ab von der Mitgliedsstärke der Verbände. Das höchste Organ zwischen den Kongressen ist der vierteljährlich tagende Bundesausschuß, der aus dem Bundesvorstand (25 Mitglieder), den neun Landesbezirksvorsitzenden und 100 Vertretern der Gewerkschaften besteht; ausgehend von mindestens zwei (heute: drei) Mandaten für die ersten 300.000 Mitglieder je Gewerkschaft wird die Verteilung der Sitze nach der Stärke des jeweiligen Verbandes vorgenommen, d. h. für je weitere 300.000 Mitglieder findet sich ein zusätzlicher Vertreter im Bundesausschuß.

Der Bundesvorstand, der einmal im Monat tagt, besteht aus den Vorsitzenden der Einzelgewerkschaften und aus dem neunköpfigen Geschäftsführenden Bundesvorstand, der sich seinerseits aus dem Vorsitzenden, zwei stellvertretenden Vorsitzenden und sechs weiteren Mitgliedern zusammensetzt. 1949 — auf dem Gründungskongreß des DGB — wurde Hans Böckler zum Vorsitzenden gewählt — mit 397 von 474 Stimmen.

Neun Landesbezirke bilden die nächste, im Prinzip parallel zum Bund aufgebaute Ebene des DGB; Organe der Landesbezirke sind die Landesbezirkskonferenzen und die Landesbezirksvorstände. Aus den ehemaligen Landesverbänden wurden folgende Landesbezirke gebildet: Baden-Württemberg, Bayern, Hessen, Niedersachsen (einschließlich Bremen), Nordmark (Schleswig-Holstein und Hamburg), Nordrhein-Westfalen und Rheinland-Pfalz; erst 1950 schloß sich die UGO als Landesbezirk Berlin dem DGB an; und der Landesbezirk Saar folgte 1957 nach der Rückgliederung des Saarlandes.

So wie die Landesbezirke weitgehend deckungsgleich sind mit den entsprechenden Bundesländern, so stimmen die Grenzen der DGB-Kreise mit denen der politischen Kreise überein; auf dieser Ebene haben Kreisdelegiertenversammlung und Kreisvorstand über die Gewerkschaftsarbeit zu entscheiden.

Unter dem Aspekt organisatorischer Einheitlichkeit ist es gewiß ein Schönheitsfehler, daß das Industrieverbandsprinzip nicht konsequent durchgeführt wurde: Zu denken ist insbesondere an den Bereich des öffentlichen Dienstes, den neben der Gewerkschaft Öffentliche Dienste, Transport und Verkehr auch die Verbände der Post, der Eisenbahner und des Bereichs Erziehung und Wissenschaft sowie die erst später dem DGB beigetretene Polizeigewerkschaft organisieren. Auch ist an die selbständige Existenz der DAG und des Deutschen Beamtenbundes (DBB) zu erinnern, die das Bild des DGB als *des* umfassenden Gewerkschaftsbundes beeinträchtigt. Zu vermerken ist auch, daß bald — 1955/56 — wieder Christliche Gewerkschaften gegründet wurden, was die Schwierigkeiten des DGB beleuchtet, dem Anspruch parteipolitischer Unabhängigkeit glaubwürdig zu entsprechen.

Der DGB ist also ein Bund von 16 (heute durch die Aufnahme der Gewerkschaft der Polizei: 17) Industriegewerkschaften, die das Prinzip „Ein Betrieb — eine Gewerkschaft" zu verwirklichen trachten. Die Einzelverbände sind selbständig und unabhängig, d. h., sie haben ihre eigenen Statuten, bestimmen selbst über ihre Finanzen und formulieren auf ihren eigenen Kongressen die Richtlinien ihrer Politik. Der Dachverband erhielt zur Erledigung seiner Aufgaben zunächst 15 %, dann bald nur noch 12 % der Mitgliedsbeiträge der Einzelgewerkschaften.

Die dem DGB angeschlossenen Einzelgewerkschaften zählten im Juni 1949 gut 4,9 Millionen Mitglieder, die jedoch sehr ungleich auf die Verbände verteilt waren: Da standen große Industriegewerkschaften wie die IG Metall mit 1,35 Millionen Mitgliedern neben kleinen Organisationen wie die Gewerkschaft Kunst mit 42.000 Mitgliedern.[11] Da standen Verbände mit über tausend hauptamtlichen Funktionären und Angestellten wie die IG Metall neben denen mit unter hundert festbesoldeten Mitarbeitern wie die Gewerkschaft Leder. Alle 16 Gewerkschaften zusammen unterhielten im Jahre 1951 insgesamt 1.073 Verwaltungsstellen mit 4.749 Angestellten — wovon auf den DGB-Bundesvorstand 167 entfielen.[12]

Angesichts der Größenunterschiede der Verbände war es nicht verwunderlich, daß die finanzielle Leistungskraft von Gewerkschaft zu Gewerkschaft stark differierte; das schlug sich nicht nur in den gebotenen Unterstützungsleistungen, sondern auch in den Möglichkeiten der Agitations- und Informationsarbeit nieder. Gerade die kleineren Verbände begrüßten von daher die Bereitschaft des DGB, ein gut ausgebautes System von Presseorganen aufzubauen, dessen Grundzüge 1949/50 festgelegt wurden: Ab Januar 1950 erschien die Wochenzeitung „Welt der Arbeit", deren Auflage rasch (1951) auf über 100.000 Exemplare wuchs; ebenfalls im Januar 1950 wurden die Funktionärszeitschrift „Die Quelle" und das theoretische Diskussionsforum der „Gewerkschaftlichen Monatshefte" erstmals publiziert. Extra für Jugendliche gab es „Aufwärts", für weibliche Arbeitnehmer „Frauen und Arbeit", für Angestellte „Wirtschaft und Wissen" und für Beamte „Der Deutsche Beamte". 1952 folgten dann noch die „Soziale Sicherheit" als Zeitschrift für Sozialpolitik sowie „Arbeit und Recht", die Zeitschrift für Arbeitsrechtspraxis.

\*

Für die programmatischen Aussagen, die der Münchener Kongreß im Oktober 1949 verabschiedete, war es von prägender Bedeutung, daß die wichtigsten Entscheidungen über die gesellschaftlichen Grundlagen der wenige Monate zuvor gegründeten Bundesrepublik Deutschland bereits gefallen waren; und auch die Mehrheitsverhältnisse waren — in der Bundestagswahl vom August 1949 — klar geworden, so daß sich die Gewerkschafter in der ihnen vertrauten Rolle der Fordernden ohne direkte

---

11 Zahlen nach Protokoll. Gründungskongreß des DGB, München, 12.—14. Oktober 1949, Köln 1950, S. 282.
12 Nach Geschäftsbericht des Bundesvorstandes des DGB 1950—1951, Düsseldorf o. J., S. 55 ff.

Einwirkungs- oder Gestaltungsmöglichkeiten wiederfanden. Und dennoch waren die Reden und Resolutionen des Kongresses von unüberhörbarer Zuversicht geprägt.

Diese zeichnete sich nicht nur in der Grundsatzrede Hans Böcklers über „Die Aufgaben der deutschen Gewerkschaften in Wirtschaft, Staat und Gesellschaft" ab, in der er eine Reihe von Gegenwartsforderungen erhob: Höhere Löhne, Verkürzung der Arbeitszeit, Abbau der Arbeitslosigkeit und Beschleunigung des Wohnungsbaus — das waren die Aufgaben, die er der Gewerkschaftsarbeit zuwies. Darüber hinaus aber umriß er die wirtschafts- und sozialpolitischen Grundsätze der Gewerkschaften, die in programmatischer Form vom Kongreß verabschiedet wurden. Ausgehend von der Forderung, die politische müsse durch die wirtschaftliche Demokratisierung ergänzt und abgesichert werden, sah das wirtschaftspolitische „DGB-Programm" vor: Mitbestimmung, Überführung der Schlüsselindustrien in Gemeineigentum und zentrale volkswirtschaftliche Planung (Dokument 24).

Die in München vorgelegten Grundsätze boten gewiß — gemessen an den späteren Grundsatzprogrammen — kein umfassendes Gewerkschaftsprogramm; sie waren eher der Versuch, der Gewerkschaftsarbeit in wichtigen Teilbereichen Perspektiven aufzuzeigen, die auf eine soziale Bändigung der frisch etablierten marktwirtschaftlichen Ordnung hinausliefen. Angesichts der Mehrheitsverhältnisse im Bundestag und auch mit Blick auf die als abschreckendes Beispiel herangezogenen Verhältnisse in der DDR war es jedoch kaum verwunderlich, daß die Sozialisierungs- und Planwirtschaftsvorstellungen des DGB keine Realisierung fanden.


## 4. Die Nachkriegsjahre: eine Zeit „verpaßter Chancen"?

Die Jahre zwischen dem Ende des Zweiten Weltkrieges und der Gründung der Bundesrepublik brachten eine Reihe bis heute wirkender Entscheidungen: Wiederaufbau auf der Basis einer privatkapitalistisch-marktwirtschaftlichen Ordnung, Gründung einer parlamentarischen Demokratie und die Spaltung Deutschlands mit der Bindung der Teilstaaten an die jeweiligen Machtblöcke. Die Gewerkschaften haben es also nicht geschafft, eine wirtschaftliche Neuordnung und auch die Garantie der eigenen Rechte, speziell des Streikrechts, vor der Verabschiedung des Grundgesetzes durchzusetzen. Hoffnungen auf die SPD und auf ein gutes Abschneiden dieser Partei in den ersten Bundestagswahlen ließen die Gewerkschaften nur zurückhaltend auf die Beratungen des Grundgesetzes Einfluß nehmen. Dabei wurde unterschätzt, daß bereits vor der Verabschiedung der Verfassung die entscheidende Neuordnung hätte geleistet werden müssen, daß das Grundgesetz ansonsten nur den Ist-Zustand festschreiben würde, die Sozialstaatspostulate eben nur Forderungen bleiben müßten. Festzuhalten ist, daß die Gewerkschaften mit der Gründung des DGB erst zentralisiert wurden, als maßgebliche Rahmenbedingungen ihrer Politik bereits festlagen — bis hin zur Etablierung der Regierung Adenauer. Vor allem der „Kalte Krieg" war es, der die Chancen einer von Gewerkschaften und Sozialdemokratischer Partei angestrebten Reformpolitik verminderte; denn er bedeutete nicht nur die Abgrenzung von der DDR, sondern er brachte auch in den inneren gesellschaftspolitischen Auseinandersetzungen alle sozialistisch geprägten Neubauvorstellungen in Mißkredit.

Kann man also sagen, daß die Gewerkschaften in der Nachkriegszeit die Chance verpaßt haben, ihre Neuordnungsvorstellungen durchzusetzen? Gemessen an den eigenen Umgestaltungsansprüchen und auch an der antikapitalistischen Grundstimmung in weiten Kreisen der Bevölkerung 1945/46 wird man diese Frage zunächst bejahen wollen. Doch wie sah es mit den Durchsetzungsmöglichkeiten der Gewerkschaften unter Besatzungsrecht aus? Gegen die Siegermächte konnten die Gewerkschaften die Verwirklichung ihrer Neuordnungsvorstellungen nicht erzwingen: Mag auch die britische Labour-Regierung den Plänen der Gewerkschaften mit Verständnis begegnet sein, angesichts der eigenen finanziellen Abhängigkeiten konnte und wollte sie sich nicht gegen die Amerikaner auflehnen, denen sozialstaatliche Maßnahmen eher fremd waren; und für die französische Regierung standen vor allem Sicherheits-Interessen im Vordergrund ihrer Politik.

Auch ist zu fragen, wie hoch man angesichts der katastrophalen Versorgungssituation Mobilisierbarkeit und Durchhaltekraft der Arbeiterschaft für großangelegte Arbeitskämpfe veranschlagen soll. Schaut man auf die Rangordnung der Forderungskataloge, so hatten gewiß die akuten Gegenwartsnöte einen höheren Stellenwert; auch die Kürze der Streiks 1947/48 spricht für sich. Daß zudem Streiks, die sich ausdrücklich gegen Maßnahmen der Besatzungsmächte richteten, überaus riskant gewesen wären, kam erschwerend hinzu.

Und schließlich stellt sich die Frage, ob sich die Bilanz der gewerkschaftlichen Politik in der Nachkriegszeit nicht sehen lassen kann, wenn man sie an den Zielen wie Sicherung der Arbeitnehmerschaft gegen soziale Risiken und Aufbau eines demokratischen Staates mißt. Die Antwort darauf wird man erst in der Geschichte der Bundesrepublik Deutschland finden.

# XI. Soziale Erfolge und politische Niederlagen: die Gewerkschaften in den Jahren des „Wirtschaftswunders" 1950 bis 1965

Mit der Währungsreform, vor allem aber mit den Auswirkungen des „Korea-Booms" auch auf die westdeutsche Wirtschaft begann ein wirtschaftlicher Aufschwung ungeahnten Ausmaßes. Die West-Integration der Bundesrepublik, die Zuspitzung des „Kalten Krieges" und vor allem das „Wirtschaftswunder" der 1950er Jahre prägten die gesellschaftlichen und politischen Rahmenbedingungen für die Politik der Gewerkschaften, die am Beginn dieser Phase noch einmal einen Versuch unternahmen, ihre Vorstellungen von der Demokratisierung der Wirtschaft durchzusetzen.

## 1. Der Konflikt um das Montanmitbestimmungs- und um das Betriebsverfassungsgesetz

Es gehörte spätestens seit dem Wirtschaftsdemokratie-Programm der zwanziger Jahre zu den Grundannahmen der gewerkschaftlichen Politik, daß die „Demokratisierung des politischen Lebens" — so auch die „Wirtschaftspolitischen Grundsätze" aus dem Jahre 1949 (Dokument 24) — „durch die Demokratisierung der Wirtschaft ergänzt werden" müsse. Immer wieder wurde darauf hingewiesen, „daß 1933 die Überrumpelung der Staatsgewalt gelingen konnte, weil die demokratische Staatsform ohne lebendigen Inhalt blieb, zur blutleeren Formel erstarrte, während das Wirtschaftsleben seine sehr realen Machtgebilde jeden Tag mit neuer Kraft füllen konnte". Die Erfahrung der Zerstörung der politischen Demokratie 1933 galt als wichtigstes Argument für die Abschaffung des „unaufgeklärten Absolutismus" in der Wirtschaft.[1]

Nachdem die Arbeitgeber der Schwerindustrie — unter dem Druck von Demontage-, Enteignungs- und Entflechtungsdrohung — den Gewerkschaften noch Anfang 1947 die Beteiligung an der Unternehmensführung angeboten hatten und nachdem die britische Militärregierung im März 1947 für die Eisen- und Stahlindustrie ihrer Zone die paritätische Mitbestimmung der Gewerkschaften eingeführt hatte, zeigte sich schon bald nach der Gründung der Bundesrepublik Deutschland, daß weder Sicherung noch

---

1 Viktor Agartz und Erich Potthoff, Die Mitbestimmung der Arbeitnehmer in der Wirtschaft, Dezember 1949 (masch.schriftl. vervielf.).

Ausdehnung dieser Mitbestimmungsregelung sozusagen „von selbst" erfolgten. Aber die Gewerkschaften, geführt von Hans Böckler, erwarteten im Grunde für ihre Zustimmung zum Marshallplan und für ihre vorsichtig positive Stellungnahme zur Wiederbewaffnung, die sie in Gegensatz zur SPD unter dem Vorsitz Kurt Schumachers brachte, Zugeständnisse der Regierungsmehrheit bei der Gestaltung der Wirtschafts- und Sozialordnung.

\*

Die Gewerkschaften gingen davon aus, daß sich die bundeseinheitliche Regelung des Betriebsverfassungsgesetzes an den bereits 1947/48 verabschiedeten Ländergesetzen orientieren sollte. Besondere Bedeutung kam dabei naturgemäß Umfang und Status der Mitwirkungsrechte des Betriebsrates zu. Nach dem Vorbild vor allem der Betriebsrätegesetze Süd-Badens und Hessens forderten die Gewerkschaften für den Betriebsrat nicht nur Informations-, Beratungs- und Vorschlagsrechte, sondern gleichberechtigte Mitbestimmungsbefugnisse, und dies in sozialen, personellen *und* wirtschaftlichen Fragen. Zum zweiten hofften die Gewerkschaften, sie könnten eine paritätische Besetzung der Aufsichtsräte in allen Großunternehmen — nach dem Modell der Montanindustrie — durchsetzen.

Diese Ziele finden sich in den „Vorschlägen für die Neuordnung der deutschen Wirtschaft", die der DGB-Bundesausschuß am 14. April 1950 verabschiedete; wenig später — am 22. Mai 1950 — legte der DGB dann einen Gesetzesvorschlag „Zur Neuordnung von Wirtschaft und Gesellschaft"[2] vor, nach dem in allen Unternehmen mit mehr als 300 Beschäftigten oder mit mehr als drei Millionen DM Eigenkapital der Aufsichtsrat bzw. bei Personalgesellschaften der zu schaffende Beirat je zur Hälfte mit Vertretern der Anteilseigner und der Gewerkschaften besetzt werden sollten; außerdem sollte das Modell des Arbeitsdirektors vom Montanbereich auf die anderen Großunternehmen übertragen werden. In Betrieben mit zwischen 20 und 300 Mitarbeitern sollten entsprechend zusammengesetzte Wirtschaftsausschüsse gebildet werden. Zur Verwirklichung der wirtschaftlichen Mitbestimmungsforderung sollten zudem die Industrie-, Handels-, Handwerks- und Landwirtschaftskammern paritätisch besetzt werden. Vorgesehen war — neben den Mitbestimmungsrechten der Arbeitnehmer auf betrieblicher Ebene und in den wirtschaftlichen Selbstverwaltungsorganen — zudem die Bildung eines Landwirtschaftsrats und eines Bundeswirt-

---

2 Siehe Geschäftsbericht des Bundesvorstandes des Deutschen Gewerkschaftsbundes 1950—1951, Düsseldorf o. J., S. 182 ff.

schaftsrats als Beratungsgremien für Regierung und Parlament, in denen die Gewerkschaften ebenfalls vertreten sein sollten.

Diese Vorstellungen gingen weit über den Regierungsentwurf vom 17. Mai 1950 hinaus. Mit dem Ziel einer etwaigen Angleichung der Positionen begannen im Frühsommer 1950 Besprechungen zwischen Arbeitgebern, Gewerkschaften und Regierungsvertretern; während bei der Frage der Bildung von Bundeswirtschaftsrat, Landwirtschaftsrat und auch Wirtschaftskammern eine Einigung in Reichweite rückte, wiesen die Arbeitgeber eine paritätische Besetzung der Industrie- und Handelskammern und der Aufsichtsräte sowie wirtschaftliche Mitbestimmungsrechte der Betriebsräte entschieden zurück. Als diese Besprechungen zu keinem für die Gewerkschaften annehmbaren Ergebnis führten, erklärten DGB-Bundesvorstand und -Bundesausschuß am 18. Juli 1950 die Verhandlungen für gescheitert und kündigten ihre Entschlossenheit an, zu gewerkschaftlichen Kampfmaßnahmen zu greifen. Auch Ende Juli 1950, in der ersten Lesung des Betriebsverfassungsgesetz-Entwurfs der Regierungsparteien, dem die SPD-Fraktion einen an den gewerkschaftlichen Vorschlägen orientierten Gesetzentwurf entgegenstellte, zeigte sich keine Annäherung der Positionen. Und das gilt auch für die Ausschußberatungen, die dann im Herbst 1950 wegen der Debatte um die Montanmitbestimmung unterbrochen wurden.

*

Sehr rasch zeigte sich, daß die Gewerkschaften auf den entschiedenen Widerstand der Arbeitgeberseite trafen: Für eine von den Gewerkschaften geforderte Neugestaltung der Wirtschaft sei im Rahmen der deutschen Rechtsordnung kein Platz; außerdem werde durch derartige Mitbestimmungsregelungen die Entfaltung der gerade wieder anlaufenden Wirtschaft gefährdet.

Die Gewerkschaften wurden von der Geschwindigkeit überrascht, mit der sich die „alten" Arbeitgeberpositionen wieder gefestigt hatten; das gilt auch für den Wiederaufbau der wirtschaftlich-industriellen Interessenorganisationen.

Bereits 1945/46 hatten die Industrie- und Handelskammern z. B. in der britischen Besatzungszone mit Zustimmung der Militärregierung ihre Arbeit wieder aufgenommen. Nachdem sich die Kammern in der britischen und in der amerikanischen Zone zunächst zur Arbeitsgemeinschaft der Industrie- und Handelskammern des Vereinigten Wirtschaftsgebietes zusammengeschlossen hatten, gründeten sie im Oktober 1949 den Deutschen Industrie- und Handelstag (DIHT).

Auch die branchenspezifischen Arbeitgeberverbände wurden 1945/46 in rascher Folge zunächst für die einzelnen Länder wiedergegründet; schon 1946 schlossen sie sich zu Dachverbänden wie dem Arbeitgeberausschuß Nordrhein-Westfalen zusammen; 1947 folgte dann die Arbeitsgemeinschaft der Arbeitgeber für die britische Zone, darauf das Zentralsekretariat der Arbeitgeber des Vereinigten Wirtschaftsgebietes. Im Jahre 1950 wurde dann die Bundesvereinigung der Deutschen Arbeitgeberverbände (BDA) gegründet.

Auch die Bildung von Wirtschftsverbänden wurde bereits im Herbst 1945 von den westlichen Besatzungsmächten genehmigt; bis April 1946 waren im Bereich der britischen Zone 24 Wirtschaftsvereinigungen und 26 spezielle Fachverbände gegründet worden; sechs Verbände mit 32 angeschlossenen Fachverbänden organisierten die Unternehmen zonenweit. Nach und nach schritt auch die Zentralisierung der Unternehmerverbände voran, die sich im Oktober 1949 zum Ausschuß für Wirtschaftsfragen industrieller Verbände zusammenschlossen, aus dem dann 1950 der Bundesverband der Deutschen Industrie (BDI) hervorging.

Den Gewerkschaften stand also im Sommer 1950 ein wieder voll ausgebildetes System von wirtschaftlichen Interessenverbänden gegenüber, die insgesamt gegen die Forderungen der Gewerkschaften Front machten. Die Unternehmer — an der Spitze Fritz Berg, der Präsident des BDI — warnten die Regierung davor, im Montanbereich eine Mitbestimmungsregelung gesetzlich zu verankern, die von ihnen für die gesamte Großindustie abgelehnt werde.

*

Die unternehmerischen Vorstellungen blieben offenbar nicht ohne politischen Einfluß; jedenfalls erfuhren die Gewerkschaften im November 1950, daß das von Ludwig Erhard geleitete Wirtschaftsministerium eine Durchführungsverordnung zu Kontrollratsgesetz Nr. 27 vorbereitete, nach der die Aufsichtsräte der Großunternehmen des Montanbereichs „nach deutschem Recht" — also ohne gewerkschaftliche Mitbestimmung — zusammengesetzt sein sollten. Statt um die von den Gewerkschaften im Mai 1950 geforderte Ausdehnung der Mitbestimmung ging es also erst einmal konkret um die Verteidigung der von der britischen Militärregierung 1947 verfügten Mitbestimmung.

Durch den Vorstoß des Wirtschaftsministeriums sahen sich die Gewerkschaften zum Handeln gezwungen: Die IG Metall und die IG Bergbau und Energie führten im Dezember 1950 und im Januar 1951 Urabstimmungen durch; die Frage lautete, ob die Arbeitnehmer bereit seien, für die

Sicherung bzw. Ausweitung ihres Mitbestimmungsrechts zu streiken. Das Ergebnis war eindeutig: die Gewerkschafter der Stahlindustrie stimmten zu 96 %, die des Bergbaus zu 92 % für Kampfmaßnahmen.

Bundeskanzler Adenauer wies in einem Brief an Böckler vom 4. Dezember 1950 zwar das Vorgehen der Gewerkschaften als verfassungswidrig zurück, könne es doch in einem „demokratischen Staatswesen [. . .] einen Streik gegen die verfassungsmäßigen Gesetzgebungsorgane nicht geben".[3] Die mit den Urabstimmungen bewiesene Kampfbereitschaft der Gewerkschaften führte indessen zu neuen Verhandlungen, an deren Ende am 25. Januar 1951 der Abschluß einer Vereinbarung über die Montanmitbestimmung stand. Dieser Kompromiß, nach dem zwar die bisherige Mitbestimmung erhalten und auf die Kohlenindustrie, aber nicht auf alle Großunternehmen ausgedehnt wurde, bildete die Basis des Gesetzes über die Montanmitbestimmung, das dann am 10. April 1951 vom Bundestag bei einigen Enthaltungen und etwa 50 Gegenstimmen — z. B. aus den Reihen der Freien Demokratischen Partei (FDP) und von den 15 KPD-Abgeordneten — verabschiedet wurde.

Das Montan-Mitbestimmungsgesetz[4] verankerte also die paritätische Mitbestimmung der Arbeitnehmerseite im Aufsichtsrat aller Aktiengesellschaften, GmbHs und bergrechtlichen Gesellschaften mit mehr als 1.000 Beschäftigten, die zum überwiegenden Teil Kohle und Eisenerz fördern bzw. Eisen und Stahl erzeugen. Im einzelnen wurde festgelegt: Der Aufsichtsrat dieser Unternehmen setzt sich je zur Hälfte aus Vertretern der Anteilseigner und der Belegschaft bzw. der Gewerkschaften zusammen; hinzu kommt ein „neutrales" Mitglied, auf dessen Berufung sich beide Seiten einigen müssen. Für die Arbeitnehmerseite bedeutet dies bei einem Aufsichtsrat von 11 Mitgliedern, daß die Gewerkschaften zwei Vertreter und ein weiteres, nicht durch persönliche Interessen gebundenes Mitglied benennen; die beiden anderen Arbeitnehmervertreter werden vom Unternehmensbetriebsrat vorgeschlagen. Der Aufsichtsrat ernennt den Vorstand des Unternehmens, wozu auch der Arbeitsdirektor gehört, der nicht gegen die Mehrheitsposition der Arbeitnehmerseite berufen oder entlassen werden kann.

Wie einstmals das Stinnes-Legien-Abkommen vom 15. November 1918 wurde das Montanmitbestimmungsgesetz als großer Erfolg der Gewerkschaften gepriesen: „Mit diesen Paragraphen ist ein revolutionärer Akt

---

3 Nach Theo Pirker, Die blinde Macht. Gewerkschaftsbewegung in Westdeutschland, Bd. 1, München 1962, S. 192.
4 Gesetz über die Mitbestimmung der Arbeitnehmer in den Aufsichtsräten und Vorständen der Unternehmen des Bergbaus und der Eisen und Stahl erzeugenden Industrie vom 21. Mai 1951, in: Der Bundesminister für Arbeit und Sozialordnung (Hrsg.), Mitbestimmung, Bonn 1979, S. 123 ff.

vollzogen, ist ein Markstein gesetzt — auf dem dritten Wege zu einer neuen Sozialordnung." Allerdings war klar, daß damit erst das „Tor zu einer neuen Sozialordnung aufgestoßen" worden sei, deren Verwirklichung erst dann erkämpft sei, „wenn die Sozialverfassung in ganz Deutschland aus den Fesseln der Herrschaft des Kapitals über die Arbeit befreit sein wird".[5] Gerade mit Blick auf die derart weitgesteckten Ziele der Gewerkschaften mußte es ihnen nun vorrangig darum gehen, die Mitbestimmung auf *alle* Großunternehmen auszudehnen; von der Verwirklichung der Sozialisierungs- und Planwirtschaftsvorstellungen, die das „Wirtschaftspolitische Programm" aus dem Jahre 1949 (Dokument 24) geprägt hatten, war man indessen weit entfernt — so weit entfernt, daß diese Forderungen bald hinter dem Mitbestimmungspostulat verblaßten.

*

Nach der erst unter Androhung gewerkschaftlicher Kampfmaßnahmen gelungenen Verankerung der Montanmitbestimmung ging es für die Gewerkschaften nun vor allem um die Ausdehnung dieses Modells auf die Gesamtwirtschaft. Doch als im April 1952 die Bundestagsausschußberatungen des Betriebsverfassungsgesetzes ihren Abschluß fanden, wurde deutlich, daß der Gesetzentwurf kaum den gewerkschaftlichen Vorstellungen entsprach. Außerdem hatte das Bundeskabinett noch am 22. Februar 1952 den Entwurf eines Personalvertretungsgesetzes für den öffentlichen Dienst angekündigt, so daß klar war: Die gewerkschaftlichen Forderungen nach paritätischer Mitbestimmung und nach einheitlicher Behandlung von öffentlichem Dienst und gewerblicher Wirtschaft sollten nicht verwirklicht werden.

Daraufhin beschloß der DGB-Bundesvorstand, an dessen Spitze nach dem Tode Hans Böcklers (16. Februar 1951) auf einem außerordentlichen Bundeskongreß in Essen im Juni 1951 Christian Fette, der Vorsitzende der IG Druck und Papier, gewählt worden war, in einer außerordentlichen Sitzung am 10. April 1952, Aktionen gegen die Regierungsvorlage durchzuführen. Angestrebt wurde im Prinzip eine Verhandlungslösung, zumal schon Streikandrohung und Urabstimmung im Konflikt um die Montanmitbestimmung vielfach als Nötigung des aus demokratischen Wahlen hervorgegangenen Parlaments kritisiert worden waren. Durch Demonstrationen und Proteststreiks, an denen wohl insgesamt 350.000 Menschen teilnahmen, sollte die Regierung also überhaupt zu Verhandlungen gebracht werden. Den Höhepunkt der Protestaktionen bildete der

---

5 Walther Pahl, Mitbestimmung in der Montanindustrie nach dem Gesetz vom 10. 4. 1951, in: Gewerkschaftliche Monatshefte 1951, S. 225—227, hier S. 226.

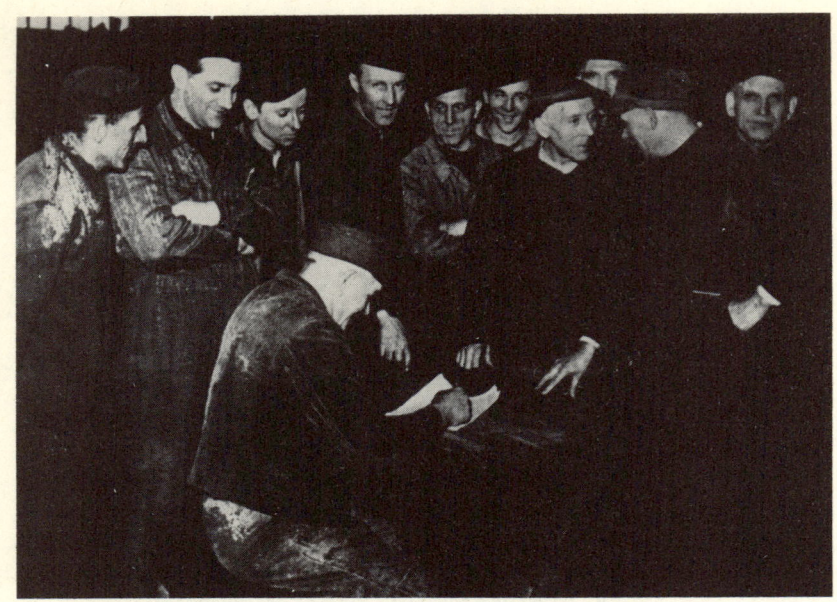

*Streik für die Mitbestimmung? Urabstimmung am 31. Januar 1951.*

*Protestversammlung von 100.000 Arbeitnehmern am 20. Mai 1952 in Frankfurt am Main gegen das Betriebsverfassungsgesetz.*

„Zeitungsstreik" der IG Druck und Papier vom 27. bis 29. Mai 1952. Gerade dieser Streik, der vielfach als Angriff auf die Pressefreiheit angesehen wurde, bewirkte einen deutlichen Sympathieverlust auch in Kreisen, die den gewerkschaftlichen Forderungen durchaus wohlwollend gegenüberstanden.

Wohl unter dem Eindruck der demonstrierten Aktionsbereitschaft der Gewerkschaften bot Adenauer eine neue Verhandlungsrunde an; außerdem wurde die 2. Lesung des Betriebsverfassungsgesetzes verschoben. Der DGB-Bundesvorstand blies daraufhin am 4. Juni 1952 alle weiteren Protestaktionen ab; dies wurde gerade in der mittleren und unteren Funktionärsschicht als schwächliches Zurückweichen kritisiert.

In der Tat kam es im Juni 1952 zu Besprechungen zwischen dem Bundeskanzler, Vertretern der Gewerkschaften und der Regierungsparteien; diese führten zur Bildung einer Kommission, die Vorschläge zur Veränderung des Entwurfs des Betriebsverfassungsgesetzes ausarbeiten sollte. Doch das Kalkül der Gewerkschaften ging nicht auf: Als sie keine Verschiebung des Terminplans der Regierungsparteien erreichen konnten und als überdies bekannt wurde, daß das Bundeskabinett bereits den Entwurf des Personalvertretungsgesetzes verabschiedet hatte, brachen sie die Verhandlungen ab. Ein erneuter Aufruf zu Protestaktionen unterblieb.

Schon am 16. und 17. Juli 1952 beriet der Bundestag das Betriebsverfassungsgesetz in zweiter Lesung, bevor es am 19. Juli 1952 mit 195 gegen 139 Stimmen bei 9 Enthaltungen — d. h. gegen die Stimmen von SPD und KPD — verabschiedet wurde.

Wie sah das Betriebsverfassungsgesetz aus, das dann am 11. Oktober 1952 verkündet wurde?[6] Die Mitwirkungsrechte der Betriebsräte, die in Betrieben mit mindestens 5 Arbeitnehmern zu bilden waren, wurden eng umgrenzt: In personellen Angelegenheiten sollten sie nur bei Kündigung und Einstellung Einspruchsrechte haben, und in wirtschaftlichen Fragen konnten sie nur bei der Änderung des Betriebszieles und bei Stillegungen mitreden. Die in Betrieben mit mehr als 100 Beschäftigten zu bildenden Wirtschaftsausschüsse erhielten nur ein Informationsrecht. Auch die Zusammensetzung des Aufsichtsrats von Kapitalgesellschaften mit mehr als 500 Beschäftigten folgte nicht den gewerkschaftlichen Forderungen: Die Arbeitnehmervertreter bekamen nur ein Drittel der Sitze; und ein Arbeitsdirektor im Vorstand — wie in der Montanindustrie — war nicht vorgesehen.

Darüber hinaus bargen folgende Regelungen Probleme: Die Betriebsräte sollten erstens unabhängig von den Gewerkschaften sein und zweitens —

---

6 Betriebsverfassungsgesetz vom 11. Oktober 1952, in: Der Bundesminister für Arbeit und Sozialordnung (Hrsg.), Mitbestimmung, S. 145 ff.

laut § 49 — mit dem Arbeitgeber „im Rahmen der geltenden Tarifverträge vertrauensvoll [...] zum Wohl des Betriebes und seiner Arbeitnehmer unter Berücksichtigung des Gemeinwohles" zusammenarbeiten. Eben diese Zwitterstellung des Betriebsrates — berufen zur Interessenvertretung der Arbeitnehmer einerseits und verpflichtet zur Zusammenarbeit mit dem Arbeitgeber andererseits — machte zusammen mit der Beschränkung der Betriebsratsbefugnisse auf die Mitsprache in sozialen und personellen Fragen deutlich, daß dieses Gesetz sozialpartnerschaftlichen Idealen gehorchte, ohne in die wirtschaftlichen Entscheidungsvorgänge der Unternehmensleitung einzugreifen. Damit fiel das Betriebsverfassungsgesetz hinter die zuvor in einzelnen Ländern verabschiedeten Betriebsrätegesetze zurück. Und ob die Mitwirkungsrechte im Aufsichtsrat unterhalb der Parität wirklich als „Mitbestimmung" bezeichnet werden können, ist doch sehr fraglich. Daß schließlich 1953 noch mit dem Personalvertretungsgesetz eine gesonderte Regelung für den öffentlichen Dienst getroffen wurde, besiegelte die Niederlage, die die Gewerkschaften mit der Verabschiedung des Betriebsverfassungsgesetzes hatten hinnehmen müssen.

Die Gewerkschaften beugten sich zwar der Parlamentsentscheidung, sie konnten mit diesem Gesetz aber gewiß nicht zufrieden sein. Für sie war das „Entscheidende", daß damit „die dringende Neuordnung und Demokratisierung der Wirtschaft" verhindert worden sei; kritisiert wurde, daß die „grundsätzliche Struktur der kapitalistischen Wirtschaft nicht verändert wird und das alleinige Entscheidungsrecht der Unternehmer aufrechterhalten bleibt".[7] Und Otto Brenner, der Vorsitzende der IG Metall, urteilte rückblickend bitter: Die dem Betriebsverfassungsgesetz „innewohnende Ideologie entspricht einer Zeit, die wir 1945 ein für allemal überwunden glaubten"; dabei spielte er ausdrücklich auf die volks- und betriebsgemeinschaftlichen Bestimmungen des Gesetzes zur Ordnung der nationalen Arbeit vom 20. Januar 1934 an.[8]

Am schärfsten, weil am grundsätzlichsten, fiel die Kritik von Viktor Agartz vom Wirtschaftswissenschaftlichen Institut des DGB aus. Für ihn war das Betriebsverfassungsgesetz reaktionär und antigewerkschaftlich zugleich, werde doch ein Keil zwischen Betriebsbelegschaft und Gewerkschaften getrieben. Im übrigen betonte er immer wieder, daß „ein noch so weitgehendes Mitbestimmungsrecht der Arbeitnehmer in den Betrieben" ohnehin staatliche Planungsmaßnahmen nicht ersetzen könne, wenn es um die „Öffnung des Weges zum Sozialismus" gehe.[9] Von derart weitgehenden

---

7 Machtpolitik, in: Die Quelle 8, August 1952, S. 393 ff., hier S. 394.
8 Otto Brenner, Fortschrittliche Betriebsverfassung — Prüfstein der Demokratie in unserer Zeit, Frankfurt/M. 1966, S. 121—132, hier S. 125.
9 Viktor Agartz, Mitbestimmung als gesellschaftsformende Kraft, in: Die Quelle 10, 1952, S. 509 f.

Plänen mochte bald auch innerhalb der Gewerkschaften keiner mehr etwas hören.

Zufrieden konnten indessen die Unternehmer sein: Für sie war „entscheidend", daß im Betriebsverfassungsgesetz „die Grundelemente der unternehmerischen Wirtschaft erhalten geblieben sind: Die Entscheidungsfreiheit des Unternehmers über die wirtschaftliche Führung seines Betriebes und die Freiheit unternehmerischer Initiative".[10]

Wo lagen die Gründe für diesen Mißerfolg der gewerkschaftlichen Politik? Zwar debattierte der 2. Bundeskongreß des DGB im Oktober 1952 ausführlich über das Scheitern der gewerkschaftlichen Mitbestimmungsforderung; doch die Kritik konzentrierte sich auf die Persönlichkeiten an der Spitze: Christian Fette wurde abgewählt und durch Walter Freitag von der IG Metall ersetzt. Gerade dieses Verfahren verhinderte, daß man sich genauere Klarheit über die Ursachen des Mißerfolgs verschaffte. Denn die Kritik an Fette traf gewiß nur die halbe Wahrheit. Mag Fette auch nicht das Format Böcklers gewonnen haben, so scheint er doch eher zum Sündenbock für eine verfehlte Gewerkschaftsstrategie gemacht worden zu sein; denn die unterparitätische Regelung des Betriebsverfassungsgesetzes war bereits mit der Hinnahme des gesonderten Mitbestimmungsgesetzes für den Montanbereich vorprogrammiert. Außerdem hatten sich die Kampfbedingungen 1951/52 weiter zuungunsten der Gewerkschaften verändert: War es bei der Montanmitbestimmung im Grunde um die Verteidigung einer bereits weitgehend praktizierten Regelung gegangen, so hätte eine Ausdehnung dieses Modells auf alle Großunternehmen in der Tat einen Neuordnungsschritt bedeutet, für den das Klima 1952 kaum günstig war: Die marktwirtschaftliche Ordnung hatte sich ebenso wie die Unternehmerposition stabilisiert. Die Verabschiedung des Betriebsverfassungsgesetzes führte den Gewerkschaften überdeutlich die Grenzen ihres politischen Einflusses vor Augen. Schon beim Konflikt um die Montanmitbestimmung waren die Gewerkschaften in der politischen Defensive, die dann mit dem Betriebsverfassungsgesetz zur Niederlage wurde. Dies war von um so größerer Bedeutung, als es in den Auseinandersetzungen um die Mitbestimmung zugleich um den Stellenwert der Gewerkschaften in der bundesrepublikanischen Demokratie ging.

*

---

10 Der Arbeitgeber vom 15. 7. 1952, zitiert nach Wolfgang Hirsch-Weber, Gewerkschaften in der Politik. Von der Massenstreikdebatte zum Kampf um das Mitbestimmungsrecht, Köln u. Opladen 1959, S. 110.

Der Konflikt um das Betriebsverfassungsgesetz hatte weitreichende Folgen: Da ist zunächst zu denken an die direkten Konsequenzen der gewerkschaftlichen Politik, deren Aktionen und Streiks vielfach als Nötigung des Parlaments gewertet wurden. Um das Streikrecht der Gewerkschaften zugunsten eindeutig politischer, d. h. an den Gesetzgeber gestellter, Forderungen entbrannte eine scharfe juristische Kontroverse, deren Flügelpositionen von Joseph Kaiser, Erich Forsthoff und Hans Carl Nipperdey einerseits und Wolfgang Abendroth andererseits vertreten wurden. Während die einen im politischen Streik einen Angriff von gewerkschaftlichen Minderheits- bzw. Sonderinteressen gegen den das Gemeinwohl vertretenden Staat meinten entdecken zu können, beschrieb Abendroth die Gewerkschaften geradezu als *die* Verfechter der Demokratie, die ohne das Mittel des politischen Streiks hilflos mitansehen müßten, wie der Staat zum Opfer der von der monopolkapitalistischen Wirtschaftsordnung privilegierten Schichten werde.[11] Abendroth war es auch, der für die Gewerkschaften als Gutachter auftrat, um die These juristisch zu untermauern, „ein befristeter, also zeitlich begrenzter Demonstrationsstreik, der lediglich das Ziel hat, den zuständigen Gesetzgebungsorganen des Staates während der Vorbereitung eines Gesetzes die innere Einstellung der Arbeitnehmer nachdrücklich zur Kenntnis zu bringen, [könne] nicht als verfassungswidrig angesehen werden."[12]

In der Rechtsprechung der Arbeitsgerichte und dann ab 1954 des Bundesarbeitsgerichts setzte sich jedoch die Anschauung durch, das Streikrecht der Gewerkschaften müsse beschränkt werden: Im Grundsatzurteil vom 28. Januar 1955[13] hieß es, Streiks seien nur zulässig, wenn sie sozialadäquat seien, d. h. wenn sie Forderungen zum Gegenstand haben, zu deren Erfüllung die gegnerische Tarifvertragspartei, die Arbeitgeber(-verbände), in der Lage sein müßten. Zugleich wurde der Grundsatz der Waffengleichheit von Streik und Aussperrung festgelegt, sei doch nur so die „Kampfparität" von Gewerkschaften und Arbeitgebern gesichert. Damit wurde, wie schon mit der Verabschiedung des Grundgesetzes, das Aussperrungsverbot der Hessischen Landesverfassung übergangen. Wenig später wurde der Rahmen von gewerkschaftlichen Arbeitskämpfen

---

11 Dazu Joseph H. Kaiser, Der politische Streik, Berlin 1955; Hans Carl Nipperdey, Streikrecht, in: Handwörterbuch der Sozialwissenschaften, Bd. 10, 1959, S. 226—231; Wolfgang Abendroth, Verfassungsrechtliche Grenzen des Sozialrechts, in: Gewerkschaftliche Monatshefte 1951, S. 57—61.

12 Wolfgang Abendroth, Die Berechtigung gewerkschaftlicher Demonstrationen für die Mitbestimmung der Arbeitnehmer in der Wirtschaft, in: ders., Antagonistische Gesellschaft und politische Demokratie, Neuwied u. Berlin 1967, S. 203 ff., hier S. 229.

13 Abgedruckt in Michael Schneider, Aussperrung. Ihre Geschichte und Funktion vom Kaiserreich bis heute, Frankfurt/M. 1980, S. 243 ff.

weiter beschnitten: Die Einschätzung der Urabstimmung als Kampfmaßnahme (1958) und das Verbot der Teilnahme an „wilden", also an nicht von
den Gewerkschaften ordnungsgemäß nach Ablauf der Friedenspflicht
ausgerufenen Streiks (1963) zeigten die deutliche Tendenz der Rechtsprechung zur Eingrenzung des Streikrechts.

Auch für das gewerkschaftliche Selbstverständnis waren die Kontroversen um Montanmitbestimmungs- und Betriebsverfassungsgesetz von entscheidender Bedeutung. Angesichts der Stabilisierung des unternehmerischen Einflusses und der marktwirtschaftlichen Ordnung konzentrierten
bzw. beschränkten sich die Neuordnungskonzeptionen der Gewerkschaften auf das Problem der Mitbestimmung. Damit lösten die Gewerkschaften
den in den wirtschaftspolitischen Grundsätzen aus dem Jahr 1949 geknüpften Zusammenhang von Sozialisierungs-, Planwirtschafts- und Mitbestimmungsvorstellungen. Dafür maßgeblich war wohl ein Blick auf die Machtverhältnisse 1950/51, die es überdies nahelegen konnten, sich auf die
Regelung der Frage zu konzentrieren, in der man sich der Unterstützung
auch von Teilen der Katholischen Kirche sicher sein durfte. Denn in der
Mitbestimmungsfrage bot sich die Möglichkeit, den Gedanken der Einheitsgewerkschaft programmatisch zu festigen, hatte doch der Bochumer
Katholikentag 1949 dieses Ziel unterstützt.[14] Durch die Abkoppelung der
Mitbestimmungsforderung von den anderen Neugestaltungsplänen wurde
zugleich das Ziel einer Gleichberechtigung von Kapital und Arbeit
nachdrücklich anerkannt, das in der Tradition aller drei großen Richtungsgewerkschaften verankert war.

Den Gewerkschaften war klar, daß an eine Durchsetzung selbst ihrer
begrenzten Neuordnungsvorstellungen unter den gegebenen parlamentarischen Mehrheitsverhältnissen ohnehin nicht zu denken war; da sie den Weg
einer außerparlamentarischen Mobilisierung wegen der Befürchtung vor
kommunistischer Unterwanderung, vor allem aber mit Blick auf die
Anerkennung der Grundlagen einer parlamentarischen Demokratie nicht
einschlagen wollten, konzentrierten sich alle Erwartungen auf die nächsten
Bundestagswahlen, für die — einmal mehr — alle Hoffnungen auf das
Abschneiden der SPD gesetzt wurden. „Für einen besseren Bundestag" —
mit dieser Parole versuchten die Gewerkschaften im Sommer 1953 indirekt
Wahlwerbung für die SPD zu machen; der DGB folgte damit —
ironischerweise — einer Anregung Adenauers, der während der Auseinandersetzungen um das Betriebsverfassungsgesetz an Fette geschrieben hatte,
bei den Neuwahlen im kommenden Jahr biete sich dem DGB „die
Möglichkeit", auf dem in unserer Verfassung vorgesehenen Wege seine

---

14 Siehe W. Hirsch-Weber, Gewerkschaften in der Politik, S. 83.

Auffassung über eine einheitliche und fortschrittliche Betriebsverfassung durchzusetzen." Der DGB hatte indessen mit dem Aufruf, „nur solchen Männern und Frauen" die Stimme zu geben, „die entweder Mitglieder der Gewerkschaften sind oder durch ihre Haltung in der Vergangenheit bewiesen haben, daß sie im neuen Bundestag" die „berechtigten Wünsche und Forderungen" der Arbeitnehmer erfüllen, keinen Erfolg: Bei der Bundestagswahl am 6. September 1953 konnten CDU und CSU ihren Stimmenanteil auf über 45 % ausbauen. Und überdies führte der Aufruf zu innerorganisatorischen Spannungen, sahen doch vor allem die christlich-demokratischen Gewerkschafter getreu Adenauers Argumentationshilfe die „satzungsmäßige Verpflichtung" des DGB „zur parteipolitischen Neutralität in schwerster Weise verletzt".[15] Auf die Folgen wird noch einzugehen sein.

## 2. Um den Anteil am „Wirtschaftswunder": zur Lohn-, Arbeitszeit- und Sozialpolitik

Nach dem Scheitern der Kampagne „Für einen besseren Bundestag" konzentrierten sich die Gewerkschaften auf ihr ureigenstes Arbeitsfeld, das der Tarif- und Sozialpolitik; weitergehende Neuordnungsvorstellungen traten demgegenüber in den Hintergrund. Das spiegelt wohl am deutlichsten das am 29./30. März 1955 von Bundesvorstand und Bundesausschuß einstimmig verabschiedete Erste Aktionsprogramm des DGB zum 1. Mai 1955: Hier wurden Lohnerhöhung, Verkürzung der Arbeitszeit, Verbesserung der sozialen Sicherheit und des Arbeitsschutzes sowie Sicherung und Ausbau der Mitbestimmung gefordert. Anders als in der Debatte um die Wirtschaftsordnung und auch im Konflikt um die Mitbestimmung 1951/52 hatten die Gewerkschaften auf diesen Gebieten durchaus Erfolge zu verzeichnen. Diese Erfolge waren indessen nur zu erreichen auf der Basis eines in der deutschen Geschichte bisher einmaligen Wirtschaftsaufschwungs.

## Zur Wirtschaftsentwicklung

Zwar zeigten die konjunkturellen Daten schon nach der Währungsreform 1948 einen Aufwärtstrend an, doch die Auftriebskräfte waren noch schwach; erst mit dem „Korea-Boom" erreichten die Steigerungsraten des Bruttosozialproduktes jene für die fünfziger Jahre charakteristische Höhe.

---

15 Zitate nach Dieter Schuster, Die deutschen Gewerkschaften seit 1945, Stuttgart u. a. 1973, S. 42 f.

Ab Sommer 1952 war die wirtschaftliche Entwicklung von einem sich selbst tragenden Wirtschaftsaufschwung geprägt, der in den Jahren 1952 bis 1966 ein durchschnittliches Wirtschaftswachstum von 6,3 % pro Jahr brachte. Allerdings zeigte sich ab Mitte der fünfziger Jahre eine Tendenz zur Verlangsamung des Wirtschaftsaufschwungs, die sich in der ersten Hälfte der sechziger Jahre verstärkte.[16]

Auf zwei Kennzeichen der bundesrepublikanischen Wirtschaftsstruktur sei noch besonders hingewiesen: Seit den frühen fünfziger Jahren zeigte die Handelsbilanz der Bundesrepublik einen — wachsenden — Exportüberschuß; in den sechziger Jahren wurde sie dann zur zweitstärksten Handelsnation — nach den USA, später dann nach Japan. Das Wachstum der Exportwirtschaft wurde durch die Einbindung in die Europäische Wirtschaftsgemeinschaft, die 1958 geschaffen wurde, nachhaltig unterstützt. Und außerdem schritt die Konzentration der Wirtschaft in den fünfziger Jahren geradezu stürmisch voran: Der Umsatz der 50 größten Industrieunternehmen wuchs von 1954 bis 1963 von 36,8 auf 118,0 Milliarden Mark; der Anteil am Gesamtumsatz stieg im selben Zeitraum von 25,4 auf 36,2 %.[17]

Hand in Hand mit dem wirtschaftlichen Wachstumsprozeß ging eine deutliche Verlagerung des Gewichts der Wirtschaftsbereiche: Die Bedeutung der Land- und Forstwirtschaft nahm stetig ab, die des produzierenden Gewerbes und des Dienstleistungssektors wuchs. Waren 1950 noch 23,7 % aller Erwerbstätigen im Agrarbereich tätig, so 1965 nur noch 10,6 %; der Beschäftigtenanteil des produzierenden Gewerbes wuchs im selben Zeitraum von 43,3 % auf 49,0 %, der des Dienstleistungsbereichs von 33,0 auf 40,4 % (Tabelle 6a). Parallel zur stetigen Ausdehnung des Dienstleistungsbereichs und zur Zunahme von Verwaltungs- und Verkaufsaufgaben im produzierenden Gewerbe wuchs der Anteil der Angestellten an der Arbeitnehmerschaft von 22,9 (1950) auf 32,1 % (1965); auch der Anteil der Beamten nahm zu, von 6,1 auf 8,2 %; der Anteil der Arbeiterschaft hingegen sank von 70,9 (1950) auf 59,7 % (1965). Auch wenn man die Veränderungen innerhalb der Arbeitnehmerschaft auf die Gesamtzahl der Erwerbstätigen bezieht, ergibt sich ein eindringliches Bild des sozialen Wandels in den 1950er und 60er Jahren (Tabelle 6b).

---

16 Die Wachstumsraten des Bruttosozialprodukts (in %) entwickelten sich wie folgt: 1951: 10,4; 1952: 8,9; 1953: 8,2; 1954: 7,4; 1955: 12,5; 1956: 7,3; 1957: 5,7; 1958: 3,7; 1959: 7,3; 1960: 9,0; 1961: 4,9; 1962: 4,4; 1963: 3,0; 1964: 6,8. Nach Karl Theodor Schuon, Ökonomische und soziale Entwicklung der Bundesrepublik Deutschland 1945—1981, in: Lern- und Arbeitsbuch deutsche Arbeiterbewegung, Bd. 2, S. 733.
17 Jörg Huffschmid, Die Politik des Kapitals. Konzentration und Wirtschaftspolitik in der Bundesrepublik Deutschland, Frankfurt/M. 1969, S. 44.

Der wirtschaftliche Wachstumskurs trug rasch zum Abbau der Arbeitslosigkeit bei, deren Quote 1950 noch 11,0 % betragen hatte; über 5,6 % im Jahre 1955 sank sie auf 1,3 % (1960) und 0,7 % (1965) (Tabelle 5b). Trotz des Zustroms von Millionen von Flüchtlingen und der Zunahme der Erwerbsarbeit von Frauen war also gegen Ende der fünfziger Jahre der Arbeitsmarkt durch Vollbeschäftigung bzw. Knappheit an Arbeitskräften geprägt, so daß nach dem Ausschöpfen der Arbeitskraftreserven die Anwerbung ausländischer Arbeitnehmer im großen Stil betrieben wurde.

Das Wirtschaftswachstum war so groß, daß sich Verteilungsspielräume eröffneten, die wiederum den Gewerkschaften tarif- und sozialpolitische Erfolge ermöglichten, ohne daß dafür ein hoher Arbeitskampfaufwand nötig war. Gerade die günstige wirtschaftliche Entwicklung trug wohl entscheidend dazu bei, daß in weiten Kreisen der Bevölkerung die marktwirtschaftliche Ordnung Anerkennung fand; und die Arbeitgeber akzeptierten in ihrer Mehrheit die Gewerkschaften als Ordnungsfaktor — und dies um so leichter, als die Gewerkschaften in ihrer konkreten Politik auf weitgehende Systemveränderungsziele verzichteten.

## Lohnpolitik im Aufwind

In den fünfziger Jahren bildete sich die Selbstverständlichkeit alljährlicher Lohnrunden heraus, deren rechtlicher Rahmen durch das Tarifvertragsgesetz vom 9. April 1949 abgesteckt worden war. Kernpunkt des bundesrepublikanischen Tarifsystems bildet die Tarifautonomie, d. h. die durch keine staatliche Zwangsschlichtungsbefugnisse eingeengte Unabhängigkeit und Selbstverantwortung der Tarifparteien. Angesichts des Wirtschaftswachstums und entsprechender Gewinnmöglichkeiten waren die Arbeitgeber stärker als in früheren Zeiten bereit, dem Drängen der Gewerkschaften auf Beteiligung der Arbeitnehmer am Produktivitätsfortschritt nachzugeben; die Arbeitgeber erkannten wohl auch die Möglichkeiten, durch finanzielles Entgegenkommen weitergehenden politischen Forderungen den Boden zu entziehen. Und die Gewerkschaften waren durchaus bereit, die gesamtwirtschaftlichen Rahmendaten bei ihrer Lohnpolitik zu berücksichtigen.

*

Nur Mitte der fünfziger Jahre wurde der Versuch unternommen, die Lohnpolitik — theoretisch — als Hebel der Umverteilungspolitik zu nutzen. Viktor Agartz legte sein Konzept der „expansiven Lohnpolitik" vor, mit der Lebensstandard und Nachfrage erhöht, Konjunktur und Vollbeschäftigung gesichert und zugleich eine gerechtere Verteilung des

Sozialprodukts erreicht werden sollten.[18] Unterstützung fand Agartz vor allem bei Otto Brenner von der IG Metall, der den etwas gemäßigteren Begriff der „aktiven Lohnpolitik" in die Debatte brachte — und im übrigen durchsetzte, daß Agartz auf dem DGB-Kongreß 1954 das wirtschaftspolitische Hauptreferat hielt. Mit dem Konzept der aktiven bzw. expansiven Lohnpolitik war zugleich eine Ablehnung der Regierungspläne zur Vermögensbildung in Arbeitnehmerhand verbunden, die dann mit dem Gesetz zur Sparförderung (1959) und mit der Einführung von Volksaktien (1961) verwirklicht wurden.

Die von Agartz vertretenen lohnpolitischen Vorstellungen führten innerhalb der Gewerkschaften zu einer Grundsatzdebatte: Die kämpferische Ausrichtung der Gewerkschaftspolitik, die Agartz ausdrücklich anstrebte, mißfiel manchen christlich-demokratischen Gewerkschaftern; im Gegensatz zu Agartz befürworteten sie durchaus das Miteigentum von Arbeitnehmern am Produktivvermögen, galten doch Vermögensbildungspläne — getreu christlich-sozialer Tradition — als Beitrag zur Gleichberechtigung des Arbeitnehmers in der Wirtschaft. Mit Rücksicht auf die Schärfe der innergewerkschaftlichen Auseinandersetzung um die grundsätzliche Orientierung der Lohnpolitik, die 1955 mit zur Gründung der Christlichen Gewerkschaftsbewegung beitrug, schied Agartz Ende 1955 aus dem Wirtschaftswissenschaftlichen Institut des DGB aus.

Es wäre jedoch zu kurz gegriffen, wollte man die Kontroverse um die Fragen von Lohnpolitik und Vermögensbildung nur als Streit zwischen christlich-sozial bzw. sozialdemokratisch orientierten Gewerkschaftern betrachten. Auch nach dem Ausscheiden von Agartz und nach der Neugründung Christlicher Gewerkschaften schwelte der Konflikt im DGB weiter; er konzentrierte sich nunmehr auf die unterschiedlichen Positionen von Otto Brenner und Georg Leber, von IG Metall und IG Bau, Steine, Erden. Brenner vertrat gewiß die Mehrheitsmeinung, wenn er den Verkauf von Staatsanteilen an wirtschaftlichen Unternehmen — auch in Form von breit gestreuten Volksaktien — als Verschleuderung öffentlichen Eigentums ablehnte; dies gilt auch für seine Befürchtung, die Aktien würden sich ohnehin bald wieder in einigen wenigen Händen konzentrieren, so daß letztlich nur eine Stärkung des Großkapitals zu erwarten sei; außerdem müsse diese Art von Volkskapitalismus zu einer endgültigen Versöhnung der Arbeiterschaft mit der privatkapitalistischen Ordnung führen, ohne daß deren Strukturen maßgeblich geändert würden. Allenfalls die Überfüh-

---

18 Viktor Agartz, Beiträge zur wirtschaftlichen Entwicklung 1953. Expansive Lohnpolitik, in: WWI-Mitteilungen 12, 1953, S. 245 ff.

rung von Arbeitnehmeranteilen in gewerkschaftlich verwaltete Fonds mochte Brenner akzeptieren.[19]

Ging Brenner davon aus, daß eine gerechte Einkommens- und Vermögensverteilung nicht auf dem Boden des kapitalistischen Systems zu erlangen sei, so meinte Leber, gerade hier und jetzt müsse durch tarifliche Vermögensbildung eine Beteiligung der Arbeitnehmer am Produktivvermögen erreicht werden.[20] Die IG Bau, Steine, Erden verfolgte konsequent diesen Weg: Am 31. Dezember 1962 wurde für die Bauindustrie ein Tarifvertrag abgeschlossen, der Sonderleistungen für organisierte Bauarbeiter vorsah; und 1965 wurden dann für die Bauwirtschaft tariflich vermögenswirksame Leistungen vereinbart. Die sich in den tarifpolitischen Konzeptionen von Brenner und Leber bzw. von IG Metall und IG Bau, Steine, Erden abzeichnenden Unterschiede waren im Grunde Ausdruck eines tiefgehenden politischen Konflikts um die Stellung zum bundesrepublikanischen Staat und um die Einschätzung der Gewerkschaften als Gegenmacht oder als Ordnungsfaktor. Beide — Brenner und Leber — waren die Protagonisten unterschiedlicher politischer Orientierungen der Gewerkschaften, die immer wieder — in der Debatte um die Notstandsgesetze ebenso wie um das Grundsatzprogramm 1963 — aufeinandertrafen. Wer waren diese beiden Gewerkschaftsführer, die das Bild der Gewerkschaften in den 50er und 60er Jahren mitprägten?

Otto Brenner, 1907 in Hannover geboren, hatte eine typische Gewerkschafts-Karriere hinter sich als er 1952 an die Spitze der IG Metall trat, die er bis 1956 zusammen mit Hans Brümmer, danach bis zu seinem Tode im Jahre 1972 alleine führte. Otto Brenner hatte sich vom Hilfsarbeiter zum Betriebselektriker und Elektromonteur hochgearbeitet. Schon mit 15 Jahren war er dem DMV, 1926 dann der SPD beigetreten, die er jedoch 1929 wegen der Panzerkreuzer-Frage wieder verließ, um 1931 bei der Gründung der SAPD mitzuwirken. 1933 wurde Brenner von der Gestapo verhaftet und zu zwei Jahren Gefängnis wegen Vorbereitung zum Hochverrat verurteilt. Bis zum Kriegsende stand er unter Polizeiaufsicht und schlug sich als Tiefbauarbeiter, Monteur und Zeitungsbote durch. 1945 schloß er sich der SPD und der IG Metall an; er wurde Betriebsratsvorsitzender bei Hanomag, 1947 Bezirksleiter der IG Metall in Hannover. Ab 1952 bestimmte „Otto der Eiserne" — so sein Spitzname, in dem Bewunderung und Respekt zum Ausdruck kamen — an führender Stelle die Politik der IG Metall.

---

19 Otto Brenner, Die Zeit nutzen, in: Die Quelle 10, 1955, S. 449 f.
20 Georg Leber, Vermögensbildung in Arbeitnehmerhand, Frankfurt/M. 1964.

Sein nicht minder profilierter Widersacher innerhalb der Gewerkschaften war Georg Leber. 1920 in Obertiefenbach an der Lahn als Sohn eines Maurers und christlichen Gewerkschafters geboren, absolvierte er eine kaufmännische Lehre und wurde zunächst Angestellter, nach dem Zweiten Weltkrieg Maurer. 1947 trat er in Gewerkschaft und SPD ein; und 1949 bis 1952 war er Sekretär der IG Bau, Steine, Erden in Limburg. Nachdem er 1952 Redakteur des „Grundsteins" geworden war, rückte er 1955 als 2. Vorsitzender in den Vorstand der IG Bau ein, dessen Spitze er 1957 übernahm. Im selben Jahr wurde Leber Bundestagsabgeordneter. Es sollte seinen weiteren Weg kennzeichnen, daß er wie sonst kaum ein anderer Gewerkschaftsführer zugleich eine wichtige Rolle in der SPD spielen sollte: In den 60er und 70er Jahren bekleidete Leber sowohl Führungspositionen in der SPD als auch in der Regierung, z. B. als Bundesverkehrsminister (1966—69) und als Bundesverteidigungsminister (1972—78). Sein engagiertes Eintreten für sozialpartnerschaftliche Ideale wies ihm immer wieder die Rolle des innergewerkschaftlichen Widersachers Brenners zu, empfahl ihn aber für die Übernahme schwieriger Schlichtungsaufgaben, so z. B. 1984 im Kampf um die Verkürzung der Arbeitszeit.

*

Zurück zu den 1950er und 60er Jahren. Die Erfolge der gewerkschaftlichen Lohnpolitik können sich gewiß sehen lassen: Bei allen Unterschieden von Branche zu Branche, zwischen Männer- und Frauenlöhnen und zwischen Tarif- und Effektivlöhnen kann man festhalten, daß die Reallöhne im Jahrfünft von 1956 bis 1960 durchschnittlich um 4,6 % pro Jahr, in den folgenden fünf Jahren bis 1965 sogar um 5,3 % stiegen (Tabelle 3c). In der deutlichen Senkung der Steigerungsrate auf 2,5 % im Jahre 1963 spiegelten sich erste konjunkturelle Schwierigkeiten, die — wie der Arbeitskampf in der Metallindustrie von Nordbaden-Nordwürttemberg zeigte — zu einer Verschärfung der Verteilungskonflikte führten. Die Erfolge der gewerkschaftlichen Lohnpolitik sind um so beachtlicher, als sie ab der zweiten Hälfte der fünfziger Jahre von ersten Arbeitszeitverkürzungen begleitet waren, deren Kosten in allen Tarifverträgen auf die Steigerungsraten der Löhne angerechnet wurden.

Schaut man sich die Lohnentwicklung etwas genauer an, so fällt erstens auf, daß sie — bis auf einige Ausnahmen — in keinem Jahr den vom Wachstum der Produktivität gesetzten Rahmen sprengte. Zum zweiten war es wohl mehr als ein „Schönheitsfehler" in der gewerkschaftlichen Lohnpolitik, daß die Unterschiede zwischen Männer- und Frauenlöhnen fortbestanden. Denn gerade die Lohnpolitik mußte doch der Prüfstein für die Ernsthaftigkeit sein, mit der die Gewerkschaften die auf dem Münche-

*Otto Brenner, der Vorsitzende der IG Metall.*

*Georg Leber, der Vorsitzende der IG Bau, Steine, Erden.*

ner Gründungskongreß angekündigte Verwirklichung der Gleichberechtigung von Mann und Frau auf sozialem und wirtschaftlichem Gebiet verfolgten.[21] Zwar beauftragte der DGB-Kongreß 1954 die Gewerkschaften, „die Lohn- und Gehaltsgruppen in den Tarifverträgen nur nach Tätigkeitsmerkmalen und nicht mehr nach Geschlechtern festzulegen sowie keinerlei Erläuterungen zuzustimmen, die eine Minderbezahlung weiblicher Arbeitnehmer zulassen"[22]; doch in der Praxis sah es so aus, daß das Problem der Frauenlohngruppen formalrechtlich durch geschlechtsneutrale Formulierungen umgangen wurde, daß aber in der Realität durch „Leichtlohngruppen" die effektiven Unterschiede kaum vermindert wurden (Tabelle 3e).

Zwar konnten die Gewerkschaften in den Jahren der Vollbeschäftigung die jährlichen Reallohnerhöhungen auf ihr Konto verbuchen, zu fragen ist jedoch drittens, ob die lohnpolitische Kooperation mit den Arbeitgebern wirklich den Verteilungsspielraum voll ausschöpfte. Die übertariflichen Zahlungen, die in einzelnen Branchen eine durchaus nennenswerte Höhe erreichten, deuten eher darauf hin, daß durch eine weniger auf Arbeitskampfzurückhaltung angelegte Gewerkschaftspolitik in wirtschaftlich blühenden Wirtschaftszweigen noch höhere Lohnabschlüsse hätten errungen werden können. Gerade diese Lohndrift wurde zum Ansatz von Überlegungen, die Tarifpolitik betriebsnäher zu gestalten; zugleich konnte man damit hoffen, auch die Beteiligung der Arbeitnehmer an der Gewerkschaftsarbeit zu verstärken. Doch die Tendenz zur Zentralisierung der Tarifkonflikte konnte durch das Konzept der „betriebsnahen Tarifpolitik" nicht aufgehalten werden. So mag auch die Selbstverständlichkeit jährlicher Lohnrunden und Lohnerhöhungen dazu beigetragen haben, bei weiten Kreisen der Arbeitnehmerschaft die Gewerkschaftsmitgliedschaft als verzichtbar einzustufen, nahmen sie doch ohnehin an den ohne eigene Aktivität errungenen Lohnerhöhungen teil.

Und schließlich ist viertens nicht zu übersehen, daß sich das durchschnittliche Einkommen aus unselbständiger Arbeit von 1950 bis 1960 zwar gut verdoppelte; das aus selbständiger Arbeit hingegen verdreifachte sich im selben Zeitraum fast. Und die Lohnquote, d. h. der Anteil der Bruttolöhne und -gehälter am Volkseinkommen, stieg nominal von 58,4 % (1950) über 59,4 % (1955) und 60,6 % (1960) auf 64,7 % (1965). Berücksichtigt man hingegen den ständig steigenden Anteil der Arbeitnehmer an der Zahl der Erwerbstätigen, so ergibt sich ein Sinken der

---

21 Protokoll. Gründungskongreß des Deutschen Gewerkschaftsbundes, München, 12.—14. Oktober 1949, Köln 1950, S. 338.
22 Protokoll. 3. Ordentlicher Bundeskongreß, Frankfurt a. M., 4. bis 9. Oktober 1954, Düsseldorf o. J., S. 701.

(bereinigten) Lohnquote von 58,4 % (1950) über 54,1 % (1955) und 53,6 % (1960) auf 54,8 % (1965).[23]

Gerade vor diesem Hintergrund gewannen die Pläne zur Vermögensbildung in Arbeitnehmerhand Bedeutung. Der von der Regierung 1961 mit dem 312-Mark-Gesetz beschrittene Weg und auch die Ausgabe von „Volksaktien" galten der Mehrheit der Gewerkschafter als „Volkskapitalismus", dem sie die Idee einer Vermögensbildung über große Fonds vorzogen, an denen die Arbeitnehmer Anteilscheine erhalten sollten.[24] Festgehalten sei, daß weder durch das Vermögensbildungsgesetz von 1961 noch durch die Aufstockung des begünstigten Sparbetrages auf 624,- Mark mit Gesetz vom 30. Juni 1971 eine Veränderung der Verteilung des Produktivvermögens erreicht wurde.

## Auf dem Weg zur 40-Stunden-Woche

Mit der Besserung der Wirtschaftslage zu Beginn der fünfziger Jahre stieg die durchschnittliche wöchentliche Arbeitszeit in der Industrie wieder auf die Dauer der Vorkriegszeit an: Von 1950 bis 1956 lag sie in etwa zwischen 47,5 und 48,6 Stunden (Tabelle 4b). Bereits der 1. Mai 1952 stand im Zeichen der gewerkschaftlichen Forderung nach Einführung der 40-Stunden-Woche; und das Aktionsprogramm vom 29./30. März 1955 nennt in Punkt I als Ziel: „Fünftagewoche bei vollem Lohn- und Gehaltsausgleich mit täglich achtstündiger Arbeitszeit." Zur Begründung wurde auf die zunehmende Verdichtung der Arbeit hingewiesen; die Verkürzung der Arbeitszeit sei also zur „Auffrischung der erschöpften Kräfte", aber auch zum Schutz der „sozialen und sittlichen Grundlagen des Familienlebens" nötig.[25]

Auch die DAG vertrat — schon mit ihrem Grundsatzprogramm aus dem Jahre 1953 — die Forderung nach Einführung der 40-Stunden-Woche an fünf Arbeitstagen. Und die SPD unterstützte in ihrem Aktionsprogramm, das auf dem Parteitag in Dortmund 1952 beschlossen und auf dem Parteitag in Berlin 1954 erweitert wurde, die gewerkschaftliche Forderung nach „Verkürzung der Arbeitszeit bei vollem Lohn- und Gehaltsausgleich" auf 40 Stunden pro Woche.

---

23 Frank Deppe, Autonomie und Integration. Materialien zur Gewerkschaftsanalyse, Marburg 1979, S. 64.
24 Bruno Gleitze, Sozialkapital und Sozialfonds als Mittel der Vermögenspolitik, 2. Aufl., Köln 1969.
25 Nach Geschäftsbericht des Bundesvorstandes des DGB 1954—1955, Düsseldorf o. J., S. 72 ff.

Ihren Höhepunkt erreichte die Agitation für die 40-Stunden-Woche Mitte der fünfziger Jahre; am bekanntesten wurde der Aufruf des DGB zum 1. Mai 1956: „Samstags gehört Vati mir!" Nach den Vorstellungen der Gewerkschaften sollte diese Forderung grundsätzlich durch Gesetz, sonst aber durch Tarifverträge verwirklicht werden; dabei war an eine stufenweise Verkürzung der Arbeitszeit gedacht, die die Möglichkeit produktionstechnischer Anpassungen biete. Angesichts der sich abzeichnenden Vollbeschäftigung wurde nur vereinzelt der Hinweis auf den Arbeitsmarkteffekt benutzt: Die fortschreitende Rationalisierung setze Arbeitnehmer frei, die durch Arbeitszeitverkürzung einen neuen Arbeitsplatz erhalten könnten; und Otto Brenner warnte schon damals vor der Gefahr einer „technologischen Arbeitslosigkeit".[26] Doch diese schien in den fünfziger Jahren in weiter Ferne zu liegen.

Angesichts des Verteilungsspielraums reagierten die Arbeitgeber durchaus kompromißbereit. In einem 10-Punkte-Programm legten die Arbeitgeberverbände am 12. Januar 1956 ihre Position zur Arbeitszeitfrage dar: Der auf die Arbeitnehmer entfallende Anteil an der Produktivitätssteigerung sollte auf Lohnerhöhungen und Arbeitszeitverkürzung aufgeteilt werden, wobei die Arbeitszeitverkürzung nur stufenweise dem Produktivitätsfortschritt folgen dürfte.[27] Mit diesem Verhandlungsangebot wurde — aus der Sicht der Arbeitgeber — nicht nur der „soziale Friede" gewahrt, sondern die Gewerkschaften wurden auf dem Weg zu einer ebenso produktions- wie umverteilungsneutralen Arbeitszeitverkürzung festgehalten.

Die Erfolge der gewerkschaftlichen Arbeitszeitpolitik zeigten sich auf der Ebene der Einzelgewerkschaften. Zu erwähnen ist z. B. die Gewerkschaft Nahrung-Genuß-Gaststätten, die am 14. November 1956 für die gewerblichen Arbeiter und Arbeiterinnen der Zigarettenindustrie einen Manteltarifvertrag abschließen konnte, der vorsah, daß ab 1. Januar 1957 bis zum 31. Dezember 1958 die Arbeitszeit auf 42,5 Stunden pro Woche gesenkt wurde und ab 1. Januar 1959 die 40-Stunden-Woche (Montag bis einschließlich Freitag) galt. Den eigentlichen Durchbruch für die breite Durchsetzung der 40-Stunden-Woche erzielte die IG Metall. Nachdem sich IG Metall und Arbeitgeberverband Gesamtmetall im Juni/Juli 1956 mit dem „Bremer Abkommen" auf die Empfehlung geeinigt hatten, ab 1. Oktober 1956 in allen Tarifbezirken die Wochenarbeitszeit bei vollem

---

26 Otto Brenner, Automation und Wirtschaftsmacht, in: Gewerkschaftliche Monatshefte 1958, S. 198—201; Abdruck der Entschließung der Arbeitstagung des DGB zur Automation am 23. und 24. Januar 1958 in Essen, ebd. S. 200 f.
27 Vorschläge zur Frage Arbeitszeit und Lohn, hrsg. von der BDA, o. O. u. J.; Jahresbericht der BDA 1. 12. 1955—30. 11. 1956, Bergisch-Gladbach 1956, S. 126.

Lohnausgleich von 48 auf 45 Stunden herabzusetzen, wurde dann mit dem „Sodener Abkommen" vom 28. August 1958 die Arbeitszeit in der Metallindustrie ab 1. Januar 1959 auf 44 Stunden pro Woche gesenkt. Und mit dem Abkommen von Bad Homburg konnte am 8. Juli 1960 die stufenweise Einführung der 40-Stunden-Woche vereinbart werden. Das „Bad Homburger Abkommen" diente für die Arbeitszeitregelungen anderer Industriezweige vielfach als Vorbild. Im einzelnen wurde vereinbart: „Die tarifliche regelmäßige Arbeitszeit je Woche wird mit Wirkung vom 1. Januar 1962 auf 42 1/2 Stunden, 1. Januar 1964 auf 41 1/4, 1. Juli 1965 auf 40 Stunden verkürzt." Zum umstrittenen Thema „Lohnausgleich" wurde festgelegt: „Zum Ausgleich für die Verkürzung der Arbeitszeit [...] werden die Tariflöhne (Ecklöhne) folgendermaßen erhöht: Ab 1. Januar 1962 um 3,5 %, ab 1. Januar 1964 um 3,0 %, ab 1. Juli 1965 um 3,1 %." Und weiter hieß es: „Die Parteien stimmen darin überein, daß der zwischen ihnen vereinbarte Stufenplan zur Verkürzung der Arbeitszeit sowohl der Erhaltung der Arbeitskraft der Arbeitnehmer dienen als auch die Wirtschaft in die Lage versetzen soll, rechtzeitig die notwendigen Maßnahmen zu treffen, um den ihr obliegenden Produktionsaufgaben gerecht zu werden." Deshalb vereinbarten die Parteien: „a) In den Jahren, in denen Arbeitszeitverkürzung mit neuen Lohnregelungen zusammentrifft, sind die materiellen Auswirkungen der Arbeitszeitverkürzung zu berücksichtigen. b) Die Tarifvertragsparteien werden, wenn eine von ihnen es wünscht (von der 2. Stufe an), 3 Monate vor den [...] genannten Terminen in ein Gespräch über die Durchführbarkeit der Arbeitszeitverkürzung unter Berücksichtigung der wirtschaftlichen Lage eintreten. Unbeschadet dieses Gespräches werden die Arbeitszeitverkürzungen zu den vertraglich vereinbarten Terminen durchgeführt, es sei denn, daß die Tarifvertragsparteien in freiwilliger Übereinkunft eine andere Regelung treffen."[28]

Auch um dieses Problem ging es in einem der größten Arbeitskämpfe in der Geschichte der Bundesrepublik Deutschland, im Arbeitskampf vom Frühjahr 1963 in der Metallindustrie Baden-Württembergs, auf den weiter unten genauer einzugehen ist; hier sei nur vermerkt, daß die Arbeitgeber ihr mit dem Einsatz der Massenaussperrung verfolgtes Ziel, die zum 1. Januar 1964 vereinbarte Arbeitszeitverkürzung zu verschieben, nicht erreichten; allerdings konnten sie eine Verlangsamung des Lohnanstiegs durchsetzen.

Von den im „Bad Homburger Abkommen" genannten Möglichkeiten einer Verschiebung der Arbeitszeitverkürzung wurde — unter Hinweis auf die rückläufige Wirtschaftsentwicklung in der Metallindustrie — dann

---

28 Abgedruckt in Michael Schneider, Streit um Arbeitszeit. Geschichte des Kampfes um Arbeitszeitverkürzung in Deutschland, Köln 1984, S. 249 ff.

jedoch etwas später Gebrauch gemacht: Durch das 1. und 2. Erbacher Abkommen (vom 13. Juli 1964 und 18. Februar 1966) wurden die Arbeitszeitverkürzungen zum 1. Juli 1965 bzw. dann 1. Juli 1966 jeweils verschoben, so daß die 40-Stunden-Woche in der Metallindustrie schließlich am 1. Januar 1967 eingeführt wurde. Außerdem wurden im 1. Erbacher Abkommen Regelungen zur Verlängerung des Urlaubs ab 1965 und 1967 sowie zur Erhöhung der Urlaubsvergütung um 30 % vereinbart.

Doch bis die 40-Stunden-Woche für nahezu alle Arbeitnehmer tarifliche Norm wurde, verging noch einige Zeit. Noch 1973 war „nur" für 69 % aller Arbeitnehmer die 40-Stunden-Woche vereinbart, erst 1978 dann für 92,6 %. Daß die Arbeitszeitverkürzung ausschließlich auf Tarifverträgen beruhte, ist wohl auch ein Anzeichen für die geringe arbeitszeitpolitische Handlungsbereitschaft der Regierungen seit den Tagen Konrad Adenauers.

Nur in der Urlaubsfrage erfolgte mit dem Bundesurlaubsgesetz vom Januar 1963 eine gesetzliche Absicherung des erreichten tariflichen Standes. Lag die durchschnittliche Urlaubsdauer in der ersten Hälfte der 50er Jahre bei etwa 2 Wochen, so 1960 bei 3 Wochen; der gesetzlich verankerte Anspruch auf einen dreiwöchigen Jahresurlaub wurde von der tariflichen Entwicklung rasch überholt, betrug die durchschnittliche Urlaubsdauer Ende der 60er Jahre doch 4 und 1975 knapp 5 Wochen.

Auffallend ist, daß die wöchentliche Arbeitszeit seit den 50er Jahren verkürzt wurde, ohne daß indessen die tägliche Arbeitszeit in nennenswertem Ausmaße zurückging. Vor allem der Abschaffung der Samstagsarbeit ist die Verkürzung der Wochenarbeitszeit zuzuschreiben. Auch die Zunahme der Teilzeitarbeit ist nicht zu übersehen. Der Anteil der Teilzeitarbeitskräfte an der Gesamtzahl der Arbeitnehmer stieg von 2,6 % im Jahr 1960 auf 8,5 % im Jahre 1977. Teilzeitarbeit war und blieb jedoch ganz weitgehend ein Kennzeichen weiblicher Arbeitskräfte; sie trug dazu bei, daß der Anteil der verheirateten Frauen, die einer Erwerbsarbeit nachgehen, seit den 50er Jahren kontinuierlich angestiegen ist. Auch eine Folge der Arbeitszeitverkürzung ist im übrigen die Zunahme der Schichtarbeit im Laufe der 60er Jahre.

Die Einführung der 40-Stunden-Woche war nicht arbeitsmarktneutral. Die Arbeitgeberbefürchtungen hinsichtlich einer Verknappung des Arbeitskräfteangebots durch die Verkürzung der Arbeitszeit erwiesen sich nur deshalb nicht als berechtigt, weil die Nachfrage nach Arbeitskräften — wie es schien — leicht zu befriedigen war: Zum einen durch das Anwerben ausländischer Arbeitnehmer und zum anderen durch die Erhöhung der Frauenerwerbsquote. Ein guter Teil des Effekts der Arbeitszeitverkürzung auf den Arbeitsmarkt dürfte zudem — gerade wegen der stufenweisen Einführung der 40-Stunden-Woche — durch Rationalisierungsmaßnahmen abgefangen worden sein.

# Zur Streikpolitik

Die Jahre des „Wirtschaftswunders" begründeten den Ruf der deutschen Gewerkschaften, sie seien — im internationalen Vergleich — ganz besonders „friedlich". Dieses Urteil stimmt gewiß im Hinblick auf die Streikaktivität vor allem der italienischen, französischen und englischen Gewerkschaften; es stimmt im übrigen auch, wenn man die fünfziger und sechziger Jahre mit früheren Perioden der deutschen Geschichte vergleicht: Nie zuvor waren so wenig Arbeitnehmer an Arbeitskämpfen beteiligt, war die Zahl der Ausfalltage so gering (Tabellen 2c und d). Das heißt nun aber nicht, daß die Gewerkschaften in den fünfziger und sechziger Jahren „wirtschaftsfriedlich" gewesen wären. Allerdings erleichterten organisatorische Stärke und damit Drohpotential der Gewerkschaften einerseits, wirtschaftliche Entwicklung und Auslastung der Produktionskapazitäten andererseits die Durchsetzung von Forderungen ohne Arbeitskampf. Auch mag es eine Rolle gespielt haben, daß das Bundesarbeitsgericht in mehreren Grundsatzurteilen ab 1955 die Streikfreiheit beschnitt; die Gewerkschaften erkannten diese Urteile, mit denen die Gleichstellung von Streik und Aussperrung, das Verbot spontaner und politischer Streiks und die Sozialadäquanz-Norm festgelegt wurden, aus ihrer rechtsstaatlichen Orientierung heraus an. So wurde ab Mitte der fünfziger Jahre nur bei überaus umstrittenen Grundsatzproblemen zum Streik gegriffen.

Bei genauerem Hinsehen fällt auf, daß noch das erste Jahrfünft der fünfziger Jahre eine — verglichen mit der folgenden Zeit — relativ hohe Arbeitskampfaktivität aufwies: Von 1950 bis 1955 waren 1,1 Millionen Arbeitnehmer an Arbeitskämpfen beteiligt; 6,3 Millionen verlorene Tage wurden gezählt. In den folgenden Jahren — 1956 bis 1961 — waren es „nur" 332.000 Arbeitnehmer und 3,6 Millionen verlorene Tage. Dann 1962 bis 1967 stieg die Zahl der betroffenen Arbeitnehmer auf 664.000 an, während die Summe der verlorenen Tage auf 2,8 Millionen absank (Tabelle 2d).

Die Streikaktivität war sehr ungleich auf die Wirtschaftszweige verteilt: In den fünfziger Jahren waren es — schaut man auf die Zahl der Streikenden — der Bergbau, die Metallverarbeitung, der öffentliche Dienst und die Eisen- und Stahlindustrie, die durch überdurchschnittlich hohe Aktivität auffielen. Bei der Zahl der Ausfalltage zeigt sich, daß die Arbeitnehmer von Metallverarbeitung sowie Eisen- und Stahlindustrie die bei weitem längsten Arbeitskämpfe führten.[29] Schon dieser Überblick spiegelt die führende

---

29 Walther Müller-Jentsch, Streiks und Streikbewegungen in der Bundesrepublik 1950—1978, in: Joachim Bergmann (Hrsg.), Beiträge zur Soziologie der Gewerkschaften, Frankfurt/M. 1979, S. 21—71, hier S. 27.

Rolle der IG Metall, die in zwei Branchen — Eisen- und Stahlerzeugung und Metallverarbeitung — die tarifliche Entwicklung mitprägte.

Worum ging es in den Arbeitskämpfen? Nach der Androhung bzw. begrenzten Durchführung „politischer" Streiks 1951/52 in der Auseinandersetzung um Montanmitbestimmungs- und Betriebsverfassungsgesetz konzentrierten sich die Gewerkschaften auf ihre eigene Kraft, auf die Tarifpolitik. In der ersten Hälfte der fünfziger Jahre ging es vielfach darum, das Konzept turnusmäßiger Lohnrunden durchzusetzen. Da Arbeitgeber und Wirtschaftsministerium der Ansicht waren, der Produktivitätsfortschritt komme den Arbeitnehmern doch als Preissenkung zugute, waren Lohnerhöhungen wegen kostensteigernder Wirkungen nach ihren Überlegungen eher schädlich. In mehreren Streiks quer durch alle Branchen — von der Bauindustrie (1950) und der Landwirtschaft (1951) über das graphische Gewerbe (1952) und die Textilindustrie (1953 und 1958) bis hin zu den Kommunalbetrieben (1954 und 1958) und der Holzindustrie (1956) — wurde um die Lohnhöhe gekämpft; allein in der Metallindustrie wurden zudem zwischen 1951 und 1954 zehn Lohnstreiks durchgeführt. Die Vielfalt der Arbeitskämpfe zeigt im Grunde zweierlei: Es gab noch keine anerkannte Tarifführung durch eine Vorreiter-Gewerkschaft; und bei den großen Gewerkschaften bestand noch keine genaue Abstimmung über den Bezirk, in dem ein erster Erfolg erzielt werden sollte. Erst ab Mitte der fünfziger Jahre rückte die IG Metall in die Rolle des „Eisbrechers" in Fragen von Lohn- und Arbeitszeit ein.

Nur wenige Streiks sind bis heute im Gedächtnis geblieben. Zu erinnern ist zunächst an den sechzehnwöchigen Streik, den die IG Metall 1956/57 in Schleswig-Holstein um die Lohnfortzahlung für Arbeiter und Arbeiterinnen im Krankheitsfalle und um eine Verlängerung des Urlaubs führte. Mit diesem Streik wurde der Bundestag indirekt gezwungen, die faktisch erkämpfte Gleichstellung von Arbeitern bzw. Arbeiterinnen und Angestellten gesetzlich zu verankern. Mit dem Gesetz über die Lohnfortzahlung im Krankheitsfall vom 26. Juni 1957 wurde festgelegt, daß Arbeiter und Arbeiterinnen ab dem dritten Krankentag 90 % des Nettolohnes erhalten sollten; 1961 wurde diese Regelung dahingehend verbessert, daß ab dem zweiten Ausfalltag der volle Nettolohn zu zahlen war; erst am 1. Januar 1970 trat dann die volle Gleichstellung von Arbeitern bzw. Arbeiterinnen und Angestellten in Kraft.

Endete der Streik, wie man angesichts der gesetzlichen Regelung der Lohnfortzahlung sagen kann, auch mit einem Erfolg, so hatte er andererseits negative Folgen für die Bestimmungen des Streikrechts: Die Arbeitgeber verklagten die IG Metall auf Schadensersatz, weil sie in der Durchführung der Urabstimmung noch während der Schlichtungsverhandlungen eine Kampfmaßnahme sahen, die die Friedenspflicht verletzt habe. Das

Bundesarbeitsgericht folgte am 31. Oktober 1958 dieser Position und verurteilte die IG Metall zur Schadensersatzleistung. Die Arbeitgeber bestanden nicht auf der sofortigen Zahlung des Schadensersatzes und hofften, so die IG Metall einige Jahre lang zu Wohlverhalten zu drängen, würde doch sonst die Schadensersatzleistung fällig. Zumindest ebenso wichtig war, daß das Bundesarbeitsgericht Urabstimmungen bereits als Kampfmaßnahmen wertete, so daß die Gewerkschaften fürderhin eine weitere rechtliche Behinderung ihrer Streikpolitik zu berücksichtigen hatten, wollten sie nicht erneut Schadensersatzverpflichtungen provozieren.

Neben dem längsten sei auch der umfangreichste Arbeitskampf dieser Jahre erwähnt, der Arbeitskampf in der Metallindustrie von Nordbaden-Nordwürttemberg, mit dem zugleich die Aussperrungen, die nahezu „vergessen" waren[30], wieder ins öffentliche Bewußtsein gerückt wurden. Als sich der wirtschaftliche Aufschwung Anfang der 60er Jahre abzuflachen begann, die Gewerkschaften aber weiterhin auf Reallohnsteigerungen drängten, stellten die Arbeitgeber — d. h. Gesamtmetall — bereits im Oktober 1962 folgende Forderungen auf: 1. Lohnstopp; 2. Verschiebung der Arbeitszeitverkürzung; 3. zentrale Verhandlungen und längere Laufzeit der Tarifverträge sowie 4. Abschluß eines Schlichtungsabkommens. Diese Ziele bemühten sich die Arbeitgeber um die Jahreswende 1962/63 in Verhandlungen mit den Gewerkschaften durchzusetzen. Sie drohten, sie würden das Scheitern der Verhandlungen erklären, sollte die IG Metall — wie vorgesehen — die laufenden Tarifverträge zum 28. Februar kündigen, ohne sich dazu bereit zu erklären, die eigentlich vereinbarte Verkürzung der Arbeitszeit zu verschieben. Immer neue Verhandlungen zogen sich bis zum Frühjahr 1963 hin. Doch erst nach Streik und Aussperrung, von der gut 300.000 Arbeitnehmer betroffen waren, einigte man sich am 7. Mai 1963 (rückwirkend ab 1. April) auf eine Lohnerhöhung von 5 %, die am 1. April 1964 durch weitere 2 % aufgestockt werden sollte. Die vereinbarte Arbeitszeitverkürzung sollte am 1. Januar 1964 in Kraft treten, während das Tarifabkommen insgesamt bis Ende September 1964 gültig blieb. Der Vorstand der IG Metall nahm dieses Ergebnis am 7. Mai 1963 ebenso an wie Gesamtmetall. Während sich am 9./10. Mai in der Urabstimmung Baden-Württembergs 73 % für ein Ende des Streiks aussprachen, waren es in Nordrhein-Westfalen — wo keine Aussperrung ausgerufen worden war — nur 55 %.

---

30 So Rainer Kalbitz, Aussperrungen in der Bundesrepublik. Die vergessenen Konflikte, Köln und Frankfurt/M. 1979.

## Sozialpolitische Grundsatzentscheidungen

Nach der Niederlage in der Auseinandersetzung um das Betriebsverfassungsgesetz konzentrierten sich die Gewerkschaften vor allem auf die Bereiche der Tarif- und Sozialpolitik. Nur Mitte der fünfziger Jahre geriet das Problem der Mitbestimmung noch einmal in die öffentliche Diskussion. Nachdem Hermann Reusch auf der Hauptversammlung der Gutehoffnungshütte das Montanmitbestimmungsgesetz als „Ergebnis einer brutalen Erpressung durch die Gewerkschaften" bezeichnet hatte, antworteten 800.000 Arbeitnehmer am 24. Januar 1955 mit einem Proteststreik. Und wenig später ging es um die Sicherung der Montanmitbestimmung in den Konzern-Obergesellschaften.

Im Zuge der Unternehmens-Konzentration versuchten die Arbeitgeber, durch die Gründung von Obergesellschaften bzw. Holdings die Struktur des Unternehmens so zu verändern, daß die Regelungen nach dem Montanmitbestimmungsgesetz keine Anwendung mehr finden sollten. Dieser Prozeß wurde durch den Einstieg der „alten" Montanunternehmen in die Bereiche Chemie und Kunststoff ohnehin gefördert. Um dieser Bewegung zur Aushöhlung der Montanmitbestimmung zu begegnen, wurde im August 1956 das Mitbestimmungsergänzungsgesetz (Holding-Novelle) verabschiedet, durch das die Mitbestimmung in den Obergesellschaften der Montanbetriebe gesichert wurde. Der Prozeß zum Abbau der Montanmitbestimmung ließ sich jedoch durch Gesetze kaum aufhalten: So gliederte die Mannesmann AG 1958 sechs zuvor rechtlich selbständige und damit „mitbestimmte" Tochtergesellschaften der Konzerngesellschaft ein; nur mit dem „Lüdenscheider Abkommen" zwischen Gewerkschaften und Unternehmensleitung konnte 1959 die paritätische Mitbestimmung in den Montanbetrieben gesichert werden.

Schaut man sich die sozialpolitischen Maßnahmen der fünfziger Jahre an, so wird einem klar, daß sie den wirtschaftlichen Entscheidungen nachgeordnet waren und blieben. Den hohen Stellenwert der marktwirtschaftlichen Ordnung illustriert zum Beispiel der Versuch, durch gesetzliche Maßnahmen den Konzentrationsprozeß der Wirtschaft zu bremsen bzw. zu kontrollieren. Weil die Marktwirtschaft durch Konzentration gefährdet wurde, stellte man 1957 mit dem Gesetz gegen Wettbewerbsbeschränkungen vorsichtig Weichen in Richtung Monopolkontrolle. Auch das Mitte der sechziger Jahre von Ludwig Erhard propagierte Programm der „Formierten Gesellschaft" sollte durch Eindämmung von Konzentrationsentwicklung und Verbandseinfluß eine Gefährdung der Marktwirtschaft verhindern. Die Gewerkschaften sahen das Problem der Konzentration wirtschaftlicher Macht wohl schärfer, weil sie es auch unter politischem Aspekt betrachteten: Das Gesetz gegen Wettbewerbsbeschränkungen galt keineswegs als ausreichend, um der politischen Folgen der wirtschaftlichen Machtzusammenballung Herr zu werden.[31] Für die Gewerkschaften war die Konzentrationsbewegung nicht so sehr eine Bedrohung der marktwirtschaftlichen Ordnung, sondern — so die Entschließung der Großkundgebung „Konzentration wirtschaftlicher Macht — soziale Demontage" im November 1958 — eine „Gefahr für den demokratischen Staat".[32]

So ablehnend die Regierungsmehrheit auch auf alle umfassenden Vorstellungen der Gewerkschaften zur Neuordnung der Wirtschaft reagiert hatte, in Fragen der Sozialpolitik wurden in den fünfziger Jahren wegweisende Entscheidungen getroffen. Den Weg dazu öffnete gewiß die günstige wirtschaftliche Entwicklung, die die Staatseinnahmen ebenso wie die Gewinne ansteigen ließ; doch der Ausbau der sozialen Sicherungssysteme knüpfte auch an traditionelle christlich-soziale Ideen an, durch deren Verwirklichung die marktwirtschaftliche Ordnung sozial ausgepolstert, faktisch stabilisiert und zugleich in den Augen weiter Kreise der Bevölkerung akzeptabel gemacht wurde.

Bereits 1952 wurden mit dem Gesetz zur Errichtung der Bundesanstalt für Arbeitsvermittlung und Arbeitslosenversicherung, der späteren Bundesanstalt für Arbeit, und 1953 mit den Arbeitsgerichts- und Sozialgerichtsgesetzen sozialstaatliche Grundsatzentscheidungen getroffen. 1954 folgte die erste Kindergeldregelung. Am 22. Januar 1957 verabschiedete der Bundestag mit den Stimmen von CDU/CSU und SPD (gegen die FDP) das Gesetz zur Reform der Rentenversicherung, das die Dynamisierung der Renten, d. h. die Anpassung an die Einkommensentwicklung, einführte. Die gewerkschaftliche Forderung nach einer einheitlichen Volkspension bzw. einer gesetzlichen Mindestrente wurde jedoch nicht erfüllt. Im selben Jahr — am 26. Juli 1957 — wurde das Gesetz zur Gleichstellung der Arbeiter und Angestellten im Krankheitsfall verabschiedet. Und 1962 wurden dann eine bundeseinheitliche Sozialhilferegelung und 1963 ein Urlaubsgesetz geschaffen, das mit einem dreiwöchigen Mindesturlaub pro Jahr den damals durch Tarifverträge erreichten Stand absicherte.

Die Gewerkschaften haben bei der Vorbereitung all dieser Gesetze mitgearbeitet; in einzelnen Fällen — z. B. bei der Lohnfortzahlung im Krankheitsfall — bedurfte es eines wochenlangen Arbeitskampfes, um das Ziel der Gleichstellung von Arbeitern bzw. Arbeiterinnen und Angestellten tariflich und damit als Vorreiter einer gesetzlichen Regelung zu erringen. Es war auch ihrem Druck zuzuschreiben, daß die Sozialleistungsquote, d. h.

---

31 Karl Kühne, Kartellgesetz und Wettbewerb, in: Gewerkschaftliche Monatshefte 1957, S. 529—536.
32 Rudolf Quast, Konzentration und Mitbestimmung, in: Gewerkschaftliche Monatshefte 1959, S. 513—521, hier S. 513.

der Anteil aller Sozialleistungen am Bruttosozialprodukt, von 17,1 % im Jahre 1950 und 16,3 % (1955) über 18,7 % (1960) auf 24,0 % (1965) anstieg.[33] Und außerdem waren es vor allem die Gewerkschaften, die durch ihre — von Wolfgang Abendroth vorformulierten — Sozialstaatsvorstellungen versuchten, das politische Klima der fünfziger Jahre in ihrem Sinne zu beeinflussen.[34] Hatten die Gewerkschaften damit auch, was die Sozialpolitik anlangt, teilweise Erfolg, eine grundsätzliche Anerkennung der Gewerkschaften als „Integrationsfaktor der Demokratie" erwuchs daraus nicht. Und gerade das aus diesem Selbstverständnis geborene politische Engagement der Gewerkschaften stieß immer wieder auf Ablehnung.

## 3. Gewerkschaften als politische Opposition

Daß sich die Gewerkschaften zu politischen Themen außerhalb des tarif- und sozialpolitischen Bereichs äußerten, war keineswegs unumstritten. Vor allem bei Stellungnahmen zu „allgemein politischen" Fragen wurde der Zusammenhalt der Einheitsgewerkschaften auf eine harte Probe gestellt. Hatten sich schon in den Debatten um Wirtschaftsordnung und „expansive Lohnpolitik" die „alten" Bruchlinien in den Gewerkschaften vielfach in Form parteipolitischer Differenzen gezeigt und 1953 zur Bildung der Christlich-sozialen Kollegenschaft im DGB geführt, so prallten die Meinungen über Berechtigung und Inhalt gewerkschaftlicher Stellungnahmen zu anderen politischen Themen noch härter aufeinander.

In zahlreichen Debatten wurde zu Beginn der fünfziger Jahre um das Selbstverständnis der Gewerkschaften gerungen, wurden Chancen und Grenzen der Einheitsgewerkschaft als eines politischen Faktors ausgelotet.[35] Die beiden Flügelpositionen wurden vertreten von Goetz Briefs und von Wolfgang Abendroth. Briefs glaubte, mit der Gründung einer parlamentarischen Demokratie und der Anerkennung der gewerkschaftlichen Rechte durch Staat und öffentliche Meinung seien die Gewerkschaften „befestigt"; die Gewerkschaften müßten sich — so in Übereinstimmung mit dem theoretischen Zugriff vor allem der früheren Christlichen Gewerkschaften — fortan als „Organe der Volkswirtschaft" verstehen, d. h. sie müßten ihre Verbandsmacht in den „organischen Pluralismus" des

---

33 Nach Bernhard Schäfers, Sozialstruktur und Wandel der Bundesrepublik Deutschland, Stuttgart 1981, S. 190.

34 Z. B. Wolfgang Abendroth, Zur Funktion der Gewerkschaften in der westdeutschen Demokratie, in: Gewerkschaftliche Monatshefte 1952, S. 641—648.

35 Siehe insbes. die Beiträge in den Gewerkschaftlichen Monatsheften 1952 von Wolfgang Abendroth (S. 641 ff.), Viktor Agartz (S. 464 ff.), Eugen Kogon (S. 482 ff.) und Theo Pirker (1951: S. 481 ff.; 1952: S. 76 ff., S. 577 ff., 708 ff.).

demokratischen Staates einordnen, der sonst seine Aufgabe der Sicherung des Gemeinwohls nicht erfüllen könne. Wo Gewerkschaften diese Einordnung nicht freiwillig leisteten, sollten und müßten ihre Handlungsmöglichkeiten gesetzlich beschnitten werden, etwa beim Streikrecht. Auch die gewerkschaftlichen Mitbestimmungsforderungen galten Briefs im übrigen als Schritte auf dem Weg zum „Gewerkschaftsstaat".[36]

Im Gegensatz dazu wies Abendroth den Gewerkschaften die Aufgabe zu, die „formale" in eine „inhaltliche", d. h. in eine soziale und wirtschaftliche Demokratie zu verwandeln. Durch eine konsequente gewerkschaftliche Politik sollte die Demokratisierung der Gesellschaft geleistet werden. Das bedeutete, daß die Gewerkschaften ein allgemeinpolitisches Mandat beanspruchen konnten und mußten, um mit ihrer Stimme dem Willen der Arbeitnehmerschaft Gehör zu verschaffen.[37]

Diese Kontroverse reichte, wie eine Vielzahl von Artikeln in den „Gewerkschaftlichen Monatsheften", dem Diskussionsforum des DGB, zeigte, bis in die Gewerkschaften hinein; auch die „Europäischen Gespräche" waren geprägt vom Ringen um eine für alle Gewerkschafter annehmbare Standortbestimmung. Ein solcher Konsens ließ sich indessen nicht theoretisch finden; er mußte in der Folgezeit immer wieder aufs neue in den Auseinandersetzungen um politische Einzelfragen errungen werden, in denen jedoch — anders als bis 1951/52 — nicht ein gesamtgesellschaftliches Ordnungskonzept zur Debatte stand. Gerade die Lösung dieser Aufgabe wurde jedoch dadurch erschwert, daß mit inhaltlichen Kontroversen über politische Themen immer zugleich parteipolitische Loyalitäten ins Spiel kamen.

Schaut man nur auf die Verteilung von Gewerkschaftsmitgliedern auf die Bundestagsfraktionen und auf die Parteizugehörigkeit von Gewerkschaftsführern, so wird man einen falschen Eindruck gewinnen. Gewiß steht die starke personelle Verflechtung von SPD und Gewerkschaften außer Frage: Von den 115 gewerkschaftlich organisierten Bundestagsabgeordneten im 1. Deutschen Bundestag (1949) gehörten 80 der SPD- und 22 der CDU/CSU-Fraktion an; 1953 wurden 142 SPD- und 47 CDU/CSU-Abgeordnete aus einer Gesamtzahl von 194 Gewerkschaftern gezählt. Bis 1957 und 1961 erhöhte sich die Zahl der Gewerkschafter im Bundestag auf 202 bzw. 223, von denen 154 bzw. 179 in der SPD-Fraktion und 46 bzw. 41 in der CDU/CSU-Fraktion saßen.[38]

---

36 Goetz Briefs, Zwischen Kapitalismus und Syndikalismus. Die Gewerkschaften am Scheideweg, München 1952.
37 Wolfgang Abendroth, Die deutschen Gewerkschaften. Weg demokratischer Integration, 2. Aufl., Heidelberg 1955.
38 Kurt Hirche, Gewerkschafter im 5. Deutschen Bundestag, in: Gewerkschaftliche Monatshefte 12, 1965, S. 705—712, hier S. 708.

Und wie sah die Parteizugehörigkeit der Gewerkschaftsführer aus? Walter Freitag und Willi Richter, DGB-Vorsitzender von 1956 bis 1962, waren ebenso wie mehrere Vorsitzende von Einzelgewerkschaften Mitglieder der SPD-Bundestagsfraktion; darüber hinaus waren die meisten Gewerkschaftsführer Mitglied der SPD — oder sie standen dieser Partei nahe.

So bildete die Frage der „parteipolitischen Neutralität" immer wieder einen Stolperstein der gewerkschaftlichen Einheit. Neutralität — das sollte nach Ansicht führender Gewerkschafter heißen: parteipolitische Unabhängigkeit mit durchaus entschiedener politischer Positionsbestimmung. Daß diese im Sinne der SPD ausfiel, kann angesichts politisch-inhaltlicher Übereinstimmungen und des parteipolitischen Engagements der meisten führenden Gewerkschafter für die SPD kaum verwundern.

Die Problematik von Anspruch und Realität der parteipolitischen Unabhängigkeit war jedoch nicht nur Anlaß zur Kontroverse mit christlich-sozial bzw. christlich-demokratisch orientierten Gewerkschaftern; vielmehr stellte sich — verschärft durch die Teilung Deutschlands — zudem das Problem einer Auseinandersetzung mit Kommunisten in den Gewerkschaften. Einerseits fand die Betriebs(rats)arbeit von Kommunisten auch in den Gewerkschaften vielfach Anerkennung, andererseits bestanden Befürchtungen, die Gewerkschaften sollten zugunsten der Kommunistischen Partei instrumentalisiert werden. Nicht zuletzt mit Blick auf die Entwicklung in der DDR — zu denken ist etwa an den Aufstand des 17. Juni 1953 — reagierten die Gewerkschaften oftmals mit Ausgrenzung und schließlich Ausschluß von Kommunisten; das Verbot der KPD im Jahre 1956 wurde von den Gewerkschaften, die sich mit ihrem Antikommunismus der Regierung an die Seite stellten, jedenfalls nicht kritisiert. Maßgeblich für den gewerkschaftlichen Kurs zu Beginn der fünfziger Jahre war aber nicht nur die von der SPD geteilte Ablehnung des Kommunismus, sondern vor allem das Eintreten für eine entschiedene Westbindung der Bundesrepublik, zu dessen Symbol die Maikundgebungen in West-Berlin wurden.

## Gegen Wiederbewaffnung und atomare Ausrüstung der Bundeswehr

Man wird also keineswegs von einer nahtlosen politischen Einmütigkeit zwischen SPD und Gewerkschaften sprechen können. Während der DGB 1949 dem Petersberger Abkommen und damit dem Eintritt der Bundesrepublik Deutschland in die internationale Ruhrbehörde zustimmte, war die SPD unter der Führung Kurt Schumachers — bei aller innerparteilichen

Kritik — insgesamt dagegen. Auch in der Debatte um die Wiederbewaffnung waren die Unterschiede nicht zu übersehen: Sowohl unter der Führung Böcklers wie unter der Fettes akzeptierte der DGB die Wiederbewaffnung, die die SPD unter den gegebenen Umständen als Zementierung der Teilung Deutschlands zurückwies. Und aus dem gleichen Grunde lehnte die SPD den Schumanplan zur Gründung der Montanunion ab, den die Gewerkschaften als Beitrag zum wirtschaftlichen Wiederaufstieg unterstützten; das gilt im übrigen auch für die Idee der europäischen Integration, für die sich die Gewerkschaften — Wortführer waren Otto Brenner und Ludwig Rosenberg — frühzeitig einsetzten, wobei sie eine sozialreformerische Grundlinie der Europa-Politik forderten.[39]

Schon auf dem 2. DGB-Kongreß, abgehalten im Oktober 1952 in Berlin, war jedoch Kritik vor allem an der Vorbereitung der deutschen Wiederbewaffnung laut geworden, die mit der Niederlage im Konflikt um das Betriebsverfassungsgesetz an Schärfe und Zulauf gewann. Der 3. DGB-Kongreß lehnte dann im Oktober 1954 entschieden einen deutschen Wehrbeitrag ab, ohne daß jedoch Maßnahmen zur Mobilisierung der Gewerkschaftsmitgliedschaft eingeleitet worden wären. Dies war gewiß darauf zurückzuführen, daß eine Spaltung der Gewerkschaften zu drohen schien.

Manch ehemaliger christlicher Gewerkschafter, so Jakob Kaiser und Karl Arnold, hatte schon den Wahlaufruf des DGB 1953 als Verstoß gegen das Gebot parteipolitischer Neutralität empfunden. Daß dann der DGB den zunächst hingenommenen deutschen Wehrbeitrag, also den Beginn der Wiederbewaffnung, ab 1952 als eine Gefährdung der internationalen Entspannungsbemühungen und der Wiedervereinigung Deutschlands ablehnte, daß er dieses Votum auf dem Kongreß 1954 mit 387 gegen 4 Stimmen unterstrich und überdies die wirtschaftspolitischen Vorstellungen von Viktor Agartz nicht entschieden zurückwies, führte schließlich am 30. Oktober 1955 zur Gründung einer neuen Christlichen Gewerkschaftsbewegung. Unterstützung fand diese Gewerkschaftsbewegung, die — nach der Rückgliederung des Saarlandes 1957 — etwa 200.000 Mitglieder zählte und sich 1959 in Christlicher Gewerkschaftsbund (CGB) umtaufte, in der Führungsspitze der Katholischen Arbeitnehmerbewegung Deutschlands (KAB), vor allem bei Johannes Even und bei Bernhard Winkelheide; prominente christlich-demokratische Gewerkschafter wie Jakob Kaiser, Karl Arnold und Anton Storch blieben jedoch dem CGB fern.

---

39 Siehe z. B. Ludwig Rosenberg, Eine Idee beschäftigt die Welt, in: Gewerkschaftliche Monatshefte 6, 1950, S. 241—244; ders., Europa ohne Konzeption, in: ebd. 4, 1951, S. 169 ff.; Otto Brenner, Die Gewerkschaften und die europäischen Institutionen, in: Die Neue Gesellschaft 5, 1957.

Nach der absehbaren Erfolglosigkeit des Gewerkschaftsprotests gegen die Wiederbewaffnung stellten sich die Gewerkschaften nur noch zögernd politisch brisanten Fragen: An der im Januar 1955 gebildeten Paulskirchenbewegung gegen die Pariser Verträge vom Mai 1955 beteiligten sich führende Gewerkschafter und SPD-Politiker; und der DGB-Kongreß 1956 in Hamburg sprach sich dafür aus, diejenigen zu unterstützen, die mit demokratischen Mitteln versuchten, die Wiederbewaffnung rückgäng zu machen, die mit der Einführung der Allgemeinen Wehrpflicht im Juli 1956 festgeschrieben wurde.

Als breite Zustimmung für die Politik der Westintegration mußten die Gewerkschaften schließlich das Ergebnis der Wahlen zum dritten Deutschen Bundestag am 15. September 1957 werten, das noch den Schock der Niederwerfung des Ungarn-Aufstandes 1956 spiegelte: Die CDU/CSU errang mit 50,2 % der Stimmen und 270 von 497 Mandaten die absolute Mehrheit; Konrad Adenauer wurde zum drittenmal zum Bundeskanzler gewählt. Die SPD konnte ihren Stimmenanteil von 28,8 % (6. September 1953) auf magere 31,8 % verbessern und blieb — nun zusammen mit der Freien Demokratischen Partei (FDP) — in der Opposition.

*

Die zweite große innenpolitische Kontroverse entbrannte 1957/58 um die Stationierung von Atomwaffen in der Bundesrepublik und um die Ausrüstung der Bundeswehr mit taktischen Atomwaffen, d. h. eigentlich darum, ob die Bundeswehr mit Trägersystemen ausgestattet werden sollte, deren atomare Sprengköpfe indessen weiterhin unter amerikanischer Verfügungsgewalt stünden. Stärker als bei der Wiederbewaffungs-Debatte zeigten sich hier die Ansätze zur Herausbildung einer außerparlamentarischen Opposition insbesondere von Gewerkschaftern und Professoren. Nachdem sich schon der DGB-Kongreß 1956 gegen Versuche mit Atom- und Wasserstoffbomben ausgesprochen hatte (Dokument 25a), lehnte der Geschäftsführende Bundesvorstand des DGB im April 1957 jede Lagerung und Herstellung von Atomwaffen sowie die Ausbildung an solchen Waffen auf deutschem Boden ab. Und am 12. April 1957 warnten 18 Wissenschaftler in der „Göttinger Erklärung" vor den Folgen einer atomaren Bewaffnung; weitere 44 Universitäts- und Hochschulprofessoren sprachen sich dann am 26. Februar 1958 gegen die Atombewaffnung aus. Organisatorisch zusammengefaßt wurde die Oppositionsbewegung am 10. März 1958 mit der Gründung des Aktionsausschusses „Kampf dem Atomtod", an dem sich für den DGB Willi Richter beteiligte.

Höhepunkt der parlamentarischen Auseinandersetzung in dieser Frage waren die Bundestagsdebatten am 20. und 25. März 1958, in denen sich die

SPD-Redner — wenn auch aus unterschiedlichen Gründen — gegen die Atomrüstung und gegen Bau und Stationierung von Atomwaffen auf deutschem Boden wandten. Adenauer betonte demgegenüber, die Atombewaffnung der Bundeswehr sei notwendig, weil die Bundeswehr ein wichtiger Bestandteil der NATO sei; die NATO aber müsse gestärkt werden, um die Chance erfolgreicher Verhandlungen mit der Sowjetunion zu eröffnen. Eine entsprechende Erklärung wurde mit der Mehrheit der CDU/CSU (verstärkt um eine Stimme der FDP) gegen die Stimmen der SPD (und eine Stimme der FDP) sowie bei Enthaltungen der FDP vom Bundestag verabschiedet.

Parallel zur Bundestagsdebatte organisierte der Aktionsausschuß „Kampf dem Atomtod" im März 1958 eine Welle von Veranstaltungen und Versammlungen, in denen Bundestag und Bundesregierung aufgefordert wurden, den Rüstungswettlauf nun wenigstens auf dem Gebiet der atomaren Waffen zu durchbrechen; außerdem sollten als Beitrag zur Entspannung zwischen Ost und West die Bemühungen um eine atomwaffenfreie Zone in Mitteleuropa unterstützt werden.

Am 24. März 1958 hatte auch der Geschäftsführende Bundesvorstand des DGB beschlossen, die Kampagne gegen die Atombewaffnung zwar weiterhin zu unterstützen, seine Position jedoch keinesfalls durch einen Generalstreik durchsetzen zu wollen. In der außerordentlichen Bundesvorstandssitzung vom 28. März 1958 kam es dann zu einer ebenso langen wie kontroversen Debatte zum Thema „Generalstreik".[40] Richter verwies auf die Frankfurter Kundgebung zum Thema „Kampf dem Atomtod", auf der der Schriftsteller Robert Jungk auf einen Zwischenruf, in dem die Ausrufung des Generalstreiks gefordert wurde, geantwortet habe: „Wenn die Gewerkschaftsführer den Mut haben!" Erich Ollenhauer, der Vorsitzende der SPD, habe daraufhin erklärt, „daß es leicht sei, auf einer Kundgebung nach einem Generalstreik zu rufen, aber die Durchführung und Verantwortung anderen zu überlassen". In der Vorstands-Diskussion zum Thema „Generalstreik" sprach sich Otto Brenner als Vorsitzender der IG Metall für „Großkundgebungen mit Arbeitsniederlegungen von einigen Stunden Dauer, verbunden mit einer Verkehrsruhe" aus. Auch Georg Leber trat — für die IG Bau, Steine, Erden — für die Veranstaltung von Kundgebungen ein; seine Gewerkschaft werde zudem, so sagte er zu, Bauarbeiter rechtlich und finanziell unterstützen, die sich weigerten, Abschußrampen für Atomwaffen zu bauen. In einer Entschließung (Dokument 25b) drückte der DGB-Bundesvorstand seine Sorge über die Bundes-

---

40 Siehe Protokoll der außerordentlichen Sitzung des Bundesvorstandes des DGB am 28. 3. 1958, S. 2 u. 4 f. (DGB-Archiv).

*Vorbereitungen für die Kundgebung des DGB zum 1. Mai 1958 in München.*

tagsbeschlüsse aus; er sei — so hieß es — „davon überzeugt, daß die Mehrheit des deutschen Volkes diese Beschlüsse nicht billigt". Demgemäß werde der DGB Regierung und Bundestagsfraktionen auf seine Bedenken hinweisen und zudem die Aktion „Kampf dem Atomtod" und die Idee der Volksbefragungen unterstützen. Mit Großkundgebungen in Hamburg, Bremen, Kiel, München, Mannheim, Dortmund und Essen wurden diese Forderungen am 19. April 1958 unterstrichen. Die Kampagne „Kampf dem Atomtod" mobilisierte im Frühjahr 1958 weit über 300.000 Menschen in Demonstrationen und Kundgebungen, nicht gerechnet die Teilnehmer der gewerkschaftlichen Versammlungen zum 1. Mai 1958, die ebenfalls im Zeichen der Anti-Atomtod-Bewegung standen.

Seit März 1958 wurde versucht, Volksbefragungen zur Atomrüstung durchzuführen. Da die Bemühungen der SPD-Bundestagsfraktion, ein entsprechendes Bundesgesetz durchzubringen, zum Scheitern verurteilt waren, kam den sozialdemokratisch regierten Ländern eine besondere Rolle zu; vor allem Hamburg und Bremen sowie einzelne Gemeinden Hessens engagierten sich in dieser Frage und erließen — mit Rückendeckung der Bundes-SPD — im Mai 1958 Gesetze zur Volksbefragung. Am 30. Juli 1958 wurden diese Gesetze vom Bundesverfassungsgericht jedoch für nichtig erklärt, da Fragen der Bewaffnung eindeutig der Bundeskompetenz unterlägen. Sowohl dieses Karlsruher Urteil als auch der Ausgang der nordrhein-westfälischen Landtagswahlen im Juli 1958 — die CDU gewann die absolute Mehrheit — ließen die SPD resignieren. Zwar beschloß der Parteivorstand am 3. September 1958, die Aktion „Kampf dem Atomtod" fortzusetzen, doch entsprechende Aktivitäten der Sozialdemokratie waren nicht mehr zu erkennen.

Und auch in den Gewerkschaften zeichneten sich politische Probleme ab: Am 8. Juli 1958 informierte Richter den Bundesvorstand darüber, daß das Engagement in der Bewegung „Kampf dem Atomtod" zu einer Zerreißprobe im DGB geführt habe; die christlich-soziale Kollegenschaft im DGB unternehme Anstalten, sich organisatorisch zu verselbständigen. Auch in der Vorstandssitzung vom 5. August 1958 wurde dieses Thema diskutiert; zwar bekannten sich die Gewerkschaften des DGB hier erneut zur parteipolitischen Unabhängigkeit; dies sei jedoch nicht mit politischer Neutralität (oder gar Enthaltsamkeit) gleichzusetzen.

Gerade die innerorganisatorischen Probleme trugen wohl — zusammen mit der erkennbaren Erfolglosigkeit der Kampagne — dazu bei, daß sich der DGB bald aus der Anti-Atomtod-Bewegung zurückzog. Weder eine Mitgliederbefragung noch ein außerordentlicher Kongreß könnten — so befürchtete Brenner am 2. September 1958 im DGB-Bundesvorstand — eine „Wendung und neue Belebung bringen". Und Bernhard Tacke, Stellvertretender DGB-Vorsitzender und CDU-Mitglied, konstatierte, die

Bewegung sei offenbar abgeebbt, der Besuch der Kundgebungen sei demgemäß dürftig.[41] Schon hier zeichnete sich die resignative Stimmung ab, in der der DGB-Bundesausschuß dann im Oktober 1958 den Rückzug aus der Kampagne „Kampf dem Atomtod" beschloß.

Sowohl bei den Gewerkschaften als auch bei der SPD war das Interesse an einer erneuten publizistischen Offensive in dieser Frage gering. 1960 schlief der Ausschuß „Kampf dem Atomtod" ein. Neue Themen — vor allem die Berlin-Krise — hatten die Frage der Atombewaffnung überdeckt und rasch verdrängt. Aber auch die Anfänge der Debatte um die Notstandsgesetze wirkten sich in diesem Zusammenhang aus.

## Der Beginn des Konflikts um die Notstandsgesetze

Ausgangspunkt des Konflikts um die Notstandsgesetze war das Bemühen der Regierung, einerseits eine „Lücke" im Grundgesetz zu schließen, andererseits die 1955 mit dem Generalvertrag der Bundesrepublik seitens der westlichen Alliierten verbürgte „volle Macht eines souveränen Staates über ihre inneren und äußeren Angelegenheiten" zu erlangen.

Während die SPD auf eine Aktivität des Parlaments in der Notstandsfrage setzte, war es zunächst die Regierung, die intern Planungen einer Verfassungsergänzung betrieb. Öffentlich bekannt wurden derartige Überlegungen durch eine Rede des zuständigen Bundesinnenministers Gerhard Schröder (CDU) auf einer Tagung der damals noch nicht zum DGB gehörenden Gewerkschaft der Polizei am 30. Oktober 1958;[42] hier erläuterte er die Grundzüge einer Notstandsregelung, die bereits im Dezember dieses Jahres in Form eines zehn Artikel umfassenden Gesetzentwurfes zur Änderung des Grundgesetzes vorgelegt wurde; dieser war — von den Rechtssetzungsbefugnissen der Exekutive bis zur Einschränkung von Grundrechten — weitestgehend an den Generalvollmachten der Weimarer Verfassung für den Notstandsfall orientiert.

Die Vorstellungen Schröders trafen bei Sozialdemokratie und Gewerkschaften, insbesondere bei der IG Metall, überwiegend auf Ablehnung; diese vertraten die Ansicht, die Regelungen des Grundgesetzes seien für die Bewältigung jeder Notstandssituation, vor allem jedes inneren Krisenfalls, völlig ausreichend. Ein politisches Signal von praktischer Bedeutung war

---

41  Siehe Protokoll der Sitzung des Bundesvorstandes des DGB am 2. 9. 1958, S. 8 f. (DGB-Archiv).
42  Gerhard Schröder, Sicherheit heute. Sind unsere Sicherheitseinrichtungen geeignet, auch schwere Belastungsproben auszuhalten? (= Sonderdruck des Bulletins des Presse- und Informationsamtes der Bundesregierung, November 1958).

jedoch der offiziöse Beitrag des sozialdemokratischen Verfassungsexperten Adolf Arndt, der am 21. November 1958 im „Vorwärts" die Mitarbeit seiner Partei bei der Lösung der Notstandsgesetzgebungs-Probleme anbot.

Erst ein gutes Jahr später griff der CDU-Abgeordnete Matthias Hoogen die Anregung Arndts auf und schlug interfraktionelle Gespräche vor, deren Spielraum jedoch gering sein mußte, veröffentlichte Schröder doch kurz nach deren Beginn am 18. Januar 1960 den „Entwurf eines Gesetzes zur Ergänzung des Grundgesetzes" (Schröder-Entwurf). Dieser Entwurf sah die Einfügung eines Artikels 115a über den Ausnahmezustand in das Grundgesetz vor; hiernach konnte die Feststellung des Notstands durch einfache Mehrheit des Bundestages, bei Gefahr im Verzuge sogar durch den Bundeskanzler allein erfolgen; überdies durften wesentliche Grundrechte außer Kraft gesetzt werden, so das Recht auf freie Meinungsäußerung (Art. 5), auf Versammlungsfreiheit (Art. 8), Vereinigungsfreiheit (Art. 9), Freizügigkeit (Art. 11) und Berufsfreiheit (Art. 12).

Der am 18. Januar 1960 vom Bundesinnenministerium vorgelegte Gesetzentwurf wurde noch am selben Tag vom SPD-Präsidium und einen Tag später von der Fraktion abgelehnt. Auch die FDP-Fraktion kritisierte den Schröder-Entwurf entschieden.

Die Kritik der Gewerkschaften fiel schärfer und zugleich grundsätzlicher aus: Bereits am 19. Januar 1960 wandte sich die IG Metall in einer Presseerklärung gegen „den Versuch, mit dem Mittel der staatlichen Gewalt entscheidende demokratische Grundrechte nach Belieben außer Kraft zu setzen"; jegliche Notstandsgesetzgebung sei abzulehnen. Damit wurde der DGB-Bundesvorstand in Zugzwang gebracht, der dann Anfang Februar ausdrücklich den „vorgelegten Entwurf" zurückwies und „aufgrund geschichtlicher Erfahrungen" den Plan mißbilligte, „bei gesellschaftlichen Krisenerscheinungen die demokratischen Rechte der Arbeitnehmer und ihrer Gewerkschaften zu beseitigen". Die Gewerkschaften verstanden die Notstandsgesetzentwürfe der CDU-geführten Bundesregierung mehrheitlich als einen Angriff auf die eigenen Existenzrechte; sie sahen die Notstandsgesetze als Höhepunkt der politischen und juristischen Bemühungen der „Ära Adenauer", Mitbestimmungsrechte und Streikmöglichkeiten der Gewerkschaften nachhaltig zu beschneiden.

Die Position der Kritiker der Notstandsgesetzgebung wurde nicht zuletzt dadurch unterstützt, daß Schröder am 28. September 1960 im Bundestag bekannte, für ihn sei die „Ausnahmesituation [. . .] die Stunde der Exekutive, weil in diesem Augenblick gehandelt werden" müsse.[43] Unsensibler für die Ansprüche einer sich gerade formierenden links-

---

43 Verhandlungen des Bundestages, 3. Wahlperiode, 124. Sitzung am 28. 9. 1960, S. 7177 f.

liberalen Öffentlichkeit konnte man kaum sein. Gerade das Beharren der Regierung auf obrigkeitsstaatlichen und gewerkschaftsfeindlichen Denktraditionen führte zu den ersten, noch vereinzelten kritischen Auseinandersetzungen mit der Problematik der Notstandsgesetzgebung in den „Gewerkschaftlichen Monatsheften"; auch die „Blätter für deutsche und internationale Politik" begannen, sich als Forum der Notstandsgesetzgebungs-Opposition zu profilieren, die vor allem mit den Namen Wolfgang Abendroth, Heinrich Hannover und insbesondere Jürgen Seifert verbunden ist.

Nachdem der IG Metall-Kongreß im Oktober 1960 beschlossen hatte, allen Plänen einer Notstandsgesetzgebung „notfalls mit allen gesetzlichen Mitteln einschließlich des Streiks entgegenzutreten"[44], sah sich die DGB-Spitze genötigt, die Federführung des Dachverbandes für den Fall eines politischen Streiks zu betonen. Der Konflikt zwischen Sozialdemokratie und Gewerkschaften wurde offensichtlich, als sich der Hannoveraner SPD-Parteitag vom November 1960 mehrheitlich der von Parteivorstand und Bundestagsfraktion eingeschlagenen Richtung anschloß: Im Zuge des Gemeinsamkeitskurses der SPD war Bereitschaft zur Zusammenarbeit mit der Regierung die Devise.

Die sich in der Folgezeit verstärkende öffentliche Kontroverse war vor allem von folgenden Problemen bestimmt: Es war umstritten, ob das Grundgesetz nur eine „Schönwetter-Verfassung" sei oder sehr wohl für den Krisen- oder gar Kriegsfall ausreiche; unter dem Eindruck des „Kalten Krieges" schien es fraglich zu sein, ob ohne Vorsorge für den Notstand eine glaubhafte Abschreckung gegenüber dem Ostblock erreicht werden könne; auch erschien den Befürwortern einer gesetzlichen Regelung für den Notstandsfall das parlamentarische System als zu schwerfällig, als daß es in Krisenzeiten funktionstüchtig sein könnte. Auch die Frage der Ablösung der alliierten Vorbehaltsrechte spielte eine wesentliche Rolle. Die Gegner der Notstandsgesetze beharrten jedoch darauf, daß solche „Ermächtigungsgesetze" eine innenpolitische Gefahr unabsehbaren Ausmaßes bedeuteten, was sich konkret in der beabsichtigten Einschränkung der Streik- und Koalitionsfreiheit sowie anderer Grundrechte zeige.

Zwar wurde der Schröder-Entwurf am 28. September 1960 im Bundestag behandelt und dann den Ausschüssen zugeleitet, doch diese setzten den Entwurf nicht einmal mehr auf die Tagesordnung. Nach den Wahlen vom September 1961 löste der CSU-Abgeordnete Hermann Höcherl Schröder im Amt des Bundesinnenministers ab; anders als sein Vorgänger nahm

---

44 IG Metall (Hrsg.), Protokoll des 6. Ordentlichen Gewerkschaftstages der IG Metall für die Bundesrepublik Deutschland, Berlin, 17.—22. Oktober 1960, Frankfurt/M. o. J., S. 398.

Höcherl, in realistischer Einschätzung der sozialdemokratischen Sperrminorität, Kontakt mit den Bundestagsfraktionen, Ländervertretern und Gewerkschaften auf und kündigte einen neuen Gesetzentwurf an.

Die SPD signalisierte ihre Bereitschaft zur Mitarbeit an einer gesetzlichen Regelung mit der Sechs-Punkte-Erklärung der Führungsgremien vom 17. März 1962, die — um einen Punkt erweitert — im Mai 1962 auf dem Kölner Parteitag bestätigt wurde. Nachdem Willi Richter, der DGB-Vorsitzende, in seinem Grußwort Verständnis für die Position der SPD geäußert hatte, wurde mit einer Anzahl von Gegenstimmen und einigen Enthaltungen eine Resolution verabschiedet, in der bei der Notstandsvorsorge die Beachtung folgender Bedingungen gefordert wurde: Es müsse zwischen innerem Notstand, drohendem Verteidigungsfall (Spannungszeit) und äußerem Notstand unterschieden werden; jede Mißbrauchsmöglichkeit zur Unterdrückung innenpolitischer Gegner, zur Drosselung der freiheitlich-demokratischen Grundordnung, insbesondere zu Eingriffen in die Meinungsfreiheit, in die gewerkschaftlichen Rechte und in die Befugnisse von Ländern, Bundesverfassungsgericht und Parlament sei auszuschließen.[45]

Nachdem Otto Brenner, der Vorsitzende der IG Metall, die DGB-Spitze im Januar 1962 brieflich zum Festhalten an der Position grundsätzlicher Notstandsgesetz-Opposition gemahnt hatte, woraufhin der DGB die Federführung in dieser alle Gewerkschaften betreffenden Frage beanspruchte, versteifte sich die Position der Gewerkschaften — vor allem die der IG Metall — im Sommer 1962. Dazu trug gewiß bei, daß der Präsident der Bundesvereinigung der Deutschen Arbeitgeberverbände, Hans Constantin Paulssen, im Juni 1962 auf die Frage, warum die Arbeitgeber zum Beispiel in der letzten Metalltarifrunde nicht einfach die Forderungen der Gewerkschaften zurückgewiesen hätten, geantwortet hatte: Arbeitskämpfe bedeuten eine „solche politische Belastung", daß man sie „ohne Notstandsgesetze und ohne Eingriffsmöglichkeiten des Staates" nicht hätte riskieren können.[46]

Allerdings ist nicht zu übersehen, daß die IG Metall bereits auf ihrem Kongreß 1962 von dem gerade zwei Jahre alten Streikbeschluß abrückte: Gegen einen mit Zweidrittelmehrheit des Bundestages gefaßten Beschluß werde die IG Metall nicht streiken — und ein Generalstreik sei im übrigen Sache des DGB, der diesen auszurufen habe, falls die Rechte der Gewerkschaften aktuell eingeschränkt würden. Im DGB-Bundesausschuß

45 SPD (Hrsg.), Protokoll der Verhandlungen und Anträge vom Parteitag der Sozialdemokratischen Partei Deutschlands in Köln, 26. bis 30. Mai 1962, Bonn o. J., S. 582 f.
46 Siehe z. B. Frankfurter Allgemeine Zeitung vom 20. 6. 1962.

wurde diese Position am 24. Juli 1962 akzeptiert: „Bei Gefährdung der demokratischen Grundrechte sowie bei Gefährdung der unabhängigen Gewerkschaftsbewegung ist es Aufgabe des Deutschen Gewerkschaftsbundes, zu einem allgemeinen Streik aufzurufen."[47] Der DGB beharrte sodann — in einer mit 276 gegen 238 (54 : 46 %) Stimmen angenommenen Resolution — auf seinem Hannoveraner Bundeskongreß vom Oktober 1962 auf der Position grundsätzlicher Ablehnung der Notstandsgesetzgebung, was wohl auch der Verzicht der IG Metall auf die Streikdrohung ermöglicht hatte; unter Hinweis auf die Bedeutung der Gewerkschaften als „Garanten der demokratischen Staats- und Gesellschaftsordnung" und nach einem Bekenntnis „zum demokratischen und sozialen Rechtsstaat" des Grundgesetzes (Art. 20, Abs. 1 und 28, Abs. 1) lehnte der Kongreß „jede zusätzliche gesetzliche Regelung des Notstandes und Notdienstes ab, weil beide Vorhaben geeignet sind, elementare Grundrechte, besonders das Koalitions- und Streikrecht sowie das Recht auf freie Meinungsäußerung, einzuschränken und die demokratischen Kräfte in der Bundesrepublik zu schwächen" (Dokument 26a).

In der Debatte, die zu dieser Resolution geführt wurde, zeigten sich auch die innergewerkschaftlichen Meinungsunterschiede; vor allem Georg Leber, der Vorsitzende der IG Bau, Steine, Erden, neigte — unterstützt von den Vertretern der IG Bergbau und Energie, der Gewerkschaft der Eisenbahner, der Postgewerkschaft und der Gewerkschaft Erziehung und Wissenschaft — der SPD-Linie zu, ging es doch nach seiner Meinung nicht mehr um das Ob, sondern um das Wie der Notstandsgesetze. Auf entschiedene Gegnerschaft stieß diese Position vor allem bei der IG Metall, aber auch bei den Delegierten der IG Druck und Papier, der IG Chemie, Papier, Keramik und der Gewerkschaft Handel, Banken und Versicherungen.

Wenige Tage später — am 31. Oktober 1962 — legte Höcherl einen neuen Gesetzentwurf vor. Der Zeitpunkt hätte kaum ungünstiger gewählt werden können, hatte doch gerade die „Spiegel"-Aktion das Mißtrauen (nicht nur) der Gewerkschaften gegen allzu weitgehende Rechte der Regierung gestärkt. Auch daß im November 1962 Verhandlungen über die Bildung einer Großen Koalition geführt wurden, steigerte die Vorbehalte gegen den Höcherl-Entwurf, der allerdings einige wichtige Veränderungen bot: Erstmals wurde zwischen dem Zustand äußerer und innerer Gefahr unterschieden; auch die Institution eines Notstandsausschusses als Notparlament tauchte hier zum erstenmal auf; die Möglichkeiten von Grund-

---

47 Protokoll der Sitzung des Bundesausschusses des DGB am 24. 7. 1962, S. 12 (DGB-Archiv); gedruckt: Die Quelle 8, 1962, S. 338.

rechtseinschränkungen und das Notverordnungsrecht der Regierung waren allerdings ähnlich wie im Schröder-Entwurf (1960) geregelt. Auch dieser Entwurf stieß bei SPD und Gewerkschaften auf scharfe Kritik. In den Jahren 1963/64 zeigte sich dann sowohl eine Verbreiterung als auch eine Differenzierung der Oppositionsbewegung. So zeichneten sich innerhalb der SPD deutlich schärfer konturierte Diskussionsfronten ab; insbesondere der SPD-Bezirk Hessen-Süd profilierte sich als Gegner der Notstandsgesetze. Auf einzelnen Gewerkschaftskongressen wurde erstmals über Aufklärungs- und Mobilisierungsaktionen unterhalb der Streikdrohung beraten; und in der DGB-Spitze stritt man um die praktisch-politische Auslegung des Kongreß-Beschlusses; die Mittel der Einflußnahme beschränkten sich jedoch nach wie vor auf die Appelle an die Ministerpräsidenten der Länder und an die Bundestagsabgeordneten, die Notstandsgesetzgebung abzulehnen. Die Entwicklung einer breiten Oppositionsbewegung wäre jedoch nicht denkbar ohne das Engagement des Sozialistischen Deutschen Studentenbundes (SDS), der „Kampagne für Abrüstung" und der IG Metall, die Ende 1964, als eine Verabschiedung der Notstandsgesetze näher zu rücken schien, ihre Aufklärungsarbeit intensivierten.

Anfang 1965 verstärkten sich dann die öffentlichen Proteste gegen eine anscheinend kurz bevorstehende Einigung zwischen Regierungs- und Oppositionsparteien über die Notstandsgesetze; erinnert sei nur an den Appell von 215 Professoren an den DGB vom März 1965, am Beschluß von 1962 kompromißlos festzuhalten. Doch der DGB-Bundesvorstand beschloß am 2. Februar und am 4. Mai 1965, nicht zu öffentlichen Kundgebungen gegen die Notstandsgesetze aufzurufen. Er machte seinen Einfluß statt dessen in Gesprächen und in einem Brief an alle Bundestagsabgeordneten vom 15. Mai 1965 geltend. Folgte der DGB also auch den Erwartungen seitens des universitären Protests nicht mit der gewünschten Vehemenz, so war doch das Zusammenwirken von universitär-intellektuellem Protest, der sich in dem am 30. Mai 1965 an der Universität Bonn abgehaltenen Kongreß „Die Demokratie vor dem Notstand" manifestierte, und gewerkschaftlichem Widerstand von nun an das Signum der Debatte um die Notstandsgesetze, die unter diesem Aspekt in der Kontinuität der Atombewaffnungskontroverse vom Ende der fünfziger Jahre stand.

Wohl nicht zuletzt unter dem Druck der Gewerkschaften und des sich verstärkt artikulierenden Widerstandes innerhalb von Parteiuntergliederungen und auch einer breiten Öffentlichkeit beschlossen Parteivorstand, Regierungsmannschaft und Parteirat der SPD einstimmig am 29. Mai 1965 in Saarbrücken, die Notstandsverfassung in der vom Bundestags-Rechtsausschuß unter Ernst Benda (CDU) vorgelegten Form abzulehnen. In 12 Punkten wurden hier — gemessen an den „7 Kölner Punkten" — Bilanz gezogen und zugleich die „alten" Forderungen wiederholt.

Gemäß dieser Stellungnahme der SPD fand auch dieser Gesetzentwurf im Juni 1965 nicht die erforderliche Zweidrittelmehrheit, nachdem er gegen die Stimmen der SPD vom Rechtsausschuß dem Bundestag zugeleitet worden war. Sowohl die jahrelangen Ausschußberatungen als auch die — geheimen — interfraktionellen Begegnungen vom Mai 1965 hatten jedoch die Erwartungen gestärkt, noch vor der Bundestagswahl vom September 1965 sei mit einer Verabschiedung des Gesetzes zu rechnen; vor allem den Gewerkschaften wurde deshalb von den Befürwortern der Gesetze das Umschwenken der SPD angelastet. Die CDU nutzte die Gelegenheit, die SPD im Wahlkampf als „Gefangene der Gewerkschaften" vorzuführen. Nicht zuletzt unter diesem Aspekt sah die SPD die Notwendigkeit, ihre Souveränität zu betonen: Im Juli 1965 wies Willy Brandt, der Kanzlerkandidat der SPD, ausdrücklich die — auf dem Hannoveraner DGB-Kongreß 1962 artikulierte — Position der Gewerkschaften zurück, nach der die Bestimmungen des Grundgesetzes und der Länderverfassungen für den Notstandsfall ausreichten; zudem betonte er die Legitimation der SPD-Politik durch entsprechende Partei(tags)beschlüsse.

War durch das negative Votum der SPD auch die Verabschiedung der Verfassungsergänzung verhindert worden, so wurden im Juni bis September 1965 doch die „einfachen", weil nicht zweidrittelmehrheitspflichtigen Notstandsgesetze — das Wirtschafts-, das Ernährungs-, das Verkehrs- und das Wassersicherstellungsgesetz sowie das Zivilschutzkorps-, das Selbstschutz- und das Schutzbaugesetz — verabschiedet; die SPD stimmte gegen die Sicherstellungsgesetze (bis auf das Wassersicherstellungsgesetz); auf eine allzu rasche Verabschiedung der Gesetze deutet die Tatsache hin, daß die Schutzgesetze mit Rücksicht auf die angespannte Finanzlage aufgrund von nachträglichen Änderungen erst im Laufe des Jahres 1968 in Kraft treten konnten.

Nach den Bundestagswahlen vom September 1965, deren Ergebnis es Ludwig Erhard erneut gestattete, eine CDU/CSU- und FDP-Regierung zu bilden, übernahm Paul Lücke (CDU) das Innenressort. Er bemühte sich von Anfang an um Kontakte zu SPD und Gewerkschaften; auch daß im März 1966 die interfraktionell besetzte „Zwölferkommission" ihre Arbeit aufnahm, um die Notstandsgesetzgebung parlamentarisch vorzubereiten, deutete auf einen „neuen Stil" hin, der der SPD-Fraktion Chancen der „Mitarbeit" anbot. Die bisherige Politik der SPD-Fraktion fand im übrigen auf dem Parteitag im Juni 1966 breite Zustimmung. Der Versuch des Bezirks Hessen-Süd, unter Hinweis auf die Gefahr eines Bruchs zwischen SPD und Gewerkschaften die eigene Position einer grundsätzlichen Ablehnung der Notstandsgesetze mehrheitsfähig zu machen, scheiterte gegen etwa 25 bis 30 Stimmen.

Unterdessen kam Bewegung in die innergewerkschaftliche Diskussion.

Zwar sprach sich die IG Metall im September 1965 wiederum gegen jede Notstandsgesetzgebung aus; und auch der Bundeskongreß des DGB bekräftigte im Mai 1966 nach leidenschaftlicher Debatte mit 251 gegen 182 Stimmen (58 : 42 Prozent) den Beschluß von 1962 (Dokument 26b). Doch in der Resolution war nicht von einer grundsätzlichen Ablehnung jeder Notstandsgesetzgebung die Rede, sondern es wurden bestimmte Bedingungen formuliert: „Die Gewerkschaften lehnen auch weiterhin jede Notstandsgesetzgebung ab, welche demokratische Grundrechte einschränkt und besonders das Versammlungs-, Koalitions- und Streikrecht der Arbeitnehmer und ihrer gewerkschaftlichen Organisationen bedroht." Zu beachten ist jedoch, daß auch die 182 Delegierten, die gegen diese Resolution stimmten, nicht den zuletzt vorgelegten Entwurf befürworteten, sondern mit ihrer Stimmabgabe ihrer Meinung Ausdruck geben wollten, der DGB solle sich an der Beratung der Notstandsgesetze aktiv beteiligen, um dadurch Verbesserungen zu erreichen.

Äußerlich gesehen hatten also die Appelle der sich formierenden außerparlamentarischen Opposition an den DGB durchaus Erfolg, doch in den internen DGB-Beratungen setzte sich die Minderheitsposition durch. So stimmte die im September 1966 gebildete DGB-Kommission „Notstandsgesetzgebung" auf Anregung Brenners zwar dafür, daß die Gewerkschaften an dem für den 30. Oktober 1966 vom Kuratorium „Notstand der Demokratie" geplanten Kongreß teilnehmen sollten. Nach einer Kontroverse im DGB-Bundesvorstand wurde jedoch entschieden, daß sich der DGB weder am Kongreß noch am Kuratorium beteiligen werde. So waren nur einige Einzelgewerkschaften auf dem Kongreß „Notstand der Demokratie" in Frankfurt am Main vertreten: die IG Metall, die IG Chemie, Papier, Keramik, die IG Druck und Papier, die Gewerkschaft Handel, Banken und Versicherungen, die Gewerkschaft Holz und Kunststoff und die Gewerkschaft Leder. Das im August 1966 gegründete Kuratorium „Notstand der Demokratie" hatte seinen Sitz im Haus der IG Metall in Frankfurt, die das Kuratorium zwar finanziell unterstützte, ihm jedoch kein allgemeinpolitisches Mandat zuzubilligen bereit war. Der Kongreß vom 30. Oktober 1966 war also zugleich Höhe- und Endpunkt der einheitlichen Protestbewegung von Studenten, Wissenschaftlern und Gewerkschaftern, deren Auseinanderbrechen dann im „heißen Mai 1968" bei der Verabschiedung der Notstandsgesetze vollends deutlich wurde.

## 4. Unter dem Eindruck des „Wirtschaftswunders": sozialer Wandel, Organisationsprobleme und programmatische Neuorientierung

Vollbeschäftigung, Preisstabilität, Reallohnsteigerungen und Arbeitszeitverkürzung — all das bedeutete, daß weite Kreise der Arbeitnehmerschaft am wachsenden Wohlstand der 50er Jahre Anteil hatten (Tabellen 3c, 4b und 5b). Die Verbesserung des Lebensstandards, die soziale Sicherung für Krisenfälle und die deutlich wachsende (erwerbs-)arbeitsfreie Zeit hatten Folgen, die von den Gewerkschaften zwar frühzeitig erkannt, indessen in ihrer Tragweite für die gewerkschaftlichen Handlungsmöglichkeiten kaum analysiert wurden.

*

Die wirtschaftliche Entwicklung, insbesondere die Erfahrung des „Wirtschaftswunders" konnte nicht ohne Einfluß auf das Bewußtsein der Arbeitnehmerschaft bleiben. All jene, die darauf hofften, das Fortdauern der privatkapitalistischen Wirtschaftsordnung werde „zwangsläufig" zu einem einheitlichen Arbeiterbewußtsein führen, sahen sich — einmal mehr — getäuscht. Schon die Zeit der nationalsozialistischen Diktatur, dann die Verwerfungen der Kriegs- und Nachkriegszeit hatten im Arbeit(nehm)erbewußtsein tiefe Spuren hinterlassen. Das zeigte eine soziologische Untersuchung zum politischen Bewußtsein der Hüttenarbeiter, die 1953/54 durchgeführt worden war; bis auf die Gegenüberstellung „Wir — hier unten" und „Die — da oben" ließen sich kaum Ansätze eines positiv bestimmbaren Klassen- bzw. Solidaritätsbewußtseins der Arbeiterschaft erkennen.[48] Für die Gewerkschaften stellte sich zudem das Problem, daß zu „denen da oben" nicht nur die Unternehmensführungen und die Regierung, sondern vielfach auch Betriebsrat und Gewerkschaftsapparat gezählt wurden.[49]

Nicht ohne Folgen konnte bleiben, daß die traditionellen Arbeitermilieus, die einen wichtigen Rückhalt für die Gewerkschaftsorganisation gebildet hatten, in Auflösung begriffen waren: Die Auswirkungen des Krieges, die Flüchtlinge und Vertriebenen, die Anwerbung ausländischer Arbeitnehmer und dann die gesteigerte Binnenwanderung der Arbeitnehmer sorgten für eine Durchmischung traditioneller Arbeiterwohngebiete;

---

48 Heinrich Popitz, Hans Paul Bahrdt, Ernst August Jüres u. Hanno Kesting, Das Gesellschaftsbild des Arbeiters. Soziologische Untersuchungen in der Hüttenindustrie, Tübingen 1957, bes. S. 237 ff.

49 Heinz Kluth, Im Spannungsfeld der Organisationen, in: Die Neue Gesellschaft 1961, S. 7—15, hier S. 14 f.

der Trend zum „Wohnen im Grünen", der Bau von Wohnsiedlungen vor den Toren der Städte unterstützte die Entwicklung sozial gemischter Wohnbezirke, so daß die früheren Solidaritäts-Strukturen zerstört wurden.

Es wäre jedoch verfehlt, diese Auflösung der Milieus den Gewerkschaften mit ihrer eigenen Wohnungsbaupolitik, vertreten durch die „Neue Heimat", anzulasten. Vielmehr entsprach der Neubau ganzer Stadtviertel bzw. Stadtrandsiedlungen dem akuten Wohnraumbedarf und darüber hinaus den Wünschen einer Vielzahl von Wohnungssuchenden, die der Enge von Hinterhof und Wohnküche wenig romantische Züge abgewinnen konnten. Unleugbar wurden aber mit der Abgeschlossenheit der eigenen Wohnung, mit der zunehmenden Bedeutung des familiären Fernsehabends, mit der langen Fahrt von und zur Arbeitsstätte im eigenen Auto einerseits Tendenzen zur Vereinzelung gefördert, die durch die Verweigerungshaltung gegenüber kollektiven Veranstaltungen — nach den Erfahrungen des „Dritten Reiches" — zudem unterstützt wurden; andererseits wurden damit bei Angestellten und Arbeitern gleichartige Bedürfnisse geschaffen und verstärkt, was zu einer Abschleifung der sozialen Unterschiede führte.

Angesichts der gerade erlebten Katastrophe rückte das Streben nach Sicherheit zu einem der wichtigsten Lebensgrundsätze auf: Beruflicher Aufstieg, familiäre Geborgenheit, Verbesserung der Konsummöglichkeiten und Verweigerung aktiver politischer Beteiligung kennzeichneten den Lebensstil weiter Kreise der Arbeitnehmerschaft. Wohl in zunehmendem Maße wurde die Berufs- als Erwerbstätigkeit empfunden; nicht in der Arbeit, sondern in der Freizeit verwirklichten sich die eigentlichen Lebenswünsche: Nachdem der Nachholbedarf an lebensnotwendigen Gütern gedeckt war, wurde gespart für langlebige Konsumgüter wie Kühlschrank und bald Fernsehapparat, für Auto und Campingausrüstung, für Reisen — bald verstärkt ins südliche Ausland. In einem bisher nicht gekannten Ausmaß bestimmte „Lebensqualität" in der Form von Freizeit-Genuß die soziale Wirklichkeit breiter Arbeit(nehm)erschichten.

Die Verbesserung des Lebensstandards wurde von vielen Arbeitnehmern dem Konto der marktwirtschaftlichen Ordnung gutgeschrieben. Dies galt um so mehr, als Not und Elend der Kriegs- und Nachkriegszeit und der vergleichsweise langsame Wirtschaftsaufstieg in der DDR als Beispiel für die Folgen dirigistischer Staatseingriffe in die Wirtschaft gewertet werden konnten. Das „Wirtschaftswunder" war die Voraussetzung für die breite Anerkennung, die die Politik der „sozialen Marktwirtschaft" fand. Damit verbunden zeigten weite Kreise der Arbeitnehmerschaft eine positive Grundeinstellung zur privatkapitalistischen Wirtschaftsordnung, positiv zumindest in dem Sinne, daß eine gerechte Lösung der Interessenkonflikte auf dem Boden dieser Ordnung als möglich galt. Ob dazu indessen

Gewerkschaften nötig seien, schien einer großen Zahl von Arbeitnehmern durchaus fraglich zu sein; individueller Aufstieg, das erschien vielen zumindest als ebenso aussichtsreicher Weg, um die Lebenssituation zu verbessern.

Auch weite Kreise der Arbeiterschaft begriffen sich mehr und mehr als Teil der Mittelschicht. Die fortschreitende Technisierung der Produktion führte über Spezialisierungs- und Qualifikationsveränderungen zu einer zunehmenden Auffächerung der Arbeiterschaft: Während hochqualifizierte Facharbeiter in beruflicher Funktion, Einkommenshöhe und Lebensstandard mit höheren Angestelltenpositionen gleichzogen, verharrten die un- oder angelernten Arbeiter, gerade hier insbesondere Frauen, auf den niedrigeren sozialen Rängen. Doch bei der Beamten- und Angestelltenschaft, deren Anteil an der Erwerbsbevölkerung zwischen 1950 und 1960 von 20,0 auf 28,1 % anwuchs, verfestigte sich das „Sonderbewußtsein", das von der Abgrenzung gegenüber der Arbeiterschaft lebte: Saubere Bürotätigkeit, geistige Qualifikation, Nähe zur Unternehmensführung, bessere arbeitsrechtliche und soziale Sicherung und ein mit wachsendem Lebensalter steigendes Einkommen bestätigten zusammen mit dem höheren Sozialprestige das Eigenwertbewußtsein der Angestellten, die Formen kollektiver Interessenvertretung als verzichtbar, wenn nicht „unter ihrer Würde" einstuften. Zwar vollzog sich gerade in den fünfziger Jahren ein sozialer Angleichungsprozeß zwischen Angestellten- und Arbeiterschaft; doch weite Kreise der Angestelltenschaft blieben ihrer Selbsteinschätzung treu, sie seien die eigentlichen Träger des „neuen Mittelstandes".

Aber es ist fraglich, ob man diese Entwicklung zutreffend mit dem Begriff der „nivellierten Mittelstandsgesellschaft" beschreiben kann, einer „nivellierten kleinbürgerlich-mittelständischen Gesellschaft, die ebensowenig proletarisch wie bürgerlich ist, d. h. durch den Verlust der Klassenspannung und sozialen Hierarchie gekennzeichnet wird".[50] Gewiß waren die Tendenzen zur Abschleifung der Einkommensdifferenzen etwa zwischen Arbeitern und Angestellten sowie der unterschiedlichen Zugangs-Chancen zu den Konsum- und Unterhaltungsmöglichkeiten unübersehbar, was zu der — je nach Standort — bangen oder hoffnungsvollen Frage führte: Gibt es noch ein Proletariat?[51] Doch was die Abhängigkeit am Arbeitsplatz, das höhere Risiko der Arbeitslosigkeit und die vielfach verpönte Körperlichkeit der Arbeit anlangte, blieben die Benachteiligungen der Arbeiterschaft

---

50 Helmut Schelsky, Wandlungen der deutschen Familie der Gegenwart. Darstellung und Deutung einer empirisch-soziologischen Tatbestandsaufnahme, 2. Aufl., Stuttgart 1954, S. 218.
51 Hans Paul Bahrdt, Walter Dirks u. a., Gibt es noch ein Proletariat?, Frankfurt/M. 1962, 2. Aufl. 1969.

weiterhin erkennbar; die Arbeiterschaft ging also nicht in der Masse der Erwerbstätigen auf. Und unter gesamtgesellschaftlichem Aspekt ließ das „Ideal" der nivellierten Mittelstandsgesellschaft allzu offensichtlich die Probleme der unausgewogenen Vermögensverteilung, der ungleichen Bildungschancen und der unterschiedlich verteilten wirtschaftlichen und politischen Einflußmöglichkeiten unberücksichtigt. Sie konnten wohl nur deswegen übergangen werden, weil sie für das Bewußtsein breiter Arbeitnehmerschichten keine große Rolle (mehr) spielten. Mit dem Rückzug ins Private entwickelte sich eine — angesichts früherer Erfahrungen gewiß erklärbare — Beschränkung auf die Zuschauerrolle in der Politik, von der auch die Gewerkschaften betroffen wurden.

*

Wie gesagt, blieb der Wandel „des" Arbeitnehmerbewußtseins nicht ohne Auswirkungen auf die Gewerkschaften. Zwar konnten die Gewerkschaften insgesamt auf Erfolge ihrer tarif- und sozialpolitischen Aktivitäten verweisen, doch einen deutlichen Mitgliederzustrom löste das nicht aus. Ein Blick allein auf die stetig wachsenden Mitgliedszahlen, die von fast 5,4 Millionen im Jahre 1950 auf 6,57 Millionen im Jahre 1965 anstiegen (Tabelle 1c), täuscht; denn gemessen an der zunehmenden Zahl der Erwerbstätigen, die im selben Zeitraum von 14,5 auf 21,6 Millionen wuchs, war dies gewiß kein überwältigendes Ergebnis. Auch wenn man die DAG, deren Mitgliedschaft von 343.000 (1951) auf 475.000 (1965) anwuchs (Tabelle 1c), mitzählt, fiel der Organisationsgrad von 1951 bis 1965 von 38,6 auf 32,6 %.[52]

Diese Entwicklung war auf ganz unterschiedliche Faktoren zurückzuführen. Betrachten wir zunächst die Strukturveränderungen der Arbeitnehmerschaft, die sich direkt auf die Entwicklung einzelner Gewerkschaften auswirkten. Der vom Bedeutungsverlust einzelner Branchen verursachte Rückgang der Beschäftigtenzahlen schlug auf die betroffenen Gewerkschaften voll durch: So fielen im Zeitraum von 1950 bis 1965 die Mitgliedszahlen der Gewerkschaft Leder von 95.000 auf 74.000, die der Gewerkschaft Gartenbau, Landwirtschaft und Forsten von 98.000 auf 67.000, die der Gewerkschaft Holz von 180.000 auf 121.000, die der Gewerkschaft Textil und Bekleidung von 387.000 auf 310.000 und die der IG Bergbau und Energie von 534.000 auf 319.000. Als ausgesprochene Wachstumsgewerkschaften in Wachstumsbranchen erwiesen sich die IG Metall (1,28 auf 1,74 Millionen), die Gewerkschaft Öffentliche Dienste, Transport und Verkehr

---

52 Nach Wolfgang Streeck, Gewerkschaften als Mitgliederverbände. Probleme gewerkschaftlicher Mitgliederrekrutierung, in: J. Bergmann (Hrsg.), Beiträge zur Soziologie der Gewerkschaften, S. 72—110, hier S. 102.

(726.000 auf 970.000), die IG Chemie, Papier, Keramik (389.000 auf 496.00), die IG Bau, Steine, Erden (376.000 auf 436.000) und die Deutsche Postgewerkschaft (190.000 auf 323.000). Ein Bild der Stagnation boten demgegenüber die IG Druck und Papier (122.000 auf 129.000) und die Gewerkschaft Nahrung, Genuß, Gaststätten (244.000 auf 256.000).

Alle Gewerkschaften aber hatten zwischen 1950 und 1965 eine Verminderung des Organisationsgrades zu verzeichnen: Er fiel bei der IG Metall von 53,0 auf 34,2 %, bei der IG Chemie von 51,3 auf 36,6 %, bei der IG Bau von 30,2 auf 19,2 %. Auffallend hoch blieb er jedoch bei der IG Bergbau, die in ihrer bald von Krisen geschüttelten Branche „nur" ein Absinken des Organisationsgrades von 90,4 (1950) auf 68,5 % (1965) hinnehmen mußte.

Die Gewerkschaften hatten offenbar auch in den fünfziger Jahren Schwierigkeiten, den Strukturveränderungen der Arbeitnehmerschaft zu folgen. Zwar sank der Anteil der Arbeiter und Arbeiterinnen an der Gewerkschaftsmitgliedschaft von 83,1 % (1950) auf 77,8 (1966) und der der Angestellten bzw. Beamten stieg von 10,4 auf 13,2 % bzw. von 6,5 auf 9 %, doch damit waren Arbeiter(innen) immer noch weit überrepräsentiert, betrug ihr Anteil an der Zahl der Arbeitnehmer doch 1966 „nur" noch 59 %. Die Gewerkschaften vollzogen also die Veränderungen der Arbeitnehmerschaft nur sehr schleppend und unvollkommen nach.

In den fünfziger Jahren gelang es den Gewerkschaften nicht, einen nennenswerten Durchbruch in der Angestelltenorganisation zu erreichen: Während der Organisationsgrad bei Arbeitern und Arbeiterinnen Anfang der sechziger Jahre um die 40 % betrug, lag er bei Angestellten — DGB- und DAG-Verbände zusammengenommen — bei 18/19 %.[53]

Auch die Organisation von Frauen ließ zu wünschen übrig: Der Frauenanteil stagnierte, lag er doch 1950 wie 1965 bei etwa 16 %. Dennoch: Wenigstens auf diesem Gebiet konnten die Gewerkschaften, die bereits 1949 Richtlinien zur Frauenarbeit[54] verabschiedet hatten, organisatorisch mit der Zunahme der Frauenerwerbsarbeit Schritt halten — ohne indessen ihre schwache Position zu verbessern (Tabelle 1c).

Probleme erwuchsen auch aus dem Trend zur Überalterung der Mitgliedschaft: Waren 1963/64 nur 51 % aller männlichen Arbeitnehmer über 35 Jahre alt, so betrug deren Anteil an der Gewerkschaftsmitgliedschaft 72 %.[55] Mit einer Verstärkung der Jugendarbeit versuchten die

---

53 Ebd., S. 103 f.
54 Protokoll. Gründungskongreß des DGB, München, 12.—14. Oktober 1949, Köln 1950, S. 337 f. und Geschäftsbericht 1950—51, hrsg. vom DGB-Bundesvorstand, Düsseldorf o. J., S. 599 ff.
55 Walter Nickel, Zum Verhältnis von Arbeiterschaft und Gewerkschaft. Eine soziologische Untersuchung über die qualitative Struktur der Mitglieder und des Mitgliederpotentials der Gewerkschaften in der Bundesrepublik Deutschland, Köln 1972, S. 119.

Gewerkschaften ab Anfang der sechziger Jahre die Altersstruktur der Mitgliedschaft zu verbessern; dabei ging es nicht nur um berufliche Qualifikationsmaßnahmen, sondern vor allem um gesellschaftspolitische Bildungsveranstaltungen und politische Mobilisierung, deren Stoßrichtung das 1970 gegründete Jugend-Magazin „ran" symbolisierte.

Veränderungen der Wirtschafts- und Sozialstruktur einerseits, die Erfahrungen von „Wirtschaftswunder" und „Kaltem Krieg" andererseits prägten gemeinsam den Organisationserfolgen der Gewerkschaften ihren Stempel auf. Mit der Zunahme der Angestelltenschaft und der steigenden Erwerbstätigkeit von Frauen, mit der Anwerbung von ausländischen Arbeitnehmern und mit der Eingliederung von Flüchtlingen und Vertriebenen nahm der Anteil von Arbeitnehmergruppen zu, die nur schwer zu organisieren waren. Das Fortwirken eines ständischen Sonderbewußtseins bei den Angestellten, die speziellen Rollen- und Belastungsprobleme von Frauen, die Orientierung an kurzfristigen Einkommenszielen und politische Abwehrhaltungen bei Flüchtlingen und Vertriebenen und zusätzlich Sprachbarrieren und traditionelle Bindungen bei den ausländischen Arbeitnehmern erschwerten die Werbung.

Auch in den fünfziger Jahren bildeten die männlichen Facharbeiter das Rückgrat der Gewerkschaftsorganisation; eine starke Position hatten die Gewerkschaften überdies eher in Großbetrieben und in Großstädten. Einen Einblick in die Stärkeverhältnisse der Gewerkschaften gestatten die Ergebnisse z. B. der Betriebsrätewahlen 1963 bzw. 1965: 82,2 bzw. 82,7 % aller Mandate entfielen auf den DGB, 3,6 bzw. 3,4 % auf die DAG, 1 bzw. 0,7 % auf sonstige Organisierte (u. a. CGB) und 13,2 % auf Nicht-Organisierte. Und bei den Personalratswahlen 1962 und 1966 erreichte der DGB jeweils 73,6 bzw. 74,8 % der Mandate.[56] Setzten sich bei den Betriebsräte- bzw. Personalratswahlen auch weitgehend die DGB-Listen durch, so kann dies doch nicht über die Probleme der Mitgliederstruktur hinwegtäuschen: Noch hatten die Gewerkschaften keine Antwort auf die Veränderungen der Wirtschaftsstruktur gefunden; auch die Anfang der sechziger Jahre verstärkte Agitationsarbeit trug nicht so rasch Früchte. Erst ein neues politisches Klima ließ die Gewerkschaften ab Mitte der sechziger Jahre Anschluß an die sozialen Wandlungsprozesse gewinnen.

*

Wie versuchten die Gewerkschaften, sich diesem Wandel von sozialer Realität und politischem „Zeitgeist" zu stellen? Ende der fünfziger Jahre

---

56 Geschäftsbericht des Bundesvorstandes des DGB 1962—1965, Düsseldorf o. J., S. 153; ders. 1965—1968, S. 128.

schien es zum einen darum zu gehen, die Schlagkraft der Organisation, die Führungsrolle des DGB zu stärken; und zum anderen wurden Überlegungen angestellt, die „Wirtschaftspolitischen Grundsätze" aus dem Jahre 1949 (Dokument 24) durch ein neues Programm zu ersetzen.

Betrachten wir zunächst die Bestrebungen zur Organisationsreform: Angesichts der unterschiedlichen Stärke der Gewerkschaften ist es nicht verwunderlich, daß es immer wieder zu Konflikten um Aufgaben und Einfluß des DGB kam. Während kleinere Gewerkschaften, zu deren Sprecher sich z. B. Georg Leber von der IG Bau, Steine, Erden machte, für eine Stärkung des DGB eintraten, sahen die Vertreter großer Verbände, voran Otto Brenner von der IG Metall, darin eher eine Schwächung des eigenen Einflusses. Auf dem DGB-Kongreß in Stuttgart 1959 trafen die gegensätzlichen Positionen aufeinander; der Konflikt um die Stellung des DGB wurde gewiß durch die Überlegungen zur Vorbereitung eines neuen Gewerkschaftsprogramms überlagert, für die Willi Richter, Vorsitzender seit 1956, und Ludwig Rosenberg als Leiter der Hauptabteilung Wirtschaft beim DGB-Bundesvorstand warben. Jedenfalls wurde 1959 beschlossen, die Struktur der DGB-Gewerkschaften zu reformieren; Ziel sollte eine Straffung der Entscheidungsstrukturen und eine bessere Ausstattung des DGB mit Geld und Machtbefugnissen sein.

Drei Jahre später, 1962 auf dem Kongreß in Hannover, wurde eine Reihe von Satzungsänderungen verabschiedet.[57] Eine durchgreifende Reform zur Vereinheitlichung der Struktur der Einzelgewerkschaften und zur Stärkung des Dachverbandes kam indessen nur behutsam zustande: So erhielt der Geschäftsführende DGB-Bundesvorstand die Erlaubnis, „in Fragen von besonderer Bedeutung die erforderlichen Maßnahmen zu treffen, wenn die Entscheidung unaufschiebbar ist". Außerdem wurde in § 3 der Satzung festgelegt, daß nicht mehr nur für den DGB, sondern „für die Gewerkschaften [...] die Beschlüsse und Richtlinien des Bundeskongresses, des Bundesausschusses und des Bundesvorstandes bindend" seien.

Gerade mit Blick auf die sich in den sechziger Jahren regenden Bestrebungen zur Stärkung der innerverbandlichen Demokratie mußte aber die Festigung der Position des DGB-Bundesvorstandes gegenüber seinen Untergliederungen als problematisch gelten; denn einerseits wurden die Direktionsbefugnisse des Bundesvorstandes gegenüber den DGB-Kreisen und -Landesbezirken erweitert; insbesondere fällt auf, daß die gewählten Landesbezirks- und Kreisvorstandsmitglieder u. U. vom Bundesvorstand abgesetzt werden können; und andererseits verloren die DGB-

---

57 DGB (Hrsg.), Protokoll. 6. Ordentlicher Bundeskongreß Hannover, 22. bis 27. Oktober 1962, Düsseldorf o. J., S. 991 ff.

Kreise ihr direktes Antragsrecht zum Bundeskongreß. Zwar wurde also die DGB-Organisation zentralisiert, aber ob dies eine Stärkung der Organisation insgesamt bedeutete, ist doch fraglich.

Wohl zum einen, daß die SPD sich mit dem Godesberger Programm 1959 anschickte, die programmatischen Konsequenzen aus den Veränderungen der politischen und sozialen Landschaft im Laufe der fünfziger Jahre zu ziehen, und zum anderen die eigenen programmatischen Defizite führten zum Beschluß des Stuttgarter DGB-Kongresses 1959, ein neues Programm auszuarbeiten. Schon die Beratungen zur Satzungsreform waren nicht nur von den unterschiedlichen Interessen der großen und kleinen Verbände, sondern auch vom Konflikt um Ziele und Strategie der Gewerkschaften geprägt worden. Da war es kein Zufall, daß diejenigen, die die Macht des DGB stärken wollten, zugleich für eine Neuorientierung der Programmatik eintraten. Vor allem Georg Leber war es, der — mit dem Rückenwind des Godesberger Programms — nun die Gewerkschaften auf die Anerkennung der demokratischen Republik und der gegebenen Wirtschaftsordnung verpflichten wollte. Sozialpartnerschaft und konsequente wirtschaftliche Interessenvertretung auf dem Boden der gegebenen Verhältnisse war die Devise. Unterstützung fand Georg Leber insbesondere bei Heinrich Gutermuth von der IG Bergbau und Energie und beim Vorstand des DGB, an dessen Spitze 1962 Ludwig Rosenberg gewählt wurde.

Wer war der neue DGB-Vorsitzende, dessen persönliche Ausstrahlung der Gewerkschaftsbewegung ein gut Teil des traditionellen Arbeiter- oder auch Klassenkampf-Images nahm? Ludwig Rosenberg wurde 1903 in Berlin als Sohn eines Kaufmanns geboren. Nach dem Besuch des Realgymnasiums war er zunächst im väterlichen Geschäft tätig. 1923 wurde er Sozialdemokrat und engagierte sich im Hirsch-Dunckerschen Gewerkschaftsbund der Angestellten, für den er seit 1928 hauptamtlich arbeitete. Von 1933 bis 1946 lebte Rosenberg, als Jude und Gewerkschafter auf der Flucht vor den Nationalsozialisten, in England; er arbeitete als Journalist und Dozent und war Mitglied der Landesgruppe deutscher Gewerkschafter. Nach seiner Rückkehr nach Deutschland wurde er zunächst Sekretär beim Zonensekretariat der britischen Zone in Bielefeld, 1948 beim Gewerkschaftsrat der vereinigten Zonen. Ab 1949 arbeitete er beim Bundesvorstand des DGB, bis 1952 als Leiter der Abteilung Ausland, ab 1954 der Abteilung Wirtschaft. In den Auseinandersetzungen um die wirtschaftspolitischen Vorstellungen Viktor Agartz's profilierte sich Rosenberg als Verfechter marktkonformer Ideen; dies — zusammen mit seiner auf Toleranz gegründeten Integrationskraft — empfahl ihn 1959 für die Wahl zum stellvertretenden DGB-Vorsitzenden, bevor er 1962 an die Spitze des DGB trat.

Seine Integrationsfähigkeit und sein diplomatisches Geschick sollten sich vor allem in den Auseinandersetzungen um das Grundsatzprogramm 1963 bewähren, in denen sich (natürlich) auch die IG Metall und Otto Brenner zu Wort meldeten. Anders als Rosenberg ging Brenner aus von der Fortexistenz der Klassengesellschaft. Für ihn war klar: „Geblieben ist nicht nur die abhängige Lage der Arbeitnehmer, ihr bescheidener Anteil am Sozialprodukt, ihre allgemeine Existenzunsicherheit. Geblieben und gewachsen sind vor allem Macht und Einfluß der Unternehmer, die Riesengewinne der Wirtschaft, ihre Finanzierung und Ausdehnung auf Kosten der Verbraucher und der arbeitenden Schichten. Mit einem Wort: Geblieben ist die Klassengesellschaft." Brenner zog daraus den Schluß, man müsse an den Forderungen des Münchener Programms „nach Überführung der Schlüsselindustrien in Gemeinwirtschaft, nach Mitbestimmung und volkswirtschaftlicher Planung" festhalten.[58] Und auch auf dem IG Metall-Kongreß 1960 trat er für die Kernforderungen von 1949 ein, solle das neue Programm doch eine „Verbesserung und nicht eine Verwässerung des alten" bringen.[59]

Auf dem 6. DGB-Kongreß 1962 in Hannover prallten die politischen Gegensätze aufeinander, und zwar in der Debatte zur Notstandsgesetzgebung. Die Programmdebatte wurde hingegen auf einen außerordentlichen Kongreß vertagt, da bisher keine ausreichende Diskussion des Programm-Entwurfs in den gewerkschaftlichen Untergliederungen möglich gewesen sei.

Die folgenden Monate wurden in der Tat für die Diskussion genutzt. Dem Düsseldorfer DGB-Kongreß, der 1963 tagte, lagen 262 Abänderungsanträge vor, die sich vielfach gegen die von manchem Antragsteller bemängelte Anpassung an die gegebenen Verhältnisse wandten. Der Einfluß der kritischen Anträge zeigte sich z. B. in der Präambel (Dokument 27), in deren verabschiedeter Fassung betont wurde, daß die „kapitalistische Wirtschaftsordnung dem Arbeitnehmer die gesellschaftliche Gleichberechtigung verwehrt, seine Person der Willkür des Unternehmers unterworfen, seine Arbeitskraft dem Marktgesetz ausgeliefert, seine soziale Sicherheit dem Gewinnstreben untergeordnet hat, soziale Mißstände und Krisen verursacht". Und gerade mit Blick auf die Debatte um die Notstandsgesetze wurde in der Präambel versichert, der DGB und die Gewerkschaften bekämpften „alle Versuche, die im Grundgesetz der Bundesrepublik verankerten Rechte einzuschränken oder aufzuheben".

---

58 Otto Brenner, Soziale Sicherheit und gesellschaftlicher Fortschritt, in: Protokoll des 5. Gewerkschaftstages der IG Metall, Nürnberg 1958, S. 196 ff., hier S. 204 und 215.
59 Protokoll des 6. Gewerkschaftstages der IG Metall, 1960, S. 230.

Damit bot das Grundsatzprogramm, das 1963 in Düsseldorf — nun unter dem DGB-Vorsitz von Ludwig Rosenberg — verabschiedet wurde, Ansätze zur Integration der unterschiedlichen Positionen. Es basierte auf einer weitgehenden Anerkennung der Wirtschafts- und Gesellschaftsstruktur, die sich in der Nachkriegszeit entwickelt hatte. Das Bekenntnis zur „sozialen Marktwirtschaft" wurde jedoch ergänzt durch die Forderung nach staatlichen Lenkungsmaßnahmen von der volkswirtschaftlichen Gesamtrechnung bis hin zur Vergesellschaftung von Schlüsselindustrien als ein Mittel der Wirtschaftspolitik, die eine der freien Entfaltung des einzelnen und der Menschenwürde entsprechende Wirtschaftsordnung herzustellen verpflichtet sei. Die paritätische Mitbestimmung gehörte zudem zu den zentralen ordnungspolitischen Forderungen. Anknüpfend an die Ideen einer antizyklischen Konjunkturpolitik gingen die Gewerkschaften davon aus, die Krisen der Wirtschaftsentwicklung seien mit entsprechend gegensteuernden Aktivitäten staatlicher Wirtschaftspolitik abzuschwächen, wenn nicht zu vermeiden.

Die wirtschafts- und sozialpolitischen Grundsätze von 1949 wurden außerdem durch kulturpolitische Zielbestimmungen ergänzt. Ausgehend von dem Grundgedanken, eine Demokratisierung der Gesellschaft sei nur möglich, wenn auch das Bildungswesen demokratisiert würde, wurden im Grundsatzprogramm sowohl zur beruflichen Bildung als auch zur Bildung in Schule und Hochschule Reformen gefordert, die Durchlässigkeit der Bildungswege und Chancengleichheit verwirklichen sollten. Die Gewerkschaften zogen mit dieser programmatischen Verbreiterung die Konsequenz aus ihrer eigenen Praxis, zu der eben nicht nur tarifpolitischer Konflikt und sozialpolitische Initiativen, sondern auch die Ruhrfestspiele in Recklinghausen, die Büchergilde Gutenberg, der Bundesarbeitskreis „Arbeit und Leben", die „Akademie der Arbeit" in Frankfurt/M., der Kulturpreis des DGB u. a. m. gehören.

Das Grundsatzprogramm war jedoch nicht „aus einem Guß": Thesenhafte Kapitalismuskritik einerseits, Anerkennung der marktwirtschaftlichen Ordnung andererseits standen im Programm nebeneinander, ohne daß sie zu einem einheitlichen Gesellschaftsmodell oder gar einer geschlossenen Strategieplanung verbunden wären. Die Gewerkschaften versuchten mit diesem Programm, „auf der Höhe der Zeit" zu sein, „modern" zu sein — und ließen sich dabei von einem Optimismus über die Vermeidbarkeit kapitalistischer Krisen und über die Chancen eines sozialen Ausgleichs tragen, der erst recht das Kennzeichen des folgenden Jahrzehnts werden sollte.

Der Bundesvereinigung der Deutschen Arbeitgeberverbände ging die Anerkennung der gegebenen Wirtschaftsordnung durch das DGB-Programm jedoch nicht weit genug. Für sie war klar, daß eine Reihe von

„Forderungen des DGB, die im Widerspruch zu unserer freiheitlichen Wirtschafts- und Gesellschaftsverfassung stehen, [. . .] sich im Falle ihrer Verwirklichung zum Schaden des ganzen Volkes auswirken müßten". Insbesondere die Forderung nach Ausweitung der Mitbestimmung, nach zentralen Lenkungsmaßnahmen, nach nachträglicher Umverteilung und nach Überführung von Schlüsselindustrien in Gemeineigentum zeigten, daß der DGB nur die Rechte, nicht aber die Pflichten der Gewerkschaften als den „Mitträgern unserer freiheitlichen Gesellschaftsordnung" sehe.[60]

Damit waren die Ausgangspositionen festgelegt, mit denen Gewerkschaften und Arbeitgeber in ein Jahrzehnt der gesellschaftlichen Neuorientierung und Modernisierung eintraten: Die Gewerkschaften als sozialreformerische Kraft, die auf dem Boden der gegebenen Verhältnisse insbesondere eine Demokratisierung von Staat und Gesellschaft erreichen will; die Arbeitgeber als Verteidiger des in ihren Augen bewährten freiheitlichen Wirtschaftssystems, das gegen jeden Mitspracheanspruch von Staat und/oder Gewerkschaften abgeschirmt werden müsse.

Daß die Verabschiedung des Grundsatzprogramms die Spannung zwischen gewerkschaftlichen Zukunfts- und Gegenwartsforderungen nur unzureichend ausgeglichen hatte, machte im Grunde die schon wenige Jahre später empfundene Notwendigkeit deutlich, das Aktionsprogramm aus dem Jahre 1955 zu überarbeiten. „Die Erfolge bei der Durchsetzung" dieses Programms „ebenso wie die rasche Veränderung der Lebens- und Arbeitsbedingungen machten" — so hieß es im DGB-Geschäftsbericht 1962/65 — „seine Anpassung an die gesellschaftliche Entwicklung notwendig".[61] Das am 23. März 1965 in einer Pressekonferenz der Öffentlichkeit übergebene Aktionsprogramm unterschied sich denn auch in wesentlichen Punkten von seinem Vorgänger: Gegliedert in zehn, statt in fünf Kapitel und ergänzt durch eine Präambel bot das Aktionsprogramm eine optimistische Bilanzierung der bisherigen Erfolge einerseits und versprach den entschiedenen Einsatz für die bislang nicht erreichten Ziele andererseits.

Die im Grundsatzprogramm (1963) bereits vollzogene Ausdehnung der von den Gewerkschaften als ihr Aufgabenfeld erkannten politischen Problembereiche prägte auch das Aktionsprogramm: Neben den traditionellen Forderungen nach Arbeitszeitverkürzung, Lohnerhöhung, Verbesserung des Arbeitsschutzes, Ausbau der Mitbestimmung, gerechter Vermögensverteilung und Sicherung der Arbeitsplätze wurden hier auch

---

60 Abgedruckt in: Arno Klönne, Demokratischer und sozialer Rechtsstaat. Dokumente zur Gewerkschaftspolitik, Bochum 1964, S. 133 f.
61 Geschäftsbericht des Bundesvorstandes des Deutschen Gewerkschaftsbundes 1962 bis 1. Halbjahr 1965, Düsseldorf o. J., S. 6; hier auch die Inhaltsangabe des Aktionsprogramms.

Maßnahmen der sozialen Infrastruktur angesprochen, speziell in den Bereichen von Bildungspolitik, Wohnungsbau und Gesundheitswesen. Doch die neu hinzugekommenen Forderungen ließen sich in ihrem pragmatischen Grundzug kaum übertreffen: Ziele der Tarifpolitik waren Zahlung eines 13. Monatsgehalts, Sicherung der sogenannten freiwilligen Leistungen, Beitrag für eine gerechte Vermögensverteilung und 4 Wochen Mindesturlaub. Ergänzt wurde der Katalog u. a. durch die Forderungen nach Herabsetzung der allgemeinen Altersgrenze in der Rentenversicherung, nach ausreichendem gesetzlichen Mieterschutz und nach Einführung des 10. Schuljahres. Im Mittelpunkt aber stand — wie Otto Brenner, der Vorsitzende der Aktionsprogramm-Kommission, in der erwähnten Pressekonferenz betonte — die Frage der Einführung der vollen wirtschaftlichen Mitbestimmung in der gesamten Großwirtschaft. Die Mitbestimmungsforderung rückte Mitte der 60er Jahre eindeutig zum zentralen Ziel auf, über das es innerhalb der Gewerkschaften kaum Unstimmigkeiten gab. Auch die DAG unterstützte auf ihrem Kongreß 1963 diese Forderung weitgehend, beharrte indessen darauf, daß im Betriebsverfassungsgesetz die Sonderstellung der Angestellten stärker berücksichtigt werden müsse. Und die Katholische Arbeiterbewegung bekannte sich in ihrer gesellschaftspolitischen Grundsatzerklärung vom 24. April 1964 ebenfalls zur Ausdehnung der paritätischen Mitbestimmung auf alle Großunternehmen.[62]

Das Aktionsprogramm des DGB wurde im Frühjahr mit großem Werbeaufwand publiziert; es stand im Mittelpunkt der Kundgebungen zum 1. Mai 1965. Ob die Einzelforderungen indessen wirklich zündeten, mag bezweifelt werden; nicht die Massenmobilisierung, sondern die Veränderung der politischen Landschaft Mitte der sechziger Jahre bot jedoch konkrete Chancen zur Verwirklichung der gewerkschaftlichen Ziele.

---

62 Die Dokumente von DAG und KAB abgedruckt in: A. Klönne, Demokratischer und sozialer Rechtsstaat, S. 135 ff.

# XII. Aufbruch zu neuen Ufern: die Gewerkschaften in den Jahren gesellschaftlicher Reformpolitik 1966 bis 1974/76

Mit dem Ende der „Ära Adenauer" und dem Amtsantritt Ludwig Erhards (CDU) als Bundeskanzler im Oktober 1963 sowie mit dem Gemeinsamkeitskurs der SPD, der die Weichen zur Bildung der Großen Koalition stellte, begann eine Zeit des zunächst vorsichtigen, dann beschleunigten Abbröckelns der politischen Verkrustungen der fünfziger Jahre: Der Mauerbau am 13. August 1961 hatte die Erfolglosigkeit der bisherigen deutschen Ostpolitik erwiesen und geradezu ein Überdenken des Verhältnisses zur DDR und zum Ostblock herausgefordert. Die Zulassung der Gründung einer kommunistischen Partei, der DKP, war ebenso Zeichen eines gestiegenen politisch-demokratischen Selbstbewußtseins wie des Willens, die starren Fronten des „Kalten Krieges" zu lockern. Der „Bildungs-Notstand", der bald zum geflügelten Wort wurde, schien die Zukunftschancen der Bundesrepublik als eines hochentwickelten Industriestaates zu gefährden und begründete den Ruf nach einer Mobilisierung der Bildungs-Reserven in allen Schichten der Bevölkerung. Überdies zeigten sich, kaum daß sich die Gewerkschaften programmatisch auf den Boden der ein — vermeintlich — endloses Wirtschaftswachstum verbürgenden marktwirtschaftlichen Ordnung gestellt hatten, die ersten deutlichen Anzeichen konjunktureller und struktureller Probleme, die dann mit der Rezession 1966 offen zutage traten; staatliches Eingreifen, das die CDU/CSU-Regierung unter der Führung Erhards vorwiegend durch Maßhalte-Appelle und die Idee der „Formierten Gesellschaft" ersetzte, wurde in zunehmendem Maße als Erfordernis der Stunde erkannt. Vor allem aber der sich auch aus der Gegnerschaft gegen die satte Selbstgerechtigkeit des „CDU-Staates", gegen den allenthalben entdeckten „Muff" und gegen schematisches Freund-Feind-Denken in der Mitte der sechziger Jahre formierende Jugendprotest leistete zusammen mit zahlreichen Links-Intellektuellen Schrittmacherdienste für einen Wandel des „Zeitgeistes", dessen Schlagworte Reform, Demokratisierung und Emanzipation lauteten. Einige Jahre lang sah es so aus, als gehe mit den Gewerkschaften „die neue Zeit".

# 1. Gewerkschaften in der Politik: Mitverantwortung und Mitgestaltung

Der über Jahre angestaute Problemdruck, der Verschleiß der CDU/CSU-Führungsmannschaft in der Regierung und die entsprechende Hilflosigkeit gegenüber den sich am Ende der Nachkriegszeit stellenden politischen Herausforderungen wurden Mitte der sechziger Jahre überdeutlich. Hatte die CDU-Devise „Keine Experimente" dem Sicherheitsbedürfnis der fünfziger Jahre entsprochen, so waren in den sich abzeichnenden Schwierigkeiten der sechziger Jahre neue Lösungsvorschläge und -wege gefragt; ein schlichtes „Weiter-so" auf den Wachstumspfaden des „Wirtschaftswunders" galt nicht nur als sinnentleerter Materialismus und demgemäß als unbefriedigend — es war angesichts der absehbaren wirtschaftlichen Turbulenzen auch faktisch nicht mehr möglich. Die marktwirtschaftliche Ordnung hatte mit dem Wiederaufbau gewiß ihre Bewährungsprobe bestanden; doch wie wirtschaftliche Rückschläge verkraftet werden konnten, das mußte sich erst noch zeigen.

Ein unübersehbares Signal für die bevorstehenden Probleme war das Absinken der wirtschaftlichen Wachstumsraten, die sich — nach dem ersten Einbruch auf 3,0 % im Jahre 1963 — noch einmal auf 6,6 % im Jahre 1964 gesteigert hatten, dann aber über 5,5 (1965) und 2,5 (1966) auf -0,1 % im Jahre 1967 zurückgingen. Die bisherigen Schwankungen der Wachstumsraten waren alle innerhalb des positiven Bereichs geblieben, der 1967 erstmals unterschritten wurde.

Ab Mitte des Jahres 1966 spiegelte sich die wirtschaftliche Rezession in der Zunahme der Arbeitslosigkeit, die dann im Februar 1967 mit der Gesamtzahl von 673.000 bzw. einer Arbeitslosenquote von 3,1 % ihren Höchststand während der Krise 1966/67 erreichte. Besonders von der Krise betroffen wurden die ausländischen Arbeitnehmer, deren Zahl im Verlauf der Rezession von 1,3 Millionen auf 900.000 drastisch reduziert wurde. Vor allem in strukturschwachen Gebieten zeigte sich eine enorme Steigerung der Arbeitslosenquote: in Cham und Passau wuchs sie auf 25,4 bzw. 19,7 %, in Leer und Emden auf 14,0 und 10,8 %. Im Ruhrgebiet, in dem seit 1964 Zechenstillegungen eine schwere Kohlenkrise anzeigten, stieg die Arbeitslosigkeit demgegenüber vergleichsweise wenig an: Am stärksten betroffen war Gelsenkirchen mit einer Arbeitslosenquote von 4,4 %.[1]

Getreu liberaler Wirtschaftsanschauung reagierte Erhard mit Maßhalte-Appellen an die Adresse der Arbeitnehmer und ihrer Gewerkschaften.

---

1 Nach Geschäftsbericht des Bundesvorstandes des DGB 2. Halbjahr 1965—1968, Düsseldorf o. J., S. 195 f.

Doch auch lohnpolitische Zurückhaltung — so wurde 1966 immer deutlicher — hatte offenbar keine Wirkung. Der Stau längst überfälliger gesellschaftlicher Reformen und vor allem die wirtschaftliche Rezession schienen eine Regierungsbildung auf breiter Basis zu empfehlen; daß dieses Konzept wegen der minimalen parlamentarischen Opposition innerhalb der SPD und erst recht in der sich herausbildenden links-liberalen Öffentlichkeit überaus umstritten war und überdies zur Entwicklung der Außerparlamentarischen Opposition (APO) beitrug, sei nur am Rande vermerkt.

## In der Regierungszeit der Großen Koalition: Krisenbekämpfung, sozialpolitische Initiativen und die Verabschiedung der Notstandsgesetze

Nach zähen Verhandlungen wurde im Dezember 1966 die Regierung der Großen Koalition unter Bundeskanzler Kurt Georg Kiesinger (CDU) und Vizekanzler sowie Außenminister Willy Brandt (SPD) gebildet. Daß sich für die Gewerkschaften damit die Stellung zur Regierung grundlegend änderte, zeigte sich wohl am deutlichsten darin, daß mit Georg Leber ein profilierter Gewerkschaftsvorsitzender als Verkehrsminister in das Kabinett eintrat. Die zentralen Aufgaben der neuen Regierung lagen ohne Zweifel auf wirtschafts- und finanzpolitischem Gebiet: Ausgleich des Bundeshaushaltes 1967 und Ankurbelung der Wirtschaft — die Lösung dieser Probleme sollten Franz Josef Strauß (CSU) und Karl Schiller (SPD) als Finanz- bzw. Wirtschaftsminister schaffen.

\*

Vorrangige Aufgabe der neuen Regierung war die Ankurbelung der Wirtschaft: Bereits am 10. Februar 1967 wurde als erste konjunkturpolitische Maßnahme die Möglichkeit beschleunigter Sonderabschreibungen als Investitionsanreiz eingerichtet; dann folgten am 12. April das Kreditfinanzierungsgesetz mit einer Aufstockung der staatlichen Aufträge um 2,5 Milliarden Mark und am 10. Mai die Verabschiedung des Gesetzes zur Förderung der Stabilität und des Wachstums der Wirtschaft. Mit diesem Gesetz, das am 14. Juni in Kraft trat, wurde die Intervention des Staates zur konjunkturellen Wirtschaftslenkung zwingend vorgeschrieben: Durch eine Politik der „Globalsteuerung" — so eine Lieblingsformel Karl Schillers — sollten gleichermaßen Wachstum, Vollbeschäftigung, Preisstabilität und außenwirtschaftliches Gleichgewicht erreicht werden. Rasche Wirkung bei der Konjunkturbelebung versprach insbesondere die Einrichtung eines

Eventualhaushalts, der den öffentlichen Körperschaften zusätzliche Ausgaben in Höhe von 5 Milliarden Mark gestattete. Zudem wurde der Regierung die Möglichkeit eingeräumt, die Einkommensteuersätze aus konjunkturpolitischen Gründen vorübergehend um 10 % nach oben oder unten zu verändern. Um die Wirtschaftstätigkeit kurzfristig anzuregen, sollte die Regierung in der Lage sein, ihre zusätzlichen Staatsaufträge im Sinne der Keynesianischen Politik durch Kredite, d. h. durch Staatsschulden, zu finanzieren; in Zeiten guter Wirtschaftsentwicklung mit entsprechenden Steuereingängen sollte der Staat eine Konjunkturausgleichsrücklage ansammeln, die einerseits eine Überhitzung der Konjunktur, andererseits in Krisenzeiten ein Anschwellen der Staatsverschuldung verhindern sollte. Ebenfalls auf Dauer wurde die Regierung durch das „Stabilitätsgesetz" dazu verpflichtet, künftig Bundestag und Bundesrat immer jeweils im Januar einen Jahreswirtschaftsbericht vorzulegen, der die gesamtwirtschaftliche Lage schildert und die wirtschafts- und finanzpolitischen Ziele der Regierung darlegt; außerdem muß die Regierung die Einnahmen und Ausgaben des Staates im Rahmen einer „Mittelfristigen Finanzplanung" jeweils für den Zeitraum von fünf Jahren vorausschätzen.

Daß die Regierung mit diesem Gesetz verpflichtet wurde, konjunkturelle Störungen durch staatliche Lenkungsmaßnahmen zu beheben, lag voll und ganz auf der Linie der Gewerkschaften, die doch schon in der Krise der dreißiger Jahre ein Programm zur Wirtschaftsbelebung durch staatliche — notfalls defizitär finanzierte — Arbeitsbeschaffungsmaßnahmen befürwortet hatten; und auch im Grundsatzprogramm (1963) hatten sie sich zur Grundidee der Keynesianischen Politik bekannt, nach der der Staat konjunkturell bedingte Auftragsausfälle durch verstärktes Engagement der öffentlichen Hand ausgleichen sollte.

Auch die im „Stabilitätsgesetz" verankerten Instrumente der vorausschauenden Wirtschafts- und Finanzpolitik fanden den Beifall des DGB, der schon frühzeitig — in Spitzengesprächen mit der BDA am 10. April 1962[2] — die Berufung eines Sachverständigenrates zur Begutachtung der wirtschaftlichen Entwicklung gefordert hatte; nachdem ein solcher Rat der „Fünf Weisen" in der Tat vom Bundespräsidenten im Februar 1964 berufen worden war, erklärte der DGB am 18. Juni 1965 seine Bereitschaft, alle konjunkturellen Stabilisierungsbemühungen zu unterstützen, wenn Arbeitgeber und Regierung auch ihren Beitrag dazu leisteten.[3] Mit der Einsetzung des Sachverständigenrates und mit der Verpflichtung zur

---

2 Geschäftsbericht des Bundesvorstandes des DGB 1962 — 1. Halbjahr 1965, Düsseldorf o. J., S. 12.
3 Geschäftsbericht des Bundesvorstandes des DGB 2. Halbjahr 1965—1968, Düsseldorf o. J., S. 247.

Vorlage des Jahreswirtschaftsberichts sowie zur mittelfristigen Finanzplanung sahen die Gewerkschaften wenigstens teilweise ihre eigenen Zielvorstellungen von einer behutsam planenden Wirtschaftspolitik verwirklicht.

Als für die Gewerkschaften durchaus zweischneidiges Instrument der Wirtschaftspolitik sollte sich indessen die in § 3 des „Stabilitätsgesetzes" verankerte Bildung der „Konzertierten Aktion" erweisen, die Karl Schiller bereits an der Jahreswende 1966/67 ins Leben gerufen hatte. Vertreter der Bundesministerien für Wirtschaft, für Finanzen und für Arbeit, der Bundesbank und des Bundeskartellamts, des Sachverständigenrats sowie der Wirtschaftsverbände und der Gewerkschaften sollten sich mehrmals im Jahr treffen, um anstehende wirtschaftliche Probleme zu diskutieren; angestrebt war die gegenseitige Information über die jeweiligen Erwartungen und Interessenpositionen; auf keinen Fall sollten jedoch verbindliche Absprachen getroffen werden, die die Verantwortung der Regierung und die Tarifautonomie einschränken würden.

Es lag in der Tradition der Gewerkschaften, daß sich die Vertreter des DGB am 22. Dezember 1966 bei einer Besprechung mit Wirtschaftsminister Karl Schiller bereiterklärten, der „Konzertierten Aktion" beizutreten.[4] Mochten sich auch manche Gewerkschafter an die nach dem Ersten Weltkrieg gebildete Zentralarbeitsgemeinschaft oder vielleicht noch stärker an den (vorläufigen) Reichswirtschaftsrat erinnert gefühlt haben — zu der Einbindung in die wirtschaftspolitische Gesamtverantwortung sahen sie keine Alternative. Unter diesem Aspekt lag die „Konzertierte Aktion" durchaus auf der Linie des von Erhard vertretenen Konzepts der „Formierten Gesellschaft", das auf der Idee einer korporativen Zusammenarbeit der großen Interessengruppen, freiwillig geeint durch die Anerkennung des Gemeinwohls als Richtschnur ihres Handelns, basierte.

Sehr bald mußten die Gewerkschaften jedoch erkennen, daß sie in der „Konzertierten Aktion" gegen die in wirtschaftspolitischen Grundsatzfragen vielfach geschlossene Front der Arbeitgeber- und Regierungsvertreter nicht ankamen. Schon in der ersten Sitzung am 20. Februar 1967 sprachen sich zwar alle Teilnehmer für eine staatliche Förderung der Investitionen aus; als die Gewerkschaften aber zudem eine Stärkung der Nachfrage zur Belebung der Konjunktur forderten, trafen sie auf taube Ohren. Und in den Sitzungen der „Konzertierten Aktion" am 1. März und 1. Juni 1967 wurden sie, was ihre Forderung nach Erhöhung der Massenkaufkraft anlangte, durch die treuherzige Zusage der Arbeitgeber vertröstet, daß keine Lohnsenkungen geplant seien.

---

4 Dazu und zu den folgenden Ausführungen: ebd., S. 251 ff.

Im 4. Gespräch, am 19. Juli 1967, beharrten die Gewerkschaftsvertreter wiederum darauf, die Aktionen zur Sicherung der Vollbeschäftigung zu verstärken und steuerpolitische Maßnahmen zur Anhebung der Massenkaufkraft zu ergreifen. In ihren Augen war — so in der Sitzung vom 9. November 1967 — absehbar, daß die Politik der Konjunkturbelebung zu einer höchst ungleichen Einkommensverteilung führe, die auch durch die Ende 1967 beschlossene Ergänzungsabgabe zur Einkommensteuer nicht gerechter werde. Auch in den Besprechungen am 14. Dezember 1967 und 7. März 1968 kritisierten die Gewerkschaftsvertreter den Rückstand der Lohn- gegenüber der Gewinnentwicklung; außerdem hielten sie die im Jahreswirtschaftsbericht ausgesprochene Wachstumserwartung in Höhe von 4 % für zu niedrig, glaubten sie sich dadurch doch nur zu lohnpolitischer Zurückhaltung genötigt. Und auch die Maßnahmen, die die Regierung am 5. Juli 1968 ankündigte, nämlich Zusatzprämien für Sparer und eine Novellierung des 312-Mark-Gesetzes, konnten den Gewerkschaften nicht als Beitrag zur von Schiller wortreich beschworenen „sozialen Symmetrie" genügen. Immer deutlicher erkannten die Gewerkschaften, daß sie durch die „Konzertierte Aktion" in eine Zwickmühle gerieten: Betonten sie auch auf dem 8. Bundeskongreß 1969, die Teilnahme an der „Konzertierten Aktion" erfolge nur mit dem Ziel einer stärkeren Berücksichtigung der Arbeitnehmerinteressen, und wandten sie sich auch entschieden dagegen, die Orientierungsdaten des Jahreswirtschaftsberichts als „Lohnleitlinien" zu akzeptieren,[5] so sahen sie sich doch faktisch eingebunden in ein Geflecht von unverbindlichen Absprachen, das sie nur um den Preis einer bewußten Brüskierung der auf Harmonie und Gesamtverantwortung eingestimmten öffentlichen Erwartungen unberücksichtigt lassen konnten — die die Gewerkschaften im übrigen teilten. Dies wird deutlich, wenn wir uns die lohnpolitische Entwicklung genauer anschauen, die nicht nur in den Jahren der Rezession, sondern auch in denen des Wirtschaftsaufschwungs von bemerkenswerter Zurückhaltung der Gewerkschaften gekennzeichnet war.

Wohl vor allem die staatlichen Konjunkturprogramme trugen dazu bei, daß die Rezession 1966/67 rasch überwunden wurde: Bereits im Oktober 1967 ging die Zahl der Arbeitslosen auf 341.000 zurück; sie stieg saisonbedingt im Winter wieder an, sank dann aber bis September 1968 auf 174.000. Auch die Zahl der ausländischen Arbeitnehmer wuchs rasch wieder an, bis zum September 1968 schon auf 1,1 Millionen. Die Entwicklung der Arbeitslosigkeit spiegelt das sprunghafte wirtschaftliche

---

5 Geschäftsbericht des Bundesvorstandes des DGB 1969—1971, Düsseldorf o. J., S. 171 f.

Wachstum: Das Bruttosozialprodukt wuchs — ganz anders als im Jahreswirtschaftsbericht vorhergesagt — 1968 um 6,8, 1969 sogar um 7,9 %.[6]

Die antizyklische Konjunkturpolitik schien damit ihre Bewährungsprobe bestanden zu haben; konjunkturelle Krisen hatten ihren Schrecken verloren, glaubte man doch nach den Erfahrungen 1966/67 ein erfolgversprechendes wirtschaftspolitisches Instrumentarium zur Krisenbekämpfung geschaffen zu haben.

*

Besondere Hoffnungen setzten die Gewerkschaften speziell auf die sozialpolitischen Initiativen der nun an der Regierung beteiligten SPD. Wie also sieht die sozialpolitische Bilanz der Großen Koalition aus? Am 13. Mai 1969 wurde das Arbeitsförderungsgesetz verabschiedet, das der Bundesanstalt für Arbeit besondere Aufgaben bei der Förderung der beruflichen Bildung, der Fortbildung und vor allem Umschulung übertrug. Am 12. Juni 1969 folgte das Lohnfortzahlungsgesetz, das nun endlich — ab 1. Januar 1970 — Arbeiter bzw. Arbeiterinnen und Angestellte im Krankheitsfalle völlig gleichstellte. Am 14. August 1969 wurde das Berufsbildungsgesetz, das freilich den auf dem DGB-Kongreß 1966 vorgelegten Forderungen nicht voll entsprach, und am 19. September das „Erste Gesetz über individuelle Förderung der Ausbildung" verkündet, das die Ausbildungsförderung im oberen Schulbereich regelt. An der Vorbereitung all dieser Gesetzesvorhaben waren die Gewerkschaften durch eigene Vorschläge oder Gesetzentwürfe maßgeblich beteiligt.

Dem von den Gewerkschaften — besonders seit Frühjahr 1968 — mit besonderem Druck verfolgten Ziel einer Ausdehnung der paritätischen Mitbestimmung auf alle Großunternehmen kamen sie indessen kaum näher. Mit der Gründung der „Aktion Mitbestimmung", mit der Vorlage eines eigenen Gesetzentwurfs am 12. März 1968 und mit der Kampagne zum 1. Mai 1968 versuchten die Gewerkschaften, die Arbeitnehmer für das Thema „Mitbestimmung" zu mobilisieren. Nach den Vorstellungen der Gewerkschaften sollten in Unternehmen, die zwei der folgenden Kriterien — über 2.000 Belegschaftsmitglieder, über 75 Millionen DM Bilanzsumme, über 150 Millionen DM Umsatz — erfüllten, Mitbestimmungsregelungen nach dem Modell der Montanindustrie eingeführt werden. Die SPD übernahm im selben Jahr die Vorstellungen des DGB in einen eigenen Gesetzentwurf. Doch die Große Koalition sah sich nicht in der Lage, die

---

6 Karl Theodor Schuon, Ökonomische und soziale Entwicklung der Bundesrepublik Deutschland 1945—1981, in: Lern- und Arbeitsbuch deutsche Arbeiterbewegung, Bd. 2, S. 733.

Mitbestimmungsfrage im Sinne der Gewerkschaften zu regeln; vielmehr berief sie — getreu dem Konzept der Ausklammerung grundsätzlich strittiger Probleme — eine Kommission zur Untersuchung der bisherigen Erfahrungen mit der paritätischen Mitbestimmung im Montanbereich. Der Bericht der Kommission, erarbeitet unter der Leitung von Kurt Biedenkopf (CDU), wurde erst 1970 vorgelegt.

Zur Zurückhaltung der Großen Koalition in der Mitbestimmungsfrage trug gewiß die Flügelbildung in der CDU/CSU-Fraktion bei; aber eine Rolle dürfte zudem gespielt haben, daß es den Gewerkschaften auch 1968 trotz aller Anstrengungen nicht gelang, eine Massenmobilisierung für die Mitbestimmungsforderung zu erreichen. Auf die Straße gingen die Menschen, vornehmlich Jugendliche, für andere Themen: aus Protest gegen den Vietnam-Krieg, gegen das Schah-Regime im Iran und gegen die Notstandsgesetze.

*

Mit der Bildung der Großen Koalition trat auch der Konflikt um die Notstandsgesetze in seine entscheidende Phase. Allein die Regierungsbildung trug nicht unerheblich zur Verschärfung der öffentlichen Debatten bei. Vor allem die Realität einer minimalen innerparlamentarischen Opposition nährte Vorbehalte gegen eine Stärkung der Exekutive. Auch die Verschärfung der wirtschaftlichen Situation 1966/67 trug zum Anheizen des politischen Klimas bei: Die Zahl von 700.000 Arbeitslosen und die Wahlerfolge der NPD weckten Erinnerungen an die Endphase der Weimarer Republik.

War die Große Koalition auch gewiß nicht wegen der Notstandsgesetze gebildet worden, so zählte dieses Gesetzgebungsvorhaben doch zu ihren selbstgesetzten Aufgaben. Im März 1967 wurde ein neuer Entwurf (Lücke-Entwurf) vorgelegt, der im wesentlichen folgende Regelungen vorsah: die Möglichkeit zur Zwangsverpflichtung für Zwecke der Verteidigung; die Bildung eines Gemeinsamen Ausschusses, der als Notparlament die Funktionen von Bundestag und Bundesrat wahrnehmen sollte; bei innerer Gefahr sollten die Streitkräfte als Polizeikräfte eingesetzt werden können. Weggefallen waren demgegenüber die Notverordnungsbefugnisse der Regierung sowie weitergehende Einschränkungen der Grundrechte.

Die SPD-Führung akzeptierte den Entwurf vorsichtig zustimmend und gab weiteren Diskussionen ausdrücklich Raum. So entwickelte sich gegen diesen „Koalitionsentwurf" auch innerhalb der SPD-Fraktion Widerspruch; zirka 80 Abgeordnete — vor allem Gewerkschafter um Kurt Gscheidle, Helmut Lenders, Hans Matthöfer — legten am 26. Juni 1967 Abänderungsanträge vor, die sich vor allem dem Problem einer Sicherung

„Sternmarsch" nach Bonn am 11. Mai 1968 gegen die Verabschiedung der Notstandsgesetze

*Saalkundgebung des DGB in der Dortmunder Westfalenhalle am 11. Mai 1968 gegen die Notstandsgesetze.*

des Rechts auf Arbeitskampf und politischen Streik widmeten. Innerparteiliche Unterstützung fand diese Position vor allem im Bezirk Hessen-Süd, speziell im Unterbezirk Frankfurt/Main, dem Sitz des IG Metall-Vorstandes.

Die innersozialdemokratischen Kritiker konnten sich vor allem auf die Position der Gewerkschaften berufen, hatte sich am 17. Juli 1967 doch der Bundesausschuß des DGB auf eine Ablehnung auch des neuen Notstandsgesetzentwurfs geeinigt; diese Position teilte der DGB im September 1967 allen Bundestagsabgeordneten brieflich mit. Die vom DGB ebenfalls ausgegebene Parole, zum jetzigen Zeitpunkt keine Kundgebungen zu veranstalten, wurde indessen nicht in allen Gewerkschaften und Untergliederungen akzeptiert.

Überdies äußerten Vertreter des DGB und der Einzelgewerkschaften ihre Bedenken gegen die Notstandsgesetze auch in den im Herbst 1967 abgehaltenen Bundestags-Hearings. In den Anhörungen trat Otto Brenner weiterhin grundsätzlich ablehnend auf, während Ludwig Rosenberg Bedingungen für die Zustimmung der Gewerkschaften zu einer Notstandsgesetzgebung formulierte. Dieses Vorgehen war keineswegs ungeschickt, vermochte sich die Kompromißbereitschaft Rosenbergs doch nur als solche vor dem Hintergrund der von Brenner verfochtenen grundsätzlichen Ablehnung zu zeigen. Damit wurde das Kompromißfeld — auch im Sinne der innersozialdemokratischen Opposition — zugunsten einer weitergehenden Änderung des Gesetzentwurfs verschoben.

Auf ihrem Nürnberger Parteitag im März 1968 bestätigte die SPD nochmals ihre bisherigen Grundsätze und begrüßte — bei 87 Gegenstimmen und 6 Enthaltungen — den Koalitionsentwurf. Um den Gewerkschaften, für die Rosenberg Verständnis für den Zwang zur wahltaktischen Rücksichtnahme der SPD bekundete, entgegenzukommen, wurde ein Gewerkschaftsrat gegründet; außerdem bekannte sich der Kongreß zur gewerkschaftlichen Mitbestimmungsforderung. Daß der Plan, das Mehrheitswahlrecht einzuführen, als deutliches (koalitionspolitisches) Signal an die Adresse der FDP abgelehnt wurde, führte zum Rücktritt Lückes, der damit eines seiner zentralen Vorhaben gescheitert wußte.

Sein Nachfolger wurde Ernst Benda, der sich seit den Rechtsausschußberatungen als Kenner der Materie ausgewiesen hatte. Parallel zu den letzten Beratungen in den Ausschüssen sowie vor allem zwischen den Fraktionsvorsitzenden Helmut Schmidt (SPD) und Rainer Barzel (CDU/CSU) spitzte sich der Protest zu. Unverändert beharrten die Gewerkschaften auf der Ablehnung des vorliegenden Entwurfs. Auch die universitärstudentische Opposition mobilisierte ihre Anhänger, so zu einem Sternmarsch nach Bonn am 11. Mai 1968, an dem zirka 40.000 Menschen teilnahmen. Das Auseinanderbrechen der Anti-Notstandsgesetz-Bewegung symbolisierte wohl am deutlichsten, daß der DGB am selben Tag nach Dortmund zu einer Kundgebung einlud, zu der etwa 15.000 Menschen kamen.

Vor allem die Vertreter des studentischen Protests waren es auch, die die Gewerkschaften dazu aufforderten, mit Kampfmitteln die Verabschiedung der Notstandsgesetze zu verhindern. Doch nach den zum Teil gewaltsamen Angriffen auf SPD-Delegierte in Nürnberg setzten sich die Gewerkschaften entschieden von den ihrer Ansicht nach nicht kalkulierbaren Protestgruppen ab. Am 19. Mai teilte der DGB-Vorstand mit, daß er „alle Maßnahmen ausschließlich in eigener Verantwortung durchführen und sich nicht von anderen Gruppen in unkontrollierbare Aktionen drängen" lasse. „Der Bundesvorstand des DGB lehnt einen allgemeinen Streik (Generalstreik) zur Verhinderung der Notstandsgesetze ausdrücklich ab, denn er hält es für einen Verstoß gegen die Grundsätze der parlamentarischen Demokratie, gegen einen mit großer Mehrheit gefaßten Beschluß des Bundestages zum Streik aufzurufen. [. . .] Jedem Mißbrauch der Notstandsgesetze wird der DGB mit allen ihm zur Verfügung stehenden Mitteln begegnen." (Dokument 26c)

Dieser Rückzug der Gewerkschaften war angesichts der grundsätzlichen Gegnerschaft gegen die Notstandsgesetze gewiß schwer zu vermitteln. So kam es entgegen dieser Stellungnahme im Mai 1968 in einzelnen Betrieben zu Proteststreiks, Arbeitsniederlegungen und Demonstrationszügen auch von Gewerkschaftsmitgliedern. Die verfassungsändernde Notstandsgesetzgebung wurde dennoch am 30. Mai mit den Stimmen der Mehrheit der SPD-Fraktion verabschiedet; 53 SPD-Abgeordnete, 1 CDU-Abgeordneter und fast die ganze FDP-Fraktion, die noch 1967 — nun in der Opposition — einen eigenen Entwurf eingebracht hatte, stimmten dagegen. Daß dieses Abstimmungsergebnis den Gewerkschaften zu denken geben mußte, lag auf der Hand, waren doch allein 179 der 217 SPD-Abgeordneten Mitglied einer DGB-Gewerkschaft.

Die im Mai 1968 verabschiedete Fassung der Grundgesetzänderung unterschied sich deutlich von den ersten Gesetzentwürfen, die Schröder und Höcherl vorgelegt hatten. So geht die verabschiedete Notstandsverfassung von einer Differenzierung zwischen Spannungszeit, innerem Notstand und Verteidigungsfall aus, der jeweils abgestufte Vorgehensweisen von Regierung und Parlament entsprechen; der Eintritt des Spannungsfalls kann nur durch Zweidrittelmehrheit des Bundestags beschlossen werden; erst im Verteidigungsfall hat der Gemeinsame Ausschuß als Notparlament Gesetzgebungsbefugnis; schon in einem früheren Beratungsstadium waren das Notverordnungsrecht der Regierung sowie zahlreiche Eingriffe in den Grundrechtskatalog gefallen.

Für die Gewerkschaften von besonderem Interesse war, daß sich im

Rahmen der Notstandsgesetzgebung eine Verankerung des Arbeitskampfrechts und des Widerstandsrechts findet, die beide nicht unproblematisch sind; so wurden mit der Aufnahme des Arbeitskampfrechts Streik und Aussperrung gleichermaßen im Grundgesetz garantiert; und auch das Widerstandsrecht des Grundgesetzes bot in den folgenden Jahren immer wieder Anlaß zu einer Diskussion über die Legitimation politischer Protestaktionen gegen Einzelentscheidungen der Bundestagsmehrheit.

Schaut man auf die Politik der Akteure, so ist nicht zu übersehen, daß die Standfestigkeit der SPD, was das Beharren auf ihren seit dem Kölner Parteitag 1962 wiederholten Bedingungen für die Zustimmung zur Notstandsgesetzgebung anlangt, der innerparteilichen Opposition, aber vor allem dem Druck von Gewerkschaften und kritischer Öffentlichkeit zuzuschreiben ist. Die Gewerkschaften konnten den verabschiedeten Text als Erfolg ihrer „Doppelstrategie" — grundsätzliche Ablehnung einerseits, Unterstützung der innersozialdemokratischen Änderungsvorschläge andererseits — verbuchen. Da mit der Verabschiedung der Notstandsgesetze von Anfang an gerechnet werden mußte, war der „Maximalismus" der Gewerkschaften ein durchaus geeignetes Mittel, wenigstens das Kompromißfeld zu ihren Gunsten zu verschieben, um somit inhaltliche Teilerfolge zu erzielen.

So hoch die Wellen der öffentlichen Erregung auch im Frühjahr 1968 schlugen — wenig später war die Kontroverse um die Notstandsgesetze bereits vergessen. In den folgenden Monaten gelang es der SPD, sich mit Willy Brandts Versprechen, „mehr Demokratie wagen" zu wollen, glaubwürdig als gesellschaftliche Reformpartei zu präsentieren, die mit den Wahlen vom 18. September 1969 zusammen mit der FDP den Auftrag zur Regierungsbildung erhielt.


## In den ersten Jahren der sozial-liberalen Koalition: gesellschaftliche Reformen — Ziele und Wirklichkeit

Die Einbindung der Gewerkschaften in die Politik wurde mit der Bildung der sozial-liberalen Koalition unter Willy Brandt (SPD) und Walter Scheel (FDP) im Oktober 1969 vollends deutlich: Mehrere führende Funktionäre — Georg Leber und Walter Arendt, später dann Hans Matthöfer, Herbert Ehrenberg und Kurt Gscheidle — übernahmen Regierungsämter. Nicht zuletzt diese weitgehende Integration der Gewerkschaften in die sozialdemokratisch geführte Regierungspolitik machte im übrigen eine Klärung der (partei)politischen Orientierung der Einheitsgewerkschaft nötig. Dies gilt um so mehr, als auch der im Mai 1969 zum DGB-Vorsitzenden gewählte Heinz Oskar Vetter Mitglied der SPD war.

26. Oktober 1962: Ludwig Rosenberg löst Willi Richter, der aus Altersgründen nicht mehr kandidiert hat, an der Spitze des DGB ab.

Heinz Oskar Vetter in einer Diskussion mit Fachschülern und -schülerinnen (September 1970).

Mit Vetter wurde ein Mann „aus der zweiten Reihe" zum DGB-Vorsitzenden. Geboren 1917 in Bochum-Werne als Sohn eines Stadtoberinspektors, wurde er zunächst Maschinenschlosser im Bergbau. Nebenher machte Vetter jedoch das Abitur nach, wurde dann Soldat und kehrte erst 1946 aus der Kriegsgefangenschaft zurück. Er arbeitete als Grubenschlosser und trat der IG Bergbau bei, für die er ab 1952 hauptamtlich tätig war. 1960 wurde er in den Vorstand, 1964 zum stellvertretenden Vorsitzenden der IG Bergbau gewählt. Erhielt Vetter bei der Wahl zum DGB-Vorsitzenden 1969 nur 267 von 427 Stimmen, so wurde er 1972 mit überwältigender Mehrheit in seinem Amt bestätigt. So rasch hatte er nämlich — anders als erwartet — ein durchaus eigenständiges politisches Profil gewonnen; so machte er die Mitbestimmungsinitiative des DGB zu seiner persönlichen Sache; und Aufsehen erregte 1977 sein Vorschlag, Arbeitszeitverkürzungen auch ohne vollen Lohnausgleich zu vereinbaren. Rückte Vetter, der von 1974 bis 1979 Präsident des EGB war, auch 1979 für die SPD ins Europa-Parlament ein, so versuchte er doch immer wieder, eine klare Trennungslinie zwischen Gewerkschaft und Partei zu ziehen.

So betonte er auf dem 3. Außerordentlichen Bundeskongreß im Mai 1971[7], zwischen Einheitsgewerkschaft und politischen Parteien sei „kritischer Abstand" erforderlich. Dabei wachse den Gewerkschaften, da es keine Arbeiterparteien „alten Stils" mehr gebe, die Aufgabe zu, „mehr noch als bisher als Zusammenschluß der Arbeitnehmer Ziele zu entwickeln und zu verfolgen". Die Gewerkschaften sollten zwar nicht zum Parteiersatz werden; sie müßten aber selbst „politische Konzeptionen zur Befreiung und zur Gleichberechtigung der Arbeiterschaft, politische Modelle für die Gesellschaft von morgen entwerfen und entwickeln".

Die Gewerkschaften — so machte Vetter im Mai 1971 klar — stehen seit ihrer Entstehung „unter der doppelten Aufgabe, als Selbsthilfe- und Kampforganisationen ihren Mitgliedern Schutz vor den Folgen ihrer wirtschaftlichen und gesellschaftlichen Unterlegenheit zu gewähren sowie als politische Bewegung die gesellschaftlichen Bedingungen der Abhängigkeit und Unterprivilegierung der Arbeitnehmerschaft aufzuheben". Beide Aufgaben — „Schutz- und Gestaltungsfunktion — können und dürfen nicht voneinander getrennt werden: Wirksamer und dauerhafter Schutz ist nur möglich auf dem Weg über gesellschaftliche Veränderung". Die Gewerkschaften sind also — so betonte er gegenüber den Verfechtern von Sozialpartnerschafts- und Ordnungsfunktionsideologien — „in gleicher Weise Schutzverband und politische Bewegung".

---

7 Heinz Oskar Vetter, in: Protokoll des 3. Außerordentlichen Bundeskongresses am 14. und 15. Mai 1971 in Düsseldorf, Düsseldorf o. J., S. 15 ff.

Mit dieser Bestimmung der doppelten Aufgabenstellung der Gewerkschaften bemühte sich Vetter, den Versuchen, die Gewerkschaften jeweils auf eine Funktion — Ordnungsfaktor *oder* Gegenmacht[8] — festzulegen, den Wind aus den Segeln zu nehmen. Damit richtete er sich gleichermaßen gegen hochgespannte Gesellschaftsreform- oder Revolutions-Erwartungen wie gegen die korporatistische Verpflichtung der Gewerkschaften auf den Boden der gegebenen Verhältnisse. Die von Vetter den Gewerkschaften gestellte Doppelaufgabe von Schutz der Arbeitnehmer und Gestaltung der Gesellschaft spiegelte sich Anfang der siebziger Jahre in einer wahren Flut von Programmerklärungen, aus der nur einige herausgegriffen seien. Allein 1972 wurden publiziert: Ein neues Aktionsprogramm, mit dem insbesondere Maßnahmen zur gesellschaftlichen Strukturveränderung, etwa durch Mitbestimmung, Vermögensbildung, Arbeitsplatzsicherung und Steuerpolitik, gefordert wurden. Daneben wurden Fragen des Miet- und Bodenrechts, des öffentlichen Nahverkehrs und des Umweltschutzes angesprochen. Für den Umweltschutz wurden 1972 zudem spezielle „Leitsätze des DGB" verabschiedet, die 1974 im DGB-Umweltprogramm konkretisiert wurden. Im selben Jahr, das im übrigen zum „Jahr der Arbeitnehmerin" erklärt worden war, veröffentlichte der DGB ein „Programm für Arbeitnehmerinnen", ein „Gesundheitspolitisches Programm"[9] sowie „Forderungen zur beruflichen Bildung", mit denen eine Novellierung des 1969 verabschiedeten Berufsausbildungsgesetzes gefordert wurde, und den Katalog der „Bildungspolitischen Vorstellungen des DGB". 1973 folgten die „Forderungen des DGB zur Hochschulreform". Ziel dieser Programme war es, die Benachteiligung von Arbeiterkindern durch die Herstellung von Chancengleichheit abzubauen; inhaltlich sollte das Bildungswesen zu Kritikfähigkeit und demokratischem Bewußtsein erziehen. Zu dieser Zeit gewannen außerdem die Vorschläge zur „Humanisierung der Arbeitswelt", zu denen sich (fast) alle gewerkschaftlichen Einzelforderungen vom Arbeitsschutz bis zur Mitbestimmung zählen ließen, programmatische Qualität.[10] Nicht unerwähnt sei schließlich, daß auch die DAG 1971 ein Grundsatzprogramm verabschiedete, dessen Grundlinie ganz auf der des DGB-Programms aus dem Jahre 1963 lag.[11] Mit einer Fülle von

---

8 Siehe z. B. Eberhard Schmidt, Ordnungsfaktor oder Gegenmacht. Die politische Rolle der Gewerkschaften, Frankfurt am Main 1971.

9 Abgedruckt in: Gerhard Leminsky u. Bernd Otto, Politik und Programmatik des Deutschen Gewerkschaftsbundes, Köln 1974, S. 218 ff. und 365 ff.

10 Heinz Oskar Vetter, Humanisierung der Arbeit als gesellschaftspolitische und gewerkschaftliche Aufgabe. Protokoll der DGB-Konferenz vom 16./17. 5. 1974 in München, Frankfurt/M. u. Köln 1974.

11 Grundsatzprogramm der DAG, in: Protokoll des 10. DAG-Gewerkschaftstages 1971, Hamburg o. J., S. 473 ff.

programmatischen Erklärungen versuchten die Gewerkschaften also, von der Aufbruchstimmung Ende der sechziger und Anfang der siebziger Jahre geprägt und gedrängt, die politischen Entscheidungen in ihrem Sinne zu beeinflussen.

*

Die sozial-liberale Koalition profitierte anfangs vom Wirtschaftsaufschwung nach der Rezession 1966/67: Nachdem das Wirtschaftswachstum 1968 6,8, 1969 sogar 7,9 % betragen hatte, gingen die Wachstumsraten über 5,9 % (1970) bis 1971 und 1972 langsam auf 3,3 bzw. 3,6 % zurück, bevor sie nach einem Zwischenhoch 1973 von 4,9 % mit 0,4 und -1,8 % (1974 und 1975) die 1. Ölkrise und den Beginn der Wirtschaftskrise der siebziger Jahre anzeigten. Bis zum Jahre 1971 blieb die Arbeitslosenquote unter 1 %; 1972 betrug sie dann 1,1, 1973 1,2 % und 1974 — mit dem Beginn einer weltweiten wirtschaftlichen Krise — stieg sie auf 2,6 % (Tabelle 5b).

Trotz sinkender Wachstumsraten und steigender Arbeitslosigkeit beschleunigte sich der jährliche Preisauftrieb ab 1969/70: Von 1,9 % (1969) und 3,4 % (1970) schnellte die Inflationsrate 1971 und 1972 auf 5,3 bzw. 5,5 % hoch, um 1973 und 1974 auf 6,9 bzw. 7,0 % zu steigen. Die Preissteigerung sollte — das zeigen die Programmerklärungen des DGB seit Anfang der siebziger Jahre — zu einem der wichtigsten Themen der wirtschaftspolitischen Auseinandersetzung werden.

Die wirtschaftliche Entwicklung, die 1968/69 der Reformpolitik Rückenwind gegeben hatte, wurde in den siebziger Jahren immer deutlicher zur Bremse hochgespannter Erwartungen. Schon mit Rücksicht auf den bald verengten finanziellen Handlungsspielraum konnte die Sozialgesetzgebung der sozial-liberalen Koalition keine bahnbrechenden Neuerungen bieten; sie blieb vielmehr in dem von den Grundsatzentscheidungen der fünfziger Jahre vorgeschriebenen Rahmen, brachte allerdings deutliche Verbesserungen. Ein Blick auf die Chronik der sozialpolitischen Gesetze belegt diese Tendenz: Mit Beschluß vom 13. Dezember 1969 wurden die Kriegsopferrenten — wie seinerzeit die Altersrenten — dynamisiert, d. h. sie wurden seit Januar 1971 der allgemeinen Einkommensentwicklung angepaßt. Am 27. Juni 1970 wurde mit der Verkündung der Ergänzung des Vermögensbildungsgesetzes der begünstigte Sparbeitrag zum 1. Januar 1971 auf DM 624,- verdoppelt. Mit dem Rentenreformgesetz vom 21. September 1972 wurde die flexible Altersgrenze, d. h. der Einstieg in die Rente ab dem 63. Lebensjahr, eingeführt; die Gewerkschaften hatten zwar eine Senkung der Altersgrenze auf 60 Jahre gefordert, begrüßten die gesetzliche Regelung aber dennoch als „ersten Schritt" in die richtige Richtung; anerkannt wurde zudem die Öffnung der Rentenversicherung für Selbständige und Hausfrauen sowie die Anhebung der unteren

Rentengruppen.[12] Zu denken ist schließlich an die Einführung des Konkursausfallgeldes, mit dem Arbeitnehmer seit Juli 1974 gegen Lohnausfall bei Zahlungsunfähigkeit des Arbeitgebers geschützt werden, und an die Einkommensteuerreform vom 25. Juli 1974, mit der z. B. statt der Kinderfreibeträge ein festes Kindergeld eingeführt, die Steuerprogression in niedrigen und mittleren Einkommensgruppen beseitigt und der Arbeitnehmerfreibetrag von 240 auf 480 DM verdoppelt wurde.

Zu den Reformvorhaben, die das Klima jener Jahre bestimmten, gehörte auch die Reform des Ehe- und Familien-, insbesondere des Scheidungsrechts, und des § 218 des Strafgesetzbuches über die Abtreibung. Beide Reformvorhaben wurden von den Gewerkschaften mit eigenen Programmerklärungen und Gesetzesvorschlägen nachdrücklich unterstützt.

Der Reformschwung der ersten Jahre der sozial-liberalen Regierungskoalition wurde indessen bald durch wachsende Widerstände gebremst: Indizien dafür waren z. B. das Schicksal des von der Bundesregierung im April 1975 vorgelegten Entwurfs eines Berufsbildungsgesetzes; dieser Entwurf entsprach zum Teil den gewerkschaftlichen Forderungen, stieß aber auf entschiedene unternehmerische Gegnerschaft und scheiterte schließlich an der Mehrheit der CDU/CSU-regierten Länder im Bundesrat. Zwar wurden das Ausbildungsförderungsgesetz und im Dezember 1975 auch das Hochschulrahmengesetz verabschiedet, letzteres jedoch nur in den vom Bundesverfassungsgericht gezogenen Grenzen. Und vom Programm zur „Humanisierung der Arbeitswelt" wurden nur die direkten Arbeitsschutzvorstellungen — mit dem Arbeitssicherheitsgesetz (1973) und der Arbeitsstättenverordnung (1975) — in gesetzliche Formen gebracht. Rationalisierungsschutz blieb allerdings der Tarifpolitik vorbehalten, auf die ebenso gesondert einzugehen ist wie auf die Mitbestimmungsgesetzgebung.

Der sozialpolitische Schub der sechziger und frühen siebziger Jahre schlug sich in einem langsamen Anstieg der Sozialleistungsquote, d. h. des Anteils der Sozialleistungen am Bruttosozialprodukt, nieder: Diese Quote wuchs von 17,1 (1950) über 18,7 (1960) und 24,0 (1965) auf 26,1 (1968) und 26,8 % (1972). Mit der Wirtschaftskrise ab 1974 stieg sie dann deutlich an.[13] Die zum Teil kostenträchtigen Reformgesetze führten zu einem langsamen Anstieg der Verschuldung des Bundes: Hatte die Nettokreditaufnahme des Bundes 1969 noch 0,001 Milliarden DM betragen, so wuchs sie ab 1970 von

12 Geschäftsbericht des Bundesvorstandes des DGB 1969—1971, Düsseldorf o. J., S. 118.
13 Bernhard Schäfers, Sozialstruktur und Wandel der Bundesrepublik Deutschland, Stuttgart 1981, S. 190.

1,11 über 1,44 (1971), 3,98 (1972) und 2,68 (1973) auf 9,48 Milliarden DM im Jahr 1974. Bereits im Mai 1971 trat wegen der Haushaltslage Bundesfinanzminister Alex Möller (SPD) zurück, weil er die Anforderungen der Ressorts als stabilitätsgefährdend ansah.

\*

„Kostenlos" zu verwirklichen wäre indessen die von den Gewerkschaften seit Jahrzehnten erhobene Mitbestimmungs-Forderung gewesen. Und nach Willy Brandts Regierungserklärung vom 28. Oktober 1969, in der er eine Reform des Betriebsverfassungsgesetzes und eine Ausweitung der Mitbestimmung angekündigt hatte, glaubten sich die Gewerkschaften dem Ziel ihrer Wünsche nahe. Doch beide Fragen wuchsen sich zum Koalitionsproblem aus.

Da war zunächst die Reform des Betriebsverfassungsgesetzes. Nachdem der DGB den Regierungsentwurf vom 29. Januar 1971 deutlich kritisiert hatte[14], versuchte er einmal mehr durch einen Brief an alle Bundestagsabgeordneten vom 8. Februar 1971 und durch Aktionen „Für ein besseres Betriebsverfassungsgesetz", seine Vorstellungen im Frühjahr 1971 zur Geltung zu bringen.[15] Doch maßgeblichen Einfluß auf die am 10. November 1971 vom Bundestag mit den Stimmen der Koalitionsparteien zuzüglich 27 CDU-Abgeordneten verabschiedete Neufassung des Betriebsverfassungsgesetzes hatten die Gewerkschaften damit offenbar nicht. Ohne Zweifel brachte das Gesetz gegenüber dem aus dem Jahre 1952 aber eine Reihe von Verbesserungen: Erstmals erhielt der einzelne Arbeitnehmer eine eigene betriebsverfassungsrechtliche Position; die Mitbestimmungs- und Mitwirkungsrechte des Betriebsrates wurden erweitert und gestärkt, die Vertretung der Jugendlichen ausgebaut und schließlich die Position der Gewerkschaften in der Betriebsverfassung anerkannt und gesichert.

So sahen die Gewerkschaften das neue Gesetz durchaus als „erheblichen Fortschritt". Obwohl das Betriebsverfassungsgesetz „nicht alle Forderungen des DGB" erfüllte, sei es als „ein großer Erfolg des gewerkschaftlichen Kampfes für eine bessere Mitbestimmung im Betrieb" zu bewerten.[16] Und

---

14 Gerd Muhr, Vorwort, in: DGB-Bundesvorstand (Hrsg.), Für ein besseres Betriebsverfassungsgesetz. Eine vergleichende Darstellung zum Regierungsentwurf, Düsseldorf o. J. (1971).
15 Heinz O. Vetter u. Gerd Muhr an alle Bundestagsabgeordneten vom 8. 2. 1971, abgedruckt in: G. Leminsky und B. Otto, Politik und Programmatik des Deutschen Gewerkschaftsbundes, S. 124—126.
16 Geschäftsbericht des Bundesvorstandes des DGB 1969—1971, Düsseldorf o. J., S. 144 f.

Vetter sah es als einen „positiven Beitrag zur gesellschaftlichen Reform".[17] Kritisiert wurde vor allem, daß auch das neue Gesetz kaum wirksame Mitbestimmungsrechte des Betriebsrates in wirtschaftlichen Fragen vorsah; und als problematisch für die Gewerkschaften sollte sich erweisen, daß ihre Zusammenarbeit mit dem Betriebsrat nicht eindeutig abgesichert wurde und daß die Aufspaltung der Belegschaft in Arbeiter, Angestellte und leitende Angestellte die Gruppenunterschiede verstärkte und somit eine geschlossene Interessenvertretung erschwerte. Letzteres folgte vor allem den Vorstellungen des Christlichen Gewerkschaftsbundes und auch der DAG, die bereits seit Jahren in ihren Grundsatzerklärungen immer wieder „Minderheitenschutz" eingeklagt hatten — und die nun die Fürsprache der FDP fanden.

Insbesondere das Problem der Abgrenzung der „leitenden Angestellten" führte in der Folgezeit zu zahlreichen Konflikten zwischen Gewerkschaften und Arbeitgebern und beschäftigte bald auch die Gerichte. Mit der engen Umschreibung der „leitenden Angestellten" durch das Urteil des Bundesarbeitsgerichts vom März 1974, nach dem als „leitend" nur Angestellte mit unternehmerischer Entscheidungsfunktion zu gelten haben, wurde zwar die gewerkschaftliche Position unterstützt[18] — doch ein durchschlagender Erfolg, der sich auf die Abfassung des Mitbestimmungsgesetzes ausgewirkt hätte, war das nicht.

Auch das neue Personalvertretungsgesetz, das am 12. Dezember 1973 verabschiedet wurde, folgte keineswegs durchgreifend den Vorstellungen der Gewerkschaften, die sowohl den 1972 vorgelegten Referentenentwurf als auch die Regierungsvorlage (1973) entschieden kritisiert hatten.[19] Zwar begrüßte der DGB die Neufassung des Personalvertretungsgesetzes als „fortschrittlicher" als den Entwurf, aber er wies auch auf die schwerwiegenden Mängel hin.[20] Den gewerkschaftlichen Zielen widersprachen vor allem die allzu eingeschränkten Mitbestimmungsrechte der Personalräte und die Gruppenteilung in Arbeiter, Angestellte und Beamte; insbesondere die Gewerkschaft ÖTV bekräftigte die gewerkschaftliche Ansicht, daß „an die Stelle des geltenden Tarifvertrags- und Dienstrechts ein neues einheitliches Dienstrecht auf tarifvertraglicher Grundlage zu setzen" sei. Außerdem

---

17 H. O. Vetter, Gewerkschaftspolitische Bilanz des Jahres 1971, in: Die Quelle 12, 1971, S. 481—483.
18 DGB-Nachrichtendienst ND 47/74, Düsseldorf vom 6. 3. 1974.
19 DGB-Nachrichtendienst Nr. 168 vom 25. 5. 1972; Nr. 113 vom 2. 4. 1973; DGB-Bundesvorstand (Hrsg.), Für ein besseres Personalvertretungsgesetz. Vergleichende Darstellung des DGB zum Regierungsentwurf zur Änderung des Personalvertretungsgesetzes, Düsseldorf o. J. (ca. 1972/73).
20 DGB begrüßt Personalvertretungsgesetz, in: DGB-Nachrichtendienst Nr. 428/73 vom 13. 12. 1973.

sollte ein einheitliches Personalrecht geschaffen werden, das die „Ausübung uneingeschränkter Koalitionsrechte für die Beschäftigten des Öffentlichen Dienstes" gewährleiste.[21]

Wie aber sah es mit der von Heinz Oskar Vetter auf dem DGB-Kongreß 1972 als „Forderung Nummer eins" bezeichneten Mitbestimmung auf Unternehmensebene aus? Seit Frühjahr 1971 versuchte der DGB dieses Thema wieder stärker in den Vordergrund zu schieben. Zum gewerkschaftlichen Forderungspaket gehörte im übrigen nicht nur die paritätische Besetzung der Aufsichtsräte von Großunternehmen, sondern nach wie vor auch die Einrichtung eines Bundeswirtschafts- und Sozialrats zur Information und Beratung von Regierung und Parlament; diesem Rat, dem entsprechende Gremien auf Länderebene an die Stelle treten sollten, sei auch das Recht auf Gesetzesinitiative zuzugestehen.[22]

Doch die Schwierigkeiten, eine Verwirklichung dieser Forderungen zu erreichen, waren unübersehbar. Erst 1970 hatte die „Biedenkopf-Kommission"[23] ihren Bericht über die Erfahrungen mit der paritätischen Mitbestimmung vorgelegt; dabei wurden zwar die durchweg positiven Ergebnisse der Montanmitbestimmung herausgestellt, zu einer Empfehlung, die Montan-Regelung auf alle Großunternehmen zu übertragen, mochte sich die Kommission jedoch nicht durchringen. So sahen sich im Grunde Befürworter und Gegner der paritätischen Mitbestimmung bestätigt. Einen Kompromiß der Vorstellungen von SPD und FDP über die Mitbestimmung arbeitete die „Biedenkopf-Kommission" jedenfalls nicht aus; die SPD beharrte auf ihrem Gesetzentwurf von 1968, die FDP legte auf dem Freiburger Parteitag 1971 den „Riemer-Entwurf" vor, der sich an den Empfehlungen des „Biedenkopf-Gutachtens" orientierte und eine Vormachtstellung der Kapital-Seite im Aufsichtsrat befürwortete. Danach sollten im Aufsichtsrat Anteilseigner, leitende Angestellte und Arbeitnehmer im Verhältnis von sechs zu zwei zu vier vertreten sein. Und die CDU einigte sich auf ihrem Parteitag im selben Jahr auf ein Modell, nach dem Anteilseigner und Arbeitnehmer je sieben bzw. fünf Sitze im Aufsichtsrat erhalten sollten.

Der DGB stand also mit seiner Forderung — einmal abgesehen vom SPD-Gesetzentwurf — ziemlich allein da; zwar konnte er darauf verweisen, daß sich die Montanmitbestimmung durchaus bewährt habe; als Beleg galt,

---

21 Gewerkschaft ÖTV (Hrsg.), Modernisierung im öffentlichen Dienst. Einheitliches Personalrecht 3, Stuttgart 1976, S. 5.
22 Nach G. Leminsky u. B. Otto, Politik und Programmatik, S. 147 ff.
23 Mitbestimmung im Unternehmen. Bericht der Sachverständigenkommission zur Auswertung der bisherigen Erfahrungen bei der Mitbestimmung (Mitbestimmungskommission), Bochum, im Januar 1970 (Bundestags-Drucksache VI/334).

daß bei der Stillegung in zahlreichen Zechen soziale Härten (und etwaige Unruhen) durch Sozialpläne verhindert worden seien.[24] Doch die gesetzliche Verwirklichung der gewerkschaftlichen Mitbestimmungsforderung gestaltete sich durchaus schwierig. Ende März 1974 veranstaltete die BDA in Köln eine Tagung unter dem an die Auseinandersetzung der Weimarer Zeit erinnernden Titel „Marktwirtschaft oder Gewerkschaftsstaat". Zwar versuchten die Gewerkschaften mit einer Analyse des Wirtschafts- und Sozialwissenschaftlichen Instituts des DGB über „Gewerkschaftsstaat oder Unternehmerstaat" gegenzusteuern;[25] aber in der öffentlichen Meinung verzeichneten die Arbeitgeber mit ihrer These von der notwendigen Übereinstimmung zwischen freiheitlicher Wirtschafts- und Gesellschaftsordnung, die durch die Mitbestimmung gefährdet werde, einen Sieg nach Punkten. Und dank der FDP blieben derartige wirtschaftsliberale Grundvorstellungen nicht ohne Einfluß auf den 1974 vorgelegten Regierungsentwurf eines Gesetzes über die Mitbestimmung der Arbeitnehmer, der dann nach einigen Veränderungen am 18. März 1976 vom Bundestag verabschiedet wurde.[26]

In Unternehmen mit eigener Rechtspersönlichkeit, die in der Regel mehr als 2.000 Arbeitnehmer beschäftigten, wurde mit diesem Gesetz die Mitbestimmung der Arbeitnehmer eingeführt. Die Aufsichtsräte dieser Unternehmen müssen mit der gleichen Zahl von Mitgliedern der Anteilseigner und der Arbeitnehmer besetzt werden, wobei die Größe des Aufsichtsrats von der Zahl der Belegschaftsmitglieder abhängt. Komplizierter als nach dem Montan-Modell war die Zusammensetzung der Arbeitnehmerseite: ein Teil der den Arbeitnehmern zustehenden Sitze ist den der im Unternehmen vertretenen Gewerkschaften vorbehalten; die übrigen Sitze werden auf die Arbeiter, Angestellten und leitenden Angestellten entsprechend ihrem Anteil an der Gesamtbelegschaft verteilt; jede dieser Gruppen hat jedoch mindestens einen Sitz. Alle Arbeitnehmervertreter, auch die Gewerkschafter, werden von der Belegschaft gewählt; in Unternehmen mit weniger als 8.000 Arbeitnehmern erfolgt die Wahl direkt, sonst über ein Wahlmännergremium. Problematisch in den Augen nicht nur der Gewerkschaften war, daß die leitenden Angestellten, die doch nach dem Bundesarbeitsgerichtsurteil vom März 1974 ausdrücklich unternehmerische Funktionen haben mußten, auf die Arbeitnehmerseite gehören sollten; und außerdem hatte der von der Kapitalseite bestellte Aufsichtsratsvorsitzende für den Fall wiederholter Stimmengleichheit in Ab-

---

24 Geschäftsbericht des Bundesvorstandes des DGB 2. Halbjahr 1965—1968, S. 275.
25 Gewerkschaftsstaat oder Unternehmerstaat (= Sonderheft der WSI-Mitteilungen, August 1976).
26 Der Bundesminister für Arbeit und Sozialordnung (Hrsg.), Mitbestimmung, S. 83 ff.

stimmungen eine zweite Stimme; schließlich bemängelten die Gewerkschaften, daß die Arbeitnehmerseite nicht — wie nach der Montan-Regelung — entscheidenden Einfluß auf Benennung oder Ablehnung des Arbeitsdirektors im Vorstand hatte. Von daher war die Reaktion der Gewerkschaften auf das Gesetz von unverhohlener Enttäuschung gekennzeichnet.

Auch die Arbeitgeber waren mit dem Gesetz nicht zufrieden. Ihrer Ansicht nach waren die Grundgesetz-Garantie des Privateigentums und die unternehmerische Freiheit durch das Mitbestimmungsgesetz verletzt worden; überdies bedeute die Beteiligung der Gewerkschaften im Aufsichtsrat einen Informationsvorteil für die Gewerkschaften, der die Tarifautonomie außer Kraft setze. Trotz der eindeutig nicht-paritätischen Besetzung des Aufsichtsrats klagten die Arbeitgeber beim Bundesverfassungsgericht gegen das Mitbestimmungsgesetz. Die Gewerkschaften nahmen die Klage zum Anlaß, die Teilnahme an der ohnehin zunehmend kritisch gesehenen „Konzertierten Aktion" aufzukündigen. Gab das Bundesverfassungsgericht in seinem Urteil vom 1. März 1979 der Klage der Arbeitgeber auch nicht statt, so wurden doch die Grenzen weitergehender Mitbestimmungsformen eng umschrieben[27], so daß eine Ausdehnung der paritätischen Mitbestimmung in weite Ferne rückte.

## 2. Tarifpolitik: vom Stillhalten über spontane Streiks zur Offensive

Angesichts der personellen Verflechtungen und der inhaltlichen Nähe der politischen Vorstellungen von Gewerkschafts- und SPD-Führung einerseits, mit Blick auf die wirtschaftliche Rezession andererseits ist es nicht erstaunlich, daß die Gewerkschaften in der zweiten Hälfte der sechziger Jahre lohnpolitische Zurückhaltung übten. Außerdem ging es ihnen um die schrittweise Durchsetzung der 40-Stunden-Woche, deren Kosten auf die Lohnzuwachsraten angerechnet wurden. Auch ließen die Gewerkschaften — entgegen ihren öffentlichen Bekundungen — in der Praxis der Tarifverhandlungen durchaus die Bereitschaft erkennen, die regierungsamtlichen Orientierungsdaten zu berücksichtigen.

Ein Blick auf die Tarifabschlüsse 1967 und 1968 zeigt — so der DGB selbst — „das einsichtige Verhalten der Gewerkschaften eindeutig auf".[28] Wurden auch in diesen Jahren nominale Lohnsteigerungen ausgehandelt,

---

27 Abgedruckt in: Der Bundesminister für Arbeit und Sozialordnung (Hrsg.), Mitbestimmung, S. 251 ff.
28 Geschäftsbericht des Bundesvorstandes des DGB 2. Halbjahr 1965—1968, Düsseldorf o. J., S. 285.

so fielen die Reallöhne 1967 um 1,6 und 1968 um 1,0 %, legten dann aber 1969 um 1,4 und 1970 um 5,5 % zu. Die Entwicklung der Reallöhne spiegelt sich auch in den Schwankungen des Anteils der Bruttoeinkommen aus unselbständiger Arbeit am Volkseinkommen wider: Von 55,7 % im Jahre 1967 sank die Lohnquote auf 53,6 % (1968); trotz der beachtlichen Lohnsteigerungen 1970/71 erholte sie sich nur langsam von diesem Tiefstand und stieg bis 1973 wieder an.[29]

Gerade die gewerkschaftliche Bereitschaft zur lohnpolitischen Mäßigung trug zu einem Vertrauensverlust in Teilen der Mitglieder- und Arbeiterschaft bei, der sich angesichts sprunghaft gestiegener Unternehmensgewinne, aber stagnierender Reallöhne in den „wilden" Streiks vom September 1969 entlud. Anlaß der spontanen Streiks war die Zusammenlegung der Dortmund-Hörder-Hütten-Union mit der Hoesch AG Dortmund zum 1. Oktober 1969; dadurch waren innerbetriebliche Lohn- und Gehaltsanpassungen nötig. Um eine sofortige Erhöhung der Löhne durchzusetzen, legten die Arbeiter der Hoesch AG Hüttenwerke in Dortmund am 2. September die Arbeit nieder. Mit der rasch zugestandenen Erhöhung der Stundenlöhne um 30 Pfennige wurde der Ausstand am 3. September beendet. Angesichts der Gewinnexplosion 1968/69 sprang der Funken des Streiks jedoch auf andere Betriebe der Eisen- und Stahlindustrie, der Steinkohlenförderung, der Metallindustrie, der Textilindustrie und des öffentlichen Dienstes über: Anfang September 1969 wurden allein in der Eisen- und Stahlindustrie 230.000 Streiktage, im Steinkohlenbergbau 49.000 Ausfallschichten gezählt. In allen Fällen gelang es den Streikenden binnen kürzester Zeit, Lohnerhöhungen durchzusetzen, die schon vor Ablauf der Tarifverträge gezahlt wurden.

Die Gewerkschaften hatten zwar schon vorher über den Lohnrückstand und die Gewinnexplosion geklagt, hatten auch vielfach vorgezogene Tarifverhandlungen gefordert — Erfolg hatten sie damit nicht gehabt. Die spontanen Streiks aber verliehen nun den Tarifbemühungen der Gewerkschaften Nachdruck. So wurden nicht nur deutliche Lohnsteigerungen erreicht, sondern auch Tarifverträge mit kürzerer Laufzeit vereinbart.

Bereits Anfang der siebziger Jahre verhärteten sich die Fronten wieder: Nachdem sich durch massenhafte Dollarzuflüsse Gefahren für die Geldwertstabilität abzeichneten, die die Lohnforderungen der Arbeitnehmer wachsen ließen, zugleich aber — angesichts der Wechselkursfreigabe — Exportrisiken bedeuteten, drängten die Arbeitgeber auf niedrige Lohnsteigerungsraten. Die Fronten trafen 1971 in Baden-Württemberg aufeinander.

---

29 Nach F. Deppe, Autonomie und Integration, S. 62 u. 64.

Anlaß des Konflikts war die mit der Kündigung der Tarifverträge zum 30. September 1971 verbundene Forderung der IG Metall nach einer 11%igen Lohnerhöhung. Die Arbeitgeber machten zunächst keinerlei Angebot, legten sich dann jedoch auf 4,5 % fest. Angesichts der Starrheit, mit der die beiden Kontrahenten an ihren Positionen festhielten, wurden die Verhandlungen am 17. Oktober als gescheitert erklärt. Der aufgrund der Schlichtungsverhandlungen, die am 28. Oktober 1971 begonnen hatten, am 2. November ergangene Schlichtungsspruch (7,5 % bei einer Laufzeit von 7 Monaten) traf auf die Ablehnung der Arbeitgeber. Daraufhin wurde von der IG Metall, die den Schlichterspruch akzeptiert hatte, die Durchführung der Urabstimmung für den 12. November beschlossen: 89,6 % der Gewerkschaftsmitglieder sprachen sich für Streik aus.

Die IG Metall entschied sich für „Schwerpunktstreiks": Am 22. November legten etwa 55.000 Arbeiter bei Daimler-Benz, Audi-NSU und bei Graubremse Heidelberg die Arbeit nieder. Am 23. November folgten dann weitere 60.000 Arbeiter in 76 Betrieben. Darauf beschlossen die Arbeitgeber, mit einer Aussperrung zu antworten, die — beginnend am 26. November 1971 — insgesamt 304.823 Arbeitnehmer in 530 Betrieben betraf. Weitere Schlichtungsversuche, auch die Intervention des Bundeskanzlers, blieben zunächst ohne Erfolg. Nachdem jedoch kein Einlenken der Gewerkschaft abzusehen war und sich zudem in Protestkundgebungen — z. B. von 45.000 Arbeitnehmern am 8. Dezember in Stuttgart — eine wachsende Gegnerschaft gegen die Aussperrung formierte, kam es am 10. Dezember zu einer Einigung. Nach einem Arbeitskampf, der insgesamt 4.138.000 (nach amtlicher Angabe) bzw. 5.130.000 (nach gewerkschaftlicher Angabe) verlorene Arbeitstage und eine Produktionseinbuße in Höhe von 2 Milliarden DM gebracht hatte, akzeptierten die Arbeitgeber Lohn- und Gehaltserhöhungen von 7,5 % bei einer Laufzeit von 12 Monaten; für die Monate Oktober bis Dezember wurde eine Pauschalsumme von 180 DM (netto) gezahlt; außerdem konnte das 13. Monatsgehalt bis zu 40 % des Monatseinkommens tariflich abgesichert werden.

Dieses Ergebnis fand bei 71,2 % der Gewerkschaftsmitglieder Zustimmung. Dennoch ist nicht zu übersehen, daß sich die Arbeitgeber wiederum mit dem Prinzip zentraler Tarifverhandlungen hatten durchsetzen können. Auch daß die Entscheidung in Nordbaden-Nordwürttemberg die Bandbreite für die anderen Tarifabschlüsse vorgab, bedeutete zwar insgesamt eine Stabilisierung der Reallöhne, jedoch nicht den von den Arbeitnehmern geforderten Zugewinn. Weitgehend durchgesetzt hatte sich die Position der Arbeitgeber.

Aus diesem Grunde konnten die Arbeitgeber den Ausgang des Arbeitskampfes in der Tat als Erfolg interpretieren; in einer am 15. Dezember veröffentlichten Zeitungsanzeige der Metallindustriellen hieß es: „Unser Dank gilt besonders den betroffenen Firmen, die die Belastungen des Arbeitskampfes auf sich genommen haben. Aber es hat sich für alle Betriebe gelohnt: Das Ergebnis liegt unter den vorausgegangenen Einigungsvorschlägen. [...] Die Gesamtbelastung der Unternehmen beträgt bei einer Laufzeit von 15 Monaten etwa 7 %. Die 15 Monate Laufzeit geben der Metallindustrie eine vernünftige Kalkulationsbasis und bringen die notwendige Ruhe in dieser konjunkturpolitisch so schwierigen Zeit."[30]

Der Druck auf die IG Metall, die für den Arbeitskampf insgesamt 80 Millionen DM an Unterstützung aufwenden mußte, wurde durch die Ausweitung des Arbeitskampfes durch Produktionsstillegungen in nicht direkt betroffenen Betrieben noch verstärkt. So waren etwa 100.000 Arbeitnehmer, vor allem in der Automobilindustrie, durch „kalte" Aussperrungen in den Konflikt mit hineingezogen worden. Entsprechend dem Postulat der Neutralität des Staates im Arbeitskampf beschloß die Bundesanstalt für Arbeit, gemäß § 116 des Arbeitsförderungsgesetzes vom 25. Juli 1969 keine Unterstützung an nur mittelbar betroffene Arbeitnehmer zu zahlen, da — so hieß es im Erlaß vom 22. November 1971 — „nach allgemeiner Erfahrung" davon auszugehen sei, daß auch diese Arbeitnehmer von der Erreichung des Streikzieles profitieren würden. Am 2. Dezember 1971 sprach dann jedoch der Verwaltungsrat der Bundesanstalt den mittelbar betroffenen Arbeitnehmern Arbeitslosen- bzw. Kurzarbeitergeld zu. Diese Entscheidung wurde allerdings vom Landessozialgericht Baden-Württemberg am 27. November 1972 als rechtswidrig eingestuft.

Die Betriebsstillegungen konnten durchaus als „kalte" Aussperrungen angesprochen werden: Zweifel an der Notwendigkeit dieser Maßnahmen wurden dadurch bestärkt, daß bereits am 4. Streiktag zahlreiche Betriebsstillegungen durchgeführt bzw. angekündigt wurden. Auch daß die Daimler-Benz AG die Wiederaufnahme der Arbeit im Zweigwerk Berlin für den Tag nach der zweiten Urabstimmung ankündigte, obwohl die Produktion im Streikgebiet erst nach der Urabstimmung wieder voll anlief, ließ derartige Zweifel als berechtigt erscheinen.

Durch die Bundesarbeitsgerichtsurteile der Jahre 1955 und 1971, mit denen die Aussperrung zwar eng umgrenzt, aber grundsätzlich zugelassen wurde, durch die Aussperrung in der Metallindustrie 1971 und schließlich durch das Verhalten der Bundesanstalt für Arbeit waren Streiks für die Gewerkschaften zu einem unwägbaren Risiko geworden. Sowohl durch den Grundsatz der Verhältnismäßigkeit, dessen Maßstab außerhalb des gewerkschaftlichen Einflußbereiches in den Vorgaben von Staat und vor

---

30 Zitiert nach Regine Meyer, Streik und Aussperrung in der Metallindustrie. Analyse der Streikbewegung in Nordwürttemberg-Nordbaden 1971, Marburg 1977, S. 346.

allem Unternehmerschaft liegt, als auch durch die expansive Aussperrungs-
politik der Arbeitgeber wurde seit 1971 der Handlungsspielraum der
Gewerkschaften deutlich eingeengt. Die „Konzertierte Aktion" und die
jährlichen Sachverständigengutachten schränkten die Autonomie der Gewerkschaften in der Formulierung ihrer Ziele außerdem schon im Vorfeld
des Meinungs- und Willensbildungsprozesses ein. Das Risiko unkalkulier-
barer finanzieller Belastungen durch eine Expansion des Arbeitskampfes
beschneidet ihre Handlungsmöglichkeiten; überdies schwächt der finanzielle Aufwand für große Arbeitskämpfe die Kassen dermaßen, daß die
Gewerkschaften von den Unternehmern dauerhaft diszipliniert werden
könnten. Damit zeichnete sich Anfang der siebziger Jahre eine Verhärtung
der Fronten zwischen Gewerkschaften und Arbeitgebern ab, die unter dem
Eindruck der Wirtschaftskrise ab Mitte der siebziger Jahre vollends
deutlich werden sollte.

Die Bilanz der gewerkschaftlichen Tarifpolitik zu Beginn der siebziger
Jahre ist eindrucksvoll. Im Bemühen, sowohl den mit den „wilden" Streiks
1969 deutlich gewordenen Vertrauensverlust wettzumachen als auch die
ohnehin ständig über den Tariflöhnen liegenden Effektivlöhne abzusichern,
forderten die Gewerkschaften Anfang der siebziger Jahre Lohnerhöhungen
oberhalb von 10 %. In der Tat gelang es auch, in mehreren Branchen
Lohnerhöhungen dieser Größenordnung durchzusetzen. Auffallend ist,
daß angesichts sich abzeichnender wirtschaftlicher Schwierigkeiten die
Gewerkschaft ÖTV erstmals eine Schrittmacherfunktion übernahm, etwa
durch die 1974 mit Streik durchgesetzte Lohnerhöhung von 11 %, die einen
Schatten auf das Image Bundeskanzler Willy Brandts warf. Die IG Metall-
Abschlüsse folgten dann mit gut 12 %. Trotz der deutlichen Steigerung der
tariflichen Nominallöhne zu Anfang der siebziger Jahre lagen die Effektivlöhne vielfach noch höher. Die DGB-Gewerkschaften beschlossen deshalb
1975 auf ihrem Kongreß in Hamburg, sich zukünftig stärker für eine
Sicherung der Effektivlöhne einzusetzen.

Durch die gesteigerte Kampfbereitschaft gelang es den Gewerkschaften, vor dem Hintergrund einer im ganzen positiven Konjunkturentwick-
lung die Reallöhne der Arbeitnehmer deutlich zu verbessern: Nach den
Einbußen im direkten Gefolge der Rezession stiegen die Reallöhne 1969
um 1,4 %, 1970 dann um 5,5 und 1971 um 2,3 %; 1971 fielen sie leicht um 0,3
%, um 1973 und 1974 nochmals 1,5 bzw. 3,0 % zuzulegen (Tabelle 3 c). Und
auch der Anteil der Bruttoeinkommen aus unselbständiger Arbeit am
Volkseinkommen stieg vom Tiefstand 53,6 % (1968) über 54,1 (1969) und
54,8 (1970) langsam auf 55,8 % (1971 und 1972) und 56,6 % (1973).[31]

*

31 F. Deppe, Autonomie und Integration, S. 62 u. 64.

Aber nicht nur um die Lohnhöhe wurde gestritten; angesichts der zunehmenden Verdichtung der Arbeit, der voranschreitenden Ausdehnung von Nacht- und Schichtarbeit und des beschleunigten Arbeitstempos rückten die Themen „Humanisierung der Arbeitswelt" und „Rationalisierungsschutz" zu Schwerpunkten der gewerkschaftlichen Tarifpolitik auf.

Schon Ende der sechziger Jahre hatten die Gewerkschaften immer eindringlicher auf die Gefahren einer ungezügelten technischen Entwicklung hingewiesen. Seit dieser Zeit wurden verstärkt tarifliche Rationalisierungsschutzabkommen abgeschlossen; Vorreiter waren — z. B. mit den für rund 10 Millionen Arbeitnehmer geltenden Abkommen 1968 — die IG Metall und die IG Chemie, Papier, Keramik. Zwar war die Forderung nach Rationalisierungsschutz im Aktionsprogramm 1965 an den Gesetzgeber gerichtet worden, doch nach den begrenzten Erfolgen derartiger Bemühungen etwa mit dem Arbeitsförderungsgesetz (1969) konzentrierten sich die Gewerkschaften voll und ganz auf die tarifliche Durchsetzung dieses Ziels.

Rationalisierungsschutz galt als ein wesentlicher Teilbereich des Engagements für die Humanisierung der Arbeit, die ebenfalls in einer „Doppelstrategie" auf gesetzlichem und tariflichem Wege erreicht werden sollte. Auch hier verlegten sich die Gewerkschaften — eben wegen der geringen politischen Erfolge — auf das Feld der Tarifarbeit. Zu denken ist vor allen Dingen an den Lohnrahmentarifvertrag II für die Metallindustrie Nordwürttemberg/Nordbaden vom Oktober 1973. Nach zweiwöchigen Schwerpunktstreiks von etwa 57.000 Arbeitnehmern bei Bosch und Daimler-Benz wurde ein Tarifvertrag abgeschlossen, in dem nicht nur die betrieblichen Vorgaben für den Arbeitsprozeß (z. B. die Taktzeiten) begrenzt, sondern vor allen Dingen verbesserte Pausenregelungen eingeführt wurden. Jeder Akkord- und Prämienarbeiter erhielt pro Arbeitsstunde einen Anspruch auf fünf Minuten Erholungszeit und drei Minuten persönliche Zeit, für die der jeweilige Durchschnittslohn gezahlt wurde.

*

Hatte auch die wirtschaftliche Rezession 1966/67 den Traum vom immerwährenden „Wirtschaftswunder" zerstört, so hielt doch die Verbesserung des Lebensstandards breiter Bevölkerungskreise auch in den sechziger Jahren unvermindert an. Schauen wir z. B. auf die Bedarfsdeckung mit langlebigen Gebrauchsgütern im Vergleich der Jahre 1962 und 1973, so zeigen sich folgende Veränderungen: Hatten 1962 nur 52 % aller Haushalte einen Kühlschrank, so 1973 93 %; für Staubsauger, Fernsehgerät und Auto lauten die Vergleichszahlen 65/91 %, 34/87 % bzw. 27/55 %.[32]

---

32 Nach K. T. Schuon, Ökonomische und soziale Entwicklung, S. 734.

Konsumorientierung und Verbesserung des Lebensstandards prägten also auch die Nach-Wirtschaftswunder-Zeit; eine gerechtere Verteilung des Besitzes an Produktivvermögen war damit jedoch keinesfalls verbunden: Anfang der siebziger Jahre gehörten 1,7 % aller Haushalte 74 % des privaten Produktivvermögens.

Dies zu ändern, kristallisierte sich immer deutlicher als gewerkschaftliches Ziel heraus.[33] Mit der Erklärung des Bundesvorstandes des DGB vom Oktober 1968 zur Vermögensbildung wurde erstmals zwischen der Sparförderung einerseits und einer Beteiligung der Arbeitnehmer am Produktivvermögen andererseits unterschieden. Mit den „DGB-Leitlinien für die Vermögensbildung" wurden diese Überlegungen im März 1970 konkretisiert; Sparförderungsmaßnahmen wurden zwar gebilligt, von ihnen wurde indessen nicht erwartet, daß sie eine wirkliche Umverteilung des Vermögens bewirken könnten. Demgemäß sollte eine Vermögensbildung durch Sparförderung und durch überbetriebliche Ertragsbeteiligungen der Arbeitnehmer erreicht werden; Teile des Gewinns sollten die Unternehmen an Fonds abführen, die Beteiligungszertifikate an die Arbeitnehmer ausgeben müßten. Zwar hieß es auch im Aktionsprogramm 1972, die Arbeitnehmer seien durch ein überbetriebliches System der Ertragsbeteiligung angemessen am Produktivvermögen zu beteiligen. Doch der auf dieser Basis ausgearbeitete Resolutions-Entwurf für den 9. DGB-Bundeskongreß 1972 wurde abgelehnt. Damit hatte sich die IG Metall-Position durchgesetzt, die den Vorrang der Lohntarifpolitik gesichert wissen wollte; Vermögensbildungs-Fonds würden demgegenüber indirekt das verfügbare Einkommen der Arbeitnehmer schmälern, und das zugunsten von nicht verwertbaren Vermögensanteilscheinen. Der Bundesausschuß des DGB legte dann am 4. April 1973 mit knapper Mehrheit ein neues Papier vor, in dem es um die Beteiligung der Arbeitnehmer am Produktivvermögen ging: Ausgehend von der Erkenntnis, daß vermögenswirksame Tarifverträge, Sparleistungen und Investivlöhne keine Umverteilung bewirken und daß betriebliche Beteiligungspläne eher als mobilitätshemmende Maßnahmen dienen, soll eine Beteiligung der Arbeitnehmer am Produktivvermögen durch regionale Fonds erfolgen, an die die Unternehmen einen Teil ihres Gewinns abführen müssen. Eine konkrete Einigung wurde jedoch nicht erzielt.

---

33 Dazu G. Leminsky u. B. Otto, Politik und Programmatik, S. 164 ff.

## 3. Gewerkschaftsorganisation im Aufwind: Mitgliederzunahme und Blüte der Gemeinwirtschaft

Nach einer Phase nur langsamen Mitgliederzuwachses, das die sechziger Jahre prägte, zeigte sich im Übergang zu den siebziger Jahren ein deutlicher Anstieg der Mitgliederzahlen von 6,5 (1966) auf 7,4 Millionen (1976). Hinter diesen Globalzahlen (Tabelle 1c) verstecken sich jedoch zum Teil gegenläufige Entwicklungen, verteilte sich der Mitgliederzuwachs doch weder gleichmäßig auf alle Gewerkschaften noch auf alle Berufsgruppen. Überproportional profitierten davon die Gewerkschaft Handel, Banken und Versicherungen, die Gewerkschaft Erziehung und Wissenschaft, die Deutsche Postgewerkschaft, die IG Metall, die IG Chemie, Papier, Keramik und die Gewerkschaft Öffentliche Dienste, Transport und Verkehr; Stagnation oder Einbußen prägten das Bild der Mitgliederentwicklung demgegenüber bei der Gewerkschaft Gartenbau, Land- und Forstwirtschaft, der Gewerkschaft Leder, der IG Bergbau und Energie, der Gewerkschaft Textil und Bekleidung — bei den Verbänden schrumpfender Branchen also. Nur ein Beispiel: Im deutschen Bergbau waren 1958 noch gut 650.000 Personen in 622 Betrieben beschäftigt, 1976 nur noch knapp 250.000 Arbeitnehmer in 383 Betrieben.

Insgesamt konnten die Gewerkschaften ihre Position im „Reform-Klima" der siebziger Jahre ausbauen. Auch die DAG und der Deutsche Beamtenbund nahmen an diesem Prozeß der Konsolidierung teil, konnten sie doch 1976 471.000 bzw. 803.000 Mitglieder verzeichnen. Für den CGB gilt das jedoch nur in geringerem Maße; so hatte sich im April 1966 die Gewerkschaft Christlicher Berg- und Energiearbeiter (Saarland) aufgelöst und seine 20.000 Mitglieder der IG Bergbau und Energie zugeführt.[34] Ein Indiz für die Stärkeverhältnisse der Gewerkschaften bilden — neben den Mitgliedszahlen — die Ergebnisse der Betriebsrätewahlen: Schaut man etwa auf die Metallindustrie, so betrug der Stimmenanteil der DGB-Listen in den sechziger und siebziger Jahren durchweg etwa 80 %, der der DAG-Listen etwa 2 bis 4 % und der der CGB-Listen knapp 1 %; der Rest entfiel auf Listen Unorganisierter. Übrigens waren 1968 nur 11,2 % aller Betriebsratsmitglieder Frauen[35] — ein Prozentsatz, der auch in den siebziger Jahren nicht drastisch anstieg.

Die Entwicklung der Mitgliedszahlen der Gewerkschaften spiegelte einen sozialen Wandlungsprozeß, der eindeutig zur „Dienstleistungsgesellschaft" führte: Der Anteil des produzierenden Gewerbes an der Gesamt-

---

34 Geschäftsbericht des Bundesvorstandes des DGB 2. Halbjahr 1965—1968, S. 82.
35 Geschäftsbericht des Bundesvorstandes des DGB 1969—1971, S. 318.

zahl der Erwerbstätigen sank bis 1975 auf 46 %, bis 1979 weiter auf 45 %; auch der Anteil der Land- und Forstwirtschaft schrumpfte auf 7,2 % (1975) bzw. 6 % (1979); demgegenüber wuchs der Anteil des Dienstleistungsbereiches über 47 % (1975) auf 49 % (1979).

Auch in den siebziger Jahren konnten die Gewerkschaften die Veränderung der Struktur der Arbeitnehmerschaft in ihrer Mitgliedschaft kaum nachvollziehen: Der Anteil der Arbeiter und Arbeiterinnen ging stetig zurück — von 75,8 % (1970) auf 71,2 % (1976); während der Anteil der Beamten und Beamtinnen bei 9,5/9,4 % stagnierte, wuchs der Anteil der Angestellten von 14,7 auf 19,4 %. Auch der Anteil der Frauen nahm zu: von 15,3 auf 18,3 %. Insgesamt waren die Arbeiter und Arbeiterinnen damit auch 1976 deutlich überrepräsentiert, machte ihr Anteil an der Zahl der Arbeitnehmer doch „nur" 49,5 % aus.[36]

Mit der Zunahme der Mitgliedszahlen stieg zwischen 1966 und 1975 der Organisationsgrad von 32,4 auf 36,6 %; auch der Organisationsgrad der weiblichen Beschäftigten nahm von 15,7 auf 19,3 % zu; er blieb aber deutlich unter dem der männlichen Arbeitnehmer (1975: rund 50 %). Trotz der Steigerung des Organisationsgrades lagen die deutschen Gewerkschaften im Vergleich zu anderen entwickelten kapitalistischen Ländern ziemlich schlecht: In der ersten Hälfte der siebziger Jahre hatten die Gewerkschaften in Schweden einen Organisationsgrad von 87, in Belgien von 70, in Dänemark und Österreich (1968) von 66, in Norwegen von 55, in England von 50 und in den Niederlanden von 47 %; niedriger als in der Bundesrepublik war er in den USA (28 %) und in Frankreich (25 %).[37]

Betrachtet man den Organisationsgrad der einzelnen Gewerkschaften, so zeigt sich wiederum kein einheitliches Bild. Vorherrschend ist der positive Trend zwischen 1966 und 1975. Einige Beispiele müssen genügen; so konnten ihren Organisationsgrad verbessern: die IG Metall von 34,1 auf 43,6; die IG Chemie, Papier, Keramik von 35,9 auf 40,1; die IG Bergbau und Energie von 72,8 auf 86,7; die IG Druck und Papier von 31,8 auf 36,0; die Gewerkschaft Textil und Bekleidung von 25,2 auf 32,5 %. Eher von Stagnation bzw. Rückgang geprägt war das Bild bei der Gewerkschaft Bau, Steine, Erden (19,5 auf 20,5), bei der Gewerkschaft Holz (19,1 auf 18,6) und bei der Gewerkschaft Nahrung, Genuß, Gaststätten (18,2 auf 16,4).[38]

Die insgesamt positive Bilanz der Mitgliederentwicklung dürfte zu einem nicht geringen Teil auf eine Verminderung der Fluktuationsrate

---

36 F. Deppe, Autonomie und Integration, S. 52.
37 Nach Wolfgang Streeck, Gewerkschaften als Mitgliederverbände. Probleme gewerkschaftlicher Mitgliederrekrutierung, in: J. Bergmann (Hrsg.), Beiträge zur Soziologie der Gewerkschaften, S. 72—110, hier S. 102 ff.
38 Gewerkschaftliche Monatshefte 11, 1979, S. 741 f.

zurückzuführen sein. Diese ging — mit einigen, zum Teil deutlichen Schwankungen — zwischen 1965 und 1975 bei der IG Chemie, Papier, Keramik von 13,1 auf 9,4, bei der Gewerkschaft Handel, Banken und Versicherungen von 18,6 auf 12,9, bei der IG Metall von ca. 15 auf 10,9 und bei der Gewerkschaft Textil und Bekleidung von 18,8 auf 16,5 % zurück.[39]

Es kann vermutet werden, daß das Problem der Mitgliederfluktuation mit neuen Methoden der Beitragskassierung vermindert wurde.[40] Der Anteil der Bankabbuchung des Beitrages nahm von 1965 bis 1975 deutlich zu; außerdem wuchs die Zahl der Gewerkschaftsmitglieder, deren Beitrag gleich vom Lohnbüro einbehalten und an die jeweilige Gewerkschaft überwiesen wurde. Signalisierten schon diese Verfahren der Beitragskassierung eine zunehmende Anonymität zwischen Mitgliedern und Organisation, so wurde dieser Trend zwischen 1960 und 1975 durch den Abbau von Verwaltungsstellen mehrerer Gewerkschaften — z. B. der IG Bergbau und Energie (von 50 auf 23), der IG Chemie, Papier, Keramik (von 83 auf 68), der Gewerkschaft Handel, Banken und Versicherungen (von 371 auf 45), der IG Metall (von 186 auf 168) und der Gewerkschaft Textil und Bekleidung (von 136 auf 79) — verfestigt. Zwar erhöhte sich im selben Zeitraum der durchschnittliche Personalbestand der Verwaltungsstellen, doch es bleibt der Eindruck einer zunehmenden Entfernung von Gewerkschaftsorganisation und Mitgliedschaft.

*

Deutliches Zeichen der organisatorischen und finanziellen Konsolidierung der Gewerkschaften in den sechziger und siebziger Jahren war die Entwicklung der gemeinwirtschaftlichen Unternehmen, deren wichtigste Gruppen kurz vorgestellt seien.[41]

Aus den Konsumgenossenschaften wurde 1969 die Coop-Gruppe, aus mehr als hundert einzelnen Genossenschaften eine bundesweite Unternehmensgruppe gebildet, für die 1974 mit der Gründung der Frankfurter Coop-Zentrale AG (heute Coop AG) eine Holding geschaffen wurde. 1978 betrug das Aktienkapital dieser Zentrale 150 Millionen DM, von denen rund 40 % der Bund deutscher Konsumgenossenschaften, rund 22 % die Genossenschaftszentralen der Schweiz, Dänemarks und Schwedens und rund 38 % die (1974 gebildete) Beteiligungsgesellschaft für Gemeinwirtschaft (BGAG) hielten.

---

39 Nach W. Streeck, Gewerkschaften als Mitgliederverbände, S. 109.
40 Nach ebd., S. 107 u. S. 110. Siehe auch: Klaus Armingeon, Die Entwicklung der westdeutschen Gewerkschaften 1950—1985, Frankfurt u. New York 1988, S. 89 ff.
41 Folgende Angaben nach Achim von Loesch, Die gemeinwirtschaftlichen Unternehmen der deutschen Gewerkschaften. Entstehung, Funktionen, Probleme, Köln 1979.

Das „Flaggschiff" der gemeinwirtschaftlichen Unternehmen war die Neue Heimat-Gruppe mit Sitz in Hamburg, das größte Wohnungsbauunternehmen in Westeuropa; sie verwaltete 1977 im gesamten Bundesgebiet rund 418.000 Wohnungen, wovon ihr 320.000 gehörten, und außerdem rund 87.000 gewerbliche Objekte. Hinzu kam die Neue Heimat International mit zahlreichen Beteiligungen im Ausland. Von einer marktbeherrschenden Stellung konnte jedoch nicht gesprochen werden: Von den rund 450.000 Wohnungen, die Mitte der siebziger Jahre pro Jahr gebaut wurden, errichtete die Neue Heimat 12.000 bis 15.000, also etwa 3 %; und ihr Anteil am gesamten Wohnungsbestand betrug etwa 1,5 %. Die Gesellschafter der Neuen Heimat Gemeinnützige Wohnungs- und Siedlungsgesellschaft waren die Vermögensverwaltungs- und Treuhandgesellschaften des DGB und der Einzelgewerkschaften. Vom Stammkapital von 60 Millionen DM hielten der DGB mit 33,9 %, die IG Bau, Steine, Erden mit 25,4 % und die IG Metall mit 18,5 % 1977 die größten Anteile. An der 1969 gegründeten Neuen Heimat Städtebau beteiligte sich 1977 die Beteiligungsgesellschaft für Gemeinwirtschaft mit 49,9 %; die Hälfte des Grundkapitals von 120 Millionen DM hielten die Verwaltungsgesellschaften des DGB und der ihm angeschlossenen Gewerkschaften.

Ebenfalls einen enormen Aufschwung verzeichnete die Volksfürsorge Versicherungsgesellschaft. Ihr Versicherungsbestand betrug Ende 1977 5,8 Millionen Versicherungen mit einer Versicherungssumme von 34,2 Milliarden DM. Damit zählte sie zu den größten deutschen Versicherungsgesellschaften.

Und erfolgreich war auch die Entwicklung der von Walter Hesselbach geleiteten Bank für Gemeinwirtschaft (BfG): Ihre Bilanzsumme wuchs von 133 Millionen DM im Jahre 1950 über 2,1 Milliarden DM (1958) auf 35 Milliarden im Jahr 1978. In zunehmendem Maße beteiligte sich die BfG auch am internationalen Bankgeschäft: 1973 wurden eine Niederlassung in London, 1976 Niederlassungen in New York, in Sao Paulo und in Hongkong gegründet; 1974 wurde mit der israelischen Bank Hapoalim zusammen die Israel Continental Bank ins Leben gerufen.

Weniger erfolgreich war das Gemeinwirtschaftliche Unternehmen für Touristik, Gut-Reisen, das 1969 in Frankfurt gegründet wurde; da sein Marktanteil bei Charterflügen bei weniger als 10 % verharrte und auch im Autoreisen- und Ferienwohnungsbereich nicht über 6 % stieg, wurde das nicht konkurrenzfähige Unternehmen bald an NUR-Neckermann und Reisen verkauft.

Mit dem zunehmenden Ausbau der gemeinwirtschaftlichen Unternehmen ging nicht nur eine Ablösung von ihren genossenschaftlichen Ursprüngen Hand in Hand; vielmehr wurden mit der Überführung in kapitalistische Rechtsformen zugleich Prinzipien hierarchischer Organisation, d. h.

die Unterscheidung von unternehmerisch-anordnender und ausführender Tätigkeit, übernommen bzw. ausgebaut; außerdem stellte sich mit der erfolgreichen Wirtschaftstätigkeit der gewerkschaftlichen Unternehmen immer schärfer die Frage nach deren Einbindung in moralischen Anspruch und politische Zielsetzung der Gewerkschaften. In dem Maße, in dem sich die gemeinwirtschaftlichen Unternehmen „formal und strukturell [. . .] an den privaten Unternehmenstyp" anglichen, in dem Maße verwischte sich ihr besonderes Profil. In der Tat sei der Unterschied zwischen gemeinwirtschaftlichen und privaten Unternehmen — so wurde eingestanden — für den „Außenstehenden" schwer zu erkennen; dabei sei er von grundsätzlicher Natur, liege er doch im Ziel einer am Gemeinwohl orientierten Gewinnverwendung im Gegensatz zur privaten Aneignung des Profits.[42]

Wohl mit Blick auf die wirtschaftliche Blüte der gemeinwirtschaftlichen Unternehmen, aber wohl auch mit Rücksicht auf den Verlust an „gewerkschaftlichem Stallgeruch" meinten die Gewerkschaften Anfang der siebziger Jahre, ihren gemeinwirtschaftlichen Unternehmen eine deutlichere Begründung und Aufgabenstellung geben zu müssen: Gewerkschafter als Unternehmer hätten gezeigt, daß sie sich nicht nur unter harten Konkurrenzbedingungen zu privaten Unternehmen am Markt behaupten, sondern zudem einen Beitrag zum Funktionieren der marktwirtschaftlichen Ordnung leisten könnten; außerdem verwirklichten sie „beispielhaft sozial- und gesellschaftspolitische Forderungen der Gewerkschaften" und bewiesen, „daß in einer Wettbewerbswirtschaft mit sozialgebundenem Kapital erfolgreich im Dienste der Allgemeinheit gewirtschaftet werden kann". Auch die im Dezember 1978 vom Bundesausschuß des DGB beschlossene Konzeption für „Auftrag und Aufgaben gemeinwirtschaftlicher Unternehmen des DGB und seiner Gewerkschaften" verwies voll Stolz auf die inzwischen — 1974 — mit der Gründung der Beteiligungsgesellschaft für Gemeinwirtschaft AG (BGAG) erreichten Erfolge, seien doch nun „die Beteiligungsbeziehungen entsprechend gewerkschaftlichen Vorstellungen übersichtlich und durchschaubar geordnet" worden.[43]

*

42 Ebd., S. 143 f.
43 Ziele und Funktionen der gemeinwirtschaftlichen Unternehmen, beschlossen vom DGB-Bundesvorstand gemeinsam mit den gemeinwirtschaftlichen Unternehmen, Düsseldorf, Nov. 1972; Auftrag und Aufgaben gemeinwirtschaftlicher Unternehmen des Deutschen Gewerkschaftsbundes und seiner Gewerkschaften, beschlossen vom Bundesausschuß des DGB am 6. 12. 1978, beides abgedruckt in: A. von Loesch, Die gemeinwirtschaftlichen Unternehmen, S. 383—394.

Mit der Mitgliederentwicklung der sechziger und siebziger Jahre und mit der wachsenden Anonymität des „Gewerkschaftsapparates" wurde in zunehmendem Maße die Notwendigkeit empfunden, sowohl die innerorganisatorische Mitgliederbeteiligung als auch das Verhältnis der Einzelgewerkschaften zueinander und zum Bund zu reformieren. Dies wurde um so dringender, als sich das Übergewicht der großen Verbände im DGB weiter verstärkte: Allein in den drei größten Einzelgewerkschaften — der IG Metall, der Gewerkschaft ÖTV und der IG Chemie, Papier, Keramik — waren 1975 über die Hälfte aller Gewerkschaftsmitglieder organisiert.

Nicht zuletzt das Problem der ungleichen Größe und des unterschiedlichen Gewichts der Einzelgewerkschaften sowie das Verhältnis der (großen) Einzelverbände zum Dachverband verlangten nach wie vor eine Klärung. Nach einem Aufleben der Satzungsdiskussion in den sechziger Jahren, die durch die Notwendigkeit innerorganisatorischer Sparmaßnahmen — mit den Springener Beschlüssen (1967) besonders im Bereich der Bildungs- und Personengruppenarbeit durchgeführt — Nachdruck erhielt, wurde 1969 eine Satzungskommission eingesetzt. Welch enge Grenzen einer Satzungsänderung gesteckt waren, zeigten die Stellungnahmen der IG Metall, gegen die eine wirkliche Reform kaum durchzusetzen war. So trat Otto Brenner z. B. für eine Straffung der Organisation ein, verwahrte sich jedoch gegen jede Einschränkung der einzelgewerkschaftlichen Autonomie.[44] Da für die Satzungsänderung eine Zweidrittelmehrheit erforderlich war und die IG Metall, die auf dem außerordentlichen Kongreß 1971 alleine 131 von 430 Delegierten stellte, sich mit ihren Vorbehalten gegen eine allzu weitgehende Reform mit den anderen Groß-Gewerkschaften einig wußte, war das Ergebnis der Reform-Debatte absehbar:[45] Der Delegiertenschlüssel wurde nicht zugunsten der kleinen Gewerkschaften geändert; und eine neue Aufgabenverteilung zwischen Bund und Einzelverbänden wurde nicht beschlossen; auch eine Vereinheitlichung des Pressewesens scheiterte; nur die Vergrößerung des Bundesausschusses, in dem jeder Verband nun mindestens drei Mitglieder stellen kann, darf als Unterstützung des Konzepts einer gleichberechtigten Zusammenarbeit der DGB-Gewerkschaften gewertet werden.

Die 1971 verabschiedete Satzungsreform war also kein großer Wurf, blieben doch wiederum die zur Straffung und Stärkung der Organisation geplanten Zentralisierungsvorhaben im Gestrüpp unterschiedlicher Verbandsinteressen hängen. Gut gerüstet für die Schwierigkeiten der kommen-

---

44 Otto Brenner, Was bedeutet Reform des DGB?, in: Gewerkschaftliche Monatshefte 4, 1971, S. 209—212.
45 Satzung, in: Protokoll des 9. Ordentlichen Bundeskongresses in Berlin vom 25. bis 30. Juni 1972, Düsseldorf o. J.

den Krisenjahre waren die Gewerkschaften also — unter diesem Aspekt — wohl kaum. Das gilt im übrigen auch für die internationale Zusammenarbeit der Gewerkschaften. In einer Zeit, in der die Großkonzerne Kapital und Produktion über nationale Grenzen verschoben, ohne der Kontrolle von Gewerkschaften oder Regierungen eine Chance zu bieten, mußte die Gewerkschaftszusammenarbeit erhöhte Aufmerksamkeit erhalten. Gerade im Blick auf die europäische Einigung trat dem IBFG im April 1969 der Europäische Bund Freier Gewerkschaften (EBFG) an die Seite; Otto Brenner wurde zum Präsidenten gewählt. Der EBFG wurde dann — nach der Erweiterung der Europäischen Gemeinschaft durch den Beitritt Englands, Irlands und Dänemarks — im Februar 1973 zum Europäischen Gewerkschaftsbund (EGB) umgebildet. Angesichts der geringen Einflußmöglichkeiten auf die europäischen Institutionen und angesichts der Zurückhaltung der nationalen Gewerkschaften, Kompetenzen an den EGB abzutreten, konnte sich dieser Zusammenschluß kaum zu einem machtvollen Gewerkschaftsbund entfalten. Auch die internationale Schlagkraft der Gewerkschaften durfte man also am Beginn einer Zeit schwerwiegender wirtschaftlicher Probleme, deren Lösung keinesfalls im nationalen Alleingang möglich war und ist, nicht sehr hoch einschätzen.

# XIII. Macht und Ohnmacht der Gewerkschaften in der Krise der 70er und 80er Jahre

Mit dem Ölpreisschock im Gefolge des ägyptisch-israelischen Jom-Kippur-Krieges vom Herbst 1973 begann eine Phase der weltwirtschaftlichen Depression, die alle westlichen Industriestaaten traf. Die Auswirkungen der Wirtschaftskrise auf den Arbeitsmarkt wurden zudem vom Strukturproblemen bestimmter Branchen (z. B. Werft-, Stahl- und Textilindustrie) sowie von den Folgen der dritten industriellen Revolution, den Folgen des Vormarsches der Mikroelektronik verschärft: Massenarbeitslosigkeit prägt das Bild seit Ende der siebziger Jahre. Wieder einmal drohten die Gewerkschaften gegenüber der in der Krise wachsenden Macht der Unternehmer und einer sich immer deutlicher an deren Zielvorstellungen orientierenden Regierungspolitik in die Defensive zu geraten.

## 1. Konjunkturelle und strukturelle Krisen, Massenarbeitslosigkeit und organisatorische Stagnation

Verursacht durch die Ölkrise 1973 brach die konjunkturelle Aufschwungsphase 1972/73 abrupt ab und mündete 1974/75 in eine scharfe Rezession: Das wirtschaftliche Wachstum, das 1973 noch 4,7 % betragen hatte, ging 1974 auf 0,2 und 1975 auf -1,4 % zurück. Zwar erholte sich die Konjunktur — die Wirtschaft wuchs 1976 um 5,6 % — rasch wieder. Doch der Aufschwung gewann nicht die Dynamik früherer Zeiten und ging nach dem zweiten Ölpreisschock 1979 in den Jahren 1981/82 mit Wachstumsraten von 0 bzw. -1 % rasch wieder in eine Rezession über; hohe Inflationsraten und zunehmende Massenarbeitslosigkeit prägten das Bild im Übergang von den siebziger zu den achtziger Jahren.

Daß die Aufschwungphasen seit den sechziger Jahren ständig schwächer wurden, beruht auf einer Reihe von Gründen: Da ist zunächst zu nennen die Normalisierung des Bedarfs; nach der Phase des Wiederaufbaus bis Ende der fünfziger Jahre trat in den sechziger und siebziger Jahren eine deutliche Sättigung des Binnenmarktes ein. Die deutsche Wirtschaft zog aus dieser Entwicklung die Konsequenz einer Verstärkung des Exports; die voranschreitende europäische Wirtschaftszusammenarbeit und auch der Ausbau des Welthandels ersetzten in zunehmendem Maße den deutschen Binnenabsatz. Die Kehrseite dieser Entwicklung waren die hohen Export- und Zahlungsbilanzüberschüsse einerseits, die Abhängigkeit von außen-

354

wirtschaftlichen Entwicklungen andererseits. Auch ist auf Veränderungen der Produktionsstruktur hinzuweisen: Als Beispiel sei an die Krise des Steinkohlenbergbaus erinnert, dessen Bedeutung für die Energieversorgung durch das Vordringen anderer Energieträger (Erdöl, Erdgas und Atomkraft) deutlich zurückging; zu erwähnen sind die Krisen der Werften und der Stahlindustrie, die sowohl durch neue Werkstoffe (Kunststoff) als auch durch internationale Konkurrenz ausgelöst wurden. Schließlich ist der verstärkte Einsatz neuer Produktionstechniken zu berücksichtigen, deren Rationalisierungseffekte in Industrie und Dienstleistungsbereich die arbeitsplatzschaffenden Wirkungen bei weitem übertreffen. Die Mikroelektronik brachte sei Mitte der siebziger Jahre eine bisher nicht dagewesene Rationalisierungswelle auch des Dienstleistungsbereichs, der deshalb — anders als in früheren Rationalisierungsschüben — unfähig war, die im Produktionsbereich arbeitslos gewordenen Menschen aufzunehmen.

Unter den Bedingungen erhöhter Rohstoffpreise und stagnierenden Welthandels zeichneten sich in den siebziger Jahren in nahezu allen westlichen Industrieländern konjunkturelle und vor allem strukturelle Probleme ab, die zunächst mit dem Begriff der „Stagflation" bezeichnet wurden; d. h. es zeigte sich ein stagnierendes (bzw. geringes) wirtschaftliches Wachstum mit entsprechender Höhe der Arbeitslosigkeit bei gleichzeitig steigenden Preisen. Das bedeutete für die Bundesrepublik Deutschland: Betrug die Inflationsrate 1969 1,9 %, so stieg sie über 5,5 % (1972) auf 6,9 % und 7,0 % (1973/74); danach ging der jährliche Preisanstieg auf 3,7 % (1977) und 2,7 % (1978) zurück, bekam aber 1979 mit 4,1 % und 1980 bis 1982 mit 5,5, 5,9 und 5,3 % wieder Auftrieb. Und seit 1972 nahm die Arbeitslosigkeit stetig, in der zweiten Hälfte der siebziger Jahre dann sprunghaft zu: Betrug die Arbeitslosenquote 1972 1,1 %, so 1975 schon 4,7 %; 1979 und 1980 ging sie zwar geringfügig auf 3,8 % zurück. Dann aber stieg sie über 5,5 % (1981) auf 7,5 % (1982) an (Tabelle 5 b).

Kurz nach der politischen „Wende" im Herbst 1982 begann eine neue Phase des wirtschaftlichen Aufschwungs mit Wachstumsraten um die 2 bis 3 %. Diese positive wirtschaftliche Entwicklung wurde von einer deutlichen Tendenz zur Preisstabilisierung begleitet; die Inflationsrate ging in den folgenden Jahren bis auf 1 bis 2 % (1987/88) zurück. Trotz des stetigen Wirtschaftswachstums, das (bisher) weder vom New Yorker Börsen-Crash am 19. Oktober 1987 noch von der internationalen Schuldenkrise nachhaltig gestört wurde, stieg die Arbeitslosenquote jedoch 1983 weiter auf über 8 % und verharrt seitdem auf diesem hohen Niveau (Tabelle 5b). Rechnet man die „stille Reserve" nicht mit ein, beläuft sich die Zahl der registrierten Arbeitslosen seit 1983 Jahr für Jahr auf über zwei Millionen. Seit Beginn der Arbeitsmarktkrise 1974 war fast jeder dritte Arbeitnehmer mindestens einmal vorübergehend beim Arbeitsamt als arbeitslos gemeldet. Arbeitslosigkeit wurde damit zur Massenerfahrung.

*

Seit dem Beginn der siebziger Jahre waren die Mitgliederzahlen der dem DGB angeschlossenen Verbände, zu denen seit 1978 auch die Gewerkschaft der Polizei gehörte, gewachsen — auf 7,9 Millionen im Jahre 1981. Dann aber folgten drei Jahre des Mitgliederrückgangs: 1984 zähten die DGB-Gewerkschaften „nur" noch gut 7,6 Millionen Mitglieder. Ab 1985 stabilisierten bzw. erhöhten sich die Mitgliederzahlen dann langsam wieder, um 1986/88 bei gut 7,7 Millionen nahezu zu stagnieren. Ungefähr parallel verlief auch die Mitgliederentwicklung bei der DAG: Mit leichten Schwankungen stieg die Zahl der Mitglieder von rund 470.000 in den Jahren 1974 bis 1977 auf 501.000 im Jahre 1982. Der Rückgang 1982/83 auf 497.000 Mitglieder hielt sich in Grenzen und wurde bald — ab 1985 — von einem Aufwärtstrend abgelöst (Tabelle 1c). Die Mitgliederzahlen des Christlichen Gewerkschaftsbundes verharrten in den achtziger Jahren bei rund 300.000. Die Gründe für das Absinken der Mitgliederzahlen der DGB-Gewerkschaften in der ersten Hälfte der achtziger Jahre sind vielfältig: Da ist zunächst die Glaubwürdigkeitskrise der Gewerkschaften zu nennen, die durch die Affären um die „Neue Heimat" Anfang 1982 und 1986 vielleicht nicht ausgelöst, zumindest aber verschärft worden ist. Von zentraler Bedeutung war zudem, daß die Entwicklung der Gewerkschaften an die Strukturkrisen bzw. den dauerhaften Bedeutungsschwund einzelner Branchen gekoppelt war; so spiegeln die Mitgliedereinbußen der Bau-, Bergbau- und Textil-Gewerkschaften die Probleme ihrer Organisationsgebiete.

Zumindest in einem Bereich antworteten die Gewerkschaften auf die Gewichtsverlagerungen im Zuge des wirtschaftlichen Strukturwandels mit Ansätzen zur Organisationsreform: Nach monatelangen kontrovers geführten Diskussionen wurde im Sommer 1985 die Satzung für die Übergangsstufe der künftigen Industriegewerkschaft Medien, Druck und Papier, Publizistik und Kunst vorgelegt. In der IG Medien werden die IG Druck und Papier, die Gewerkschaft Kunst und die Rundfunk-Fernseh-Film-Union aufgehen.

Auffallend ist, daß die vornehmlich Angestellte organisierende Gewerkschaft Handel, Banken und Versicherungen auch in den Jahren der Arbeitsmarktkrise weiterwuchs. Das gilt auch für die beiden größten Verbände, die IG Metall und die Gewerkschaft Öffentliche Dienste, Transport und Verkehr; Zuwächse — selbst in der Stagnationsphase 1986/87 — verzeichneten außerdem die IG Chemie, die IG Druck und Papier und die Gewerkschaft Nahrung, Genuß, Gaststätten.

Anders als in früheren Zeiten bewirkten Wirtschaftskrise und Massenarbeitslosigkeit in den siebziger und achtziger Jahren keinen Zusammenbruch der Gewerkschaftsorganisation; an eine Verbesserung des Organisationsgrades war indessen in diesen Jahren nicht zu denken: Nach einer langsamen Steigerung auf 34,2 % im Jahre 1978 ging er stetig zurück — auf 32,9 % 1984 und 1985.

Die aus der Geschichte der Gewerkschaften bekannten Organisationsprobleme wurden auch in den siebziger/achtziger Jahren nicht gelöst:

Da ist zunächst — wie schon in der Weltwirtschaftskrise der frühen dreißiger Jahre — das Problem der Organisation von Arbeitslosen anzusprechen: Es gab und gibt keine einheitliche Regelung für alle Gewerkschaften, nach der Arbeitslose aufgenommen werden können, auch wenn sie vorher noch nicht berufstätig gewesen sind. Und die vorhandenen Angebote für Arbeitslose — wie die Unterstützungsleistungen einzelner Gewerkschaften nach über einem Jahr Dauerarbeitslosigkeit und wie die meist auf Ortsebene aktiven Arbeitsloseninitiativen — sind kaum bekannt.

Nach wie vor blieb der Anteil der Angestellten an der Gewerkschaftsmitgliedschaft mit 22,8 % (1987) weit hinter ihrem Anteil an der Zahl der abhängig Beschäftigten (44 %) zurück. Noch immer entspricht die Mitgliederstruktur der DGB-Gewerkschaften der Erwerbstätigenstruktur der fünfziger Jahre. Hervorzuheben ist zudem, daß der Anteil der männlichen Angestellten an der Gewerkschaftsmitgliedschaft in den achtziger Jahren nahezu stagnierte, so daß der Anstieg des Angestelltenanteils auf die zunehmende gewerkschaftliche Aktivierung der weiblichen Angestellten zurückzuführen war. Auch wenn am Mitgliederanstieg der siebziger Jahre vor allem weibliche Beschäftigte beteiligt waren, lag der Organisationsanteil der Frauen mit rund 23 % (1987) noch immer deutlich unter ihrem Anteil an allen Erwerbstätigen, der 1987 rund 38 % betrug. Zu der nach wie vor relativ geringen Attraktivität der Gewerkschaften für Frauen mag — neben den fortdauernden geschlechtsspezifisch unterschiedlichen Organisationsmöglichkeiten — auch die geringe Vertretung von Frauen in Delegierten- und Führungspositionen beigetragen haben: Auch auf dem DGB-Kongreß 1986 waren nur 79 (oder 15,3 %) der 516 Delegierten der Einzelgewerkschaften Frauen; in den neunköpfigen Geschäftsführenden Bundesvorstand des DGB wurden mit Irmgard Blättel und Ilse Brusis nur zwei Frauen gewählt; nur eine Frau ist Vorsitzende einer Industriegewerkschaft: Monika Wulf-Mathies an der Spitze der Gewerkschaft ÖTV; und keiner der neun DGB-Landesbezirke wird von einer Frau geführt. Diese Angaben illustrieren die immer noch gültigen unterschiedlichen Karrieremuster für Männer und Frauen in den Gewerkschaften.

Und die Entwicklung der Zahlen jugendlicher Gewerkschaftsmitglieder weist, den Trend der allgemeinen Altersstruktur der Bevölkerung verstärkend, auf eine drohende Überalterung der Gewerkschaftsmitgliedschaft hin. Dieses Problem wurde noch dadurch verschärft, daß die jungen Arbeitnehmer besonders stark am Mitgliederrückgang 1982/83 beteiligt waren. Gründe dafür mögen in dem oftmals angesprochenen „Wertewandel", in der Abneigung gegen „große anonyme Apparate" und in der durch die Neue Heimat-Affäre zugespitzten Glaubwürdigkeitskrise der Gewerkschaften liegen.

Schließlich warfen die Veränderungen von Produktionstechnik und -strukturen der letzten Jahre für die Gewerkschaften eine Reihe organisatorischer Probleme auf: Die Zunahme von Teilzeit- und Heimarbeitsplätzen sowie die Flexibilisierung der Arbeitszeitregelungen insgesamt verstärkten jene Gruppen der Arbeitnehmerschaft, die sich auch in der Vergangenheit schwer für die Gewerkschaftsmitgliedschaft erwärmen ließen. Parallel dazu nahmen Zahl und Bedeutung der klassischen Industriearbeiter ab, so daß die traditionelle soziale Basis der Gewerkschaften immer kleiner wurde. Hinzu kam, daß im Zuge der Massenarbeitslosigkeit eine Vielzahl von Arbeitnehmern aus dem tariflich geregelten Arbeitsleben herausfiel — oder ausstieg. Für Gewerkschaften aber war und ist weder im Bereich der Schattenwirtschaft noch in der durch Selbstverwirklichung wie Selbstausbeutung gekennzeichneten (alternativen) Kleinunternehmer-Szene Platz.

Die Gewerkschaften sahen sich vielfach dem Verdacht gegenüber, sie würden unter dem Druck der Krise zur Interessenvertretung alleine der „Arbeitsplatzbesitzer" verkommen. Die seit Mitte der achtziger Jahre intensivierte innergewerkschaftliche Diskussion von Zielen und Strategien gewerkschaftlicher Politik und die Überlegungen zu einer engeren Verzahnung von Mitglieder- bzw. Arbeitnehmerwillen und Vorstandshandeln deuteten darauf hin, daß die entsolidarisierende Wirkung der Arbeitsmarktkrise und der Glaubwürdigkeitsverlust der Gewerkschaften erkannt, indessen nicht überwunden wurden. Als Auswege aus dieser Krise wurden vor allem die Organisation von Arbeitslosen, die Stärkung der innerorganisatorischen Demokratie, die Belebung der Gewerkschaftsarbeit auf der Ebene von Betrieb und Ortskartell und die Aktivierung der Personengruppenarbeit — für ausländische Arbeitnehmer, Jugendliche, Frauen und Angestellte — empfohlen.[1] Ob diese Anregungen wirklich genutzt und in die Praxis umgesetzt werden, muß erst die Zukunft zeigen.

*

---

1 Siehe Ernst Breit, Fortschritt — gegen, ohne oder durch die Gewerkschaften, in: Gewerkschaftliche Monatshefte 1, 1985, S. 1—19.

Zu den bedeutendsten Veränderungen im engeren Bereich der Gewerkschaftspolitik gehörte gewiß der durch den Skandal um die Neue Heimat ausgelöste „Ausverkauf" der gemeinwirtschaftlichen Unternehmen; beides hat Einbußen an Glaubwürdigkeit gebracht, die nur schwer abzufangen waren. Bereits Anfang 1982 hatte der „Spiegel" die Verfehlungen des von Albert Vietor geleiteten Managements der Neuen Heimat aufgedeckt; obwohl rasch personelle Konsequenzen gezogen wurden, mußten sich die Gewerkschaftsführungen die peinliche Frage nach dem Sinn ihrer Kontrollfunktion gefallen lassen, waren sie doch im Aufsichtsrat der Neuen Heimat vertreten.

Die ungünstige Entwicklung der Bau- und Immobilienwirtschaft erschwerte die Bemühungen um eine Sanierung der Neuen Heimat, die sich mit ihren mannigfachen Aktivitäten im In- und Ausland, wie sich nun immer deutlicher zeigte, übernommen hatte. Daß die Neue Heimat schließlich im September 1986 für den symbolischen Preis von einer Mark an den bis dahin unbekannten Berliner Brotfabrikanten Horst Schiesser verkauft wurde, war eine schwer nachvollziehbare Kurzschlußhandlung. Mißwirtschaft und Verkauf, dann erst recht die Umstände des Rückkaufs der Neuen Heimat sowie die Einsetzung eines Treuhänders — das hat den DGB und die Gewerkschaften insgesamt viel öffentliches Ansehen gekostet und an den Rand einer Identitätskrise geführt.

Mit dem Verkauf der Mehrheit der Bank für Gemeinwirtschaft, mit der Umbildung der Coop-Gruppe zur Aktiengesellschaft und mit Verkaufsplänen für weitere gemeinwirtschaftliche Unternehmen, z. B. die Volksfürsorge, haben die Gewerkschaften einerseits versucht, die finanziellen Folgen des Neue Heimat-Debakels abzudecken; andererseits wurde und wird damit zugleich ein Teil gewerkschaftlicher Aktivitäten zur Disposition gestellt, der wegen seiner inneren Widersprüche ohnehin vielfach als Belastung empfunden wurde. Franz Steinkühler, seit Oktober 1986 Vorsitzender der IG Metall, wollte auf der Konferenz „Gewerkschaften und Gemeinwirtschaft" am 14. Oktober 1987 einen Schlußstrich unter dieses Kapitel der deutschen Gewerkschaftsgeschichte gezogen wissen. Es sei für die Gewerkschaften nicht möglich, „gemeinwirtschaftliche Unternehmen in einem kapitalistischen Umfeld zu führen". Nur der Ausstieg aus der Gemeinwirtschaft könne — so schmerzlich dies auch sei — die Konsequenz der bisherigen Entwicklung sein; ein zweites Mal könnten sich die Gewerkschaften jedenfalls keine negativen Schlagzeilen in Sachen Gemeinwirtschaft erlauben. Hans Matthöfer, der Vorstandsvorsitzende der Beteiligungsgesellschaft für Gemeinwirtschaft AG (BGAG), wandte sich indessen unter Hinweis auf die Notwendigkeit zu harten Anpassungsmaßnahmen dagegen, „jetzt aus Enttäuschung [. . .] voreilig Festlegungen für die Zukunft zu treffen". Und Walter Hesselbach, der „Vater der

Gemeinwirtschaft", warb dafür, nicht aus „unserer Geschichte auszusteigen, auch wenn wir zornig sind".[2]

Gewiß ist die Frage nach der Zukunftsperspektive der Gemeinwirtschaft in einem privatkapitalistischen Umfeld nur allzu berechtigt, zumal die spezifische Eigenart der gemeinwirtschaftlichen Unternehmen nur schwer erkennbar war. Immer wieder wurde in den achtziger Jahren jedoch auch gefragt, ob nicht eine Wiederbelebung der genossenschaftlichen Tradition versucht werden sollte — bevor sich die Gewerkschaften ganz aus dieser verabschieden. Dafür wären eine wertgeleitete Handlungssicherheit und Kontrolle, wären eine klare Gemeinwirtschaftsphilosophie, eine Organisationskultur und eine individuelle Wirtschaftsmoral von entscheidender Bedeutung.[3]

## 2. Auf dem Weg in die politische Defensive

Die Gewerkschaften wurden von den konjunkturellen und strukturellen Problemen der siebziger und achtziger Jahre stark betroffen; auch sahen sie sich schon in der Kanzlerzeit Helmut Schmidts — zusammen mit dem Sozialstaat — im „Gegenwind"[4], bevor ihr Einfluß auf die Regierungspolitik nach der „Wende" 1982 dramatisch sank. Dazu ist an das Aufkommen neuer sozialer Bewegungen — von den Friedens- über die Frauen- bis hin zu Umweltschutzgruppen — zu erinnern, denen gegenüber die Gewerkschaften (wie die SPD) zunächst ins politische Abseits gerieten, aus dem sie sich durch den Versuch einer programmatisch-politischen Neuorientierung hofften befreien zu können.

## In der „Ära Schmidt": im aufkommenden Gegenwind

Das Jahr 1974 markiert eine politische „Tendenzwende": Im Mai trat Willy Brandt in der Folge der Affäre um den „Kanzleramts-Spion" Günter Guillaume zurück; die mit großen Hoffnungen begonnene Ära der Reformen ging damit zu Ende. Doch wird man die Änderung der Politik, die der Einzug Helmut Schmidts (SPD) ins Kanzleramt mit sich brachte,

---

2 Nach Frankfurter Rundschau vom 15. 10. 1987.
3 Klaus Novy, Wieviel ist verloren — „Neue Heimat", Gemeinwirtschaft oder mehr?, in: WohnBund 10, 1986, S. 4; dazu auch Wilhelm Kaltenborn, Wie die Theorie der Gemeinwirtschaft auf die Praxis kam — und was sie vorfand, in: Gewerkschaftliche Monatshefte 3, 1987, S. 186—190.
4 Friedhelm Hengsbach, Der Sozialstaat im Gegenwind — eine Bilanz der 13 Jahre SPD/FDP-Regierung, in: Gewerkschaftliche Monatshefte 1, 1983, S. 1.

nicht personalisieren dürfen: Die Spionage-Affäre war der Anlaß, aber nicht die Ursache für W. Brandts Rücktritt; zu deutlich waren schon zu Beginn der siebziger Jahre Ansprüche und Erwartungen an den Ausbau des Sozialstaates in Widerspruch zu den begrenzten Möglichkeiten geraten, diese Hoffnungen zu erfüllen. Die Regierung Schmidt versuchte, durch ihre Wirtschafts- und Finanzpolitik die Konsequenzen aus dem durch die wirtschaftliche Krise verengten Handlungsspielraum zu ziehen und kam damit zwangsläufig in Konflikt mit den Zielvorstellungen auch der Gewerkschaften.

Ab 1974 wurden außerdem die Grenzen der staatlichen Konjunkturpolitik deutlich: Die durch Schulden finanzierten Globalsteuerungsmaßnahmen erwiesen sich als untauglich, die Wirtschaft nachhaltig anzukurbeln und die Arbeitslosenzahlen zu senken. Wegen der zunehmenden Staatsverschuldung und der inflationären Preisentwicklung wurde von nun an eine restriktive Geld- und Kreditpolitik angestrebt. Ein erstes Signal für das Umsteuern war der Beschluß des Kabinetts vom 10. September 1975, zur Verbesserung der Haushaltsstruktur ab 1. Januar 1976 Ausgabenkürzungen durchzuführen; damit wurden die Ausgaben nach dem Arbeitsförderungsgesetz, die Rentenfinanzen und die Kosten des öffentlichen Dienstes gekürzt und die Beiträge zur Arbeitslosenversicherung erhöht. Weitere Schritte zur Senkung der Sozialleistungen waren das Krankenversicherungskostendämpfungsgesetz und das 20. Rentenanpassungsgesetz vom März 1978, mit dem Beitragserhöhungen und Krankenversicherungsbeiträge der Rentner ab 1982 eingeführt wurden.

Parallel zum Sparkurs vor allem auf sozialem Gebiet verfolgte die Regierung Schmidt nach wie vor eine kostenträchtige arbeitsmarktpolitische Konzeption: Mit dem Programm für Zukunftsinvestitionen vom März 1977 beschloß die Bundesregierung, in den kommenden vier Jahren insgesamt 16 Milliarden DM u. a. für Maßnahmen zur Verbesserung der Wohnumwelt, der Wasserwirtschaft und der umweltfreundlichen Energieverwendung bereitzustellen. Im November 1977 wurde zudem für die Jahre 1978 bis 1981 ein Bundesprogramm zur Förderung städtebaulicher Sanierungsmaßnahmen nach dem Städtebauförderungsgesetz in Höhe von 190 Millionen DM beschlossen, das im Mai 1978 durch eine Novelle zum Wohnungsbaumodernisierungsgesetz mit einem Fördervolumen von 4,35 Milliarden DM ergänzt wurde.

Der DGB begrüßte die Investitionsprogramme der Bundesregierung und bemängelte allenfalls, daß sie zu spät kämen und finanziell zu eng begrenzt seien.[5] In der Tat stimmten die arbeitsmarktpolitischen Maßnah-

---

5 DGB (Hrsg.), Das Programm für Zukunftsinvestitionen der Bundesregierung vom Frühjahr 1977, Düsseldorf 1978.

men der Regierung Schmidt im Prinzip mit den Vorstellungen überein, die der DGB im Juli 1977 mit seinen „Vorschlägen zur Wiederherstellung der Vollbeschäftigung"[6] gebündelt vorgelegt und seitdem mehrfach wiederholt hat (siehe Dokument 29). Darin wurden Maßnahmen zur Förderung des qualitativen Wachstums in ausgewählten Wirtschaftsbereichen, zur Humanisierung der Arbeit und vor allem zur Verkürzung der Arbeitszeit gefordert. Im Zentrum aber stand die Forderung nach einer aktiven Beschäftigungspolitik, d. h. nach verstärkten öffentlichen Programmen zur Arbeitsbeschaffung.

Nachdem die Forderungen zur Sicherung bzw. Schaffung von Arbeitsplätzen auch im 5. Aktionsprogramm vom Juni 1979 einen herausragenden Platz eingenommen hatten, wurden die gewerkschaftlichen Konzepte zur Bekämpfung der Krise im März 1981 durch die Forderung nach einem „Investitionsprogramm zur Sicherung der Beschäftigung durch qualitatives Wachstum" mit einem Gesamtvolumen von 10 Milliarden DM ergänzt: diese sollten durch eine allgemeine Arbeitsmarktabgabe und durch eine nicht rückzahlbare Ergänzungsabgabe auf die Steuern der Bezieher hoher und höchster Einkommen aufgebracht werden; hier wurde ein Katalog von Maßnahmen vorgelegt, die u. a. zur Energieeinsparung, zur Wohnungs- und Städtesanierung, zum Ausbau des öffentlichen Personenverkehrs, zur Erneuerung der Entsorgungssysteme (Kläranlagen usw.) und zur Verbesserung von Ausbildung und Forschung dienen sollten.

Je länger die Arbeitsmarktkrise dauerte und je weiter sie um sich griff, desto größer wurden die Widerstände seitens der Unternehmerschaft und der FDP gegen eine staatliche Arbeitsbeschaffungspolitik, die sich nicht nur — wie die steigenden Zahlen der Arbeitslosen zu belegen schienen — als unwirksam erwiesen habe, sondern überdies die öffentlichen Haushalte und damit das ganze Kreditgefüge zerrütte. Vor allem die wachsende Staatsverschuldung wurde zum Auslöser eines wirtschaftspolitischen Umdenkungsprozesses: Im Zuge der Krise auf dem Arbeitsmarkt war im Laufe der siebziger Jahre die Nettokreditaufnahme des Bundes von 2,7 Milliarden DM (1973) über 9,5 Milliarden DM (1974) auf fast 30 Milliarden DM (1975) hochgeschnellt; auf diesem Niveau — mit Schwankungen zwischen 22 und 27 Milliarden — blieb die jährliche Neuverschuldung des Bundes bis 1980, bevor sie 1981 und 1982 jeweils auf 37 Milliarden DM stieg.

Die wachsende Staatsverschuldung wurde von Unternehmern, FDP und CDU/CSU immer schärfer der SPD und den Gewerkschaften angelastet, die — so hörte man allenthalben — mit ihrer Politik dem „überzogenen Anspruchsdenken" der sich in der „Hängematte des

---

6 DGB (Hrsg.), Vorschläge zur Wiederherstellung der Vollbeschäftigung, Düsseldorf, Juli 1977.

sozialen Netzes" wiegenden Bundesbürger Vorschub leisteten. Ende der siebziger Jahre drängten die Unternehmer so deutlich wie nie zuvor in der Bundesrepublik auf eine politische „Wende", durch die die Gewerkschaften in die Schranken gewiesen werden sollten: Die Parole vom „Gewerkschaftsstaat" machte erneut die Runde; ein „Verbändegesetz" sollte die Gewerkschaften an die Kette legen, und mit dem „Tabu-Katalog" beschränkten die Arbeitgeber 1978 das Feld etwaiger Verhandlungsthemen und Kompromisse mit den Gewerkschaften. Ein weiteres Indiz für die „Roll back-Strategie" der Unternehmer war der Versuch der Mannesmann AG, im Juni 1980 durch die Einbindung der Hütten- in die Röhrenwerke die Mitbestimmung nach dem Montanmodell zu unterlaufen. Diese Frage ließ den Spaltpilz in der Koalition von SPD und FDP gedeihen; erst 1981 konnte man sich auf einen Kompromiß einigen, der freilich — die Mitbestimmung wurde bis 1987 gesichert — die Gewerkschaften kaum befriedigen konnte.

Selbstverständnis und Aktionsfähigkeit der Gewerkschaften sollten 1978/79 zudem durch die Kampagne gegen die „Verfilzung" von Gewerkschaften und SPD getroffen werden. Die Vorschläge aus Kreisen der CSU, in den DGB-Gewerkschaften parteipolitische Fraktionsgruppen zu bilden, oder aber eine Stärkung des Christlichen Gewerkschaftsbundes zu erwägen, wurden von den DGB-Gewerkschaften entschieden zurückgewiesen.[7] Auch die Angriffe wegen einer angeblichen Unterwanderung einzelner Verbände durch Kommunisten[8] galten einer Reihe von Gewerkschaften als gegenstandslos — zumal sie sich Ende der sechziger/Anfang der siebziger Jahre durch Unvereinbarkeitsbeschlüsse gegen den Zustrom neuer Mitglieder aus den Reihen der APO, aber auch aus der Deutschen Kommunistischen Partei (DKP), die 1968 (für die 1956 verbotene KPD) gegründet worden war, gewehrt hatten.[9]

Die Konflikte zwischen Unternehmerschaft, FDP und CDU/CSU einerseits sowie SPD und Gewerkschaften andererseits spitzten sich Anfang der achtziger Jahre weiter zu, insbesondere wenn es um Haushaltsberatungen ging. Dabei zeigte sich allerdings, daß auch regierende Sozialdemokratie und Gewerkschaften keineswegs über die Grundprinzipien der Politik einig waren: Denn die Beratungen des Haushalts 1982 standen ganz im Zeichen der Sparpolitik, und zwar der Sparpolitik auf Kosten der sozialen Sicherungssysteme. Die „Operation '82" sah im einzelnen vor:

---

7 IG Metall (Hrsg.), Spalte und herrsche: F. J. Strauß und die Einheitsgewerkschaft, Frankfurt/M. o. J.; Frank Deppe, Detlef Hensche, Mechthild Jansen und Witich Roßmann, Strauß und die Gewerkschaften. Texte, Materialien, Dokumente, Köln 1980.

8 Ernst Günter Vetter, Die Roten sind auf dem Vormarsch, in: Frankfurter Allgemeine Zeitung vom 21. April 1979.

9 Rotbuch zu den Gewerkschaftsausschlüssen, Hamburg 1978.

Beschränkung des Anspruchs auf Arbeitslosenunterstützung, Beitragserhöhung (von 3 auf 4 %) und Leistungssenkung; Kürzung des Kindergeldes für das 2. und 3. Kind um jeweils 20 DM; Selbstbeteiligung an den Krankheitskosten; Streichung der Ausbildungsförderung im Berufsgrundbildungsjahr; Kürzung des Bundeszuschusses für die Lebensversicherung. Die Proteste der Gewerkschaften halfen wenig. Am 8. November 1981 fand in Stuttgart eine Großdemonstration von 70.000 Arbeitnehmern statt; Franz Steinkühler, damals IG Metall-Bezirksleiter, rief zum „Widerstand gegen Sozialabbau" auf und mahnte, aus den Fehlern der Sparpolitik Brünings zu lernen.[10] Nicht zuletzt auf gewerkschaftlichen Druck hin formierte sich auch in der SPD wieder eine Front zugunsten einer Arbeitsbeschaffungspolitik. Die Antwort war die von der Bundesregierung im Februar 1982 beschlossene „Gemeinschaftsinitiative für Arbeitsplätze, Wachstum und Stabilität", durch die z. B. die gewerkschaftliche Forderung nach Bekämpfung der Jugendarbeitslosigkeit mit einem 400-Millionen-Mark-Programm aufgenommen wurde; im Zentrum stand jedoch eine zeitlich begrenzte Investitionszulage, wobei durch Haushaltsausgaben in Höhe von 4 Milliarden DM ein Investitionsvolumen von 40 Milliarden DM geschaffen werden sollte.

Die Gewerkschaften erkannten ihre Forderungen in den wirtschafts- und vor allem sozialpolitischen Regierungsmaßnahmen kaum wieder; nach den Enttäuschungen im Übergang von den siebziger zu den achtziger Jahren über den Sparkurs der Regierung folgten nun bittere Proteste; deren Grundstimmung war die Parole: „Das Maß ist voll."[11] Zwar betonten sie, sie wollten — so z. B. Leonhard Mahlein, der Vorsitzende der IG Druck und Papier[12] — „keine andere Regierung, wir wollen eine andere Politik"; doch in der Realität lebten sich regierende Sozialdemokratie, unter dem Druck koalitionspolitischer Kompromißnotwendigkeiten mit der FDP und unter den Zwängen der CDU/CSU-Mehrheit im Bundesrat, und Gewerkschaften in dieser Phase auseinander.

Während die SPD trotz aller Sparmaßnahmen am Konzept der staatlichen Arbeitsbeschaffung durch defizitär finanzierte Konjunkturprogramme festhielt, forderte die FDP — unter der ideologischen Führung von Wirtschaftsminister Otto Graf Lambsdorff — eine politische „Wende":

---

10 Nach Hans-Joachim Schabedoth, Bittsteller oder Gegenmacht? Perspektiven gewerkschaftlicher Politik nach der Wende, Marburg 1985, S. 81.
11 Karl-Heinz Janzen, Das Maß an Zumutungen ist voll. Zu den Haushaltsbeschlüssen 1983, in: Neue Gesellschaft 8, 1982, S. 774—777; Claus Schäfer, Verteilungs- und Beschäftigungswirkungen von Operation '82, Gemeinschaftsinitiative und Operation '83, in: WSI-Mitteilungen 10, 1982, S. 579—587.
12 Nach Klaus Bohnsack, Die Koalitionskrise 1981/82 und der Regierungswechsel 1982, in: Zeitschrift für Parlamentsfragen 1, 1983, S. 11.

Rückzug des Staates aus der Wirtschaftssteuerung sowie Senkung der Produktionskosten, Steuern und Sozialausgaben — mit dieser Zielrichtung ging die FDP auf Kollisionskurs zur SPD, die, wie der Münchner Parteitag 1982 zeigte, immer vernehmlicher unter den Regierungsmaßnahmen vom NATO-Doppelbeschluß bis zum Sozialabbau stöhnte.

Zum Bruch der Regierungskoalition kam es dann bei den Beratungen des Haushalts 1983. Obwohl die Vorstellungen beider Regierungsparteien auf der Linie der Haushaltsbeschlüsse 1982 lagen, gingen der FDP die Sparmaßnahmen doch nicht weit genug: „Entstaatlichung", „Flexibilisierung" und „Deregulierung" von Wirtschaft und Arbeitsmarkt waren die neuen Schlagworte, mit denen die FDP unter Hans-Dietrich Genscher im Herbst 1982 zusammen mit der CDU/CSU unter Helmut Kohl eine „geistig-moralische Wende" einleiten wollte.

## Seit der „Wende" im Herbst 1982: auf dem Abstellgleis

Ernst Breit, der im Mai 1982 zum Vorsitzenden des DGB gewählt wurde, übernahm kein leichtes Erbe. Mit ihm trat ein überaus erfahrener Gewerkschafter an die Spitze des DGB. Ernst Breit wurde im Jahre 1924 in Rickelshof/Kreis Dithmarschen als Sohn eines Werkzeugmeisters geboren, besuchte die Realschule und wurde 1941 Postinspektor-Anwärter; nach Soldatenzeit und Kriegsgefangenschaft trat er wieder in den Postdienst ein und stieg nach und nach bis zum Oberpostrat auf. 1946 wurde er Mitglied der Deutschen Postgewerkschaft, deren Vorstand er seit 1953 angehörte und seit 1971 leitete. Sein nüchterner Arbeitsstil und sein Realitätssinn ließen ihn einer überwältigenden Mehrheit der Delegierten offenbar geeignet erscheinen, mit den sich Anfang der achtziger Jahre auftürmenden Problemen fertig zu werden.

Zwar hatte der DGB gerade ein Jahr zuvor ein neues Grundsatzprogramm (Dokument 28) verabschiedet, das als Wegweiser in den absehbaren Konflikten um Sozial- und Wirtschaftspolitik sowie um Friedens- und Umweltproblematik dienen sollte; doch schon in den letzten Jahren der sozialliberalen Koalition hatte sich gezeigt, wie schwer es für die Gewerkschaften wurde, gerade zu diesen Konfliktthemen eine ebenso geschlossene wie konsequente politische Linie zu finden, die den immer drängender artikulierten Wünschen der Mitgliedschaft nachkam, ohne die Loyalität zur regierenden Sozialdemokratie aufzukündigen. Außerdem wurde die Glaubwürdigkeit der Gewerkschaften durch den Skandal um die Neue Heimat in Mitleidenschaft gezogen, dessen erste Runde — die Managementverfehlungen um Albert Vietor — Anfang 1982 bekannt wurde und den Abschied Heinz Oskar Vetters überschattete.

*Ernst Breit, der Vorsitzende des DGB, während seiner Grundsatzrede auf dem 13. DGB-Kongreß 1986.*

Ab September 1982 sahen sich die Gewerkschaften dann einer neuen Regierungskoalition, gebildet von CDU/CSU und FDP unter Helmut Kohl, gegenüber, die den Verdacht übermäßiger Gewerkschaftsfreundlichkeit gar nicht erst aufkommen ließ. Als Anhänger des Konzepts der angebotsorientierten Wirtschaftspolitik à la Margret Thatcher oder Ronald Reagan vertrauten die Wirtschafts- und Sozialpolitiker der neuen Regierung darauf, durch Entlastung der Unternehmen von Steuern, Sozialabgaben und Lohnkosten sowie von als hinderlich empfundenen rechtlichen Bindungen einen Investitionsschub auslösen zu können, der durch neue Wachstumskräfte auch die Arbeitslosigkeit abbauen würde.

Die Gewerkschaften haben die politische „Wende", haben den Abbau des Sozialstaates keineswegs tatenlos mitangesehen. Wie noch vor dem Regierungswechsel geplant, veranstaltete der DGB im Herbst 1982 eine Reihe von Kundgebungen in Frankfurt, Nürnberg, Dortmund, Stuttgart, Hannover, Hamburg und Saarbrücken, auf denen mehr als eine halbe Million Arbeitnehmer gegen die Politik der (neuen) Regierung protestierten. Daß dies keineswegs übereilt war, zeigten die in den nächsten Monaten aus dem Regierungslager bekannt gewordenen Pläne und Überlegungen, Denkanstöße und Versuchsballons.

Die gewerkschaftskritische, zum Teil auch -feindliche Stoßrichtung der „Wende-Politik" konnte niemandem verborgen bleiben, der die diversen Positionspapiere, die 1982/83 kursierten[13], aufmerksam zur Kenntnis nahm: Da war zunächst die Denkschrift der Bundesvereinigung der Deutschen Arbeitgeberverbände über „Soziale Sicherung in der Zukunft", mit der im März 1982 zur Neubestimmung des Sozialstaates aufgerufen wurde. Diese Ideen nahm Lambsdorff im September 1982 ebenso auf wie — nach den Wahlen von 1983 — der sozialpolitische Sprecher der CDU-Bundestagsfraktion Heimo George, der im Juli 1983 „Vorschläge zur Eindämmung der Arbeitslosigkeit" vorlegte, die auf die Befreiung der Privatwirtschaft von allen hinderlichen Auflagen und Fesseln zielten: Verbilligung der Arbeitskraft war seine Devise, weswegen er eine „begrenzte Unterschreitung" der Tariflöhne empfahl; Behinderten- und auch Jugendschutzgesetze sowie der Kündigungsschutz galten ihm als Hindernisse für Neueinstellungen und seien deshalb abzubauen. Im August 1983 stieß Ernst Albrecht, der christ-demokratische Ministerpräsident Niedersachsens, mit „10 Thesen zum Problem der Arbeitslosigkeit" nach, in denen der Vorrang einer steuerlichen Entlastung der Unternehmen und der Abbau der „Verkrustung des wirtschaftlichen und sozialen Systems" durch Lockerung von Kündigungs- und Jugendschutz- sowie Mitbestimmungsregelungen hervorgehoben wurden. Gebündelt fand sich die Zielperspektive

---

13 Nach H.-J. Schabedoth, Bittsteller, S. 89 und 113 f.

der christ-demokratischen Wirtschafts- und Sozialpolitik in einem Ende 1983 vom Wirtschaftsrat der CDU vorgelegten Grundsatzpapier: „Freiheit und Leistung als Strategie für die Zukunft." Und schließlich brachte Helmut Haussmann, der Generalsekretär der FDP, die Stoßrichtung der „neuen" Politik in einem „Spiegel"-Interview nochmals auf den Punkt: „Tarifverträge müssen sehr viel flexibler werden, nicht nur nach oben, sondern auch nach unten."[14] Die FDP stellte sich hinter ihren Generalsekretär, denn: „was wir brauchen, ist eine der spezifischen Marktlage angepaßte Lohnbildung, eine Differenzierung nach Tätigkeiten, Branchen, Regionen."[15] Auch Bundeswirtschaftsminister Martin Bangemann (FDP) sprach sich flugs für eine größere Flexibilität und Differenzierung in der Tarifpolitik nach Regionen und Branchen aus.[16] Da die Tarifpolitik in der Realität genau diese Art von Differenzierungen vornimmt, vermuteten die Gewerkschaften wohl nicht zu Unrecht, daß sich hinter derartigen Formulierungen ein Angriff nicht nur auf die Lohnhöhe, sondern auf das Institut des Tarifvertrages insgesamt verbarg.

Mit diesen programmatischen Stellungnahmen zur „Zukunft des Sozialstaates"[17] sahen die Gewerkschaften die Grundlagen ihrer Politik angegriffen: Im Loblied auf die Stärkung der Eigenverantwortung entdeckten sie das Ziel: Abbau der sozialen Sicherungssysteme; die Klage über die geschwundene unternehmerische Freiheit verstanden sie als Frontalangriff auf die Mitbestimmungsregelungen und die Arbeitsschutzgesetze; die neuen Modeworte der „Flexibilisierung" und „Deregulierung" deuteten sie als Attacke auf das System des kollektiven Tarifvertrages zur Regelung von Löhnen, Arbeitszeit und Arbeitsbedingungen; und die Devise „Leistung muß sich wieder lohnen!" schien den Weg zur rücksichtslosen „Ellenbogengesellschaft" zu weisen.

*

Die Gewerkschaften versuchten immer wieder zu zeigen, daß der Preis einer solchen „Wende"-Politik hoch war, daß er von Arbeitnehmern, Rentnern, Arbeitslosen und Kranken bezahlt wurde: Die von der Regierung Kohl im Herbst 1982 beschlossenen Sparmaßnahmen reichten von der Kürzung der Arbeitslosenunterstützung über die Eigenbeteiligung der Krankenversicherten bis zur Streichung der Ausbildungsförderung für

---

14 Der Spiegel vom 15. 4. 1985, S. 21 ff.
15 Freie demokratische Korrespondenz, Pressedienst der FDP, Ausgabe 116 vom 23. April 1985.
16 General-Anzeiger (Bonn) vom 19. 4. 1985, S. 1.
17 Kurt Biedenkopf, Die Zukunft des Sozialstaates, in: Gewerkschaftliche Monatshefte 8, 1984, S. 494—500, hier S. 497.

Schüler. Auch die Haushalte der folgenden Jahre lagen ganz auf der Linie der ersten Entscheidungen im Herbst 1982: Sozialabbau mit dem Ziel einer Konsolidierung der öffentlichen Haushalte und Umverteilung zur Stärkung der Investitionsbereitschaft der Unternehmen. Doch schon bald zeigte sich, daß der Kurs der Rückführung der Staatsverschuldung angesichts immer neuer Anforderungen nicht durchgehalten wurde: In der Tat wurde die Nettokreditaufnahme des Bundes von 31,5 Milliarden DM im Jahre 1983 über 28,3 (1984) auf rund 22 Milliarden 1985 und 1986 zurückgeführt. Doch 1987 stieg die Kreditaufnahme auf 26,3 und 1988 auf über 30 Milliarden DM.

Die Sparpolitik wurde begleitet von einer Reihe von Gesetzen, die auf eine „Entstaatlichung" oder „Deregulierung" der Arbeitsmarktbeziehungen zielten und damit zugleich die Position der Gewerkschaften schwächten. Zu erinnern ist an das Beschäftigungsförderungsgesetz vom 19. April 1985. Gegen den entschiedenen Protest der Gewerkschaften wurde mit diesem Gesetz die Möglichkeit zum Abschluß befristeter Arbeitsverträge ausgeweitet. Die Gewerkschaften befürchteten, daß durch die auf 18 Monate befristeten Neueinstellungen ein „Zweiklassenrecht" für die Arbeitnehmer geschaffen werden sollte, das den Arbeitgebern zugleich als „wirksames Disziplinierungsmittel" dienen könnte.

Zum Stichwort „Rückzug des Staates aus der Wirtschaft" gehören zudem die bereits vollzogenen oder noch geplanten Maßnahmen der Privatisierung öffentlicher Unternehmen, die vom Teilverkauf der Bundesbeteiligungen bei der Lufthansa und bei VW bis zu Umstrukturierungen bei der Post gehen. Alle diese Maßnahmen stießen auf den entschiedenen Protest der Gewerkschaften, die diese Politik — ohne Erfolg — als Verschleuderung öffentlichen Vermögens brandmarkten.[18]

In diesem Zusammenhang müssen auch die Pläne zur Novellierung des Betriebsverfassungsgesetzes erwähnt werden, mit der der Minderheitenschutz — auf Kosten der DGB-Gewerkschaften — gestärkt werden soll. Danach soll die Regel, daß die Kandidatur zur Betriebsratswahl von einer Unterschriftenliste unterstützt werden muß, nun dahingehend ergänzt werden, daß jede im Betrieb vertretene Gewerkschaft Kandidaten vorschlagen kann. Dadurch würde den Angehörigen auch kleinerer Gewerkschaften — etwa der Christlichen und der DAG — der Weg in den Betriebsrat erleichtert. In dieselbe Richtung zielt der Vorschlag der FDP, gesetzlich anerkannte Sprecherausschüsse für leitende Angestellte zu schaffen. Ernst Breit drohte in einem Gespräch mit Bundeskanzler Kohl, die mühsam

---

18 Dazu Rudolf Kuda, Wirtschaft, in: Michael Kittner (Hrsg.), Gewerkschaftsjahrbuch 1985. Daten, Fakten, Analysen, Köln 1985, S. 178 f.

geknüpften Kontakte zwischen Regierung und Gewerkschaften könnten zerreißen, wenn derartige Pläne realisiert würden.[19]

Unter diesen Bedingungen erscheint es (fast) als aussichtslos, daß der DGB 1982 eine neue Offensive für die Mitbestimmung ausrief.[20] Diese Einschätzung gilt — im Blick auf die Regierungspläne — erst recht für die Mitbestimmungsinitiative des Jahres 1985, die im März durch die Konferenz „Vollbeschäftigung, Mitbestimmung, Technikgestaltung" in Köln gestartet wurde. Auch daß die Mitbestimmungsforderung zu den Standardthemen der Gewerkschaftskongresse gehörte, läßt die Verwirklichung dieses Ziels kaum näher rücken. Und so wird im übrigen auch die von den Gewerkschaften erst relativ spät erkannte Notwendigkeit einzustufen sein, sich für eine Verstärkung der Mitbestimmungsrechte am Arbeitsplatz, vor allem beim Einsatz neuer Technologien einzusetzen.[21] Nicht größer dürften auch die Realisierungsaussichten der immer wieder vorgetragenen Forderung nach Einführung gesamtwirtschaftlicher Mitbestimmungsregelungen durch Wirtschafts- und Sozialräte und durch die paritätische Beteiligung der Gewerkschaften an den Industrie- und Handels- sowie den Handwerkskammern sein.[22]

Mit Resolutionen und programmatischen Broschüren, mit wissenschaftlichen Fachtagungen und Kundgebungen versuchten die Gewerkschaften, ihren Vorstellungen zur Gestaltung von Wirtschaft und Gesellschaft öffentlichkeitswirksam Nachdruck zu verleihen. Die Themenpalette reichte von der Bildungspolitischen Konferenz „Bildung für alle — Fördern statt auslesen" im November 1983 bis zur Tagung der IG Metall „Die andere Zukunft. Solidarität und Freiheit" im Oktober 1988. Und nach den Protesten vom Herbst 1982 veranstaltete der DGB vom 14. bis 20. Oktober 1985 eine ganze „Protestwoche" gegen die Politik der Regierung Kohl/ Genscher. Überaus scharf setzte sich der DGB hier unter dem Motto „Solidarität ist unsere Stärke" mit der Regierungspolitik auseinander; „Freiheit durch Flexibilität?" — so fragte er, um darauf zu antworten: „Ausschließlich für Unternehmer! Für die Arbeitnehmer stürzt das Gebäude verläßlicher Arbeitsbeziehungen ein."[23]

---

19 Der Spiegel Nr. 50, 1984.
20 Ernst Breit, Mitbestimmungsinitiative: Abbau der Arbeitslosigkeit — Demokratisierung der Wirtschaft, in: Gewerkschaftliche Monatshefte 10, 1982.
21 DGB (Hrsg.), Konzeption zur Mitbestimmung am Arbeitsplatz (= Schriftenreihe Mitbestimmung, Nr. 7), Düsseldorf, März 1985; vgl. IG Metall (Hrsg.), Aktionsprogramm: Arbeit und Technik — „Der Mensch muß bleiben!", November 1984.
22 DGB (Hrsg.), Gesamtwirtschaftliche Mitbestimmung — unverzichtbarer Bestandteil einer Politik zur Lösung der wirtschaftlichen und gesellschaftlichen Krise (= Schriftenreihe Mitbestimmung, Nr. 6), Düsseldorf, Dezember 1984.
23 DGB (Hrsg.), Solidarität ist unsere Stärke, Düsseldorf 1985.

Nicht alle Regierungsmaßnahmen trafen jedoch auf den einhelligen Widerstand der Gewerkschaften: Während die einen, insbesondere die IG Metall, mit der Forderung nach Arbeitszeitverkürzung auf die Einführung der 35-Stunden-Woche zielten, akzeptierten etwa die IG Chemie und auch die Gewerkschaft Nahrung, Genuß, Gaststätten die Pläne des Bundesarbeitsministeriums zur Einführung einer Vorruhestandsregelung, die die Lebensarbeitszeit verkürzen und zugleich einen gleitenden Übergang in den Ruhestand schaffen sollte.[24] Jene Gewerkschaften, die diese Regelung zunächst als Hindernis auf dem Weg zur Verkürzung der Wochenarbeitszeit abgelehnt hatten, wurden durch die Realität offenbar überzeugt, daß beide Arten der Arbeitszeitverkürzung durchaus sinnvoll seien. Als die Bundesregierung jedenfalls 1988 die Vorruhestandsregelung auslaufen lassen wollte, erhoben sich, vor allem mit Blick auf die Folgen für den Arbeitsmarkt, breite gewerkschaftliche Proteste, die, zumal sie auch von den CDU-Sozialausschüssen unterstützt wurden, zur Verlängerung des Vorruhestandsgesetzes in leicht veränderter Form führten.

Daß keineswegs in allen wichtigen Fragen Einigkeit zwischen den DGB-Gewerkschaften herrschte, machte überdies die Behandlung des NATO-Doppelbeschlusses deutlich: Während sich die Gewerkschaften insgesamt noch 1981 mit einer Zusammenarbeit mit der Friedensbewegung schwer taten und sich mit einer eigenen Resolution[25] vor allem vom „Krefelder Appell" abgrenzten, beteiligten sich schon 1982 viele Gewerkschaftsmitglieder an den Ostermärschen und der Bonner Friedensdemonstration vom Juni 1982; und auch die Kundgebungen am Antikriegstag, dem 1. September 1982, trugen dazu bei, daß die Grenzen zwischen Gewerkschaften und Friedensbewegung durchlässiger wurden. Mit dem Ende der Kanzlerschaft Helmut Schmidts, mit der Kursänderung der SPD und mit der Realität des Raketenaufbaus 1983/84 zeichnete sich dann vollends ein Einschwenken auf die Linie der Nachrüstungs-Opposition ab. Die IG Metall wollte mit einem Generalstreik von 10 bis 15 Minuten gegen die Nachrüstung protestieren, die IG Chemie hingegen sprach sich zwar auch gegen den Rüstungsausbau aus, sah in einem solchen politischen Streik jedoch eine unzulässige Ausübung von Druck auf das Parlament. So beschloß der DGB-Bundesvorstand schließlich, mit einer fünfminütigen Arbeitsruhe zur Abrüstung zu mahnen. Außerdem veranstaltete der DGB jährlich zum Antikriegstag am 1. September zahlreiche Kundgebungen, die 1988 unter dem Motto „Geld aus der Rüstung für den sozialen Aufbau"

---

24 Bundesminister für Arbeit und Sozialordnung (Hrsg.), Vorruhestand, Bonn, Mai 1984.
25 Abgedruckt in G. Leminsky u. B. Otto, Politik, S. 73 ff.

standen und u. a. folgende Forderungen erhoben: Schluß mit dem Wettrüsten, Abbau der Atomwaffen, keine Entwicklung neuer Waffensysteme, beiderseitiger Truppenabbau, Verbot biologisch-chemischer Kampfstoffe, keine Rüstungsexporte in Länder der „Dritten Welt".

Zu den „Dauerbrennern" der wirtschafts- und finanzpolitischen Kontroverse zwischen Regierung und Gewerkschaften gehörte zudem seit 1985 die mit großem Propaganda-Aufwand angekündigte Steuerreform, nach der sich — so die Regierung — Leistung wieder lohnen solle. Einmal abgesehen von den immer neuen Detailproblemen von der Steuerbefreiung für Flugbenzin bis zur Einführung einer Erdgassteuer hielten die Gewerkschaften die ganze Konzeption der Steuerreform für verfehlt: Die Gewerkschaften forderten, die geplante Steuerentlastung in Höhe von 20 Milliarden DM zu teilen: die Summe sollte je zur Hälfte für den Familienlastenausgleich und die Entlastung unterer und mittlerer Einkommensbezieher einerseits, für zusätzliche Beschäftigungsmaßnahmen andererseits verwandt werden.

Einen vorläufigen Höhepunkt erreichte der Konflikt zwischen Regierung und Gewerkschaften Anfang 1986 in der Debatte um die Änderung des Paragraphen 116 des Arbeitsförderungsgesetzes (AFG).[26] Ausgangspunkt der entsprechenden Reformbemühungen waren die Erfahrungen beim Arbeitskampf in der Metallindustrie 1984. Während die Regierung, vertreten insbesondere durch Arbeitsminister Norbert Blüm (CDU), erklärte, sie wolle mit der Novellierung dieses Paragraphen die Neutralität der Bundesanstalt für Arbeit im Falle eines Arbeitskampfes sicherstellen, erkannten die Gewerkschaften darin die Absicht, künftig die Zahlung von Unterstützungen außerhalb der umkämpften Tarifgebiete zu unterbinden; damit würden die Unternehmer in ihrer Taktik der „kalten" Aussperrung ermutigt, um die Gewerkschaften rasch in die Knie zu zwingen.

Wider Erwarten gelang es den Gewerkschaften, für dieses eher spröde wirkende Thema eine Kampagne durchzuführen, die eine Vielzahl von Arbeitnehmern in Kundgebungen und Demonstrationen mobilisierte. Allein am 6. März 1986 protestierten über eine Million Arbeitnehmer auf 200 Kundgebungen des DGB gegen die Änderung des § 116 des AFG. Und bei einer „Arbeitnehmerbefragung" des DGB wurden 7,6 Millionen Stimmzettel abgegeben, von denen sich 95 % gegen die Regierungsvorlage aussprachen. Die „Reform des AFG 116" wurde offenbar als Signal-Thema für den Kurs der Regierung begriffen. Allerdings waren sich die Gewerkschaften nicht ganz einig über den einzuschlagenden Weg: Während die

---

26 Dazu Michael Kittner (Hrsg.), Gewerkschaftsjahrbuch 1986, Köln 1986, S. 403 ff. und 1987, Köln 1987, S. 360 ff.

einen, allen voran die IG Metall, für Warnstreiks eintraten, lehnte die IG Chemie unter Vorsitz von Hermann Rappe jeglichen Versuch ab, das Parlament unter Druck zu setzen. Trotz der gewerkschaftlichen Proteste wurde die Gesetzesänderung — mit geringfügigen Zugeständnissen an die gewerkschaftlichen Vorstellungen — am 20. März 1986 in namentlicher Abstimmung von der Regierungsmehrheit beschlossen; sie trat am 1. Mai 1986 in Kraft.

In nahezu allen anstehenden wirtschafts- und sozialpolitischen Entscheidungen ergaben sich also schwerwiegende inhaltliche Kontroversen zwischen Gewerkschaften und Regierung. Am Ende der ersten vollen Legislaturperiode der „Wende"-Regierung wurde deutlich, daß die Gewerkschaften mit ihren Forderungen und Protesten ins Abseits, aufs politische Abstellgleis geraten waren. Diese Entwicklung spiegelte der Forderungskatalog, den der DGB mit seinen „Wahlprüfsteinen"[27] für die Bundestagswahl am 26. Januar 1987 veröffentlichte.

Auf Platz eins rangierte die Forderung nach „mehr öffentlichen Initiativen für Arbeit, Umwelt und Lebensqualität", u. a. durch Investitionsprogramme in Höhe von 100 Milliarden Mark in den nächsten fünf Jahren; zur Finanzierung sollte auf die für 1988 und 1990 beschlossene Steuerreform verzichtet werden. Sodann wurde die sofortige Rücknahme der die Arbeitnehmerrechte verschlechternden Bestimmungen des Beschäftigungsförderungsgesetzes sowie des Schwerbehinderten- und des Jugendarbeitsschutzes gefordert. Unter dem Stichwort „Ausbau der Mitbestimmung auf allen Ebenen der Wirtschaft" postulierte der DGB die Rücknahme der Änderungsentwürfe zum Betriebsverfassungs- und zum Personalvertretungsgesetz, die Verbesserung der Mitbestimmungsrechte bei Rationalisierung und Einführung neuer Technologien, die Sicherung der Montan-Mitbestimmung, die Ausdehnung der paritätischen Mitbestimmung auf alle Großunternehmen sowie die Einführung der gesamtwirtschaftlichen Mitbestimmung mit Wirtschafts- und Sozialräten. Schließlich sollte durch die Rücknahme der Änderung des § 116 des Arbeitsförderungsgesetzes und durch das Verbot der Aussperrung die Streikfähigkeit der Gewerkschaften gesichert werden.

Daß die Regierungskoalition von CDU/CSU und FDP, die bei den Bundestagswahlen am 25. Januar 1987 erneut bestätigt wurde, einen Stimmenrückgang zu verzeichnen hatte, wurde darauf zurückgeführt, daß die Christdemokraten „sicher viele Stimmen von Arbeitnehmern" einbüßten, „die mit der arbeitgeberfreundlichen und gewerkschaftsfeindlichen Regierungspolitik der 10. Wahlperiode" von 1983 bis 1986 „nicht einver-

---

27 Wahlprüfsteine vom Oktober 1986, in: ötv-magazin 11, 1986, S. 7.

standen waren."[28] Freilich mußten die Gewerkschaften einen deutlichen Rückgang des Anteils der gewerkschaftlich organisierten Bundestagsabgeordneten verbuchen, der vor allem den Stimmenverlusten der SPD zuzuschreiben war. Dies mag jedoch nicht so schmerzlich gewesen sein, hatten die Gewerkschaften doch oft genug erkennen müssen, daß die Gewerkschaftszugehörigkeit keine Garantie für die Vertretung gewerkschaftlicher Positionen im Parlament bedeutete.

*

Gerade am Problem der „Wahlprüfsteine", die ausdrücklich jede Wahlempfehlung vermieden, entbrannte immer wieder die Frage nach der parteipolitischen Neutralität oder Unabhängigkeit der Gewerkschaften. Das politische Engagement der Gewerkschaften blieb nach wie vor umstritten. So einleuchtend die Stellungnahme des DGB auch sein mag, nach der die Einheitsgewerkschaft „unabhängig von politischen Parteien, aber weder politisch neutral noch unpolitisch" sei, so schwierig war und ist die praktische Realisierung dieses Anspruchs. Da half es wenig, daß z. B. Dieter Wunder, der Vorsitzende der Gewerkschaft Erziehung und Wissenschaft, betonte, die Gewerkschaften seien „nicht Gegner von CDU oder CSU, sondern bekämpfen die gegenwärtige Arbeitsmarkt- und Sozialpolitik der von diesen Parteien gestellten Regierung".[29] Nach der „heißen Debatte" 1978/79 wurden von CDU/CSU-Politikern immer wieder seit 1982 kritische Stellungnahmen zur Regierungspolitik — etwa mit den „Protestwochen" im Oktober 1985 und 1988 — als Verletzung der von ihnen eingeklagten Verpflichtung der Gewerkschaften zur „parteipolitischen Neutralität" verurteilt.

Auftrieb erhielten derartige Vorbehalte durch umstrittene Personalentscheidungen, wenn etwa auf dem 11. Kongreß der Gewerkschaft ÖTV in Hamburg im Juni 1988 die Delegierten ein CDU-Mitglied wegen seiner von der Delegiertenmehrheit abweichenden Stellungnahme zur Reform des § 218 nicht in den Vorstand wählten. Ulf Fink, der Vorsitzende der Christlich-Demokratischen Arbeitnehmerschaft, interpretierte die Entscheidung des Kongresses als „eine Gefahr für die Einheitsgewerkschaft". Die Abstimmung habe sich nicht nur gegen die Person des Kandidaten gerichtet, sondern sie sei ein Affront gegen die CDU-Mitglieder in der Organisation.[30]

28  Klaus Richter, Gewerkschafter im Elften Deutschen Bundestag, in: Gewerkschaftliche Monatshefte 3, 1987, S. 182—185.
29  ötv-magazin 11, 1986, S. 7. Dieter Wunder, Gewerkschaften — eine Kraft der Vergangenheit?, in: Gewerkschaftliche Monatshefte 2, 1985, S. 65—73, hier S. 71.
30  General-Anzeiger (Bonn) vom 22. 6. 1988, S. 1.

In der Tat, die Verflechtung von Gewerkschaften und SPD ist überaus eng: Von den 193 Mitgliedern der nach den Wahlen 1987 gebildeten SPD-Bundestagsfraktion sind 188 und von den 42 Mitgliedern des Parteivorstandes sind alle gewerkschaftlich organisiert. Umgekehrt sind von den 17 Vorsitzenden der Einzelgewerkschaften 16 und von den neun Mitgliedern des Geschäftsführenden DGB-Bundesvorstandes sieben Sozialdemokraten; von den neun Bundesvorstandsmitgliedern der DAG gehören sechs — darunter der Vorsitzende — zur Sozialdemokratie.

Dennoch war (und ist) das Verhältnis von Gewerkschaften und SPD nicht ohne Konflikte: Zu erinnern ist an die Auseinandersetzungen um die unter Bundeskanzler Schmidt 1981/82 eingeleitete Sparpolitik, sodann an die Irritationen im Zusammenhang mit der „Neuen Heimat"-Affäre, die von der SPD als Belastung in den Wahlkämpfen 1982/83 und 1986/87 angesehen wurde, und schließlich an den Vorstoß des saarländischen Ministerpräsidenten und stellvertretenden SPD-Vorsitzenden Oskar Lafontaine für ein Konzept der Arbeitszeitverkürzung *ohne* vollen Lohnausgleich (zumindest für Besserverdienende) — mitten hinein in die Tarifauseinandersetzung im öffentlichen Dienst Anfang 1988. Durch ein Spitzengespräch am 25. April 1988 konnte zwar eine Versachlichung der Diskussion erreicht werden, der Konflikt zwischen den jeweiligen Autonomieansprüchen von SPD und Gewerkschaften schwelte indessen weiter und brach auf dem Münsteraner SPD-Parteitag Ende August/Anfang September 1988 mit „neuer Heftigkeit" auf. Vor diesem Hintergrund wird das Plädoyer Hans-Jochen Vogels, des Vorsitzenden der SPD, für Konfliktaustragungsformen verständlich, bei denen die Notwendigkeit künftiger Zusammenarbeit nicht aus den Augen verloren wird, zumal „die Schwächung des einen in aller Regel auch die Schwächung des anderen und zumeist eine Stärkung der konservativen, wenn nicht der reaktionären Kräfte bedeutet."[31]

Fühlten sich die Gewerkschaften auch immer wieder einmal von der Sozialdemokratie im Stich gelassen, eine inhaltliche und strategische Alternative zur Zusammenarbeit mit der SPD war und ist wohl kaum in Sicht. Auch manche Irritationen im Verhältnis von SPD und Gewerkschaften führten nicht dazu, daß die Gewerkschaften erwogen hätten, sich als „Ersatz-Arbeiterpartei" auszurufen. Maßgeblich für diese Zurückhaltung dürften gerade die Probleme der innergewerkschaftlichen Fraktionsbildung

---

31 Hans-Jochen Vogel, SPD und Gewerkschaften (= leicht gekürzte Fassung eines Vortrags vor dem Gesprächskreis „Gewerkschaften und Politik" des Politischen Clubs der Friedrich-Ebert-Stiftung in Bonn am 5. Mai 1988), in: Gewerkschaftliche Monatshefte 7, 1988, S. 385—398, hier S. 389 f.

entlang parteipolitischer Bruchlinien sein, aber auch die sonst drohende Begrenzung des parlamentarisch-politischen Einflusses.

*

Die CDU/CSU hatte 1987 also empfindliche Stimmenverluste hinnehmen müssen — und zwar nicht nur in der Bundestags-, sondern auch in einer Reihe von Landtagswahlen. Dies mag zusammen mit der Einsicht, daß die bisherige Wirtschafts- und Finanzpolitik angesichts unausgenutzter Kapazitäten in einzelnen Branchen und wegen des beschleunigten technischen Wandels nicht zu einer Entlastung des Arbeitsmarktes geführt hatte, eine neue Nachdenklichkeit ausgelöst haben. Als Folge der sich in Wahlergebnissen niederschlagenden breiten Kritik und des wachsenden Problemdrucks, außerdem im Hinblick auf die zunächst spontane, dann aber von den Gewerkschaften mitgetragene Mobilisierung der in bestimmten Regionen von Betriebsstillegungen und Massenentlassungen bedrohten oder betroffenen Arbeitnehmer und ihrer Familien zeichnete sich Anfang 1988 ein vorsichtiger Annäherungsprozeß von Regierung und Gewerkschaften ab. Die regierungsamtliche Hoffnung auf die Selbstheilungskräfte des Marktes hatten allzu offensichtlich nicht ausgereicht, um die Strukturprobleme der Werften, der Stahlindustrie und des Bergbaus zu lösen; ganze Regionen — die Küstenländer, das Ruhrgebiet und das Saarland — sind von den Folgen des Strukturwandels schwer getroffen. Erst die Protestaktionen der von Massenentlassung bedrohten Arbeitnehmer des Krupp-Stahlwerks in Duisburg-Rheinhausen veranlaßten die Bundesregierung, mit den Arbeitsmarktparteien und Länderregierungen ein gemeinsames Vorgehen zu vereinbaren. Die Ruhrgebiets-Konferenz Anfang 1988 und die Montan-Konferenz vom Juli 1988, auf denen auch die Bereitstellung finanzieller Mittel für Strukturhilfen beschlossen wurde, knüpfen an die Tradition der Konzertierten Aktion an. Ob sie — anders als dieser 1976 gescheiterte Versuch — wirklich praktisch-politische Folgen haben, muß sich erst noch zeigen. In einem Punkt jedenfalls hat man aus den Fehlern der Konzertierten Aktion gelernt: der Teilnehmerkreis und der Themenkatalog, beides ist eng umgrenzt worden. Und außerdem zeigen sich Anzeichen eines von den Gewerkschaften begrüßten Umsteuerns: Weg von den Sozialplänen — hin zur Vereinbarung von Ersatzarbeitsplätzen für die von Betriebsstillegungen Betroffenen.

Wer in den Konferenzen von Regierungs- und Gewerkschaftsvertretern in der ersten Hälfte des Jahres 1988 allerdings ein Wiederaufleben korporatistischer Krisenstrategien vermutete, sah sich schon bald ge- oder enttäuscht. Denn mit der Aktionswoche des DGB vom Oktober 1988, die Bundeskanzler Kohl bereits vorweg als Zeichen der „Feindschaft" meinte deuten zu können, mit der die Gewerkschaften der Regierung gegenüberstünden, zeichnete sich das Festhalten der Gewerkschaften an Protest- und Mobilisierungsformen ab, die durchaus geeignet sind, grell die unterschiedlichen Positionen von Gewerkschaften und Regierung zu beleuchten. Daß damit zugleich manche Unstimmigkeit zwischen den Einzelgewerkschaften — etwa über die Frage der Wochenendarbeit zwischen H. Rappe (IG Chemie) und F. Steinkühler (IG Metall) — in den Hintergrund gedrängt wurden, mag eine gerne in Kauf genommene Begleiterscheinung der politischen Proteste gewesen sein.

### 3. Rückbesinnung auf die eigene Kraft: Tarifpolitik auf Konfrontationskurs

In dem Maße, in dem sich der Einfluß der Gewerkschaften auf die Wirtschaftspolitik verringerte, in dem Maße konzentrierten sie sich wieder stärker auf den Bereich der Tarifpolitik: „Die gewerkschaftliche Arbeit in den nächsten Jahren wird, bei Beurteilung der politischen Entwicklung und der politisch getroffenen Maßnahmen, nicht mehr im Windschatten einer staatlich getragenen Reformpolitik stehen. Zurückbesinnung auf die autonome Kraft der Gewerkschaftsbewegung und ‚Hilfe zur Selbsthilfe' sind in Zukunft die Grundlage, von der aus Arbeitnehmerinteressen [. . .] eingebracht werden müssen."[32] Gelang es den Gewerkschaften auch seit der zweiten Hälfte der siebziger Jahre nicht, ihre Vorstellungen von Konjunktur- und Sozialpolitik umzusetzen, hatten sie auch schon in der „Ära Schmidt" empfindliche Niederlagen gerade auf diesen Gebieten hinnehmen müssen, so führte die Verengung des Verteilungsspielraums zu einer erhöhten Konfliktbereitschaft bei Arbeitgebern und Gewerkschaften. Dabei ging es seit den siebziger Jahren um drei Problembereiche: Lohnerhöhung bzw. Sicherung der Lohnhöhe, Rationalisierungsschutz und Verkürzung der Arbeitszeit.

*

Schauen wir zunächst auf die Lohnpolitik. Daß die Gewerkschaften mit ihren Lohnforderungen in den Jahren der Krise auf den erbitterten Widerstand der Arbeitgeberseite trafen, ist gewiß nicht erstaunlich. Wieder einmal machten die Arbeitgeber die angeblich zu hohen Löhne, die zu

---

32 Siegfried Bleicher, Ergebnisse und Aussichten der Technologiepolitik und der Humanisierung der Arbeit nach einem Jahr Regierung Kohl/Genscher, in: Gewerkschaftliche Monatshefte 3, 1984, S. 166—175, hier S. 175.

hohen Lohnnebenkosten und die demgemäß nicht ausreichenden Gewinne dafür verantwortlich, daß die Investitionsneigung der Unternehmen gering, die Wachstumsraten schwach und also die Arbeitslosenquote hoch seien. Einkommensverzicht durch lohnpolitische Zurückhaltung galt als bestes Rezept, die Massenarbeitslosigkeit abzubauen.[33]

Daß die Gewerkschaften zumindest in der Lohnfrage in die Defensive gerieten, schlug sich deutlich darin nieder, daß Streiks zur Durchsetzung von Lohnforderungen seit der zweiten Hälfte der siebziger Jahre zur Seltenheit wurden. Eine Ausnahme bildete insbesondere der Arbeitskampf in der Druckindustrie 1976.

Anlaß dieses Arbeitskampfes war die Forderung der IG Druck und Papier, die Löhne um 9 %, mindestens aber um 140 DM zu erhöhen; dem stand ein Angebot der Arbeitgeber von 4,7 % gegenüber. Dieses Angebot bestimmte deutlich den am 2. März 1976 vorgelegten Schlichtungsvorschlag von 5,4 % Lohn- und Gehaltserhöhungen, den der Hauptvorstand der IG Druck und Papier denn auch ablehnte. Unterstützt wurde die Position der Gewerkschaft durch eine erste Warnstreikwelle vom 31. März bis 2. April, die etwa 40 Betriebe erfaßte. Nachdem auch das Schlichtungsverfahren vor dem Obersten Schlichtungsamt in München keine Einigung gebracht hatte, wurde die Urabstimmung beschlossen; in ihr sprachen sich am 27. April 88,2 % der Gewerkschaftsmitglieder für Streik aus. Daraufhin wurde der Streikbeginn für den 28. April festgelegt.

Die IG Druck und Papier entschied sich für „Schwerpunktstreiks", die sich auf die besonders gewinnstarken großen (Zeitungs-)Unternehmen konzentrierten, in denen die Gewerkschaft über einen relativ guten Organisationsgrad verfügte und in denen es — angesichts der guten Gewinnlage — besonders einsichtig war, für Lohnerhöhungen auch zu Kampfmaßnahmen zu greifen. Überdies bedeutete dieses abgestufte Vorgehen eine Schonung der Gewerkschaftskasse. Als zweite Phase war dann die Ausdehnung des Streiks auf die Tiefdruckereien (Zeitschriften), als dritte Phase auf sämtliche Betriebe vorgesehen. In der ersten Phase waren 48 Betriebe betroffen, in denen etwa 16.000 Arbeitnehmer die Arbeit niederlegten. Wenige Stunden nach Beginn des Streiks riefen die Arbeitgeber eine Verbandsaussperrung aus. Von dieser Maßnahme, die vom 30. April bis 3. Mai 1976 durchgeführt wurde, waren schließlich etwa 69.000 Arbeitnehmer in gut 700 Druckbetrieben betroffen. Damit erfaßte die Aussperrung — bezogen auf die Zahl von insgesamt ca. 145.000 gewerblichen Arbeitneh-

---

33 „Für mehr Beschäftigung". Zwanzig-Punkte-Programm der Bundesvereinigung der Deutschen Arbeitgeberverbände, Köln 1985, bes. S. 16; Innovationen für mehr Wachstum und Beschäftigung. Ein wirtschaftliches Konzept des Bundesverbandes der Deutschen Industrie, Köln 1986, bes. S. 33.

mern in der Druckindustrie — knapp die Hälfte der Druckereiarbeiter. Vollständig befolgt wurde die Aussperrung nur von den großen Zeitungs- und Zeitschriftenverlagen mit eigenen Druckereien, in denen die Streiks stattfanden; kleinere und mittlere Betriebe waren demgegenüber nur zum Teil bereit, sich an der Aussperrung zu beteiligen.

Am 3. Mai wurde die Aussperrung aufgehoben; am 4. Mai fanden neue Verhandlungen statt, deren Ergebnis — Lohn- und Gehaltserhöhungen von 5,9 % — jedoch am 5. Mai von der Tarifkommission abgelehnt wurde; zudem beschloß die IG Druck und Papier, die zweite Streikphase einzuleiten: Am 6. Mai legten etwa 68.000 Arbeitnehmer die Arbeit nieder, am 7. Mai waren es etwa 69.000. In einer Presseerklärung vom 8. Mai gab die IG Druck und Papier dann jedoch bekannt, der Streikumfang werde ab 10. Mai mit Rücksicht auf die wirtschaftliche Situation der Kleinbetriebe und Lokalzeitungen langsam reduziert. Parallel dazu kam es am 12. Mai zu einem erneuten Einigungsversuch, diesmal unter dem Vorsitz von Friedhelm Farthmann, dem nordrhein-westfälischen Arbeits- und Sozialminister. Der hier erarbeitete Vorschlag sah eine durchschnittliche Lohn- und Gehaltserhöhung von 6 % bei einer Laufzeit von 10 Monaten vor; für zwei Monate sollte eine einheitliche Pauschale von 275 DM gezahlt werden. In der zweiten Urabstimmung, die am 18. Mai 1976 stattfand, sprachen sich 55,7 % der Gewerkschaftsmitglieder für die Annahme dieses Verhandlungsergebnisses aus.

Besonders umstritten war die Weigerung von Arbeitnehmern der „Frankfurter Neuen Presse" und der Hannoverschen Ausgabe von „Bild", Leitartikel zu setzen und zu drucken, in denen gegen den Streik argumentiert wurde; diese Weigerung erfolgte, nachdem die Forderung nach gleichzeitiger Gegendarstellung abgelehnt worden war. So erschienen beide Zeitungen am 4. Mai 1976 mit „weißen Flecken", um auf die inhaltliche Kontrolle seitens der Arbeitnehmer aufmerksam zu machen. Sahen die einen im Vorgehen der Drucker und Setzer einen Angriff auf die Pressefreiheit, so meinten die anderen, die geplanten Leitartikel als Waffen im Rahmen des Arbeitskampfes interpretieren zu können, deren Wirkung auf die öffentliche Meinung wenigstens durch eine parallel zu publizierende Stellungnahme im Sinne der Streikenden hätte neutralisiert werden müssen.

In der Lohnpolitik zeigte sich am deutlichsten, daß die Gewerkschaften unter dem Druck von Wirtschaftskrise und Massenarbeitslosigkeit in die Defensive gerieten. Sie forderten immer wieder eine Anhebung der Löhne als Beitrag zur Stärkung der Massenkaufkraft und damit zur Ankurbelung der Wirtschaft, doch faktisch beschränkten sich z. B. die IG Metall, die IG Chemie und die Gewerkschaft ÖTV darauf, einen Ausgleich des Preisanstiegs durchzusetzen. Sicherung des Lebensstandards, das wurde zur

Devise in den Tarifauseinandersetzungen der siebziger Jahre. Daß diese Politik keine Ausweitung der Massenkaufkraft bringen konnte, liegt auf der Hand; daß die Gewerkschaften vielfach die vereinbarten Lohnabschlüsse als maßvoll und verantwortungsbewußt priesen, deutet zudem auf Widersprüche in der gewerkschaftlichen Argumentation zur Lohnhöhe hin.

In der Krise der siebziger/achtziger Jahre aktualisierten sich überdies die immer in der gewerkschaftlichen Lohnpolitik angelegten Probleme: So gelang es nicht, die Effektivverdienste tarifvertraglich abzusichern; auch eine volle Angleichung von Männer- und Frauenlöhnen wurde nicht erreicht; und umstritten blieb nach wie vor die Einführung von Sockelbeträgen bei Lohnabschlüssen, um die Lohndifferenzen durch allein prozentuale Lohnerhöhungen nicht noch zu vertiefen.

In einem Punkt zeigte sich hingegen ein Durchbruch: Im Juli 1988 trat für die Chemie-Industrie eine als „Jahrhundertvertrag" gefeierte Regelung in Kraft, in der erstmals der Unterschied zwischen Löhnen und Gehältern zugunsten einer für Arbeiter(innen) und Angestellte geltenden Entgeltstaffelung in 13 Stufen abgeschafft wurde. Die anderen Gewerkschaften — z. B. die IG Metall, die Postgewerkschaft und die IG Bau — erkannten diesen Entgelttarifvertrag als zukunftsweisend an.

Die Preissteigerungsraten der siebziger Jahre zeigten die Möglichkeit der Unternehmen, gestiegene Kosten zumindest befristet auf die Preise abzuwälzen; dieses Verfahren bot den Arbeitgebern die Möglichkeit, in Lohnverhandlungen relativ hohe Tarifabschlüsse hinzunehmen, wenn diese weder den durch die Produktivitäts-, noch die Preisentwicklung gesetzten Rahmen sprengten. Folge dieser Lohnpolitik war, daß die Gewerkschaften bis zum Beginn der achtziger Jahre ein drastisches Absinken der Lohnquote, d. h. des Anteils der Arbeitnehmereinkommen am Volkseinkommen, verhindern konnten.

Was aber bedeutete die Lohn- und Einkommensentwicklung für die Verteilung des Volkseinkommens? Schon während der siebziger Jahre zeigte sich, daß die Bruttoeinkommen aus Unternehmertätigkeit und Vermögen rascher anwuchsen als die aus unselbständiger Arbeit. Nach den Jahreswirtschaftsberichten der Bundesregierung stiegen erstere von 1975 bis 1978 Jahr für Jahr etwa um 9 bis 11 %, 1976 sogar um 12—14 %, während die Bruttoeinkommen aus unselbständiger Arbeit im selben Zeitraum um 6,5 bis 8,5 % zunehmen, 1978 nur um 5,8 %.[34] Und wenn man die Entwicklungslinien von Nettolöhnen und Nettogewinnen einander

---

34 Nach Otto Jacobi, Gewerkschaftliche Lohnpolitik unter dem Druck antikeynesianischer Wirtschaftspolitik, in: J. Bergmann (Hrsg.), Beiträge, S. 326—362, hier S. 342.

gegenüberstellt, so zeigt sich, daß sich die Summe der Nettolöhne von 1965 bis 1986 gut verdreifacht, die der Nettogewinne jedoch mehr als vervierfacht hat.

Es liegt in der Konsequenz dieser Einkommensentwicklung, daß sich der Anteil der Bruttolöhne am Volkseinkommen zugunsten des Anteils der Bruttogewinne verminderte: Der Anteil des Einkommens aus unselbständiger Arbeit am Volkseinkommen fiel von 70/71 % in den Jahren 1981/82 bis 1987 auf etwa 65 %; entsprechend wuchs der Anteil des Bruttoeinkommens aus Unternehmertätigkeit und Vermögen am Volkseinkommen von 29,5 auf 35 % an. Damit sahen die Lohn- bzw. Gewinnquoten im Jahre 1986 genauso aus wie Anfang der sechziger Jahre. Diese Zahlen zeigten, so wiesen die Gewerkschaften nach, daß jedenfalls nicht die Lohnhöhe verantwortlich für die Arbeitslosigkeit ist; denn bei gleicher Lohnquote gab es Anfang der sechziger Jahre Vollbeschäftigung und Ende der achtziger Jahre eine Massenarbeitslosigkeit von über zwei Millionen registrierten Arbeitslosen.[35]

*

Ohne Zweifel haben sich die Arbeitskämpfe in den 70er Jahren verschärft. Sie konzentrierten sich vor allem auf die Metall- und die Druckindustrie. Daß diese Bereiche zu zentralen Konfliktbereichen geworden sind, dürfte einerseits der traditionell offensiven Politik dieser Gewerkschaften, andererseits aber vor allem den Versuchen zuzuschreiben sein, in diesen Branchen neue — arbeitsplatzsparende — Technologien einzuführen.

Sowohl die IG Druck und Papier als auch die IG Metall hatten 1978 schwere Arbeitskämpfe durchzustehen. Für die IG Druck und Papier ging es bei dem Arbeitskampf, der vom 27. Februar bis 19. März 1978 dauerte und in dem 19.000 Streikenden 53.000 Ausgesperrte gegenüberstanden, um die Einführung und Anwendung rechnergesteuerter Textverarbeitungssysteme, deren negative Auswirkungen sowohl auf Qualifikation als auch Bestand von Arbeitsplätzen seitens der Gewerkschaft möglichst weitgehend abgeschwächt werden sollten. Nachdem die IG Druck und Papier bereits 1976 33 Millionen DM an Unterstützungsleistungen hatte zahlen müssen, die etwa je zur Hälfte durch Streik bzw. Aussperrung entstanden waren, beliefen sich die Kosten des Arbeitskampfes 1978 auf 15 Millionen

---

35 Hartmut Görgens, Zur Entwicklung von Löhnen, Gewinnen und Kapitalrendite in der Bundesrepublik Deutschland, in: Gewerkschaftliche Monatshefte 6, 1987, S. 353—361, hier S. 354. Vgl. Michael Kittner (Hrsg.), Gewerkschaftsjahrbuch 1988, Köln 1988, S. 107 und 135.

DM, von denen 81,5 % auf das Konto der Aussperrung und nur 18,5 % auf das des Streiks gingen. Damit waren die Arbeitskampfreserven der IG Druck und Papier aufgezehrt, so daß sie auf die Unterstützung des DGB und anderer Einzelgewerkschaften angewiesen war.

Noch größere Ausmaße nahm der Arbeitskampf in der Metallindustrie Baden-Württembergs an, in dem es um Lohnerhöhungen, aber auch und vor allem um Abgruppierungsschutz für die von der Einführung neuer Technologien betroffenen Arbeitnehmer ging. In diesem Arbeitskampf, der vom 15. März bis 7. April 1978 andauerte, stand dem Streik von ca. 80.000 eine Aussperrung von etwa 200.000 Metallarbeitnehmern gegenüber. Wiederum spielte auch in diesem Arbeitskampf die „kalte" Aussperrung eine große Rolle. Die Daimler-Benz AG beispielsweise ließ bereits vom 20. März an 3.000, vom 21. März dann 14.000 Metaller kurzarbeiten; ebenso plötzlich sank die Zahl nach dem Ende des Arbeitskampfes bis zum 10. April auf Null. Insgesamt waren auf dem Höhepunkt des Arbeitskampfes — am 5. April — etwa 77.000 Arbeitnehmer von Betriebseinschränkungen oder -stillegungen betroffen, so daß durch den Einsatz der „kalten" Aussperrung insgesamt mehr als 500.000 Arbeitstage verloren gingen. Etwa 80 % der Kurzarbeitstage entfielen allein auf die Großbetriebe von Daimler-Benz, Bosch, Ford, Audi-NSU und BMW. Schon dieser Kampf hatte die IG Metall 130 Millionen DM gekostet, der nächste sollte nochmals weitere 120 Millionen verschlingen.

Alle Arbeitskämpfe seit Mitte der 70er Jahre waren überschattet von der hohen Arbeitslosenquote, die zum einen der gewerkschaftlichen Ablehnung allzu rascher Rationalisierungsmaßnahmen, zum anderen den Forderungen zur Arbeitsplatzsicherung Nachdruck verlieh. Gerade dieser Zielrichtung entsprach die Forderung nach Verkürzung der Arbeitszeit, um die ebenfalls seit Ende der siebziger Jahre gestritten wurde.

*

Wurden die Verkürzung der Arbeitszeit pro Woche und die Verlängerung des Urlaubs von den Gewerkschaften zunächst vor allem als Maßnahmen zur „Humanisierung der Arbeitswelt", als Beiträge zu mehr „Lebensqualität" propagiert, so trat mit der zunehmenden Arbeitslosigkeit der Arbeitsmarktaspekt eindeutig in den Vordergrund der Argumentation.

Nach Erfolgen bei der Verlängerung des Jahresurlaubs und bei der Regelung von Pausenzeiten durch Tarifverträge und nach der gesetzlichen Einführung der flexiblen Altersgrenze (1972) rückte erneut die Wochenarbeitszeit in das öffentliche Interesse. Wiederum war die IG Metall Vorreiter in der Frage der Arbeitszeitverkürzung: Der Düsseldorfer Gewerkschaftstag der IG Metall 1977 erhob erstmals die Forderungen nach „Einführung der 35-Stunden-Woche". Zwar verlieh die Zunahme der Arbeitslosigkeit der gewerkschaftlichen Argumentation Nachdruck; doch das geringe Wirtschaftswachstum seit Ende der 70er Jahre trug zur Verhärtung der unternehmerischen Position bei, waren doch keine denen der 50er Jahre vergleichbaren Verteilungsspielräume in Sicht. Der „Tabu-Katalog" aus dem Jahre 1978 und der Arbeitskampf in der nordrhein-westfälischen Eisen- und Stahlindustrie 1978/79 waren deutliche Indizien für die strikte Ablehnung, mit der die Arbeitgeber eine Verkürzung der Arbeitszeit unter 40 Stunden pro Woche gegenüberstanden.

Ausgelöst wurde der Arbeitskampf 1978/79 dadurch, daß die Große Tarifkommission der Eisen- und Stahlindustrie von Nordrhein-Westfalen zum 30. Juni 1978 den Manteltarifvertrag kündigte und als zentrale Forderung aufstellte: Verkürzung der tariflichen Wochenarbeitszeit bei vollem Lohnausgleich mit dem Ziel der 35-Stunden-Woche. Zur Begründung wurde auf die besondere Arbeitsbelastung in diesem Wirtschaftszweig und damit auf die humanitäre Komponente dieses Ziels, aber auch auf die damit verbundene Sicherung von Arbeitsplätzen hingewiesen. In den Tarifverhandlungen vom 22. August, 13. September und 16. Oktober 1978 lehnten die Arbeitgeber jede Arbeitszeitverkürzung ab — aus Kostengründen, aber auch mit dem Hinweis, dadurch würden Arbeitsplätze eher gefährdet als gesichert.

Nach Kündigung des Lohn- und Gehalts- sowie des Ausbildungsvergütungsabkommens beschloß die Große Tarifkommission dann am 19. Oktober 1978 folgende Forderungen: Die Tariflöhne und -gehälter sollten um 5 %, die Ausbildungsvergütungen im 1. und 2. Ausbildungsjahr um 40 DM, im 3. und 4. Ausbildungsjahr um 30 DM angehoben werden. Nachdem die Verhandlungen am 7. November keine Annäherung gebracht hatten, erklärten die Arbeitgeber die Gespräche über die Arbeitszeit und die Gewerkschaften daraufhin auch die über die Lohnhöhe für gescheitert. Die IG Metall legte sodann als Termin für die erste Urabstimmung den 18. bis 21. November 1978 fest. Nach einer Großkundgebung, in der sich am 17. November etwa 120.000 Arbeitnehmer hinter die Forderung nach Einführung der 35-Stunden-Woche gestellt hatten, sprachen sich in der Urabstimmung 86,9 % für Streik aus. Als Beginn der Streiks — beteiligt waren 40.000 Metaller u. a. bei Thyssen, Mannesmann, Hoesch und Krupp — war der 28. November 1978 vorgesehen. Bereits am 27. November beschloß der Arbeitgeberverband der Eisen- und Stahlindustrie, auf den Streik ab 1. Dezember mit einer Aussperrung der Streikenden und weiterer 30.000 Arbeitnehmer zu reagieren. Am 30. November fand daraufhin in der Bochumer Ruhrland-Halle eine Kundgebung der IG Metall statt, die sich vor allem gegen die Aussperrungspraxis der Arbeitgeber richtete. An

Solidaritätsdemonstration des DGB während des Arbeitskampfes in der nordrhein-westfälischen Eisen- und Stahlindustrie 1978/79 um den Einstieg in die 35-
Stunden-Woche am 12. Dezember 1978.

weiteren derartigen Aktionen — begleitet von sogenannten Solidaritäts-
streiks — beteiligten sich am 8. und 12. Dezember 1978 etwa 145.000
Personen. Inzwischen hatte die Aussperrung in 9 bestreikten Betrieben
40.000 und in 8 weiteren Betrieben 30.000, zusammen also etwa 70.000
Arbeitnehmer betroffen. Daraufhin kündigte die IG Metall am 22.
Dezember 1978 an, ab Anfang 1979 weitere 3 Werke mit etwa 20.000
Arbeitnehmern zum Streik aufzurufen.

Unter dem Druck dieser Eskalation des Arbeitskampfes kam nach
zähen Verhandlungen am 6. Januar 1979 ein Kompromiß zustande.
Summiert man die dort vereinbarten Freischichten für Nachtarbeiter und
ältere Arbeitnehmer, so ergab sich für zwei Drittel bis drei Viertel der in der
Eisen- und Stahlindustrie Beschäftigten eine Arbeitszeit von durchschnittlich 38,5 Stunden pro Woche. Dies (und auch die Verlängerung des
Jahresurlaubs) entsprach sicherlich nur entfernt dem von der IG Metall
angestrebten Ziel eines Einstiegs in die 35-Stunden-Woche. Das spiegelt
sich auch in der relativ verbreiteten Unzufriedenheit der betroffenen
Arbeitnehmer mit dem Verhandlungsergebnis: In der zweiten Urabstimmung vom 8. bis 10. Januar 1979 stimmten 54,4 % dem Ergebnis zu,
immerhin 45,0 % lehnten es jedoch ab.

Daß sich die Gewerkschaften — seit 1971 — um eine Eingrenzung der
unternehmerischen Aussperrungspraxis bemühten, kann angesichts der
verstärkten Nutzung dieses Arbeitskampfmittels in den Grundsatzkon-
flikten der siebziger Jahre nicht verwundern. Nachdem das Bundesarbeitsgericht bereits 1955 und 1971 die Aussperrung als Mittel zur Sicherung der
„Kampfparität" zwischen Gewerkschaften und Arbeitgebern anerkannt,
aber darauf hingewiesen hatte, die Aussperrung löse nicht den Arbeitsvertrag auf, sondern suspendiere diesen nur, zielten die Gewerkschaften nun
mit einer Aktion von Massenklagen und Demonstrationen auf ein Verbot
der Aussperrung. Damit sollte der Kampf gegen das Aussperrungsrecht in
der Mitgliedschaft abgestützt und zugleich eine Politisierung der Auseinandersetzung erreicht werden. Das vom Bundesarbeitsgericht im Juni 1980
verkündete Urteil hielt jedoch am Recht auf Aussperrung fest, unterstrich
aber die nur suspendierende Wirkung auf den Arbeitsvertrag und gab im
übrigen Einschränkungen an: Die Aussperrung darf nicht nur gegen
Gewerkschaftsmitglieder gerichtet sein; sie muß sich auf nur ein Tarifgebiet
beschränken; sie darf nur in quantitativer Verhältnismäßigkeit auf einen
Streik antworten. Die praktische Bedeutung dieses Urteils sollte sich schon
bald erweisen.

Rechtzeitig zur nächsten Tarifrunde in der Metall- und in der
Druckindustrie starteten die Arbeitgeber ihre Kampagne für die Flexibilisierung der Arbeitszeit, die der gewerkschaftlichen Forderung nach einer
allgemeinen Arbeitszeitverkürzung den Wind aus den Segeln nehmen

sollte.[36] In der Tat war die Forderung nach Einführung der 35-Stunden-Woche 1983/84 weder in den Medien noch in der Arbeitnehmerschaft besonders populär; auch die Bundesregierung legte sich auf eine Ablehnung dieser Forderung fest, die Bundeskanzler Kohl auf dem Deutschlandtag der Jungen Union am 12./13. November 1983 als „absurd, dumm und töricht" diffamierte. Zudem waren sich nicht alle DGB-Gewerkschaften über die richtige Strategie der Arbeitszeitverkürzung — ob Lebens- oder Wochenarbeitszeit — einig. Dennoch gelang es der IG Metall, mit einer umfangreichen Agitations- und Mobilisierungsstrategie getreu dem Konzept der „neuen Beweglichkeit" einen Stimmungsumschwung in weiten Kreisen der Arbeitnehmerschaft zu erreichen; dazu trug auch und vor allem die hartnäckig zur Schau gestellte Verweigerung jeglicher Kompromißvereinbarungen seitens der Arbeitgeber bei, die in den 70 Begegnungen während der dreimonatigen Verhandlungsdauer keinerlei Entgegenkommen zeigten. Und auch die Verhandlungen in der Druckindustrie scheiterten im April 1984 an dem Junktim der Arbeitgeber zwischen einer neuen Lohnstruktur und der Festschreibung der 40-Stunden-Woche.

IG Druck und Papier und IG Metall kämpften in etwa zeitgleich um die Verkürzung der Wochenarbeitszeit. Der Streik in der Druckindustrie, der vom 12. April bis 6. Juli 1984 dauerte, basierte auf wechselnden und jeweils befristeten Schwerpunktstreiks, an denen insgesamt 46.000 Arbeitnehmer in 563 Betrieben mindestens einen Tag lang beteiligt waren. Die parallel zum Arbeitskampf geführten Verhandlungen mündeten schließlich in ein Schlichtungsverfahren, dessen Abschluß die Arbeitgeber — wohl weil noch kein Ergebnis des Arbeitskampfes in der Metallindustrie vorlag — zurückwiesen.

Die IG Metall führte den Arbeitskampf in zwei Tarifbezirken, in Hessen und in Nordwürttemberg/Nordbaden. Bestreikt wurden zunächst schwerpunktmäßig Zulieferbetriebe der Autoindustrie, dann aber wurden regionale Zentren des Streiks gebildet: Nach ersten Warnstreiks am 11. März traten am 21. März 1984 in den Verwaltungsstellen Kassel, Darmstadt, Frankfurt und Hanau 33.000 Arbeiter, Arbeiterinnen und Angestellte in den Ausstand; und in Nordwürttemberg/Nordbaden wurden am 16. Mai, zwei Tage nach Streikbeginn, 11.500 Arbeitnehmer bei Daimler-Benz in Sindelfingen in den Streik einbezogen. Die Arbeitgeber trugen mit dem Mittel der Aussperrung zur Ausweitung des Arbeitskampfes bei; und durch

---

36 Institut der Deutschen Wirtschaft in Zusammenarbeit mit der Bundesvereinigung der Deutschen Arbeitgeberverbände (Hrsg.), Auf dem Prüfstand: Die Verkürzung der Arbeitszeit, Köln 1983; Bundesvereinigung der Deutschen Arbeitgeberverbände (Hrsg.), Flexibilisierung der Arbeitszeit. Neue Tarifregelungen als Chance, Köln 1984; Bundesvereinigung der Deutschen Arbeitgeberverbände (Hrsg.), Mehr Beschäftigung durch flexible Teilzeitarbeit, Köln 1984.

„kalte" Aussperrungen wurden hunderttausende von Arbeitnehmern außerhalb der umkämpften Tarifgebiete betroffen. Die Bundesanstalt für Arbeit verweigerte am 18. Mai mit dem „Franke-Erlaß" den „kalt Ausgesperrten" jegliche finanzielle Unterstützung. Nachdem mehrere Sozialgerichte diese Entscheidung als unrechtmäßig verurteilt hatten, zahlte die Bundesanstalt „unter Vorbehalt" Kurzarbeitergeld. Am 28. Mai veranstaltete die IG Metall dann in Bonn eine Großkundgebung „Für Arbeit und Recht — gegen Aussperrung und Rechtsbruch". Unterdessen lief der Arbeitskampf weiter — parallel zu den Schlichtungsverhandlungen für die Metallindustrie Nordwürttemberg/Nordbaden, die am 20. Juni begannen. Erst als die Bundesregierung zur Mäßigung aufrief, erklärte sich Gesamtmetall bereit, den Schlichtungsspruch Georg Lebers zu akzeptieren, der eine Verkürzung der Wochenarbeitszeit um 1,5 Stunden vorsah. Ab 3. bzw. 5. und 6. Juli wurde die Arbeit in der Metallindustrie Nordwürttemberg/Nordbaden bzw. Hessen und in der Druckindustrie wieder aufgenommen. Noch unter dem Eindruck dieses Arbeitskampfes wurde auch für die Stahlindustrie ab Oktober 1984 die 38-Stunden-Woche eingeführt.

Die nächste Runde im Kampf um die 35-Stunden-Woche wurde 1987 ausgefochten: War auch das grundsätzliche „Nein" der Arbeitgeber seit dem Arbeitskampf 1984 vom Tisch, so sahen sich die Gewerkschaften, voran wieder die IG Metall, nun dem geänderten § 116 des Arbeitsförderungsgesetzes gegenüber, der das finanzielle Risiko eines Streiks für die Gewerkschaften insgesamt erhöhte. Und mit dem Skandal um die Neue Heimat hatten die Gewerkschaften einen deutlichen Verlust an Glaubwürdigkeit verursacht. Die IG Metall zielte darum von vornherein darauf, den Konflikt um die Arbeitszeitverkürzung in eine Massenbewegung gegen Massenarbeitslosigkeit, Sozialabbau und Einschränkung der Arbeitnehmerrechte einzubinden.

Nach ersten Warnstreiks in der Metallindustrie Anfang/Mitte März 1987 trafen sich die Vertreter von IG Metall und Gesamtmetall am 22./23. April 1987 in Bad Homburg zu einem Spitzengespräch; dessen wichtigste Ergebnisse waren: Erhöhung der Löhne und Gehälter ab 1. 4. 1987 um 4 %; Verkürzung der Arbeitszeit auf 37,5 Stunden und Erhöhung der Löhne und Gehälter um 2,0 % ab 1.4.1988; Verkürzung der Arbeitszeit auf 37 Stunden und Erhöhung der Löhne und Gehälter um 2,5 % ab 1. 4. 1989. Die Eckpunkte des Metallabschlusses wurden von der Druckindustrie in einem Schlichtungsverfahren am 6. Mai 1987 übernommen.

Einen weiteren Erfolg bei der Durchsetzung einer Verkürzung der Wochenarbeitszeit erzielte schließlich die Gewerkschaft ÖTV in der Tarifrunde 1988, die nicht nur von der Konfrontationsstrategie der öffentlichen Arbeitgeber, geführt von Bundesinnenminister Friedrich Zimmermann (CSU), sondern auch von den „Anregungen" des stellvertretenden SPD-Vorsitzenden und saarländischen Ministerpräsidenten Oskar Lafontaine zur Arbeitszeitverkürzung *ohne* vollen Lohnausgleich geprägt wurde. Gewerkschaft ÖTV und auch DGB-Bundesvorstand wiesen dies entschieden als Angriff auf die Tarifautonomie zurück. Gegen die Stimmung in weiten Kreisen der Öffentlichkeit gelang es der Gewerkschaft ÖTV mit einer Reihe von Warnstreiks im Februar/März 1988, die Arbeitgeber zur Annahme des Schlichtungsvorschlags Hermann Höcherls (CSU) zu drängen, der einen sehr behutsamen Einstieg in die 35-Stunden-Woche in zwei Stufen vorsah: Bis 1990 soll die 38,5-Stunden-Woche in zwei Stufen erreicht werden; festgelegt wurden zugleich die Steigerungsraten der Einkommen, die ab 1. März 1988 um 2,4 %, ab 1. Januar 1989 um 1,4 % und ab 1. Januar 1990 um 1,7 % angehoben werden. Damit war der Einstieg in die Arbeitszeitverkürzung in einer weiteren Branche erreicht.

Auf diesem Weg folgte im Juni 1988 die Gewerkschaft Textil-Bekleidung, die für die baden-württembergische Textilindustrie ab 1. Mai 1989 eine Verkürzung der Arbeitszeit um eine Stunde pro Woche, ab 1. Mai 1990 um eine weitere halbe Stunde durchsetzte. Und auch die IG Chemie schloß im Juli 1988 einen neuen Tarifvertrag ab, der ab Sommer 1989 eine Verkürzung der Wochenarbeitszeit um eine Stunde vorsieht; Arbeitnehmer über 58 Jahre brauchen dann nur noch 35 (statt bisher 36) Stunden pro Woche zu arbeiten; von 1990 an kommen auch die 57jährigen in den Genuß der 35-Stunden-Woche. Damit ist Mitte 1988 die Bauindustrie der einzige große Industriezweig, für den noch keine Wochenarbeitszeit unter 40 Stunden vereinbart worden ist.

*

Fassen wir zusammen: Seit Mitte der siebziger Jahre sahen sich die Gewerkschaften einer zunehmend härteren Arbeitgeberpolitik gegenüber. Indizien dieses Wandels waren die Klage beim Bundesverfassungsgericht gegen das von den Gewerkschaften ohnehin als unzureichend eingestufte Mitbestimmungsgesetz (1976), der 1978 verabschiedete „Tabu-Katalog" und vor allem die expansive Aussperrungspraxis, die die Lasten eines Arbeitskampfes für die Gewerkschaften unkalkulierbar erhöhte.

Die Gewerkschaften antworteten auf diese Verhärtung der Arbeitgeberpolitik mit einer in Zeiten von Wirtschaftskrise und Massenarbeitslosigkeit bisher ungekannten Konfliktbereitschaft, die sich vor allem auf die Durchsetzung der Forderung nach Arbeitszeitverkürzung konzentrierte. Insbesondere die Jahre 1978, 1981, 1984 und 1986 markierten Höhepunkte der gewerkschaftlichen Streikaktivitäten (Tabelle 2d), die durch eine „neue Beweglichkeit" gekennzeichnet waren: Wechselnde Schwerpunkte und kurze Dauer sollten die Reaktion der Arbeitgeber — etwa Maßnahmen der Produktionsverlagerung und der Aussperrung — erschweren. Vor allem die Aussperrungen 1978/79 und 1984 schlugen sich in der Arbeitskampfstatistik mit einer Erhöhung der Summe der ausgefallenen Arbeitstage nieder, die die Auswirkungen der jeweiligen Streiks 1978/79 fast und 1984 mehr als verdoppelte.[37]

Mit dieser offensiven Tarifpolitik haben die Gewerkschaften beachtliche Erfolge in der Stabilisierung der Lohnhöhe und vor allem bei der Verkürzung der Wochenarbeitszeit erreicht — ohne daß dadurch indessen ein deutlicher Abbau der Massenarbeitslosigkeit eingeleitet worden wäre. Die Erhaltung von Lebensstandard und Arbeitsplatz der im Arbeitsprozeß stehenden Menschen mag nicht das oberste Ziel der Gewerkschaften gewesen sein — in der tarifpolitischen Realität ist aber vor allem das geleistet worden. Daß sich Arbeitslose mit dieser Tarifpolitik nur schwer anfreunden konnten, ist also nicht erstaunlich.

## 4. In einer Phase der Neuorientierung: Problemfelder der gewerkschaftlichen Programmatik

Die Industriegesellschaft ist in eine Phase beschleunigten Wandels eingetreten: Neue Techniken, insbesondere die Mikroelektronik, verändern Arbeitswelt und Lebensverhältnisse insgesamt; die Zerstörung der natürlichen Umwelt hat ein Ausmaß erreicht, daß ein Umdenken und Umsteuern zwingend erforderlich macht. Gefragt sind also Konzeptionen zum sozialen und ökologischen Umbau der Industriegesellschaft — zur nachindustriellen Gesellschaft.

Dieser Herausforderung zu begegnen, ist unter den gegebenen Verhältnissen nicht leicht: Schwaches wirtschaftliches Wachstum verlieh dem Wunsch nach einer Stärkung der Auftriebskräfte einen hohen Rang, ließen sich doch bei zunehmendem Bruttosozialprodukt Umschichtungs- und Verteilungsprobleme leichter lösen; und auch die Massenarbeitslosigkeit behindert — getreu der schiefen Gegenüberstellung von Umweltschutz und Arbeitsplatzsicherheit — ein Umsteuern in der Industriepolitik.

Gefordert sind hier auch die Gewerkschaften, die sich seit den siebziger Jahren verstärkt mit den Problemen der Zukunft der Industriegesellschaft befaßt haben — nicht zuletzt wohl, weil es dabei auch um ihre eigene geht. Doch wie die Industriegesellschaft sind auch die Gewerkschaften in Jahren

---

37 Ingrid Kurz-Scher, Tarifpolitik und Arbeitskämpfe, in: Michael Kittner (Hrsg.), Gewerkschaftsjahrbuch 1987. Daten, Fakten, Analysen, Köln 1987, S. 69—120, hier S. 120.

der Krise nicht gerade gut gerüstet, um diese Herausforderung zu bestehen: Organisatorische Probleme und Einbußen an politischer Glaubwürdigkeit einerseits, Interessendifferenzen zwischen den und innerhalb der Gewerkschaften machen es ihnen schwer, die fällige Neuorientierung ihrer Politik zu formulieren.

Ein grundsätzliches Problem erwächst der gewerkschaftlichen Programmatik aus dem Verlust ihres früher geradezu unkritischen Fortschrittsglaubens, in dem technische und wirtschaftliche Weiterentwicklungen allzu optimistisch zugleich als Beitrag zum sozialen Aufwärtstrend verstanden wurden. Angesichts der allenthalben sichtbaren und spürbaren „Grenzen des Wachstums" und der negativen Begleiterscheinungen des technologischen Wandels machte sich seit Mitte der 1970er Jahre „Endzeitstimmung" breit. Und weil Gewerkschaften außerdem — wie Ernst Breit eingestand — in einer Krise „eher dazu neigen, die vorhandenen Arbeitsbedingungen zu verteidigen, erwecken [sie] heute bei oberflächlichen Betrachtern den Verdacht, sich zu einer konservativen Kraft entwickelt zu haben".[38] In der Tat haben sich die Gewerkschaften mit einer schlüssigen Stellungnahme zum Vordringen neuer Technologien — vom Computer über die Mikroelektronik bis zur Bio- und Gentechnik — schwer getan. Traditionell standen und stehen die Gewerkschaften dem technischen Fortschritt positiv gegenüber; aber in den letzten Jahren lenkten sie — anders als in früheren Zeiten beschleunigter Rationalisierung — ihr Augenmerk stärker auf die negativen Begleit- und Folgeerscheinungen: Gesteigerte Intensivierung der Arbeit, Zwang zur produktionsorientierten Flexibilisierung der Arbeitszeiten und vor allem der Verlust von Arbeitsplätzen — all das sind Faktoren, die die Gewerkschaften in die Diskussion einbezogen sehen wollen. Dadurch setzten sie sich leicht dem Vorwurf der Fortschrittsfeindlichkeit aus, der ihnen die Durchsetzung von Regelungen und Maßnahmen zur Abmilderung der sozialen Folgen der neuen Produktionstechniken erschwert und wohl auch erschweren soll.

Mit der Integration in die bestehende Gesellschaftsordnung scheinen sich die Gewerkschaften in den Augen gerade vieler jüngerer Menschen überdies von ihrer eigenen Geschichte verabschiedet zu haben. Diesen oftmals beklagten Mangel an Geschichtsbewußtsein auszugleichen und damit zugleich an die Tradition der Gewerkschafts- als Emanzipations- und Menschenrechtsbewegung anzuknüpfen, hat der DGB mit mehreren historischen Konferenzen versucht.[39]

---

38 Ernst Breit, Fortschritt — gegen, ohne oder durch die Gewerkschaften?, in: Gewerkschaftliche Monatshefte 1, 1985, S. 1—19.
39 Heinz Oskar Vetter (Hrsg.). Aus der Geschichte lernen — die Zukunft gestalten. Dreißig Jahre DGB. Protokoll der wissenschaftlichen Konferenz zur Geschichte

Und auch die Debatte um das Grundsatzprogramm 1981 zeigt das Bemühen, den Verlust an Geschichte und damit zugleich an realer Utopie aufzuarbeiten. Oder sollte in der Geschichte eine Selbstgewißheit gesucht werden, die die Zukunft nicht (mehr) bot? Auf jeden Fall schien eine Neubestimmung der eigenen Traditionsbindung erforderlich zu sein; denn zum einen mußte man versuchen, dem von christlich-sozialen Politikern 1979/80 betriebenen Angriff auf die „parteipolitische Einseitigkeit" der DGB-Gewerkschaften den Wind aus den Segeln zu nehmen; und zum anderen galt es (auch mit Blick auf die 1977 in erster Auflage erschienene „Geschichte der deutschen Gewerkschaftsbewegung"[40]) den Anteil der Kommunisten an der Entwicklung der Gewerkschaften zu bestimmen. Wurde das erste Problem durch Entgegenkommen gelöst, so das zweite durch Ausklammern entlang der von Heinz Oskar Vetter am Beginn der Programmdebatte ausgegebenen Leitlinie: Mitglieder der Deutschen Kommunistischen Partei werden als Gewerkschafter akzeptiert, jeder Versuch einer Kaderbildung oder -politik in den Gewerkschaften werde jedoch zurückgewiesen.[41] Vor diesem Hintergrund wird verständlich, daß das Bekenntnis vor allem zur freiheitlich-sozialistischen und zur christlich-sozialen Tradition der Gewerkschaften deutlicher als zuvor in der Präambel des Grundsatzprogramms angesprochen wurde. Mit der historischen Rückbesinnung und Standortklärung leistete das Grundsatzprogramm, das im März 1981 auf dem 4. Außerordentlichen Kongreß in Düsseldorf verabschiedet wurde, einen wichtigen Beitrag zur Neuorientierung der gewerkschaftlichen Politik unter den Bedingungen von Wirtschaftskrise und Massenarbeitslosigkeit, von Umweltkrise und Rüstungswettlauf. Das zeigt insbesondere die Präambel (Dokument 28). Zudem wurden Fragen der Vollbeschäftigungspolitik, der Stellung in und zum Sozialstaat des Grundgesetzes, des Einsatzes neuer Technologien und des Umweltschutzes erstmals konkret angesprochen; traditionelle Forderungen — wie das Recht auf Arbeit, Humanisierung der Arbeitswelt, gerechte Einkommens- und Vermögensverteilung, Kontrolle wirtschaftlicher Macht und Bildungspolitik — behielten nach wie vor ihren Rang als zentrale Themen der gewerkschaftlichen Grundsatzprogrammatik.

---

der Gewerkschaften vom 12. und 13. Oktober 1979 in München, Köln 1980; Ernst Breit (Hrsg.), Aufstieg des Nationalsozialismus. Untergang der Republik. Zerschlagung der Gewerkschaften. Dokumentation der historisch-politischen Konferenz des DGB im Mai 83 in Dortmund, Köln 1984.

40  Frank Deppe, Georg Fülberth u. Jürgen Harrer (Hrsg.), Geschichte der deutschen Gewerkschaftsbewegung, Köln 1977.

41  Heinz Oskar Vetter, Zum Beginn der Diskussion um ein neues Grundsatzprogramm, in: Gewerkschaftliche Monatshefte 1, 1980, S. 1—12.

Gerade wegen der oben geschilderten Versuche einer „Roll-back"-Politik der Unternehmer und der diesen nahestehenden politischen Kräfte bot das Grundsatzprogramm 1981 insgesamt den Versuch, das Sozialstaatspostulat des Grundgesetzes und die Funktion der Gewerkschaften im Sozialstaat auf privatkapitalistischer Grundlage genau und realitätsnah zu bestimmen: Gewerkschaften könnten und dürften sich danach nicht auf eine der Alternativen Ordnungsfaktor *oder* Gegenmacht reduzieren lassen; sie haben vielmehr — so hieß es in der Präambel — eine doppelte Stoßrichtung: sie haben eine Schutz und Gestaltungsfunktion.

Mit ihrem neuen Grundsatzprogramm haben sich die Gewerkschaften um eine Stellungnahme zu den drängenden Gegenwartsproblemen bemüht. Dieses Bemühen kennzeichnet auch das DGB-Aktionsprogramm, das Ernst Breit am 7. September 1988 der Presse vorstellte (Dokument 29). Bekämpfung der Arbeitslosigkeit mit einem auf fünf Jahre angelegten Investitionsprogramm von insgesamt 100 Milliarden DM einerseits, Aktivierung der Umweltpolitik andererseits — das sind die beiden zentralen Bereiche des Programms, das übrigens die wichtigsten Forderungen des Grundsatzprogramms in aktualisierter Form aufnimmt.

Weder mit dem Grundsatz- noch mit dem Aktionsprogramm ist die Programmdebatte der Gewerkschaften freilich beendet, zumal für eine Reihe der in den Programmen angesprochenen Fragen keineswegs eindeutige und für alle Einzelgewerkschaften akzeptable Antworten in Sicht sind. Das gilt insbesondere für den Bereich des Umweltschutzes, dessen Notwendigkeit die Gewerkschaften zwar frühzeitig betont haben, dessen praktische Realisierung ihnen indessen einige Schwierigkeiten bereitet. Als Organisationen, die die Interessen der Arbeitnehmer, auch die der Chemieindustrie und der Energiewirtschaft, vertreten, fiel es ihnen nicht leicht, die Umweltschutzgesichtspunkte mit den ökonomischen und sozialen Interessen der betroffenen Arbeitnehmer zu versöhnen. Das im März 1985 vom DGB-Bundesvorstand verabschiedete Konzept „Umweltschutz und qualitatives Wachstum" versuchte eine Verknüpfung von ökonomischen und ökologischen Zielsetzungen, deren Realitätsbezug in konkreten Konflikten noch unter Beweis zu stellen wäre. Gerade die Formulierungen des Umweltprogramms zeigen jedoch, wie schwerfällig die DGB-Politik in der Phase der Umorientierung war: Das Ziel des Umweltschutzes wurde eingebettet in durchaus traditionelle Vorstellungen — von der Mehrbeschäftigung durch (qualitatives) Wachstum bis zur paritätischen Mitbestimmung, die dazu beitragen soll, daß „falsche Konfrontationen zwischen Arbeitsmarkt- und Umweltproblemen gar nicht erst entstehen können".[42]

---

42 DGB-Bundesvorstand (Hrsg.), Umweltschutz und qualitatives Wachstum. Bekämpfung der Arbeitslosigkeit und Beschleunigung des qualitativen Wachstums durch mehr Umweltschutz, Düsseldorf, März 1985.

Ein Prüfstein für die Ernsthaftigkeit des Willens zur Neuorientierung ist mit Sicherheit die Stellung zur Weiternutzung der Kernenergie. Die Gewerkschaften laufen dabei Gefahr, durch das Ausweichen in Formelkompromisse in eine politische Selbstblockade zu geraten. Ob und inwieweit diese Gefahr mit den Beschlüssen des DGB-Kongresses 1986 in Hamburg und des DAG-Kongresses 1987 in Hannover zum Ausstieg aus der Kernenergie vermieden wurde, wird sich bald zeigen.

Kaum Lösungswege sind noch erkennbar, wenn es darum geht, zwischen möglicher Arbeitsplatzgefährdung und Abbau der Rüstungswirtschaft zu entscheiden. Konkret ist diese Frage zu beantworten, wenn es um Alternativen zu einer Politik des wirtschaftlichen Wachstums durch vermehrte Rüstungsausgaben und Waffenexporte geht.

Zentrale Bedeutung in der Gewerkschaftspolitik muß im übrigen nach wie vor die Frage der Menschenrechte behalten. Dabei ist nicht nur an Sicherung und Ausbau der demokratischen und sozialen Grundrechte in der Bundesrepublik Deutschland, speziell auch an das Eintreten für die Rechte von ausländischen Arbeitnehmern und Asylbewerbern sowie an die Abwehr von Ausländerfeindlichkeit zu denken; sondern hierher gehört auch das Engagement für die Verwirklichung der Grundprinzipien eines menschenwürdigen Lebens in anderen Ländern der Erde — von Chile bis Süd-Afrika.

Noch wenig ausgelotet sind wohl die Möglichkeiten der internationalen Gewerkschaftszusammenarbeit, um mit den weltweiten Wirtschafts- und Arbeitsmarktproblemen und der politischen Ausdünnung der nationalen Entscheidungsebene zugunsten überregionaler und internationaler Gremien fertigzuwerden, um aber auch dem Einfluß multinationaler Konzerne entgegentreten zu können. Mit dem Internationalen Bund Freier Gewerkschaften und mit dem 1973 gegründeten Europäischen Gewerkschaftsbund sind zwar internationale Zusammenschlüsse gebildet worden; deren politische Effektivität ist indessen sehr begrenzt. Gerade mit Blick auf die voranschreitende europäische Integration, d. h. die Bildung des Gemeinsamen Binnenmarktes bis 1992, steckt die europäische Gewerkschaftszusammenarbeit noch in den Kinderschuhen. Überdies gilt manch deutschem Gewerkschafter allein der Versuch, die europäischen Partnergewerkschaften „unter einen Hut zu bringen", als „Sisyphusarbeit".[43] Allerdings hat sich bei den deutschen Gewerkschaften seit den siebziger Jahren die Bereitschaft herausgebildet, die Frage der europäischen Einigung nicht mehr nur als ein Problem der internationalen Politik neben oder gar unter anderen, sondern als eine nahezu alle Bereiche gewerkschaftlichen Handelns betreffende Aufgabe zu erkennen.

---

43 Hermann Rappe, nach: General-Anzeiger (Bonn) vom 27./28. 8. 1988.

Über die Einbindung der gewerkschaftlichen Politik in den europäischen Aktionsrahmen und über die Konzentration auf den Kampf gegen Sozialabbau und Massenarbeitslosigkeit darf jedoch nicht die Verflechtung der Gewerkschaften in das Spannungsfeld von Ost und West, von Nord und Süd, dürfen nicht die internationalen Probleme wirtschaftlicher Macht, der Verletzung der Menschenrechte, der Friedensbedrohung und der weltweiten Umweltzerstörung ins Abseits der gewerkschaftlichen Politik geraten. Ob diese Fülle nationaler und internationaler Aufgaben die Gewerkschaften überfordert, kann nur die Zukunft zeigen. Aber der Blick in die eigene Geschichte mag den Gewerkschaften als Aufforderung dienen, sich selbstbewußt den gegenwärtigen Problemen zu stellen.

# Schlußbetrachtung:
# Bilanz und Perspektiven gewerkschaftlicher Politik

Zum Abschluß kann hier keine Kurzfassung der Gewerkschaftsgeschichte mit all ihren Fortschritten und Rückschlägen, mit ihren Krisen, vernichtenden Niederlagen und auch dauerhaften Erfolgen geboten werden. Vielmehr soll — orientiert an den eingangs aufgeworfenen Fragen — versucht werden, eine Bilanz von weit über 100 Jahren gewerkschaftlicher Politik in Deutschland zu ziehen, um damit zugleich auf die Frage nach dem in letzter Zeit oftmals prophezeiten „Ende der Gewerkschaften", dem „Ende der Arbeiterbewegung", zu antworten.

*

Gewerkschaften sind kein Selbstzweck. Deswegen können und sollen im Mittelpunkt der folgenden bilanzierenden Überlegungen nicht die organisatorischen und programmatischen Leistungen der Gewerkschaften stehen. Es geht vielmehr um die Frage, ob sie einen Beitrag zur wirtschaftlichen und sozialen Besserstellung und politischen Gleichberechtigung der Arbeitnehmerschaft geleistet haben.

Eine Bilanz der gewerkschaftlichen Politik ist freilich zugleich eine Bilanz der Sozialgeschichte spätestens seit der Hochindustrialisierung. Ohne Zweifel waren die Gewerkschaften ein wesentlicher Motor des Kampfes der Arbeitnehmer gegen Ausbeutung und politische Unterdrückung, doch sie standen nicht allein. Läßt sich also vor allem im Hinblick auf die Arbeiterbewegung insgesamt und auch auf bürgerliche Sozialreformer der auf die Gewerkschaften entfallende Anteil an der sozialen Entwicklung der letzten 100 bis 120 Jahre kaum exakt ermitteln, so wird man doch sagen können, daß die deutsche Sozialgeschichte *ohne* die Gewerkschaften über weite Strecken jedenfalls weniger positiv verlaufen wäre.

Schauen wir zunächst auf die Bereiche, die den Kern gewerkschaftlicher Politik ausmachten und -machen: Die Einkommen der Arbeitnehmer haben sich — mal langsamer, mal schneller — seit dem Ende des 19. Jahrhunderts vervielfacht, und das nicht nur nominell, sondern real (Tabelle 3d). Zu den vor allem gewerkschaftlichem Drängen zuzuschreibenden Erfolgen gehört die Verkürzung der Arbeitszeit: Seit der Mitte des 19. Jahrhunderts ist die wöchentliche Arbeitszeit in der Industrie nahezu halbiert worden (Tabelle 4a und b). Dies hat — zusammen mit dem Jahresurlaub und den verbesserten Einkommensbedingungen — zu einer unübersehbaren Steigerung des Lebensstandards breitester Bevölkerungskreise beigetragen.

Die „Lebensqualität" der Arbeitnehmerschaft beruht zudem auf der stetig ausgebauten finanziellen Absicherung gegen die sozialen Folgen all der Lebensrisiken, die früher — bis Ende des 19. Jahrhunderts und auch in der Weltwirtschaftskrise der 1930er Jahre — zu Not und Elend geführt haben. Kranken- und Invalidenversicherung gehören inzwischen ebenso zur selbstverständlichen sozialpolitischen Grundausstattung wie Arbeitslosen- und Rentenversicherung.

Zu den heute vielfach als selbstverständlich vorausgesetzten Lebensbedingungen der Arbeitnehmerschaft zählen auch die von den Gewerkschaften erst mühsam (mit)erkämpften gesellschaftlichen Rechte, die · nur stichwortartig genannt seien: Vereinigungsfreiheit, Streikrecht, Tarifvertrag, Arbeitsschutz und Arbeitsrecht, Wahlrecht, Mitsprache- und Mitbestimmungsrechte auf betrieblicher und Unternehmens-Ebene sowie Vertretung in öffentlich-rechtlichen Gremien von der Sozialversicherung bis zum Rundfunk.

Die Gewerkschaften haben sich — schaut man allein auf ihre Mitgliederzahlen — außerdem als die größte organisierte Kraft nicht nur zur Sozialreform, sondern auch zur Durchsetzung der Demokratie erwiesen: Zusammen mit anderen Verbänden und Parteien haben sie gegen zum Teil massive Widerstände für die sozialstaatliche Zähmung der privatkapitalistischen Ordnung, für die Verankerung und Verwirklichung der liberalen Grundrechte und für den Auf- und Ausbau der parlamentarischen Demokratie gestritten — und gelitten. Die Gewerkschaften waren (und sind) mit ihrem Ideal einer Berufs-, Standes- und Landesgrenzen übergreifenden Solidarität, mit ihren Strukturen der innerorganisatorischen Meinungs- und Willensbildung und mit der Idee der kollektiven Interessenvertretung im Rahmen einer pluralistischen Gesellschaft „Schulen" und zugleich Garanten der Demokratie. So neigten die Gewerkschaften keineswegs zu einer Verabsolutierung ihres Machtanspruchs: Ein „Gewerkschaftsstaat" war — anders als ihnen immer wieder vorgeworfen — zu keiner Zeit ihr Ziel.

Die Gewerkschaften haben sich — und das gilt auch für die Mehrheit der Christlichen Gewerkschaften der Weimarer Zeit — als Vorkämpfer und Anhänger des freiheitlich-demokratischen Rechts- und Sozialstaates erwiesen, dessen Fundamente sie 1918/19 und dann in der Bundesrepublik Deutschland zu legen halfen, dessen Ausbau sie tatkräftig unterstützten und — wie der Konflikt um die Notstandsgesetze zeigte — kritisch überwachten. Dabei haben sich die Gewerkschaften als immun gegen totalitäre Versuchungen erwiesen, deren Verfechter denn auch keine unabhängige Gewerkschaftsbewegung zu dulden bereit waren und sind.

Über die Erfolge seien jedoch auch die Schattenseiten der gewerkschaftspolitischen Bilanz nicht vergessen. Beginnen wir wieder mit der Lohnpolitik. Die Differenz zwischen Männer- und Frauenlöhnen (Tabelle 3e), die unausgewogene Entwicklung der Einkommen von Selbständigen und Arbeitnehmern und die höchst ungleiche Verteilung des Produktivvermögens markieren die Grenzen der gewerkschaftlichen Zielvorstellungen ebenso wie die ihrer Durchsetzungsmöglichkeiten. Und auch die Arbeitszeitverkürzung hat ihre problematischen Begleiterscheinungen: Ermöglicht durch Produktivitätsfortschritte, ging sie Hand in Hand einerseits mit einer Verdichtung der Arbeit, andererseits mit der Zunahme von Schicht- und Nachtarbeit.

Auch die eindrucksvollen Regelungen der Sozialpolitik haben ihre Schwachstellen: Noch immer sinken zahlreiche Kranke, Dauerarbeitslose und Alte, insbesondere Frauen, unter die Armutsgrenze. Die „Zwei-Drittel-Gesellschaft" ist bittere Realität. Und die immer neuen Konflikte um die Kosten der Sozialversicherung, die — gerade in Krisenzeiten — zu Leistungskürzungen oder -eingrenzungen führen, zeigen überdeutlich, daß die bisherigen Erfolge der Sozialpolitik durchaus nicht gegen Angriffe und Rückschläge gefeit sind. Das gilt im übrigen auch, wie die Debatten der jüngsten Zeit einmal mehr beweisen, für den Stand des arbeitsrechtlichen Schutzes sowie die Mitsprache- und Mitbestimmungsregelungen der Arbeitnehmer. Wohl alle rechtlichen Bestimmungen — von der Mitbestimmung am Arbeitsplatz bis zum Einfluß auf Investition und Produktion des Unternehmens — haben ihre Lücken und Schwachstellen, die überdies Einfallstore für die Bemühungen um den Abbau bereits erreichter Positionen bieten. Auch die Auseinandersetzungen um das Streikrecht und um das von den Gewerkschaften geforderte Verbot der Aussperrung bestätigen den Eindruck, daß keineswegs alle Probleme der Rechtsstellung der Arbeitnehmer und ihrer Gewerkschaften (dauerhaft) gelöst sind. Sozialpolitik und Arbeitsrecht haben sich bisher nicht aus ihrer Abhängigkeit von der wirtschaftlichen Entwicklung sowie von wirtschafts- und finanzpolitischen Entscheidungen lösen können, auf die die Gewerkschaften — wie das Schicksal ihrer Konzepte zur Erreichung und Sicherung der Vollbeschäftigung zeigt — nur bedingt, wenig oder keinen Einfluß haben.

Schließlich kann der Versuch einer Bilanz der gewerkschaftlichen Politik nicht daran vorbeigehen, daß es den Gewerkschaften nicht gelungen ist, die Katastrophen der deutschen Geschichte zu verhindern: Die Massenstreikdebatte sowie die „Politik des August 1914" und der hilflose Kurs zwischen Anpassung und Protest im Frühjahr 1933 zeigen die fatale Neigung der Gewerkschaften, Entschlossenheit und Radikalität ihrer Gegner und der Feinde einer sozialen und demokratischen Gesellschaft zu unterschätzen.

Gerade diese Niederlagen verweisen in deutlicher Zuspitzung auf die schmerzliche Erfahrung der Gewerkschaften: Tarif- und (sozial)politische Fortschritte sind revidierbar. So versuchen weite Kreise der Unternehmerschaft regelmäßig in wirtschaftlichen Krisenzeiten mit einer „Roll-back"-Strategie, die angeblich zu kostspieligen „Wohltaten" des Sozialstaates wieder einzusammeln — so als hätten diese nicht ohnehin die Arbeitnehmer selbst durch Einkommensverzicht, Beiträge und Steuern bezahlt.

*

In Krisenzeiten zeigt sich die strukturelle Schwäche der Arbeitnehmer und ihrer Gewerkschaften: Arbeitslosigkeit und drohender Arbeitsplatzverlust sowie Einkommensrückgang einerseits, Mitgliedereinbußen und „herrschende Meinung" andererseits schwächen die Kampf- und Durchhaltekraft der Arbeitnehmer und ihrer Gewerkschaften. Umgekehrt verweist dies aber auch auf die Bedingungen, unter denen die gewerkschaftliche Politik Erfolge zu verzeichnen hatte. Aus dem Bündel von Erfolgsvoraussetzungen ragen einige heraus: gute wirtschaftliche Entwicklung, die Verteilungsspielräume und Arbeitskampfmöglichkeiten bietet; klare Ziele, die an den Bedürfnissen der Arbeitnehmer anknüpfen und zugleich über den engen Forderungsrahmen hinausgehen und strukturelle Veränderungen anvisieren; organisatorische Stärke der Gewerkschaften und Mobilisierbarkeit der Arbeitnehmerschaft im umstrittenen Tarifbereich, die das Arbeitskampf- und Drohpotential der Gewerkschaften glaubwürdig machen; Rückenwind durch parteipolitische Unterstützung und durch breite Zustimmung z. B. der veröffentlichten Meinung.

Mögen diese „Erfolgsbedingungen" auch sozusagen einen Idealzustand beschreiben, so zeigt dieser Katalog doch, welche Ausgangsposition für Gewerkschaften im Konfliktfall anzustreben ist. Da die wirtschaftliche Entwicklung kaum oder nur mittelbar gewerkschaftlicher Einflußnahme unterliegt, da auch der Einfluß auf Politik und öffentliche Meinung gerade in Krisenzeiten eher gering ist, fällt den beiden anderen Elementen erfolgversprechender gewerkschaftlicher Politik eine um so größere Bedeutung zu. Vor allem hier setzen denn auch die innergewerkschaftlichen Überlegungen an, Glaubwürdigkeit, Effektivität und programmatischpolitische Kompetenz der Gewerkschaften wieder zu stärken, die in der Krise der siebziger und achtziger Jahre deutlich gelitten haben.

Die Verwirklichung einer Reihe organisationspolitischer Forderungen — vom Ausbau der Gewerkschaftspresse über die Stärkung der innerorganisatorischen Demokratie bis zur Belebung der Kulturarbeit — könnte Zusammenhalt und Attraktivität der Gewerkschaften verbessern; doch erstens diktiert die Finanzklemme — zu denken ist an die Einstellung der

„Welt der Arbeit" und an die Pläne zur Reform der DGB-Struktur — offenbar geradezu entgegengesetzte Beschlüsse; und zweitens reichten solche Maßnahmen als Antwort auf den derzeitigen Umbruch wohl nicht aus.

*

So eindrucksvoll sich die Bilanz der gewerkschaftlichen Politik im Rückblick auf über 100 Jahre deutscher Sozialgeschichte trotz aller Schwachpunkte und Schattenseiten auch ausnehmen mag, die gegenwärtige Situation ist alles andere als rosig. Mit dem Vormarsch neuer Produktions-, Büro- und Kommunikationssysteme gehen Veränderungen von Arbeitswelt und Arbeitnehmerbewußtsein einher, deren Tragweite für Artikulation und Vertretung von Arbeitnehmerinteressen kaum zu erahnen ist. An der Individualisierung der Arbeitnehmer in Arbeitswelt und Freizeit prallen traditionelle kollektive Interpretationsmuster der Konfliktlagen ab. Die Gewerkschaften werden von einer Entwicklung eingeholt, die sie selbst mitgestaltet haben: Daß die Bedürfnisse nach individueller Lebensgestaltung heute so vehement vorgetragen werden, ist auch und gerade dem hohen Niveau an allgemeiner Lebensqualität und sozialer Sicherheit zu verdanken, das die Gewerkschaften mitgeschaffen haben.

Gerade der Blick in die Geschichte lehrt aber, daß nicht die gegenwärtige Arbeitsmarktkrise, nicht die antigewerkschaftlichen Krisenkonzepte und auch nicht der Einflußverlust der Gewerkschaften „neu" sind. „Neu" ist vielmehr, daß das blinde wirtschaftliche Wachstum vor allem der Industrie, auf dem die gewerkschaftlichen Erfolge der Vergangenheit weitestgehend aufbauten, angesichts der rasant voranschreitenden Umweltzerstörung nicht mehr wünschbar sein kann und sein darf. Und „neu" ist, daß mit der Herausbildung der nachindustriellen Gesellschaft die soziale Basis der Gewerkschaften, das heißt die männliche industrielle (Fach)Arbeiterschaft, schrumpft: 1987 war erstmals die Zahl der Angestellten größer als die der Arbeiter (Tabelle 6b). Die Gewerkschaften sind in wichtigen Bereichen — Kohle, Stahl, Werften — in die Rolle der Verteidiger auf Dauer kaum überlebensfähiger Strukturen geraten, während die Arbeitnehmer der aufstrebenden Industrien und Dienstleistungsbereiche ihnen fremd bis ablehnend gegenüberstehen. Das Wort vom „Ende der Gewerkschaften" geht um.

Dennoch haben die Gewerkschaften allen Anlaß, sich diesem Problem selbstbewußt zu stellen, und zwar unter dreifachem Aspekt:

Erstens haben sie in der Vergangenheit bewiesen, daß sie durchaus in der Lage waren, heterogene Arbeitnehmerschichten zusammenzubinden; das gilt am eindrucksvollsten für die Überwindung der Facharbeiterbeschränkung, allerdings nurmehr bedingt für das Werben um weibliche Arbeitnehmer und um Angestellte und auch für die Integration ausländischer Arbeitnehmer seit den 1960er Jahren. Zwar taten sich die Gewerkschaften mit der sozialen Heterogenität der Arbeitnehmerschaft immer dann besonders schwer, wenn es um die Bildung eines über die industrielle Arbeiterschaft hinausgehenden Zusammenschlusses ging; doch bei aller durch diese Erfahrung begründeten Skepsis verbietet es der zunehmende Angestellten- und Frauenanteil in der Mitgliedschaft, jede Chance zur Organisierung einer übergreifenden Arbeitnehmersolidarität schlankweg zu leugnen. Übrigens: Solidarität ist nie, also auch nicht in Zeiten relativ intakter Arbeitermilieus, sozusagen naturwüchsig entstanden; Solidarität mußte immer gewollt und gegen Widerstände durchgesetzt und bewahrt werden.

Und zweitens haben sich die Gewerkschaften in der Geschichte als überaus wandlungsfähig erwiesen; sie haben sich an veränderte Rahmen- und Kampfbedingungen angepaßt, ohne den Kern ihrer Zielvorstellungen aufzugeben. Das gilt für ihre Organisationsform: Aus lokalen Berufsverbänden sind nationale Zentralorganisationen, aus diesen Industriegewerkschaften geworden. Daß dabei die persönliche Nähe von örtlicher Gewerkschaftsführung und Mitgliedern längst einer durch Delegationsprinzipien ritualisierten Ferne von „Apparat" und „Basis" gewichen ist, mag eine Folge des Weges zur Großorganisation sein, muß aber dessenungeachtet Anlaß zur Korrektur sein. Der Wandlungsprozeß hat aber auch und vor allem die Stellung und Funktion der Gewerkschaften erfaßt: Die Gewerkschaften sind heute weitgehend durch Gesetzgebung, Arbeitgeber und öffentliche Meinung anerkannt; diese Anerkennung bezieht sich allerdings vornehmlich auf die von den Gewerkschaften nach und nach immer stärker übernommene Funktion als Ordnungsfaktor im Rahmen der bestehenden Wirtschafts- und Sozialordnung. In dem Maße, in dem sich die kapitalistische Wirtschafts- und Gesellschaftsordnung trotz aller Krisen als lebenskräftig und sozialstaatlich überformbar erwies, in dem Maße haben die Gewerkschaften eine Fülle von Aufgaben hinzugewonnen, haben sich die Gewerkschaften zugleich in diese Ordnung eingefügt.

Und dennoch hat die Bedeutung der gewerkschaftlichen Doppelaufgabe von Ordnungsfaktor und Gegenmacht, von Schutz- und Gestaltungsauftrag, die das Grundsatzprogramm (1981) prägt, mehr als nur deklamatorischen Charakter. Zwar verstehen sich die Gewerkschaften als „Service"-Organisationen im Rahmen der bestehenden Verhältnisse, doch sie drängen nach wie vor auf strukturelle Veränderungen, die am Sozialstaatsgebot des Grundgesetzes orientiert sind. Daß es schon darum mannigfache Konflikte gab und gibt, deutet auf die mal mehr, mal weniger kämpferisch vertretene Gegenmachtposition der Gewerkschaften hin. Trotz Aufgaben-

und Funktionswandel der Gewerkschaften hin zu „öffentlich-rechtlichen" Institutionen lebt in autonomen Handlungsansätzen ihre Tradition als Kampforganisation fort. An diesem kämpferischen Reformismus gilt es festzuhalten.

Drittens dauern schließlich eben jene Konflikte fort, die zur Gründung der Gewerkschaften geführt haben. Denn das Ende, besser: der relative Bedeutungsschwund der Industriearbeit wird nicht das Ende der Erwerbsarbeit bedeuten. So wichtig und richtig es ist, Begriff und Stellenwert der Arbeit in der heutigen Gesellschaft zu bestimmen, so unrealistisch dürfte es sein, für eine überschaubare Zukunft eine Gesellschaftsordnung auszumalen, die ohne Erwerbsarbeit auskommen könnte. Wenn aber die Erwerbsarbeit fortdauert, dann bleiben auch zentrale Problemfelder erhalten, die zum „traditionellen" Aufgabengebiet der Gewerkschaften gehören.

Es wäre unzureichend, wenn die Gewerkschaften auf die Entwicklung zur nachindustriellen Gesellschaft und auf den damit verbundenen Wertewandel nur mit einer „verbesserten" Aufklärung antworten wollten, die die Individualisierungswünsche z. B. von Frauen, Jugendlichen, Angestellten und technischer Intelligenz — wie früher in der Angestelltenagitation — als „falsches Bewußtsein" entlarven würde. Die Gewerkschaften werden stärker als bisher gerade die Entwicklung neuer individueller Freiheitsbedürfnisse und -möglichkeiten zu bejahen haben, was ihnen um so leichter fallen sollte, da sie deren soziale Voraussetzungen selbst mitgeschaffen haben.

Die Gewerkschaften brauchen also neue Orientierungsmuster: Für die Industriegesellschaft im Übergang reicht der historische Rückgriff auf die „düstere Vergangenheit" nicht aus, die heute zur Politikfähigkeit erforderliche Integration breiter Arbeitnehmerschichten zu erreichen. Angestellte haben heute weniger denn je Anlaß, sich mit dem Schicksal der ausgebeuteten Arbeiter und Arbeiterinnen des 19. Jahrhunderts zu identifizieren. Wohl aber können auch sie aus der Frühzeit des industriellen Kapitalismus lernen, was es für die Arbeitnehmer heißt, ohne gewerkschaftliche Organisation den „Deregulierungs"- und „Flexibilisierungs"-Strategien der Arbeitgeber ausgeliefert zu sein. Das kann jedoch die eigene Erfahrung von Konflikt, individueller Hilflosigkeit und gewerkschaftlicher Solidarität nicht ersetzen. Die Gewerkschaften brauchen also ein Arbeitnehmerbild, in dem — anders als in der Vergangenheit — nicht nur das individuelle Selbstwertgefühl des Facharbeiters, sondern das aller Arbeitnehmer, eben auch der Angestellten akzeptiert wird. Erst auf dieser Basis werden sich die Gewerkschaften als Ansprechpartner für die Lösung von Konflikten am Arbeitsplatz und für die Probleme der sozialen Daseinsvorsorge empfehlen. Grundlage ihrer Politik muß die Erkenntnis sein, daß es weder *die* Arbeiter — noch *die* Arbeitnehmer gab und gibt.

Die Anerkennung der höchst unterschiedlichen Lebensmuster und Interessen innerhalb der Arbeitnehmerschaft bedeutet nicht, daß die Gewerkschaften eine umfassende Gesellschaftsordnungsvorstellung aufgeben müßten. Wohl aber müssen sie das Ziel einer solidarischen Gesellschaft, in deren Mittelpunkt nicht Technik oder Wirtschaft, sondern der Mensch steht, stärker als bisher konkretisieren und an den vielfältigen Bedürfnissen und Wünschen der Arbeitnehmer ausrichten. Ansätze dazu sind in Sicht: Wenn etwa die IG Metall die Vereinbarung von Arbeitszeit-Tarifverträgen mit mehreren Alternativen vorschlägt, aus der Betriebsrat und Arbeitgeber einvernehmlich die für den jeweiligen Betrieb und die Belegschaft beste Regelung aussuchen können. Wenn etwa über gewerkschaftliche Konzeptionen zur Gestaltung der Arbeit nachgedacht wird, die den Zusammenhang von Arbeit und Nichtarbeit und damit die Chancen zur Entfaltung der Persönlichkeit in Arbeit und Freizeit betreffen. Wenn etwa die in der deutschen Gewerkschaftstradition angelegte Betriebs- und Arbeitsplatzferne der Gewerkschaften durch neue Organisationsformen abgebaut werden soll.

Die Gewerkschaften müssen sich, ihre Programmatik und ihre Praxis — wie so häufig in ihrer langen Geschichte — zusammen mit der durch ihre eigene Politik veränderten Welt wandeln. Orientierungspunkte für diesen Wandlungsprozeß bieten die bei der Schilderung der aktuellen gewerkschaftlichen Programmdebatte näher beleuchteten Problemfelder der Gewerkschaftspolitik, deren Berücksichtigung zugleich Möglichkeiten einer Zusammenarbeit mit den neuen sozialen Bewegungen eröffnet. Dabei haben die Gewerkschaften wahrlich keinen Anlaß, ihre Grundprinzipien aufzugeben: Soziale Gerechtigkeit, menschliche Solidarität, freiheitliche Demokratie und internationale Zusammenarbeit sind Eckpunkte der Gewerkschaftspolitik, die angesichts weltweiter Not, Ausbeutung, politischer Manipulation und Unterdrückung, angesichts von Umweltzerstörung und Kriegsgefahren nichts an Aktualität eingebüßt haben. Die Gewerkschaften sind im Umbruch — vermutlich tiefergreifend als je zuvor in ihrer Geschichte. Aber am Ende sind sie nicht.

# Anhang

# I. Dokumente

## Dokument 1
## Statut des Gutenberg-Bundes vom Oktober 1849 (Auszug)

§ 1 Der Zweck des Gutenberg-Bundes ist die Begründung, Hebung und Sicherstellung des materiellen und geistigen Wohles der Buchdrucker und Schriftgießer, ebensowohl der Prinzipale wie der Gehülfen. Er enthält sich jeder Einmischung in öffentliche Angelegenheiten und politische Bestrebungen.

§ 2 Als Hauptmittel zur Erreichung dieses Zweckes erkennt der Bund:
1. Die Begründung und Organisation einer innigen Verbrüderung der Buchdrucker und Schriftgießer;
2. Die Begründung von allgemeinen Bundeskassen zu gegenseitiger Unterstützung und Erweiterung der bestehenden Kassen durch Einführung der Freizügigkeit und Gegenseitigkeit;
3. die Beseitigung der Übelstände, welche dem Emporblühen der Kunst hinderlich sind, als der unbeschränkten Konkurrenz, der Unordnung der Arbeits- und Lehrlingsverhältnisse u.s.w.;
4. die Erweckung und Förderung der wahren Kollegialität wie der künstlerischen und geistigen Ausbildung seiner Mitglieder, insbesondere der Lehrlinge.

*Quelle: Gutenberg Nr. 51 vom 22. 12. 1849, S. 202 f.*

# Dokument 2
## Statut der Assoziation der Zigarren-Arbeiter Deutschlands vom 13. September 1849 (Auszug)

*Artikel 1.* Zweck der Assoziation.
Der Zweck der Assoziation ist, das moralische und materielle Wohl der vereinigten Arbeiter auf dem geeigneten Wege durch gegenseitige Unterstützung oder vielmehr mit vereinter Kraft zu erzielen und zu befördern, da nur auf diesem Wege die Übelstände, welche sich in unser Geschäft eingeschlichen haben, zu beseitigen sind.

*Artikel 2.* Mittel zur Erreichung dieser Zwecke.
Die vereinigten Arbeiter streben dahin,
a) daß die mangelhafte Bildung ihrer Mitglieder durch Lehre und Unterricht möglichst gehoben werde,
b) daß bei unverschuldetem Unglück, Krankheit u.s.w. die Mitglieder unterstützt und wo möglich ihrer früheren oder aber einer ähnlichen Arbeit teilhaftig werden,
c) daß die Rechte der Arbeiter den Rechten der Arbeitgeber gegenüber gegenseitig geordnet werden,
d) alle Zigarren-Arbeiter Deutschlands sind verpflichtet, der Assoziation beizutreten.

> *Quelle: Gedr. Exemplar in: Hauptstaatsarchiv Düsseldorf, Reg. Düsseldorf Präs. 861.*

# Dokument 3
## Ferdinand Lassalle, Offnes Antwortschreiben an das Zentralkomitee zur Berufung eines allgemeinen deutschen Arbeiterkongresses zu Leipzig vom 1. März 1863 (Auszug)

[...]

Der Arbeiterstand muß sich als selbständige politische Partei konstituieren und das allgemeine gleiche und direkte Wahlrecht zu dem prinzipiellen Losungswort und Banner dieser Partei machen. Die Vertretung des Arbeiterstandes in den gesetzgebenden Körpern Deutschlands — dies ist es allein, was in politischer Hinsicht seine legitimen Interessen befriedigen kann. Eine friedliche und gesetzliche Agitation hierfür mit allen gesetzlichen Mitteln zu eröffnen, das ist und muß in politischer Hinsicht das Programm der Arbeiterpartei sein.

[...]

Das eherne ökonomische Gesetz, welches unter den heutigen Verhältnissen, unter der Herrschaft von Angebot und Nachfrage nach Arbeit, den Arbeitslohn bestimmt, ist dieses: daß der durchschnittliche Arbeitslohn immer auf den notwendigen Lebensunterhalt reduziert bleibt, der in einem Volke gewohnheitsmäßig zur Fristung der Existenz und zur Fortpflanzung erforderlich ist. Dies ist der Punkt, um welchen der wirkliche Tageslohn in Pendelschwingungen jederzeit herum gravitiert, ohne sich jemals lange weder über denselben erheben noch unter denselben hinunterfallen zu können. Er kann sich nicht dauernd über diesen Durchschnitt erheben — denn sonst entstünde durch die leichte, bessere Lage der Arbeiter eine Vermehrung der Arbeiterbevölkerung und somit des Angebots von Händen, welche den Arbeitslohn wieder auf und unter seinen früheren Stand herabdrücken würde.

Der Arbeitslohn kann auch nicht dauernd tief unter diesen notwendigen Lebensunterhalt fallen, denn dann entstehen — Auswanderungen, Ehelosigkeit, Enthaltung von der Kinderzeugung und endlich eine durch Elend erzeugte Verminderung der Arbeiterzahl, welche somit das Angebot von Arbeiterhänden noch verringert und den Arbeitslohn daher wieder auf den früheren Stand zurückbringt.

Der wirkliche durchschnittliche Arbeitslohn besteht somit in der Bewegung, beständig um jenen seinen Schwerpunkt, in den er fortdauernd zurücksinken muß, herumzukreisen, bald etwas über demselben (Periode der Prosperität in allen oder einzelnen Arbeitszweigen), bald etwas unter ihm zu stehen (Periode des mehr oder weniger allgemeinen Notstandes und der Krisen).

Die Beschränkung des durchschnittlichen Arbeitslohnes auf der in einem Volke gewohnheitsmäßig zur Fristung der Existenz und zur Fortpflanzung erforderlichen Lebensnotdurft — das ist also, ich wiederhole es Ihnen, das eherne und grausame Gesetz, welches den Arbeitslohn unter den heutigen Verhältnissen beherrscht.

[...]

Wie also? Sollte das Prinzip der freien individuellen Assoziation der Arbeiter nicht vermögen, die Verbesserung der Lage des Arbeiterstandes zu bewirken?

Allerdings vermag es das — aber nur durch seine Anwendung und Ausdehnung auf die fabrikmäßige Großproduktion.

Den Arbeiterstand zu seinem eigenen Unternehmer zu machen — das ist das Mittel, durch welches — und durch welches allein —, wie Sie jetzt sofort selbst sehen, jenes eherne und grausame Gesetz beseitigt sein würde, das den Arbeitslohn bestimmt!

Wenn der Arbeiterstand sein eigener Unternehmer ist, so fällt jene Scheidung zwischen Arbeitslohn und Unternehmergewinn und mit ihr der bloße Arbeitslohn überhaupt fort, und an seine Stelle tritt als Vergeltung der Arbeit: der Arbeitsertrag!

Die Aufhebung des Unternehmergewinns in der friedlichsten, legalsten und einfachsten Weise, indem sich der Arbeiterstand durch freiwillige Assoziationen als sein eigener Unternehmer organisiert, die hiermit und hiermit allein gegebene Aufhebung jenes Gesetzes, welches unter der heutigen Produktion von dem Produktionsertrag das eben zur Lebensfristung Erforderliche auf die Arbeiter als Lohn und den gesamten Überschuß auf den Unternehmer verteilt, das ist die einzige wahrhafte, die einzige seinen gerechten Ansprüchen entsprechende, die einzige nichtillusionäre Verbesserung der Lage des Arbeiterstandes.

Aber wie? Werfen Sie einen Blick auf die Eisenbahnen, die Maschinenfabriken, die Schiffsbauwerkstätten, die Baumwollspinnereien, die Kattunfabriken usw. usw., auf die zu diesen Anlagen erforderlichen Millionen, werfen Sie dann einen Blick in die Leere Ihrer Taschen und fragen Sie sich, wo Sie jemals die zu diesen Anlagen erforderlichen Riesenkapitalien hernehmen und wie Sie somit jemals den Betrieb der Großindustrie auf eigene Rechnung ermöglichen sollen!

Und gewiß ist nichts sicherer, nichts feststehender, als daß Sie dies niemals ermöglichen würden, wenn sie ausschließlich und lediglich und allein auf Ihre isolierten Anstrengungen als Individuen reduziert bleiben.

Eben deshalb ist es Sache und Aufgabe des Staates, Ihnen dies zu ermöglichen, die große Sache der freien individuellen Assoziation des Arbeiterstandes fördernd und entwickelnd in seine Hand zu nehmen und es zu seiner heiligsten Pflicht zu machen, Ihnen die Mittel und Möglichkeit zu dieser Selbstorganisation und Selbstassoziation zu bieten.

[. . .]

Wie aber den Staat zu dieser Intervention vermögen?

Und hier wird nun sofort sonnenhell die Antwort vor Ihrer aller Augen stehen: Dies wird nur durch das allgemeine und direkte Wahlrecht möglich sein. Wenn die gesetzgebenden Körper Deutschlands aus dem allgemeinen und direkten Wahlrecht hervorgehen — dann und nur dann werden Sie den Staat bestimmen können, sich dieser seiner Pflicht zu unterziehen.

[. . .]

Wie nun aber die Einführung des allgemeinen und direkten Wahlrechts bewirken?

[. . .]

Organisieren Sie sich als ein Allgemeiner deutscher Arbeiterverein zu dem Zweck einer gesetzlichen und friedlichen, aber unermüdlichen, unablässigen Agitation für die Einführung des allgemeinen und direkten Wahlrechts in allen deutschen Ländern. Von dem Augenblicke an, wo dieser Verein auch nur 100.000 deutsche Arbeiter umfaßt, wird er bereits eine Macht sein, mit welcher jeder rechnen muß. Pflanzen Sie diesen Ruf fort in jede Werkstatt, in jedes Dorf, in jede Hütte. Mögen die städtischen Arbeiter ihre höhere Einsicht und Bildung auf die ländlichen Arbeiter überströmen lassen. Debattieren Sie, diskutieren Sie überall, täglich, unablässig, unaufhörlich wie jene große englische Agitation gegen die Korngesetze in friedlichen, öffentlichen Versammlungen wie in privaten Zusammenkünften die Notwendigkeit des allgemeinen und direkten Wahlrechts. Je mehr das Echo Ihrer Stimme millionenfach widerhallt, desto unwiderstehlicher wird der Druck derselben sein.

[. . .]

*Quelle: Dieter Dowe u. Kurt Klotzbach (Hrsg.), Programmatische Dokumente der deutschen Sozialdemokratie, 2., überarb. u. aktualisierte Aufl., Berlin u. Bonn 1984, S. 112—144.*

# Dokument 4
## Karl Marx, Gewerksgenossenschaften. Ihre Vergangenheit, Gegenwart und Zukunft. Resolutions-Entwurf für den Generalrat der Internationale vom August 1866

*(a)* Ihre Vergangenheit.

Das Kapital ist konzentrierte gesellschaftliche Macht, während der Arbeiter nur über seine Arbeitskraft verfügt. Der *Kontrakt* zwischen Kapital und Arbeit kann deshalb niemals auf gerechten Bedingungen beruhen, gerecht nicht einmal im Sinne einer Gesellschaft, die das Eigentum an den materiellen Mitteln des Lebens und der Arbeit der lebendigen Produktivkraft gegenüberstellt. Die einzige gesellschaftliche Macht der Arbeiter ist ihre Zahl. Die Macht der Zahl wird jedoch durch Uneinigkeit gebrochen. Die Uneinigkeit der Arbeiter wird erzeugt und erhalten durch ihre *unvermeidliche Konkurrenz untereinander.*

Gewerksgenossenschaften entstanden ursprünglich durch die *spontanen* Versuche der Arbeiter, diese Konkurrenz zu beseitigen oder wenigstens einzuschränken, um Kontraktbedingungen zu erzwingen, die sie wenigstens über die Stellung bloßer Sklaven erheben würden. Das unmittelbare Ziel der Gewerksgenossenschaften beschränkte sich daher auf die Erfordernisse des Tages, auf Mittel zur Abwehr der ständigen Übergriffe des Kapitals, mit einem Wort, auf Fragen des Lohns und der Arbeitszeit. Diese Tätigkeit der Gewerksgenossenschaften ist nicht nur rechtmäßig, sie ist notwendig. Man kann ihrer nicht entraten, solange die heutige Produktionsweise besteht. Im Gegenteil, sie muß verallgemeinert werden durch die Gründung und Zusammenfassung von Gewerksgenossenschaften in allen Ländern. Auf der anderen Seite sind die Gewerksgenossenschaften, ohne daß sie sich dessen bewußt werden, zu *Organisationszentren* der Arbeiterklasse geworden, wie es die mittelalterlichen Munizipalitäten und Gemeinden für das Bürgertum waren. Wenn die Gewerksgenossenschaften notwendig sind für den Guerillakrieg zwischen Kapital und Arbeit, so sind sie noch weit wichtiger als *organisierte Kraft zur Beseitigung des Systems der Lohnarbeit und Kapitalherrschaft selbst.*

*(b)* Ihre Gegenwart.

Die Gewerksgenossenschaften haben sich bisher zu ausschließlich mit dem lokalen und unmittelbaren Kampf gegen das Kapital beschäftigt und haben noch nicht völlig begriffen, welche Kraft sie im Kampf gegen das System der Lohnsklaverei selbst darstellen. Sie haben sich deshalb zu fern von allgemeinen sozialen und politischen Bewegungen gehalten. In letzter Zeit scheinen sie jedoch zum Bewußtsein ihrer großen historischen Mission zu erwachen, wie man schließen kann z. B. aus ihrer Beteiligung an der jüngsten politischen Bewegung in England, aus der höheren Auffassung ihrer Funktion in den Vereinigten Staaten und auch aus folgendem *Beschluß der großen Konferenz der Delegierten der Trade-Unions*, die kürzlich in Sheffield stattfand:

„Diese Konferenz würdigt voll und ganz die Anstrengungen der Internationalen Assoziation, die Arbeiter aller Länder in einem gemeinsamen Bruderbund zu vereinen, und empfiehlt den verschiedenen, hier vertretenen Gesellschaften eindringlich, in diese Assoziation einzutreten, in der Überzeugung, daß sie notwendig ist für den Fortschritt und das Gedeihen der ganzen Arbeiterschaft."

*(c)* Ihre Zukunft.

Abgesehen von ihren ursprünglichen Zwecken müssen sie jetzt lernen, bewußt als organisierende Zentren der Arbeiterklasse zu handeln, im großen Interesse ihrer *vollständigen Emanzipation.* Sie müssen jede soziale und politische Bewegung unterstützen, die diese Richtung einschlägt. Wenn sie sich selbst als Vorkämpfer und Vertreter der ganzen Arbeiterklasse betrachten und danach handeln, muß es ihnen gelingen, die Außenstehenden in ihre Reihen zu ziehen. Sie müssen sich sorgfältig um die Interessen der am schlechtesten bezahlten Gewerbe kümmern, z. B. der Landarbeiter, die durch besonders ungünstige Umstände ohnmächtig sind. Sie müssen die ganze Welt zur Überzeugung bringen, daß ihre Bestrebungen, weit entfernt, begrenzte und selbstsüchtige zu sein, auf die Emanzipation der unterdrückten Millionen gerichtet sind.

*Quelle: Karl Marx, Friedrich Engels, Werke, Bd. 16, Berlin [DDR] 1962, S. 196—198.*

# Dokument 5
## Beschlüsse der Gewerkschaftskonferenz in Gotha am 28./29. Mai 1875

Antrag Fritzsche:

Die Konferenz erklärt: Es ist Pflicht der Gewerkschaftsgenossen, aus den Gewerkschaftsorganisationen die Politik fernzuhalten, dagegen sich der „sozialistischen Arbeiterpartei Deutschlands" anzuschließen, weil nur diese die politische und wirtschaftliche Stellung der Arbeiter in vollem Maße zu einer menschenwürdigen zu machen vermag.

[Einstimmig angenommen.]

Antrag Fritzsche:

Obgleich die gewerkschaftlichen Organisationen nicht vermögend sind, die Lage der Arbeiter durchgreifend und auf die Dauer zu verbessern, so sind sie doch immerhin geeignet, die materielle Lage derselben zeitweise zu heben, die Bildung zu fördern und sie zum Bewußtsein ihrer Klassenlage zu bringen.

Die Konferenz erklärt es deshalb für die Pflicht aller Arbeiter, sich der Arbeitergewerkschaft ihres Geschäftszweiges anzuschließen, oder, falls in einem Gewerke keine derartige Verbindung besteht, solche zu begründen.

[Einstimmig angenommen.]

*Quelle: Hermann Müller, Die Organisationen der Lithographen, Steindrucker und verwandten Berufen, Nachdruck der 1917 erschienenen 1. Aufl., Berlin u. Bonn 1978, S. 380—382.*

# Dokument 6
## Resolution des Kongresses der Gewerkschaften Deutschlands im März 1892 in Halberstadt zur Organisationsfrage

Der Kongreß erklärt sich für die Annäherung der Zentralisationen verwandter Berufe durch Kartellverträge, überläßt jedoch die Entscheidung über die Frage, ob die spätere Vereinigung der Branchenorganisationen zu Unionen oder Industrieverbänden stattzufinden hat, der weiteren Entwickelung der Organisationen infolge der Kartellverträge.

Der Kongreß erklärt, daß in all denjenigen Berufsgruppen, wo die Verhältnisse den Industrieverband zulassen, dieser vorzuziehen ist, daß jedoch in all denjenigen Berufsgruppen, wo infolge der großen Verschiedenheit der Verhältnisse die Vereinigung in einen Industrieverband nicht durchführbar ist, durch Bildung von Unionen diese Möglichkeit herbeigeführt werden soll.

Der Kongreß empfiehlt, die Kartellverträge dahin abzuschließen, daß die verwandten Berufe

1. bei Streiks und Aussperrungen sich gegenseitig finanziell unterstützen,
2. ihre auf der Reise befindlichen Mitglieder gegenseitig unterstützen,
3. die Agitation möglichst gleichmäßig und auf gemeinschaftliche Kosten betreiben,
4. statistische Erhebungen gemeinsam veranstalten,
5. Herbergen und Arbeitsnachweise zentralisieren,
6. ein gemeinsames Organ schaffen,
7. den Übertritt von einer Organisation in die andere bei Ortswechsel ohne Beitrittsgeld und weitere Formalitäten herbeiführen.

Der Kongreß erklärt, daß die Zentralisation, als Grundlage der Gewerkschaftsorganisation, am besten befähigt ist, die der letzteren zufallende Aufgabe zu lösen und empfiehlt allen Gewerken, welche bisher lokal organisiert oder durch ein Vertrauensmännersystem verbunden waren, sich den bestehenden Zentralverbänden anzuschließen resp. solche zu bilden.

Jeder dieser Zentralvereine (Verbände) hat in allen Orten, wo eine genügende Anzahl Berufsgenossen vorhanden und keine gesetzlichen Hindernisse im Wege stehen, Zahlstellen zu errichten. Wo solche Hindernisse bestehen, ist den Arbeitern zu empfehlen, als Einzelmitglieder den Zentralvereinen beizutreten und sich durch gewählte Vertrauensmänner eine stete Vertretung und Verbindung mit der Gesamtorganisation zu schaffen. Dieses Vertrauensmänner-System ist so zu gestalten, daß es gleichzeitig eine Vertretung der Gesamtheit der Berufsgenosen an den Orten bildet, wo für die Zentralvereine als solche Schwierigkeiten bestehen.

Außerdem können an solchen Orten lokale Vereine, eventuell in Verbindung mit verwandten Berufszweigen geschaffen werden.

Die Verbindung der einzelnen Zentralisationen zum gemeinsamen Handeln in Fällen, bei welchen alle gleichmäßig interessiert sind, wird durch eine auf jedem stattfindenden Gewerkschaftskongreß zu erwählende Generalkommission herbeigeführt.

*Die Aufgaben der Generalkommission*

Die Generalkommission hat
1. die Agitation in denjenigen Gegenden, Industrien und Berufen, deren Arbeiter noch nicht organisiert sind, zu betreiben,
2. die von den einzelnen Zentralvereinen aufgenommenen Statistiken zu einer einheitlichen für die gesamte Arbeiterschaft zu gestalten und eventuell zusammenzustellen,
3. statistische Aufzeichnungen für sämtliche Streiks zu führen und periodisch zu veröffentlichen,
4. ein Blatt herauszugeben und den Vorständen der Zentralvereine in genügender Zahl zur Versendung an deren Zahlstellen zuzusenden, welches die Verbindung sämtlicher Gewerkschaften mit zu unterhalten, die nötigen Bekanntmachungen zu veröffentlichen und, soweit geboten, deren rechtzeitige Bekanntmachung in der Tagespresse herbeizuführen hat;
5. internationale Beziehungen anzuknüpfen und zu unterhalten.

*Die Pflichten der einzelnen Zentralvereine der Generalkommission gegenüber*

Jede zentralisierte Gewerkschaft hat pro Mitglied und Quartal 5 Pf. an die Generalkommission zu leisten. Diese Beiträge können aus den Kassen der Gewerkschaften gezahlt oder durch von der Generalkommission auszugebende Marken von den Mitgliedern der Organisationen erhoben werden. Diese Marken können auch an nichtorganisierte Arbeiter abgegeben werden.

Diejenigen Gewerkschaften, welche ihren Verpflichtungen gegenüber der Generalkommission bez. Zahlung der Beiträge nicht nachkommen, haben weder Sitz noch Stimme auf den von der Generalkommission einberufenen allgemeinen Gewerkschaftskongressen.

Über Beginn, Weiterentwicklung, Beendigung und Erfolg von Streiks ist der Generalkommission regelmäßig Bericht zu erstatten — desgleichen müssen derselben die von den einzelnen Gewerkschaften aufgenommenen statistischen Erhebungen zur Verfügung gestellt werden.

Die Einberufung des nächsten Kongresses bleibt der Generalkommission unter Zustimmung der Mehrzahl der Zentralvorstände überlassen. Die Einberufung muß erfolgen, wenn zwei Drittteile der Zentralvereinsvorstände dieses beantragen.

Zentralorganisationen bis zu 1.500 Mitgliedern entsenden zum Kongreß einen Delegierten, größere Organisationen auf jede weitere 1.500 Mitglieder ebenfalls 1 Delegierten.

Lokalorganisierte Arbeiter in den Landesteilen, in welchen die gesetzlichen Bestimmungen die Errichtung von Zahlstellen der Zentralverbände nicht zulassen, können sich auf dem Kongreß nach demselben Wahlmodus vertreten lassen, sofern für den betreffenden Beruf ein Zentralverband nicht besteht, ein Anschluß als Einzelmitglieder also unmöglich war. Orte, in denen nicht 1.500 der in Frage kommenden Arbeiter organisiert sind, haben sich mit anderen Orten zu gemeinsamer Wahl in Verbindung zu setzen.

In Erwägung, daß tatkräftige Organisation das beste Mittel zur erfolgreichen Durchführung von Streiks wie zur Verhinderung aussichtsloser Streiks ist, die Leistungsfähigkeit aber in der Aufklärung der Mitglieder, der Disziplin und der Höhe der Fonds erblickt werden muß, welche Vorbedingungen jedoch durch die heute fast allgemein niedrigen Beiträge nicht erfüllt werden können, empfiehlt der Kongreß zum Zweck wirksamer Agitation und Ansammlung von Fonds die Beiträge diesem Zweck entsprechend festzusetzen.

> *Quelle: Protokoll der Verhandlungen des Ersten Kongresses der Gewerkschaften Deutschlands, abgehalten zu Halberstadt vom 14. bis 18. März 1892, Hamburg 1892, S. 68—70.*

# Dokument 7
## Die „Mainzer Leitsätze" der Christlichen Gewerkschaften vom Mai 1899

1. *Charakter der Gewerkschaften*

Die Gewerkschaften sollen interkonfessionell sein, d. h. Mitglieder beider christlichen Konfessionen umfassen, *aber auf dem Boden des Christentums stehen.*

Die Gewerkschaften sollen weiter *unparteiisch* sein, d. h. *sich keiner bestimmten politischen Partei anschließen.*

Die Erörterung *parteipolitischer Fragen* ist fernzuhalten, aber die Herbeiführung gesetzlicher Reformen auf dem Boden der bestehenden Gesellschaftsordnung zu erörtern.

2. *Umfang und Einrichtung der Gewerkschaften*

Es sind tunlichst für die Angehörigen der einzelnen Berufsstände und für geschlossene Industriebezirke Gewerkschaften zu gründen. Diese erstreben die Vereinigung gleichartiger Gewerkschaften behufs besserer Durchführung der vorgestreckten Ziele.

Die Gewerkschaften setzen sich aus Ortsgruppen zusammen. Die Ortsgruppen wählen sich nach Zahl ihrer Mitglieder Delegierte. Die Delegierten aller Ortsgruppen zusammen bilden die Generalversammlungen der Gewerkschaften, von welchen die Vorstände zu wählen sind.

3. *Aufgaben der Gewerkschaften*

Als solche gelten im allgemeinen die Hebung der leiblichen und geistigen Lage der Berufsgenossen. Es empfiehlt sich aber, im Programm der Gewerkschaft zu den wichtigsten Fragen des Gewerbes eine, den christlichen und nationalökonomischen Prinzipien entsprechende Stellung zu nehmen, als da sind: Lohnfrage, Frage der Arbeitszeit usw.

In Ermangelung genügend gebotener, gesetzlicher Versicherung für Krankheit, Unfälle, Arbeitslosigkeit, Arbeitsnachweis und Invalidität haben die Gewerkschaften durch Schaffung entsprechender Kassen und Institute das Fehlende zu ersetzen.

Eine besondere Aufgabe der Gewerkschaften ist, die Durchführung der zum Schutze von Sittlichkeit, Gesundheit und Leben der Arbeiter erlassenen gesetzlichen und gewerbepolizeilichen Bestimmungen zu überwachen und den Mitgliedern Rechtsschutz zu gewähren. Ferner sollen sie auch Arbeiterwohlfahrtseinrichtungen, Arbeiterausschüsse, Gewerbegerichte etc. anstreben.

4. *Mittel zur Durchführung der Aufgaben*

Solche sind Erhebungen über die Verhältnisse der Arbeiter bezüglich der einzelnen sozialen und gewerblichen Fragen.

Belehrende und bildende Vorträge über die sozialen und gewerblichen Fragen des Berufsstandes. Schaffung eines *Vereinsorgans*, welches den Mitgliedern *unentgeltlich* zur Verfügung gestellt wird.

Von Wichtigkeit ist, bei Erhebungen zahlenmäßiges Material zu sammeln, welches bei Verhandlungen mit den Arbeitgebern, in Beschwerden, Eingaben und Petitionen an die Arbeitgeber, Gewerbeinspektion, Behörden, Handelskammern, Parlamente etc. entsprechend zu verwerten ist.

In Vorträgen sind besonders die sozialpolitischen Versicherungs- und Schutzgesetze zu behandeln, sowie die berechtigten Bestrebungen auf diesen Gebieten zu erörtern; ferner die Lage des Gewerbes und die Bestrebungen der Berufsgenossen in anderen Distrikten und Ländern.

Im Organ soll das ganze Leben und Wirken sowie die Bestrebungen der Gewerkschaft gleichsam verkörpert werden. Die Schriftleitung ist einem praktisch erfahrenen Berufsgenossen zu übertragen, woneben tunlichst sozialpolitisch und nationalökonomisch geschulte Kräfte als Mitarbeiter zu gewinnen sind.

## 5. Taktik der Gewerkschaften

Es ist nicht zu vergessen, daß Arbeiter und Unternehmer gemeinsame Interessen haben; darauf beruhend, daß beide Teile nicht allein als zusammengehörende Faktoren der Arbeit, der letzteren Recht auf angemessene Entlohnung gegenüber dem Kapital, sondern vor allem die Interessen der Erzeugung von Gütern gegenüber dem Verbrauch derselben zu vertreten haben.

Beide Teile beanspruchen mit Recht eine größtmögliche Verzinsung ihres in der Erzeugung von Gütern enthaltenen Kapitals: der Unternehmer seines Kapitals und der Arbeiter seiner Arbeitskraft. Ohne beides, Kapital und Arbeitskraft, keine Produktion.

Darum soll die ganze Wirksamkeit der Gewerkschaften von versöhnlichem Geiste durchweht und getragen sein. Die Forderungen müssen maßvoll sein, aber fest und entschieden vertreten werden.

Der Ausstand darf aber nur als letztes Mittel und wenn Erfolg verheißend, angewandt werden.

*Quelle: Geschichte und Entwicklung der christlichen Gewerkschaften Deutschlands, nebst Protokoll des III. Christlichen Gewerkschaftskongresses zu Krefeld, M.-Gladbach 1901, S. 10—12.*

# Dokument 8
## Zur Massenstreik-Debatte zwischen SPD und Freien Gewerkschaften 1905/06 und 1913

### a) Resolution des Gewerkschaftskongresses in Köln im Mai 1905

Der fünfte deutsche Gewerkschaftskongreß erachtet es als eine unabweisbare Pflicht der Gewerkschaften, daß sie die Verbesserung aller Gesetze, auf denen ihre Existenz beruht und ohne die sie nicht in der Lage sind, ihre Aufgaben zu erfüllen, nach besten Kräften fördern und alle Versuche, die bestehenden Volksrechte zu beschneiden, mit aller Entschiedenheit bekämpfen.

Auch die Taktik für etwa notwendige Kämpfe solcher Art hat sich genau so, wie jede andere Taktik, nach den jeweiligen Verhältnissen zu richten.

Der Kongreß hält daher auch alle Versuche, durch die Propagierung des politischen Massenstreiks eine bestimmte Taktik festlegen zu wollen, für verwerflich; er empfiehlt der organisierten Arbeiterschaft, solchen Versuchen energisch entgegenzutreten.

Den Generalstreik, wie er von Anarchisten und Leuten ohne jegliche Erfahrung auf dem Gebiete des wirtschaftlichen Kampfes vertreten wird, hält der Kongreß für undiskutabel; er warnt die Arbeiterschaft, sich durch die Aufnahme und Verbreitung solcher Ideen von der täglichen Kleinarbeit zur Stärkung der Arbeiterorganisation abhalten zu lassen.                                                           *Th. Bömelburg*

> *Quelle: Protokoll der Verhandlungen des Fünften Kongresses der Gewerkschaften Deutschlands, abgehalten in Köln a. R. vom 22. bis 27. Mai 1905, Berlin o. J., S. 30.*

### b) Resolution des SPD-Parteitages in Jena im September 1905

I. Bei dem Bestreben der herrschenden Klassen und Gewalten, der Arbeiterklasse einen legitimen Einfluß auf die öffentliche Ordnung der Dinge in den Gemeinwesen vorzuenthalten oder, soweit sie durch ihre Vertreter in den parlamentarischen Vertretungskörpern einen solchen bereits erlangten, diesen zu rauben und so die Arbeiterklasse politisch und wirtschaftlich rechtlos und ohnmächtig zu machen,

erachtet es der Parteitag für geboten auszusprechen, daß es die gebieterische Pflicht der gesamten Arbeiterklasse ist, mit allen ihr zu Gebote stehenden Mitteln jedem Anschlag auf ihre Menschen- und Staatsbürgerrechte entgegenzutreten und immer wieder die volle Gleichberechtigung zu fordern.

Insbesondere hat die Erfahrung gelehrt, daß die herrschenden Parteien bis tief in die bürgerliche Linke hinein Gegner des allgemeinen, gleichen, direkten und geheimen Wahlrechts sind, daß sie dasselbe nur dulden, aber sofort abzuschaffen oder zu verschlechtern trachten, sobald sie glauben, daß durch dasselbe ihre Herrschaft in Gefahr komme. Daher ihr Widerstand gegen eine Ausdehnung des allgemeinen, gleichen, direkten und geheimen Wahlrechts auf die Einzelstaaten (Preußen etc.) und selbst die Verschlechterung bestehender rückständiger Wahlgesetze aus Angst vor einem noch so geringen Einfluß der Arbeiterklasse in den parlamentarischen Vertretungskörpern.

Beispiele hierfür sind die Wahlrechtsräubereien durch eine herrschgierige und maßlos feige Bourgeoisie und ein borniertes Kleinbürgertum in Sachsen und in den sogenannten Republiken Hamburg und Lübeck und die Gemeindewahl-Verschlechterungen in den verschiedenen deutschen Staaten (Sachsen, Sachsen-Meiningen) und Orten (Kiel, Dresden, Chemnitz usw.) durch die Vertreter der verschiedenen bürgerlichen Parteien.

In Erwägung aber, daß namentlich das allgemeine, gleiche, direkte und geheime Wahlrecht die Voraussetzung für eine normale politische Fortentwickelung der Gemeinwesen ist, wie es die volle Koalitionsfreiheit für die wirtschaftliche Hebung der Arbeiterklasse ist,

in weiterer Erwägung, daß die Arbeiterklasse durch ihre stetig wachsende Zahl, ihre Intelligenz und ihre Arbeit für das wirtschaftliche und soziale Leben des ganzen Volkes, sowie durch die materiellen und physischen Opfer, die sie für die militärische Verteidigung des Landes zu tragen hat, den Hauptfaktor in der modernen Gesellschaft bildet, muß sie nicht nur die Erhaltung, sondern auch die Erweiterung des allgemeinen, gleichen, direkten und geheimen Wahlrechts für alle Vertretungskörper im Sinne des sozialdemokratischen Programms und die Sicherung der vollen Koalitionsfreiheit fordern.

Demgemäß erklärt der Parteitag, daß es namentlich im Falle eines Anschlages auf das allgemeine, gleiche, direkte und geheime Wahlrecht oder das Koalitionsrecht die Pflicht der gesamten Arbeiterklasse ist, jedes geeignet erscheinende Mittel zur Abwehr nachdrücklich anzuwenden.

Als eines der wirksamsten Kampfmittel, um ein solches politisches Verbrechen an der Arbeiterklasse abzuwehren oder um sich ein wichtiges Grundrecht für ihre Befreiung zu erobern, betrachtet gegebenen Falles der Parteitag

*„die umfassendste Anwendung der Massenarbeitseinstellung".*

Damit aber die Anwendung dieses Kampfmittels ermöglicht und möglichst wirksam wird, ist die größte Ausdehnung der politischen und gewerkschaftlichen Organisation der Arbeiterklasse und die unausgesetzte Belehrung und Aufklärung der Massen durch die Arbeiterpresse und die mündliche und schriftliche Agitation unumgänglich notwendig.

Diese Agitation muß die Wichtigkeit und Notwendigkeit der politischen Rechte der Arbeiterklasse, insbesondere des allgemeinen, gleichen, direkten und geheimen Wahlrechts und der vollen Koalitionsfreiheit darlegen, mit Hinweis auf den Klassencharakter des Staates und der Gesellschaft und den täglichen Mißbrauch, welchen die herrschenden Klassen und Gewalten durch den ausschließlichen Besitz der politischen Macht an der Arbeiterklasse verüben.

Jeder Parteigenosse ist verpflichtet, wenn für seinen Beruf eine gewerkschaftliche Organisation vorhanden ist oder gegründet werden kann, einer solchen beizutreten und die Ziele und Zwecke der Gewerkschaften zu unterstützen. Aber jedes klassenbewußte Mitglied einer Gewerkschaft hat auch die Pflicht, sich der politischen Organisation seiner Klasse — der Sozialdemokratie — anzuschließen und für die Verbreitung der sozialdemokratischen Presse zu wirken.

II. Der Parteitag beauftragt den Parteivorstand, eine Broschüre herstellen zu lassen, in der die in der vorstehenden Resolution gestellten Forderungen begründet werden. Für diese Broschüre ist die Massenverbreitung in der gesamten deutschen Arbeiterklasse zu organisieren.

*Quelle: Protokoll über die Verhandlungen des Parteitages der Sozialdemokratischen Partei Deutschlands, abgehalten zu Jena vom 17. bis 23. September 1905, Berlin 1905, S. 142 f.*

## c) Resolution des SPD-Parteitages 1906 in Mannheim (,,Mannheimer Abkommen")

### I.

Der Parteitag bestätigt den Jenaer Parteitagsbeschluß zum politischen Massenstreik und hält nach der Feststellung, daß der Beschluß des Kölner Gewerkschaftskongresses nicht im Widerspruch steht mit dem Jenaer Beschluß, allen Streit über den Sinn des Kölner Beschlusses für erledigt.

Der Parteitag empfiehlt nochmals besonders nachdrücklich die Beschlüsse zur Nachachtung, die die Stärkung und Ausbreitung der Parteiorganisation, die Verbreitung der Parteipresse und den Beitritt der Parteigenossen zu den Gewerkschaften und der Gewerkschaftsmitglieder zur Parteiorganisation fordern.

Sobald der Parteivorstand die Notwendigkeit eines politischen Massenstreiks für gegeben erachtet, hat derselbe sich mit der Generalkommission der Gewerkschaften in Verbindung zu setzen und alle Maßnahmen zu ergreifen, die erforderlich sind, um die Aktion erfolgreich durchzuführen.

### II.

Die Gewerkschaften sind unumgänglich notwendig für die Hebung der Klassenlage der Arbeiter innerhalb der bürgerlichen Gesellschaft. Dieselben stehen an Wichtigkeit hinter der sozialdemokratischen Partei nicht zurück, die den Kampf für die Hebung der Arbeiterklasse und ihre Gleichberechtigung mit den anderen Klassen der Gesellschaft auf politischem Gebiet zu führen hat, im weiteren aber über diese ihre nächste Aufgabe hinaus die Befreiung der Arbeiterklasse von jeder Unterdrückung und Ausbeutung durch Aufhebung des Lohnsystems und die Organisation einer auf der sozialen Gleichheit aller beruhenden Erzeugungs- und Austauschweise, also der sozialistischen Gesellschaft, erstrebt. Ein Ziel, das auch der klassenbewußte Arbeiter der Gewerkschaft notwendig erstreben muß. Beide Organisationen sind also in ihren Kämpfen auf gegenseitige Verständigung und Zusammenwirken angewiesen.

Um bei Aktionen, die die Interessen der Gewerkschaften und der Partei gleichmäßig berühren, ein einheitliches Vorgehen herbeizuführen, sollen die Zentralleitungen der beiden Organisationen sich zu verständigen suchen.

Um aber jene Einheitlichkeit des Denkens und Handelns von Partei und Gewerkschaft zu sichern, die ein unentbehrliches Erfordernis für den siegreichen Fortgang des proletarischen Klassenkampfes bildet, ist es unbedingt notwendig, daß die gewerkschaftliche Bewegung von dem Geiste der Sozialdemokratie erfüllt werde. Es ist daher Pflicht eines jeden Parteigenossen, in diesem Sinne zu wirken.

> *Quelle: Protokoll über die Verhandlungen des Parteitages der Sozialdemokratischen Partei Deutschlands, abgehalten zu Mannheim vom 23. bis 29. September 1906, Berlin 1906, S. 305.*

## d) Antrag Rosa Luxemburgs zum politischen Massenstreik auf dem SPD-Parteitag 1913 in Jena

[Im Antrag des Parteivorstandes (Dokument 8e) sollten die Absätze 2 bis 4 durch folgende Passagen ersetzt werden:]

Die Verschärfung der wirtschaftlichen und politischen Gegensätze in Deutschland nötigt das Proletariat zur Entfaltung immer größerer Macht für die Verteidigung gegen heimtückische Anschläge der herrschenden Klassen, für die Verbesserung seiner wirtschaftlichen Lage und die Erweiterung seiner politischen Rechte. Im Kampf gegen die politische Entrechtung ist das Proletariat immer mehr gezwungen, die höchste Energie zu entfalten. Dieser Kampf gipfelt in dem Kampf um das allgemeine, gleiche und direkte Wahlrecht zu allen Vertretungskörpern, dessen Eroberung eine Vorbedingung für den Befreiungskampf des Proletariats ist. Der jetzige Zustand der politischen Rechtlosigkeit des Proletariats, insbesondere in Preußen, der seinen deutlichsten Ausdruck im Dreiklassenwahlrecht findet, hemmt das Proletariat in allen seinen Bestrebungen auf Verbesserung seiner Lebenshaltung. Es macht die schlimmsten Feinde gewerkschaftlicher Betätigung und sozialen Fortschritts zum Beherrscher der Gesetzgebung, nicht nur in Preußen, sondern im ganzen Reiche.

Dieses schändliche Wahlrecht kann nur einem Wahlrechtssturm der großen Massen weichen, wie ihn der Preußische Parteitag vom Januar 1910 in Aussicht genommen hat.

Der Parteitag begrüßt das wiedererwachte Interesse weiter Parteikreise an der Frage des politischen Massenstreiks. Voraussetzung für die erfolgreiche Durchführung eines politischen Massenstreiks ist die möglichst vollkommene Organisation des Proletariats in politischer und wirtschaftlicher Beziehung und die Erfüllung dieser Organisationen mit revolutionärer Kampfbegeisterung und Opferbereitschaft. Der Parteitag macht deshalb den Parteigenossen zur Pflicht, unermüdlich für den Ausbau der politischen und gewerkschaftlichen Organisation und für die Verbreitung der Partei- und Gewerkschaftspresse zu wirken. Der Massenstreik kann jedoch nicht auf Kommando von Partei- und Gewerkschaftsinstanzen künstlich herbeigeführt werden. Er kann sich nur als Steigerung einer bereits im Fluß befindlichen Massenaktion aus der Verschärfung der wirtschaftlichen und politischen Situation ergeben.

Als Antwort auf die Übergriffe der Reaktion wie als erste Voraussetzung erfolgreicher Massenaktionen ist eine offensive, entschlossene und konsequente Taktik der Partei auf allen Gebieten erforderlich. Nur eine solche Taktik, die den Schwerpunkt des Kampfes bewußt in die Aktion der Massen verlegt, ist geeignet, in den Reihen der Organisierten die Kampfenergie und den Idealismus wach zu halten sowie die Unorganisierten in wichtigen Augenblicken mitzureißen und für die gewerkschaftliche und politische Organisation dauernd zu gewinnen.

Der Parteitag fordert die Parteigenossen und die Parteiinstanzen auf, alle Maßregeln zu ergreifen, damit das deutsche Proletariat bei den kommenden Kämpfen für alle Fälle gerüstet dasteht.

[Abgelehnt]

*Quelle: Protokoll über die Verhandlungen des Parteitages der Sozialdemokratischen Partei Deutschlands, abgehalten in Jena vom 14. bis 20. September 1913, Berlin 1913, S. 192 ff.*

## e) Resolution des SPD-Parteitages 1913 in Jena

Nach dem vom Mannheimer Parteitag (1906) bestätigten Beschluß des Jenaer Parteitages (1905) ist die umfassendste Anwendung der Massenarbeitseinstellung gegebenenfalls als eines der wirksamsten Mittel zu betrachten, nicht nur um Angriffe auf bestehende Volksrechte abzuwehren, sondern um Volksrechte neu zu erobern.

Die Eroberung des allgemeinen, gleichen, direkten und geheimen Wahlrechts zu allen Vertretungskörpern ist eine der Vorbedingungen für den Befreiungskampf des Proletariats. Das Dreiklassenwahlrecht entrechtet die Besitzlosen nicht nur, sondern hemmt sie in allen ihren Bestrebungen auf Verbesserung ihrer Lebenshaltung, es macht die schlimmsten Feinde gewerkschaftlicher Betätigung und sozialen Fortschritts, die Junkerkaste, zum Beherrscher der Gesetzgebung.

Darum fordert der Parteitag die entrechteten Massen auf, im Kampfe gegen das Dreiklassenunrecht alle Kräfte anzuspannen in dem Bewußtsein, daß dieser Kampf ohne große Opfer nicht siegreich durchgeführt werden kann.

Indem der Parteitag den Massenstreik als unfehlbares und jederzeit anwendbares Mittel zur Beseitigung sozialer Schäden im Sinne der anarchistischen Auffassung verwirft, spricht er zugleich die Überzeugung aus, daß die Arbeiterschaft für die Erringung der politischen Gleichberechtigung ihre ganze Kraft einsetzen muß. Der politische Massenstreik kann nur bei vollkommener Einigkeit aller Organe der Arbeiterbewegung von klassenbewußten, für die letzten Ziele des Sozialismus begeisterten und zu jedem Opfer bereiten Massen geführt werden. Der Parteitag macht es deshalb den Parteigenossen zur Pflicht, unermüdlich für den Ausbau der politischen und gewerkschaftlichen Organisationen zu wirken.

[Angenommen]

*Quelle: Wie Dokument 8d.*

# Dokument 9
## Das neue Gewerkvereins-Programm, nach den Beschlüssen des 16. Verbandstages der Deutschen Gewerkvereine (Hirsch-Duncker) 1907 in Berlin

Die Entwicklung der Weltwirtschaft und mit ihr die beherrschende Stellung der Großbetriebe und des Großkapitals schafft eine stark wachsende Bevölkerungsmasse, die keine weitere Sicherung ihrer Existenz und ihres Fortkommens hat als ihre Arbeitskraft. Die günstige Verwertung dieser Kraft, die Verhinderung ihrer ungebührlichen Ausnützung, sowie die Sicherung des kulturellen Fortschritts der breiten Bevölkerungsmasse und ihre ethische Hebung ist Aufgabe aller wahren Volksfreunde, in erster Linie aber der Arbeiterschaft selbst. Das wertvollste Mittel zur Lösung dieser Aufgabe ist der Zusammenschluß der Arbeiter und Arbeiterinnen in Gewerkvereinen.

Die Gewerkvereine stehen auf nationalem Boden, sie erwarten daher die Besserung der Arbeiterlage nicht von einer internationalen Verbrüderung, wohl aber erstreben sie den Austausch der Erfahrungen mit ausländischen Gewerkvereinen und die gegenseitige Förderung der Arbeiterinteressen. Die Gewerkvereine sollen, um die Durchführung ihrer Aufgabe wirksam zu fördern, alle Arbeiter ohne Unterschied des parteipolitischen und religiösen Bekenntnisses umfassen. Sie sind mithin religiös neutral und parteipolitisch unabhängig. Die grundlegende Richtung der Gewerkvereine ist eine volkstümlich freiheitliche.

Die Gewerkvereine fordern die soziale und wirtschaftliche Gleichberechtigung beider Geschlechter.

Die Gewerkvereine erstreben in wirtschaftlicher Hinsicht für den Arbeiter einen wachsenden Anteil an dem Ertrage der Arbeit. Die Festsetzung der Arbeitsbedingungen hat unter gleichberechtigter Mitwirkung von Arbeitgebern und Arbeitnehmern zu erfolgen. Der geeignetste Weg hierzu ist der Abschluß von Tarifverträgen. Sie geben grundsätzlich hierbei dem Wege der Verständigung den Vorzug, scheuen aber den Kampf nicht, wo ihren berechtigten Forderungen die Anerkennung versagt wird, oder ihre Rechte und Interessen verletzt werden.

Die Gewerkvereine verlangen von der Gesetzgebung:

Umfassende Sicherung und Ausbau des allgemeinen Arbeiterschutzes in gesundheitlicher und sittlicher Beziehung; Erweiterung der Fürsorge, insbesondere für kranke, alte und invalide Arbeiter; Beseitigung aller Gesetze, die die Aufwärtsbewegung der Arbeiterschaft hemmen, sowie ausgedehnte Einwirkung auf bessere geistige und sittliche Erziehung des Volkes.

Die Durchführung dieser Forderungen verlangt eine entschiedene Beteiligung aller Gewerkvereiner am politischen und kommunalen Leben im Sinne dieser Grundsätze.

Zur Durchführung ihrer Aufgaben auf dem Wege der Selbsthilfe bedienen sich die Gewerkvereine folgender Mittel:

1. des gemeinsamen Vorgehens bei Vertretung der Arbeiterinteressen gegenüber den Arbeitgebern und der Gesetzgebung;
2. der Arbeitsvermittlung durch eigene oder paritätische Nachweise;
3. der materiellen Unterstützung der Mitglieder in allen Notlagen des Lebens;
4. der Förderung der beruflichen und allgemeinen Bildung;
5. des genossenschaftlichen Zusammenschlusses zur gemeinsamen Beschaffung der Wohn- und Wirtschaftsbedürfnisse.

## 1. Prinzipielle Leitsätze

Wir erstreben die Hebung der Arbeiterklasse zur Selbständigkeit und Gleichberechtigung auf dem Boden der bestehenden Gesellschaftsordnung. Zu diesem Zwecke arbeiten wir mit an einer organischen Reform dieser Ordnung durch Selbsthilfe und Staatshilfe.

Wir gehen dabei von der Erkenntnis aus, daß der Arbeiterstand sich in einer unerfreulichen Lage befindet durch seine unsichere und unselbständige Existenz als Lohnarbeiter. Wir wollen dem Arbeiter innerhalb des Lohnverhältnisses eine gesicherte Existenz erkämpfen.

Der Aufbau der dazu nötigen Organisationen ist nur zu erreichen durch die Weckung und Entwicklung eines begeisterten Standesbewußtseins, das bereit ist, Opfer zu bringen.

Wir scheiden uns von den *sozialdemokratischen* Gewerkschaften durch den Grundsatz der parteipolitischen Neutralität und dadurch, daß wir an Stelle des grundsätzlichen Klassenkampfes und der marxistischen Forderung des Kollektiveigentums in erster Linie die Vereinbarung mit den Arbeitgebern in Form von Tarifverträgen setzen und uns auf nationalen Boden stellen.

Wir scheiden uns von den *christlichen* Gewerkschaften durch den Grundsatz der religiösen Neutralität, den wir unverändert hochhalten. Wir scheiden uns von ihnen, indem wir glauben, daß nur auf dem Boden politischer und geistiger Freiheit der Kampf der Arbeiter für Selbständigkeit und Gleichberechtigung zum Erfolge führen kann.

Wir scheiden uns von allen Organisationen *gelben* Charakters durch die Erkenntnis, daß beide Produktionsfaktoren sich getrennt und in voller Unabhängigkeit von einander organisieren müssen.

Wir sind der Überzeugung, daß die Arbeiterfrage nicht nur eine Magenfrage ist, sondern weitmehr von großen Zeitidealen getragen wird, deren Weckung in jedem Arbeiter erste Pflicht der Organisation ist. Als diese Ideale betrachten wir:
1. Das nationale Ideal.
2. Das Ideal sozialer Gerechtigkeit in der Gesellschaft, des Schutzes der Schwachen gegen die Starken.
3. Das Ideal geistiger und politischer Freiheit und Selbstverwaltung.
4. Das Ideal ethischer Erziehung und Hebung des Einzelmenschen zu wirksamerer Mitarbeit in der Gesamtheit.

## 2. Sozialpolitische Leitsätze

Wir fordern von den Unternehmern:
Die Anerkennung der vollen Gleichberechtigung der Arbeiter bei der Regelung und Festsetzung der Arbeitsbedingungen durch den Abschluß von Tarifverträgen zwischen den beiderseitigen Organisationen mit Sicherung eines Mindestverdienstes, gleichberechtigte Mitwirkung bei Errichtung von Tarif- und Einigungsämtern, fortschreitende Aufbesserung der Löhne und Verkürzung der Arbeitszeit bis auf längstens 8 Stunden, wirksamen Schutz für Leben, Gesundheit und Sittlichkeit der Arbeiter und Angestellten beiderlei Geschlechts in Industrie, Gewerbe, Handel und Landwirtschaft.
Gleiche Entlohnung von Männer- und Frauenarbeit.
Jährlichen Ferienurlaub aller Arbeiter und Angestellten unter Fortzahlung des Lohnes.
Gleichberechtigte Verwaltung aller Wohlfahrtskassen durch Arbeiter und Unternehmer.
Wir fordern zunächst vom Staat:
Zehnstündigen Maximalarbeitstag für alle Industrie- und Verkehrsarbeiter, achtstündigen Maximalarbeitstag für alle Arbeiter der schweren Industrie (Eisen, Hütten, Bergbau), sowie der chemischen Industrie, Glas- und Spiegelfabrikation und für alle Kontorangestellten.

Schutz der Frauenarbeit und Verbot der Kinderarbeit.

Ausbau der Arbeiterversicherung (Unfall-, Invaliden- und Krankenversicherung), insbesondere Ausdehnung auf die Hausindustrie. Errichtung einer Witwen- und Waisenversicherung. Ausbau der Arbeitslosenversicherung durch die Gewerkvereine unter Mitwirkung der Gemeinden nach dem Genter System.

Volle gleichberechtigte Selbstverwaltung aller Versicherungseinrichtungen durch Unternehmer und Arbeiter. Freies Koalitionsrecht für alle Arbeiter, freies Vereins- und Versammlungsrecht, Arbeitskammern und Reichsarbeitsamt, Rechtsfähigkeit der Berufsvereine. Obligatorische Schiedsgerichte für alle Arbeitsstreitigkeiten mit Verhandlungszwang. (Genter System.)

Ausdehnung der Gewerbe- und Kaufmannsgerichte auf alle Gemeinden bzw. Bildung solcher für mehrere Gemeinden oder Kommunalverbände. Gesetzliche Einführung des Verhältniswahlsystems zu allen sozialen Wahlen.

Rechtliche Regelung des Tarifvertragwesens.

Verbesserung der Volksschule. Erleichterung des Besuchs höherer Schulen für Unbemittelte.

Politische Gleichberechtigung in Reich, Staat und Gemeinde.

Beseitigung aller indirekten Steuern auf notwendige Lebensmittel und Verbrauchsgegenstände.

*Quelle: Anton Erkelenz, Arbeiter-Katechismus. Eine Erklärung des Programms der freiheitlich-nationalen Arbeiterschaft, Berlin-Schöneberg 1908, S. 7—11.*

# Dokument 10
## Resolution des außerordentlichen Kongresses der Christlichen Gewerkschaften in Essen am 26. November 1912 zum „Gewerkschaftsstreit"

Die christlichen Gewerkschaften haben ihrerseits auf dem Dresdener Kongreß ihre Stellung zum Gewerkschaftsstreit im katholischen Lager klar und entschieden festgelegt. Inzwischen ist ein päpstliches Rundschreiben an die deutschen Bischöfe ergangen, das sich mit derselben Frage befaßt und zu Zweifeln über die künftige Haltung der christlichen Gewerkschaften Anlaß gegeben hat. Dazu erklärt der Kongreß: Der Beschluß des Dresdener Kongresses bleibt vollinhaltlich bestehen. Die christlichen Gewerkschaften halten unerschütterlich fest an den Grundsätzen, die seit jeher für ihre Bewegung maßgebend gewesen sind.

Den *grundsätzlichen* Teil des päpstlichen Rundschreibens zu erörtern, ist nicht Sache der Gewerkschaften. Die Zugehörigkeit zu den christlichen Verbänden wird in dem Rundschreiben den katholischen Arbeitern nicht verwehrt, sondern ausdrücklich gestattet. Damit ist die Hauptwaffe gegen ihre gewerkschaftliche Betätigung in unseren Organisationen unbrauchbar geworden.

In seinem *praktischen* Teil enthält das päpstliche Rundschreiben an mehreren Stellen Wendungen, die in weiten Kreisen als eine Unterbindung der Entwickelung und Betätigung der christlichen Gewerkschaften ausgelegt werden. Insbesondere folgerte man daraus neben einer „Gebietsbegrenzung", „eine fortgesetzte kirchliche Bevormundung" unserer Bewegung in ihren gewerkschaftlichen Maßnahmen. Diese Befürchtungen sind durch die neueste Erklärung der Bischöfe ausgeräumt. Der Kongreß begnügt sich daher mit der Feststellung, daß zu solchen Befürchtungen auch nach Grundsätzen und Beschlüssen unserer Bewegung kein Anlaß vorliegt, und daß derartiges in Deutschland zudem undurchführbar wäre. Das Deutsche Reich weist keine rein katholischen Gegenden mit in sich abgeschlossener industrieller Entwickelung auf. Der vielgestaltige Wechsel des Wirtschaftslebens bedingt eine gewaltige unausgesetzte und unvermeidliche Mischung der Konfessionsangehörigen. Die Gewerbe- und Tarifpolitik der Arbeitgeber- und Arbeitnehmer-Organisationen muß nach einheitlichen Regeln erfolgen und setzt zu ihrer Erledigung Fach- und Sachkenntnis voraus. Deutschland stellt ein einheitliches Wirtschaftsgebiet dar. Diese Verhältnisse fordern gebieterisch wirtschaftliche selbständige Gewerkschaften, die sich zentralistisch auf das ganze Reichsgebiet erstrecken, und nur solche können gegenüber den straffen Arbeitgeberverbänden und der geschlossenen sozialdemokratischen Bewegung Einfluß und Bedeutung erringen.

Die in den christlichen Gewerkschaften organisierten Arbeiter haben auf dem Gebiete der wirtschaftlichen Selbsthilfe denselben Weg eingeschlagen, den vor ihnen alle anderen Erwerbsschichten gegangen sind. Sie behaupten, die gleiche Selbständigkeit wie die hunderte einflußreiche Syndikate und mächtigen Unternehmerorganisationen, wie tausende gewerblicher und bäuerlicher Genossenschaften, Bauernvereine, Innungen, Detaillistenverbände, Vereinigungen der Ärzte, Juristen, Beamten usw. Erneut betonen wir: Die christlichen Gewerkschaften sind mit dem wirtschaftlichen und nationalen Leben Deutschlands aufs engste verknüpft; sie sind die einzige deutsche Gewerkschaftsorganisation, die sich neben der sozialdemokratischen Bewegung entscheidende Bedeutung verschafft hat; sie sind nach deutschen Verhältnissen eine soziale, wirtschaftliche und nationale Notwendigkeit. Staat und Volksgesamtheit haben ein Lebensinteresse daran, daß nicht die antinationale, christentumsfeindliche Sozialdemokratie die allein herrschende Monopolstellung in der deutschen Gewerkschaftsbewegung erlangt.

An Charakter, Organisationsform und künftiger Wirksamkeit der christlichen Gewerkschaften wird aus allen diesen Erwägungen nichts geändert werden. Wir arbeiten weiter wie bisher.

*Quelle: Protokoll der Verhandlungen des außerordentlichen Kongresses der christlichen Gewerkschaften Deutschlands, abgehalten am 26. November 1912 in Essen/Ruhr, Köln 1912, S. 63 f.*

# Dokument 11
## „November-Abkommen" von Arbeitgeberverbänden und Gewerkschaften vom 15. November 1918

Die großen Arbeitgeberverbände vereinbaren mit den Gewerkschaften der Arbeitnehmer das Folgende:

1. Die *Gewerkschaften* werden als berufene Vertretung der Arbeiterschaft *anerkannt*.
2. Eine Beschränkung der *Koalitionsfreiheit* der Arbeiter und Arbeiterinnen ist unzulässig.
3. Die Arbeitgeber und Arbeitgeberverbände werden die *Werkvereine* (die sog. wirtschaftsfriedlichen Vereine) fortab vollkommen sich selbst überlassen und sie weder mittelbar noch unmittelbar unterstützen.
4. Sämtliche aus dem Heeresdienst zurückkehrenden Arbeitnehmer haben Anspruch darauf, in die Arbeitsstelle sofort nach Meldung wieder einzutreten, die sie vor dem Kriege innehatten. Die beteiligten Arbeitgeber- und Arbeitnehmerverbände werden dahin wirken, daß durch Beschaffung von Rohstoffen und Arbeitsaufträgen diese Verpflichtung in vollem Umfange durchgeführt werden kann.
5. Gemeinsame Regelung und paritätische Verwaltung des *Arbeitsnachweises*.
6. Die Arbeitsbedingungen für alle Arbeiter und Arbeiterinnen sind entsprechend den Verhältnissen des betreffenden Gewerbes durch *Kollektivvereinbarungen* mit den Berufsvereinigungen der Arbeitnehmer festzusetzen.
Die Verhandlungen hierüber sind ohne Verzug aufzunehmen und schleunigst zum Abschluß zu bringen.
7. Für jeden Betrieb mit einer Arbeiterschaft von mindestens 50 Beschäftigten ist ein *Arbeiterausschuß* einzusetzen, der diese zu vertreten und in Gemeinschaft mit dem Betriebsunternehmer darüber zu wachen hat, daß die Verhältnisse des Betriebes nach Maßgabe der *Kollektivvereinbarung* geregelt werden.
8. In den Kollektivvereinbarungen sind *Schlichtungsausschüsse* resp. *Einigungsämter* vorzusehen, bestehend aus der gleichen Anzahl von Arbeitnehmer- und Arbeitgebervertretern.
9. Das Höchstmaß der *täglichen regelmäßigen Arbeitszeit* wird für alle Betriebe auf *acht Stunden* festgesetzt. Verdienstschmälerungen aus Anlaß dieser Verkürzung der Arbeitszeit dürfen nicht stattfinden.
10. Zur Durchführung dieser Vereinbarungen sowie zur Regelung der zur Demobilisierung, zur Aufrechterhaltung des Wirtschaftslebens und zur Sicherung der Existenzmöglichkeit der Arbeiterschaft, insbesondere der Schwerkriegsbeschädigten zu treffenden weiteren Maßnahmen wird von den beteiligten Arbeitgeber- und Arbeitnehmerorganisationen ein *Centralausschuß* auf paritätischer Grundlage mit beruflich gegliedertem Unterbau errichtet.
11. Dem Centralausschuß obliegt ferner die Entscheidung grundsätzlicher Fragen, soweit sich solche namentlich bei der kollektiven Regelung der Lohn- und Arbeitsverhältnisse ergeben, sowie die Schlichtung von Streitigkeiten, die mehrere Berufsgruppen zugleich betreffen. Seine Entscheidungen haben für Arbeitgeber und Arbeitnehmer verbindliche Geltung, wenn sie nicht innerhalb einer Woche von einem der in Frage kommenden beiderseitigen Berufsverbände angefochten werden.
12. Diese Vereinbarungen treten am Tage der Unterzeichnung in Kraft und gelten, vorbehaltlich anderweitiger gesetzlicher Regelung, bis auf weiteres mit einer gegenseitigen dreimonatigen Kündigung.

Diese Vereinbarung soll sinngemäß auch für das Verhältnis zwischen den Arbeitgeberverbänden und den *Angestelltenverbänden* gelten.

Vereinigung der deutschen Arbeitgeberverbände.

Gesamtverband deutscher Metallindustrieller.

Arbeitgeberverband für den Bezirk der nordwestlichen Gruppe des Vereins deutscher Eisen- und Stahlindustrieller.

Zechenverband.

Verband deutscher Waggonfabriken.

Arbeitgeberverband der deutschen Textilindustrie.

Berliner Arbeitgeberverband der chemischen Industrie.

Arbeitgeberverband der deutschen Papier-, Pappen-, Zellstoff- und Holzstoff-Industrie.

Reichsverband der deutschen Klavierindustrie und verwandter Berufe.

Deutscher Arbeitgeberbund für das Baugewerbe.

Arbeitgeberschutzverband deutscher Schlossereien und verwandter Gewerbe.

Bund der Arbeitgeberverbände Berlins.

Centralverband deutscher Arbeitgeber in den Transport-, Handels- und Verkehrsgewerben.

Schutzverband deutscher Steindruckereibesitzer.

Oberschlesischer Berg- und Hüttenmännischer Verein, Kattowitz.

Verein deutscher Eisen- und Stahlindustrieller, Hauptvorstand Berlin.

Verein deutscher Eisen- und Stahlindustrieller, östliche Gruppe, Kattowitz.

Centralverband der deutschen elektrotechnischen Industrie.

Arbeitgeberschutzverband für das deutsche Holzgewerbe.

Arbeitgeberverband im Rohrlegergewerbe.

Allgemeiner deutscher Arbeitgeberschutzverband für das Bäckergewerbe.

Generalkommission der Gewerkschaften Deutschlands.

Gesamtverband der christlichen Gewerkschaften Deutschlands.

Verband der deutschen Gewerkvereine (H.-D.).

Polnische Berufsvereinigung.

Arbeitsgemeinschaft der kaufmännischen Verbände.

Arbeitsgemeinschaft freier Angestelltenverbände.

Arbeitsgemeinschaft der technischen Verbände.

Dr. Sorge. Hilger. Hugo Stinnes. Vögler. Beukenberg. Hugenberg. Springorum. von Raumer. von Rieppel. Dietrich. Paul Westermacher. Dr. Tänzler. Avellis. Schrey. Lammers. Paul Mangers. Dr. Emil Franke. Karl Friedrich von Siemens. Rathenau. Ernst von Borsig. Albert Miller. Ernst Purschian. Deutsch. C. Legien. A. Stegerwald. Gustav Hartmann. Hugo Sommer. Dr. Pfirrmann. Dr. Höfle.

*Quelle: Correspondenzblatt der Generalkommission der Gewerkschaften Deutschlands Nr. 47 vom 23. 11. 1918, S. 425 f.*

# Dokument 12
# Richtlinien für die künftige Wirksamkeit der Gewerkschaften und Bestimmungen über die Aufgaben der Betriebsräte, verabschiedet von der Vorständekonferenz der Freien Gewerkschaften am 25. April 1919 und angenommen vom Gründungskongreß des Allgemeinen Deutschen Gewerkschaftsbundes im Juli 1919

*Richtlinien für die künftige Wirksamkeit der Gewerkschaften*

1. Die Gewerkschaften haben in der Periode der privatkapitalistischen Warenproduktion die Arbeiter zum Klassenkampf erzogen. Sie haben große Massen der Arbeiter in starken Verbänden gegen die Unternehmer vereinigt, sie in Lohnkämpfen geschult und durch wirtschaftliche Bildung zur Erkenntnis ihrer Lage und zum Verständnis der gesellschaftlichen Zusammenhänge gebracht. Die Gewerkschaften haben in jahrzehntelangem systematischen Kampf den Unternehmern nicht nur Arbeitszeitverkürzungen und Lohnerhöhungen abgerungen, sondern auch die Stellung der Arbeitnehmer in den von den Gewerkschaften beeinflußten Betrieben der Arbeitgeberwillkür entzogen. Sie haben der Arbeiterschaft die Anerkennung ihrer Organisation als gleichberechtigten Vertragsteil erkämpft und in beträchtlichem Umfange die gewerkschaftlichen Erfolge durch kollektive Arbeitsverträge sichergestellt. Sie haben ferner die Umwandlung des Arbeitsrechts, vordem ein einseitiges Herrenrecht des Unternehmers, zum paritätischen Recht angebahnt und gefördert, sowie auf die Sozialpolitik und die Gesetzgebung einen steigenden Einfluß ausgeübt.

2. Am Vorabend der politischen Revolution hatten die Gewerkschaften die Unternehmer bereits zur Erfüllung der wesentlichsten Arbeiterforderungen gezwungen und sie auf den Weg der wirtschaftlichen Demokratie gedrängt, durch Schaffung von Arbeitsgemeinschaften, in denen alle Fragen des Wirtschaftslebens und der Sozialpolitik in gleichberechtigter Vertretung von Unternehmern und Arbeitern gelöst werden sollen. Alle diese Erfolge der Gewerkschaften sind wertvolle Errungenschaften, haben aber die berechtigten Forderungen der Arbeiterschaft und somit die Aufgaben der Gewerkschaften erst zum Teil erfüllt. Der Kampf der Gewerkschaften muß deshalb fortgesetzt werden.

3. Die Revolution hat die politische Macht der Arbeiterklasse gestärkt und damit zugleich ihren Einfluß auf die Gestaltung der Volkswirtschaft vergrößert. Der Wiederaufbau des durch den Krieg zerrütteten Wirtschaftslebens wird sich in der Richtung der Gemeinwirtschaft, unter fortschreitendem Abbau der Privatwirtschaft vollziehen. Diese Umwandlung muß planmäßig betrieben werden und wird von den Gewerkschaften gefördert.

4. Die Gewerkschaften erblicken im Sozialismus gegenüber der kapitalistischen Wirtschaft die höhere Form der volkswirtschaftlichen Organisation. Die von ihnen erstrebte Betriebsdemokratie und Umwandlung der Einzelarbeitsverträge in Kollektivverträge sind wichtige Vorarbeiten für die Sozialisierung. Die weitere Mitarbeit der Gewerkschaften auf diesem Gebiet ist unentbehrlich.

5. Die Gewerkschaften haben auch in der Gemeinwirtschaft und selbst in völlig sozialisierten Betrieben die Interessen der Arbeitnehmer gegenüber Betriebsleitung, Gemeinde und Staat zu vertreten. Sie sind deshalb auch im Zeitalter des Sozialismus notwendig. Die soziale Fürsorge der Gesellschaft macht die gegenseitige Hilfe der Arbeiter in ihren Organisationen nicht entbehrlich. Die Gewerkschaften fordern von der Gesellschaft eine ausreichende Fürsorge für die Bedürftigen, insbesondere für die Erwerbsunfähigen, Erwerbsbeschränkten und ohne eigenes Verschulden Erwerbslosen. In dem Maße der Verwirklichung und Sicherung dieser öffentlichen Fürsorge können die gewerkschaftlichen Unterstützungseinrichtungen abgebaut werden.

6. Die Interessengegensätze zwischen Betriebsleitungen und Arbeitnehmern werden auch in der Gemeinwirtschaft nicht völlig beseitigt werden können. Selbst wenn Arbeitseinstellungen infolge des sozialen Arbeitsrechts und demokratischer Mitverwaltung der Arbeitnehmer eingeschränkt werden können und im Interesse der sozialistischen Volkswirtschaft durch schiedsgerichtliche Verfahren nach Möglichkeit verhütet werden müssen, können die Arbeitnehmer auf das Streikrecht nicht verzichten.

7. Das Mitbestimmungsrecht der Arbeiter muß bei der gesamten Produktion, vom Einzelbetrieb beginnend bis in die höchsten Spitzen der zentralen Wirtschaftsorganisation, verwirklicht werden. Innerhalb der Betriebe sind freigewählte Arbeitervertretungen (Betriebsräte) zu schaffen, die, im Einvernehmen mit den Gewerkschaften und auf deren Macht gestützt, in Gemeinschaft mit der Betriebsleitung die Betriebsdemokratie durchzuführen haben. Die Grundlage der Betriebsdemokratie ist der kollektive Arbeitsvertrag mit gesetzlicher Rechtsgültigkeit. Die Aufgaben der Betriebsräte im einzelnen, ihre Pflichten und Rechte sind in den Kollektivverträgen auf Grund gesetzlicher Mindestbestimmungen festzulegen.

8. Die Durchführung der in diesen Richtlinien aufgestellten Forderungen ist Aufgabe der gewerkschaftlichen Zentralorganisationen in den einzelnen Industrie- und Berufszweigen, die sich im Deutschen Gewerkschaftsbund zu einer Gesamtvertretung der Arbeit vereinigt haben. Den zum Deutschen Gewerkschaftsbund gehörigen Gewerkschaften kann jeder Arbeiter und jede Arbeiterin beitreten. Politische oder religiöse Überzeugung ist in diesen Organisationen kein Hinderungsgrund für den Beitritt.

9. In den Gemeindebezirken oder größeren Wirtschaftsgebieten übernehmen die aus Urwahlen mit beruflicher Gliederung hervorgehenden Arbeiterräte neben den innerhalb der allgemeinen Wirtschaftsorganisation ihnen gesetzlich zugewiesenen Pflichten und Rechten auch die sozialen und kommunalpolitischen Aufgaben der seitherigen örtlichen Gewerkschaftskartelle. An Stelle der letzteren treten Ortsausschüsse des Deutschen Gewerkschaftsbundes, die ihre Tätigkeit auf die rein gewerkschaftlichen Aufgaben beschränken und daneben die Verbindung der Gewerkschaften mit den Arbeiterräten herstellen.

10. Außer diesen örtlichen Arbeiterräten sind Arbeitervertretungen für größere Bezirke und für das Reich auf Grund von Urwahlen nach dem Verhältniswahlsystem zu berufen. Dieselben können mit entsprechend zusammengesetzten Vertretungen der Betriebsleiter gemeinsam sozialpolitische und wirtschaftspolitische Angelegenheiten als Selbstverwaltungsorgane der Volkswirtschaft (Wirtschaftskammern) behandeln, Gesetzentwürfe ausarbeiten und begutachten sowie Vorschriften für die Organisation der Betriebe und

Wirtschaftszweige zu deren Sozialisierung ausarbeiten und auf ihre Durchführung hinwirken.

11. Die Gewerkschaften können nach ihrem Charakter als Vertretung reiner Arbeiterinteressen nicht selber Träger der Produktion sein, als welche die Wirtschaftskammern zu gelten haben. Ihnen fällt aber die Führung einer zielbewußten Arbeiterpolitik innerhalb der Wirtschaftskammern zu. Sie haben grundsätzliche und praktische Richtlinien für die Arbeitervertreter aufzustellen und für die dauernde Verbindung dieser Vertreter untereinander und mit den Gewerkschaften Sorge zu tragen. Sie müssen umfassende Maßnahmen treffen, um die Erkenntnis aller volkswirtschaftlichen Fragen und Produktionsbedingungen, der Technik und Betriebsverwaltung in der Arbeiterschaft zu verbreiten und damit bei dieser die Kräfte auslösen, die zur Durchführung der sozialistischen Wirtschaftsweise nötig sind.

*Bestimmungen über die Aufgaben der Betriebsräte*

Beim Abschluß von Kollektivverträgen sind die Einrichtung und Aufgaben der Betriebsräte, gemäß Punkt 7 der Richtlinien über die künftige Wirksamkeit der Gewerkschaften, im Sinne der nachfolgenden Bestimmungen zu regeln.

1. In jedem dem Vertrag unterstehenden Betrieb mit mindestens 20 Beschäftigten ist aus den Reihen der über 18 Jahre alten Arbeiter und Arbeiterinnen ein Betriebsrat in geheimer Wahl zu wählen. In Betrieben mit weniger als 20 Beschäftigten vertritt der Vertrauensmann der Gewerkschaft die Stelle des Betriebsrates mit allen diesem zustehenden Rechten. In den Kollektivverträgen ist die Zahl der Mitglieder des Betriebsrates entsprechend der Zahl der im Betrieb Beschäftigten festzusetzen.

2. Die Wahl des Betriebsrats muß spätetens vier Wochen nach Inkrafttreten eines Kollektivvertrags resp. nach Eröffnung eines neuen Betriebs stattfinden. Sie erfolgt innerhalb des Betriebs unter der Leitung eines Vertreters der am Vertrag beteiligten Arbeitnehmerorganisation. Bei der Zusammensetzung des Betriebsrats sind die verschiedenen Kategorien und Branchen der im Betrieb beschäftigten Arbeiter und Arbeiterinnen nach Möglichkeit zu berücksichtigen. Für etwaige Zweigbetriebe ist je ein besonderer Betriebsrat zu wählen. Die Betriebsräte der zu einem Unternehmen gehörigen Teilbetriebe haben sich zur gemeinsamen Vertretung der Interessen der gesamten Arbeitnehmer zu verständigen und nach Bedarf gemeinsam zu tagen.

3. Alljährlich finden Neuwahlen der Betriebsräte statt. Für jede Neuwahl gelten die gleichen Vorschriften wie für die erstmalige Wahl. Wiederwahl ist zulässig. Für ausscheidende Mitglieder ist innerhalb vier Wochen nach ihrem Austritt eine Ersatzwahl nach den gleichen Wahlvorschriften vorzunehmen.

4. Für Sitzungen und Verhandlungen während der Arbeitszeit sind die Mitglieder des Betriebsrats vom Arbeitgeber in Höhe ihres durchschnittlichen Arbeitsverdienstes für die versäumte Arbeitszeit zu entschädigen. Von jeder solchen Sitzung ist der Arbeitgeber vorher in Kenntnis zu setzen. Er hat das Recht, an diesen Sitzungen teilzunehmen.

5. Der Betriebsrat hat das Recht, in allen Betriebsangelegenheiten mitzuwirken, an denen die Arbeiterschaft beteiligt ist oder ein berechtigtes Interesse hat. Der Arbeitgeber ist verpflichtet, die notwendigen Beratungen des Betriebsrats im Betrieb zuzulassen und auf Verlangen daran mit seinem Rat und den notwendigen Auskünften teilzunehmen. Jede Benachteiligung eines Betriebsratsmitgliedes in seiner Beschäftigung und Entlohnung ist vom Betriebsrat resp. von der Schlichtungskommission zurückzuweisen.

6. Der Betriebsrat hat die Pflicht, alle den Arbeitern und Arbeiterinnen gesetzlich und auf Grund eines Kollektivvertrags zustehenden Rechte für dieselben wahrzunehmen und

dem Arbeitgeber gegenüber zu vertreten. Er hat dabei das gute Einvernehmen der Arbeiterschaft untereinander und mit dem Arbeitgeber ebenso wie das gemeinsame Interesse an einem vorteilhaften Fortgang des Betriebs zu berücksichtigen. In Gemeinschaft mit dem Arbeitgeber hat der Betriebsrat sein Augenmerk auf die Bekämpfung der Unfall- und Gesundheitsgefahren in dem Betrieb zu richten und die Gewerbeaufsichtsbeamten und andere in Betracht kommenden Stellen bei dieser Bekämpfung zu unterstützen. Beschwerden des Arbeitgebers oder der Arbeitnehmer über ein dieser Vorschrift zuwiderlaufendes Verhalten des Betriebsrats sind durch die Schlichtungskommission zu entscheiden.

7. Im einzelnen hat der Betriebsrat mitzuwirken:
a) bei Einstellungen und Entlassungen im Betrieb. Entlassungen dürfen nur nach Anhörung des Betriebsrats erfolgen;
b) bei der Einstellung und Verwendung von Frauen und Jugendlichen zur Verrichtung von Männerarbeit;
c) bei der Festsetzung kürzerer Arbeitsschichten wegen Mangel an Aufträgen, oder von Überstunden, Nacht- und Sonntagsarbeiten in Fällen dringender Notwendigkeit. Der Betriebsrat hat
d) das Recht, bei jeder Lohn- oder Akkordvereinbarung mit den einzelnen Arbeitern oder Arbeiterinnen des Betriebs mitzuwirken. Er ist insbesondere in jedem Streitfall hinzuzuziehen, wobei er zu vermitteln und auf eine Einigung im Sinne des Kollektivvertrags hinzuwirken hat. Entlassungen wegen Lohn- oder Akkordstreitigkeiten dürfen nicht erfolgen, solange nicht der Betriebsrat zur Schlichtung herangezogen wurde. Die Lohnbücher sind dem Betriebsrat auf Verlangen vorzulegen;
e) bei der Regelung der Ferien für Arbeiter und Arbeiterinnen die Reihenfolge des Ferienantritts in Gemeinschaft mit dem Betriebsleiter festzusetzen;
f) bei Beschwerden über die Beschäftigung und Behandlung der Lehrlinge mitzuentscheiden;
g) bei vorhandenen Mängeln in der Unfallverhütung und den gesundheitlichen Einrichtungen des Betriebs einzugreifen;
h) Zur Schlichtung von Streitigkeiten jeder Art im Betrieb ist zuerst der Betriebsrat anzurufen.

8. Der Betriebsrat ist berechtigt, die Arbeiterschaft des Betriebs zu Versammlungen einzuberufen, die sowohl innerhalb wie außerhalb des Betriebs stattfinden können. Während der Arbeitszeit dürfen Betriebsversammlungen nur in dringenden Fällen und nicht ohne Vorwissen des Arbeitgebers oder seines Stellvertreters stattfinden. An Versammlungen, die im Betrieb stattfinden, kann der Arbeitgeber in jedem Fall mit beratender Stimme teilnehmen.

9. An den Verhandlungen zwischen Arbeitgeber und Betriebsrat können Vertreter der beteiligten Arbeitgeber- und Arbeitnehmerorganisationen teilnehmen. Sie dürfen weder vom Arbeitgeber noch von den Arbeitnehmern des Betriebs zurückgewiesen werden.

*Quelle: Klaus Schönhoven, Die Gewerkschaften in Weltkrieg und Revolution 1914—1919 (= Quellen zur Geschichte der deutschen Gewerkschaftsbewegung im 20. Jahrhundert, Bd. 1), Köln 1985, S. 751—754.*
*Anmerkung: Der in den Punkten 8 und 9 der „Richtlinien" genannte Name „Deutscher Gewerkschaftsbund" wurde geändert in: Allgemeiner Deutscher Gewerkschaftsbund.*

# Dokument 13
# Resolution des Gründungskongresses des Allgemeinen Deutschen Gewerkschaftsbundes im Juli 1919 in Nürnberg zur politischen Neutralität

Der 10. Kongreß der Gewerkschaften Deutschlands erklärt, daß die Gewerkschaften die Arbeitnehmer unbeschadet der politischen oder religiösen Überzeugung des einzelnen zu einheitlicher und geschlossener Aktion zwecks Wahrnehmung ihrer wirtschaftlichen Interessen vereinigen müssen.

Das Mannheimer Abkommen mit der Sozialdemokratischen Partei Deutschlands vom Jahre 1906, das eine Verständigung der beiden Zentralleitungen bei wichtigen, die Gesamtinteressen der Arbeiterklasse betreffenden Fragen verlangt, hatte den Zweck, diese Aktionskraft der Arbeiterschaft durch Vermeidung von Differenzen zwischen gewerkschaftlicher und politischer Arbeiterbewegung zu erhöhen. Die politische Neutralität der Gewerkschaften gegenüber ihren Mitgliedern wurde davon nicht berührt.

Aber dieses Abkommen hatte eine einheitliche politische Interessenvertretung der deutschen Arbeiter zur Voraussetzung. Diese Voraussetzung ist nicht mehr vorhanden. Die Spaltung der Sozialdemokratischen Partei gefährdet auch die Einheit und Geschlossenheit der deutschen Gewerkschaften. Der Gewerkschaftskongreß sieht sich daher genötigt, die Neutralität der Gewerkschaften gegenüber den politischen Parteien auszusprechen. Die politischen Meinungskämpfe der Arbeiter dürfen die Stoßkraft ihrer wirtschaftlichen Interessenvertretung, der Gewerkschaften, nicht schwächen.

Die Gewerkschaften dürfen sich jedoch nicht auf die enge, berufliche Interessenvertretung ihrer Mitglieder beschränken, sie müssen vielmehr zum Brennpunkt der Klassenbestrebungen des Proletariats werden, um den Kampf für den Sozialismus zum Siege führen zu helfen.

*Fritz Paeplow* und Genossen.

*Quelle: Protokoll der Verhandlungen des zehnten Kongresses der Gewerkschaften Deutschlands, abgehalten zu Nürnberg vom 30. Juni bis 5. Juli 1919, Berlin o. J., S. 56.*

# Dokument 14
## Anton Erkelenz auf dem 3. freiheitlich-nationalen Kongreß des Gewerkschaftsringes am 14./15. März 1926 in Berlin über das Verhältnis zum Staat (Auszug)

[...]
Wir haben einen anderen Staat, wie wir ihn vorher hatten. Ich will nicht die Frage der Staatsform aufrollen, sie gehört heute weniger hierher. Ich gehe von der Tatsache an sich aus, will heute keine Anklage gegen den früheren Staat erheben, aber ich habe davon auszugehen, daß sich gegen das frühere staatliche, nationale Leben etwas ganz fundamental geändert hat: Wir sind vom *Untertan- zum Volksstaat* gekommen. Es könnte jemand sagen, das sind schöne Schlagworte. Es ist keine Frage, daß auch diejenigen, die solcher Auffassung waren, im Verlauf einiger Jahre einsehen müssen, daß sich etwas ganz fundamentales geändert hat. Im alten Staate — wir haben es hier mit der Tatsache an sich zu tun — war der Bürger und Arbeiter mit wenigen Unterschieden so eingestellt, zu sagen, die da oben haben dafür zu sorgen, daß es uns gut geht, und wir haben dafür Gelegenheit, zu bezahlen (Wilhelm II. 21 Millionen, Bethmann Hollweg 100.000 Mk.). In der Richtung hat sich eine Änderung vollzogen und es wird sich immer stärker auswirken der Zwang der Verhältnisse, der im demokratischen Staatsgedanken liegt, der Zwang, daß der einzelne Bürger sich bewußt wird, du bist der Träger des Staates, Träger der Nation, du bist verantwortlich dafür, kannst die Verantwortung nicht abschieben auf die, die zufällig in den Ministersesseln sitzen. Ich habe mich darüber vor kurzem im Reichstag eingehender verbreitet und möchte das nicht wiederholen, möchte nur die Schlußfolgerung ziehen, daß die alte Sozialpolitik des Untertanen-Staates, die im wesentlichen eingestellt war darauf, daß die unteren Volksmassen durch Trinkgelder von oben still gehalten werden sollten, damit sie keine Forderungen an den Staat stellten — *diese Situation ist vorbei* und das muß sich sozialpolitisch auswirken.

Die Gewerkschaftsbewegung ist von jeher eine Kraft der Demokratie gewesen und wird es bleiben. Die 50jährige Arbeit der Gewerkschaftsbewegung hat mehr als irgend eine andere Bewegung dazu beigetragen, die Masse der Angestellten und Arbeiter für den Staatsgedanken lebendig zu machen. Das wird sich weiter auswirken in sozialpolitischen Fragen. Gerade weil die Gewerkschaftsbewegung eine demokratische Erziehungsorganisation ist, darum muß sie mehr als bisher Wert darauf legen, daß nicht alle Forderungen an den Staat gestellt werden, sondern daß die breiten Massen der organisierten Arbeitnehmer ihre Maßnahmen *selber* durchführen, anders ausgedrückt, nicht ausschließlich, nicht überwiegend Staatshilfe fordern, sondern noch mehr als bisher tun *durch Selbsthilfe* und Bruderhilfe im Rahmen der Organisation.

Ich gehe, wie vielleicht dem einen oder anderen bekannt ist, in diesen Dingen sehr weit, ich verlange, daß der Staat sich aus den sozialpolitischen Versicherungsgesetzen, aus den sozialpolitischen Organen überhaupt zurückzieht und diese den Beteiligten selber zur Verwaltung überläßt. Diese eigene Verwaltung bedeutet, daß sie das Recht haben, eigene Dummheiten zu machen und daraus zu lernen.

Diese Forderung nach *sozialpolitischer Selbstverwaltung*, nach der *Entstaatlichung der Sozialpolitik* ist besonders eine Frage, die sich auswirken muß im Rahmen der Betriebsräte. Ich will nur wenige Sätze darüber sagen.

Als wir vor 6 Jahren das Betriebsrätegesetz machten und als Schneider damals als Berichterstatter im Reichstag seine Rede hielt für dieses Gesetz, während unten die Maschinengewehre knallten, wurden die Betriebsräte zum Teil überschätzt, zum Teil unterschätzt. Die Betriebsräte sind kein Mittel, mit denen man die allgemeine Glückseligkeit im Staate herbeiführt, sie sind Meilensteine; aber sie sind Mittel, um wirtschaftliche Gedanken in die Angestellten und Arbeiterschaft hineinzuführen, um der Arbeiterschaft wirtschaftliche Kenntnisse zu verschaffen und mehr Verantwortung, diese Gedanken durchzuführen. Die Betriebsräte scheinen jetzt zu sehr in den Hintergrund gedrängt zu sein. Wir müssen von hier aus die Forderung erheben, daß die Betriebsräte und der hinter ihnen stehende Gedanke der wirtschaftlichen Demokratie lebendig bleiben müssen, von uns lebendig gemacht werden müssen, falls sie unter der Interessenlosigkeit der Massen zu leiden haben.

Ich halte diese wirtschaftlichen Aufgaben der Gewerkschaften für die Zukunft für außerordentlich wichtig. Im ersten Entwicklungsabschnitt der Gewerkschaftsbewegung, der im großen und ganzen geht bis zum November 1918, vielleicht kann man sagen bis zum Hilfsdienstgesetz im Frühjahr 1917, konnten sich die Gewerkschaften im wesentlichen einstellen auf Agitation und Mitgliederwerbung. Sie konnten die anderen Fragen in den Hintergrund treten lassen, teils weil es an der Zeit fehlte, um diese Fragen tiefer zu behandeln und zu beeinflussen.

Aus dieser Anfangszeit, wenn sie wollen, aus diesen Flegeljahren der Gewerkschaftsbewegung, sind wir heraus und wir werden nie wieder hineinkommen. Die Gewerkschaftsbewegung als solche steht in der Periode, in der ein junger Mann steht von 25 bis 30 Jahren. Er kann nicht mehr werden, was er vor 10 Jahren war. Er muß Verantwortung mit übernehmen für die zukünftige Arbeit und Entwicklung. Das gilt auch für die Gewerkschaft.

[. . .]

*Quelle: Anton Erkelenz, Neue Aufgaben der Gewerkschaftspolitik: Freiheitlich-National. III. freiheitlich-nationaler Kongreß des Gewerkschaftsringes deutscher Arbeiter-, Angestellten- und Beamtenverbände am 14. und 15. März 1926 in Berlin, Berlin-Zehlendorf 1926, S. 40—52.*

# Dokument 15
## Resolution des Kongresses der Christlichen Gewerkschaften 1926 in Dortmund über „Mitbestimmungsrecht und Mitbesitz"

Der 11. Kongreß der christlichen Gewerkschaften Deutschlands erhebt erneut die Forderung auf die den Arbeitnehmern in der Reichsverfassung zugesicherte gleichwertige Mitwirkung an der gesamten wirtschaftlichen Entwicklung der produktiven Kräfte. Er fordert vor allem die *paritätische Zusammensetzung aller öffentlich-rechtlichen Wirtschaftskammern* sowie die baldige Errichtung von *Bezirkswirtschaftsräten* und des endgültigen *Reichswirtschaftsrats* in organisch gegliedertem Aufbau. Für diese Körperschaften ist die freie Selbstverwaltung und Betätigungsmöglichkeit in allen wichtigen Angelegenheiten der Wirtschafts- und Sozialpolitik gesetzlich festzulegen.

Die erstrebte gleichberechtigte Mitleitung und Mitbestimmung in Betrieb und Wirtschaft können die Arbeitnehmer in verstärktem Maße erreichen auf dem Wege über den *Mitbesitz der Wirtschaft.* Durch Stärkung und gute *Organisation der Sparkraft* sowie die systematische Verwendung des Sparkapitals ist diesem Ziele zuzustreben. Aufgabe aller Angestellten sowie der Kartell- und Ortsgruppenleitungen ist, unausgesetzt für diese Idee zu werben und auch durch Errichtung von *Sparannahmestellen der Deutschen Volksbank* den Sparbetrieb zu erleichtern.

Die gesammelten Spargelder dienen unter bankmäßiger Sicherung in erster Linie der Stärkung aller den christlichen Gewerkschaften nahestehenden gutgeleiteten Wirtschaftsunternehmungen, im besonderen *Konsumvereinen, Produktivgenossenschaften* und *Versicherungsgesellschaften.* Verfügbare Gewerkschaftsgelder sind gleichfalls in verstärktem Maße diesen Zwecken dienstbar zu machen. Es wird dabei vorausgesetzt, daß die Mittel und Einrichtungen der Wirtschaftsunternehmungen (Konsumvereine, Produktivgenossenschaften und Versicherungsgesellschaften) auch den gewerkschaftlichen Bestrebungen dienen.

Der Ausschuß des Gesamtverbandes der christlichen Gewerkschaften wird beauftragt, zur Sammlung eines besonderen *Produktionsschatzes* die notwendigen Maßnahmen zu treffen.

*Quelle: Niederschrift der Verhandlungen des 11. Kongresses der christlichen Gewerkschaften Deutschlands, abgehalten vom 17. bis 20. April 1926 in Dortmund, Berlin 1926, S. 524.*

# Dokument 16
## Resolution des ADGB-Kongresses 1928 in Hamburg über „Die Verwirklichung der Wirtschaftsdemokratie"

Ausgehend von der Erkenntnis, daß das Wohl der Arbeiterklasse neben dem unverändert im Vordergrunde der gewerkschaftlichen Aufgaben stehenden Kampf um die Verbesserung der Lohn- und Arbeitsbedingungen entscheidend abhängig ist von der Umwandlung des Wirtschaftssystems, erhebt der 13. Kongreß der Gewerkschaften Deutschlands von neuem die Forderung der Demokratisierung der Wirtschaft.

Die Gewerkschaften erblicken, wie es der Nürnberger Kongreß im Jahre 1919 schon erklärt hat, im Sozialismus gegenüber der kapitalistischen Wirtschaft die höhere Form der volkswirtschaftlichen Organisation. Die Demokratisierung der Wirtschaft führt zum Sozialismus. Diesen Weg deutlich zu zeigen und die ökonomische und gesellschaftliche Entwicklung auf diesem Wege zu führen, ist eine Aufgabe, die in erster Linie den Gewerkschaften zufällt. Nicht als fernes Zukunftziel, sondern als täglich fortschreitender Entwicklungsprozeß stellt sich die Umwandlung des Wirtschaftssystems dar. In diesem Entwicklungsprozeß sind der organisierten Arbeiterschaft vielfältige Einzelaufgaben erwachsen.

Die Demokratisierung der Wirtschaft bedeutet die schrittweise Beseitigung der Herrschaft, die sich auf dem Kapitalbesitz aufbaut, und die Umwandlung der leitenden Organe der Wirtschaft aus Organen der kapitalistischen Interessen in solche der Allgemeinheit. Die Demokratisierung der Wirtschaft erfolgt schrittweise mit der immer deutlicher sichtbaren Strukturwandlung des Kapitalismus. Deutlich führt die Entwicklung vom kapitalistischen Einzelbetrieb zum organisierten Monopol-Kapitalismus. Damit wurden auch die Gegenkräfte der organisierten Arbeiterschaft und der politisch-demokratisch organisierten Gesellschaft geweckt. Der Gegenstoß gegen die wirtschaftliche Autokratie des Unternehmertums ist bisher schon nicht erfolglos geblieben. Lebenswichtige Zweige der Wirtschaft werden bereits in der kapitalistischen Gegenwart in steigendem Maße von der privaten in die öffentliche Hand überführt. Die Arbeitsbedingungen hängen nicht mehr allein von der Freiheit des Marktes ab, die für den Arbeiter schlimmste Unfreiheit bedeutete. Sie werden gestaltet unter dem zunehmenden Einfluß der Gewerkschaften und mitgeformt von Gesetzen, die der demokratisierte Staat gegen die Freiheit der Ausbeutung erlassen muß. Auch eine Wandlung des Eigentumsrechtes ist in ihren Anfängen sichtbar.

Diese Anfänge der Neuordnung erleichtern es der Arbeiterklasse, die Demokratisierung der Wirtschaft weiterhin in schnellerem Tempo zu fördern. Auf zwei Wegen ist die Kraft der Gewerkschaften hierfür einzusetzen. Auf der einen Seite stehen die Forderungen an die Gesetzgebung und die öffentliche Verwaltung. Sie werden sich in dem Maße durchsetzen, als die Gewerkschaften und die politische Macht der Arbeiterschaft im demokratischen Staat sich Geltung und Einfluß erringen. Auf der anderen Seite stehen die Aufgaben des Aufbaues neuer demokratischer Wirtschaftsformen, die unmittelbar von der organisierten Arbeiterschaft selbst, ohne den Umweg über den Staat, zu erfüllen sind.

Zu diesen Aufgaben und Forderungen gehören die Ausgestaltung des kollektiven Arbeitsrechts, des sozialen Arbeitsschutzrechts, der Ausbau und die Selbstverwaltung der Sozialversicherung, die Erweiterung des Mitbestimmungsrechts der Arbeitnehmer im Betrieb, die paritätische Vertretung der Arbeiterschaft in allen wirtschaftspolitischen Körperschaften, die Kontrolle der Monopole und Kartelle unter voller Mitwirkung der

Gewerkschaften, die Zusammenfassung von Industrien zu Selbstverwaltungskörpern, die Ausgestaltung der Wirtschaftsbetriebe in öffentlicher Hand, die Produktionsförderung in der Landwirtschaft durch genossenschaftliche Zusammenfassung und Fachschulung, die Entwicklung der gewerkschaftlichen Eigenbetriebe, die Förderung der Konsumgenossenschaften, die Durchbrechung des Bildungsmonopols.

Die Durchführung dieser Aufgaben wird nicht nur die geistigen und materiellen Lebensbedingungen der Arbeiterklasse verbessern, sie wird gleichzeitig durch die Befreiung der Wirtschaft vom privaten Profitstreben die Lebensbedingungen der Gesamtheit auf eine höhere Stufe heben.

Dieser Kampf für eine neue Wirtschaftsordnung wird um so erfolgreicher geführt werden können, je geschlossener die Arbeiterklasse zusammenhält, je einiger sie sich für die Erringung ihrer Ziele einsetzt. Den Rahmen für diesen Befreiungskampf bilden die Verbände, unter deren Banner die Arbeiterschaft schon bisher von Erfolg zu Erfolg geschritten ist, bilden die von der Arbeiterschaft für die Arbeiterschaft geschaffenen Gewerkschaften.

*Quelle: Protokoll der Verhandlungen des 13. Kongresses der Gewerkschaften Deutschlands, abgehalten in Hamburg vom 3. bis 7. September 1928, Berlin 1928, S. 20 ff.*

# Dokument 17
## Entschließung des „Krisenkongresses" des ADGB am 13. April 1932 in Berlin zur Arbeitsbeschaffung

I.

Die Massenarbeitslosigkeit und das soziale Elend im Lande haben ein Ausmaß erreicht, das den Staat verpflichtet, unter Aufwand seiner ganzen Kraft dem Schrumpfungsprozeß der Wirtschaft entgegenzuwirken und den aus der Produktion ausgeschalteten Arbeitskräften wieder Beschäftigung zu verschaffen.

Der Kongreß richtet an die Reichsregierung die Forderung, unverzüglich Anordnungen zur Inangriffnahme öffentlicher Arbeiten und zur Vergebung öffentlicher Aufträge sowie zur Förderung geeigneter Privataufträge zu treffen in einem Umfange, daß eine *fühlbare Entlastung des Arbeitsmarktes* eintritt. Zu diesem Zweck müssen solche zusätzlichen Arbeiten in Gang gebracht werden, die wirtschaftlich nützlich sind und von deren Kostenaufwand ein möglichst großer Teil auf die Löhne entfällt. In erster Linie kommen hierfür in Betracht Straßenerhaltung und Straßenbau, landwirtschaftliche Meliorationen und Siedlungen, Hochwasserschutz, Kleinwohnungsbau und Unterhaltung des vorhandenen Wohnraumes, Aufträge der Reichsbahn und der Reichspost.

Bei der Durchführung der Arbeiten müssen die beschäftigten Arbeitskräfte den üblichen Tariflohn erhalten; die Arbeitszeit darf höchstens 40 Stunden in der Woche betragen.

Der Kongreß verkennt nicht die Schwierigkeiten, die der *Finanzierung der Arbeiten* entgegenstehen. Die Lage erfordert jedoch, daß die Anstrengungen zu ihrer Überwindung gesteigert werden. Alle noch auftreibbaren Mittel, auch gewisse Steuermittel, wie die durch die Reichsfluchtsteuer erfaßten Beträge und die Hauszinssteuer, sind vorübergehend zur Arbeitsbeschaffung zu verwenden, ferner die beträchtlichen Summen der durch die Wiederbeschäftigung von Arbeitslosen ersparten Unterstützungen sowie der von den Wiederbeschäftigten aufzubringenden Steuern und Beiträge zur Arbeitslosenversicherung.

Darüber hinaus unterstützt der Kongreß die Forderung der sozialdemokratischen Reichstagsfraktion nach einer volkstümlichen *Arbeitsbeschaffungsanleihe*, die so auszugestalten ist, daß sie die von der Bevölkerung gehorteten Gelder anzieht.

So weit die Anleihestücke noch nicht in vollem Umfange auf dem Kapitalmarkt untergebracht sind, sollen sie den Banken als Unterlage für eine *Zwischenfinanzierung* der Arbeitsbeschaffung dienen. Um die Sicherheit der Verzinsung und Rückzahlung der Kredite zu erhöhen, müssen nötigenfalls besondere Zweckverbände der Schuldnerkörperschaften gebildet werden.

Durch scharfe Preisüberwachung in Verbindung mit einer zweckmäßigen Zoll- und Einfuhrpolitik muß jeder spekulativen Preisbildung vorgebeugt werden.

Die einheitliche und beschleunigte Durchführung der Arbeitsbeschaffung ist einer mit ausreichenden Befugnissen ausgestatteten Zentralstelle zu übertragen. Ihre Aufgabe ist zugleich, das Vertrauen für die Arbeitsbeschaffungspolitik im Inlande wie im Auslande zu verstärken.

Der Kongreß wiederholt im übrigen die früheren Forderungen der Gewerkschaften zur Bekämpfung der Arbeitslosigkeit, insbesondere gesetzliche *Beschränkung der wöchentlichen Arbeitszeit auf höchstens 40 Stunden und Stärkung der Massenkaufkraft*.

Der Kongreß fordert alle Volksgenossen auf, die Dringlichkeit der Arbeitsbeschaffung zu erkennen und alle Kräfte für ihre Durchführung einzusetzen.

II.

Unbeschadet aller Vordringlichkeit der Arbeitsbeschaffung erklärt der Kongreß es als eine gleichfalls unerläßliche Aufgabe der Reichsregierung, aus den katastrophalen Erscheinungen und Vorgängen auf dem Gebiete der Wirtschaft die Folgerungen zu ziehen, die Volk und Staat in Zukunft vor gleichen Erschütterungen sicherstellen. Die Wirtschaftsführung des privatkapitalistischen Systems hat nach den Erfahrungen der letzten Zeit das Vertrauen weitester Volkskreise verloren. *Der Einfluß des Staates, seine Aufsicht und seine Mitwirkung in der Wirtschaft müssen beschleunigt ausgebaut und verstärkt werden.* Der Kongreß beauftragt den Bundesvorstand, die Forderungen der Gewerkschaften für den notwendigen Umbau der Wirtschaft erneut der Regierung vorzulegen und sie mit stärkstem Nachdruck zu vertreten.

> *Quelle: Protokoll der Verhandlungen des außerordentlichen (15.) Kongresses der Gewerkschaften Deutschlands (5. Bundestag des Allgemeinen Deutschen Gewerkschaftsbundes), abgehalten im Plenarsaal des Reichstags in Berlin am 13. April 1932, Berlin 1932, S. 18—19.*

# Dokument 18
# Richtlinien des ADGB und des AfA-Bundes zum Umbau der Wirtschaft vom 21. Juni 1932

Die ungeheure Krise macht es zur zwingenden Aufgabe unserer Zeit, mit dem Kampfe um die Überwindung der herrschenden Krisennot planvolle Maßnahmen gegen die Wiederkehr gleichartiger Katastrophen einzuleiten. Der Umbau der jetzigen planlosen Wirtschaft in eine planvolle Gemeinwirtschaft ist unerläßlich.

In der anzustrebenden planmäßigen Bedarfsdeckungswirtschaft muß die Gesellschaft die Verfügungsgewalt über die Produktionsmittel haben. Aus dieser Zielsetzung ergeben sich folgende Richtlinien für eine den wahren Interessen des Allgemeinwohls dienende Wirtschaftspolitik:

## I. Konjunkturpolitik und Massenkaufkraft

Die planmäßige Entwicklung der Wirtschaft erfordert die Anpassung der Produktion an den gesellschaftlichen Bedarf.

1. Zur Verhütung der Krisen und zur Förderung des wirtschaftlichen Fortschritts ist entsprechend der wachsenden Produktivität der menschlichen Arbeit eine systematische Stärkung der Massenkaufkraft und die Regelung der Kapitalbildung sowie der Kapitalverwendung notwendig.

2. Mit der steigenden Produktivität der Arbeit ist die Arbeitszeit zu verkürzen. Die 40-Stunden-Woche ist sofort gesetzlich durchzuführen, sie muß zur Zeit als das Höchstmaß der zulässigen Arbeitszeit gelten.

3. Zur Milderung der Konjunkturschwankungen müssen Reich, Länder, Gemeinden und sonstige öffentliche Körperschaften ausreichende finanzielle Mittel für Arbeiten und Aufträge in der Krisenzeit bereithalten. Die Träger der Sozialversicherung müssen während der guten Konjunktur Reserven bilden, deren Einsatz in der Krise dem Absinken der Massenkaufkraft entgegenwirkt.

## II. Industrie und Handel

Der demokratische Staat muß entscheidenden Einfluß auf die Entwicklung der Industrie und des Handels ausüben, um sie zum Wohl der Allgemeinheit zu lenken.

1. Die Schlüsselindustrien sind der Willkürherrschaft der Privatmonopole zu entziehen und in Gemeinbesitz zu überführen. Die Bodenschätze und die lebenswichtigen Rohstoffindustrien, ferner die gesamte Energiewirtschaft sowie der gesamte Verkehrsapparat, die die Grundlagen des modernen Wirtschaftslebens bilden, müssen von der Gesellschaft zum Nutzen der Allgemeinheit planmäßig bewirtschaftet werden.

2. In erster Linie sind zu verstaatlichen:
der gesamte Bergbau einschließlich der Nebenbetriebe,
die Eisenindustrie einschließlich der Schrottwirtschaft und die Metallgewinnung,
die Großchemie, insbesondere die Herstellung von künstlichen Düngemitteln,
die monopolisierten Zweige der Baustoffindustrie, insbesondere die Zementindustrie.

3. Die Energie- und Verkehrswirtschaft ist in ihrer Gesamtheit in den Besitz der öffentlichen Hand zu überführen mit dem Ziel der Verbesserung und Verbilligung ihrer Leistungen.

4. Alle Kartelle und ähnlichen Zusammenschlüsse von Unternehmungen sowie monopolartige Konzerne und Einzelunternehmungen sind durch ein staatliches Kartell- und Monopolamt zu überwachen. Das Kartell- und Monopolamt hat die Anlage-, Produktions- und Absatzpolitik sowie die Festsetzung der Preise ständig zu prüfen und im Interesse der Allgemeinheit zu beeinflussen.

5. Um die planmäßige Verbindung zwischen Massenbedarf und Produktion herzustellen und die Verteilungskosten zu verringern, ist der Zusammenschluß der Verbraucher in Konsumgenossenschaften zu fördern.

## III. Kredit- und Bankwesen

Das private Bankwesen ist durch ein staatlich beherrschtes Bankensystem mit der Aufgabe planmäßiger Kredit- und Kapitalverteilung zu ersetzen.

1. Die Banken und sonstigen Kreditinstitute sowie die Versicherungsgesellschaften, insbesondere die Lebensversicherungen als Sammelbecken des Sparkapitals, sind zu verstaatlichen.

Als Übergangsmaßnahme ist der kapitalmäßige Einfluß des Staates auf die Banken auszubauen. Alle Kapitalbeteiligungen öffentlicher Stellen bei Banken sind zur durchgreifenden Sicherung ihres Einflusses auf die Geschäftsführung zu benutzen.

2. Bereits in der Übergangszeit müssen die Kredite planmäßig verteilt und in der Richtung der planmäßigen volkswirtschaftlichen Bedarfsdeckung gelenkt werden. Diese Aufgabe hat ein zentrales Bankenamt zu erfüllen, das die Bewegung der Kredite durchleuchtet, Richtlinien für die Anlagepolitik der Kreditinstitute aufstellt und die Durchführung dieser Richtlinien überwacht.

3. Das Bankenamt muß mit der Reichsbank, als der Hüterin des Geldwesens, eng zusammenarbeiten. Die Reichsbank ist von dem überwiegenden Einfluß der privaten Bank- und Industriekreise zu befreien. In ihrem Generalrat müssen neben dem Staat und der öffentlichen Wirtschaft alle wichtigen Wirtschaftsverbände, vor allem die Gewerkschaften und Verbraucher, vertreten sein.

## IV. Agrarpolitik

Die Arbeiterklasse erstrebt einen gerechten Ausgleich zwischen Stadt und Land.

1. Jedem werktätigen Landwirt gebührt ein angemessenes Einkommen für seine aufgewandte Arbeit. Der landwirtschaftliche Arbeitsertrag ist abhängig von der Erhaltung und Erhöhung der Massenkaufkraft. Daher müssen alle Maßnahmen der Preisbeeinflussung, insbesondere alle Schutzmaßnahmen gegen die ausländische Konkurrenz, auf die Kaufkraft der städtischen Verbraucher Rücksicht nehmen.

2. Zur Sicherung der Landwirtschaft gegen übermäßige Schwankungen der Erlöse ist der Markt durch staatliche Handelsmonopole sowie planmäßige Beeinflussung des Umfanges und der Richtung der Produktion zu regulieren. Die Spanne zwischen Erzeuger- und Verbraucherpreisen ist durch staatliche Maßnahmen und durch direkte Zusammenarbeit der landwirtschaftlichen Absatzgenossenschaften mit den städtischen Verbrauchergenossenschaften zu verringern.

3. Um die Lage der Kleinbauern zu verbessern, muß der Staat das Fachwissen fördern, die Feldbereinigung beschleunigen und die Bildung von Produktivgenossenschaften unterstützen.

4. Der nicht mehr lebensfähige Großgrundbesitz ist in Bauernland oder in genossenschaftliche Großbetriebe umzuwandeln. Die Siedlungsstellen müssen ausreichende Lebensmöglichkeiten gewähren. Bei der Auswahl der Siedler sind in erster Linie Landarbeiter zu berücksichtigen. Jede Subventionierung des Großgrundbesitzes ist einzustellen. Das Großgrundeigentum ist in Gemeinbesitz zu überführen.

## V. Außenhandelspolitik

Die Außenhandelspolitik, die gegenwärtig von privaten, industriellen und agrarischen Interessen beherrscht wird, ist in den Dienst der Lenkung der Volkswirtschaft zu stellen. Sie hat die Einordnung der deutschen Volkswirtschaft in die internationale Arbeitsteilung zu fördern und der Gefahr ihrer Abschnürung vom Weltmarkt vorzubeugen.

1. Die Zoll- und Handelspolitik Deutschlands muß auf den Abbau der Handelshemmnisse gerichtet sein.

2. Deutschland muß mit allen ihm zur Verfügung stehenden Mitteln die Wiederherstellung des internationalen Währungs- und Kreditzusammenhanges fördern.

3. Besonders muß der enge Zusammenschluß der europäischen Wirtschaftskräfte angestrebt werden.

4. Mit dem Ausbau der Planwirtschaft wird an die Stelle der heutigen privaten Außenhandelsbeziehungen der staatlich organisierte internationale Güteraustausch auf der Grundlage eines Außenhandelsmonopols treten.

## VI. Aufbau der Planwirtschaft

Schon im Rahmen des bestehenden Wirtschaftssystems müssen die Ansätze zur Planwirtschaft zusammengefaßt werden. Im besonderen muß die einheitliche Führung der Eigenwirtschaft der öffentlichen Hand sichergestellt werden.

1. Mit dem Aufbau der Planwirtschaft und deren Leitung ist eine zentrale Planstelle zu betrauen. Sie hat in engster Zusammenarbeit mit dem Bankenamt, dem Kartell- und Monopolamt, den Organen des Handelsmonopols und der Verwaltung der öffentlichen Wirtschaft ständig die Tätigkeit der einzelnen Zweige der Wirtschaft zu beobachten und auf ihre planmäßige Entwicklung hinzuwirken.

2. Entsprechend der fortschreitenden Verstaatlichung der Banken und der Ausdehnung der öffentlichen Wirtschaft hat die Planstelle in Verbindung mit dem Bankenamt volkswirtschaftliche Kreditverteilungspläne aufzustellen. Mit den Organen des Außenhandelsmonopols muß sie die Richtlinien für den Außenhandel festlegen.

3. Der Ausbau der Planwirtschaft muß Hand in Hand gehen mit der Demokratisierung der Wirtschaft. An allen öffentlichen Einrichtungen, die der Förderung oder Überwachung der Wirtschaft, einzelner Wirtschaftszweige oder Wirtschaftsgebiete dienen, sind gemäß Artikel 165 der Reichsverfassung die berufenen Vertreter der Arbeitnehmer angemessen zu beteiligen.
Berlin, 21. Juni 1932.

*Allgemeiner Deutscher Gewerkschaftsbund*

*Allgemeiner freier Angestelltenbund*

> Quelle: Gewerkschafts-Zeitung Nr. 27 vom 2. Juli 1932, S. 418—420.

# Dokument 19
## „Allgemeine Zielsetzungen" aus den „Richtlinien der christlich-nationalen Gewerkschaften" vom März 1933 („Essener Programm")

*1. Der Einzelne.* Für den einzelnen Menschen erstreben die christlichen Gewerkschaften die Sicherung einer menschenwürdigen Existenz, und zwar in erster Linie durch die Ermöglichung des Erwerbs von Eigentum, das ihm einen angemessenen freien Lebens- und Betätigungsraum sichert.

Dann aber ist die möglichste Sicherung der Existenz des einzelnen ein Hauptziel der berufsständisch geordneten Gesellschaft und Wirtschaft.

Durch diese Zielsetzung der Existenzsicherung erstreben die christlichen Gewerkschaften für den einzelnen die Verwirklichung seines höchsten Anliegens, nämlich Begründung und Wahrung der Ehre und Entfaltung der freien, religiös-sittlichen und berufstüchtigen Persönlichkeit.

*2. Die Familie.* Die christlichen Gewerkschaften bejahen die naturhafte Bestimmung des Menschen zur Familie und erstreben, ihm die Erfüllung dieser Bestimmung zu ermöglichen.

Das erste Mittel zu diesem Ziel ist wiederum die Ermöglichung des Erwerbs von Eigentum, das gerade mit Rücksicht auf die Familie vor allem in Grund und Boden, zum mindesten aber in einer hinreichenden Wohnung zu bestehen hat. Nach dieser Richtung kann die öffentlich-rechtlich in Berufsständen organisierte Wirtschaft und Gesellschaft förderlich sein, indem sie durch geeignete Rechtsentwicklung auf dem Gebiet des Werkswohnungs- und Siedlungswesens sich als sichernde Instanz einschaltet.

Die christlichen Gewerkschaften erstreben ferner eine Entwicklung des Arbeitsrechts und der Sozialversicherung, die der natürlichen Vorrangstellung des Familienvaters entspricht. Dadurch und durch eine entsprechende Orientierung der Sozialpolitik sowie der sozialen Gesetzgebung soll die Zerreißung der inneren Einheit der Familie verhütet werden, die heute von seiten der Arbeit der verheirateten Frau und seitens der selbständigen Minderjährigen droht.

Unter Beachtung der Wahrheit, daß die beste Familienpolitik die beste Wirtschaftspolitik ist, und vor allem aus ihrer christlichen Grundhaltung heraus erstreben die christlichen Gewerkschaften für die Arbeiterschaft einen Lebensraum, der dem gesunden Fortpflanzungswillen einer gesund und christlich aufgefaßten Ehe dient. Die christlichen Gewerkschaften verwerfen daher eine derartige Ausbreitung und Ausweitung der Frauenarbeit, daß sie zwangsläufig Ehe und Familie abträglich wird. Noch mehr ist die Arbeit der verheirateten Frau dann zu verwerfen, wenn sie den Aufgaben der Mutter in der Familie zuwiderläuft.

Die christlichen Gewerkschaften wollen eine christliche und nationale Erziehung der Jugend. Sie sehen das praktische Ziel der Jugenderziehung in der Heranbildung sittlich charaktervoller und lebenstüchtiger Menschen. Für alle Schularten, auch für die Berufsschule, ist daher nicht die Anhäufung irgendwelchen Wissens oder einer rein technischen Notwendigkeit entscheidend, sondern die Anleitung und Übung, das konkrete Leben von wesentlichen und richtigen Gesichtspunkten her zu beurteilen und zu gestalten. Deshalb kommen für die christlichen Gewerkschaften nur die *Bekenntnis-*

schulen und die bekenntnistreue Lehrerschaft als Regelfall in Frage; in jenen Fällen, wo aus sachlichen Gründen dieser Forderung nicht Genüge geschehen kann, ist wenigstens durch die Art des Unterrichts und durch die Auswahl der Lehrerschaft den genannten obersten Zielpunkten der Pädagogik wirksam Rechnung zu tragen.

### 3. Der Berufsstand

a) Pädagogische und volkspolitische Aufgaben. Der Berufsstand ist wesensgemäß aus einer gesellschaftspolitischen Einrichtung zu einer *Lebensgemeinschaft* zu entwickeln. Diesem Hochziel dient die Erfüllung der verschiedenen Aufgaben, welche dem Berufsstand zufallen. Die Heranbildung der kommenden Generation erscheint unter diesem Gesichtspunkt als die sachlich und grundsätzlich erste Aufgabe.

Die Eigenart des Berufsstandes als einer Lebensgemeinschaft verlangt ferner: die Art der Verteilung der Angehörigen der verschiedenen Generationen auf die Arbeitsplätze muß so erfolgen, daß die verschiedenen Lebensalter ihren eigentümlichen Beitrag zur vollen Entfaltung der Berufsgemeinschaft leisten können. Unter dieser Rücksicht ist die Belassung der älter werdenden Arbeiter im Beruf keineswegs eine Sache des Wohlwollens, sondern eine sachliche Forderung im Hinblick auf die *innere* Ausgeglichenheit und Leistungsfähigkeit des Berufsstandes. Letzterer kann aus persönlichen und sachlichen Gründen auf die reife Erfahrung und den größeren Verantwortungswillen dieser Kräfte nicht verzichten.

Der Berufsstand, als Lebensgemeinschaft aufgefaßt, ist auch die naturgegebene Grundlage zur Schaffung von *Ausgleichskassen*, die der Einkommensergänzung zum Lebensunterhalt kinderreicher Familien dienen.

b) Staatspolitische Aufgaben. Die Berufsstände als Lebensgemeinschaft sind die natürlichen Einheitskörper im Leben der Gesellschaft, vor allem der Wirtschaftsgesellschaft. Deshalb sind sie von sich aus Träger öffentlich-rechtlicher Befugnisse der sich selbst verwaltenden Gesellschaft. Sie sind deshalb von Natur aus bestimmt und befugt, an erster Stelle jene allgemeinen Normen und Richtlinien aufzustellen, die aus der Wirtschaft ein geordnetes, auf das Gemeinwohl hin gerichtetes Ganzes machen sollen. Es fallen ihnen daher in *erster Linie* jene vom Gemeinwohl geforderten Entscheidungen zu, die unter dem Zwang der Umstände der heutige Staat in zentrale Obhut genommen hat, z. B. Entscheidungen über Stillegung, über das allgemeine Wohl berührende Fragen der Kartellierung und Entscheidungen im Schlichtungsverfahren. Dadurch wird eine stärkere Berücksichtigung der einzelnen beruflichen Interessen ermöglicht und gleichzeitig der Staat von ihm zunächst nicht wesensgemäßen Aufgaben entlastet.

Dieser berufsständische Aufbau der Wirtschaft und diese Ordnungsfunktion der Berufsstände sind für die christlichen Gewerkschaften der Weg, ihre alten Forderungen der Mitverantwortung und Subjektstellung der Arbeiterschaft im Produktionsprozeß zu verwirklichen. Durch eine der fachlichen Struktur des jeweiligen Produktionszweiges entsprechende Durchführung der Parität zwischen Arbeitgeber und Arbeitnehmer und mittels einer Wirtschaftspolitik, die den Machtfaktor des Privateigentums durch eine breite mittelständische Schicht in jedem Berufsstand neutralisiert, ist die praktische Entschluß- und Entscheidungsmöglichkeit des Berufsstandes in den angegebenen Fällen möglichst zu sichern.

Im äußersten Falle verbleibt die Entscheidung bei der staatlichen Instanz.

### 4. Der Staat.

Der Staat wird von den christlichen Gewerkschaften als ein naturhaftes, von einer geistig-sittlichen Gesellschaftsauffassung gefordertes Ordnungssystem von eigener Würde und Hoheit anerkannt und bejaht. Seine Entlastung durch die berufsständische Selbstverwaltung soll ihn für das eigentlich Politische frei machen.

Die Gesellschaftsauffassung, die dem berufsständischen Gedanken als Selbstverwaltung zugrunde liegt, fordert auch eine organische Gestaltung des Staatswesens.

Die christlichen Gewerkschaften bekennen sich daher zur wirksamen Geltendmachung des Volkswillens hinsichtlich der rein politischen Fragen. Zu diesen rein politischen Fragen gehören auch solche Wirtschaftsentscheidungen, die ihrer Natur nach das Gesamtdasein des Staatsvolkes nach innen oder außen berühren. Darunter fallen beispielsweise solche Steuergesetze, die in den volkspolitischen Aufbau der Nation wesentlich eingreifen, und Handelsverträge, die ihrer Natur nach ebenfalls Lebensfragen der Nation nach innen und außen berühren. In diesen Fällen, deren letzter, rein politischer Charakter nicht zu verkennen ist, steht den berufsständischen Verwaltungskörpern der Wirtschaft, besonders ihrer Zusammenfassung in einem Reichswirtschaftsrat, lediglich eine beratende Rolle zu.

Jene christliche und nationale Erziehung, die von den christlichen Gewerkschaften gefordert wird, bedeutet im Hinblick auf den Staat die Erziehung der einzelnen zu Staatsbürgern, die in sittlicher Verantwortung und Reife ihre bürgerlichen Rechte wahrnehmen.

*5. Nation.* Die christlichen Gewerkschaften bekennen sich zu einer freien, starken, deutschen Nation. Für diese Nation setzen sie ihre ganze Kraft ein. Deutschland muß frei sein, muß wehrhaft sein, um seine Weltgeltung wiederzuerlangen und zu behaupten.

*6. Völkergemeinschaft.* Die christlichen Gewerkschaften bejahen die Solidarität der Menschheit und der Völker. Sie sprechen jeder Nation das Recht zu auf den eigenen starken Staat und auf gleichberechtigte Anteilnahme an der Weltwirtschaft.

Unter dieser Voraussetzung sind die christlichen Gewerkschaften bereit, an allen Bestrebungen mitzuarbeiten, die der sittlichen Solidarität der Völker auf allen Gebieten der Kultur wirksam Ausdruck geben wollen. Freie, starke Nationalstaaten, in Gleichberechtigung und Gleichachtung einander verbunden, sind das beste Unterpfand für den Weltfrieden und die Zukunft der Völker.

*Quelle: Zentralblatt der christlichen Gewerkschaften Deutschlands Nr. 7 vom 1. April 1933, S. 87—89.*

# Dokument 20
## Beschluß des „Führerkreises der vereinigten Gewerkschaften" vom 28. April 1933

Die nationale Revolution hat einen neuen Staat geschaffen. Dieser Staat will die gesamtdeutsche Volkskraft einheitlich zusammenfassen und machtvoll zur Geltung bringen. Aus diesem volklichen Einheits- und Machtwillen heraus kennt er weder klassenmäßige Trennung noch volksabgewandte Internationalität. Diese Tatsache stellt das gesamte deutsche Volk, jeden seiner Stände und jeden Einzelnen vor die Notwendigkeit, seine Haltung zu diesem Staat festzulegen.

Die deutschen Gewerkschaften sind sich bewußt, daß auch an sie die Neugestaltung von Volk und Nation Forderungen stellt. Sie sind überzeugt, daß von ihrer bewußten Einordnung in die Neugestaltung die Zukunft des deutschen Volkes entscheidend beeinflußt wird. In dieser Erkenntnis sind sich alle Richtungen der deutschen Arbeitergewerkschaften einig. Sie sind, getreu ihrer staatspolitischen Tradition, zu positiver Mitarbeit am neuen Staat bereit.

Die deutschen Gewerkschaften sind in den Jahrzehnten ihrer Geschichte mit dem wirtschaftlichen, sozialen und kulturellen Dasein des ganzen Volkes verwachsen. Sie waren und sind gestaltende und tragende Kräfte seiner Lebensordnung. Weder die Wirtschaft noch die Gesellschaft noch der Staat können ihre positive Mitarbeit entbehren, ohne daß die Gesamtinteressen der Nation Schaden leiden.

Die deutschen Gewerkschaften sind des Glaubens, daß sie der großen Aufgabe des neuen Staates, alle Kräfte des deutschen Volkes zu einer stärkeren Einheit zusammenzufassen, am besten dienen, wenn sie sich über alle Trennungen der Vergangenheit hinweg zu einer einzigen umfassenden nationalen Organisation der Arbeit vereinigen. Deshalb bekunden der Bundesvorstand des Allgemeinen Deutschen Gewerkschaftsbundes, der Hauptvorstand des Gesamtverbandes der christlichen Gewerkschaften Deutschlands und der Hauptvorstand des Verbandes der Deutschen Gewerkvereine (HD) die Absicht, die bestehenden Spitzen- und Berufsverbände mit dem Ziel der Umformung und Vereinheitlichung zusammenzuschließen.

Zur Vorbereitung und Durchführung dieses Zieles bestimmen die Vorstände einen Führerkreis, für den jede Gewerkschaftsrichtung drei Personen stellt.

Der Führerkreis hat folgende Aufgaben:

1. Die geistige Grundlage der Einheitsgewerkschaften zu klären und festzulegen;
2. die Voraussetzungen für den organisatorischen Zusammenschluß der einzelnen Berufsverbände durch Verhandlungen mit den Verbandsvorständen zu schaffen;
3. den Bund der vereinigten Gewerkschaften technisch vorzubereiten, Satzungen auszuarbeiten und die Führer- und Personalfrage nach Zahl und Namen zu lösen;
4. die praktischen Zielsetzungen der Einheitsgewerkschaften festzulegen. Dabei ist zu beachten, daß
   a) die Gewerkschaften die berufenen Vereinigungen zur Vertretung der sozialen und wirtschaftlichen Interessen der Arbeiter und Arbeiterinnen sind;
   b) das höchste Ziel ihrer Arbeit die Förderung eines gesunden Staates und Volkes als Voraussetzung zur Sicherung der sittlichen, kulturellen, staatlichen und wirtschaftlich-sozialen Lebensrechte des deutschen Arbeiterstandes ist;
   c) die religiösen Grundkräfte in ihrer staats- und gesellschaftsaufbauenden Bedeutung geachtet und anerkannt werden;

d) die Gewerkschaften parteipolitisch völlig ungebunden sein müssen.
5. Die Verhandlungen mit der Regierung und sonstigen verantwortlichen Stellen zu führen;
6. das aktive und passive Vermögen in die gemeinsame Verwaltung überleiten;
7. die immobilen und mobilen Werte der Verbände, der Orts- und Bezirksausschüsse bzw. Kartelle, der Arbeitersekretariate usw. als gemeinsame Einrichtungen zu überführen und der gemeinsamen Benutzung dienstbar zu machen.

Der Führerkreis handelt im Auftrag der gesamten Vorstände selbständig und bindend. Er kann zu seinen Beratungen Sachverständige zuziehen und sie gutachtend hören. Er kann für Spezialgebiete Unterausschüsse einsetzen.

Bis zum Abschluß der Vorarbeiten des Führerkreises enthalten sich die Vorstände jeder Sonderverhandlungen über die Umgestaltung der Gewerkschaften.

Der Führerkreis verpflichtet sich, den Vorständen über die entscheidenden Abschnitte der Verhandlungen jeweils Bericht zu erstatten.

[Für den ADGB:]
Theodor Leipart, Peter Grassmann, Wilhelm Leuschner, Franz Spliedt

[Für den Gesamtverband:]
Friedrich Baltrusch, Franz Behrens, Jakob Kaiser, Bernhard Otte, Adam Stegerwald

[Für die H. D. Gewerkvereine:]
Ernst Lemmer.

*Quelle: Gerhard Beier, Zur Entstehung des Führerkreises der Vereinigten Gewerkschaften Ende April 1933, in: Archiv für Sozialgeschichte XV, 1975, S. 365—392, hier S. 389—392.*

# Dokument 21
## Stellungnahmen des ADGB zum 1. Mai 1933

### a) Aufruf des Bundesvorstandes vom 15. April 1933

AN DIE MITGLIEDER DER GEWERKSCHAFTEN!

*Kollegen und Kolleginnen!*

Im Zeichen des *1. Mai* habt ihr alljährlich euch zu der großen Aufgabe bekannt, in der deutschen Arbeiterschaft den hohen Gedanken der gegenseitigen Hilfe durch Erziehung zu Standesbewußtsein, Gemeinschaftswillen und Kameradschaftsgeist unermüdlich zu wecken, zu pflegen und zu fördern, wie er in unseren Gewerkschaften seinen organisatorischen Ausdruck gefunden hat.

Am Tage des *1. Mai* erglühte stets erneut das Bekenntnis der von leidenschaftlichem Kulturwillen beseelten deutschen Arbeiter, den werktätigen Menschen einem dumpfen Arbeitsdasein zu entreißen und ihn als freie, selbstbewußte Persönlichkeit in die Gemeinschaft des Volkes einzuordnen.

*So habt ihr im Zeichen des 1. Mai euch den gesetzlichen Achtstundentag, das Recht auf menschenwürdige Existenz erobert.*

Wir *begrüßen* es, daß die Reichsregierung diesen unseren Tag zum *gesetzlichen Feiertag der nationalen Arbeit,* zum deutschen *Volksfeiertag* erklärt hat.

An diesem Tage soll nach der amtlichen Ankündigung *der deutsche Arbeiter* im Mittelpunkt der Feier stehen.

Der deutsche Arbeiter soll am 1. Mai standesbewußt demonstrieren, soll ein *vollberechtigtes Mitglied der deutschen Volksgemeinschaft werden.* Das deutsche Volk soll an diesem Tage seine unbedingte *Solidarität mit der Arbeiterschaft* bekunden.

Kollegen und Kolleginnen in Stadt und Land! Ihr seid die *Pioniere* des Maigedankens. *Denkt immer daran und seid stolz darauf.*

*In herzlicher Kameradschaft mit euch allen unerschütterlich verbunden, senden wir euch zu diesem Tage unseren gewerkschaftlichen Gruß.*

*Berlin, 15. April 1933.*

> Der Bundesvorstand
> des Allgemeinen Deutschen Gewerkschaftsbundes

### b) Beschluß des Bundesausschusses vom 19. April 1933

Der Bundesausschuß des Allgemeinen Deutschen Gewerkschaftsbundes begrüßt den 1. Mai 1933 als gesetzlichen Feiertag der nationalen Arbeit und fordert die Mitglieder der Gewerkschaften auf, im vollen Bewußtsein ihrer Pionierdienste für den Maigedanken, für die Ehrung der schaffenden Arbeit und für die vollberechtigte Eingliederung der Arbeiterschaft in den Staat sich allerorts an der von der Regierung veranlaßten Feier festlich zu beteiligen.

Der Bundesausschuß erinnert in diesem Zusammenhang die Regierung und die gesamte Öffentlichkeit erneut an die Notlage der arbeitslosen Massen und spricht die Erwartung aus, daß die Regierung die gesetzliche Verkürzung der Arbeitszeit auf 40 Wochenstunden ohne Verdienstschmälerung für die Arbeiter baldigst durchführen möge.

Ebenso dringlich ist es, daß die Bemühungen der Regierung um Arbeitsbeschaffung und Siedlung mit allem Nachdruck weiter gefördert werden. Die Gewerkschaften sind nach wie vor bereit, diese Bemühungen mit allen Kräften zu unterstützen.

*Quelle: Gewerkschafts-Zeitung Nr. 16 vom 22. April 1933, S. 241.*

# Dokument 22
# Wiederaufbau der deutschen Gewerkschaftsbewegung. Programmvorschläge der Landesgruppe deutscher Gewerkschafter in England 1944/45

Wir setzen im folgenden voraus, daß in Deutschland nach dem Sturz der Nazidiktatur der sofortige Wiederaufbau freier und unabhängiger Gewerkschaften für alle Arbeitnehmer in Angriff genommen werden kann.

*Betriebliche Ausschüsse*

Die ersten Formen gewerkschaftlicher Interessen-Vertretung werden sich aus den Kämpfen der illegalen Organisationen und Kräfte gegen Naziregime und Krieg entwickeln. Betrieblich und örtlich werden sich in Stadt und Land vom Vertrauen der Arbeitenden getragene Ausschüsse bilden. Sie werden die Interessen der Arbeitenden an der Arbeitsstelle und in der Selbstverwaltung zu vertreten und, besonders in der Übergangszeit, in der örtlichen Verwaltung, in der Lebensmittelversorgung und bei der Behebung sozialer und wirtschaftlicher Notstände mitzuwirken haben.

*Gewerkschaftliche Organisationen*

Örtlich und bezirklich, nach Industrien oder Berufen, werden sich aus diesen Ausschüssen gewerkschaftliche Organisationen bilden. Die Entwicklung wird wahrscheinlich nicht in allen Industrien und Berufen und in allen Bezirken gleichmäßig vor sich gehen.

*Provisorische Bezirksausschüsse*

In jedem Bezirk wird einer der aktivsten örtlichen Gewerkschaftsgliederungen die Aufgabe zufallen, den gewerkschaftlichen Aufbau zu fördern und zu koordinieren und mit den Vertretern anderer örtlicher Gliederungen einen provisorischen Bezirksausschuß zu bilden.

*Ein einheitlicher Gewerkschaftsbund*

In entsprechender Weise werden Vertreter dieser provisorischen Bezirksausschüsse die Arbeit der Bezirke zu koordinieren haben, mit dem Ziel der Bildung zentraler Industrie- oder Berufsverbände. Diese sind in einem einheitlichen allgemeinen deutschen Gewerkschaftsbund örtlich, bezirklich und zentral zusammenzufassen.

*Organisationsgrundsätze*

Alle Gewerkschaften und der Gewerkschaftsbund müssen von Anfang an unabhängig von Unternehmern, Staat und Behörden sein. Die Bildung einheitlicher Industrieverbände sollte angestrebt werden. Die Gewerkschaften sind freiwillige Zusammenschlüsse von Arbeitnehmern und machen die Aufnahme weder von der Zugehörigkeit zu einer bestimmten Rasse, zu einem Religionsbekenntnis oder zu einer bestimmten politischen Auffassung abhängig. Aktive Nazis und andere aktive faschistische Elemente können nicht Mitglied einer Gewerkschaft werden. Der Bundesausschuß des deutschen Gewerkschaftsbundes stellt hierfür Richtlinien auf und entscheidet über Einsprüche in letzter Instanz. Alle Mitglieder einer Gewerkschaft müssen gleiche Rechte und Pflichten haben und alle Leitungen müssen periodisch in demokratischem Wahlverhalten gewählt werden.

## Verhältnis zu politischen Parteien

Gewerkschaften dürfen in keinem Abhängigkeitsverhältnis zu politischen Parteien stehen. Mit sozialistischen und anderen demokratischen Parteien verbindet sie die gleiche Zielsetzung: Demokratische Umgestaltung von Staat und Gesellschaft, wirtschaftliche Sicherheit und soziale Gerechtigkeit und Völkerverständigung. Sie erstreben daher Zusammenarbeit mit allen Parteien, die diese Ziele vertreten und die bereit sind, gewerkschaftlichen Forderungen in Parlamenten und Öffentlichkeit Geltung zu verschaffen.

## Gewerkschaftliche Wiederaufbaukommission

Nach der Befreiung Deutschlands von der Nazidiktatur kann es sich sofort als zweckmäßig erweisen, daß eine gewerkschaftliche Wiederaufbaukommission in Zusammenarbeit mit bereits aktiven örtlichen und bezirklichen Gewerkschaftsgliederungen bis zur Bildung einer provisorischen Gewerkschaftszentrale beim Gewerkschaftsaufbau beratend und helfend mitwirkt. Sie sollte aus aktiven deutschen Gewerkschaftern und Delegierten der internationalen Gewerkschaftsbewegung bestehen.

## Die Auflösung der Nazi-Berufsorganisationen

Die deutsche Arbeitsfront (DAF) und alle anderen Nazi-Berufsorganisationen sind zugleich mit allen anderen Gliederungen, Institutionen und Formationen der NSDAP mit sofortiger Wirkung aufzulösen: alle Vermögenswerte sind zu enteignen. Das gesamte Personal dieser Organisationen ist mit sofortiger Wirkung fristlos und ohne Entschädigung irgendwelcher Art zu entlassen.

## Vermögensverwaltung

Eine Treuhänderverwaltung, in der die Interessen der deutschen Gewerkschaften gemeinsam durch Vertreter internationaler Gewerkschaftsorganisationen und der provisorischen Bezirksausschüsse wahrgenommen werden, wird das gesamte Vermögen dieser aufgelösten Berufsorganisationen verwalten. Unbeschadet der endgültigen Regelung sollen die Treuhänderverwaltungen mobiles und immobiles Vermögen dieser aufgelösten Nazi-Berufsorganisationen für Zwecke des gewerkschaftlichen Wiederaufbaus zur Verfügung stellen (z. B. Gewerkschaftshäuser, Büros, Druckereien, etc.).

## Die gewerkschaftlichen Sofortaufgaben

Die ersten gewerkschaftlichen Aufgaben werden insbesondere sein:
Mitwirkung bei der Befreiung der politischen Gefangenen und der anderen Opfer des Naziterrors.
Kameradschaftliche Zusammenarbeit mit den noch in Deutschland befindlichen ausländischen Arbeitern zur Verbesserung ihrer Lage.
Mitwirkung bei der Unterstützung und bei der Wiedereingliederung der Opfer des Naziterrors, der Arbeitslosen und der Demobilisierten in den Arbeitsprozeß.
Mitwirkung bei der Liquidierung der DAF und aller anderen Naziorganisationen, bei der Säuberung des öffentlichen Lebens, der öffentlichen Verwaltung und des Wirtschaftslebens und bei der Fernhaltung aktiver Nazis und Naziagenten aus den neuen demokratischen Organisationen, dem öffentlichen Leben, der öffentlichen Verwaltung und den wirtschaftlichen Schlüsselpositionen.

Mitwirkung bei der Anpassung der Lohn- und Arbeitsbedingungen an die veränderten Verhältnisse.

Besonders in der Übergangszeit werden die Gewerkschaften auch aktiv mitzuwirken haben bei der Sicherung der Lebensmittelversorgung und der Überwachung der Wohnungs-, Kleidungs- und Brennstoff-Bewirtschaftung; bei der Überwachung und demokratischen Umgestaltung des öffentlichen Lebens, der öffentlichen Verwaltung und des Wirtschaftslebens.

## Arbeitsrecht und Sozialverwaltung

Alle seit dem Beginn der Naziherrschaft erlassenen Gesetze, Verordnungen, Bestimmungen usw., die Naziprinzipien Rechtskraft verliehen oder Diskriminierung festlegten, sind mit sofortiger Wirkung außer Kraft zu setzen. Die Gewerkschaften werden bei der Ersetzung der Naziarbeitsgesetze, Verordnungen usw. durch ein einheitliches Arbeits- und Sozialrecht und bei der Umgestaltung der Arbeitsverwaltungen durch Übergangsbestimmungen, die den Ausgangspunkt für ein demokratisches, fortschrittliches Arbeitsrecht und für demokratische Arbeitsverwaltung und Berufsausbildung bilden können, maßgeblich mitzuwirken haben. Die Tarifvertragsordnung vom 23. 12. 1918 ist provisorisch wieder in Kraft zu setzen; sie dient als Grundlage bei der Neuregelung der Tarifverträge.

Ebenso sind die für die Sicherung gewerkschaftlicher Arbeit in den Betrieben wesentlichen Bestimmungen des Betriebsrätegesetzes vom 4. 2. 1920 (insbesondere die §§ 84 und 96: Schutz vor Kündigung wegen gewerkschaftlicher Betätigung) provisorisch wieder in Kraft zu setzen.

## Betriebsrätewahlen

Bis zur Durchführung von Betriebsrätewahlen werden betriebliche Ausschüsse und Vertrauensleute die Verankerung der Gewerkschaften in den Betrieben zu bilden haben.

## Internationale Zusammenarbeit

Wir hoffen, daß die deutschen Gewerkschaften bei der schwierigen Wiederaufbauarbeit auf die Hilfe kundiger Berater aus den Reihen ausländischer Gewerkschafter rechnen können, und wir würden es begrüßen, wenn von der internationalen Gewerkschaftsbewegung entsandte Gewerkschafter mit ihrer Erfahrung helfen würden, insbesondere durch Mitarbeit in der gewerkschaftlichen Wiederaufbaukommission.

Bei der Umgestaltung des Arbeitsrechts und der Sozialversicherung wäre der Rat erfahrener Sozialpolitiker, insbesondere aus dem Kreise des Internationalen Arbeitsamtes (IAA), eine außerordentliche Hilfe.

Wir sind davon überzeugt, daß die enge Zusammenarbeit mit der internationalen Gewerkschaftsbewegung das Vertrauensverhältnis schaffen wird, das die Grundlage für die Wiedereingliederung der deutschen Gewerkschaften in die internationale Gewerkschaftsbewegung ist und wesentlich zur Eingliederung des erneuerten und friedliebenden Deutschlands in die Weltgemeinschaft der Völker beitragen wird.

*Quelle: Die neue deutsche Gewerkschaftsbewegung. Programmvorschläge für einen einheitlichen deutschen Gewerkschaftsbund, o. O. u. J. (London 1945), S. 5—7.*

# Dokument 23
## Beschlüsse der Interzonenkonferenzen der Gewerkschaften zur Gewerkschaftsorganisation und zur Neugestaltung der Wirtschaft 1946 bis 1948

*a) Das Mitbestimmungsrecht der Gewerkschaften und Betriebsräte in der Wirtschaft. Entschließung der II. Interzonenkonferenz am 18. und 19. Dezember 1946 in Hannover*

Das Wohl der Werktätigen, die Sicherung des Friedens, die Freiheit der Persönlichkeit und die Demokratie kann nur dann gesichert werden, wenn der Neuaufbau der deutschen Wirtschaft auf demokratischer Basis durch wirksamen, unmittelbaren Einfluß der Gewerkschaften und Betriebsräte erfolgt. Zwei Weltkriege haben den Beweis erbracht, daß die zum Krieg treibenden Kräfte in Deutschland in der Zusammenballung der Kapitalsmächte in Monopolen, Kartellen, Konzernen und Trusts und in dem Mißbrauch ihrer wirtschaftlichen Vormachtstellung zu suchen ist. Alle Versuche der Gewerkschaften seit 1919, die Demokratisierung der Wirtschaft mit Hilfe des Artikels 165 der Reichsverfassung von Weimar, des Betriebsrätegesetzes vom 20. Feburar 1920 durchzusetzen, sind auf den schärfsten Widerstand des damaligen Reichsverbandes der deutschen Industrie und der Vereinigung der deutschen Arbeitgeberverbände gestoßen. Das einseitige Herrenrecht in der Wirtschaft blieb trotz der jahrelangen Arbeit und Bemühungen der Arbeitnehmerorganisationen aufrechterhalten.

Die Gewerkschaften fordern daher das paritätische Mitbestimmungsrecht in allen Zweigen der Wirtschaft. Für die Betriebsräte sind durch Abschluß entsprechender Betriebsvereinbarungen aufgrund des Kontrollratgesetzes Nr. 22 die erforderlichen Voraussetzungen geschaffen. Dazu gehört insbesondere die Mitwirkung der Betriebsräte bei der Produktion, der Kalkulation, Kontrolle und Warenverteilung. Die Entmachtung der Monopole, Kartelle und Konzerne gemäß den Potsdamer Beschlüssen ist dringend notwendig, damit eine dem Frieden dienende Nachkriegsproduktion für alle Zeiten gesichert ist.

Die Demokratie in allen Institutionen und Organen der Wirtschaft wie den Kammern für Handwerk, Industrie, Handel und Landwirtschaft wird für die Planung und Lenkung der paritätischen Mitarbeit der Gewerkschaften gefordert. Ohne die Verwirklichung dieser Mindestforderungen ist ein Neuaufbau der deutschen Bedarfsdeckung undenkbar. Die derzeitigen deutschen Wirtschaftsprobleme verlangen die Beseitigung der Zonengrenzen und damit die Herstellung der wirtschaftlichen und politischen Einheit Deutschlands.

*b) Aufbau der deutschen Gewerkschaften. Entschließung der III. Interzonenkonferenz vom 10. bis 12. Februar 1947 in Berlin*

Seit dem völligen wirtschaftlichen und politischen Zusammenbruch Deutschlands vollzieht sich der Neuaufbau der Gewerkschaften aufgrund der Anordnung der Besatzungsmächte und der verschiedenartig gelagerten Verhältnisse in den einzelnen Besatzungszonen nach ungleichen Prinzipien. Das gemeinsame Ziel muß auf die Bildung von Industriegewerkschaften und ihre Zusammenfassung zu einer einheitlichen Gewerkschaftsbewegung gerichtet sein.

Die Vertreter der Interzonenkonferenz sind überzeugt, daß die endgültige Form der deutschen Gewerkschaftsbewegung durch die künftige politische und wirtschaftliche Entwicklung eines neuen, einheitlichen Deutschlands, weitgehend bestimmt wird. Die Sehnsucht der arbeitenden Massen äußert sich immer wieder in dem Willen nach einer starken Gewerkschaftsbewegung, die unter dem Gesetz religiöser Toleranz und parteipolitischer Neutralität steht. Die neuen Gewerkschaften werden ihre organisatorischen, sozialen, wirtschaftlichen und kulturellen Aufgaben nur erfüllen können, wenn sie der Wirtschaft und dem Staate gegenüber als ein unabhängiges Ganzes auftreten.

Gewerkschaften können nicht willkürlich gemacht werden, sie müssen vielmehr unter planmäßiger Lenkung zu leistungsfähigen Organisationen heranwachsen. Während die Regelung der Lohn- und Arbeitsbedingungen vorwiegend Aufgaben der Industrieverbände sind, bedingen die sozialen und wirtschaftspolitischen Verhältnisse sowie die kulturelle Betreuung der Gewerkschaftsmitglieder eine enge organisatorische und finanzielle Zusammenfassung der Industrieverbände in einer großen einheitlichen deutschen Gewerkschaftsbewegung.

Um im Sinne dieser Leitsätze der gewerkschaftlichen Entwicklung den Weg zu ebenen, beschließt die Interzonenkonferenz die Einsetzung eines Organisationsausschusses. Dieser Ausschuß hat die organisatorischen Probleme zu klären und Vorschläge für Interzonenkonferenzen vorzulegen.

## c) Zur Neugestaltung der Wirtschaft. Entschließung der IV. Interzonenkonferenz vom 6. bis 8. Mai 1947 in Garmisch-Partenkirchen

Das deutsche Volk leidet zwei Jahre nach dem Zusammenbruch der Naziherrschaft unter den katastrophalen Folgen, die durch sie verursacht wurden. Als die größte Massenorganisation im deutschen Volke sind sich die Gewerkschaften ihrer besonderen Verantwortung für den Wiederaufbau des neuen demokratischen Deutschland bewußt. Daraus ergibt sich für sie Recht und Verpflichtung, ihre Auffassung und auch Forderungen zum Ausdruck zu bringen. Dieses neue Deutschland muß auf gesichertem demokratischen Fundament erbaut werden und der Welt Garantien für ein friedliches Zusammenleben mit den anderen Völkern bieten. Das deutsche Volk darf sich dieser Pflicht nicht entziehen, nach Maßgabe seiner Kräfte und Mittel die von der Nazigewaltherrschaft in der Welt angerichteten Schäden wiedergutmachen zu helfen. Die Gewerkschaften machen aber darauf aufmerksam, daß für die Sicherung der Demokratie und des Friedens ausreichende Lebensmöglichkeiten und eine soziale, dauernde Befriedung aller Schaffenden die wichtigsten Voraussetzungen sind.

Um diese Voraussetzungen in Deutschland zu schaffen, müssen die ökonomischen Verhältnisse neu geordnet werden. Dazu gehört:
1. Die Wiederherstellung der wirtschaftlichen Einheit Deutschlands, der baldigst die politische folgen muß.
2. Aufbau eines Systems geplanter und gelenkter Wirtschaft. Vergesellschaftung der für die Lenkung der Gesamtwirtschaft wichtigen Schlüsselindustrien, Kredit- und Versicherungsinstitute.
3. Errichtung eines zentralen deutschen Amtes für Wirtschaftsplanung und -lenkung und Aufbau eines Systems von Organen der wirtschaftlichen Selbstverwaltung. In diesen Organen sowie bei der Kontrolle des zentralen Amtes müssen die Gewerkschaften in voller Gleichberechtigung vertreten sein.
4. Die Erhöhung der Industrieproduktion Deutschlands für den friedlichen Bedarf über den vom Kontrollrat vorgesehenen Umfang hinaus, um die Versorgung des deutschen Volkes zu verbessern und die Wiedergutmachungsansprüche erfüllen zu können. Die Demontage von Industrieanlagen, die hierzu dienen können, muß eingestellt werden.

5. Die Aufstellung und Durchführung eines Export- und Importplanes sowie die Eingliederung Deutschlands in die Weltwirtschaft mit dem Ziele, die wirtschaftliche Selbständigkeit Deutschlands wiederherzustellen. Größere Auslandskredite für Rohstoffe und Lebensmittel sind auf absehbare Zeit dazu notwendig.

6. Die Durchführung einer Bodenreform in Verbindung mit der Aufstellung eines einheitlichen Landwirtschaftsplanes, zur restlosen Bebauung und besseren Ausnutzung der landwirtschaftlichen Nutzflächen. Die Mitwirkung von Selbstverwaltungsorganen der Landwirtschaft unter angemessener Beteiligung der Gewerkschaften ist dabei sicherzustellen. Die Erfassung der für die Volksernährung notwendigen Agrarprodukte muß nach einem einheitlichen Ablieferungsplan mit einer durchgreifenden Kontrolle der Durchführung gewährleistet werden.

7. Die Durchführung einer einheitlichen Währungs- und Finanzreform für ganz Deutschland nach erfolgter wirtschaftlicher Einheit. Mit der Reform muß ein gerechter Lastenausgleich unter besonderer Berücksichtigung der wirtschaftlich Schwachen sowie eine tiefgreifende progressive Vermögensabgabe verbunden werden, Sachwerte und Geldvermögen sind dabei gleichzustellen.

Die Interzonenkonferenz der deutschen Gewerkschaften sieht mit Besorgnis, daß die am Hitlerregime und dem Kriege hauptverantwortlichen reaktionären und militärischen Kräfte, die im Monopolkapitalismus und der Verwaltung verankert waren, ihre Positionen zum Teil halten bzw. versuchen, sie zurückzugewinnen. Daher ist die sofortige Durchführung der von den Gewerkschaften gestellten Forderungen eine zwingende Notwendigkeit.

Die Gewerkschaften, die sich für den Frieden und den demokratischen Neuaufbau Deutschlands besonders verantwortlich fühlen und einsetzen, müssen durch ihren Zusammenschluß in ganz Deutschland zu einer einheitlichen Kraft werden.

## d) Über die politische Stellung der Gewerkschaften und ihr Verhältnis zu den politischen Parteien. Entschließung der VII. Interzonenkonferenz vom 3. bis 5. Februar 1948 in Dresden

Es ist Aufgabe der neuen deutschen Gewerkschaften, an der Herstellung eines geeinten Deutschlands durch den Wiederaufbau der Wirtschaft, der sozialen Gesetzgebung und eines neuen kulturellen Lebens wirtschaftlich und politisch maßgebend mitzuwirken. Die Wahrnehmung der Interessen aller Lohn- und Gehaltsempfänger bestimmt ihre Haltung bei der Mitwirkung in der Lösung solcher Aufgaben, die politischer Natur sind und die in ihrer Bedeutung über das Gebiet der engeren Wirtschafts- und Sozialpolitik hinausreichen.

Das politische Leben wird durch die politischen Parteien gestaltet und entwickelt. Die neuen deutschen Gewerkschaften können jedoch ihre Aufgaben nicht unbeeinflußt von dem politischen Geschehen erfüllen. Die Gewerkschaften betonen jedoch den Parteien gegenüber ihre volle Unabhängigkeit und bekennen sich zur parteipolitischen und religiösen Neutralität. Sie machen diesen Grundsatz der gegenseitigen Achtung und Toleranz ihren Mitgliedern, die sich ihr ohne Rücksicht auf Geschlecht, Rasse, Partei und Glaubensbekenntnis angeschlossen haben, zur Pflicht.

Die Gewerkschaften erwarten von den politischen Parteien, daß sie in den politischen Körperschaften, den Parlamenten und Regierungen die gewerkschaftlichen Forderungen unterstützen. Das Verhältnis der Gewerkschaften zu den einzelnen Parteien bestimmen die Parteien selbst durch ihr Verhalten gegenüber den Gewerkschaften. Es wird von Fall zu Fall immer wieder davon beeinflußt werden, in welchem Maße die Parteien die Forderungen der Gewerkschaften unterstützen bzw. sie zu ihren eigenen machen.

Die Gewerkschaften sind antifaschistisch und antimilitaristisch. Sie treten für Völkerfrieden, Völkerfreiheit und Völkerverständigung ein. Sie werden deshalb auch über die Grenzen Deutschlands hinaus alle Maßnahmen zu unterstützen bereit sein, die diesem hohen Ziele dienen.

*Quelle: Versprochen — Gebrochen. Die Interzonenkonferenzen der deutschen Gewerkschaften von 1946—1948, hrsg. vom Bundesvorstand des Deutschen Gewerkschaftsbundes, Düsseldorf o. J., S. 166 f., 170, 173 f., 199.*

# Dokument 24
# Wirtschaftspolitische Grundsätze des Deutschen Gewerkschaftsbundes vom Oktober 1949

Die Gewerkschaften als Organisationen der Arbeiter, Angestellten und Beamten nehmen die wirtschaftlichen, sozialen und kulturellen Interessen aller Werktätigen wahr. Sie setzen sich für eine Wirtschaftsordnung ein, in der die soziale Ungerechtigkeit und wirtschaftliche Not beseitigt und jedem Arbeitswilligen Arbeit und Existenz gesichert sind. Die Wirtschaftspolitik ist eines der wichtigsten Mittel zur Steigerung der wirtschaftlichen Gesamtleistung. Sie ist zugleich ein Kampfplatz, auf dem sich entscheidet, wieviel die einzelnen Interessengruppen an Arbeit und Leistung für die Gesamtheit aufzubringen haben und in welchem Umfange sie am volkswirtschaftlichen Ertrag beteiligt werden. Von diesen Tatsachen ausgehend, erheben die Gewerkschaften die folgenden

## Grundsatzforderungen

I. Eine Wirtschaftspolitik, die unter Wahrung der Würde freier Menschen die volle Beschäftigung aller Arbeitswilligen, den zweckmäßigsten Einsatz aller volkswirtschaftlichen Produktivkräfte und die Deckung des volkswirtschaftlich wichtigen Bedarfs sichert.

II. Mitbestimmung der organisierten Arbeitnehmer in allen personellen, wirtschaftlichen und sozialen Fragen der Wirtschaftsführung und Wirtschaftsgestaltung.

III. Überführung der Schlüsselindustrien in Gemeineigentum, insbesondere des Bergbaues, der Eisen- und Stahlindustrie, der Großchemie, der Energiewirtschaft, der wichtigen Verkehrseinrichtungen und der Kreditinstitute.

IV. Soziale Gerechtigkeit durch angemessene Beteiligung aller Werktätigen am volkswirtschaftlichen Gesamtertrag und Gewährung eines ausreichenden Lebensunterhaltes für die infolge Alter, Invalidität oder Krankheit nicht Arbeitsfähigen.

Eine solche wirtschaftspolitische Willensbildung und Wirtschaftsführung verlangt eine zentrale volkswirtschaftliche Planung, damit nicht private Selbstsucht über die Notwendigkeiten der Gesamtwirtschaft triumphiert.

Volkswirtschaftliche Planung hat nichts gemein mit der Zwangswirtschaft der vergangenen Jahre. Die kriegswirtschaftliche Zielsetzung verhinderte nach dem Motto „Kanonen statt Butter" die Erzeugung wichtigster Konsumgüter und führte durch die Bevorzugung der unproduktiven Rüstungspolitik trotz Anspannung aller Kapazitäten zwangsläufig zur Bewirtschaftung aller knappen Wirtschaftsgüter. Die nach dem Kriege verbliebene Zwangswirtschaft vermochte an diesem Notstand zunächst nichts zu ändern, da alle produktiven Kräfte erschöpft, die staatlichen Zusammenhänge zerrissen waren und die deutsche Währung vernichtet war.

Die Zwangswirtschaft der vergangenen Jahre war nicht mehr als eine Notstandsmaßnahme zur Verteilung lebenswichtiger Güter, die zur Vollversorgung nicht ausreichten und ohne Zwangsbewirtschaftung zum Untergang der nicht zahlungsfähigen Bevölkerung geführt hätten. Wo der Gütermangel behoben ist, verlieren Bezugscheine und Rationierungskarten für Konsumgüter ihren Sinn. Die ausreichende Güterversorgung wird um so schneller herbeigeführt und dauernd gesichert, je besser durch volkswirtschaftliche Planung die Ausnutzung aller produktiven Kräfte erreicht wird.

457

Volkswirtschaftliche Planung steht aber auch im Gegensatz zu der chaotischen Marktwirtschaft, die in Deutschland seit der Währungsreform herrscht und zu ungeheurer Kapitalverschwendung durch Fehlinvestitionen und Erzeugung von Luxusgütern, zur Ausbeutung der Verbraucher durch ungerechtfertigt hohe Preise, zu Kurzarbeit und Arbeitslosigkeit und sozialer Unsicherheit sowie zu einem weitgehenden Verfall der Wirtschaftseinheit geführt hat. Derartige wirtschaftliche Zustände sind nicht unabwendbares Schicksal, sondern Folgen einer fehlerhaften Wirtschaftsordnung und einer falschen Wirtschaftsführung.

Als die Wirtschaftswissenschaft die Gesetze der freien Marktwirtschaft niederschrieb, rechnete sie nicht mit der immer stärkeren Entwicklung jener Großunternehmungen, Trusts, Konzerne und Kartelle, die die Gesetze der freien Marktwirtschaft aufhoben. Heute ist die Marktwirtschaft weder frei noch sozial. Heute verhindert sie die freie Entfaltung; sie verschärft die ohnehin schon großen Gegensätze zwichen reich und arm. Sie ist unsozial und durch ihre Planlosigkeit unfähig, den schwierigen Aufgaben des Wiederaufbaues in Deutschland gerecht zu werden.

Volkswirtschaftliche Planung ist durchaus vereinbar mit den Grundrechten der menschlichen Freiheit. Die für die Mehrzahl der Menschen wichtigste Freiheit, die von Not und der Furcht vor Not, wird durch sie erst erreicht werden. Volkswirtschaftliche Planung und die freie Konsumwahl, das Recht auf den Wechsel des Arbeitsplatzes und die Freiheit der Berufswahl sind keine Gegensätze. Der privaten Initiative und dem Leistungswettbewerb der Betriebsleitungen verbleibt im Rahmen der Lenkungsmaßnahmen ein weiter Spielraum.

Die Gewerkschaften fordern, daß der Auflösung des deutschen Wirtschaftslebens mit allen zur Verfügung stehenden Kräften entgegengearbeitet wird. Nur eine einheitlich geplante deutsche Wirtschaftspolitik kann den Wiederaufbau und die Existenzsicherung des schaffenden Volkes gewährleisten.

## 1. Volkswirtschaftlicher Gesamtplan

Jede konstruktive Wirtschaftsführung braucht einen volkswirtschaftlichen Gesamtplan, hinter dem der Wille stehen muß, alle Mittel der modernen Wirtschaftspolitik zur Durchführung des Planes einzusetzen. Eines der wichtigsten Mittel ist die Geld- und Kreditpolitik, die in die staatliche Konjunktur- und Investitionsplanung einzuordnen ist. Als Vertreter des Produktionsfaktors Arbeit haben die Gewerkschaften ein Anrecht darauf, an allen Planungs- und Lenkungsorganen maßgeblich beteiligt zu sein. Das Bankwesen ist entsprechend seiner gemeinwirtschaftlichen Aufgabe neu zu ordnen.

Die Organisation der Wirtschaftsverwaltung, insbesondere der verwaltungsmäßige Aufbau der Bundesregierung und der übrigen Bundes- und Landesbehörden, muß eine einheitliche und geschlossene Wirtschaftspolitik durch Koordination aller beteiligten Stellen, insbesondere der Wirtschafts-, Ernährungs-, Finanz- und Arbeitsministerien sowie der Zentralbankleitung gewährleisten.

In dem Maße, wie in der Wirtschaft die Willkür des freien Spiels der Kräfte durch bewußte Planung und Lenkung überwunden wird, müssen sich auch die Aufgaben und Funktionen der staatlichen Finanzpolitik verändern. Bisher beschränkt auf fiskalische Aufgaben, wird sie zu einem wichtigen Instrument der Wirtschaftsführung, insbesondere durch Regulierung der Kapitalbildung, Steuerung der Selbstfinanzierung und Lenkung der Investitions- und Betriebskredite. In einer planmäßig geführten Wirtschaft ist die staatliche Finanzpolitik in der Lage, mit dem Mittel der Krediterweiterung brachliegende produktive Kräfte und Mittel zum Einsatz zu bringen, ohne inflatorische Schäden herbeizuführen.

## 2. Überführung der Schlüsselindustrien in Gemeineigentum

Lenkungsmaßnahmen allein reichen zur Sicherung einer einheitlichen Wirtschaftspolitik nicht aus, nachdem die Entwicklung der modernen Industriestaaten — insbesondere im Kohlenbergbau, in der Eisen- und Stahlindustrie sowie in der Großchemie — zur Zusammenballung von Großunternehmungen und damit zur Schaffung von Machtgebilden geführt hat, die das gesamte gesellschaftliche Leben durchdringen und unter bestimmten Voraussetzungen in der Lage sind, Parteien, Parlamente und Regierungen unter ihre Botmäßigkeit zu zwingen.

Die Gewerkschaften fordern daher, gestützt auf die Artikel 14 und 15 des Grundgesetzes, die Vergesellschaftung der gewerblichen Urproduktion (Kohle-, Erz- und Ölgewinnung), der Basisindustrien (Eisen- und Stahlerzeugung, Industrien chemischer Grundstoffe), der Energiewirtschaft, der Versorgungsbetriebe, der wichtigen Verkehrseinrichtungen und der Kreditinstitute. Die Überführung in Gemeineigentum soll nur in Ausnahmefällen, in denen dies besonders zweckmäßig erscheint, durch Verstaatlichung erfolgen. Im allgemeinen sind besondere Körperschaften der wirtschaftlichen Selbstverwaltung zu bilden. In allen Aufsichts- und Verwaltungsorganen ist den Gewerkschaften ein maßgeblicher Einfluß einzuräumen. Nur so ist es möglich,

die Produktion der Grundstoffindustrien zu lenken;

die Kapazitäten dieser Industrien dem Bedarf anzupassen und entsprechend auszunutzen;

die Verteilung der entscheidenden Grundstoffe auf die volkswirtschaftlich zweckmäßigste Weise vorzunehmen;

eine demokratische Kontrolle dieser Unternehmungen zu sichern, deren Vorstände heute keiner wirklichen Kontrolle unterliegen;

die privatwirtschaftliche Ausnutzung dieser Schlüsselpositionen, z. B. in Form unangemessener Monopolpreise, zu verhindern;

den politischen Mißbrauch wirtschaftlicher Machtstellungen, z. B. die Korruption der öffentlichen Meinung, der Parteien und des Staatsapparates mit Hilfe finanzieller Zuwendungen, unmöglich zu machen.

In den Bereichen, die schon im größeren Umfange unter der Kontrolle der öffentlichen Hand stehen — z. B. Elektrizitäts-, Gas- und Verkehrswirtschaft —, müssen die volkswirtschaftlichen Gesichtspunkte gegenüber allen regionalen, fachlichen, privatwirtschaftlichen und sonstigen Sonderinteressen durchgesetzt werden. Dies erfordert u. a. den zentralen Ausgleich von Elektrizitätsversorgung und -verbrauch sowie die organisatorische Zusammenfassung von Schienen-, Binnenschiffahrts- und Straßenverkehr.

## 3. Demokratisierung der Wirtschaft notwendig

Die Erfahrungen der Jahre 1918 bis 1933 haben gelehrt, daß die formale politische Demokratie nicht ausreicht, eine echte demokratische Gesellschaftsordnung zu verwirklichen. Die Demokratisierung des politischen Lebens muß deshalb durch die Demokratisierung der Wirtschaft ergänzt werden. Soweit der Staat im Interesse einer vernünftigen Dezentralisierung öffentliche Funktionen auf Organe der Selbstverwaltung der Wirtschaft überträgt, dürfen dies nur paritätisch besetzte Organe sein, in denen Arbeitnehmer und Unternehmer gleichberechtigt sind.

Die Betriebe als Zellen der Volkswirtschaft arbeiten nicht zum Selbstzweck, sondern müssen auf das gemeinsame Wohl der gesamten Bevölkerung abgestellt sein. Ihre Existenz ist nicht in erster Linie eine Frage des vorhandenen Kapitals, sondern entscheidend abhängig vom Faktor Arbeit. Das Kapital kann nur durch die Arbeit des Menschen eine nützliche und wirksame Rolle spielen; es kann deshalb in den Betrieben nicht alleinbestimmend sein. Wir fordern daher die verantwortliche soziale, personelle und wirtschaftliche Mitbestimmung der Arbeitnehmer in allen Betrieben der Wirtschaft.

Die Entwicklung unseres Gesellschaftsrechtes hat im übrigen gezeigt, daß bei den Großunternehmungen der Kapitalträger — oft aufgeteilt in Tausende von Aktionären — nicht mehr in der Lage und gewillt ist, die Unternehmungen unmittelbar zu beeinflussen, sondern die Leitung immer mehr angestellten Direktoren überlassen hat, die deshalb heute in der Großindustrie die entscheidende Rolle spielen. Die Gewerkschaften verlangen daher, daß die Aufsichts- und Verwaltungsorgane der Großindustrie nicht mehr ausschließlich durch die Vertreter des Kapitals bestimmt, sondern daß Vertreter der Arbeitnehmerschaft durch ihre gewerkschaftlichen Organisationen maßgeblich eingeschaltet werden.

Eine demokratische Führung der Wirtschaft darf nicht durch privatwirtschaftliche kartell- und monopolartige Einrichtungen und Abreden untergraben werden. Daher wird die staatliche Kontrolle derartiger Gebilde unter Beteiligung der Gewerkschaften gefordert.

Die Sicherung einer demokratischen Wirtschaftsverfassung ist nicht nur eine Frage der Wirtschaftsordnung, sondern ebensosehr eine Frage der vorbehaltlosen, schnellen Unterrichtung der Öffentlichkeit über alle entscheidenden wirtschaftlichen Zustände und Vorgänge. Die Kenntnis dieser Zusammenhänge darf nicht das Monopol einer kleinen Gruppe wirtschaftlicher Machthaber sein. Die Gewerkschaften fordern deshalb eine wesentlich erweiterte Publizität der wirtschaftspolitischen und wirtschaftspraktischen Arbeit von Verwaltung, Wirtschaft und Finanz durch Statistik, ausführliche Bilanzveröffentlichungen und sonstige geeignete Maßnahmen.

## 4. Gesamtproblem: Volkswirtschaftliche Rationalisierung

Planmäßig und mit aller Energie ist die volkswirtschaftliche Rationalisierung als Gesamtproblem voranzutreiben. Der industrielle Produktionsapparat ist durchgreifend zu überholen und damit auf den höchstmöglichen Leistungsgrad zu bringen. Forschung und Entwicklung bedürfen einer planmäßigen Unterstützung und Förderung. Der Verteilungs- und Verkehrsapparat muß rationalisiert werden. Die Bauwirtschaft bedarf angesichts eines Fehlbestandes von fünf Millionen Wohnungen einer völligen Umstellung und Industrialisierung.

Die Rationalisierung in der kapitalistischen Wirtschaft führt zur Freisetzung von Menschen durch Maschinenkräfte und damit zur Gefahr hartnäckiger Arbeitslosigkeit. In der planmäßig gelenkten Wirtschaft erstreckt sich die Rationalisierung auf den gesamten Wirtschaftsprozeß, damit alle Kräfte und Mittel dem Ziele einer optimalen wirtschaftlichen Gesamtleistung dienen. Sie erstrebt Vollbeschäftigung aller Arbeitswilligen, damit höchstmögliche Erzeugung und steigende Kaufkraft zur Hebung des allgemeinen Lebensstandards beitragen.

Besondere Anstrengungen sind erforderlich, um die Produktivität der deutschen Landwirtschaft zu steigern. Rückständige Betriebe müssen, unter Umständen unter genossenschaftlicher Bewirtschaftung, auf einen Produktionsstand gebracht werden, der den Erkenntnissen der modernen Agrarwirtschaft entspricht.

## 5. Flüchtlingsproblem — Wohnungselend

Die schwierigsten, aber auch dringlichsten Probleme erwachsen der deutschen Wirtschaftsführung aus der Not der Heimatlosen und dem Wohnungselend.

Die Heimatvertriebenen haben ein Recht auf Wohnung und Arbeit. Die Zukunft der deutschen Demokratie ist davon abhängig, daß sie als vollwertige Bürger in die Gemeinschaft ihrer neuen Heimat hineinwachsen. Ihre Arbeitslosigkeit ist keine

Konjunkturerscheinung, die man nur mit konjunkturpolitischen Mitteln bekämpfen könnte. Sie kann nur beseitigt werden durch entsprechende Änderungen der deutschen Wirtschaftsstruktur. Die Heimatvertriebenen müssen beschleunigt in das wirtschaftliche Leben eingegliedert werden; diesem Zweck hat auch der Lastenausgleich zu dienen. Unter Hintansetzung aller eigensüchtigen Länderinteressen muß dafür gesorgt werden, daß die Heimatlosen ihrer Eignung entsprechend durch Umsiedlung an die Arbeitsstätten herangebracht werden.

Die deutsche Wirtschaftskraft wurde im Kriege durch die Zerstörung der Wohnstätten der arbeitenden Bevölkerung entscheidend getroffen. Der Wiederaufbau der Wirtschaft verlangt nunmehr die massierte Wiedererrichtung von Arbeiterwohnstätten. Ein Fehlbestand von fünf Millionen Wohnungen kann nicht passiv hingenommen werden. Die außerordentliche Schwere des Wohnungselends verlangt außerordentliche Mittel. Die Gewerkschaften fordern daher:

die Aufstellung eines Wohnungsbauprogramms, dessen Größenordnung der Schwere der Wohnungsnot entspricht;

die Koordinierung aller Wohnungsbaubehörden unter einer zentralen Bundesinstanz für den sozialen Wohnungsbau;

Beschaffung und planmäßige Lenkung ausreichender Finanzierungsmittel, einschließlich der Kreditschöpfung;

stärkste Industrialisierung der Bauwirtschaft mit dem Ziele der Kostensenkung, der Zeitersparnis und der Überwindung des Saisoncharakters der Bauwirtschaft.

## 6. Sicherung der Reallöhne

Ein angemessener Lohn kann durch die Lohnpolitik zwar angestrebt, aber nicht unter allen Umständen gesichert werden. Jede Erhöhung der Löhne kann durch Steigerung der Lebenshaltungskosten zunichte gemacht werden. Die Gewerkschaften fordern deshalb, daß eine aktive Preispolitik die Reallöhne der abhängigen Erwerbstätigen sichert. Die wichtigsten Güter des Existenzbedarfs der Werktätigen sind unter Preiskontrolle zu halten. Bei normaler Versorgungslage, die oberstes Ziel einer Politik der Vollbeschäftigung ist, genügt eine auf das Wichtigste beschränkte, elastische Preiskontrolle mit geringem Aufwand. Gewinne dürfen nur einer echten wirtschaftlichen Leistung zufallen.

Die Ordnung des Steuerwesens muß auf die Sicherung eines auskömmlichen Lohnes für jede Arbeit abgestellt werden. Die Steuerfreigrenze ist heraufzusetzen, die steuerliche Belastung von Gütern des Massenkonsums auf das äußerste einzuschränken.

## 7. Für europäische Wirtschaftsgemeinschaft

Die Existenz des deutschen Volkes hängt entscheidend von der Gestaltung der außenwirtschaftlichen Beziehungen ab. Die Gewerkschaften fordern, daß die Einfuhr ausländischer Waren durch volkswirtschaftliche Notwendigkeiten, nicht aber durch privatwirtschaftliches Gewinnstreben und die Ansprüche der kaufkräftigen Schichten bestimmt wird. Die Ausfuhr muß von ausländischen Reglementierungen befreit und mit dem Ziele einer sinnvollen Eingliederung in den Welthandel systematisch gefördert und gesteigert werden. Die Gewerkschaften bekennen sich zur europäischen Wirtschaftsgemeinschaft; sie fordern deshalb die positive Mitarbeit von Staat und Wirtschaft in einer europäischen Gesamtplanung und die Förderung aller Bestrebungen, die auf europäische Gemeinschaftsarbeit gerichtet sind. Dem Wiederaufbau des innereuropäischen Handels, in dem der Handel mit Ost- und Südosteuropa ein unerläßlicher Bestandteil ist, ist die größte Aufmerksamkeit zu schenken.

Die europäischen Handels- und Zahlungsbilanzen sind völlig unausgeglichen. Das gilt insbesondere für die deutsche Handels- und Zahlungsbilanz. Für eine echte, europäische Wirtschaftsplanung sind bisher kaum Ansatzpunkte vorhanden. Die Gewerkschaften begrüßen daher die Hilfe, die das amerikanische Volk durch den Marshall-Plan gewährt. Der Marshall-Plan enthält die stärkste Triebkraft für die Organisation einer europäischen Gemeinschaftsarbeit. Der wirtschaftliche Wiederaufbau und die Eingliederung Deutschlands in die europäische und internationale Gemeinschaft der demokratischen Staaten erfordern, daß auch Deutschland die unabdingbaren Rechte eines jeden freien und demokratischen Staates zuerkannt werden. Dazu gehört das Recht des deutschen Volkes, in Freiheit über sein wirtschaftliches und politisches Gesamtschicksal zu entscheiden. Die Aufspaltung Deutschlands in eine östliche und westliche Zone mit verschiedenen Sozialordnungen muß fallen. Dazu gehört aber auch die Freiheit von jeder wirtschaftlichen Bevormundung durch andere Staaten, mit denen Deutschland im wirtschaftlichen Wettbewerb steht. Überstaatliche Einrichtungen, denen sich Deutschland niemals verschließen darf, müssen einen wirklich internationalen Charakter tragen, so daß ein wirtschaftlicher Mißbrauch durch die Wettbewerber auf dem Weltmarkt ausgeschlossen ist. Nur dann ist Deutschland in der Lage, den größtmöglichen Beitrag zur europäischen Wirtschaftsgemeinschaft und damit zum Weltfrieden zu leisten.

Die Herstellung einer Ordnung, in der der arbeitende Mensch Subjekt und nicht nur Objekt wirtschaftlichen Geschehens ist, ist die Voraussetzung für den Bestand einer freiheitlichen Demokratie.

Sie gewährleistet erst jedem Menschen ohne Unterschied des politischen Bekenntnisses, des Glaubens und der Rasse ein freies und menschenwürdiges Leben; sie ist die Grundlage gesellschaftlichen und kulturellen Fortschrittes und sichert die friedliche Zusammenarbeit der Völker.

Seit ihren Anfängen hat die Gewerkschaftsbewegung diesen hohen Zielen gedient. Heute ist die Zeit reif für ihre Verwirklichung. Das Tempo der Verwirklichung hängt ab von der Erkenntnis und Einigkeit derer, die mehr als alle anderen Volksschichten ein unmittelbares Interesse an der Schaffung und Sicherung einer gerechten und sozialen Wirtschaftsordnung, einer freien Demokratie und friedlichen Zusammenarbeit aller Völker haben müssen.

In diesen entscheidenden Jahren nach dem Zusammenbruch des volksfeindlichen Systems des Terrors und der Diktatur rufen die deutschen Gewerkschaften alle Werktätigen auf, geeint im Wollen und bewußt ihrer Verpflichtung, für diese großen Ziele tatkräftig und unerschrocken zu wirken.

*Quelle: Protokoll. Gründungskongreß des Deutschen Gewerkschaftsbundes für das Gebiet der Bundesrepublik Deutschland. München, Kongreßsaal des Deutschen Museums 12., 13. und 14. Oktober 1949, Düsseldorf 1950, S. 318—326.*

# Dokument 25
## Der DGB gegen Atomwaffen und atomare Ausrüstung der Bundeswehr 1956 und 1958

### a) Entschließung des DGB-Kongresses 1956 zur Frage der Versuche mit Atom- und Wasserstoffbomben

Der 4. Bundeskongreß des DGB appelliert an die verantwortlichen Staatsmänner aller Länder, sofort alle Versuche mit Atom- oder Wasserstoffbomben einzustellen und die Herstellung von Atomwaffen auf der ganzen Welt zu unterbinden.

Die unabsehbare Vernichtungskraft dieser Waffen ist bewiesen, es ist nicht mehr nötig, durch neue Versuche dieser Art nachzuweisen, daß noch mehr Menschen vernichtet, noch mehr Ländereien verödet, noch größeres Unheil in der Welt durch die Verwendung dieser entfesselten Kräfte angerichtet werden kann.

Die Versuche mit Atom- und Wasserstoffbomben haben bereits nicht nur Schrecken, sondern auch furchtbaren Schaden angerichtet — Menschen wurden verstümmelt, die Meere und die Luft verseucht.

Kein Wissenschaftler vermag wirklich zu sagen, welche weiteren unheilvollen Konsequenzen sich aus der Fortsetzung dieser Versuche ergeben können oder aus den bereits vorgenommenen ergeben werden.

Der Bundeskongreß appelliert an das Verantwortungsbewußtsein der Staatsmänner aller Länder: Stellt diese mörderischen Versuche ein! Nutzt diese gewaltige Kraft für den Wohlstand und den Fortschritt der Menschheit, aber nicht zu ihrem Untergang!

*Quelle: Protokoll des 4. ordentlichen Bundeskongresses des DGB in Hamburg, 1.—6. 10. 1956, Düsseldorf o. J., S. 729.*

### b) Beschluß des DGB-Bundesvorstandes vom 28. März 1958 „Kampf dem Atomtod"

Der Bundesvorstand des Deutschen Gewerkschaftsbundes hat in seiner außerordentlichen Sitzung am 28. März 1958 in Hamburg über die durch die Beschlüsse des Bundestages zur atomaren Aufrüstung geschaffene Lage beraten.

Der Bundesvorstand des DGB ist von tiefer Sorge über die möglichen Folgen dieser Bundestagsbeschlüsse erfüllt. Er ist davon überzeugt, daß die Mehrheit des deutschen Volkes diese Beschlüsse nicht billigt.

In seiner Verantwortung für einen großen Teil der Bevölkerung der Bundesrepublik appelliert der Bundesvorstand in dieser ernsten Stunde erneut, wie es bereits auf dem Hamburger Bundeskongreß im Oktober 1956 beschlossen wurde, an die Bundesregierung, die Parteien und alle verantwortlichen Politiker, noch einmal zu prüfen, in welcher Weise den Besorgnissen der überwiegenden Mehrheit unserer Bevölkerung Rechnung getragen werden kann.

Der Bundesvorstand wird den Bundeskanzler und die Fraktionsvorsitzenden der im Bundestag vertretenen politischen Parteien über seine schwerwiegenden Bedenken und die Sorge der deutschen Gewerkschaften unterrichten.

Der Bundesvorstand begrüßt die Initiative des Arbeitsausschusses „Kampf dem Atomtod". Er wird diese Aktion nachdrücklich unterstützen.

Der Bundesvorstand wird einheitliche Protestdemonstrationen gemeinsam mit dem Arbeitsausschuß „Kampf dem Atomtod" im ganzen Land durchführen.

Der Bundesvorstand hält die Durchführung einer Volksbefragung über die atomare Bewaffnung für erforderlich, er wird prüfen, ob die Gewerkschaften eine Befragung ihrer Mitglieder durchführen sollen, wenn keine amtliche Volksbefragung erfolgt.

Der Bundesvorstand ruft alle Bevölkerungskreise, insbesondere die Arbeiter, Angestellten und Beamten, die Politiker, die Professoren, Ärzte und Studenten und die Mütter auf, sich der Aktion „Kampf dem Atomtod" anzuschließen.

Der Bundesvorstand begrüßt den Beschluß der Gewerkschaften, ihren Mitgliedern gewerkschaftliche Hilfe zu leisten, die sich aus Gewissensgründen weigern, an der Errichtung von Abschußbasen für Atomraketen mitzuwirken.

Der Bundesvorstand behält sich notfalls weitere Schritte vor.

Der Bundesvorstand dankt den zahlreichen Einsendern von Briefen, Telegrammen und Fernschreiben für ihre Zuschriften und für die darin zum Ausdruck kommende Billigung der Haltung des Deutschen Gewerkschaftsbundes und der Gewerkschaften.

In den zahlreichen Entschließungen aus der Sowjetzone kann der Bundesvorstand keine freien Willensäußerungen der mitteldeutschen Bevölkerung erkennen. diese Entschließungen stellen die nach einem Schema vorgenommene Ausführung eines von Pankow ausgehenden Befehls dar und sind daher für die Meinungsbildung der Arbeitnehmer und ihrer Gewerkschaften ohne jeden Wert.

*Quelle: Protokoll der außerordentlichen Sitzung des Bundesvorstandes des DGB am 28. 3. 1958 (DGB-Archiv).*

# Dokument 26
## Der DGB zur Notstandsgesetzgebung 1962, 1966 und 1968

*a) Entschließung Notstand/Notdienst des DGB-Kongresses 1962*

Die Pläne der Bundesregierung über Notstands- und Zivildienstgesetze erfüllen den Bundeskongreß mit größter Sorge. Als demokratische Organisationen der Arbeitnehmer sind die Gewerkschaften Garanten der demokratischen Staats- und Gesellschaftsordnung. Sie bekennen sich zum demokratischen und sozialen Rechtsstaat, wie ihn unser Grundgesetz in den Artikeln 20, Abs. 1 und 28, Abs. 1 vorsieht.

Wo die Gewerkschaften schwach sind oder unterdrückt werden, stirbt auch die Demokratie. Wo sie stark und in der Stunde der Gefahr zum Handeln entschlossen sind, können die Anschläge aller antidemokratischen, totalitären Kräfte gegen den demokratischen und sozialen Rechtsstaat erfolgreich abgewehrt werden.

Der Bundeskongreß lehnt jede zusätzliche gesetzliche Regelung des Notstandes und Notdienstes ab, weil beide Vorhaben geeignet sind, elementare Grundrechte, besonders das Koalitions- und Streikrecht sowie das Recht auf freie Meinungsäußerung, einzuschränken und die demokratischen Kräfte in der Bundesrepublik zu schwächen.

Das Grundgesetz der Bundesrepublik Deutschland und die anderen einschlägigen Gesetze enthalten bereits ein System von Sicherungen, die genügen, um jeden wirklichen Notstand zu überwinden, ohne die freiheitliche und demokratische Substanz unserer staatlichen Ordnung zu gefährden oder gar zu beseitigen. Die Erfahrungen der Vergangenheit haben gezeigt, daß die Demokratie vor den Anschlägen ihrer Gegner nicht dadurch geschützt wird, wenn die wesentlichen Grundrechte aufgegeben und die Handlungsfreiheit der demokratischen Institutionen zugunsten einer autoritären Exekutivgewalt eingeschränkt werden.

Auch die militärische Erfassung der Arbeitnehmer im Arbeitsprozeß durch ihre Zwangsverpflichtung ist für die Verteidigung unserer demokratischen Freiheit nicht erforderlich und für die Gewerkschaften untragbar.

Die Abgeordneten des Deutschen Bundestages tragen in dieser Frage eine große Verantwortung. Deshalb fordert der Bundeskongreß, daß die gesetzgebenden Körperschaften im Zusammenwirken mit dem Deutschen Gewerkschaftsbund und seinen Gewerkschaften sowie allen anderen verantwortungsbewußten Kräften unseres Volkes mit aller Entschiedenheit diesen Versuchen der Bundesregierung entgegentreten.

*Quelle: Protokoll des 6. ordentlichen Bundeskongresses des DGB, 22.—24. 10. 1962 in Hannover, Düsseldorf o. J., S. 960 ff.*

*b) Entschließung Notstand — Notdienst des DGB-Kongresses 1966*

Der 7. Ordentliche Bundeskongreß bekräftigt die 1962 auf dem DGB-Kongreß in Hannover gefaßten Beschlüsse zur Notstands- und Notdienstgesetzgebung. Er stellt mit Befriedigung fest, daß die Bundesregierung mit ihrer seit Jahren verfolgten verfassungsändernden Notstandsgesetzgebung und der Einführung einer allgemeinen Dienstverpflichtung bisher nicht zum Ziele gekommen ist, und sieht darin nicht zuletzt einen Erfolg der gewerkschaftlichen Haltung.

Die Gewerkschaften lehnen auch weiterhin jede Notstandsgesetzgebung ab, welche die demokratischen Grundrechte einschränkt und besonders das Versammlungs-, Koalitions- und Streikrecht der Arbeitnehmer und ihrer gewerkschaftlichen Organisationen bedroht. Nach wie vor wenden sie sich vor allem gegen eine allgemeine Dienstverpflichtung und die dafür erforderliche Abänderung des Artikels 12 Absatz 2 des Grundgesetzes, der eine allgemeine Zwangsarbeit verbietet.

Die Bundesregierung wendet schon jetzt mit den sogenannten Schubladenverordnungen ein Verfahren an, das sich außerhalb der Verfassung bewegt. Bei diesen Verordnungen handelt es sich um einschneidende geheime Bestimmungen, die teilweise schon heute bei den Länder- und Gemeindebehörden unter Verschluß liegen, um notfalls auf Anordnung der Bundesregierung schlagartig in Kraft gesetzt zu werden. Diese Praxis beweist, wie wichtig es ist, daß die Exekutive keine Vollmachten erhält, die es ihr gestatten, unter Umgehung der Legislative die Rechte des einzelnen und gesellschaftlicher Gruppen zu beschneiden.

Der 7. Bundeskongreß des DGB bekräftigt die Entschlossenheit der Gewerkschaften, die Grundrechte und die Prinzipien des Grundgesetzes gegen jeden Angriff zu verteidigen. Er erinnert die Abgeordneten des Bundestages an ihre demokratische Verantwortung und fordert sie auf, im Bunde mit den Gewerkschaften, den Vertretern der Wissenschaft und anderen demokratischen Kräften allen weiteren Versuchen entgegenzutreten, Grundrechte im Wege der Notstands- und Notdienstgesetzgebung einzuschränken.

*Quelle: Protokoll des 7. ordentlichen Bundeskongresses des DGB in Berlin, 9.—14. 5. 1966, Düsseldorf o. J., S. 12 f.*

## c) Entschließung des DGB-Bundesvorstandes zur Notstandsgesetzgebung vom 19. Mai 1968

Vor den entscheidenden Beratungen im Bundestag (2. und 3. Lesung im Mai 1968) wurde der DGB-Bundesvorstand aus Kreisen der Gewerkschaften und der sogenannten „Außerparlamentarischen Opposition" aufgefordert, gegen die beabsichtigte Verabschiedung der Notstandsgesetze gewerkschaftliche Kampfmittel (Protest, Warn- und Generalstreik) anzuwenden.

Auf einer außerordentlichen Sitzung des DGB-Bundesvorstandes am 19. Mai 1968 teilt der DGB dazu mit, daß der „DGB alle Maßnahmen ausschließlich in eigener Verantwortung durchführen und sich nicht von anderen Gruppen in unkontrollierbare Aktionen drängen lasse. Der Bundesvorstand des DGB lehnt einen allgemeinen Streik (Generalstreik) zur Verhinderung der Notstandsgesetze ausdrücklich ab, denn er hält es für einen Verstoß gegen die Grundsätze der parlamentarischen Demokratie, gegen einen mit großer Mehrheit gefaßten Beschluß des Bundestages zum Streik aufzurufen. Der DGB wird aber auch nach einer endgültigen Verabschiedung der Notstandsgesetze in der 3. Lesung mit demokratischer Wachsamkeit darauf achten, daß die Notstandsgesetze nicht mißbraucht werden. Jedem Mißbrauch der Notstandsgesetze wird der DGB mit allen ihm zur Verfügung stehenden Mitteln begegnen."

*Quelle: Protokoll der Sitzung des Bundesvorstandes des DGB am 19. Mai 1968 (DGB-Archiv).*

# Dokument 27
## Präambel des DGB-Grundsatzprogramms vom November 1963

Durchdrungen von der Verantwortung gegenüber ihren Mitgliedern und dem ganzen Volke, bekennen sich der Deutsche Gewerkschaftsbund und seine Gewerkschaften zu den unveräußerlichen Rechten des Menschen auf Freiheit und Selbstbestimmung. Sie erstreben eine Gesellschaftsordnung, in der die Würde des Menschen geachtet wird, und fordern die Verwirklichung der allgemeinen Erklärung der Menschenrechte der Vereinten Nationen in allen Teilen der Welt.

Die Besinnung auf die Grundwerte des menschlichen Zusammenlebens wird um so dringender, als sich der einzelne in zunehmendem Maße den Bedrängnissen der modernen Arbeitswelt und neuen wirtschaftlichen, sozialen und politischen Abhängigkeiten ausgesetzt sieht. Die Gewerkschaften nehmen diese Herausforderung des 20. Jahrhunderts an. Sie wissen, daß die Arbeiterbewegung bisher große Erfolge errungen hat, daß sich aber neue Aufgaben stellen, die mit neuen Mitteln gelöst werden müssen.

Die stolzen Erfolge der Arbeiterbewegung in der Vergangenheit, die den Aufbruch der Menschheit in eine bessere Zukunft eingeleitet haben, dürfen nicht zur Selbstgenügsamkeit führen. Sie bedeuten eine Verpflichtung für die Zukunft. Hierbei bedarf es gleichstarker Impulse aus den ethischen und politischen Grundhaltungen, die den Geist der Solidarität in der Gewerkschaftsbewegung bestimmen.

Bereits zu Beginn der Industrialisierung hatte die sie prägende kapitalistische Wirtschaftsordnung dem Arbeitnehmer die gesellschaftliche Gleichberechtigung verwehrt, seine Person der Willkür des Unternehmers unterworfen, seine Arbeitskraft dem Marktgesetz ausgeliefert, seine soziale Sicherheit dem Gewinnstreben untergeordnet, soziale Mißstände und Krisen verursacht. Die Arbeitnehmer schlossen sich gegen den Widerstand des Obrigkeitsstaates zu Gewerkschaften zusammen. Es war von Anbeginn an ihr Ziel, der Würde des arbeitenden Menschen Achtung zu verschaffen und sie zu schützen, ihn sozial zu sichern und eine Gesellschaftsordnung zu erkämpfen, die allen die freie Entfaltung ihrer Persönlichkeit ermöglicht.

Der unermüdliche Kampf der Gewerkschaften um die politische und soziale Gleichberechtigung der arbeitenden Menschen hatte den Erfolg, daß wichtige Teile der gewerkschaftlichen Forderungen als Grundrechte der Bürger heute in den demokratischen Verfassungen und von der öffentlichen Meinung anerkannt werden. Es bleibt weiterhin Aufgabe der Gewerkschaften, am Ausbau des sozialen Rechtsstaats und an der demokratischen Gestaltung der Gesellschaft mitzuwirken.

Damit werden die Gewerkschaften zum entscheidenden Integrationsfaktor der Demokratie und zur unentbehrlichen Kraft für eine demokratische Fortentwicklung auf politischem, wirtschaftlichem und kulturellem Gebiet.

Freie und unabhängige Gewerkschaften können nur in der Demokratie bestehen und wirken. Sie verteidigen — die Geschichte beweist es — in der Demokratie ihre eigene Lebensgrundlage.

Der DGB und seine Gewerkschaften setzen sich deshalb gegen alle totalitären und reaktionären Bestrebungen mit Entschiedenheit zur Wehr und bekämpfen alle Versuche, die im Grundgesetz der Bundesrepublik verankerten Grundrechte einzuschränken oder aufzuheben.

Die Verschmelzung verschiedener Gewerkschaftsrichtungen in der modernen Einheitsgewerkschaft hat das Prinzip der Solidarität aller arbeitenden Frauen und Männer konsequent verwirklicht.

Als gemeinsame Organisation der Arbeiter, Angestellten und Beamten nehmen der DGB und die in ihm vereinten Gewerkschaften die wirtschaftlichen, sozialen und kulturellen Interessen aller Arbeitnehmer und ihrer Familien wahr und dienen den Erfordernissen des Gesamtwohls. Der Zusammenschluß aller Gruppen der Arbeitnehmerschaft in dieser Organisationsform bietet die sichere Gewähr, daß sowohl die speziellen Interessen der Arbeiter, Angestellten oder Beamten als auch ihre gemeinsamen Anliegen erfolgreich vertreten werden können.

Die Gewerkschaften bekennen sich zum Berufsbeamtentum. Der Deutsche Gewerkschaftsbund fordert die Weiterentwicklung der Grundsätze des Berufsbeamtentums in zeitgemäßer Form.

Der Deutsche Gewerkschaftsbund und seine Gewerkschaften sind und bleiben unabhängig von Regierungen, Parteien, Konfessionen und Unternehmern. Sie bekräftigen ihre Entschlossenheit zur weltanschaulichen, religiösen und politischen Toleranz.

Die strukturellen und wirtschaftlichen Veränderungen sowie die Erfordernisse der modernen Industriegesellschaft haben weitgehend die Eingliederung der Frau in den Arbeitsprozeß bedingt.

Ihre Gleichberechtigung im Arbeitsprozeß und ein ihrer Konstitution entsprechender sozialer Schutz sind notwendig.

Die Veränderung in der Gesellschaft, die Koalitionsfreiheit, die Tarifautonomie und die Sozialpolitik haben die Erscheinungsformen des sozialen Konflikts gewandelt. Zwar hat die allgemeine Anhebung des Lebensstandards, die vor allem der Schaffenskraft und dem Fleiß der Arbeitnehmer und nicht zuletzt dem ständigen Drängen der Gewerkschaften zu verdanken ist, vielen Arbeitnehmern neue Möglichkeiten der Lebensgestaltung eröffnet. Aber die Ungerechtigkeit der Einkommens- und Vermögensverteilung, die Abhängigkeit vom Marktgeschehen, von privater Wirtschaftsmacht und die Ungleichheit der Bildungschancen sind nicht überwunden.

Die Entwicklung in der Bundesrepublik hat zu einer Wiederherstellung alter Besitz- und Machtverhältnisse geführt. Die Großunternehmen sind erstarkt, die Konzentration des Kapitals schreitet ständig fort. Die Kleinunternehmen werden zurückgedrängt oder den Großunternehmen wirtschaftlich untergeordnet.

Die Arbeitnehmer, d. h. die übergroße Mehrheit der Bevölkerung, sind nach wie vor von der Verfügungsgewalt über die Produktionsmittel ausgeschlossen. Ihre Arbeitskraft ist auch heute noch ihre einzige Einkommensquelle.

Die sozialen Risiken kann der einzelne Arbeitnehmer nicht allein tragen. Sein legitimer Anspruch auf soziale Sicherheit kann nur durch solidarische Verantwortung der Gesellschaft erfüllt werden.

Die Gewerkschaften kämpfen um die Ausweitung der Mitbestimmung der Arbeitnehmer. Damit wollen sie eine Umgestaltung von Wirtschaft und Gesellschaft einleiten, die darauf abzielt, alle Bürger an der wirtschaftlichen, kulturellen und politischen Willensbildung gleichberechtigt teilnehmen zu lassen.

Um Vollbeschäftigung, Wirtschaftswachstum und steigende Einkommen zu sichern, muß der enge Rahmen der Nationalwirtschaften durch neue übernationale Formen erweitert werden. Die Aufgaben unserer Zeit können nur durch konstruktive solidarische Zusammenarbeit der Menschen, Völker und Staaten gelöst werden. Das Ziel ist eine politische und wirtschaftliche Gemeinschaft der freien und demokratischen Völker in Europa und ihre enge Verbundenheit mit den freien Völkern der Welt.

Grundlage für den sozialen und kulturellen Fortschritt und die soziale Sicherheit in allen Teilen der Welt ist die Erhaltung des Friedens. Die Bereitstellung von Mitteln für soziale und kulturelle Zwecke darf nicht durch Rüstungsausgaben beeinträchtigt werden. Die Gewerkschaften fordern die Ächtung und das Verbot aller Atomwaffen und aller sonstigen Massenvernichtungsmittel sowie die allgemeine und kontrollierte Abrüstung. Die Beseitigung von Hunger, Armut, Analphabetentum und Unterdrückung in allen Teilen der Welt ist eine wichtige Bedingung für eine stabile Friedensordnung.

Die Gewerkschaften bekennen sich uneingeschränkt zur Selbstbestimmung der Völker. Sie verurteilen jede Rassendiskriminierung und wenden sich gegen alle Formen kolonialer Unterdrückung.

Sie fordern die Verwirklichung des Rechtes auf Selbstbestimmung auch für das deutsche Volk. Die Wiedervereinigung Deutschlands ist die Voraussetzung für eine friedliche Ordnung Europas. Berlin bleibt die Hauptstadt Deutschlands.

Der Deutsche Gewerkschaftsbund ruft alle noch abseits stehenden Arbeitnehmer auf, durch ihre Mitarbeit in den Gewerkschaften an der sozialen Ausgestaltung und Festigung der Demokratie und an dem Aufbau einer gerechten Wirtschafts- und Gesellschaftsordnung mitzuwirken.

Insbesondere wendet sich der Deutsche Gewerkschaftsbund an die arbeitende Jugend und fordert sie auf, an den großen Zielen der Gewerkschaftsbewegung mitzuarbeiten. Zur Erreichung dieser Ziele gewährt der Deutsche Gewerkschaftsbund der Jugend seine tatkräftige Unterstützung.

Der Deutsche Gewerkschaftsbund und seine Gewerkschaften sind bereit, aufgeschlossen und in ehrlicher Auseinandersetzung die Fragen unserer Zeit mit den Vertretern aller Gruppen unseres Volkes zu behandeln.

Parlamente, Regierungen, Parteien, Kirchen und alle, die guten Willens sind, sind aufgerufen, die Gewerkschaften in ihren Bestrebungen in der modernen Gesellschaft zu unterstützen. Darauf haben sie um so mehr Anspruch, als ihre Bestrebungen über die Interessenvertretung hinaus dem Gesamtwohl dienen.

Unsere Zeit verlangt vor allem die demokratische Gestaltung des gesellschaftlichen, kulturellen, politischen und wirtschaftlichen Lebens, damit jeder Mensch seine Gaben nützen, seine Persönlichkeit frei entwickeln und verantwortlich mitentscheiden kann.

Nur wenn es gelingt, eine solche Ordnung zu schaffen, wird die Freiheit des einzelnen, die Freiheit der Gemeinschaft und eine wahrhaft demokratische Gesellschaft in allen ihren Lebensformen verwirklicht werden. Sie allein ist die Gewähr für ein menschenwürdiges Leben und der einzig wirksame Schutz gegen totalitäre und andere unwürdige Daseinsformen.

[. . .]

*Quelle: Protokoll. Außerordentlicher Bundeskongreß des DGB in Düsseldorf, 21. und 22. November 1963, Düsseldorf o. J., S. 449—453.*

# Dokument 28
## Präambel des DGB-Grundsatzprogramms vom März 1981

Durchdrungen von der Verantwortung gegenüber ihren Mitgliedern und dem ganzen Volk bekennen sich der Deutsche Gewerkschaftsbund und seine Gewerkschaften zu den unveräußerlichen Rechten des Menschen auf Freiheit und Selbstbestimmung. Sie erstreben eine Gesellschaftsordnung, in der die Würde des Menschen geachtet wird und fordern die Verwirklichung der Menschenrechte entsprechend der Erklärung der Vereinten Nationen in allen Teilen der Welt.

Die stolzen Erfolge der Arbeiterbewegung in der Vergangenheit, die den Aufbruch der Menschheit in eine bessere Zukunft eingeleitet haben, bedeuten eine Verpflichtung für die Zukunft. Hierbei bedarf es der Besinnung auf die Grundwerte des menschlichen Zusammenlebens und auf ethische und politische Grundhaltungen, die den Geist der Solidarität in der Gewerkschaftsbewegung bestimmen. Diese Besinnung wird um so dringender, als sich der einzelne Arbeitnehmer in zunehmendem Maße den Bedrängnissen der modernen Arbeitswelt und neuen wirtschaftlichen, sozialen und politischen Abhängigkeiten ausgesetzt sieht. Veränderungen in Wirtschaft und Gesellschaft haben die Erscheinungsformen der sozialen Probleme und Konflikte gewandelt. Es stellen sich neue Aufgaben, die auch neue Mittel notwendig machen.

Seit Beginn der Industrialisierung werden die sozialen und gesellschaftlichen Auseinandersetzungen durch den Interessengegensatz zwischen Kapital und Arbeit geprägt. Den Interesen der Unternehmer an maximalen Gewinnen stehen die Interessen der Arbeitnehmer an sicheren Arbeitsplätzen, menschenwürdigen Arbeits- und Lebensbedingungen und ausreichenden Einkommen gegenüber.

Die Arbeitnehmer schlossen sich gegen den Widerstand des Obrigkeitsstaates zu Gewerkschaften zusammen. Sie wollten verhindern, daß die kapitalistische Wirtschaftsordnung den Arbeitnehmern die gesellschaftliche Gleichberechtigung verwehrt, sie der Willkür der Arbeitgeber unterwirft, ihre Arbeitskraft dem Marktgesetz ausliefert, ihre Gesundheit und soziale Sicherheit dem Gewinnstreben unterordnet und soziale Mißstände und Krisen verursacht. Es war von Anbeginn das Ziel der Gewerkschaften, der Würde des arbeitenden Menschen Achtung zu verschaffen, seinen gerechten Anteil am Ertrag der Arbeit durchzusetzen, ihn zu schützen und sozial zu sichern und eine Gesellschaftsordnung zu erkämpfen, die allen die freie Entfaltung ihrer Persönlichkeit ermöglicht.

Der unermüdliche Kampf der Gewerkschaften um die politische und soziale Gleichberechtigung der Arbeitnehmer hatte den Erfolg, daß wichtige Teile der gewerkschaftlichen Forderung als Grundrechte der Bürger heute in den demokratischen Verfassungen gewährleistet und von der öffentlichen Meinung anerkannt werden. Es bleibt weiterhin Aufgabe der Gewerkschaften, am Ausbau des sozialen Rechtsstaates und an der demokratischen Gestaltung der Gesellschaft mitzuwirken und den Kampf um die Gleichberechtigung der Arbeitnehmer fortzusetzen.

Damit sind die Gewerkschaften entscheidender Integrationsfaktor der Demokratie und unentbehrliche Kraft für eine demokratische Fortentwicklung von Wirtschaft und Gesellschaft.

Freie und unabhängige Gewerkschaften sind eine Voraussetzung jeder demokratischen Gesellschaft. Die Gewerkschaften haben sich ihre Existenz, ihre Aktionsspielräume und ihre Rechte selbst erkämpft. Jeder Angriff auf ihre Autonomie und ihre

Handlungsfreiheit ist zugleich ein Angriff auf die Grundlagen der Demokratie. Die Gewerkschaften verteidigen mit der Demokratie auch ihre eigene Lebensgrundlage. Die Gewerkschaften bekennen sich zur parlamentarischen Demokratie und zum Mehrparteiensystem. Sie bekräftigen ihre Entschlossenheit zur weltanschaulichen, religiösen und politischen Toleranz. Sie setzen sich jedoch gegen alle totalitären und reaktionären Bestrebungen mit Entschiedenheit zur Wehr und bekämpfen alle Versuche, die im Grundgesetz verankerten Grundrechte einzuschränken oder aufzuheben. Dabei stützen sie sich auch auf das Widerstandsrecht der Verfassung.

Das Grundgesetz der Bundesrepublik Deutschland hat mit seinen Grundrechten, mit der Verpflichtung aller staatlichen Gewalt, die Würde des Menschen zu achten und zu schützen und mit dem Gebot von Demokratie und Sozialstaatlichkeit die Grundlage und den Rahmen für eine freiheitliche, soziale und demokratische Gesellschaftsordnung gegeben.

Das Grundgesetz gewährleistet jedem das Recht auf freie Entfaltung seiner Persönlichkeit. Voraussetzung für die Verwirklichung dieses Rechts ist die Befreiung des Menschen von vermeidbaren wirtschaftlichen Abhängigkeiten und ungerechtfertigten gesellschaftlichen Zwängen. Die Freiheit des einzelnen findet jedoch ihre Grenze in den Rechten der anderen.

Freiheit und Selbstbestimmung schließen das Recht auf Arbeit und Bildung ein. Alle Menschen, Frauen wie Männer, müssen unabhängig von ihrer sozialen Herkunft gleiche Chancen haben, entsprechend ihren Fähigkeiten und Neigungen Beruf, Arbeitsplatz und Ausbildungsstätte frei zu wählen.

Das Grundgesetz trifft keine Entscheidung für eine bestimmte Wirtschaftsordnung. Das Sozialstaatsgebot fordert aber eine an den Interessen der Arbeitnehmer orientierte Wirtschafts- und Gesellschaftsordnung. Eigentum verpflichtet. Sein Gebrauch muß dem Wohl der Allgemeinheit dienen. Grund und Boden, Naturschätze und Produktionsmittel können zum Zwecke der Vergesellschaftung in Gemeineigentum oder in andere Formen der Gemeinwirtschaft überführt werden.

Das Grundgesetz fordert einen sozialen Rechtsstaat. Daraus folgt ein Anspruch aller Arbeitnehmer auf soziale Sicherheit und auf Schutz vor den Wechselfällen des Lebens. Der soziale Rechtsstaat beinhaltet den ständigen Auftrag, nicht die Vorrechte weniger zu schützen und die bestehenden Machtverhältnisse zu bewahren, sondern durch soziale und gesellschaftliche Reformen die Voraussetzungen für die Entfaltung der Grundrechte aller Menschen zu schaffen.

Die Verwirklichung und Sicherung der Grundrechte erfordert die Solidarität aller Arbeitnehmer. Solidarität ist die Grundlage der Gewerkschaftsbewegung. Die Arbeitnehmer können die Freiheits- und Gleichheitsrechte nur bewahren und zur vollen Wirksamkeit bringen, wenn sie sich zusammenschließen. Starke Gewerkschaften sind eine Voraussetzung für die Wahrung und Durchsetzung der wirtschaftlichen, sozialen und gesellschaftlichen Interessen der Arbeitnehmer gegenüber der Macht und dem Einfluß, die die Verfügungsgewalt über Produktionsmittel und Arbeitsplätze verleiht.

Durch die Verschmelzung verschiedener Gewerkschaftsrichtungen in der Einheitsgewerkschaft wurde das Prinzip der Solidarität aller arbeitenden Frauen und Männer verwirklicht.

Die Einheitsgewerkschaft ist aus den Erfahrungen der Arbeitnehmer vor und während der Weimarer Republik und der Verfolgung in der Nazidiktatur entstanden. Sie hat die historischen Traditionen, politischen Richtungen und geistigen Ströme der Arbeiterbewegung, vor allem der freiheitlich-sozialistischen und der christlich-sozialen Richtungen, in eine gemeinsame Organisation zusammengeführt. Sie erübrigt konkurrierende Gewerkschaften. Die interne Vielfalt der Meinungen verpflichtet auf der Grundlage von Toleranz zu einer eigenständigen und unabhängigen Willensbildung, die die gemeinsamen Interessen aller Arbeitnehmer zum Ausdruck bringt. Weltanschauliche und politische Ideologien, die die Gewerkschaften für ihre Zwecke mißbrauchen wollen, sind mit dem Gedanken der Einheitsgewerkschaft unvereinbar.

Die Schaffung von starken Gewerkschaften und Industriegewerkschaften, die die Zersplitterung in Berufsverbände und Standesorganisationen überwunden hat, ist eine wesentliche Errungenschaft in der Geschichte der deutschen Gewerkschaftsbewegung. Erst die Vereinigung aller Arbeitnehmer in den Betrieben, Industriezweigen und in den Verwaltungen ermöglicht es, künstliche Unterschiede zwischen den einzelnen Gruppen und Ungleichbehandlungen der Arbeitnehmer zu überwinden. Nur die Einheit der Arbeitnehmer kann ein Gegengewicht zur wirtschaftlichen und politischen Macht der Unternehmer und Arbeitgeber bilden.

Als Selbsthilfe- und Kampforganisation bieten die Gewerkschaften ihren Mitgliedern Schutz vor den Folgen der wirtschaftlichen und gesellschaftlichen Unterlegenheit. Als soziale und gesellschaftliche Bewegung haben sie die Aufgabe, die Ursachen der wirtschaftlichen Abhängigkeit und gesellschaftlichen Unterlegenheit der Arbeitnehmer zu beseitigen. Schutz- und Gestaltungsfunktion der Gewerkschaften bilden eine unauflösliche Einheit.

Der Deutsche Gewerkschaftsbund und seine Gewerkschaften sind und bleiben unabhängig von Regierungen, Parteien, Kirchen und Unternehmen. Als gemeinsame Organisation der Arbeiter, Angestellten und Beamten nehmen die Gewerkschaften die wirtschaftlichen, sozialen und kulturellen Interessen aller Arbeitnehmer und ihrer Familien wahr und dienen damit den Erfordernissen des Gesamtwohls. Der Zusammenschluß aller Gruppen der Arbeitnehmer bietet die sichere Gewähr, daß sowohl die speziellen Interessen der Arbeiter, Angestellten oder Beamten als auch ihre gemeinsamen Anliegen erfolgreich vertreten werden können.

Die allgemeine Anhebung des Lebensstandards, die vor allem der Schaffenskraft und dem Fleiß der Arbeitnehmer und nicht zuletzt dem Kampf der Gewerkschaften um soziale und wirtschaftliche Reformen zu verdanken ist, hat vielen Arbeitnehmern neue Möglichkeiten der Lebensgestaltung eröffnet. Aber die Unsicherheit der Arbeitsplätze, die Ungerechtigkeit der Einkommens- und Vermögensverteilung, die Ungleichheit der Bildungschancen und die Abhängigkeit von Wirtschaftsmacht sind nicht überwunden. Dazu sind weitere Belastungen aus der zunehmenden Verschlechterung der Umweltbedingungen sowie der Intensivierung der Arbeit vor allem durch die an Kapitalinteressen ausgerichtete Anwendung neuer Technologien und neuer Formen der Arbeitsorganisation gekommen.

Die Entwicklung in der Bundesrepublik Deutschland hat zu einer Wiederherstellung alter Besitz- und Machtverhältnisse geführt. Die Konzentration des Kapitals schreitet ständig fort. Die Kleinunternehmen werden zurückgedrängt oder den Großunternehmen wirtschaftlich untergeordnet. Die Arbeitnehmer, die übergroße Mehrheit der Bevölkerung, sind noch weitgehend von der Verfügungsgewalt über die Produktionsmittel ausgeschlossen. Die Arbeitskraft ist ihre einzige Einkommensquelle.

Die Gewerkschaften kämpfen um die Ausweitung der Mitbestimmung der Arbeitnehmer. Damit wollen sie eine Umgestaltung von Wirtschaft und Gesellschaft einleiten, die die Arbeitnehmer an den wirtschaftlichen, sozialen und kulturellen Entscheidungen gleichberechtigt beteiligt.

Die sozialen Risiken kann der einzelne Arbeitnehmer nicht allein tragen. Sein legitimer Anspruch auf soziale Sicherheit kann nur durch solidarische Verantwortung der Gesellschaft erfüllt werden.

Um Vollbeschäftigung, qualitatives und quantitatives Wirtschaftswachstum und steigende Einkommen zu sichern, muß der enge Rahmen der Nationalwirtschaften durch eine neue internationale Zusammenarbeit erweitert werden.

Die Aufgaben unserer Zeit können nur durch eine solidarische Zusammenarbeit der Menschen, Völker und Staaten gelöst werden. Das Ziel ist eine politische und wirtschaftliche Gemeinschaft der freien und demokratischen Völker in Europa und ihre enge Verbundenheit mit den Völkern der Welt.

Der Frieden ist elementare Voraussetzung für gewerkschaftliches Wirken und Grundlage für den sozialen und kulturellen Fortschritt und soziale Sicherheit in allen Teilen der Welt. Deshalb ist die umfassende Sicherung des Friedens in der Welt ein zentrales Anliegen der Gewerkschaften.

Eine europäische und internationale Friedensordnung muß das Lebensrecht aller Nationen, ihr Selbstbestimmungsrecht und die Unverletzlichkeit ihrer Grenzen respektieren. Den Gebrauch militärischer Gewalt, von welcher Seite auch immer, lehnen die Gewerkschaften ab.

Entspannung, Abrüstung und Frieden haben für die an der Nahtstelle zweier Bündnissysteme gelegene und exponierte Bundesrepublik ganz besonderes Gewicht. Deshalb sind alle gewerkschaftlichen, gesellschaftlichen und politischen Kräfte in unserem Land aufgefordert, Entspannungs- und Friedenspolitik zu unterstützen. Dazu gehört der systematische Ausbau einer weltumspannenden Konfliktforschung und Friedensplanung zur frühzeitigen Erkennung und Abwendung von Spannungen.

Der anhaltende Rüstungswettlauf gefährdet zunehmend den Frieden in der Welt. Das gilt auch für die Aufrüstung der Dritten Welt, wo schon lokale Krisenherde die Gefahr weltweiter Konflikte in sich bergen. Durch die ständig steigenden Rüstungsausgaben werden darüber hinaus Mittel gebunden, die für die wirtschaftliche und soziale Entwicklung besonders in der Dritten Welt dringend erforderlich sind.

Die Gewerkschaften fordern das Verbot der Entwicklung, der Herstellung, der Lagerung, der Weitergabe und der Anwendung atomarer Waffen und anderer Massenvernichtungsmittel sowie neuer Waffentechnologien. Ziel der Gewerkschaften bleibt die allgemeine und kontrollierte Abrüstung.

Die Beseitigung von Hunger, Armut und Arbeitslosigkeit, Analphabetentum und Unterdrückung ist eine wichtige Bedingung für eine stabile Friedensordnung.

Die Gewerkschaften bekennen sich uneingeschränkt zur Selbstbestimmung der Völker. Sie verurteilen jede Rassendiskriminierung und wenden sich gegen alle Formen der Unterdrückung.

Sie fordern die Verwirklichung des Rechts auf Selbstbestimmung auch für das deutsche Volk.

Der Deutsche Gewerkschaftsbund ruft alle noch abseitsstehenden Arbeitnehmer auf, sich zur Einheitsgewerkschaft zu bekennen und an der sozialen Ausgestaltung und Festigung der Demokratie und an dem Ausbau einer gerechten Wirtschafts- und Gesellschaftsordnung mitzuwirken.

Der Deutsche Gewerkschaftsbund wendet sich insbesondere an die arbeitende Jugend und fordert sie auf, an den Zielen der Gewerkschaftsbewegung mitzuarbeiten. Der Deutsche Gewerkschaftsbund unterstützt die Jugend tatkräftig.

Im Deutschen Gewerkschaftsbund kämpfen Männer und Frauen gemeinsam in gewerkschaftlicher Tradition für die wirtschaftliche und gesellschaftliche Gleichberechtigung der Frauen. Jede Benachteiligung der Frauen verstößt gegen den Auftrag des Grundgesetzes. Zur Verwirklichung der Gleichberechtigung sind Veränderungen der Arbeitswelt und der gesellschaftlichen Infrastruktur notwendig.

Der Deutsche Gewerkschaftsbund setzt sich gemeinsam mit den ausländischen Arbeitnehmern für die Beseitigung ihrer besonderen wirtschaftlichen, sozialen und kulturellen Benachteiligung ein mit dem Ziel, ihre Gleichberechtigung zu verwirklichen.

Parlamente, Regierungen, Parteien und Kirchen sind aufgerufen, die Gewerkschaften in ihren Bestrebungen zu unterstützen. Der Deutsche Gewerkschaftsbund und seine Gewerkschaften sind bereit, aufgeschlossen die Fragen unserer Zeit mit den Vertretern aller Gruppen unseres Volkes zu behandeln.

Nur eine soziale und demokratische Gesellschaft bietet die Gewähr für ein menschenwürdiges Leben und ist ein wirksamer Schutz gegen totalitäre und reaktionäre Bestrebungen.

Die Verwirklichung von Chancengleichheit, Gerechtigkeit und Freiheit bedarf auch der inneren Sicherheit. Das berechtigte Bedürfnis der Bürger nach Sicherheit darf aber nicht zum Abbau demokratischer Freiheitsrechte mißbraucht werden. Im Spannungsfeld zwischen Freiheit und Sicherheit muß der Staat gewährleisten, daß sich soziale und gesellschaftliche Veränderungen im Rahmen der Verfassung unbehindert vollziehen können.

Unsere Zeit verlangt die demokratische Gestaltung des wirtschaftlichen, sozialen, kulturellen und politischen Lebens, damit jeder Mensch verantwortlich mitentscheiden kann.

[. . .]

*Quelle: DGB-Bundesvorstand (Hrsg.), Grundsatzprogramm des Deutschen Gewerkschaftsbundes. 4. Außerordentlicher Bundeskongreß, Düsseldorf 12.—14. 3. 1981. Parlament der Arbeit, Düsseldorf 1981, S. 1—5.*

# Dokument 29
# Aktionsprogramm des DGB vom Oktober 1988

## Präambel

Die Gewerkschaftsbewegung kann in ihrem Kampf für die Interessen der Arbeitnehmerinnen und Arbeitnehmer auf wichtige Fortschritte zurückblicken. Seit ihrer Gründung in der zweiten Hälfte des 19. Jahrhunderts haben die Gewerkschaften Schritt für Schritt mehr materiellen Wohlstand, mehr soziale Sicherheit und mehr individuelle Freiheit für die abhängig Beschäftigten durchgesetzt. Sie haben damit zugleich entscheidend zur Herausbildung demokratischer, rechts- und sozialstaatlicher Verhältnisse beigetragen.

Die anhaltende Beschäftigungskrise, schwerwiegende Branchen- und Regionalprobleme, ein tiefgreifender technologischer Wandel und Entsolidarisierungstendenzen in der Gesellschaft stellen — nicht nur — die Gewerkschaften erneut vor schwerwiegende Herausforderungen.

Gleichzeitig ändern sich die Lebensumstände der Menschen und die Strukturen der Wirtschaft. Die Zahl der Angestellten wächst, sowohl in der Industrie als auch durch die sich ausdehnenden Sektoren der privaten und öffentlichen Dienstleistungen. Sowohl im Betrieb als auch in der Familie und im gesellschaftlichen Raum wandeln sich Verhaltensweisen und Wertvorstellungen. Arbeitnehmerinnen und Arbeitnehmer erwarten größere Freiräume für die eigenverantwortliche Lebensgestaltung, im beruflichen wie im privaten Bereich. Frauen wollen ihren formalen Gleichberechtigungsanspruch auch faktisch eingelöst wissen. Die Sensibilität gegenüber Umweltfragen ist gewachsen. Organisationsformen, Programmatik und Praxis der Gewerkschaftsbewegung sind in diesen gesamtgesellschaftlichen Entwicklungsprozessen eingebunden.

Internationale Entwicklungen erfordern eine Politik, die die Spaltung der Weltgesellschaft in einen wohlhabenden Norden und einen hungernden Süden sowie den Ost-West-Konflikt überwindet, überall Frieden schafft und sichert und die Wahrnehmung von Freiheitsrechten gewährleistet. Die europäische Einigung muß schrittweise verwirklicht werden. Bei der Verwirklichung des gemeinsamen Binnenmarktes müssen die sozialen Errungenschaften und Schutzrechte gewahrt und schrittweise auf dem höchsten Niveau angeglichen werden.

Solidarisch verbunden mit der internationalen freien Gewerkschaftsbewegung setzt sich der Deutsche Gewerkschaftsbund auch zukünftig für Frieden, Abrüstung und Entspannung, Freiheit und menschenwürdige Verhältnisse überall in der Welt ein.

Mit diesem Aktionsprogramm zeigt der Deutsche Gewerkschaftsbund Perspektiven für eine sozialere, humanere und demokratischere Zukunft in einer fortschrittlichen Industriegesellschaft auf. Es faßt besonders vordringliche Forderungen für die nächsten fünf bis zehn Jahre zusammen, deren Verwirklichung uns einer solchen Zukunft ein gutes Stück näherbringen könnte.

Wir fordern alle Arbeitnehmerinnen und Arbeitnehmer auf, gemeinsam mit dem DGB und seinen Gewerkschaften dabei mitzuwirken.

## I Das Recht auf Arbeit muß verwirklicht werden

Sichere Arbeits- und Ausbildungsplätze sind für Arbeitnehmerinnen und Arbeitnehmer und ihre Gewerkschaften eine zentrale Voraussetzung für ein menschenwürdiges Leben. Der Wiederherstellung der Vollbeschäftigung muß daher oberste Priorität bei allen Überlegungen und Entscheidungen eingeräumt werden. Nationale Anstrengungen zur Bekämpfung der Arbeitslosigkeit müssen ergänzt und gesichert werden durch eine international abgestimmte solidarische beschäftigungspolitische Initiative, insbesondere auf europäischer Ebene.

## Vollbeschäftigung und Lebensqualität durch qualitatives Wirtschaftswachstum

Es gibt viele unerledigte Aufgaben in der Bundesrepublik, von wirksamerem Umweltschutz über die sichere Energieversorgung, die qualitative Städte- und Wohnungsmodernisierung bis hin zur Ausweitung und Reform öffentlicher Dienstleistungen. Die Inangriffnahme dieser Aufgaben beschleunigt das qualitative Wirtschaftswachstum, schafft und sichert Arbeitsplätze und verbessert die Arbeits- und Lebensbedingungen.

Der DGB fordert:

1. Durch gesetzliche Initiativen sowie durch die entsprechende Anwendung finanzpolitischer Instrumente von Bund, Ländern und Gemeinden müssen private und öffentliche Investitionen zur rationellen Energieverwendung und Energieeinsparung sowie zur Wiederherstellung einer gesunden Umwelt verwirklicht werden.

In Städten und Gemeinden sind verstärkte Maßnahmen zur Stadterneuerung, Wohnungsmodernisierung und Wohnumfeldverbesserung zu ergreifen. Der preiswerte Sozialwohnungsbestand muß gesichert und vor allem in Ballungszentren der Neubau von Sozialwohnungen verstärkt werden.

Die Systeme des öffentlichen Personennahverkehrs sind zu modernisieren und auszubauen. Die Wettbewerbsnachteile der Schiene müssen beseitigt werden. Jedem Verkehrsträger muß unter Berücksichtigung übergeordneter Kriterien wie Umweltschutz und Verkehrssicherheit die Rolle im Transportwesen zugewiesen werden, die er unter gesamtwirtschaftlichen Gesichtspunkten am besten erfüllen kann.

Der öffentliche Infrastrukturauftrag im Post- und Fernmeldewesen ist zu sichern. Das öffentliche Dienstleistungsangebot muß ausgeweitet und bürger- sowie beschäftigungsfreundlich umstrukturiert werden, vor allem in der Alten-, Familien- und Jugendpflege, im Gesundheits- und Bildungswesen und im kulturellen Bereich.

2. Zur Verwirklichung von Investitionen in diesen Bereichen fordert der DGB
— eine allgemeine Wiederbelebung der seit Beginn der 80er Jahre stark eingeschränkten Investitionstätigkeit von Bund, Ländern und Gemeinden in einem Umfang von zusätzlich 50 Mrd. DM in den nächsten fünf Jahren und
— darauf aufbauend ein mittelfristig angelegtes Zukunftsinvestitionsprogramm mit einem Volumen von mindestens weiteren 50 Mrd. DM, verteilt auf fünf Jahre.

3. Über die Selbstfinanzierung hinaus fordert der DGB zur Finanzierung dieser Maßnahmen insbesondere
— eine Ergänzungsabgabe für die Bezieher großer Einkommen zu erheben;
— die Finanz- und Investitionskraft der von Strukturschwächen und überdurchschnittlicher Arbeitslosigkeit betroffenen Länder und Kommunen durch eine Neuordnung der Finanzbeziehungen zwischen Bund, Ländern und Gemeinden sowie durch eine Reform des Gemeindefinanzsystems zu stärken;
— die Verteidigungsausgaben schrittweise zu senken, und
— die vorhandenen Spielräume zur Kreditfinanzierung von Zukunftsaufgaben zu nutzen.
Steuersenkungen, die von ihrer Art oder ihrem Volumen her die Finanzierung der vom DGB geforderten Maßnahmen zur Förderung des qualitativen Wirtschaftswachstums und von sozialpolitischen Prioritäten gefährden, müssen unterbleiben.

Das gesamte Steuersystem ist sozial gerechter zu gestalten und zu vereinfachen; die Steuerlast muß zugunsten der Bezieher kleinerer Einkommen verändert werden.

476

## Wirksame Strukturpolitik zur Verwirklichung qualitativen Wirtschaftswachstums

Durch gezielte strukturpolitische Maßnahmen muß das qualitative Wirtschaftswachstum gefördert und zugleich der Wandel der Wirtschaftsstrukturen sozial verträglich gestaltet werden. Die Lebensbedingungen müssen sich in allen Regionen der Bundesrepublik gleichmäßig entwickeln.

Der DGB fordert:

1. Bund, Länder, Kommunen und Unternehmen müssen zur beschäftigungspolitischen Absicherung der Arbeitnehmer zusammenwirken und gemeinsam eine vorausschauende Strukturpolitik betreiben. Nur so kann einer zukunftsorientierten Industriepolitik der Weg geebnet werden, die in ausreichender Menge innovative Arbeitsplätze und Dienstleistungen auch in derzeit einseitig strukturierten Regionen und im ländlichen Raum bereitstellt.

Konzerne, die durch Rationalisierung und Strukturveränderung Arbeitsplätze abbauen, müssen ihrer beschäftigungspolitischen Verantwortung gerecht werden. Sie sollen auch dann zur Schaffung von Arbeitsplätzen herangezogen werden können, wenn sie nicht zum Mittel der Massenentlassung greifen. Sozialpläne, Abfindungen oder Warteschleifen sind keine ausreichende und zukunftsträchtige Alternative zu Massenentlassungen und Arbeitsplatzvernichtung.

Für Krisenbranchen und -regionen sowie für ländliche Regionen ist durch entsprechende Programme sicherzustellen, daß Massenentlassungen vermieden, die Qualifizierung gesichert und neue Arbeitsplätze bereitgestellt werden. Dazu sind sowohl Sofortmaßnahmen als auch neue strukturpolitische Initiativen für neue industrielle Arbeitsplätze und für Dienstleistungen erforderlich.

2. Die regionale Wirtschaftsförderung muß gezielt in den Regionen eingesetzt werden, in denen überdurchschnittliche Arbeitslosigkeit vorhanden oder absehbar ist. Subventionen müssen insbesondere mit Auflagen hinsichtlich der Zahl und Beschaffenheit der zu schaffenden oder zu erhaltenden Arbeits- und Ausbildungsplätze verbunden sein.

Die regionale und sektorale Strukturberichterstattung muß ausgebaut und durch die Erstellung entsprechender Wirtschafts-, Sozial- und Arbeitsmarktberichte ergänzt werden. Regionale und kommunale Entwicklungskonzepte sind in Zusammenarbeit von Gebietskörperschaften, Gewerkschaften und Unternehmen und unter finanzieller Beteiligung der öffentlichen Hand sowie privater und öffentlicher Unternehmen aufzustellen und zu verwirklichen. Bei solchen Entwicklungskonzepten sind auch Möglichkeiten zu nutzen wie
— Beratungshilfen für kleine und mittlere Unternehmen,
— kommunale und gewerkschaftliche Beschäftigungsinitiativen (Entwicklungszentren, Beschäftigungsgesellschaften),
— Ausbau der Zusammenarbeit zwischen Hochschule und Wirtschaft bzw. der Kooperationsstellen Hochschule/Gewerkschaften.

3. Energie muß sicher, ausreichend, preiswürdig und umweltverträglich verfügbar sein. Auf den Einsatz der Kernenergie ist so rasch wie möglich zu verzichten. Dazu sind
— alle Möglichkeiten zur Einsparung und rationellen Verwendung von Energie auszuschöpfen,
— die Bemühungen zur Entwicklung und Weiterentwicklung nichtnuklearer, vor allem regenerativer Energiequellen wesentlich zu verstärken,
— heimische Energiequellen, insbesondere die Kohle, vorrangig zu nutzen.
Der DGB fordert eine international abgestimmte Energiepolitik, die überall den Verzicht auf den Einsatz der Kernenergie zum Ziel hat.

*Arbeitsmarktpolitik verbessern und konzentrieren*

Zur Verringerung der Arbeitslosigkeit und ihrer negativen Wirkungen ist eine qualitative Verbesserung und Konzentration der Aktivitäten der Bundesanstalt für Arbeit notwendig.

Der DGB fordert:

1. Die Förderung der Fortbildung und Umschulung von Arbeitslosen, Ungelernten und Berufswechslern durch die Bundesanstalt für Arbeit ist qualitäts- und bedarfsgerecht zu verstärken.

Arbeitsbeschaffungsmaßnahmen sollen genutzt werden, wenn sie tarifvertraglichen Normen entsprechen, auf besonders vordringliche Bereiche des qualitativen Wirtschaftswachstums bezogen sind und bevorzugt für Langzeitarbeitslose und Berufsanfänger angeboten werden. Sie dürfen weder zum Abbau von Stammarbeitsplätzen führen noch reguläre Aktivitäten öffentlicher und privater Arbeitgeber verdrängen.

Fördermittel der Bundesanstalt für Arbeit — wie z. B. Lohnkostenzuschüsse — müssen auf den Wiedereintritt von am Arbeitsmarkt besonders benachteiligten Personengruppen konzentriert werden.

2. Die personellen Kapazitäten der Bundesanstalt für Arbeit sind zur Wahrnehmung eines qualifizierten Beratungs- und Vermittlungsangebots zu verstärken.

3. Zur Finanzierung der Arbeitsmarktpolitik der Bundesanstalt für Arbeit fordert der DGB insbesondere:
— Eine stärkere Beteiligung des Bundes an der Arbeitsmarktpolitik und an den Kosten der Arbeitslosigkeit durch öffentliche Zuschüsse an die Bundesanstalt und die Übernahme eventueller Defizite der Arbeitslosenversicherung durch den Bund;
— eine stärkere finanzielle Beteiligung der privaten und öffentlichen Arbeitgeber an Maßnahmen der beruflichen Weiterbildung.

Unabhängig davon hält der DGB an seiner Zielsetzung fest, die Finanzierungsgrundlagen für die Bundesanstalt für Arbeit neu zu ordnen. Hierzu muß ein Arbeitsmarktbeitrag eingeführt werden, der von allen Erwerbstätigen entsprechend der Höhe ihres Einkommens zu entrichten ist. Der auf die Arbeitnehmerinnen und Arbeitnehmer entfallende Beitrag muß zur Hälfte von den Arbeitgebern aufgebracht werden.

*Arbeitszeitpolitik im Arbeitnehmerinteresse*

Umfassende Arbeitszeitverkürzungen sind ein wichtiger Beitrag zur Schaffung neuer Arbeitsplätze und Beschäftigungsmöglichkeiten sowie zur Sicherung und Festigung bestehender Arbeitsplätze. Sie sind damit eine wesentliche Voraussetzung zur Wiederherstellung der Vollbeschäftigung. Aus ihrer Umsetzung darf keine höhere Belastung einzelner Arbeitnehmerinnen und Arbeitnehmer entstehen; vielmehr müssen sie gesundheitsbeeinträchtigende Folgen gestiegener Arbeitsbelastung mindern. Arbeitszeitverkürzungen sind darüber hinaus eine Voraussetzung für eine partnerschaftliche Teilung von Erwerbs- und Hausarbeit zwischen Frauen und Männern. Ferner verbessern sie die Chancen der Arbeitnehmerinnen und Arbeitnehmer für die Teilnahme am gesellschaftlichen, politischen und kulturellen Leben. Dem dient auch ein größeres Ausmaß an selbstbestimmter Arbeitszeitgestaltung durch Arbeitnehmerinnen und Arbeitnehmer.

Der DGB fordert:

1. Die 35-Stunden-Woche mit vollem Lohnausgleich ist für alle Arbeitnehmerinnen und Arbeitnehmer zu verwirklichen. Überstunden und Mehrarbeit sind auf ein unerläßliches

Maß zu beschränken. Hierzu muß die gesetzliche Höchstarbeitszeit für alle Beschäftigten herabgesetzt werden. Überstunden und Mehrarbeit sollen ab der ersten Stunde durch Freizeit ausgeglichen werden.

Auch Schichtarbeit sowie Nachtarbeit sind auf das unerläßliche Maß zu beschränken und Mehrfachbelastungen im Schichtbetrieb abzubauen. Die bestehenden Nachtarbeitsverbote müssen gesichert werden. Ältere Arbeitnehmerinnen und Arbeitnehmer müssen auf eigenen Wunsch völlig von Schicht- und Nachtarbeit befreit werden. Die Belastungen durch Schicht- und Nachtarbeit sollen grundsätzlich durch Freizeit ausgeglichen werden. Arbeitszeitsysteme, die Interessen der Beschäftigten ausschließlich der Optimierung des Betriebsablaufs oder der Kapazitätsauslastung unterordnen, die reine Leistungsverdichtungen bewirken oder Arbeitgeberrisiken auf Arbeitnehmerinnen und Arbeitnehmer abwälzen, müssen abgewehrt werden. Statt dessen sollen durch gesetzliche und tarifvertragliche Schutz- und Rahmenregelungen sowie durch erweiterte Mitbestimmungsrechte alle Spielräume für eine stärker mitbestimmte Gestaltung von Arbeitszeiten durch Arbeitnehmerinnen und Arbeitnehmer genutzt werden.

Das freie Wochenende muß erhalten bleiben. Eine Rückkehr zur Samstagsarbeit wird abgelehnt. Ist Arbeit am Wochenende im gesellschaftlichen Interesse oder aus technologischen Gründen unvermeidbar, so ist nicht nur die 5-Tage-Woche einzuhalten, sondern es sind auch regelmäßig Wochenenden arbeitsfrei zu halten. Das Sonn- und Feiertagsarbeitsverbot darf nicht aufgelockert werden.

2. Vorruhestandsregelungen sind zu verbessern und fortzuführen.

Für Berufsgruppen mit besonderen Altersgrenzen oder mit besonderen Arbeitsbelastungen ist eine Herabsetzung der Altersgrenze auf das 55. Lebensjahr vorzunehmen.

Unabhängig davon ist für ältere Arbeitnehmerinnen und Arbeitnehmer ein gleitender Übergang in den Ruhestand zu ermöglichen. Hierbei sind die freiwillige Inanspruchnahme eines solchen Rechts und ein materieller Ausgleich eines Einkommensverlustes zu gewährleisten.

3. Für Teilzeitarbeit sind Mindestbedingungen durchzusetzen und durch tarifvertragliche und gesetzliche Regelungen eine vollwertige Absicherung von Teilzeitbeschäftigten zu gewährleisten. Hierzu zählen insbesondere:
— Festlegung der täglichen und wöchentlichen Mindest- und Höchstarbeitszeitdauer, in deren Grenzen Teilzeit-Arbeitsverhältnisse liegen müssen;
— Regelungen, die sicherstellen, daß Dauer und Lage der individuellen täglichen Arbeitszeit im voraus fest vereinbart sind;
— Arbeit auf Abruf wird abgelehnt;
— Sicherstellung, daß für Teilzeitbeschäftigte die gleichen Maßstäbe bei allen tarifvertraglichen Rahmenregelungen und betrieblichen Vereinbarungen gelten wie bei Vollzeitbeschäftigten;
— die Möglichkeit der Arbeitnehmerinnen und Arbeitnehmer, auf eigenen Wunsch aus einem Vollzeitarbeitsverhältnis in ein Teilzeitarbeitsverhältnis — und umgekehrt — überzuwechseln. Die Umwandlung eines Vollzeit- in einen Teilzeitarbeitsplatz wird abgelehnt.

Durch gesetzliche oder tarifvertragliche Regelungen und bessere Mitbestimmungsrechte der Betriebs- und Personalräte muß die Aufteilung von Vollzeit- und Teilzeitarbeitsplätzen in mehrere Arbeitsplätze mit zeitlich geringfügigen Beschäftigungsverhältnissen verhindert werden.

Darüber hinaus muß die regelmäßig ausgeübte geringfügige Beschäftigung versicherungspflichtig werden; es sei denn, sie wird als Nebenbeschäftigung neben einer versicherungsfreien Erwerbstätigkeit ausgeübt.

4. Für alle Arbeitnehmerinnen und Arbeitnehmer muß ein mindestens sechswöchiger Erholungsurlaub sichergestellt werden.

5. Es muß ein Rechtsanspruch auf einen dreijährigen Elternurlaub, der wahlweise von der Mutter oder dem Vater genommen werden kann, verwirklicht werden. Während dieser Arbeitsunterbrechung ist ein Lohnausfall-Ersatz aus öffentlichen Mitteln in Höhe des Arbeitslosengeldes zu zahlen, und der Arbeitsplatz ist gesetzlich zu sichern.

Unabhängig davon muß das Erziehungsgeld zukünftig allen Eltern — zahlbar an Mütter oder Väter — gewährt werden.

## Die Chancengleichheit von Frauen auf dem Arbeitsmarkt durchsetzen

Frauen sind (auch) im Arbeitsleben noch immer benachteiligt. Darum muß dem Gleichheitsgrundsatz Geltung verschafft werden.

Der DGB fordert:

1. Für Frauen und Männer müssen gleiche Chancen bei Einstellung, Ausbildung, Weiterbildung und beim beruflichen Aufstieg sichergestellt werden. Für gleichwertige Tätigkeiten ist ein gleiches Arbeitsentgelt zu zahlen.

2. In allen Betrieben und Verwaltungen sind Frauenförderpläne aufzustellen und zu verwirklichen. Die Aufstellung und Durchführung muß dem Mitbestimmungsrecht der Betriebs- und Personalräte unterliegen. Der Gesetzgeber hat auf Bundes- und Länderebene solche Pläne gesetzlich abzusichern.

## Die Einkommens- und Vermögensverteilung muß gerechter werden

Die Einkommens- und Vermögensverteilung in der Bundesrepublik ist ungerecht. Damit sind Lebenschancen ungleich verteilt.

Der DGB fordert:

1. Der Anteil der Arbeitnehmerinnen und Arbeitnehmer am Ertrag ihrer Arbeit muß erhöht werden, der Lebensstandard ihrer Familien steigen. Sowohl die aktive Tarifpolitik als auch die staatliche Wirtschafts- und Sozialpolitik müssen diesem Ziel verpflichtet bleiben.

2. Die Benachteiligung der Arbeitnehmerinnen und Arbeitnehmer bei der Vermögensbildung ist zu beseitigen. Hierzu ist — neben einer gerechteren Einkommensverteilung — die besondere Förderung der Ersparnisbildung der Bezieher kleinerer und mittlerer Einkommen sowie die Beteiligung der Arbeitnehmerinnen und Arbeitnehmer am Produktivvermögen in Form tarifvertraglicher, überbetrieblicher Regelungen (Tariffonds) erforderlich.

## II. Für eine lebenswerte Umwelt

Die weltweite Zerstörung der Umwelt nimmt Ausmaße an, die die Lebensgrundlagen der Menschheit gefährden. Die Industriegesellschaft muß daher so gestaltet werden, daß sie weltweit Umweltschäden vermeidet, die Gesundheit der Bevölkerung schützt und eine sinnvolle Verwendung der Rohstoffe erreicht. Die Lebensqualität muß auch durch eine lebenswerte Umwelt zunehmen.

Der DGB fordert:

1. Das Vorsorge- und das Verursacherprinzip sind verstärkt durchzusetzen. Hierzu ist — den privaten und öffentlichen Unternehmen vorrangig durch bundeseinheitliche

Auflagen, Abgaben, Anreize, Gebote und Verbote ein umweltpolitischer Rahmen zu setzen;
— in der Landwirtschaft und bei öffentlichen und privaten Investitionen eine Umweltverträglichkeitsprüfung einzuführen;
— das Umwelthaftungsrecht im Sinne einer Gefährdungshaftung zu verändern;
— die Umweltüberwachung zu verbessern und die Umweltkriminalität entschieden zu bekämpfen, unter anderem durch eine gesetzliche Anzeigepflicht der Verwaltungsbehörden bei Umweltverstößen. Das Umweltstrafrecht ist zu verschärfen.

Bestehende Umweltgesetze sind mit dem Ziel zu ergänzen, umweltbelastende Produktionsverfahren und Produkte systematisch zu begrenzen und Kriterien für Verbote festzulegen, um damit verstärkt Ersatzstoff-Forschung und die Entwicklung und Anwendung von umweltschonenden, gesundheitsverträglicheren Verfahren und Produkten zu initiieren.

2. Maßnahmen zur Verbesserung der Umweltvorsorge und zur Umweltsanierung sind auf vielen Feldern zu ergreifen. Dazu gehört unter anderem:
— Das Entstehen von Abfällen ist zu vermeiden. Die in verbleibenden Abfällen enthaltenen Rohstoffe sind verstärkt zu verwerten. Umweltschonende und belastungsarme Verfahren und Maßnahmen der Deponierung sind voranzutreiben.
— Die Altlasten sind flächendeckend zu erfassen, nach einheitlichen Maßstäben zu bewerten, zu kontrollieren und vom Verursacher zu sanieren. Für die Sanierung von Altlasten, bei denen der einzelne Verursacher nicht mehr festzustellen sind, ist ein Altlastensanierungsfonds unter Beteiligung der Wirtschaft einzurichten.
— Zur Sicherung des Wassers sind alle wasserrechtlichen Vorschriften und die dazugehörigen Verwaltungsvorschriften zu novellieren. Die Einleitungsgenehmigungen müssen auf Einhaltung des Standes der Technik überprüft und angepaßt werden. Kläranlagen und Abwasserkanäle sind zu sanieren und die Abwasserreinigung qualitativ zu verbessern.
— Die Lärmbelästigung ist zu reduzieren, u. a. durch die Entwicklung und Einführung geräuscharmer Maschinen, Anlagen und Fahrzeuge sowie durch den Bau von Lärmschutzanlagen.
— Die Luftbelastung ist deutlich zu reduzieren, unter anderem durch die Modernisierung von Anlagen gemäß dem Stand der Technik. Vollzugsdefizite bei der Sanierung von Altanlagen müssen abgebaut werden. Für den gesamten Kraftfahrzeugverkehr sind schärfere Grenzwerte einzuführen (US-Grenzwerte). Durch Ausbau der Kapazitäten im kombinierten Verkehr sind verbesserte Voraussetzungen für die Verlagerung des Schwertransportes über weite Entfernungen und von Transporten gefährlicher Stoffe von der Straße auf die Schiene oder auf die Wasserstraßen zu schaffen.
— Umwelt- und gesundheitsverträgliche Stoffe und Technologien sind verstärkt zu entwickeln und einzusetzen. Die staatliche Forschungsförderung zur Entwicklung von giftfreien, gesundheitlich unbedenklichen und umweltverträglichen Ersatzstoffen, -produkten und Technologien muß verstärkt werden. Das Chemikaliengesetz muß novelliert, und Altstoffe müssen zügig erfaßt und überprüft werden.

3. Die Nahrungskette für die Menschen muß frei von Schadstoffen gemacht werden. Zur Verringerung und Vermeidung von Rückstandsbelastungen in Nahrungsmitteln muß
— der Einsatz von Agrarchemikalien und Tierarzneimitteln überprüft und auf ein umwelt- und gesundheitsverträgliches Maß hin reduziert werden,
— für die Zulassung von Zusatzstoffen gelten, daß sie nur dann eingesetzt werden, wenn sie technisch notwendig und gesundheitlich unbedenklich sind,
— die Lebensmittelkontrolle und Importkontrolle von den landwirtschaftlichen Erzeugern bis zu den Be- und Verarbeitungsstätten durchgeführt und verschärft werden.

4. Durch Änderung des Betriebsverfassungsgesetzes und der Personalvertretungsgesetze sind Mitwirkungs- und Mitbestimmungsrechte der Betriebs- und Personalräte in allen Fragen des betrieblichen Umweltschutzes zu gewährleisten.

Durch Änderung der Umweltgesetze müssen die Rechte der betrieblichen Umweltschutzbeauftragten und deren Stellung im Betrieb erheblich verbessert werden. Hierzu ist unter anderem ihr Kündigungsschutz zu verbessern. Die Umweltschutzbeauftragten sind gesetzlich zur Information und Zusammenarbeit mit den Betriebs- und Personalräten zu verpflichten. Bei der Berufung und Abberufung der Umweltschutzbeauftragten sind den Betriebs- und Personalräten Mitbestimmungsrechte einzuräumen. Außerdem sind paritätische Umweltausschüsse in den Betrieben einzurichten, die Maßnahmen im Umweltschutz unterstützen und überwachen.

5. Die nationalen Anstrengungen zur Verbesserung der Umwelt, der Arbeits- und Lebensbedingungen sowie zur Schaffung von neuen Arbeitsplätzen durch mehr Umweltschutz sind in der Europäischen Gemeinschaft und im weiteren internationalen Rahmen auf höchstem Standard zu vereinheitlichen. Durch Abschluß von internationalen und bilateralen Umweltabkommen müssen die Voraussetzungen für eine verstärkte Anwendung von Umweltschutztechnologien und eine weltweite Reduzierung der Umweltbelastungen geschaffen werden. die Beteiligung der Gewerkschaften in den internationalen Organisationen zur Verbesserung der Umwelt und der Arbeits- und Lebensbedingungen muß ausgebaut werden.

## III. Die Arbeit muß menschengerecht gestaltet werden

Die Arbeitsbedingungen in Betrieben und Verwaltungen müssen auch zukünftig verbessert werden.

Es gilt, die Chancen, die der technologische Wandel durch neue Techniken und neue, gesundheitsverträglichere Arbeitsstoffe bietet, zur Verbesserung der Arbeits- und Lebensbedingungen zu nutzen. Dazu gehört neben dem Abbau unzureichender Entscheidungsspielräume und eintöniger Arbeitsinhalte auch die nachhaltige Verminderung physischer und psychischer Belastungen, die sich beispielsweise aus Leistungsdruck, unzureichend gestalteten Arbeitsplätzen, ungünstigen Umgebungseinflüssen oder dem Umgang mit gefährlichen Arbeitsstoffen ergeben, und die oft zu arbeitsbedingten Erkrankungen und Frühinvalidität führen.

### Soziale Gestaltung von Arbeit und Technik

Menschengerechte Arbeit in der Zukunft heißt für Arbeitnehmerinnen und Arbeitnehmer neben der Sicherheit von Arbeitsplätzen vor allem die Verbesserung von Arbeitsinhalten und Arbeitsbedingungen:

Der DGB fordert:

1. Arbeitsplätze und Arbeitsabläufe sind so zu gestalten, daß
— ganzheitliche, abwechslungsreiche und qualifizierte Tätigkeiten in einer gesundheitsgerechten Arbeitsumgebung geschaffen werden,
— die Kreativität und Verantwortung der Arbeitnehmerinnen und Arbeitnehmer gefördert werden,
— Zeiträume für die persönliche Erholung und menschliche Kommunikation zur Verfügung stehen,
— überflüssige Hierarchien abgebaut, Überwachung und ständige Kontrollen von Arbeitnehmerinnen und Arbeitnehmern ausgeschaltet und Einflußmöglichkeiten

des einzelnen auf seine Arbeitsbedingungen, seine Arbeitsinhalte und Arbeitsumgebung geschaffen werden.

2. Gesetzliche und tarifvertragliche Rahmenregelungen über die Bedingungen der Planung, Entwicklung und Einführung neuer Produktions- und Arbeitsverfahren müssen die Beteiligung der Arbeitnehmerinnen und Arbeitnehmer, ihrer Betriebs- und Personalräte und ihrer Gewerkschaften auf allen Stufen technisch-organisatorischer Umstellungen sicherstellen. Der Ausbau der betrieblichen Mitbestimmung ist deshalb unverzichtbar.

## Erforschung, Entwicklung und Umsetzung neuer Techniken und Verfahren

Technologiepolitik muß zukünftig verstärkt an Kriterien der sozialen Nützlichkeit und der ökologischen Verträglichkeit orientiert werden. Die Entwicklung und Anwendung neuer Produktions- und Arbeitsverfahren darf nicht nur an den Kriterien der technischen Effizienz und der wirtschaftlichen Wettbewerbsfähigkeit gemessen werden.

Der DGB fordert:

1. Mit ihrer Forschungs- und Entwicklungsförderung muß die staatliche Technologiepolitik folgende Ziele verfolgen:
— Förderung der Gesundheit;
— Verbesserung der Umwelt;
— Einsparung von Energie- und Rohstoffen;
— Erhöhung der Betriebs- und Produktsicherheit von Gütern und Anlagen;
— Menschengerechte Gestaltung der Arbeitsbedingungen;
— Sicherung und Schaffung neuer Arbeitsplätze.

2. Das Forschungsprogramm „Humanisierung des Arbeitslebens" des Bundes ist zu sichern und auszubauen. Es muß einen programmübergreifenden Stellenwert in der staatlichen Technologiepolitik erhalten, indem Erkenntnisse der Humanisierungsforschung in allen staatlichen Förderbereichen berücksichtigt werden.

3. Zur Erreichung dieser Ziele müssen entsprechende wissenschaftliche Erkenntnisse unter Beteiligung der Gewerkschaften zügig in die betriebliche Praxis eingebracht werden (Technologietransfer). Zugleich müssen ergänzend zur Förderung von Wirtschaftsverbänden auch den Gewerkschaften durch Bereitstellung öffentlicher Mittel Möglichkeiten zur Beratung von Arbeitnehmerinnen und Arbeitnehmern sowie ihrer Betriebs- und Personalräte eröffnet werden. Hierzu gehört auch die Förderung einer Kooperation von Hochschulen und Gewerkschaften.
Ein „Institut für Arbeit und Technik" muß errichtet und damit beauftragt werden, Technikfolgen zu bewerten und abzuschätzen und Anregungen für eine sozial und ökologisch verträgliche Technikentwicklung und -anwendung zu geben.
Den Gewerkschaften muß in den Einrichtungen der Forschung und Entwicklung ein Mitspracherecht eingeräumt werden.

## Arbeit und Gesundheit

Der Anspruch der Arbeitnehmerinnen und Arbeitnehmer auf körperliche Unversehrtheit muß angesichts bestehender Gesundheitsgefahren weiterhin durchgesetzt werden.

Der DGB fordert:

1. Ein Arbeitsschutzgesetz ist zu verabschieden, in dem an Stelle der jetzigen

unverbindlichen Regelungen zwingende und von den Arbeitnehmerinnen und Arbeitnehmern einklagbare Schutzmaßstäbe verankert werden.

2. Das Gefahrstoffrecht muß grundlegend reformiert werden. Für Stoffe, Arbeitsverfahren oder Techniken mit besonders hohem Gefährdungspotential sind im Sinne einer sozial verträglichen Umstrukturierung geeignete kurz-, mittel- und langfristige Strategien zum Ersatz bzw. Verbot der Herstellung und der Anwendung zu entwickeln. Sie müssen gesetzlich festgeschrieben werden. Parallel zu Ersatz- bzw. Verbotsstrategien müssen Forschung und Entwicklung verstärkt und alle technischen Anstrengungen unternommen werden, um Schutzmaßnahmen zur Beherrschung der möglichen Risiken nach dem jeweils fortschrittlichsten Stand von Wissenschaft und Technik in die betriebliche Praxis umzusetzen.

3. Durch gesellschaftliche Diskussion und Kontrolle, verbindliche Schutzvorschriften und gesetzliche Regelungen müssen Gefahren der gentechnischen Forschung bzw. Produktion für Menschen, Tiere und Pflanzen ausgeschlossen werden. Gentechnische Experimente in der Reproduktionsmedizin sowie solche mit menschlichen Embryonen und gentechnische Eingriffe in menschliche Keimbahnzellen sind zu verbieten. Die Gendiagnostik ist auf den Bereich heilbarer Erbkrankheiten zu begrenzen.

Gentechnische Ausforschungen von Arbeitnehmerinnen und Arbeitnehmern im Zusammenhang mit ihren Arbeitsverhältnissen sind zu verbieten. Die genetische Integrität von Arbeitnehmerinnen und Arbeitnehmern muß mit Hilfe entsprechender Schutzbestimmungen gewährleistet bleiben.

4. Das Berufskrankheitsrecht ist umfassend zu reformieren, vor allem mit dem Ziel, alle arbeitsbedingten Gesundheitsgefahren in die Aufgabenstellung der gesetzlichen Unfallversicherung einzubeziehen und zugunsten der betroffenen Arbeitnehmerinnen und Arbeitnehmer Beweiserleichterungen über den Zusammenhang zwischen Risikofaktoren in der Arbeitswelt und bestimmten Erkrankungen zu schaffen.

## IV. Den Sozialstaat sichern und ausbauen

Kollektive Rahmenregelungen, sowie korrigierende und gestaltende Eingriffe des Staates sind Voraussetzungen dafür, daß der einzelne seine individuelle Freiheit für eine eigenverantwortliche Lebensgestaltung nutzen kann. Dies ist der Ausgangspunkt für das Sozialstaatsgebot des Grundgesetzes, das die ständige Verpflichtung aller staatlichen Organe beinhaltet, eine gerechte Sozialordnung herzustellen. Der Staat hat somit eine konkrete Verantwortung für die Arbeits- und Lebensbedingungen in der Bundesrepublik. Sie muß — über die bereits genannten Forderungen hinaus — auch durch
— den Ausbau des Systems der sozialen Sicherheit,
— die Erweiterung von Arbeitnehmer- und Gewerkschaftsrechten,
— die Verwirklichung von Chancengleichheit durch bildungspolitische Maßnahmen,
— eine Arbeitnehmerinteressen entsprechende Kulturpolitik und
— die Bereitstellung öffentlicher Dienstleistungen praktisch verwirklicht werden.

### Reform und Ausbau des Systems der sozialen Sicherheit

Gerade in einer Wirtschaftskrise und einer Zeit des strukturellen Wandels sind für Arbeitnehmerinnen und Arbeitnehmer die Schutzfunktionen der sozialen Sicherung unverzichtbar.

Der DGB fordert:

1. Die soziale Schutzfunktion des Arbeitslosengeldes und der Arbeitslosenhilfe ist

wiederherzustellen und auszubauen. Hierzu müssen die Höhe und die Leistungsdauer des Arbeitslosengeldes und die Höhe der Arbeitslosenhilfe verbessert und deren Anspruchsvoraussetzungen erweitert werden. Die Sozialhilfe muß ein menschenwürdiges Existenzminimum garantieren. Hierzu ist ihre deutliche Erhöhung unerläßlich.

2. Das Gesundheitswesen braucht eine verbindliche Orientierung sowie eine interessenübergreifende Gesundheitspolitik, um Versorgungsmängel gezielt zu beseitigen und die Mittelverwendung nach notwendigen Prioritäten festlegen zu können. Es ist durch strukturelle Reformen so zu verändern, daß eine qualitativ hochwertige Versorgung ohne zusätzliche Belastungen der Versicherten erreicht wird. Hierzu sind besonders vordringlich:
— Gesundheitsvorsorge, -aufklärung und Vorbeugung müssen einen höheren Stellenwert erhalten;
— Einrichtungen des Gesundheitswesens sind bedarfsgerecht mit ausreichendem und qualifiziertem Personal auszustatten;
— die Rechte der Selbstverwaltung der Krankenkassen gegenüber den Leistungsanbietern müssen gestärkt werden. Insbesondere müssen für alle Ausgabenbereiche Verhandlungssysteme vorgeschrieben werden;
— der solidarische Ausgleich in der sozialen Krankenversicherung muß durch die Aufhebung der Versicherungspflichtgrenze, die Anhebung der Beitragsbemessungsgrenze sowie durch Maßnahmen des Finanzausgleichs, die eine weitgehende Angleichung der unterschiedlichen Beitragssätze herbeiführen, gesichert und ausgebaut werden. Arbeiter und Angestellte sind in der Krankenversicherung gleichzustellen.
Selbstbeteiligungsregelungen, Karenztage, Neuregelungen zur Teilarbeitsfähigkeit und der Ersatz des Sachleistungsprinzips durch die Kostenerstattung in der gesetzlichen Krankenversicherung werden abgelehnt. Die Folgen von Pflegebedürftigkeit können nicht mehr individuell getragen, sondern müssen solidarisch bewältigt werden. Der Staat muß daher die Voraussetzungen für die soziale Absicherung dieses Risikos — insbesondere durch vom Bund finanzierte Pflegeleistungen — schaffen, wobei alle Fälle von Pflegebedürftigkeit unabhängig von ihrer Ursache einzubeziehen sind. Vorrangig ist der bedarfsgerechte Ausbau von ambulanten, halbstationären und stationären Einrichtungen, wobei ein ausreichendes Angebot präventiver und rehabilitativer Leistungen sicherzustellen ist. Dabei sind insbesondere die Hilfen im Familienverbund zu unterstützen, zu qualifizieren und mit dem professionellen System zu verknüpfen.

3. Die Rentenversicherung muß in ihren Grundstrukturen erhalten bleiben und den erreichten Lebensstandard sicherstellen. Belastungen im Zusammenhang mit der demographischen und ökonomischen Entwicklung sind ausgewogen auf Beitragszahler, Bund und Rentner zu verteilen.
Die Rente muß lohn- und beitragsbezogen bleiben; Forderungen nach einer Einheitsrente bzw. der Reduzierung des Leistungsniveaus auf eine Grundsicherung lehnt der DGB ab. Renten und verfügbare Arbeitnehmereinkommen müssen sich im Gleichklang entwickeln. Eine verschärfte Besteuerung der Renten wird abgelehnt. Gezielte Maßnahmen zum Ausbau eigenständiger Rentenansprüche der Frauen müssen ergriffen werden. Dies ist gleichzeitig die Beseitigung von Armut im Alter, die sich hauptsächlich auf Frauen konzentriert. Erforderlich sind vor allem:
— Die Anrechnung von weiteren Kindererziehungszeiten und daran gegebenenfalls anschließende Zeiten der Arbeitslosigkeit;
— die Weiterführung der Rente nach Mindesteinkommen über das Jahr 1972 hinaus, differenziert nach Voll- und Teilzeitbeschäftigung;
— die rentensteigernde Berücksichtigung notwendiger Pflegeleistungen bei pflegebedürftigen Personen.

Darüber hinaus muß jeder alte Mensch über ein soziales Existenzminimum verfügen. Eine grundlegende Neuordnung der Sozialhilfe ist unerläßlich. Aber auch die soziale Rentenversicherung ist hier gefordert. Eine ausreichende Versicherungszeit oder vergleichbare Umstände vorausgesetzt, soll sie den eventuellen Anspruch auf Sozialhilfeleistungen prüfen und diese nach Festsetzung durch die Sozialämter in deren Auftrag auszahlen. Die Aufwendungen hierfür sind vom Bund zu erstatten.

Um die Finanzlage der Rentenversicherung langfristig zu stabilisieren, sind vorrangig folgende Maßnahmen notwendig:

— Schrittweise Anhebung des Finanzierungsanteils des Bundes auf ein Drittel der Aufwendungen unter Einbeziehung der derzeitigen Defizithaftung des Bundes für die knappschaftliche Rentenversicherung.

— Zusätzlich zum bisherigen Arbeitgeberbeitrag soll ein an der gesamten Wertschöpfung der Unternehmen orientierter Beitrag eingeführt werden.

— Das Recht der beitragslosen Zeiten ist neu zu ordnen. Zeiten der Arbeitslosigkeit und Krankheit sind wieder als Beitragszeiten zu berücksichtigen. Für Arbeitslose muß die Bundesanstalt für Arbeit wieder Rentenversicherungsbeiträge in voller Höhe zahlen.

Eine Heraufsetzung der gesetzlichen Altersgrenze lehnt der DGB ebenso wie die Einführung versicherungsmathematischer Rentenabschläge ab. Die unterschiedlichen Alterssicherungssysteme sind fortschrittlich zu harmonisieren.

## Arbeitnehmer- und Gewerkschaftsrechte erweitern

Die Wahrnehmung von Freiheits- und Entfaltungsspielräumen setzt die Verankerung und Gewährleistung wirkungsvoller Schutz- und Mitbestimmungsregelungen voraus. Arbeitnehmer haben Anspruch auf die Einhaltung und Fortentwicklung von Gesetzen und Vorschriften sowie tarifvertraglicher Vereinbarungen, um in ihrem besonderen Abhängigkeitsverhältnis von Erwerbsarbeit geschützt zu sein und gemeinsam mit ihren Interessenvertretungen bei der Gestaltung von Arbeitsbedingungen oder Investitionsentscheidungen in einem demokratischen Entscheidungsprozeß mitzubestimmen. Eine starke und unabhängige Einheitsgewerkschaft ist wichtigster Garant zur Durchsetzung dieser Rechte.

Der DGB fordert:

1. Die einzelnen Arbeitnehmerinnen und Arbeitnehmer sind im Rahmen tarifvertraglicher Regelungen und mit Hilfe entsprechender Betriebsvereinbarungen in die Lage zu versetzen, umfassend an der Gestaltung ihrer Arbeitsbedingungen mitzuwirken.

Die Mitbestimmungsrechte der Betriebs- und Personalräte sind auszubauen. Sie müssen sich insbesondere auf die Gestaltung der Arbeitsorganisation und der Arbeitsplätze, einschließlich vorbereitender Untersuchungen der Entwicklung, Einführung und Anwendung neuer Techniken, sowie auf alle sozialen, personellen und Bildungsangelegenheiten und Betriebsänderungen erstrecken.

Allen Versuchen, die Betriebsvertretungen und die Einheitsgewerkschaft durch die Privilegierung von Mini- und Randgruppierungen, durch überzogene Minderheitenregelungen oder durch die gesetzliche Schaffung von Sprecherausschüssen für leitende Angestellte zu schwächen, ist entschieden entgegenzutreten.

Alle Großunternehmen privaten und öffentlichen Rechts müssen Arbeitsdirektoren und paritätisch besetzte Aufsichtsorgane, entsprechend der Regelung in der Montan-Industrie, erhalten. Das Letztentscheidungsrecht der Hauptversammlung der Aktionäre bzw. der Gesellschafterversammlung muß aufgehoben werden.

Die Mitbestimmung im gesamtwirtschaftlichen Bereich ist zu verwirklichen. In einem ersten Schritt hierzu sollen paritätisch besetzte Strukturräte, in besonderen

Situationen auch Branchenausschüsse gebildet sowie die Organe der Handwerks- und Landwirtschaftskammern paritätisch besetzt werden. Das Wahlrecht nach der Handwerksordnung muß reformiert werden. Die Rechte der Gewerkschaften in den Betrieben und Verwaltungen sind zu erweitern.

2. Die politischen und rechtlichen Rahmenbedingungen für die gewerkschaftlichen Schutz- und Gestaltungsaufgaben sind zu sichern und zu erweitern. Angriffe auf die Tarifautonomie und das Streikrecht sind abzuwehren. Alle Formen von Aussperrung sind aktiv und solidarisch zu bekämpfen. Daraus leiten sich folgende Forderungen ab:
— Die Aussperrung muß verboten werden.
— Der Schrecken der kalten Aussperrung muß ein Ende haben. Das heißt: Wirksame Sicherung gegen willkürliche Arbeitseinstellungen durch den Arbeitgeber, vor allem die volle Mitbestimmung des Betriebsrats;
— grundsätzliche Anerkennung einer Lohnfortzahlungspflicht des Arbeitgebers wegen seiner Verantwortung für derartige Produktionsstörungen;
— zweifelsfreie Leistungspflicht der Bundesanstalt für Arbeit entsprechend Art. 9 Abs. 3 und dem Sozialstaatsprinzip des Grundgesetzes sowie einer korrekten Anwendung des ILO-Abkommens Nr. 102.
— Arbeitnehmer dürfen nicht gemaßregelt werden, weil sie sich an einer gewerkschaftlichen Arbeitsniederlegung beteiligen und sich gewerkschaftlich betätigen.
— Der Einsatz von Leiharbeitnehmern und die Möglichkeit der Arbeitsvermittlung durch die Bundesanstalt für Arbeit zum Unterlaufen von Streiks müssen ausgeschlossen werden.
— Gegen einen gewerkschaftlichen Streik als solchen darf eine einstweilige Verfügung nicht zulässig sein. Gegen einzelne Begleithandlungen im Zusammenhang mit einem Streik dürfen einstweilige Verfügungen nur nach mündlicher Verhandlung und ausschließlich durch die Arbeitsgerichte ergehen.
— Gewerkschaftliche Unterstützungsleistungen bei Streik und Aussperrung müssen als steuerfrei anerkannt werden.
— Streikbrecherarbeit von Beamtinnen und Beamten ist zu verhindern. Der Einsatz von Beamtinnen und Beamten auf Arbeitsplätzen streikender Arbeitnehmerinnen und Arbeitnehmer sowie Angestellten im öffentlichen Dienst ist ein Angriff auf die Tarifautonomie.
— Der Deutsche Gewerkschaftsbund erwartet, daß diese Positionen vom Bundesverfassungsgericht in den anhängigen Verfahren berücksichtigt werden. Er wird die Parteien daran messen, in welcher Weise sie bereit sind, diesen Forderungen durch politische Unterstützung und gesetzliche Initiativen Rechnung zu tragen.

3. Versuche, bestehende Schutzrechte für Arbeitnehmerinnen und Arbeitnehmer abzubauen, sind abzuwehren. Die mit dem sogenannten Beschäftigungsförderungsgesetz sowie die im Bereich des Jugendarbeitsschutzes und des Schwerbehindertenschutzes vorgenommenen Verschlechterungen der Rechte von Arbeitnehmerinnen und Arbeitnehmern sind wieder rückgängig zu machen.

Für alle Arbeitnehmerinnen und Arbeitnehmer ist der Kündigungsschutz zu verbessern. Die Auflösung eines Arbeitsverhältnisses gegen den Willen der betroffenen Arbeitnehmerin bzw. des betroffenen Arbeitnehmers und ihres bzw. seines Betriebs- oder Personalrates darf nur durch ein Gerichtsurteil zulässig sein.

4. Es muß ein bereichsspezifischer Arbeitnehmer-Datenschutz unter Beachtung der Vorgaben des Bundesverfassungsgerichts zum Schutz des informationellen Selbstbestimmungsrechts der Arbeitnehmer geschaffen werden. Zu diesem Zweck sind die Datenschutzgesetze des Bundes und der Länder zu novellieren.

5. Alle noch bestehenden arbeits- und sozialrechtlichen Unterschiede zwischen Arbeiterinnen und Arbeitern einerseits und weiblichen wie männlichen Angestellten andererseits sind zu beseitigen.

6. Leiharbeit muß verboten werden.

## Die Integration ausländischer Arbeitnehmerinnen und Arbeitnehmer und ihrer Familien vorantreiben

Ausländische Arbeitnehmerinnen und Arbeitnehmer und ihre Familien dürfen nicht länger durch die Verweigerung demokratischer Rechte und durch unzureichende Integrationsleistungen an den Rand der Gesellschaft gedrängt werden.

Der DGB fordert:

1. Die politischen Beteiligungsrechte ausländischer Arbeitnehmerinnen und Arbeitnehmer und ihrer Familien sind schrittweise zu erweitern, besonders vordringlich durch die Einführung des kommunalen Wahlrechts.

2. Der Integration der ausländischen Arbeitnehmerinnen und Arbeitnehmer und ihrer Familien muß — unter Anerkennung ihrer kulturellen, ethnischen und religiösen Identität — auch ein modernes Ausländerrecht dienen. Mit der Novellierung des Ausländergesetzes muß daher für ausländische Arbeitnehmerinnen und Arbeitnehmer die Aufenthaltssicherheit, eine gesicherte langfristige Zukunftsplanung im Interesse ihrer Kinder, die volle Teilhabe am System der sozialen Sicherung und der Schutz der Familien verwirklicht werden.

3. Die Diskriminierung ausländischer Arbeitnehmerinnen und Arbeitnehmer bei Einstellungen und Entlassungen sowie in Stellenangeboten ist zu beseitigen. Das Mitbestimmungsrecht der Betriebsräte muß in dieser Hinsicht konkretisiert und ausgebaut werden. Ausländische Arbeitnehmerinnen und Arbeitnehmer sind in besonderen Förderungsmaßnahmen so zu qualifizieren, daß sie sich an den normalen Angeboten der Ausbildung, Fortbildung und Umschulung beteiligen können.

Die Gleichstellung muß auch bei der Entlohnung durchgesetzt werden. Dazu gehört, daß gleiche Chancen auf dem Arbeitsmarkt, bei der Einstellung, in der Weiterbildung und im beruflichen Aufstieg gesichert werden.

## Chancengleichheit durch Bildung und Ausbildung verwirklichen

Auch im Bildungs- und Ausbildungssystem darf niemand wegen seines Geschlechtes, seiner sozialen und nationalen Herkunft oder körperlichen und geistigen Behinderungen benachteiligt werden. Fördern statt auslesen muß für das Bildungssystem zum leitenden Prinzip werden; es muß alle Menschen dazu befähigen, ein eigenständiges Leben zu führen und in Politik und Wirtschaft mitentscheiden zu können.

Der DGB fordert:

1. Kinderkrippen, Kindergärten und -tagesstätten müssen weiter ausgebaut werden, bis ein ausreichendes Angebot vorhanden ist.

2. Es ist ein integriertes Schulwesen zu schaffen, das die Grundschule, die Sekundarstufe I in Form der Gesamtschule und die darauf aufbauende Sekundarstufe II umfaßt. In dieser sind insbesondere Bildungsgänge zu fördern, die allgemeine und berufliche Bildung miteinander verbinden und die sowohl zu einer beruflichen Qualifikation als auch zur Studienberechtigung führen. Jede Erschwerung des Zugangs zu weiterführenden

Schulen durch Manipulation am freien Zugang sind abzulehnen. Maßnahmen, die den Auslesedruck abbauen, sind in allen Schulstufen und Schularten zu fördern. Die Integration behinderter Kinder und Jugendlicher in normale Schulen ist zu unterstützen. Dabei muß darauf geachtet werden, daß die spezifische Förderung Behinderter hinreichend gewährleistet ist.

Unterrichtsformen und Unterrichtsinhalte der Schule sind im Hinblick auf neue Anforderungen zu überprüfen. Besonderes Gewicht sind der Einführung der Arbeitslehre und der Förderung der interkulturellen Erziehung, der politischen Bildung sowie dem fächerübergreifenden Lernen in allen Schulformen zu geben.

3. Es muß sichergestellt werden, daß jede(r) Jugendliche eine qualifizierte Berufsausbildung absolvieren kann, die eine entsprechende Berufstätigkeit eröffnet.

Um dies zu gewährleisten, ist eine Umlagefinanzierung einzuführen, an der sich alle Betriebe und Verwaltungen zu beteiligen haben.

Alle noch nicht entsprechend veränderten Ausbildungsberufe sind mit dem Ziel zu reformieren, eine berufsfeldbreit angelegte Grundbildung und allgemeinbildende Kenntnisse zu vermitteln.

Für eine zukunftsorientierte Berufsausbildung muß auch die Berufsschule ausgebaut und als Partner im dualen System gestärkt werden.

Im Rahmen vorausschauender regionaler Strukturpolitik ist Berufsbildungsplanung ein wichtiger Faktor der wirtschaftlichen Entwicklung. Deshalb ist zur Verbesserung der Struktur der beruflichen Bildung in allen Bundesländern jährlich ein Berufsbildungsbericht zu erstellen. Auf dieser Basis sind regionale Maßnahmen zur Sicherung eines qualifizierten und auswahlfähigen Ausbildungsplatzangebotes zu entwickeln. Zur Sicherung der Weiterbeschäftigung nach der Ausbildung sind spezielle Beschäftigungsprogramme für junge Arbeitnehmerinnen und Arbeitnehmer zu entwickeln. Bund, Länder und Gemeinden werden aufgefordert, finanzielle Mittel zur Schaffung neuer Arbeitsplätze in gesellschaftlich nützlichen Bereichen für Jugendliche zur Verfügung zu stellen.

4. Es ist ein umfassendes Angebot allgemeiner, politischer und beruflicher Weiterbildung zu schaffen. Alle Arbeitnehmerinnen und Arbeitnehmer müssen das Recht auf Bildungsurlaub haben. Darüber hinaus müssen die Unternehmen auf gesetzlichem und tarifvertraglichem Weg dazu verpflichtet werden, allen Arbeitnehmerinnen und Arbeitnehmern ein ausreichendes Weiterbildungsangebot im Rahmen ihrer Berufstätigkeit zu machen.

Die berufliche Bildung von Frauen in technischen Berufen ist mit Hilfe besonderer Fördermaßnahmen auszuweiten.

5. Hochschulen und Forschungseinrichtungen müssen sich Fragen der Arbeitswelt und Interessen der Arbeitnehmerinnen und Arbeitnehmer verstärkt zuwenden. Förderungsmittel müssen dementsprechend konzentriert werden.

Der Hochschulzugang für Berufserfahrene ohne formale Hochschulreife muß wesentlich erleichtert werden.

Allen Studierenden sowie allen Schülern der Sekundarstufe II muß eine darlehensfreie Studienförderung gewährt werden, sofern sie diese aufgrund ihrer sozialen Situation benötigen.

6. Eine ausreichende Versorgung der Schulen mit Lehrern, die Aufrechterhaltung einer qualifizierten Lehrerausbildung wie der Ausbau der Lehrerfortbildung sind sicherzustellen.

## Neue Medien, Kultur und Freizeit sinnvoll gestalten

Die von den Gewerkschaften erkämpften Arbeitszeitverkürzungen erhöhen das Maß an Freizeit der Menschen und damit die Möglichkeiten zur Teilnahme an der Gestaltung des gesellschaftlichen und kulturellen Lebens. Gleichzeitig sind neue Medien, die fortschreitende Kommerzialisierung von Rundfunk und Fernsehen und die sich entwickelnde Freizeitindustrie mit der Gefahr einer Verflachung des kulturellen Lebens, einer Verarmung der zwischenmenschlichen Beziehungen und einer stärker konsumorientierten Lebensgestaltung verbunden.

Der DGB fordert:

1. Kommunale kulturelle Einrichtungen sind zu fördern und weiter auszubauen. Sie sollen die Eigeninitiative der Menschen unterstützen, um hierdurch zu einer aktiven und solidarischen Lebens- und Freizeitgestaltung anzuregen.

Neben den traditionellen Einrichtungen müssen neue Formen der Kulturarbeit in den Stadtteilen und Wohngebieten unter Beteiligung der Künstlerinnen und Künstler sowie der Bürgerinnen und Bürger gefördert und ausgebaut werden. Kulturetats von Bund, Ländern und Gemeinden müssen aufgestockt werden. Vor allem die Kommunen sind aufgefordert, unter Beteiligung der Künstlerinnen und Künstler sowie der Bürgerinnen und Bürger Kulturentwicklungspläne aufzustellen.

2. Der Bestand und die Entwicklung der öffentlich-rechtlichen Rundfunkanstalten müssen gesichert sein. Hierzu gehören auch ausreichende Rundfunkgebühren und Werbeeinnahmen.

Die programmliche Vielfalt und ein breites Meinungsspektrum sind auch bei privaten, kommerziellen Programmanbietern zu gewährleisten. Bei der Zulassung neuer privatwirtschaftlicher und kommerzieller Veranstalter ist das Entstehen von Doppelmonopolen im Funk-, Fernseh- und Pressebereich zu verhindern.

## Verbesserung des öffentlichen Dienstleistungsangebots

Zur Verwirklichung des qualitativen Wirtschaftswachstums und eines seine Verantwortung wahrnehmenden Sozialstaates ist die Bereitstellung eines ausreichenden, sicheren und preiswerten Angebots öffentlicher Dienstleistungen unverzichtbar. Die Privatisierung öffentlicher Einrichtungen lehnt der DGB ab, denn sie gefährdet die Versorgung der Bevölkerung mit Gütern und Dienstleistungen, führt per Saldo zur Vernichtung von Arbeitsplätzen und außerdem zu einer Verschlechterung der Beschäftigungsbedingungen für betroffene Arbeitnehmerinnen und Arbeitnehmer.

Der DGB fordert:

1. Zur Zukunft des öffentlichen Dienstes sind Reformkonzepte zur Erhaltung und Verbesserung der Leistungsfähigkeit des öffentlichen Dienstes und für dessen Ausbau zu entwickeln und umzusetzen, die entsprechenden gewerkschaftlichen Vorschläge und Initiativen folgen, ein bürgerfreundliches Dienstleistungsangebot zum Ziel haben und folgende Schwerpunkte beinhalten müssen:
— Leistungsfähige Verwaltungen und Einrichtungen, die den Interessen von Bürgern und Beschäftigten gleichermaßen gerecht werden,
— breitgefächertes, bedarfsorientiertes Angebot im Rahmen ortsnaher Sozial- und Gesundheitszentren in öffentlicher Regie,
— moderne, verbraucherfreundliche öffentliche Unternehmen mit Vorreiterfunktion im Bereich des Umweltschutzes,

- Erhalt und Ausbau der Deutschen Bundespost auf der Basis des öffentlichen Netzmonopols und flächendeckender Kommunikationsdienste,
- Erhalt und Ausbau der Bundesbahn als leistungsfähiges Unternehmen des Personen- und Gütertransportverkehrs.

2. Die Gewährleistung der öffentlichen Sicherheit ist allein Aufgabe des Staates.

## V. Unser Auftrag

Der DGB und seine Gewerkschaften erfüllen ihren Auftrag, für die umfassende Verbesserung der Arbeits- und Lebensbedingungen der Arbeitnehmerinnen und Arbeitnehmer und für die Veränderung der gesellschaftlichen Verhältnisse durch Reformen zu kämpfen.

Es gibt Möglichkeiten und Chancen, die Vollbeschäftigung wiederzugewinnen, technischen und sozialen Fortschritt miteinander zu verknüpfen, die Arbeitsbedingungen weiter zu humanisieren, die Chancengleichheit der Geschlechter zu verwirklichen, den Wohlstand gerecht zu verteilen und unsere Umwelt zu schützen. Die Verwirklichung der Forderungen dieses Aktionsprogramms trägt hierzu nachhaltig bei. Stärker als andere Organisationen sind die Gewerkschaften bei der Vertretung von Arbeitnehmerinteressen auf den Rückhalt und die Mobilisierung ihrer Mitgliedschaft angewiesen. Die Erhaltung und Stärkung der zahlenmäßigen und organisatorischen Kraft der unter dem Dach des DGB zusammengeschlossenen Gewerkschaften ist deshalb zentrale Vorbedingung für die Durchsetzung unserer Ziele. Dazu gehört auch die stärkere Einbeziehung derjenigen Arbeitnehmergruppen, die in den Gewerkschaften bisher noch unzureichend vertreten sind.

Im Betrieb und am Arbeitsplatz werden Arbeitsplatzgefährdung, inhumane Arbeitsbedingungen und zahlreiche Aspekte sozialer Ungerechtigkeit am unmittelbarsten erfahren. Wir wollen die Mitbestimmungs- und Mitgestaltungsmöglichkeiten ausschöpfen und weiter ausbauen. Die Zielsetzungen, die wir auf der betrieblichen Ebene anstreben, können wir nur erreichen, wenn die Belegschaften umfassend informiert und aufgeklärt sind und wenn sie bereit sind, sich gemeinsam für die Gestaltung ihrer Arbeits- und Lebensbedingungen einzusetzen.

Der Schwerpunkt gewerkschaftlichen Handelns ist die Tarifpolitik. Mit ihr — nicht zuletzt durch den erfolgreichen Kampf für Arbeitszeitverkürzungen — haben die Gewerkschaften Wege für eine soziale Gestaltung der Zukunft eröffnet. Sie werden diese Aufgabe auch zukünftig wahrnehmen. Die Gewerkschaften werden alles dafür einsetzen, die Tarifautonomie zu verteidigen und die Schutz- und Gestaltungsfunktion von Tarifverträgen zu erweitern. Tarifverträge müssen auch weiterhin vor grenzenloser Differenzierung und Deregulierung schützen. Solidarisches Handeln hat sich in den Tarifauseinandersetzungen bewährt. Die Solidarität der Arbeitnehmerinnen und Arbeitnehmer wird ergänzt durch die wechselseitige Information, Abstimmung und Unterstützung der im DGB zusammengeschlossenen Gewerkschaften und Industriegewerkschaften.

Der DGB und seine Gewerkschaften werden den Staat aus seiner konkreten Verantwortung für die Arbeits- und Lebensbedingungen der Menschen nicht entlassen. Nur indem auch der Staat eine Politik verfolgt, die eine soziale, humane und demokratische Zukunftsperspektive eröffnet, sind Sicherheit, Gerechtigkeit und Wohlstand für alle erreichbar. Das aktive Eintreten der gewerkschaftlich organisierten Arbeitnehmerinnen und Arbeitnehmer für diese Ziele muß staatliche Politik immer wieder auf die Berücksichtigung von Arbeitnehmerinteressen verpflichten.

Die Ziele und Forderungen des Aktionsprogramms lassen sich nur im gemeinsamen Handeln erreichen. Die im DGB zusammengeschlossenen Gewerkschaften werden deshalb auch weiterhin ihre Aktivitäten zeitlich und inhaltlich mit dem Ziel der gegenseitigen Unterstützung und der Zusammenfassung der Kräfte abstimmen.

In parteipolitischer Unabhängigkeit und auf der Grundlage der Toleranz formulieren die Gewerkschaften die gemeinsamen Interessen aller Arbeitnehmerinnen und Arbeitnehmer und bringen Zielvorstellungen für die Gestaltung von Wirtschaft und Gesellschaft mit dem erforderlichen Nachdruck in den staatlichen Willensbildungsprozeß ein. Der DGB wird auch zukünftig mit allen demokratischen Parteien und den jeweiligen Bundesregierungen konstruktiv zum Ausbau des sozialen Rechtsstaates und zur demokratischen Weiterentwicklung von Wirtschaft und Gesellschaft zusammenarbeiten.

Dabei lehrt die historische Erfahrung: Einheit bedeutet Stärke. Ebenso wie in der Vergangenheit ist deshalb auch in Zukunft die Erhaltung und Stärkung der Einheitsgewerkschaft die entscheidende Voraussetzung für die Durchsetzungsfähigkeit der Gewerkschaften in Wirtschaft und Gesellschaft.

*Quelle: DGB-Bundesvorstand (Hrsg.), Aktionsprogramm des Deutschen Gewerkschaftsbundes, Düsseldorf, Oktober 1988.*

# II. Tabellen

## 1. Mitgliederentwicklung gewerkschaftlicher Spitzenverbände

*a) Freie, Christliche und Hirsch-Dunckersche Gewerkschaften von 1868 bis 1932*

| Jahr | Freie Gewerkschaften | Christliche Gewerkschaften | Hirsch-Dunckersche Gewerkvereine |
|---|---|---|---|
| 1868 | (. . .) | | (Gründung) |
| 1869 | 47.192 | | 30.000 |
| 1870 | (. . .) | | ? |
| 1871 | (. . .) | | 6.000 |
| 1872 | 19.695 | | 18.803 |
| 1873 | (. . .) | | 18.883 |
| 1874 | (. . .) | | 22.000 |
| 1875 | (. . .) | | 19.900 |
| 1876 | (. . .) | | (. . .) |
| 1877 | 52.511 | | (. . .) |
| 1878 | 56.275 | | 16.525 |
| 1879 | (. . .) | | 14.912 |
| 1880 | (. . .) | | 21.000 |
| 1881 | (. . .) | | 19.893 |
| 1882 | (. . .) | | 24.558 |
| 1883 | (. . .) | | 29.330 |
| 1884 | (. . .) | | 47.681 |
| 1885 | 85.687 | | 51.000 |
| 1886 | (. . .) | | 52.162 |
| 1887 | 85.106 | | 53.691 |
| 1888 | 111.245 | | 56.655 |
| 1889 | 174.608 | | 62.688 |

| Jahr | Freie Gewerkschaften | Christliche Gewerkschaften | Hirsch-Dunckersche Gewerkvereine |
|------|---------------------|---------------------------|----------------------------------|
| 1890 | 294.551 |  | 62.643 |
| 1891 | 291.691 |  | 65.588 |
| 1892 | 215.511 |  | 45.154 |
| 1893 | 218.972 |  | 61.154 |
| 1894 | 245.723 | (Gründung) | 67.078 |
| 1895 | 255.521 | 5.500 | 66.759 |
| 1896 | 329.230 | 8.055 | 71.767 |
| 1897 | 412.359 | 21.000 | 79.553 |
| 1898 | 493.742 | 34.270 | 82.755 |
| 1899 | 580.373 | 56.391 | 86.777 |
| 1900 | 680.427 | 76.744 | 91.661 |
| 1901 | 677.510 | 84.497 | 95.057 |
| 1902 | 733.206 | 84.667 | 102.561 |
| 1903 | 941.529 | 91.440 | 110.215 |
| 1904 | 1.116.723 | 107.556 | 111.889 |
| 1905 | 1.429.303 | 188.106 | 116.143 |
| 1906 | 1.799.293 | 247.116 | 118.508 |
| 1907 | 1.873.146 | 284.649 | 108.889 |
| 1908 | 1.797.963 | 260.767 | 105.633 |
| 1909 | 1.892.568 | 280.061 | 108.028 |
| 1910 | 2.128.021 | 316.115 | 122.571 |
| 1911 | 2.400.018 | 350.574 | 107.743 |
| 1912 | 2.559.781 | 350.930 | 109.225 |
| 1913 | 2.525.042 | 341.735 | 106.618 |
| 1914 | 1.502.811 | 218.197 | 77.749 |
| 1915 | 994.853 | 162.425 | 61.086 |
| 1916 | 944.575 | 178.907 | 57.766 |
| 1917 | 1.277.709 | 293.187 | 79.113 |
| 1918 | 2.866.012 | 538.559 | 113.792 |
| 1919 | 7.337.477 | 1.000.770 | 189.831 |

| Jahr | Freie Gewerkschaften | Christliche Gewerkschaften | Hirsch-Dunckersche Gewerkvereine |
|------|----------------------|----------------------------|-----------------------------------|
| 1920 | 8.032.057 | 1.105.894 | 225.998 |
| 1921 | 7.751.589 | 1.028.900 | 224.597 |
| 1922 | 7.821.558 | 1.033.506 | 230.612 |
| 1923 | 5.817.258 | 806.992 | 216.497 |
| 1924 | 4.023.867 | 612.952 | 147.280 |
| 1925 | 4.182.511 | 582.319 | 157.571 |
| 1926 | 3.932.935 | 531.558 | 163.451 |
| 1927 | 4.415.689 | 605.784 | 167.638 |
| 1928 | 4.866.926 | 647.364 | 168.543 |
| 1929 | 4.948.267 | 673.127 | 168.726 |
| 1930 | 4.716.569 | 658.707 | 163.302 |
| 1931 | 4.134.902 | 577.512 | 149.804 |
| 1932 | 3.532.947 | ? | ? |

Quelle: Für die Jahre 1868 bis 1889: Gerd Hohorst, Jürgen Kocka u. Gerhard A. Ritter, Sozialgeschichtliches Arbeitsbuch. Materialien zur Statistik des Kaiserreichs 1870—1914, München 1975, S. 135 ff.; für die Jahre 1890 bis 1932: Erich Matthias u. Klaus Schönhoven (Hrsg.), Solidarität und Menschenwürde. Etappen der deutschen Gewerkschaftsgeschichte von den Anfängen bis zur Gegenwart, Bonn 1984, S. 369 f.

## b) Freie, christlich-nationale und Hirsch-Dunckersche Angestelltenverbände von 1920 bis 1931

| Jahr | Allgemeiner freier Angestelltenbund (AfA-Bund) | Gesamtverband Deutscher Angestellten-Gewerkschaften (Gedag) | Gewerkschaftsbund der Angestellten (GdA) |
|------|------|------|------|
| 1920 | 689.806 | 463.199 | |
| 1921 | 609.626 | 422.845 | 300.357 |
| 1922 | 658.234 | 460.086 | 302.254 |
| 1923 | 618.097 | 408.773 | 294.241 |
| 1924 | 447.201 | 393.559 | 260.796 |
| 1925 | 428.185 | 411.113 | 273.016 |
| 1926 | 400.155 | 418.700 | 275.352 |
| 1927 | 395.259 | 456.980 | 288.134 |
| 1928 | 421.106 | 501.635 | 301.967 |
| 1929 | 450.741 | 557.420 | 320.117 |
| 1930 | 459.840 | 591.520 | 335.428 |
| 1931 | 434.974 | 593.800 | 327.742 |

Quelle: Dietmar Petzina, Werner Abelshauser u. Anselm Faust, *Sozialgeschichtliches Arbeitsbuch III. Materialien zur Statistik des Deutschen Reiches 1914—1945*, München 1978, S. 112.

## c) Deutscher Gewerkschaftsbund (DGB) und Deutsche Angestelltengewerkschaft (DAG) von 1951 bis 1987

| Jahr | DGB insgesamt | davon weibl. | DAG insgesamt | davon weibl |
|------|------|------|------|------|
| 1951 | 5.912.125 | 1.011.436 | 343.500 | 107.700 |
| 1952 | 6.004.476 | 1.028.713 | 360.388 | 117.365 |
| 1953 | 6.051.221 | 1.046.148 | 384.365 | 127.819 |
| 1954 | 6.103.343 | 1.055.213 | 406.473 | 140.091 |
| 1955 | 6.104.872 | 1.047.805 | 420.540 | 146.132 |
| 1956 | 6.124.547 | 1.043.241 | 431.483 | 149.217 |
| 1957 | 6.244.386 | 1.077.652 | 437.068 | 151.782 |
| 1958 | 6.331.735 | 1.089.527 | 438.142 | 152.238 |
| 1959 | 6.273.741 | 1.070.762 | 440.011 | 152.777 |
| 1960 | 6.378.820 | 1.093.607 | 450.417 | 155.554 |
| 1961 | 6.382.036 | 1.078.257 | 461.513 | 157.395 |
| 1962 | 6.430.428 | 1.058.453 | 471.902 | 159.797 |
| 1963 | 6.430.978 | 1.033.842 | 479.457 | 161.209 |
| 1964 | 6.485.471 | 1.022.052 | 475.415 | 157.991 |
| 1965 | 6.574.491 | 1.030.185 | 475.561 | 159.311 |
| 1966 | 6.537.160 | 1.014.833 | 477.982 | 159.300 |
| 1967 | 6.407.733 | 976.793 | 481.286 | 160.227 |
| 1968 | 6.375.972 | 971.590 | 471.147 | 154.528 |
| 1969 | 6.482.390 | 984.074 | 467.796 | 151.496 |
| 1970 | 6.712.547 | 1.027.150 | 461.291 | 147.820 |
| 1971 | 6.868.662 | 1.050.488 | 469.932 | 153.189 |
| 1972 | 6.985.548 | 1.115.266 | 468.880 | 154.227 |
| 1973 | 7.167.523 | 1.179.762 | 463.370 | 155.895 |
| 1974 | 7.405.760 | 1.284.500 | 472.035 | 160.284 |
| 1975 | 7.364.912 | 1.313.021 | 470.446 | 163.537 |
| 1976 | 7.400.021 | 1.353.958 | 473.463 | 167.068 |
| 1977 | 7.470.967 | 1.402.643 | 475.372 | 169.920 |
| 1978 | 7.751.523 | 1.482.349 | 481.628 | 176.099 |
| 1979 | 7.843.565 | 1.540.832 | 487.743 | 182.178 |
| 1980 | 7.882.527 | 1.596.274 | 494.874 | 188.604 |
| 1981 | 7.957.512 | 1.650.773 | 499.439 | 194.121 |
| 1982 | 7.849.003 | 1.649.399 | 501.037 | 198.196 |
| 1983 | 7.745.913 | 1.644.770 | 497.346 | 200.698 |
| 1984 | 7.660.346 | 1.654.508 | 497.724 | 201.228 |
| 1985 | 7.719.468 | 1.705.131 | 500.922 | 205.271 |
| 1986 | 7.764.697 | 1.755.963 | 496.299 | 205.866 |
| 1987 | 7.757.039 | 1.788.361 | 494.126 | 211.639 |

Anmerkung: Angaben für den DGB bis 1959: Stichtag 30. 9., dann 31. 12.; Angaben für die DAG bis 1975: Stichtag 30. 9., dann 31. 12.

*Quelle: Statistische Jahrbücher für die Bundesrepublik Deutschland 1952 ff.*

## 2. Entwicklung der Arbeitskämpfe

### a) Arbeitskämpfe 1848, 1869, 1871 bis 1882 und 1884 bis 1890

Ergebnisse nachträglicher Fallsammlungen auf unterschiedlicher Quellenbasis

| Jahr | Zahl der Arbeitskämpfe | Jahr | Zahl der Arbeitskämpfe | Jahr | Zahl der Arbeitskämpfe |
|------|------------------------|------|------------------------|------|------------------------|
| 1848 | 49  | 1876 | 84 | 1884 | 60  |
| 1869 | 152 | 1877 | 67 | 1885 | 146 |
| 1871 | 158 | 1878 | 41 | 1886 | 77  |
| 1872 | 352 | 1879 | 15 | 1887 | 125 |
| 1873 | 283 | 1880 | 19 | 1888 | 100 |
| 1874 | 129 | 1881 | 15 | 1889 | 280 |
| 1875 | 88  | 1882 | 27 | 1890 | 390 |

Anmerkung: 1848: Gebiet des Deutschen Bundes ohne Österreich; ab 1869 Gebiet des Deutschen Reichs. Die Datenreihe ist nicht konsistent, da bei den nachträglichen Erhebungen unterschiedliche Informationsträger (Zeitungen und Zeitschriften vor allem der Arbeiterpresse, Archivalien usw.) ausgewertet worden sind. Sie sind daher nur bedingt auf einander zu beziehen und zeigen nur Häufigkeitsschwankungen im Zeitverlauf.

*Quelle: Klaus Tenfelde u. Heinrich Volkmann (Hrsg.), Streik. Zur Geschichte des Arbeitskampfes in Deutschland während der Industrialisierung, München 1981, S. 294.*

### b) Arbeitskämpfe der Freien Gewerkschaften von 1890 bis 1898

| Jahr | Zahl der Streiks und Aussperrungen | Beteiligte | Dauer in Wochen |
|------|-----------------------------------|------------|-----------------|
| 1890/91 | 226 | 38.536  | 1.348 |
| 1892    | 73  | 3.022   | 507   |
| 1893    | 116 | 9.356   | 568   |
| 1894    | 131 | 7.328   | 879   |
| 1895    | 204 | 14.032  | 1.030 |
| 1896    | 483 | 128.808 | 1.923 |
| 1997    | 578 | 63.119  | 1.921 |
| 1898    | 985 | 60.162  | 4.848 |

Anmerkung: Ausgewiesen wurden die im Berichtsjahr unter Beteiligung Freier Gewerkschaften begonnenen Arbeitskämpfe, wobei nicht zwischen Streik und Aussperrung unterschieden wurde. Die angegebene Dauer der Arbeitskämpfe in Wochen bietet die Summe der Dauer aller Arbeitskämpfe ohne Rücksicht auf die Teilnehmerzahl.

*Quelle: Correspondenzblatt der Generalkommission der Gewerkschaften Deutschlands Nr. 29, 1901, S. 454.*

*c) Wirtschaftliche Arbeitskämpfe (Streiks und Aussperrungen) der gewerblichen Arbeitnehmer von 1899 bis 1933*

| Jahr | Arbeits-kämpfe | Betroffene Betriebe | Beschäftigte in diesen Betrieben | Gleichz. Streikende u. Ausgesperrte (einschl. d. gezwungen Feiernden) | verlorene Arbeitstage |
|------|------|------|------|------|------|
| 1899 | 1.311 | 7.548 | 265.148 | 116.531 | 3.381.000 |
| 1900 | 1.468 | 8.347 | 321.281 | 141.121 | 3.712.000 |
| 1901 | 1.091 | 4.799 | 149.200 | 68.191 | 2.427.000 |
| 1902 | 1.106 | 4.385 | 149.791 | 70.696 | 1.951.000 |
| 1903 | 1.444 | 8.740 | 251.177 | 135.522 | 4.158.000 |
| 1904 | 1.990 | 11.436 | 309.676 | 145.480 | 5.285.000 |
| 1905 | 2.657 | 18.340 | 965.510 | 542.564 | 18.984.000 |
| 1906 | 3.626 | 19.026 | 838.988 | 376.325 | 11.567.000 |
| 1907 | 2.512 | 18.379 | 574.728 | 286.016 | 9.017.000 |
| 1908 | 1.524 | 6.532 | 280.657 | 119.781 | 3.666.000 |
| 1909 | 1.652 | 6.560 | 290.701 | 130.883 | 4.152.000 |
| 1910 | 3.228 | 19.110 | 680.651 | 390.706 | 17.848.000 |
| 1911 | 2.798 | 12.573 | 895.813 | 385.216 | 11.466.000 |
| 1912 | 2.834 | 9.813 | 1.030.948 | 493.749 | 10.724.000 |
| 1913 | 2.464 | 15.586 | 655.398 | 323.394 | 11.761.000 |
| 1914 | 1.223 | 6.046 | 238.195 | 98.339 | 2.844.000 |
| 1915 | 141 | 185 | 48.356 | 15.238 | 46.000 |
| 1916 | 240 | 437 | 422.591 | 128.881 | 245.000 |
| 1917 | 562 | 3.399 | 1.468.328 | 668.032 | 1.862.000 |
| 1918 | 532 | 1.095 | 715.742 | 391.591 | 1.453.000 |
| 1919 | 3.719 | 33.840 | 2.760.767 | 2.132.547 | 33.083.000 |
| 1920 | 3.807 | 42.268 | 2.008.732 | 1.508.370 | 16.755.000 |
| 1921 | 4.455 | 55.237 | 2.036.070 | 1.617.225 | 25.874.000 |
| 1922 | 4.785 | 47.501 | 2.565.554 | 1.895.792 | 27.734.000 |
| 1923 | 2.046 | 24.175 | 1.917.265 | 1.626.753 | 12.344.000 |
| 1924 | 1.973 | 28.430 | 2.066.334 | 1.647.143 | 36.198.000 |
| 1925 | 1.708 | 25.122 | 1.115.036 | 771.036 | 2.936.000 |
| 1926 | 351 | 2.617 | 131.292 | 97.157 | 1.222.000 |
| 1927 | 844 | 10.373 | 685.851 | 494.544 | 6.144.000 |
| 1928 | 739 | 7.852 | 985.690 | 775.490 | 20.339.000 |
| 1929 | 429 | 8.558 | 268.499 | 189.723 | 4.251.000 |
| 1930 | 353 | 3.403 | 302.190 | 223.885 | 4.029.000 |
| 1931 | 463 | 4.753 | 297.013 | 172.139 | 1.890.000 |
| 1932 | 648 | 2.610 | 171.555 | 129.468 | 1.130.000 |
| 1933 | 69 | 337 | 13.162 | 10.475 | 96.460 |

Anmerkungen: Die „verlorenen Arbeitstage" für die Jahre 1899 bis 1922 sind errechnet aus der Zahl der am Arbeitskampf beteiligten Arbeiter/innen und der Dauer des Arbeitskampfes in Tagen; ab 1923 wird die gemeldete Zahl der tatsächlich verlorenen Arbeitstage aufgeführt. Ab April 1933 wurden keine Arbeitskämpfe mehr erfaßt.

*Quelle: Statistisches Jahrbuch für das Deutsche Reich 1934, S. 321.*

## d) Arbeitskämpfe von 1949 bis 1987

| Jahr | Betroffene Betriebe | Beteiligte Arbeitnehmer | Verlorene Arbeitstage |
|---|---|---|---|
| 1949 | 892 | 58.184 | 270.716 |
| 1950 | 1.344 | 79.270 | 380.121 |
| 1951 | 1.528 | 174.325 | 1.592.892 |
| 1952 | 2.529 | 84.097 | 442.877 |
| 1953 | 1.395 | 50.625 | 1.488.218 |
| 1954 | 538 | 115.899 | 1.586.523 |
| 1955 | 866 | 597.353 | 846.647 |
| 1956 | 268 | 25.340 | 263.884 |
| 1957 | 86 | 45.134 | 2.385.965 |
| 1958 | 1.484 | 202.483 | 782.123 |
| 1959 | 55 | 21.648 | 61.825 |
| 1960 | 28 | 17.065 | 37.723 |
| 1961 | 119 | 21.052 | 65.256 |
| 1962 | 195 | 79.177 | 450.948 |
| 1963 | 791 | 316.397 | 1.846.025 |
| 1964 | 34 | 5.629 | 16.711 |
| 1965 | 20 | 6.250 | 48.520 |
| 1966 | 205 | 196.013 | 27.086 |
| 1967 | 742 | 59.604 | 389.581 |
| 1968 | 36 | 25.167 | 25.249 |
| 1969 | 86 | 89.571 | 249.184 |
| 1970 | 129 | 184.269 | 93.203 |
| 1971 | 1.183 | 536.303 | 4.483.740 |
| 1972 | 54 | 22.908 | 66.045 |
| 1973 | 732 | 185.010 | 563.051 |
| 1974 | 890 | 250.352 | 1.051.290 |
| 1975 | 201 | 35.814 | 68.680 |
| 1976 | 1.481 | 169.312 | 533.696 |
| 1977 | 81 | 34.437 | 23.681 |
| 1978 | 1.239 | 487.050 | 4.281.284 |
| 1979 | 40 | 77.326 | 483.083 |
| 1980 | 132 | 45.159 | 128.386 |
| 1981 | 297 | 253.334 | 58.398 |
| 1982 | 40 | 39.981 | 15.106 |
| 1983 | 114 | 94.070 | 40.842 |
| 1984 | 1.121 | 537.265 | 5.617.595 |
| 1985 | 53 | 78.187 | 34.505 |
| 1986 | 96 | 115.522 | 27.964 |
| 1987 | 119 | 154.966 | 33.325 |

*Quelle: Statistische Jahrbücher für die Bundesrepublik Deutschland 1952 ff.*

# 3. Entwicklung der Löhne

a) *Indizes der Reallöhne gewerblicher Arbeitnehmer im Kaiserreich von 1871 bis 1913 (1895 = 100)*

| Jahr | Index | Jahr | Index |
|------|-------|------|-------|
| 1871 | 70 | 1895 | 100 |
| 1875 | 87 | 1900 | 111 |
| 1880 | 79 | 1905 | 114 |
| 1885 | 89 | 1910 | 119 |
| 1890 | 96 | 1913 | 125 |

*Quelle: G. Hohorst u. a., Sozialgeschichtliches Arbeitsbuch, S. 107.*

b) *Indizes der Reallöhne gewerblicher Arbeitnehmer in Weimarer Republik und „Drittem Reich" von 1925 bis 1939 (1928 = 100)*

| Jahr | Index | Jahr | Index |
|------|-------|------|-------|
| 1913/14 | 97 | 1933 | 89 |
| 1925 | 81 | 1934 | 94 |
| 1928 | 100 | 1935 | 92 |
| 1929 | 102 | 1936 | 95 |
| 1930 | 96 | 1937 | 98 |
| 1931 | 91 | 1938 | 105 |
| 1932 | 86 | 1939 | 110 |

*Quelle: Günter Menges u. Heinrich Kolbeck, Löhne und Gehälter nach den beiden Weltkriegen. Tabellen und Schaubilder aufgrund statistischer Untersuchungen, Meisenheim 1958, S. 31.*

c) *Indizes der realen Bruttostunden- und Bruttowochenverdienste der Arbeiter in der Industrie der Bundesrepublik Deutschland von 1950 bis 1978 (1970 = 100)*

| Jahr | Index der ... Bruttostunden-verdienste | Bruttowochen-verdienste | Jahr | Index der ... Bruttostunden-verdienste | Bruttowochen-verdienste |
|---|---|---|---|---|---|
| | 1970 = 100 | 1970 = 100 | | 1970 = 100 | 1970 = 100 |
| 1950 | 32,9 | 35,7 | 1965 | 77,9 | 78,2 |
| 1951 | 34,9 | 37,8 | 1966 | 80,3 | 79,9 |
| 1952 | 36,9 | 39,9 | 1967 | 81,7 | 78,3 |
| 1953 | 39,4 | 42,7 | 1968 | 84,2 | 82,5 |
| 1954 | 40,3 | 44,2 | 1969 | 89,9 | 89,7 |
| 1955 | 42,4 | 46,6 | 1970 | 100 | 100 |
| 1956 | 45,5 | 49,0 | 1971 | 105,6 | 103,5 |
| 1957 | 48,4 | 50,5 | 1972 | 109,2 | 106,1 |
| 1958 | 50,6 | 51,9 | 1973 | 112,9 | 109,7 |
| 1959 | 52,8 | 54,0 | 1974 | 116,5 | 110,8 |
| 1960 | 56,9 | 58,2 | 1975 | 118,4 | 109,2 |
| 1961 | 61,3 | 62,7 | 1976 | 120,4 | 113,1 |
| 1962 | 66,4 | 67,2 | 1977 | 124,4 | 117,2 |
| 1963 | 69,3 | 69,5 | 1978 | 127,9 | 120,4 |
| 1964 | 73,4 | 73,4 | | | |

*Quelle: Erich Wiegand, Zur historischen Entwicklung der Löhne und Lebenshaltungskosten in Deutschland, in: Erich Wiegand u. Wolfgang Zapf (Hrsg.), Wandel der Lebensbedingungen in Deutschland, Frankfurt u. New York 1982, S. 65—153, hier S. 141.*

## d) Indizes der durchschnittlichen Bruttoverdienste der Arbeiter in der Industrie von 1913/14 bzw. 1925 bis 1986 (1980 = 100)

| Jahr | Index der Brutto-stundenverdienste | Index der Brutto-wochenverdienste | Jahr | Index der Brutto-stundenverdienste | Index der Brutto-wochenverdienste |
|---|---|---|---|---|---|
| 1913/14 | 3,7 | 5,0 | | | |
| 1925 | 5,4 | 6,1 | 1960 | 20,6 | 22,5 |
| 1926 | 5,8 | 6,5 | 1961 | 22,8 | 24,8 |
| 1927 | 6,4 | 7,2 | 1962 | 25,4 | 27,3 |
| 1928 | 7,1 | 8,3 | 1963 | 27,3 | 29,2 |
| 1929 | 7,5 | 8,5 | 1964 | 29,6 | 31,5 |
| 1930 | 7,2 | 7,8 | 1965 | 32,4 | 34,7 |
| 1931 | 6,7 | 6,9 | 1966 | 34,6 | 36,7 |
| 1932 | 5,6 | 5,7 | 1967 | 35,7 | 36,4 |
| 1933 | 5,4 | 5,8 | 1968 | 37,3 | 38,9 |
| 1934 | 5,6 | 6,2 | 1969 | 40,6 | 43,1 |
| 1935 | 5,7 | 6,4 | 1970 | 46,6 | 49,6 |
| 1936 | 5,7 | 6,6 | 1971 | 51,7 | 54,1 |
| 1937 | 5,9 | 6,9 | 1972 | 56,3 | 58,3 |
| 1938 | 6,1 | 7,2 | 1973 | 62,2 | 64,4 |
| 1939 | 6,2 | 7,5 | 1974 | 68,5 | 69,5 |
| 1940 | 6,4 | 7,6 | 1975 | 73,9 | 72,6 |
| 1941 | 6,7 | 8,2 | 1976 | 78,6 | 78,8 |
| 1942 | 6,8 | 8,2 | 1977 | 84,2 | 84,5 |
| 1943 | 6,8 | 8,3 | 1978 | 88,7 | 89,0 |
| 1944 März | 6,8 | 8,2 | 1979 | 93,8 | 95,0 |
| 1950 | 9,9 | 11,4 | 1980 | 100 | 100 |
| 1951 | 11,3 | 13,1 | 1981 | 105,5 | 104,4 |
| 1952 | 12,2 | 14,1 | 1982 | 110,5 | 108,1 |
| 1953 | 12,8 | 14,8 | 1983 | 114,1 | 111,0 |
| 1954 | 13,1 | 15,3 | 1964 | 116,8 | 114,7 |
| 1955 | 14,0 | 16,4 | 1985 | 121,3 | 118,5 |
| 1956 | 15,4 | 17,8 | 1986 | 125,6 | 122,2 |
| 1957 | 16,8 | 18,7 | | | |
| 1958 | 17,9 | 19,6 | | | |
| 1959 | 18,9 | 20,5 | | | |

Anmerkung: 1913 bis einschl. 1944 Reichsgebiet (jeweiliger Gebietsstand); 1950 bis einschl. 1959 Bundesgebiet ohne das Saarland. — Bei diesen Indexreihen wurden methodische und systematische Abweichungen außer acht gelassen (z. B. Unterschiede im Gebietsstand, in der Abgrenzung und der Zahl der erfaßten Wirtschaftszweige, in der Beschäftigtenstruktur). Trotz dieser Vorbehalte vermitteln die Werte eine ungefähre Größenvorstellung, wie sich die Verdienste im Laufe der Zeit geändert haben.

*Quelle: Statistisches Jahrbuch für die Bundesrepublik Deutschland 1987, S. 481.*

*e) Geschlechtsspezifische Lohndifferenz in der Textilindustrie von 1913 bis 1978 (Frauenlohn in % des Männerlohns innerhalb der jeweiligen Qualifikationsgruppe, gemessen an Bruttostundenlöhnen)*

| Jahr | Gelernte | Ungelernte |
|------|----------|------------|
| 1913 | 78       | 84         |
| 1926 | 82       | 82         |
| 1932 | 84       | 79         |
| 1943 | 84       | 78         |
| 1951 | (71)     | 75         |
| 1972 | 82       | 84         |
| 1978 | 84       | 86         |

Anmerkung: Die Angabe in der Spalte „Gelernte" für das Jahr 1951 enthält auch Löhne für angelernte Arbeiter/innen.

*Quelle: Josef Mooser, Arbeiterleben in Deutschland 1900—1970, Frankfurt a. M. 1984, S. 91.*

# 4. Entwicklung der Arbeitszeit

## a) Entwicklung der täglichen und wöchentlichen Arbeitszeit in der Industrie von 1800 bis 1918

| Jahr | Durchschnittliche tägliche Arbeitszeit in Stunden | Durchschnittliche Arbeitszeit in R. Meinert | wöchentliche Stunden nach W. H. Schröder |
|------|------|------|------|
| um 1800 | 10—12 | ca. 60—72 | |
| um 1820 | 11—14 | ca. 66—80 | |
| um 1830—1860 | 14—16 | 80—85 | |
| um 1861—1870 | 12—14 | 78 | |
| 1871 | | | 72 |
| 1872 | | | 69,25 |
| 1873 | | | 68 |
| 1874 | | | 68,25 |
| 1875 | 12 | 72 | 68,25 |
| 1876 | | | 68,5 |
| 1877 | | | 68,75 |
| 1878 | | | 68,75 |
| 1879 | | | 69 |
| 1880 | | | 68,75 |
| 1881 | | | 68,75 |
| 1882 | | | 68,75 |
| 1883 | | | 68,5 |
| 1884 | | | 68,75 |
| 1885 | 11 | 66 | 68,75 |
| 1886 | | | 68,5 |
| 1887 | | | 68,5 |
| 1888 | | | 68,25 |
| 1889 | | | 67,75 |
| 1890 | | | 66,25 |
| 1891 | | | 66 |
| 1892 | | | 66 |
| 1893 | 10,5—11 | 63—65 | 65,75 |
| 1894 | | | 65,75 |
| 1895 | | | 65 |

| Jahr | Durchschnittliche tägliche Arbeitszeit in Stunden | Durchschnittliche Arbeitszeit in R. Meinert | wöchentliche Stunden nach W. H. Schröder |
|---|---|---|---|
| 1896 | | | 63,5 |
| 1897 | | | 62,5 |
| 1898 | 10,5 | 61—63 | 62,25 |
| 1899 | | | 61,75 |
| 1900 | | | 60,75 |
| 1901 | | | 60,75 |
| 1902 | | | 60,5 |
| 1903 | 10—10,5 | 59—61 | 60,25 |
| 1904 | | | 60 |
| 1905 | | | 59,5 |
| 1906 | | | 58,5 |
| 1907 | | | 57,75 |
| 1908 | 10—10,5 | 58—60 | 57,75 |
| 1909 | | | 57,5 |
| 1910 | | | 57,25 |
| 1911 | | | 56,75 |
| 1912 | 10—10,5 | 58—60 | 56 |
| 1913 | | | 55,5 |
| 1914 | | | 55,5 |
| 1915—1918 | | ca. 60—85 | |

*Quelle: Zahlen nach Ruth Meinert, Die Entwicklung der Arbeitszeit in der deutschen Industrie 1820—1956, wirtschaftswiss. Diss. Münster 1958, S. 5, 10, 12, 21 u. 23; Wilhelm Heinz Schröder, Die Entwicklung der Arbeitszeit im sekundären Sektor in Deutschland 1871 bis 1913, in: Technikgeschichte, Bd. 47, 1980, Nr. 3, S. 252—302, hier S. 287. Die Angaben über die wöchentliche Arbeitszeit um 1800, um 1820 und für die Jahre von 1915—1918 sind entnommen: Martin Wolfsteller, Vom Vierzehnstundentag zur Vierzigstundenwoche. Zur Geschichte und Problematik der Arbeitszeit in Deutschland, Wiesbaden 1963 (MS), S. 115 f.*

## b) Entwicklung der wöchentlichen Arbeitszeit in der Industrie von 1919 bis 1983

| Jahr | Durchschnittliche wöchentliche Arbeitszeit in Stunden | Jahr | Durchschnittliche wöchentliche Arbeitszeit in Stunden |
|---|---|---|---|
| 1919 | 48 | 1950 | 48,1 |
| 1920 | 48 | 1951 | 47,5 |
| 1921 | 48 | 1952 | 47,6 |
| 1922 | 48 | 1953 | 47,8 |
| 1923 | 48 | 1954 | 48,4 |
| 1924 | 50,4 | 1955 | 48,6 |
| 1925 | — | 1956 | 47,9 |
| 1926 | — | 1957 | 46,2 |
| 1927 | 49,9 | 1958 | 45,4 |
| 1928 | 48,9 | 1959 | 45,3 |
| 1929 | 46,0 | 1960 | 45,3 |
| 1930 | 44,2 | 1961 | 45,2 |
| 1931 | 42,5 | 1962 | 44,6 |
| 1932 | 41,5 | 1963 | 44,4 |
| 1933 | 43,0 | 1964 | 44,1 |
| 1934 | 44,6 | 1965 | 44,3 |
| 1935 | 44,5 | 1966 | 43,9 |
| 1936 | 46,7 | 1967 | 42,3 |
| 1937 | 47,6 | 1968 | 43,3 |
| 1938 | 47,9 | 1969 | 44,0 |
| 1939 | 48,6 | 1970 | 44,0 |
| 1940 | 50,1 | 1971 | 43,2 |
| 1941 | 50,1 | 1972 | 42,8 |
| 1942 | 49,2 | 1973 | 42,8 |
| 1943 | 48,0 | 1974 | 41,9 |
| 1944 | 48,3 | 1975 | 40,5 |
| 1945 | — | 1976 | 41,6 |
| 1946 | 39,5 | 1977 | 41,7 |
| 1947 | 39,1 | 1978 | 41,6 |
| 1948 | 42,4 | 1979 | 41,9 |
| 1949 | 46,5 | 1980 | 41,6 |
| | | 1981 | 41,2 |
| | | 1982 | 40,7 |
| | | 1983 | 40,5 |

Quelle: Bis 1949 nach R. Meinert, S. 44 f.; dann nach Günter Scharf, Geschichte der Arbeitszeitverkürzung, Köln 1987, S. 458.

# 5. Entwicklung der Arbeitslosigkeit

## a) Arbeitslosenquoten von 1887 bis 1939

| Jahr | Arbeitslosenquote nach Kuczynski | Arbeitslosenquote nach Galenson/ Zellner | Jahr | Arbeitslosenquote nach Kuczynski | Arbeitslosenquote nach Galenson/ Zellner |
|---|---|---|---|---|---|
| 1887 | 0,2 | | | | |
| 1888 | 3,8 | | | | |
| 1889 | 0,2 | | | | |
| 1890 | 2,3 | | 1915 | 3,2 | 3,2 |
| 1891 | 3,9 | | 1916 | 2,2 | 2,2 |
| 1892 | 6,3 | | 1917 | 3,2 | 1,0 |
| 1893 | 2,8 | | 1918 | 0,8 | 0,8 |
| 1894 | 3,1 | | 1919 | 3,7 | 3,7 |
| 1895 | 2,8 | | 1920 | 3,8 | 3,8 |
| 1896 | 0,6 | | 1921 | 2,8 | 2,8 |
| 1897 | 1,2 | | 1922 | 1,5 | 1,5 |
| 1898 | 0,4 | | 1923 | 10,2 | 10,2 |
| 1899 | 1,2 | | 1924 | 11,4 | 13,1 |
| 1900 | 2,0 | | 1925 | 8,3 | 6,8/ 5,2 |
| 1901 | 6,7 | | 1926 | 17,9 | 18,0/15,3 |
| 1902 | 2,9 | | 1927 | 8,8 | 8,8/10,1 |
| 1903 | 2,7 | 4,7 | 1928 | 9,7 | 8,6/10,4 |
| 1904 | 2,1 | 3,6 | 1929 | 14,6 | 13,3/14,3 |
| 1905 | 1,6 | 3,0 | 1930 | 22,7 | 22,7/23,2 |
| 1906 | 1,2 | 2,7 | 1931 | 34,7 | 34,3/34,1 |
| 1907 | 1,6 | 2,9 | 1932 | 44,4 | 43,8/42,0 |
| 1908 | 2,9 | 4,4 | 1933 | | 36,2 |
| 1909 | 2,8 | 4,3 | 1934 | | 20,5 |
| 1910 | 1,9 | 3,5 | 1935 | | 16,2 |
| 1911 | 1,9 | 3,1 | 1936 | | 12,0 |
| 1912 | 2,0 | 3,2 | 1937 | | 6,9 |
| 1913 | 2,9 | 4,2 | 1938 | | 3,2 |
| 1914 | 7,2/3,2 | 7,2 | 1939 | | 0,9 |

*Quelle: Jürgen Kuczynski, Die Lage der Arbeiter in Deutschland von 1789 bis zur Gegenwart, Bd. 1, Zweiter Teil, 1871 bis 1932, 6. Aufl., Berlin (DDR) 1954, S. 80, 82, 221 u. 236. Walter Galenson u. Arnold Zellner, International Comparison of Employment Rates. Reprinted from: The Measurement and Behaviour of Unemployment. Reprint No. 86, Berkeley 1957, S. 529 ff. Zusammenstellung und quellenkritische Anmerkungen: Manfred Lohr unter Mitwirkung von Franz Rothenbacher, Langfristige Entwicklungstendenzen der Arbeitslosigkeit in Deutschland, in: E. Wiegand u. W. Zapf (Hrsg.), Wandel der Lebensbedingungen in Deutschland, S. 237—333, hier S. 281 f.*

## b) Arbeitslosenquoten von 1950 bis 1987

| Jahr | Arbeitslosenquote | Jahr | Arbeitslosenquote |
|------|------|------|------|
| 1950 | 11,0 | 1970 | 0,7 |
| 1951 | 10,4 | 1971 | 0,9 |
| 1952 | 9,5 | 1972 | 1,1 |
| 1953 | 8,4 | 1973 | 1,2 |
| 1954 | 7,6 | 1974 | 2,6 |
| 1955 | 5,6 | 1975 | 4,7 |
| 1956 | 4,4 | 1976 | 4,6 |
| 1957 | 3,7 | 1977 | 4,5 |
| 1958 | 3,7 | 1978 | 4,3 |
| 1959 | 2,6 | 1979 | 3,8 |
| 1960 | 1,3 | 1980 | 3,8 |
| 1961 | 0,8 | 1981 | 5,5 |
| 1962 | 0,7 | 1982 | 7,5 |
| 1963 | 0,8 | 1983 | 9,1 |
| 1964 | 0,8 | 1984 | 9,1 |
| 1965 | 0,7 | 1985 | 9,3 |
| 1966 | 0,7 | 1986 | 9,0 |
| 1967 | 2,1 | 1987 | 8,9 |
| 1968 | 1,5 | | |
| 1969 | 0,9 | | |

Anmerkung: Ergebnis der Auszählung der Arbeitnehmerkartei der Arbeitsämter.

*Quelle: Statistische Jahrbücher für die Bundesrepublik Deutschland, 1952 ff.*

# 6. Entwicklung der Struktur der Erwerbsbevölkerung

a) *Erwerbstätige nach Wirtschaftsbereichen von 1882 bis 1987*
*(in % aller Erwerbstätigen)*

| Jahr | Land- und Forstwirtschaft | Industrie- und Handwerk | Dienstleistungs- bereich |
|------|------|------|------|
| 1882 | 43,5 | 33,7 | 22,8 |
| 1895 | 37,5 | 37,5 | 25,0 |
| 1907 | 35,2 | 40,1 | 24,7 |
| 1925 | 30,5 | 42,1 | 27,4 |
| 1933 | 28,9 | 40,4 | 30,7 |
| 1939 | 25,9 | 42,2 | 31,9 |
| 1950 | 23,7 | 43,3 | 33,0 |
| 1971 | 8,0 | 48,4 | 43,6 |
| 1987 | 5,1 | 40,5 | 54,4 |

Anmerkung:
Angaben für 1987: vorläufiges Ergebnis. Die Angaben für die Jahre von 1882 bis 1939 beziehen sich auf das Deutsche Reich, die für die Zeit seit 1950 auf die Bundesrepublik Deutschland.

Quelle:
*Für 1882 bis 1907 berechnet nach: G. Hohorst u.a., Sozialgeschichtliches Arbeitsbuch, S. 66. Für 1925 bis 1939: D. Petzina u.a., Sozialgeschichtliches Arbeitsbuch III, S. 55. Für 1950: Berechnet nach: Statistisches Jahrbuch für die Bundesrepublik Deutschland 1955, S. 109; für 1971 und 1987: nach Statistisches Jahrbuch für die Bundesrepublik Deutschland 1988, S. 100.*

*b) Erwerbstätige nach Stellung im Beruf von 1895 bis 1987*
   *(in % aller Erwerbstätigen)*

| Jahr | Selbständige | Mithelfende Familienan- gehörige | Angestellte | Beamte | Arbeiter |
|------|------|------|------|------|------|
| 1895 | 25,0 | 10,0 | 8,0 | | 57,0 |
| 1907 | 19,6 | 15,3 | 10,3 | | 54,9 |
| 1925 | 15,6 | 17,0 | 17,3 | | 50,1 |
| 1933 | 16,1 | 16,5 | 12,7 | 4,7 | 50,0 |
| 1939 | 13,9 | 16,4 | 13,6 | 5,3 | 50,8 |
| 1950 | 14,8 | 14,4 | 16,0 | 4,0 | 50,8 |
| 1971 | 9,8 | 5,7 | 30,7 | 7,5 | 46,3 |
| 1987 | 9,4 | 3,2 | 39,3 | 9,3 | 38,8 |

*Quelle und Anmerkung: Siehe Tabelle 6 a.*

# III. Literaturhinweise

## 1. Bibliographische Hilfsmittel

Bibliographie zur Geschichte der deutschen Arbeiterbewegung, hrsg. von der Bibliothek des Archivs der sozialen Demokratie, Bonn-Bad Godesberg I (1976) ff.

Dowe, Dieter, Bibliographie zur Geschichte der deutschen Arbeiterbewegung, sozialistischen und kommunistischen Bewegung von den Anfängen bis 1863 unter besonderer Berücksichtigung der politischen, wirtschaftlichen und sozialen Rahmenbedingungen, 3., wesentl. erw. u. verb. Aufl., bearb. von Volker Mettig, Bonn 1981

Emig, Dieter/Rüdiger Zimmermann, Arbeiterbewegung in Deutschland. Ein Dissertationsverzeichnis, Berlin 1977

Günther, Klaus/Kurt Thomas Schmitz, SPD, KPD/DKP, DGB in den Westzonen und in der Bundesrepublik Deutschland 1945—1973. Eine Bibliographie, bearb. von Volker Mettig, 2. Aufl., Bonn 1980

Klotzbach, Kurt, Bibliographie zur Geschichte der deutschen Arbeiterbewegung 1914—1945, 3. Aufl., bearb. von Volker Mettig, Bonn 1981

Literaturverzeichnis zur Gewerkschaftsgeschichte, hrsg. vom DGB-Bundesvorstand, zusammengestellt von J. Eikelmann, Düsseldorf 1977

Steinberg, Hans-Josef, Die deutsche sozialdemokratische Arbeiterbewegung bis 1914, Frankfurt—New York 1979

Tenfelde, Klaus/Gerhard A. Ritter (Hrsg.), Bibliographie zur Geschichte der deutschen Arbeiterschaft und Arbeiterbewegung 1863—1914. Berichtszeitraum 1945—1975, Bonn 1981

## 2. Zur Gewerkschaftsgeschichte

Abelshauser, Werner (Hrsg.), Die Weimarer Republik als Wohlfahrtsstaat. Zum Verhältnis von Wirtschafts- und Sozialpolitik in der Industriegesellschaft, Stuttgart 1987

Abendroth, Wolfgang, Die deutschen Gewerkschaften. Weg demokratischer Integration, Heidelberg 1954; Neudr. Berlin 1972

Abraham, David, The Collapse of the Weimar Republik. Political Economy and Crisis, Princeton/N. Y. 1981

Albrecht, Willy, Fachverein — Berufsgewerkschaft — Zentralverband. Organisationsprobleme der deutschen Gewerkschaften 1870—1890, Bonn 1982

Anders, Karl, Stein für Stein. Die Leute von Bau-Steine-Erden und ihre Gewerkschaften 1869 bis 1969, Frankfurt 1969

Armingeon, Klaus, Die Entwicklung der westdeutschen Gewerkschaften 1950—1985, Frankfurt—New York 1988

Bajohr, Stefan, Die Hälfte der Fabrik. Geschichte der Frauenarbeit in Deutschland 1914 bis 1945, Marburg/L. 1979

Barthel, Paul (Hrsg.), Handbuch der deutschen Gewerkschaftskongresse, Dresden 1916

Bednarek, Horst/Albert Behrendt/Dieter Lange (Hrsg.), Gewerkschaftlicher Neubeginn. Dokumente zur Gründung des FDGB und zu seiner Entwicklung von Juni 1945 bis Februar 1946, Berlin (DDR) 1975

Beier, Gerhard, Schwarze Kunst und Klassenkampf. Bd. 1: Vom Geheimbund zum königlich-preußischen Gewerkverein 1830—1890, Frankfurt — Wien — Zürich 1966

Beier, Gerhard, Das Lehrstück vom 1. und 2. Mai 1933, Frankfurt — Köln 1975

Beier, Gerhard, Willi Richter — Ein Leben für die soziale Neuordnung, Köln 1978

Beier, Gerhard, Geschichte und Gewerkschaft. Politisch-historische Beiträge zur Geschichte sozialer Bewegungen, Köln 1981

Beier, Gerhard, Die illegale Reichsleitung der Gewerkschaften 1933—1945, Köln 1981

Beier, Gerhard, Schulter an Schulter. Schritt für Schritt. Lebensläufe deutscher Gewerkschafter, Köln 1983

Bergmann, Joachim (Hrsg.), Beiträge zur Soziologie der Gewerkschaften, Frankfurt 1979

Bergmann, Joachim/Otto Jacobi/Walther Müller-Jentsch, Gewerkschaften in der Bundesrepublik, 2 Bde., 2. Aufl., Frankfurt 1976—77

Bieber, Hans-Joachim, Gewerkschaften in Krieg und Revolution. Arbeiterbewegung, Industrie, Staat und Militär in Deutschland 1914—1920, 2 Bde., Hamburg 1981

Blüm, Norbert, Gewerkschaften zwischen Allmacht und Ohnmacht. Ihre Rolle in der pluralistischen Gesellschaft, Stuttgart 1979

Bock, Hans Manfred, Syndikalismus und Linkskommunismus von 1918—1923. Zur Geschichte und Soziologie der Freien Arbeiter-Union Deutschlands (Syndikalisten), der Allgemeinen Arbeiter-Union Deutschlands und der Kommunistischen Arbeiter-Partei Deutschlands, Meisenheim 1969

Boll, Friedhelm, Massenbewegungen in Niedersachsen 1906—1920. Eine sozialgeschichtliche Untersuchung zu den unterschiedlichen Entwicklungstypen Braunschweig und Hannover, Bonn 1981

Borsdorf, Ulrich/Hans Otto Hemmer/Gerhard Leminsky/Heinz Markmann (Hrsg.), Gewerkschaftliche Politik: Reform aus Solidarität. Zum 60. Geburtstag von Heinz O. Vetter, Düsseldorf 1977

Borsdorf, Ulrich/Hans Otto Hemmer/Martin Martiny (Hrsg.), Grundlagen der Einheitsgewerkschaft, Historische Dokumente und Materialien, Köln — Frankfurt 1977

Borsdorf, Ulrich, Hans Böckler. Arbeit und Leben eines Gewerkschafters von 1875 bis 1945, Köln 1982

Borsdorf, Ulrich (Hrsg.), Geschichte der deutschen Gewerkschaften von den Anfängen bis 1945, Köln 1987

Brandt, Gerhard u. a., Anpassung an die Krise: Gewerkschaften in den siebziger Jahren, Frankfurt — New York 1982

Brandt, Willy/Leonard Woodcock (Hrsg.), Festschrift für Eugen Loderer zum 60. Geburtstag, Köln 1980

Braunthal, Gerard, Der Allgemeine Deutsche Gewerkschaftsbund. Zur Politik der Arbeiterbewegung in der Weimarer Republik, Köln 1981

Breit, Ernst (Hrsg.), Aufstieg des Nationalsozialismus. Untergang der Republik. Zerschlagung der Gewerkschaften. Dokumentation der historisch-politischen Konferenz des DGB im Mai 83 in Dortmund, Köln 1984

Brüggemeier, Franz-Josef, Leben vor Ort. Ruhrbergleute und Ruhrbergbau 1889—1919, München 1983

Buhl, Manfred, Sozialistische Gewerkschaftsarbeit zwischen programmatischem Anspruch und politischer Praxis. Der ADGB und die freien Gewerkschaften in der Stabilisierungsphase der Weimarer Republik (1923/24—1927/28), Köln 1983

Buschak, Willy, Von Menschen, die wie Menschen leben wollten. Die Geschichte der Gewerkschaft Nahrung-Genuß-Gaststätten und ihrer Vorläufer, Köln 1985

Bußmann, Bernhard, Die Freien Gewerkschaften während der Inflation. Die Politik des Allgemeinen Deutschen Gewerkschaftsbundes und die soziale Entwicklung in den Jahren 1919—1923, Phil. Diss. Kiel 1965

Conze, Werner/Ulrich Engelhardt (Hrsg.), Arbeiter im Industrialisierungsprozeß. Herkunft, Lage und Verhalten, Stuttgart 1979
Conze, Werner/Ulrich Engelhardt (Hrsg.), Arbeiterexistenz im 19. Jahrhundert. Lebensstandard und Lebensgestaltung deutscher Arbeiter und Handwerker, Stuttgart 1981

Deppe, Frank u. a., Kritik der Mitbestimmung. Partnerschaft oder Klassenkampf?, Frankfurt/M. 1969
Deppe, Frank, Autonomie und Integration. Materialien zur Gewerkschaftsanalyse, Marburg 1979
Deppe, Frank/Ludwig Müller/Klaus Pickshaus/ Joseph Schleifstein, Einheitsgewerkschaft. Quellen — Grundlagen — Probleme. Mit umfangreichem Dokumententeil und Fotos, Frankfurt 1982
Deppe, Frank/Georg Fülberth/Jürgen Harrer (Hrsg.), Geschichte der deutschen Gewerkschaftsbewegung, 3. Aufl., Köln 1981
Deppe, Frank/Witich Rossmann, Wirtschaftskrise, Faschismus, Gewerkschaften. Dokumente zur Gewerkschaftspolitik 1929—1933, 2. Aufl., Köln 1983
Deppe, Frank, Ende oder Zukunft der Arbeiterbewegung? Gewerkschaftspolitik nach der Wende. Eine kritische Bestandsaufnahme, Köln 1984
Detje, Richard u. a., Von der Westzone zum Kalten Krieg. Restauration und Gewerkschaftspolitik im Nachkriegsdeutschland, Hamburg 1982

Eickhof, Norbert, Eine Theorie der Gewerkschaftsentwicklung, Tübingen 1973
Eilrich, Claus/Hans Otto Hemmer (Hrsg.), Die neue Mehrheit. Bilder-Lesebuch: Angestellte, Berlin — Bonn 1988
Eisner, Freya, Das Verhältnis der KPD zu den Gewerkschaften in der Weimarer Republik, Köln — Frankfurt 1977
Engelhardt, Ulrich, „Nur vereinigt sind wir stark". Die Anfänge der deutschen Gewerkschaftsbewegung 1862/63 bis 1869/70, 2 Bde., Stuttgart 1977
Engelhardt, Ulrich/Volker Sellin/Horst Stuke (Hrsg.), Soziale Bewegung und politische Verfassung. Beiträge zur Geschichte der modernen Welt, Stuttgart 1976
Esters, Helmut/Hans Pelger, Gewerkschafter im Widerstand, Hannover 1967; 2. Aufl., Bonn 1983

Feldman, Gerald D., Armee, Industrie und Arbeiterschaft in Deutschland 1914 bis 1918, Berlin — Bonn 1985
Fehrmann, Eberhard/Ulrike Metzner, Angestellte und Gewerkschaften. Ein historischer Abriß, Köln 1981
Fichter, Michael, Besatzungsmacht und Gewerkschaften. Zur Entwicklung und Anwendung der US-Gewerkschaftspolitik in Deutschland 1944—1948, Opladen 1982
Fricke, Dieter, Die deutsche Arbeiterbewegung 1869—1914. Ein Handbuch über ihre Organisation und Tätigkeit im Klassenkampf, Berlin (DDR) 1976

Geary, Dick, Arbeiterprotest und Arbeiterbewegung in Europa 1848—1939, München 1983
Gorz, André, Abschied vom Proletariat, Frankfurt/M. 1980
Grebing, Helga, Geschichte der deutschen Arbeiterbewegung, 10. Aufl., München 1980

Hamel, Iris, Völkischer Verband und nationale Gewerkschaft. Der Deutschnationale Handlungsgehilfen-Verband 1893—1933, Frankfurt 1967

Hartfiel, Günter, Angestellte und Angestelltengewerkschaften in Deutschland. Entwicklung und gegenwärtige Situation von beruflicher Tätigkeit, sozialer Stellung und Verbandswesen der Angestellten in der gewerblichen Wirtschaft, Berlin 1961

Hartmann, Knut, Der Weg zur gewerkschaftlichen Organisation. Bergarbeiterbewegung und kapitalistischer Bergbau im Ruhrgebiet 1851—1889, München 1977

Hartwich, Hans-Hermann, Arbeitsmarkt, Verbände und Staat 1918—1933. Die öffentliche Bindung unternehmerischer Funktionen in der Weimarer Republik, Berlin 1967

Haupt, Heinz-Gerhard u. a. (Hrsg.), Politischer Streik, Frankfurt 1981

Heer, Hannes, Burgfrieden oder Klassenkampf. Zur Politik der sozialdemokratischen Gewerkschaften 1930—1933, Neuwied — Berlin 1971

Heer-Kleinert, Lore, Die Gewerkschaftspolitik der KPD in der Weimarer Republik, Frankfurt — New York 1983

Hentschel, Volker, Geschichte der deutschen Sozialpolitik 1880—1980. Soziale Sicherung und kollektives Arbeitsrecht, Frankfurt 1983

Herkunft und Mandat. Beiträge zur Führungsproblematik in der Arbeiterbewegung, Frankfurt — Köln 1976

Herzig, Arno/Dieter Langewiesche/ Arnold Sywottek (Hrsg.), Arbeiter in Hamburg. Unterschichten, Arbeiter und Arbeiterbewegung seit dem ausgehenden 18. Jahrhundert, Hamburg 1983

Heupel, Eberhard, Reformismus und Krise. Zur Theorie und Praxis von SPD, ADGB und AfA-Bund in der Weltwirtschaftskrise 1929—1932/33, Frankfurt — New York 1981

Heyde, Ludwig (Hrsg.), Internationales Handwörterbuch des Gewerkschaftswesens, 2 Bde., Berlin 1931/32

Hirsch-Weber, Wolfgang, Gewerkschaften in der Politik. Von der Massenstreikdebatte zum Kampf um das Mitbestimmungsrecht, Köln — Opladen 1959

Hohorst, Gerd/Jürgen Kocka/Gerhard A. Ritter, Sozialgeschichtliches Arbeitsbuch. Materialien zur Statistik des Kaiserreichs 1870—1914, München 1975

Hüllbüsch, Ursula, Gewerkschaften und Staat. Ein Beitrag zur Geschichte der Gewerkschaften zu Anfang und zu Ende der Weimarer Republik, Phil. Diss. Heidelberg 1958

Husung, Hans-Gerhard, Protest und Repression im Vormärz. Norddeutschland zwischen Restauration und Revolution, Göttingen 1983

Industriegewerkschaft Metall (Hrsg.), 90 Jahre Industriegewerkschaft 1891 bis 1981. Vom Deutschen Metallarbeiter-Verband zur Industriegewerkschaft Metall. Ein Bericht in Wort und Bild, Köln 1981

Industriegewerkschaft Metall (Hrsg.), Frauen in der Metallgewerkschaft 1891 bis 1982. Dokumente, Materialien, Meinungen, Frankfurt 1983

Industriegewerkschaft Metall (Hrsg.), Kampf um soziale Gerechtigkeit, Mitbestimmung, Demokratie und Frieden. Die Geschichte der Industriegewerkschaft Metall seit 1945. Ein Bericht in Wort und Bild, Köln 1986

Kaelble, Hartmut/Horst Matzerath/Hermann-Josef Rupieper/Peter Steinbach/Heinrich Volkmann, Probleme der Modernisierung in Deutschland. Sozialhistorische Studien zum 19. und 20. Jahrhundert, Opladen 1978

Kern, Horst/Michael Schumann, Das Ende der Arbeitsteilung? Rationalisierung in der industriellen Produktion, München 1984

Kittner, Michael (Hrsg.), Gewerkschaftsjahrbuch 1984. Daten, Fakten, Analysen, Köln 1984 (erscheint seitdem jährl.)

Klönne, Arno, Demokratischer und sozialer Rechtsstaat. Dokumente zur Gewerkschaftspolitik, Bochum 1964

Klönne, Arno, Die deutsche Arbeiterbewegung. Geschichte, Ziele, Wirkungen, Düsseldorf — Köln 1980

Klönne, Arno/Hartmut Reese, Die deutsche Gewerkschaftsbewegung. Von den Anfängen bis zur Gegenwart, Hamburg 1984

Koch, Bernhard, Der Christliche Gewerkschaftsbund, Düsseldorf 1978

Koch, Ursula E., Angriff auf ein Monopol. Gewerkschaften außerhalb des DGB, Köln 1981

Kocka, Jürgen, Klassengesellschaft im Krieg. Deutsche Sozialgeschichte 1914—1918, 2. Aufl., Göttingen 1978

Kocka, Jürgen, Lohnarbeit und Klassenbildung. Arbeiter und Arbeiterbewegung in Deutschland 1800—1875, Berlin — Bonn 1983

Kocka, Jürgen (Hrsg.), Europäische Arbeiterbewegungen im 19. Jahrhundert. Deutschland, Österreich, England und Frankreich im Vergleich, Göttingen 1983

Kolb, Eberhard, Die Arbeiterräte in der deutschen Innenpolitik 1918—1919, 2. Aufl., Berlin 1978

Kosthorst, Erich, Jakob Kaiser, Bd. 1: Der Arbeiterführer, hrsg. von Werner Conze/ Erich Kosthorst/Elfriede Nebgen, Stuttgart — Berlin — Köln — Mainz 1967

Kurth, Josef, Geschichte der Gewerkschaften in Deutschland, 4. Aufl., Hannover — Frankfurt 1965

Kutz-Bauer, Helga, Arbeiterschaft, Arbeiterbewegung und bürgerlicher Staat in der Zeit der Großen Depression. Eine regional- und sozialgeschichtliche Studie zur Geschichte der Arbeiterbewegung im Großraum Hamburg 1873—1890, Bonn 1987

Langewiesche, Dieter/Klaus Schönhoven (Hrsg.), Arbeiter in Deutschland. Studien zur Lebensweise der Arbeiterschaft im Zeitalter der Industrialisierung, Paderborn 1981

Lattard, Alain, Gewerkschaften und Arbeitgeber in Rheinland-Pfalz unter französischer Besatzung 1945—1949, Mainz 1988

Laubscher, Gerhard, Die Opposition im Allgemeinen Deutschen Gewerkschaftsbund (ADGB) 1918—1923, Frankfurt 1979

Leithäuser, Joachim G., Wilhelm Leuschner. Ein Leben für die Republik, Köln 1962

Leminsky, Gerhard/Bernd Otto, Politik und Programmatik des Deutschen Gewerkschaftsbundes, 2. Aufl., Köln 1984

Limmer, Hans, Die deutsche Gewerkschaftsbewegung, 11. Aufl., München 1986

Löwenthal, Richard/Patrik von zur Mühlen, Widerstand und Verweigerung in Deutschland 1933 bis 1945, Berlin — Bonn 1982

Losseff-Tillmanns, Gisela, Frauenemanzipation und Gewerkschaften, Wuppertal 1978

Losseff-Tillmanns, Gisela (Hrsg.), Frau und Gewerkschaft, Frankfurt 1982

Lucas, Erhard, Arbeiterradikalismus. Zwei Formen von Radikalismus in der deutschen Arbeiterbewegung, Frankfurt 1976

Luthardt, Wolfgang (Hrsg.), Sozialdemokratische Arbeiterbewegung und Weimarer Republik. Materialien zur gesellschaftlichen Entwicklung 1927—1933, 2 Bde., Frankfurt 1978

Mai, Gunther, Kriegswirtschaft und Arbeiterbewegung in Württemberg 1914—1918, Stuttgart 1983

Mai, Gunther (Hrsg.), Arbeiterschaft in Deutschland 1914—1918. Studien zu Arbeitskampf und Arbeitsmarkt im Ersten Weltkrieg, Düsseldorf 1985

Markovits, Andrei S., The politics of the West German trade unions. Strategies of class and interest representation in growth and crisis, Cambridge, London u. a. 1986

Mattheier, Klaus J., „Die Gelben". Nationale Arbeiter zwischen Wirtschaftsfrieden und Streik, Düsseldorf 1973

Matthias, Erich (Hrsg.), Einheitsgewerkschaft und Parteipolitik. Zum 75. Jahrestag des Mannheimer Abkommens zwischen der Sozialdemokratischen Partei Deutschlands und den Freien Gewerkschaften von 1906, Düsseldorf 1982

Matthias, Erich/Klaus Schönhoven (Hrsg.), Solidarität und Menschenwürde. Etappen der deutschen Gewerkschaftsgeschichte von den Anfängen bis zur Gegenwart, Bonn 1984

Matthias, Erich (Begr.); Hermann Weber, Klaus Schönhoven u. Klaus Tenfelde (Hrsg.), Quellen zur Geschichte der deutschen Gewerkschaftsbewegung im 20. Jahrhundert, Bd. 1: 1914—1919; Bd. 2: 1919—1923; Bd. 3, I u. II: 1924—1930; Bd. 4: 1930—1933; Bd. 6 (Hrsg.: Hermann Weber u. Siegfried Mielke): 1945—1949, Köln 1985 ff.

Mayer, Tilman (Hrsg.), Jakob Kaiser. Gewerkschafter und Patriot. Eine Werkausgabe, Köln 1988

Meyer, Thomas/Susanne Miller/ Joachim Rohlfes (Hrsg.), Lern- und Arbeitsbuch deutsche Arbeiterbewegung. Darstellung, Chroniken, Dokumente, 2., um einen vierten Band erg. Aufl., Bonn 1988

Mielke, Siegfried (Hrsg.), Internationales Gewerkschaftshandbuch, Opladen 1983

Miller, Susanne, Die Bürde der Macht. Die deutsche Sozialdemokratie 1918—1920, Düsseldorf 1978

Miller, Susanne, Burgfrieden oder Klassenkampf. Die deutsche Sozialdemokratie im Ersten Weltkrieg, Düsseldorf 1976

Mommsen, Hans (Hrsg.), Arbeiterbewegung und industrieller Wandel. Studien zu gewerkschaftlichen Organisationsproblemen im Reich und an der Ruhr, Wuppertal 1980

Mommsen, Hans/Ulrich Borsdorf (Hrsg.), Glück auf, Kameraden! Die Bergarbeiter und ihre Organisationen in Deutschland, Köln 1979

Mommsen, Hans/Dietmar Petzina/Bernd Weisbrod (Hrsg.), Industrielles System und politische Entwicklung in der Weimarer Republik, Düsseldorf 1974; unveränd. Nachdr. Kronberg — Düsseldorf 1977

Mommsen, Wolfgang J./Gerhard Husung (Hrsg.), Auf dem Wege zur Massengewerkschaft. Die Entwicklung der Gewerkschaften in Deutschland und Großbritannien 1880—1914, Stuttgart 1984

Mooser, Josef, Arbeiterleben in Deutschland 1900—1970. Klassenlagen, Kultur und Politik, Frankfurt 1984

Müller, Dirk H., Gewerkschaftliche Versammlungsdemokratie und Arbeiterdelegierte vor 1918. Ein Beitrag zur Geschichte des Lokalismus, des Syndikalismus und der entstehenden Rätebewegung, Berlin 1985

Müller, Werner, Lohnkampf, Massenstreik, Sowjetmacht. Ziele und Grenzen der „Revolutionären Gewerkschafts-Opposition" (RGO) in Deutschland 1928 bis 1933, Köln 1988

Müller-Jentsch, Walther (Hrsg.), Zukunft der Gewerkschaften. Ein internationaler Vergleich, Frankfurt — New York 1988


Nebgen, Elfriede, Jakob Kaiser, Bd. 2: Der Widerstandskämpfer, hrsg. von Werner Conze/Erich Kosthorst/Elfriede Nebgen, Stuttgart — Berlin — Köln — Mainz 1967

Nestriepke, Siegfried, Die Gewerkschaftsbewegung, 3 Bde., 2. Aufl., Stuttgart 1922—23

Niehuss, Merith, Arbeiterschaft in Krieg und Inflation. Soziale Schichtung und Lage der Arbeiter in Augsburg und Linz 1910—1925, Berlin — New York 1985

Niethammer, Lutz/Ulrich Borsdorf/Peter Brandt (Hrsg.), Arbeiterinitiative 1945. Antifaschistische Ausschüsse und Reorganisation der Arbeiterbewegung in Deutschland, Wuppertal 1976


Oertzen, Peter von (Hrsg.), Festschrift für Otto Brenner zum 60. Geburtstag, Frankfurt 1967

Oertzen, Peter von, Betriebsräte in der Novemberrevolution. Eine politikwissenschaftliche Untersuchung über Ideengehalt und Struktur der betrieblichen und wirtschaftlichen Arbeiterräte in der deutschen Revolution 1918/19, 2., erw. Aufl., Berlin — Bonn-Bad Godesberg 1976

Offermann, Toni, Arbeiterbewegung und liberales Bürgertum in Deutschland 1850—1863, Bonn 1979

Opel, Fritz, Der Deutsche Metallarbeiterverband während des Ersten Weltkrieges und der Revolution, 4. Aufl., Köln 1980

Opel, Fritz/Dieter Schneider, Fünfundsiebzig Jahre Industriegewerkschaft 1891 bis 1966. Vom Deutschen Metallarbeiter-Verband zur Industriegewerkschaft Metall, Frankfurt 1966

Osterroth, Franz/Dieter Schuster, Chronik der deutschen Sozialdemokratie, 3 Bde., 2. Aufl., Berlin — Bonn 1978

Otto, Bernd, Gewerkschaftsbewegung in Deutschland. Entwicklung, geistige Grundlagen, aktuelle Politik, Köln 1975


Petzina, Dietmar/Werner Abelshauser/Anselm Faust, Sozialgeschichtliches Arbeitsbuch, Band III: Materialien zur Statistik des Deutschen Reiches 1914—1945, München 1978

Pfromm, Hans A., Das neue DGB-Grundsatzprogramm. Einführung und Kommentar, München — Wien 1982

Pirker, Theo, Die blinde Macht. Die Gewerkschaftsbewegung in Westdeutschland, 1945—1955, 2 Bde., München 1960; 2. Aufl., Berlin 1979

Pohl, Hans (Hrsg.), Sozialgeschichtliche Probleme in der Zeit der Hochindustrialisierung 1870—1914, Paderborn 1979

Potthoff, Heinrich, Gewerkschaften und Politik zwischen Revolution und Inflation, Düsseldorf 1979

Potthoff, Heinrich, Freie Gewerkschaften 1918—1933. Der Allgemeine Deutsche Gewerkschaftsbund in der Weimarer Republik, Düsseldorf 1987

Preller, Ludwig, Sozialpolitik in der Weimarer Republik, Stuttgart 1949; unveränd. Nachdr. Kronberg — Düsseldorf 1978

Prinz, Michael, Vom neuen Mittelstand zum Volksgenossen. Die Entwicklung des sozialen Status der Angestellten von der Weimarer Republik bis zum Ende der NS-Zeit, München 1986

Protokolle der Verhandlungen der Kongresse der Gewerkschaften Deutschlands. 1, 1892—10, 1919, 7 Bde., Nachdr. Bonn — Berlin 1979/80


Rabenschlag-Kräußlich, Jutta, Parität statt Klassenkampf? Zur Organisation des Arbeitsmarktes und Domestizierung des Arbeitskampfes in Deutschland und England 1900—1918, Frankfurt — Bern 1983

Renzsch, Wolfgang, Handwerker und Lohnarbeiter in der frühen Arbeiterbewegung. Zur sozialen Basis von Gewerkschaften und Sozialdemokratie im Reichsgründungsjahrzehnt, Göttingen 1980

Reulecke, Jürgen (Hrsg.), Arbeiterbewegung an Rhein und Ruhr, Wuppertal 1974

Richter Werner, Gewerkschaften, Monopolkapital und Staat im ersten Weltkrieg und in der Novemberrevolution, 1914—1919, Berlin (DDR) 1959

Ritter, Gerhard A., Die Arbeiterbewegung im Wilhelminischen Reich. Die Sozialdemokratische Partei und die Freien Gewerkschaften 1890—1900, 2. Aufl., Berlin 1963

Ritter, Gerhard A., Staat, Arbeiterschaft und Arbeiterbewegung in Deutschland. Vom Vormärz bis zum Ende der Weimarer Republik, Berlin — Bonn 1982

Roder, Hartmut, Der christlich-nationale Deutsche Gewerkschaftsbund (DGB) im politisch-ökonomischen Kräftefeld der Weimarer Republik. Ein Beitrag zur Funktion und Praxis der bürgerlichen Arbeitnehmerbewegung vom Kaiserreich bis zur faschistischen Diktatur, Frankfurt 1986

Röder, Werner, Die deutschen sozialistischen Exilgruppen in Großbritannien. Ein Beitrag zur Geschichte des Widerstandes gegen den Nationalsozialismus, Hannover 1968

Ross, Dietmar, Gewerkschaften und soziale Demokratie. Von der Richtungs- zur Einheitsgewerkschaft, von Weimar zur Nachkriegszeit. Untersuchungen zur gewerkschaftlichen Programmatik für den Aufbau einer demokratischen Gesellschaft, Phil. Diss. Bonn 1976

Ruck, Michael, Die Freien Gewerkschaften im Ruhrkampf 1923, Köln 1986

Rupp, Hans Karl, Außerparlamentarische Opposition in der Ära Adenauer. Der Kampf gegen die Atombewaffnung in den fünfziger Jahren. Eine Studie zur innenpolitischen Entwicklung der BRD, Köln 1970


Saul, Klaus, Staat, Industrie, Arbeiterbewegung im Kaiserreich. Zur Innen- und Sozialpolitik des Wilhelminischen Deutschland 1903—1914, Düsseldorf 1974

Schabedoth, Hans-Joachim, Bittsteller oder Gegenmacht? Perspektiven gewerkschaftlicher Politik nach der Wende, Marburg 1985

Scharf, Günter, Geschichte der Arbeitszeitverkürzung. Der Kampf der deutschen Gewerkschaften um die Verkürzung der täglichen und wöchentlichen Arbeitszeit, Köln 1987

Scharrer, Manfred (Hrsg.), Kampflose Kapitulation. Arbeiterbewegung 1933, Reinbek 1984

Schellhoss, Hartmut, Apathie und Legitimität. Das Problem der neuen Gewerkschaft, München 1967

Schiefer, Jack, Geschichte der deutschen Gewerkschaften, 3. Aufl., Aachen 1946

Schmädeke, Jürgen/Peter Steinbach (Hrsg.), Der Widerstand gegen den Nationalsozialismus. Die deutsche Gesellschaft und der Widerstand gegen Hitler, München 1985

Schmidt, Eberhard, Ordnungsfaktor oder Gegenmacht. Die politische Rolle der Gewerkschaften, Frankfurt 1971

Schmidt, Eberhard, Die verhinderte Neuordnung. Zur Auseinandersetzung um die Demokratisierung der Wirtschaft in den westlichen Besatzungszonen und in der Bundesrepublik Deutschland, 8. Aufl., Frankfurt 1981

Schmidt, Ute/Tilman Fichter, Der erzwungene Kapitalismus. Klassenkämpfe in den Westzonen 1945—1948, Berlin 1971

Schneider, Dieter u. Rudolf Kuda, Arbeiterräte in der Novemberrevolution. Ideen, Wirkungen, Dokumente, Frankfurt 1968

Schneider, Dieter (Hrsg.), Zur Theorie und Praxis des Streiks, Frankfurt 1971

Schneider, Michael, Das Arbeitsbeschaffungsprogramm des ADGB. Zur gewerkschaftlichen Politik in der Endphase der Weimarer Republik, Bonn-Bad Godesberg 1975

Schneider, Michael, Unternehmer und Demokratie. Die freien Gewerkschaften in der unternehmerischen Ideologie der Jahre 1918—1933, Bonn-Bad Godesberg 1975

Schneider, Michael, Aussperrung. Ihre Geschichte und Funktion vom Kaiserreich bis heute, Köln 1980

Schneider, Michael, Die Christlichen Gewerkschaften 1894—1933, Bonn 1982

Schneider, Michael, Streit um Arbeitszeit. Geschichte des Kampfes um Arbeitszeitverkürzung in Deutschland, Köln 1984

Schneider, Michael, Demokratie in Gefahr? Der Konflikt um die Notstandsgesetze: Sozialdemokratie, Gewerkschaften und intellektueller Protest (1958—1968), Bonn 1986

Schöck, Eva Cornelia, Arbeitslosigkeit und Rationalisierung. Die Lage der Arbeiter und die kommunistische Gewerkschaftspolitik 1920—28, Frankfurt — New York 1977

Schönhoven, Klaus, Expansion und Konzentration. Studien zur Entwicklung der Freien Gewerkschaften im Wilhelminischen Deutschland 1890 bis 1914, Stuttgart 1980

Schönhoven, Klaus, Die deutschen Gewerkschaften, Frankfurt 1987

Schröder, Wilhelm-Heinz, Arbeitergeschichte und Arbeiterbewegung. Industriearbeit und Organisationsverhalten im 19. und frühen 20. Jahrhundert, Frankfurt — New York 1978

Schröder, Wolfgang, Klassenkämpfe und Gewerkschaftseinheit. Die Herausbildung und Konstituierung der gesamtnationalen deutschen Gewerkschaftsbewegung und der Generalkommission der Gewerkschaften Deutschlands, Berlin (DDR) 1965

Schürholz, Franz, Die deutschen Gewerkschaften seit 1945. Praktische Arbeit und Reformbedürfnisse, Düsseldorf 1955

Schumann, Hans-Gerd, Nationalsozialismus und Gewerkschaftsbewegung. Die Vernichtung der deutschen Gewerkschaften und der Aufbau der deutschen Arbeitsfront, Hannover — Frankfurt 1958

Schuster, Dieter, Die deutsche Gewerkschaftsbewegung. DGB. 5. verb. und erg. Aufl., Düsseldorf 1976

Schuster, Dieter, Die deutschen Gewerkschaften seit 1945, 2. Aufl., Stuttgart — Berlin — Köln — Mainz 1974

Schuster, Dieter, Der Deutsche Gewerkschaftsbund, Düsseldorf 1977

Schwarz, Salomon, Handbuch der deutschen Gewerkschaftskongresse (Kongresse des Allgemeinen Deutschen Gewerkschaftsbundes), Berlin 1930

Sohn, Karl-Heinz, Berufsverband und Industriegewerkschaft. Organisationsprinzipien der deutschen Gewerkschaften, Köln 1964

Stearns, Peter N., Arbeiterleben. Industriearbeit und Alltag in Europa 1890—1914, Frankfurt — New York 1980

Stollberg, Gunnar, Die Rationalisierungsdebatte 1908—1933. Freie Gewerkschaften zwischen Mitwirkung und Gegenwehr, Frankfurt — New York 1981

Streeck, Wolfgang, Gewerkschaftliche Organisationsprobleme in der sozialstaatlichen Demokratie, Königstein 1981


Teichmann, Ulrich (Hrsg.), Gewerkschaften. Analysen, Theorie und Politik, Darmstadt 1981

Tenfelde, Klaus, Sozialgeschichte der Bergarbeiterschaft an der Ruhr im 19. Jahrhundert, Bonn-Bad Godesberg 1977

Tenfelde, Klaus/Heinrich Volkmann (Hrsg.), Streik. Zur Geschichte des Arbeitskampfes in Deutschland während der Industrialisierung, München 1981

Tenfelde, Klaus (Hrsg.), Arbeiter und Arbeiterbewegung im Vergleich. Berichte zur internationalen historischen Forschung, München 1986

Tennstedt, Florian, Sozialgeschichte der Sozialpolitik in Deutschland. Vom 18. Jahrhundert bis zum Ersten Weltkrieg, Göttingen 1981

Tennstedt, Florian, Vom Proleten zum Industriearbeiter. Arbeiterbewegung und Sozialpolitik in Deutschland 1800 bis 1914, Köln 1983

Thum, Horst, Mitbestimmung in der Montanindustrie. Der Mythos vom Sieg der Gewerkschaften, Stuttgart 1982

Timm, Helga, Die deutsche Sozialpolitik und der Bruch der großen Koalition im März 1930, Düsseldorf 1952, unveränd. Nachdr. 1982

Todt, Elisabeth/Hans Radandt, Zur Frühgeschichte der deutschen Gewerkschaftsbewegung 1800—1849, Berlin (DDR) 1950

Tschirbs, Rudolf, Tarifpolitik im Ruhrbergbau 1918 bis 1933, Berlin — New York 1986


Uhen, Leo, Gruppenbewußtsein und informelle Gruppenbildungen bei deutschen Arbeitern im Jahrhundert der Industrialisierung, Berlin 1964

Ullrich, Volker, Die Hamburger Arbeiterbewegung vom Vorabend des Ersten Weltkrieges bis zur Revolution 1918/19, 2 Bde., Hamburg 1976

Varain, Heinz Josef, Freie Gewerkschaften, Sozialdemokratie und Staat. Die Politik der Generalkommission unter der Führung Carl Legiens (1890—1920), Düsseldorf 1956

Vetter, Heinz Oskar (Hrsg.), Aus der Geschichte lernen — die Zukunft gestalten. Dreißig Jahre DGB. Protokoll der wissenschaftlichen Konferenz zur Geschichte der Gewerkschaften vom 12. und 13. Oktober 1979 in München, Köln 1980

Vetter, Heinz Oskar (Hrsg.), Vom Sozialistengesetz zur Mitbestimmung. Zum 100. Geburtstag von Hans Böckler, Köln 1975

Volkmann, Heinrich/Jürgen Bergmann (Hrsg.), Sozialer Protest. Studien zur traditionellen Resistenz und kollektiven Gewalt in Deutschland vom Vormärz bis zur Reichsgründung, Opladen 1984

Wachenheim, Hedwig, Die deutsche Arbeiterbewegung 1844—1914, Frankfurt — Wien — Zürich 1971

Wentzel, Lothar, Inflation und Arbeitslosigkeit. Gewerkschaftliche Kämpfe und ihre Grenzen am Beispiel des Deutschen Metallarbeiter-Verbandes 1919—1924, Hannover 1981

Wilke, Manfred, Die Funktionäre. Apparat und Demokratie im Deutschen Gewerkschaftsbund, München 1979

Winkler, Heinrich August, Von der Revolution zur Stabilisierung. Arbeiter und Arbeiterbewegung in der Weimarer Republik 1918 bis 1924, 2. Aufl., Berlin — Bonn 1985

Winkler, Heinrich August, Der Schein der Normalität. Arbeiter und Arbeiterbewegung in der Weimarer Republik 1924 bis 1930, Berlin — Bonn 1985

Winkler, Heinrich August, Der Weg in die Katastrophe. Arbeiter und Arbeiterbewegung in der Weimarer Republik 1930 bis 1933, Berlin — Bonn 1987

Wolfram, Adam, Es hat sich gelohnt. Der Lebensweg eines Gewerkschaftlers, Koblenz 1977

Zoll, Rainer, Der Doppelcharakter der Gewerkschaften. Zur Aktualität der Marxschen Gewerkschaftstheorie, Frankfurt 1976

Zwahr, Hartmut, Zur Konstituierung des Proletariats als Klasse. Strukturuntersuchung über das Leipziger Proletariat während der industriellen Revolution, Berlin (DDR) 1978

# IV. Abkürzungen

| | |
|---|---|
| ADAV | Allgemeiner Deutscher Arbeiterverein |
| ADB | Allgemeiner Deutscher Beamtenbund |
| ADGB | Allgemeiner Deutscher Gewerkschaftsbund |
| AfA-Bund | Allgemeiner Freier Angestellten-Bund |
| AFG | Arbeitsförderungsgesetz |
| APO | Außerparlamentarische Opposition |
| AVAVG | Gesetz für Arbeitsvermittlung und Arbeitslosenversicherung |
| | |
| BDA | Bundesvereinigung der Deutschen Arbeitgeberverbände |
| BDI | Bundesverband der Deutschen Industrie |
| BGAG | Beteiligungsgesellschaft für Gemeinwirtschaft AG |
| | |
| CDI | Centralverband Deutscher Industrieller |
| CDU | Christlich Demokratische Union Deutschlands |
| CGB | Christlicher Gewerkschaftsbund |
| CSU | Christlich-Soziale Union |
| | |
| DAF | Deutsche Arbeitsfront |
| DAG | Deutsche Angestellten-Gewerkschaft |
| DDGB | Deutsch-Demokratischer Gewerkschaftsbund |
| DDP | Deutsche Demokratische Partei |
| DDR | Deutsche Demokratische Republik |
| DGB | Deutscher Gewerkschaftsbund |
| DHV | Deutschnationaler Handlungsgehilfen-Verband |
| DIHT | Deutscher Industrie- und Handelstag |
| DKP | Deutsche Kommunistische Partei |
| DMV | Deutscher Metallarbeiter-Verband |
| DNVP | Deutschnationale Volkspartei |
| DP | Deutsche Partei |
| DVP | Deutsche Volkspartei |
| | |
| EBFG | Europäischer Bund Freier Gewerkschaften |
| EGB | Europäischer Gewerkschaftsbund |

| | |
|---|---|
| FDGB | Freier Deutscher Gewerkschaftsbund |
| FDP | Freie Demokratische Partei |
| GdA | Gewerkschaftsbund der Angestellten |
| Gedag | Gesamtverband Deutscher Angestelltengewerkschaften |
| Gesamtmetall | Gesamtverband der metallindustriellen Arbeitgeberverbände |
| Gesamtverband | Gesamtverband der christlichen Gewerkschaften Deutschlands |
| H.-D. Gewerkvereine | Hirsch-Dunckersche Gewerkvereine |
| IAA | Internationale Arbeiter-Assoziation |
| IBCG | Internationaler Bund christlicher Gewerkschaften |
| IBFG | Internationaler Bund Freier Gewerkschaften |
| IGB | Internationaler Gewerkschaftsbund |
| KAB | Katholische Arbeitnehmer-Bewegung |
| KPD | Kommunistische Partei Deutschlands |
| NSBO | Nationalsozialistische Betriebszellenorganisation |
| NSDAP | Nationalsozialistische Deutsche Arbeiterpartei |
| ÖTV | (Gewerkschaft) Öffentliche Dienste, Transport und Verkehr |
| RDI | Reichsverband der Deutschen Industrie |
| RGI | Rote Gewerkschaftsinternationale |
| RGO | Revolutionäre Gewerkschafts-Opposition |
| RM | Reichsmark |
| SDAP | Sozialdemokratische Arbeiterpartei |
| SPD | Sozialdemokratische Partei Deutschlands |
| UGO | Unabhängige Gewerkschaftsorganisation |
| USPD | Unabhängige Sozialdemokratische Partei Deutschlands |
| VDA | Vereinigung der Deutschen Arbeitgeberverbände |
| WGB | Weltgewerkschaftsbund |
| WTB-Plan | Woytinsky-Tarnow-Baade-Plan |
| ZAG | Zentralarbeitsgemeinschaft |

# V. Personenregister

Kursiv gesetzte Seitenzahlen weisen auf ausführliche Angaben zur Person bzw. auf eine Abbildung hin.

527

# Zum Autor

*Michael Schneider,* Dr. phil., geb. 1944, Habilitation für Neuere Geschichte 1982, ist wissenschaftlicher Mitarbeiter der Abteilung Sozial- und Zeitgeschichte des Forschungsinstituts der Friedrich-Ebert-Stiftung und Lehrbeauftragter am Seminar für Politische Wissenschaft der Universität Bonn. Zahlreiche Veröffentlichungen zur deutschen Sozialgeschichte des 19. und 20. Jahrhunderts.